Elementary School Administration Theory and Practice

제2판

초등교육행정의 이론과 실제

고 전 김민조 김왕준 박남기 박상완 박종필
박주형 성병창 오범호 유길한 윤홍주 이호준
전제상 정바울 정성수 정수현 주현준 최원석 공저

양 성 원

제2판 머리말

PREFACE

이 책의 초판은 2016년 2월에 출간되었다. 당시 교육행정을 전공한 열한 개 교육대학의 교수님 열세 분이 2년여에 걸친 협의와 편집 과정을 거쳐서 출간한 책이었다. 물론 2008년에 출간한 『초등교육행정론』(11인 공저, 교육과학사)이 그 모티브가 되었다.

이제 이 책의 초판을 출판한 때로부터 5년이 흘렀고, 관련된 법제에도 적지 않은 변화가 있었다. 이번에는 다섯 분의 교육행정 교수님들이 합류하여 11개 교육대학의 교육행정 전공교수 전원이 참여하게 되었다. 서울교대의 정바울 교수님, 오범호 교수님, 경인교대의 최원석 교수님, 청주교대의 이호준 교수님 그리고 대구교대의 정성수 교수님께서 합류하셔서 명실상부한 교육대학 교육행정 전공 교수 집필진을 완성하게 되었다.

전국 교육대학 내 자발적인 내부 논의를 거쳐 이런 저서를 집필하게 된 것은 교육행정 학문 사회에 참으로 뜻깊은 일이 아닐 수 없다. 사실 개정판은 이미 초판 기획 당시 예고되고 약속된 일이었다. 저자들은 당시, 향후 이 책을 전 교수가 정년퇴직할 때까지 계속 다듬어 가며 좀 더 낳은 작품으로 만들어 가자는데 합의했던 것이다. 제2판은 그 약속의 이행인 것이다.

이 책의 구성과 주요 집필진은 다음과 같다.

제1장 초등교육행정의 개념과 구조(박남기)
제2장 교육행정학의 이해(정수현)
제3장 교육정책과 학교변화(성병창 · 정바울)
제4장 교육조직과 조직문화(김왕준 · 최원석)
제5장 학교교육제도와 학사행정(박주형 · 최원석)
제6장 교원의 양성과 임용(박상완 · 정성수)
제7장 교원의 전문성 개발(전제상)
제8장 교육재정과 학교회계(윤홍주 · 오범호)
제9장 교육법의 이해와 실제(고전)
제10장 교육거버넌스와 학교 자율성(박종필)
제11장 교육지도성과 팔로워십(유길한)

PREFACE

제12장 동기 이론과 교원의 동기(주현준)

제13장 의사소통과 갈등관리(김민조 · 이호준)

이 책의 개정판 작업의 기본 방향은 '좀 더 학부생에게 쉽게 풀어쓰고', '좀 더 최근의 이론과 학교현장의 모습을 실감나게 전하고' 그리고 '변화된 법제는 충실하게 고쳐 쓰도록'하는 것이었다. 한마디로 '좀 더 쉽고 새로운 교육행정에 대한 이해와 실천'을 담아보고자 했다.

이를 위하여 먼저 초판 저서를 교육행정 강좌 중에 사용하면서 느낀 후기를 저자 스스로 작성하여 서로 크로스 체크를 하여 개편 작업을 진행했다.

책의 구조면에서 가장 큰 변화는 초판에서 제13장 교육정책과 학교변화 부분은 제3장으로 옮긴 것이다. 그 이유는 교육행정의 개념과 이론에 대한 이해를 바탕으로 보다 현실적인 교육정책과 최근의 학교변화를 이해함으로써 교육행정에 대한 체감도를 높이자는 것이었다.

책의 분량 면에서는 전체적으로 학부생에게 이해하기 쉽게 기술하면서 내용을 엄선하여 축소한 대신 필요한 부분은 보완하는 방식을 취했다.

특히, 교육행정 개념에 관하여서 설명은 보다 간명하게 하였고(제1장), 교육행정 이론에서는 전문적인 내용은 학부 수준에 맞게 조정한 대신, 이론의 발달 과정이 교사의 반성적 실천에 주는 시사점을 학습공동체와 연계하여 살펴보았다(제2장). 학교혁신에 따른 변화(제3장)나 학교조직 및 학사행정의 변화(제4, 5장) 그리고 교원 임용을 비롯한 인사 제도나 연수 관련 변화를 반영하였다(제6, 7장). 학교 현장의 회계제도를 보다 쉽게 기술하고(제8장), 교직과정 개편의 흐름을 반영하여 '교육법의 이해와 실제' 중심으로 기술하기도 했다(제9장). 초판에서 다소 미흡하였던 지방교육자치제 원리와 현황을 보완했고(제10장), 지도성 이론과 실제는 초등교육의 관점에서 좀 더 보완하고, 팔로워십, 동기, 의사소통은 보다 간결하게 설명했다(제11, 12, 13장).

이 책의 초판 서문(박남기 교수 작성)에서 밝혔듯이 제2판 역시 아직 미완이다. 저자 수가 많아 진술의 형식과 내용의 깊이와 폭을 세세하게 조율하지는 못하였다. 대신 각 장마다 다른 저자들이 다양한 관점에서 교육행정 현상에 대해 다채로운 인식과 논의를 전개한 점은 이 책의 또 하나의 특징이다. 책의 내용에 따라서는 강의자에 따라서 취사선택하여 활용하는 것으로 다소 미진한 부분에 대한 변을 대신하고자 한다.

교육개혁에 최종판이 없듯이 우리의 교육행정론 역시 시대와 현상의 변화를 끊임없이 담아낼 때 살아있는 교육행정학이 될 것이다. 수년 뒤 정년퇴직하는 교수들의 뒤를 이어 신진 교수들이 맥을 이어가 이 책이 초등 교육행정학계의 보기 드문 저작이 되기를 바래본다.

어려운 비대면 코로나19 시국 상황에서도 공동 작업에 마음을 모아준 열여덟 분의 공동저자 교수님들 서로 간에 격려의 말씀을 나누고 박수를 보내고 싶다.

끝으로, 제2판 출판에 적극적인 지원을 해주신 양성원의 강철원 대표님을 비롯하여 저자들 못지 않게 책에 애정을 쏟았을 편집실 식구들에게도 감사의 뜻을 전한다.

2021년 2월

저자 일동

PREFACE

머리말

1981년 교육대학교가 4년제로 개편되면서부터 교대생들에게도 교육행정학이론을 가르치기 시작하였다. 그러나 초등학교와 초등교육의 특성, 예비초등교사와 미래초등교사가 수행할 업무의 특성 등을 반영한 책은 한동안 나오지 않았다. 국내에서 사용된 교육행정학책은 주로 미국의 교육행정학책을 토대로 만들어진 것이었다. 미국의 교육행정학책은 주로 대학원 수준에서 교육행정가 및 교육학자를 양성할 목적으로 만들어진 것이어서 우리나라 초등학교에 근무할 예비교사와 현직교사들에게는 잘 와닿지 않는 내용으로 구성되어 있었다.

이러한 문제를 극복하기 위해 2003년도부터 교육인적자원부가 추진한 〈교사교육프로그램 개발사업〉의 하나로 '초등교육행정학 프로그램 개발 및 확산과제'를 2차에 거쳐 수행하도록 하였다. 첫해에는 교육대학교에서 교육행정학 강의를 담당한 교수들이 대부분 참여하여 교대에서 초등교육행정학 강의에 사용할 교재를 개발하였고, 그 다음 해에는 이를 직접 교재로 활용하면서 수정·보완하는 연구를 수행하였다. 그 결과로 출판된 것이 강원근 교수를 대표저자로 하여 11개 교대의 총 11명의 교수가 공동집필한 『초등교육행정론』(교육과학사, 2008)이다. 이 책은 일차적으로 교육행정학 이론 중에서 예비초등교사에게 도움이 될 내용에 초점을 맞추었다. 당시 『초등교육행정론』의 구성은 교육과 교육행정(조동섭), 교육조직(성병창), 교육제도(고 전), 교육정책(김 용), 교육법(고 전), 교육재정(윤홍주), 교육행정평가(정수현), 장학(강원근), 인사행정(박상완), 의사결정(윤홍주), 의사소통(김도기), 지도성(유길한), 갈등관리(박남기) 등으로 이루어졌다. 나아가 초등교육행정학 성립 가능성도 탐색하였다.

첫 책이 나온 지 7년여의 세월이 흘렀다. 그 사이 우리나라 교육에도 많은 변화가 있었고, 교사에 대한 기대 또한 지속적으로 변하고 있다. 그리고 교육대학교의 대학원이 활성화되면서 교육행정학 전공자들이 증가하고 이들의 연구결과도 축적되어가고 있다. 그러한 흐름을 반영하기 위해 전국 교육대학교의 교육행정학 전공교수들이 다시 모여 완전히 새로운 내용의 책을 다시 만들기로 합의하였다. 기존 집필진 중에서 7인과 새로운 집필진 6인을 더해 총 13인의 집필진이 힘을 모았다. 그 결과로 나온 책이 바로 이것이다.

PREFACE

이 책은 첫 번째 책과 마찬가지로 예비초등교사를 1차적 대상으로 하고 있다. 이 책의 큰 특징 중의 하나는 기존의 다른 교재들과 달리 예비교사나 현직 교사들이 늘 제기해온 문제, 즉 교사들이 교육행정학을 공부해야 하는 이유에 대한 답을 찾는 데에 각별한 노력을 기울였다. 그리고 그 답에 맞추어 교재의 내용도 구성하였다. 물론 현직 초등교사, 나아가 초등교육행정학을 공부하고자 하는 대학원생과 학자들의 연구에도 도움이 될 수 있도록 하였다. 이러한 목적을 위해 집필자들이 2015년 1년 동안 여러 차례 만남을 통해 전체 장별 구성과 구체적인 내용에 대해 서로 의견을 나누는 과정을 거쳤다.

초등교사의 역할은 교육활동(학급경영 포함), 행정활동(학교경영 지원), 자기계발 활동, 그리고 교육제도와 정책에 대한 이해 및 정책 생산 활동으로 나뉜다. 이 책은 교육행정학 관련 이론과 실제 중에서 초등교사가 이상의 활동을 하는 데 보탬이 될 내용을 골라 총 13개 장으로 구성하였다. 각 장의 집필자는 다음과 같다.

제1장 초등교육행정의 개념과 구조(박남기)
제2장 교육행정학의 이해(정수현)
제3장 교육조직과 조직문화(김왕준)
제4장 학교교육제도와 학사행정(박주형)
제5장 교원의 양성과 임용(박상완)
제6장 교원의 전문성 개발(전제상)
제7장 교육재정과 학교회계(윤홍주)
제8장 교육법과 교육기본권(고 전)
제9장 교육거버넌스와 학교 자율성(박종필)
제10장 교육리더십과 팔로워십(유길한)
제11장 동기 이론과 동기부여(주현준)
제12장 의사소통과 갈등관리(김민조)
제13장 교육정책과 학교변화(성병창)

이 책은 단순히 이론과 제도 등을 소개하는 데 그치는 것이 아니라 각 장에서 소개한 이론 및 실제가 교사로서의 역할을 수행할 때 직접 활용될 수 있도록 필요한 다리를 놓는 데에도 초점을 맞추었다. 먼저 왜 특정 이론을 소개하는지를 교사의 역할과 관련하여 설명하였다. 그리고 교사들이 직면해온 문제 사례를 제시하고 해당 문제를 해결하는 데 이론이 어떻게 활용될 수 있는지를 설명함으로써 이론의 응용력을 높였다. 부연하자면 교육행정학 이론 자체를 가르치는 것을 목적으로 한 것이 아니라, 교사들이 교육행정학 이론을 활용하여 교사의 역할을 보다 성공적으로 수행할 수 있도록 돕는 것을 목적으로 하였다. (예비)교사들이 이 책을 통해 교육 제도와 정책을 포함하여 교육에 영향을 미치는 큰 틀을 바라보는 안목을 기르고, 교육행정 이론을 활용하여 보다 성공적인 학급경영활동을 하게 되며, 나아가 이론 생산자로서의 역할도 할 수 있는 기초를 닦을 수 있기를 기대한다.

이 책은 외국의 이론 소개에서 한 발 더 나아가 그동안 우리 학계에서 이루어진 관련 연구물을 종합하여 소개하였다. 해방 이후 오늘날까지 우리나라 교육행정 현상을 대상으로 한 많은 연구가 수행되었고, 이제는 그러한 연구를 집적하여 한국교육행정학이론이 만들어질 수 있는 때가 되었다. 장별로 차이가 있으나 대부분 저자들은 한국초등교육행정학 성립에 바탕이 되기를 바라는 마음으로 관련 연구를 집약하고 일반화하는 시도도 했다.

이 책은 아직 미완이다. 교육제도와 정책 변화뿐만이 아니라 향후 (초등)교원양성기관과 대학원에서의 강의과정을 통해 발견되는 문제점을 토대로 매년 지속적으로 보완해갈 계획이다. 이 책이 나오기까지 적극적인 후원을 아끼지 않으신 양성원의 강철원 대표님께 고마움을 전한다.

2016년 2월

저자 일동

PREFACE

차 례

PREFACE

CHAPTER 01

초등교육행정의 개념과 구조

박남기(광주교육대학교)

1. 초등교육행정론의 새로운 출발
2. 초등교사와 초등교육행정론: 초등교육행정론을 배우는 이유
3. 교육행정의 개념과 범위
4. 예비초등교사를 위한 초등교육행정론의 구성

이 장에서는 먼저 교육행정학 이론을 왜 배워야 하는지를 교사의 업무와 역할 차원에서 살펴보았다. 배워야 할 이유를 알아야만 교육행정학을 더 열심히 공부하고자 하는 생각이 커지게 될 것이다.

다음으로는 예비초등교사들에게 어떤 내용을 가르칠 것인가, 즉 이 책에서 다루고자 하는 초등교육행정학의 범위를 정하기 위해 교육행정의 개념과 범위를 살펴보았다. 이를 위해 먼저 학생들에게 낯선 분야인 교육행정의 개념과 범위를 이해하도록 돕는 작업을 했다. 교육행정에서 의미하는 교육의 범위는 무엇인지, 유사한 용어인 경영, 제도, 정책 등과 교육행정은 어떤 관계인지를 설명하였다. 그리고 교원양성 프로그램에 포함되어 있는 중등 교직과목(교육행정 및 교육경영)과 초등 교직과목(학교와 학급경영)이 생겨난 배경과 내용, 그리고 한계를 분석하여 이해를 도왔다.

1. 초등교육행정론의 새로운 출발

내가 대학에 다니던 시절, 300명이 넘는 대형 강의실에서 교육행정학을 교직과목으로 수강해야 했다. 행정가가 아니라 교사가 되려고 하는데 왜 이 과목을 수강해야 하는 것일까 하는 질문이 이 강의를 듣는 내내 계속 머리에서 맴돌았으나 답을 얻지는 못했다. 이 질문은 지금의 예비교사들에게도 이어지고 있으리라 생각한다. 예비교사들이 교육행정학을 배우면서 이러한 의문을 갖게 되는 이유는 학부생을 대상으로 가르치는 교육행정학 교재의 대부분이 예비교사가 아니라 교육행정가를 염두에 두고 쓰였기 때문이다. 또 하나는 가르치는 사람들이 예비교사가 교육행정학 이론을 배워야 하는 이유, 학교경영에 대해 배워야 하는 이유 등에 대해 설명해 주지 않은 채 강의를 진행하기 때문이다. 또한 매 시간 배우는 이론들이 교사로서의 역할을 수행할 때 어떤 도움이 될 것인지에 대해 설명하지 않은 채 단순히 이론만 소개하는 경향이 있기 때문이다.

오랜 세월 교육행정학을 공부하는 중에 드디어 왜 예비교사들이 교육행정학을 배워야 하는지, 이들에게 교육행정학과 학교경영이론 중에서 어떤 부분을 가르쳐야 할 것인지, 그리고 어떻게 가르쳐야 할 것인지에 대해 어느 정도 답을 얻게 되었다. 이 장에서는 먼저 교육행정학 이론을 왜 배워야 하는지를 교사의 업무와 역할 차원에서 살펴보았다. 배워야 할 이유를 알게 되면 교육행정학을 더 열심히 공부하고자 하는 생각이 커질 것이다.

다음으로는 예비초등교사들에게 어떤 내용을 가르칠 것인가, 즉 이 책에서 다루고자 하는 초등교육행정학의 범위를 정하기 위해 교육행정의 개념과 범위를 살펴보았다. 이를 위해 먼저 학생들에게 낯선 분야인 교육행정의 개념과 범위를 이해하도록 돕는 작업을 했다. 교육행정에서 의미하는 교육의 범위는 무엇인지, 유사한 용어인 경영, 제도, 정책 등과 교육행정은 어떤 관계인지를 설명하였다. 그리고 교원양성 프로그램에 포함되어 있는 중등 교직과목(교육행정 및 교육경영)과 초등 교직과목(학교와 학급경영)이 생겨난 배경과 내용, 그리고 한계를 분석하여 이해를 도왔다. 나아가 미국과 일본의 교육행정학 개론서도 분석하여 외국의 사례도 접할 수 있도록 하였다.

국내 학교경영책은 학교경영계획 수립, 학교경영기법, 학교의 교육과정관리, 조직관리, 시설 · 설비관리, 문서관리, 학교경영평가 등 학교행정가가 주로 알고 있어야 할 학교경영의 실제를 다루고 있다. 그런데 학교행정 실무에 관한 것은 이 책이 염두에 두고 있는 예비초등교사들에게는 졸업 직후 당장 필요한 사항이 아니어서 제외시켰다. 이 장은 그동안 국내 교육행정학 또는 학교경영론에서 다루지 않았던 내용을 다룸으로써 향후 예비교사들을 위한 다른 교재 집필에도 기여할 수 있을 것으로 기대한다.

2. 초등교사와 초등교육행정론: 초등교육행정론을 배우는 이유

초등교육행정론 강의를 듣는 교대생들이 가장 먼저 던지는 질문은 자신들은 행정가가 아니라 교사가 될 것인데 왜 초등교육행정론을 배워야 하느냐는 것이다. 여기서는 이 질문에 대한 답을 함께 찾아보고자 한다. 이를 간단히 표로 정리하면 〈표 1-1〉과 같다.

〈표 1-1〉 예비교사가 초등교육행정론을 배우는 이유

구분		이유
교사 업무	학급경영	학급이라는 조직 경영하고 수업을 하는 데 교육행정학 이론 활용
	학교경영(지원)	관료조직의 구성원으로서 학교행정(지원)업무 담당
	자기계발	전문직종사자로서 교원양성, 인사행정, 전문성 개발 등 이해 필요
교육행정 및 제도와 교육정책 이해		교실 내의 교육활동에 영향을 미치는 교육행정 및 교육제도와 정책의 큰 흐름 이해 필요
교육정책 생산		교육정책 형성에서 교사가 주체로 참여하기 위해 관련 역량 함양

가. 학급경영 및 학교경영(지원)자로서의 교사

학급경영부 대신 교육과정운영부가 도입되면서 자신의 역할은 교육과정운영이라고 생각하는 교사들이 늘고 있다. 심지어 학생상담까지도 잡무로 생각하는 경향마저 나타나고 있다. 학교 현장에서 교사가 실제로 하고 있고 해야 하는 역할은 크게 수업 및 생활지도를 포함한 학급경영자, 학교행정가 및 행정지원자, 그리고 자기계발 및 연구자로 나뉜다(박남기, 2008). 행정지원자로서의 역할을 성공적으로 수행하기 위해서는 교사도 학교행정의 기본 원리를 이해하고 관련된 실무적 지식과 역량도 갖추어야 한다. 가령 학교회계에 대해서 교사도 이해하고 있어야 어느 부서를 담당하거나 혹은 부서원으로 관련 업무를 처리할 때 수월하게 처리할 수 있다.

다음으로 학급경영이나 학교경영(교육행정) 모두 하나의 조직을 경영하는 것이므로 교육행정학의 일반론들이 학급을 경영하는 데에도 도움이 된다. 보통은 학급 사무 처리에 도움이 될 것이라고 생각하지만 학급경영과 학교경영은 그보다 훨씬 더 긴밀하게 연결되어 있다. 학교경영과 학급경영 둘 다 사람을 대상으로 하는 경영활동이다. 대상 특성에서 차이가 있다면 학교경영의 일차적 경영대상은 교사와 직원, 즉 성인이고, 학급경영의 일차적 대상은 학생, 즉 어린이 혹은 청소년이라는 정도이다. 학급경영의 중요한 대상 중의 하나가 학부모라는 점을 고려하면 유사성은 더욱 커진다. 따라서 학교경영자나 학급경영자 모두 인간으로 이루어진 조직을 경영하기 위해 지도성 이론, 의사소통 이론, 갈등 이론, 동기 이론 등의 다양한 이론을 알아야 한다.

또한 인간으로 이루어진 조직을 경영하는 것이므로 학급경영자도 학생들을 하나의 학습공동체로 조직화하고, 임원 조직 및 다양한 부서 조직을 만들기 위해 인사행정의 기본 원리를 이해하고 적용할 줄 알아야 한다. 시설관리와 재무관리에 관한 기초 지식도 갖추고 있어야 함은 당연하다. 나아가 학급경영자는 학교라는 조직의 하부 조직인 학급을 담당하고 있으므로 관련 법령과 판례를 이해하고 있어야 하며, 자기 학급의 법인 학급 규칙과 수칙을 만들고 운영하기 위해서 법적 기초를 알고 있어야 한다.

나. 전문가로서의 자기 계발

교사는 교직에 입문하기 위해 필요한 교육을 받고, 교직 입문 후에도 자기 계발을 위해 지속적으로 연수 및 연구를 포함한 전문성 향상 활동을 해야 한다. 이를 위해서는 교원양성 및 인사행정에 대한 이해, 교원의 전문성 개발에 대한 이해와 자기계발 계획 수립 및 실천 역량을 갖추어야 한다.

교사는 이론 소비자일 뿐만 아니라 이론 생산자로서의 역할도 해야 한다. 인문사회 분야 이론은 인간이 만들어 놓은 현상을 이해하고 설명하는 이론체계로서 한 발 나아가 현실 문제 해결 및 개선에도 일부 적용될 수 있다. 인문사회 분야 이론은 스스로를 지속적으로 변화시키고 창조해가는 역량을 가진 인간이 만들어내는 현상에 대한 이론이다 보니 내재된 일관된 법칙에 의해 움직여 가는 자연현상을 설명하는 자연계 분야 이론과 달리, 시간과 공간 그리고 대상에 따라 이론의 설명력, 나아가 적용 시 성공 가능성이 바뀌게 된다. 이 때문에 자연과학에서는 하나의 패러다임이 정상과학으로서의 지위를 누리지만 인문사회과학에서는 여러 패러다임이 공존하는 다중 패러다임(multiple paradigms) 현상이 나타난다(Kuhn, 1970).

교육학은 인간을 대상으로 하고 있으며, 특히 한 사회의 사회·문화적 특성과 깊은 관련을 맺고 있기 때문에 특정 공간과 시간 속에서 만들어진 교육학 이론을 통해 오늘의 우리나라 교육현상을 이해하고 이를 적용하고자 할 때 설명력과 적용력이 크게 떨어지는 경우가 자주 나타난다.[1)] 따라서 교사는 이론 소비자라고 하더라도 배운 이론을 현장

1) 인간의 본성을 포함한 뇌의 특성 등을 이해하고, 이에 기초하여 학교와 학급경영 활동의 바람직한 방향을 제시한 이론의 경우에는 인간이 움직여가는 내재적인 법칙에 기초한 것이므로 자연과학의 이론과 유사하게 시

에 그대로 적용하는 것이 아니라 기존 이론을 취사선택하고, 이를 자신이 당면하고 있는 교육 현장의 상황과 문제에 적합하게 수정·보완하여 사용할 수 있는 역량을 갖추어야 한다. 가령 학부모와의 관계에서 교사가 취해야 할 바람직한 행동양식과 절차에 대한 이론과 매뉴얼이 있는데 이는 기계 사용 시 따라야 할 절차와 방법에 대한 매뉴얼과 달리 그대로 적용할 수가 없다. 전문가에는 이론적 전문가와 실천적 전문가가 있는데 이러한 역량을 갖춘 사람을 실천적 전문가라고 한다. 만약 단순히 기계적으로 배운 이론을 적용만 해도 된다면 우리는 교사를 굳이 전문가라고 부를 필요가 없으며, 높은 지적 역량을 갖춘 교사를 필요로 하지도 않을 것이다. 교원양성과정에서 교사가 실천적 전문가로서의 역량을 갖추도록 교육시켜야 하는 이유이다.

초등교육행정론은 학급경영 활동을 할 때 직접 활용할 수 있도록 교육행정학의 이론을 학급경영과 접목하여 소개하고, 이를 적용해 볼 기회를 제공함으로써 교사들이 실천적 전문가로 성장하는 데 크게 기여할 것이다.

다. 학교를 넘어선 교육제도와 교육정책에 대한 이해

초등교원양성 프로그램에서는 주로 학급을 경영하는 교사에게 필요한 다양한 지식과 기능, 그 중에서도 특히 다양한 교과교육에 대한 것을 주로 가르치고 있다. 이와 함께 교직과목이라는 이름으로 교육학 관련 이론을 가르치고 있다. 교직과목도 교사가 갖추어야 할 교육과정 및 평가, 교육사와 철학, 교육심리 및 상담 등 주로 가르치는 일에 직접 관련된 지식들로 구성되어 있다.

교사가 학생 교육을 성공적으로 수행하기 위해서는 일차적으로 학급경영기법을 포함하여 교실 또는 교육 장면에서 행할 교육활동에 필요한 직접적이고 미시적인 지식, 기능, 현상 이해력, 가치관 확립 등이 필요하다. 그러나 이것만을 가지고 학생 교육에 임하는 것은 자신이 타고 있는 교육이라는 거대한 배가 어디에서 어디로 가고 있는지, 이 배를 움직이는 큰 흐름은 무엇인지도 모르는 채 배에 탄 사람들을 안내하는 것과 같다. 교사의 핵심 역할이 한 학급을 경영하는 것이지만 이 학급을 성공적으로 이끌어가기 위해서는 그 학급이 속한 학교, 학교가 속한 지방교육자치단체와 국가 수준의 교육행정체제, 교육제도, 그리고 교육정책에 대해 알고 있어야 한다. 교사는 미시적인 것만이 아니라 자신의 교육활동에 영향을 미치는 거시적인 차원의 교육여건 조성, 교육조직, 교육법, 교육정책, 교원인사, 교육재정 등을 포함한 교육행정 현상과 활동을 이해하고 이를 자신의 교

간과 공간의 제약을 뛰어넘는 보편성을 가지게 될 가능성이 더 높다.

육에 녹여내야 한다. 초등교육행정론은 예비교사들에게 제반 교육활동에 영향을 미치는 큰 흐름을 이해할 수 있는 기회를 제공할 뿐만 아니라 자신의 교육활동을 더 큰 안목으로 객관화시켜 바라보고 방향을 잡아갈 수 있는 역량을 길러줄 것이다.

라. 교사의 정책 생산 능력 제고

교사들이 교육행정학을 배워야 하는 또 하나의 이유는 학교 관련 정책을 결정할 때 교사가 주체가 되어야 하고, 그럴 수 있는 시대가 다가오고 있기 때문이다. Hargreaves와 Shirley(2009)는 '학교교육 제4의 길'에서 교사가 교육정책 결정의 주체가 되어야 함을 강조하고 있다. 그리고 과거의 하향식, 일방식 정책 수립 및 집행에서 이제는 상향식, 쌍방향식 접근으로 이행하고 있다. 이러한 시대 흐름으로 인해 교사가 교육행정학 지식을 갖추어야 할 필요성은 더욱 커지고 있다.

박남기(2015: 97)는 '교육개혁의 새 패러다임'에서 교사집단이 교육개혁의 주체가 되어야 하고, 이를 위해 이들에게 정책결정권을 부여해야 한다고 주장한다. 학생의 실력(학문적, 인성적) 향상을 위해 학교 현장에서 열정을 가지고 헌신하는 선생님이 바로 전문가이다. 교육개혁 중에서 학교 혁신의 경우는 학생들을 실제로 상대하고 있고, 학생들의 생각을 이해하는 선생님들이 최종 결정을 내려야 한다는 것이 그의 주장이다. 하지만 교육전문가인 교사에게 최종 결정권을 주기 위해서는 교사 중에서 이러한 특성을 가진 전문가를 제대로 찾아낼 수 있는 기본 인프라가 갖추어져 있어야 하고, 그보다 먼저 교실을 넘어서 교육의 큰 흐름을 볼 수 있는 안목과 정책을 이해하고 방향을 제시할 수 있는 역량을 갖춘 교사가 많아야 한다. 그렇지 않으면 학생의 관점이 아니라 교사 이익의 관점에서 결정을 내릴 수도 있고, 무늬만 열정적 교사인 사람들이 특정 정당이나 이익단체의 조정을 받으며 결정권을 행사할 우려가 있다는 것이 박남기(2015)의 주장이다. 중등교사에 비해 초등교사들은 학생교육과 학급경영에 더 치중하고 있어서 학교에 영향을 미치는 학교혁신 정책에 대한 관심도가 상대적으로 낮다. 그러다 보니 교사가 참여하더라도 주로 중등 출신이 참여하게 되고, 그 결과 초등교사들의 관점은 상대적으로 소홀히 되는 경우도 발생하고 있다.

이종재 등(2012: 295)은 정책집행의 상향식 접근에서는 정책문제 해결력이 학교조직의 위계적 통제가 아니라 정책문제에 가장 근접해 있는 현장 교사들의 능력에 달려 있으므로 이들의 전문성을 강화하는 것이 중요함을 강조하고 있다. 교사들이 현장 속에서 문제를 도출하고, 그 문제 해결에 적합하고 실현 가능한 대안을 제시할 수 있기 위해서는 교사가 교육행정 및 정책 전반에 관한 폭넓고 깊은 지식을 갖추고 있어야 한다.

3. 교육행정의 개념과 범위

초등교사에게 중요한 초등교육행정론에서 의미하는 교육행정은 무엇인가? 이를 이해하기 위해서는 1) 교육행정에서 교육과 행정의 관계를 이해해야 하고, 2) 교육행정에서 행정의 개념을 이해해야 한다. 이에 대한 이해는 교육행정의 개념과 범위를 이해하기 위한 바탕이 될 것이다. 이 절에서는 교육과 행정의 관계는 '교육을 위한 행정'과 '교육에 관한 행정'으로 나누어 그 관계를 살펴본다. 행정의 개념을 이해하기 위해서는 행정과 유사하게 사용되고 있는 행정과 경영, 행정과 관리의 유사성과 차이점을 살펴보고, 나아가 연관된 개념이 행정과 정치의 관련성도 살펴본다.

교육행정의 개념과 범위는 1) 교육행정에서 의미하는 교육의 범위, 2) 교육행정과 학교경영의 관계, 3) 교육행정의 범위 3차원, 4) 교육행정과 제도, 그리고 정책의 관계로 나누어 살펴본다. 마지막으로 교원양성 프로그램의 한 강좌로서의 교육행정학의 개념과 범위를 이해하기 위해 우리나라의 1) 중등 교직과목(교육행정 및 교육경영), 2) 초등 교직과목(학교와 학급경영) 그리고 외국의 사례로 3) 미국 교육행정학 개론서, 4) 일본 교육행정학 개론서의 구조를 살펴본다. 이를 표로 정리하여 제시하면 〈표 1-2〉와 같다.

〈표 1-2〉 교육행정 개념과 범위 이해를 위한 구조 틀

교육행정 개념과 범위 이해를 위한 구조	관점	내용
교육과 행정의 관계	교육을 위한 행정	교육의 자주성과 특수성, 교육학적 접근
	교육에 관한 행정	공공활동 일부로서의 교육, 행정학적 접근
행정의 개념	행정과 경영	이원론. 공공 조직 대상
		일원론. 모든 조직 대상
	행정과 관리	이원론. 협의의 행정
		일원론. 광의의 행정
	행정과 정치	이원론. 협의의 행정
		일원론. 광의의 행정
교육행정의 개념과 범위	교육의 범위	공교육
		사교육 포함
	교육행정과 학교행정(경영)관계	협의의 교육행정
		광의의 교육행정

교육행정 개념과 범위 이해를 위한 구조	관점	내용
교육행정의 개념과 범위	교육행정의 범위 3차원	교육대상
		행정단위
		행정기능
	교육행정과 제도 그리고 정책의 관계	교육제도
		교육정책
교원양성 프로그램과 교육행정학	중등 교직과목 「교육행정 및 교육경영」	학부 수준 중등교사 양성
	초등 교직과목 「학교와 학급경영」	학부 수준 초등교사 양성
	미국 교육행정학 개론서	대학원 수준 교육행정가, 학자 양성
	일본 교육행정학 개론서	학부 수준 교직과목, 교육학과 전공과목

가. 「교육행정」에서 교육과 행정의 관계

「교육행정」은 교육과 행정이 더해진 개념이다. 김종철(1982: 17-18)은 「교육행정」에서 교육과 행정의 관계를 「교육에 관한 행정」과 「교육을 위한 행정」으로 나누었다. 교육에 관한 행정이라고 할 때의 교육행정은 보건행정이나 군사행정처럼 행정활동 중에서 교육이라는 한정된 분야의 행정을 의미하는 것이다. 이 입장에 서면 교육행정학은 행정학의 하위 영역으로서 교육학자보다는 행정학자가 주로 관심을 갖고 연구하는 영역으로 분류될 수 있다. 실제로 일반 행정학과에서 교육 분야의 행정에 관심을 가지고 연구하는 학자들도 있다. 이러한 현상은 교육행정학뿐만 아니라 교육철학, 교육사회학, 교육심리학 등 소위 「교육학의 분과학문」에도 나타나고 있다. 이는 행정의 종합성을 강조하는 관점으로 최근 논란이 되고 있는 지방자치에서 굳이 교육행정만을 별도로 구분할 필요가 있겠느냐는 논리의 근거가 될 수 있다.[2] 일반행정과 구분되는 교육행정이라는 현상의 독자성이 확보되지 않을 경우에는 「교육행정학」이라는 독자적인 학문 분야 성립 또한 주장하기 어렵다.[3] 다행히 우리나라 교육행정학은 해방 이후 지금까지 그 양적인 규모에서나 연구 성과에서 상당한 독자성을 확보하며 교육 발전에 큰 기여를 해오고 있다.

2) 실제로 지방자치단체의 사무범위를 규정한 지방자치법(법률 제12738호) 제9조에 보면 ②항 「5. 교육·체육·문화·예술의 진흥에 관한 사무」로 유치원부터 고등학교까지의 각종 학교 설치·운영·지도를 명기하고 있다. 이 조항에 따르면 교육행정은 교육에 관한 행정이라는 입장을 취하고 있다고 해석할 수 있다.

3) 김종철(1985: 3)이 "1965년에 '교육행정의 이론과 실제'를 출간했을 때만 해도 교육행정학이라는 용어 사용에 일종의 망설임 같은 것을 느꼈다"고 밝히고 있다. 이는 우리나라에서 교육행정학이 독립된 학문으로 인정받기 시작한 것이 그리 오래되지 않았음을 보여주고 있다.

「교육을 위한 행정」은 교육의 자주성을 중시하는 입장으로 교육행정은 교육이라는 특수한 활동을 지원하는 활동임을 강조하는 입장이다. 교육은 잘 알다시피 일반 행정기관의 활동이나 기업활동 등과 달리 성과 기준 및 성과를 달성하기 위한 바람직한 수단과 방법에 대한 합의 곤란, 성과 측정 곤란, 성과 지연 등의 특성을 가지고 있다. 교육을 위한 행정이라는 관점에서의 교육행정은 교육이 가지고 있는 제반 특성을 감안하면서 교육활동이 목적하는 바를 달성하도록 지원하는 활동이다. 이 관점에 서면 교육행정학은 교육학의 한 하위 학문으로서의 위상을 갖게 된다.

아울러 교육은 본질적으로 미래사회구성원을 육성하는 활동이다 보니 정부나 정치집단이 자신들의 이익을 구현하기 위한 수단으로 삼고자 하는 경우가 많다. 그래서 우리나라 「헌법」 제31조 제4항은 교육의 자주성·전문성·정치적 중립성 및 대학의 자율성은 법률이 정하는 바에 의하여 보장된다고 명시하였다. 또한 제31조 제6항은 학교교육 및 평생교육을 포함한 교육제도와 그 운영, 교육재정 및 교원의 지위에 관한 기본적인 사항은 법률로 정한다고 규정하고 있다. 우리나라 「헌법」은 이처럼 다른 분야와 달리 교육과 교육행정의 특성을 강조함으로써 일반행정과 교육행정이 구분될 수 있는 법적인 근거를 제시하고 있다.[4] 따라서 교육을 위한 행정이라는 관점은 헌법정신과도 일치한다고 할 수 있다.

물론 그렇다고 하여 교육행정활동이 모두 교육을 위한 행정으로서의 특성만을 가지고 있는 것은 아니다. 교육행정활동의 상당 부분은 일반행정의 원리와 이론이 그대로 적용될 수 있는 교육에 관한 행정으로서의 특성을 가지고 있는 것 또한 사실이다. 그럼에도 불구하고 교육행정을 교육에 관한 행정과 교육을 위한 행정으로 구분한 시도는 일반행정학과 구분되는 교육행정학적 접근이 무엇이 되어야 하는가에 대해 많은 것을 시사해 준다.

〈표 1-3〉 「교육행정」에서 교육과 행정의 관계

구분	행정의 역할	교육에 대한 관점	학문적 구분	연구 초점	연구자 특성
교육에 관한 행정	교육이라는 한정된 분야 지원활동	일반 공공활동의 일부	일반 행정학의 한 분야	행정일반론을 교육 분야에 적용	행정학자로서 교육 분야에 관심
교육을 위한 행정	특수한 활동으로서의 교육활동 지원활동	성과 기준·성과 달성 수단에 대한 합의 곤란, 성과 측정 곤란, 성과 지연 등의 특성을 가진 특수활동	교육학의 분과학문	교육발전을 위한, 교육 특성에 적합한 교육행정론 개발	교육학자로서 행정학적 접근에 관심

4) 일반 행정학자들은 「헌법」 제31조가 교육행정의 독자성·자주성을 보장하는 것이 아니라 교육의 자주성과 정치적 중립성을 보장하는 것이라는 입장에 서고 있다.

나. 교육행정에서 행정의 개념

행정의 의미를 이해하기 위해서는 먼저 유사한 용어들과의 차이를 밝혀볼 필요가 있다. 유사하게 사용되는 용어로는 경영, 관리 그리고 운영 등의 용어가 있다. 그리고 유사 개념은 아니지만 행정을 이해하기 위해 함께 관심을 가질 용어에는 정치가 있다.

행정과 경영

행정(administration)과 유사한 개념으로 경영(management)이 있다. 두 개념을 서로 구분하는 행정경영이원론과 구분하지 않는 행정경영일원론이 있다. 이원론적 관점의 경우 행정은 공공부문을, 경영은 민간부문을 대상으로 한다고 전제한다. 따라서 행정은 주체가 정부, 공익 추구, 강제성, 독점성 등의 특성을 띠며 경영은 주체가 회사, 이윤 추구, 약한 강제성, 경쟁성 등의 특성을 띤다고 구분한다(조석준, 1980: 111-112; 윤정일 외, 2005: 17-18; 진동섭 외, 2007: 19-20).[5] 이원론의 입장에 설 경우에는 공공기관인 학교와 그 하위 조직인 학급에 경영이라는 용어를 사용하는 것은 타당하지 않으므로 학교경영과 학급경영을 각각 학교행정과 학급행정으로 바꾸어야 한다고 주장하는 것이 옳다.

〈표 1-4〉 행정경영 이원론

구분	대상	주체	목표	수단	특성
행정	공공부문	정부	공익추구	강제성(법집행)	독점성
경영	민간부문	사기업	이윤추구	약한 강제성	경쟁성

교직단체 중에는 이원론을 받아들여 경영이라는 용어 대신 운영이라는 용어를 사용하는 곳도 있다. 전교조가 출판한 『학급운영분과: 나누고 함께 하는 교육실천의 새 기운을』(2002), 『중등학급운영분과: 교사 학생의 관계를 새롭게』(2003) 그리고 우리교육이 출판한 『빛깔이 있는 학급운영』(2004), 『초등학급운영』(2005) 등이 그 예이다. 그런데 「운영」도 '조직이나 기구, 사업체 따위를 운용하고 경영함'(네이버 국어사전)이라고 정의되어 있어서 경영과 별다른 차이를 보이지 않는 용어임을 알 수 있다. 이종재 등(2012)도 『한국교육행정론』에서 학교경영이라는 표현 대신 학교운영이라는 표현을 쓰고 있어서 행정경영 이원론을 받아들이고 있는 것으로 판단된다.

교육행정(educational administration), 학교행정(school administration)[6]과는 달리 학급에 대

5) 네이버 국어사전에도 경영은 '기업이나 사업 따위를 관리하고 운영함'이라고 뜻을 정의하여 행정과 경영 이원론을 따르고 있다.

해서는 학급행정 대신 학급경영(school management)[7]이라는 용어를 사용하고 있다. 1957년에 이미 학급경영이라는 단행본(김영돈, 1957)이 발간되었다. 이는 미국의 용례를 따른 결과이기도 하다. 미국에서 학급경영이라고 할 때에는 다음에서 이야기할 행정과 경영일원론의 입장에 선 것이고, 우리 학계도 그러한 관점을 따른 것으로 보인다. 제7차 교육과정이 도입되면서 교육과정운영부 제도가 도입되고 학급경영부가 사라졌는데, 이는 경영을 사업에 국한된 것으로 바라본 이원론 관점에 의한 것임을 짐작해 볼 수 있다(박남기, 2008). 하지만 시간경영, 가계경영 등 경영이라는 용어가 점차 광범위하게 사용되고 있어서 '경영'이라는 용어에 대한 오해와 거부감은 줄어들고 있다.

최근에는 행정과 경영을 구분하지 않고 사용하는 행정경영 일원론의 입장이 대세를 이루고 있다. 남정걸(2003: 24-26)은 국가경영, 교육경영이라는 말이 거부감 없이 쓰이고 있으며, 행정부 수반이나 대학총장도 최고경영자를 표방하고 있는 상황, 기업행정, 병원행정, 호텔행정이라는 용어도 거부감 없이 받아들여지고 있는 상황을 토대로 행정경영일원론을 주장한다. '학교 행정가는 학교의 운영과 결과에 책임을 지는 최고 경영자'로서 교육의 목표를 분명히 하고, 목표를 효과적으로 달성해야 하며, 그 결과에도 책임을 져야 하므로 '교육행정과 교육경영이 같은 의미로, 상호 교환적으로 쓰이게' 되었다는 것이 그의 주장이다. 경영대학원 석사과정인 MBA(Master of Business Administration)를 단어 그대로 번역하면 사업행정석사이다. 사업 경영 분야 학위과정 명칭에 경영(management)이라는 용어 대신 사업행정이라는 용어를 쓰고 있을 정도로 행정과 경영의 개념 경계가 모호한 것이 현실이다.

행정경영 일원론의 입장에 설 경우에는 행정과 경영이 동의어 반복이므로 교육행정 혹은 교육경영 중 하나만 사용하면 된다.[8] 그럼에도 불구하고 우리나라 교대와 사대의 교직과목명은 「교육행정 및 교육경영」으로 되어 있다. 이러한 과목명이 탄생하게 된 배경을 살펴보면, 이 과목에서 무엇을 어떻게 가르쳐야 할 것인가 하는 것에 대한 시사점을 도출할 수 있을 것이다.

---

6) University of Pittsburgh 도서관 검색 시스템(PITTCAT)을 통해 단행본을 검색한 결과(2015년 7월 14일) school administration은 17건, school management는 23개가 검색되었다. 미국에서는 이 두 가지를 혼용하고 있음을 알 수 있다.

7) University of Pittsburgh 도서관 검색 시스템(PITTCAT)을 통해 단행본을 검색한 결과(2015년 7월 14일) classroom administration이라는 단어를 사용한 책은 1940년에 출판된 'Classroom administration and pupil adjustment'라는 책이 유일하다. 이 책은 Appleton-Century의 행정(administration) 시리즈의 하나로 출판된 관계로 classroom administration이라는 용어를 사용한 것으로 판단된다.

8) 남정걸의 책은 「교육행정 및 교육경영」이라는 교직과목명을 그대로 받아들여 책 각 부의 명칭에 '교육행정 및 경영'을 넣고 거기에 기저, 조직, 과정, 과업이라는 제목을 붙이고 있다. 그리고 마지막 부에 '학제와 학교 · 학급경영'을 포함시키고 있다. 그래서인지 학교경영과 학급경영 장이 들어간 것을 제외하고는 일반 교육행정학 개론서와 목차나 내용이 유사한 모습을 하고 있다.

행정(경영)과 관리

행정과 유사한 것 같으면서도 차이를 보이는 용어로는 '관리'를 들 수 있다. 관리의 사전적 의미는 '어떤 일의 사무를 맡아 처리하는 것'(네이버 사전)이다. 용어의 의미를 명확히 하는 하나의 방법은 합성어를 만들어보는 것이다. 학교행정가(혹은 학교경영자)와 학교관리인을 비교해 보면 그 차이가 드러난다. 학교경영자라고 할 때에는 학교경영의 최고 책임자인 학교장을 일컫는 말로 자신이 가진 경영철학을 가지고 학교경영에 필요한 기본 정책을 결정하고 물적 자원을 조달하며 목적을 향해 구성원을 이끌어가는 사람을 의미한다. 반면 학교관리인은 주어진 특정 단순 업무를 수행하는 사람을 일컫는다.

행정과 관리 개념을 구분해 보면 행정가가 해야 할 역할의 유형을 이해할 수 있다. 행정가라고 하여 관리업무를 하지 않는 것은 아니다. 특히 소규모 학교장은 단순 관리업무를 맡아 처리해야 하는 경우가 많다. 학교장의 역할변화 흐름을 볼 때 향후에는 학교장의 관리업무 비중이 더욱 커질 것으로 예상된다. 행정(경영)과 관리의 개념 구분이 학급담임이 될 미래 초등교사에게 주는 시사점은 스스로를 단순히 주어진 업무를 맡아 처리하는 학급관리자로서뿐만 아니라 자신의 철학과 비전을 가지고 학생들과 더불어 고유한 빛깔을 가진 학급을 만들어가는 학급경영자로서 인식하고 이에 필요한 지식과 역량을 키워가야 한다는 점이다. 결론적으로 넓은 의미의 행정에는 관리가 포함되지만, 관리가 곧 행정인 것은 아니다.

행정과 정치

유사 개념은 아니지만 행정의 의미를 파악하는 데 필요한 개념이 있는데 그것은 정치, 즉 제도와 정책을 결정하는 활동이다. 제도와 정책 결정은 입법부의 입법행위로 나타나고, 행정은 주어진 제도 안에서 정책을 단순히 집행하는 것이라고 보는 견해가 있는데 이를 행정정치이원론이라고 한다. 행정정치이원론은 행정을 관리로 보는 입장에 가깝다. 하지만 행정의 핵심활동에 제도와 정책결정도 포함된다고 보는 행정정치일원론에 따르면 행정은 제도와 정책결정 및 정책집행 양자에 다 관여하는 활동이다(조석준, 1980: 111).

1970년대 후반 한국교육행정학계가 행정이라는 용어 대신 경영이라는 용어를 차용했던 것은 행정정치이원론의 입장에서 행정을 정해진 정책집행으로만 보던 당시의 관점에서 벗어나고자 하는 노력이었음을 알 수 있다. 교육행정에서의 행정은 교육 관련 정책결정 활동 그리고 정책집행 활동을 동시에 의미하는 행정정치일원론의 입장을 취하고 있다. 그 결과 교육정책이 교육행정의 중요한 한 부분으로 포함되게 되었다.

행정의 핵심 활동의 하나가 의사(정책)결정이라고 하면 행정의 모습은 행정가에 따라 크게 달라지게 될 것이다. 그래서 Dimok(1958: 5)은 행정은 곧 행정가라고 하였다. 행정부 수반인 대통령이 바뀌면 행정의 모습이 얼마나 크게 바뀌는가를 우리는 경험을 통해 잘 알고 있다. 학교의 경우에도 만일 행정이 법을 그대로 집행하는 활동이라면 학교행정가(교장)가 바뀐다고 하여 학교가 크게 바뀌지는 않을 것이다. 그런데 현실에서는 초등학교 교장이 바뀌면 그 학교의 교육목표만 바뀌는 것이 아니라, 교장의 성향에 따라 때로는 합주부가 사라지고 운동부가 활성화되는 등 각종 특기적성 활동의 초점이 바뀌고, 나아가 그 학교 선생님들의 분위기까지도 크게 바뀌는 경우가 있다. 따라서 행정은 곧 행정가라는 말이 어느 정도 설득력을 갖는다.

Dimok(1958)은 행정가는 자신이 가지고 있는 철학에 의해 결정을 내리고, 그 결정을 실천에 옮기므로 행정활동은 철학적 활동에 더 가깝다고 주장한다. Hodgkinson(1983: 6)도 행정활동이란 가치를 가지고 가치와 사실이 섞인 세계를 만들어가는 활동 철학(philosopy-in-action)이라고 규정하고 있다. 물론 그렇다고 해서 행정이라는 것이 기본 원칙을 무시하고 행정가가 가진 철학에 의해 행정가 마음대로 하는 활동임을 의미하는 것은 아니다. 행정의 철학적 측면을 강조하는 이유는 다만 행정이 규정을 집행하는 과학적·관리적 활동일 뿐만 아니라 철학적·가치결정적인 인간적 활동임을 이해하도록 하기 위함이다.[9)]

행정의 개념

행정의 개념에 대한 학계의 통일된 의견은 아직 없다. 학문적 체계가 부족한 탓이기도 하고, 사회의 변화과정 속에서 행정의 역할이 아직 변화되는 과정에 있기 때문이기도 하다. 앞에서 이야기한 행정경영이원론과 행정정치이원론에 따른 행정의 정의는 "법을 집행에 옮기는 행위로서의 국가 또는 공공단체의 권력 행사" 또는 "행정부의 활동"이다. 이 견해는 행정을 공공기관의 행위, 그 중에서 법집행 활동에 초점을 맞추고 있다. 조석준(1980: 113)은 "행정이란 행정부 내에서 공무원들이 공공문제의 해결을 위하여 하는 의사결정을 말한다."라고 정의함으로써 행정경영이원론적 관점과 정치행정일원론적 관점을 따르고 있다. 행정이란 "모든 종류의 조직체에 관하여 공동 목표를 달성하기 위한 협동적 단체행동을 이룩하게 하는 작용"이라고 정의한 김종철(1982: 18)은 행정경영일원론과 행정정치일원론을 따르고 있음을 알 수 있다.

9) 행정의 철학적 측면 그리고 행정철학에 대해서는 Hodgkinson(1978), 김항규(2004), 주삼환(2005), 박선형(2012) 등을 참고하기 바란다.

〈표 1-5〉 행정 개념 유형: 행정과 정치, 행정과 경영의 관계를 중심으로

구분		행정과 정치의 관계	
		이원론	일원론
행정과 경영의 관계	이원론	국가와 공공단체의 정책 집행	국가와 공공단체의 정책 결정 및 집행
	일원론	모든 조직체의 정책 집행	모든 조직체의 정책 결정 및 집행

다. 교육행정의 개념과 범위

지금까지 우리는 교육행정에서 교육과 행정의 관계, 행정의 개념을 살펴보았다. 이에 대한 이해를 토대로 교육행정의 개념과 범위를 알아보고자 한다. 이를 위해서 교육행정이 대상으로 하는 '교육'의 범위는 어디까지인지, 혼선을 빚고 있는 교육행정과 학교행정(경영)과의 관계를 살펴본다. 마지막으로는 교육행정과 교육제도 및 교육정책과의 관계를 알아봄으로써 교육행정의 의미를 보다 명확히 이해하도록 돕고자 한다.

교육행정이 대상으로 하는 교육의 범위

교육행정이 대상으로 하고 있는 교육은 '사회적 · 공공적 · 조직적 활동'으로서의 교육을 가리킨다는 입장이 주를 이룬다(김종철, 1982: 17; 이종재 외, 2012). 교육행정학이 처음으로 등장한 미국에서는 1820년부터 1860년 사이에 인구급증과 도시집중 현상이 두드러지면서 작은 지역에 학교가 증가하게 되었고, 그 결과로 교육행정의 집권화가 가속화되고 이에 따라 교육행정이 발달하게 되었다(English, 1994: 100). 따라서 교육행정은 공공부문의 교육에서 수행되는 행정활동이라고 할 수 있다. 이종재 등(2012: 27)은 아예 교육행정에서의 교육은 '공교육'을 의미한다고 주장한다. 그 근거로 공적으로 조직되어 운영되어야 할 공교육이 등장하면서 교육행정이 등장하게 되었음을 제시하고 있다.

그러면 사교육은 교육행정의 대상이 아닌가? 행정정치일원론에 따르면 교육정책결정도 교육행정의 중요 영역이다. 1970년대 초부터 우리 정부는 늘 사교육 대책을 마련해왔고, 지금도 가장 큰 관심사의 하나가 사교육 대책이다. 그리고 각 교육청에는 학원담당부서도 존재한다. 이처럼 우리나라 교육행정은 사교육에 관한 정책도 이미 대상으로 하고 있다. 다만 사교육을 진흥시키기 위함이 아니라 공교육이 본래의 목적을 달성하도록 하는 데 초점을 맞추어 사교육 관련 정책을 수립하고 있다. 따라서 교육행정은 사교육도 대상으로 삼고는 있으나 공교육 목적 달성에 기여하는 방향으로 유도하는 데에 초점을 맞추고 있다고 봐야 할 것이다. 하지만 홈스쿨링 증가, 사교육의 공교육 보완재로서의

역할 증가에 따라 향후에는 사교육이 더욱 중요한 관심대상으로 떠오를 것으로 예상된다. 결론적으로 교육행정에서 대상으로 하고 있는 교육은 개인 차원에서 이루어지는 교육이 아니라 조직(공공 조직뿐만 아니라 사적 조직) 안에서 혹은 조직과 관련 속에서 이루어지는 교육(예: 홈스쿨링)을 일컫는다고 보는 것이 타당하다.

교육행정과 학교행정(경영)과의 관계

한국교육행정학회(2010: 11-12)는 『학교경영론』이라는 책을 통해 교육행정은 '국가나 지방자치단체가 교육에 관하여 공권력을 배경으로 작용하는 활동', '교육목표를 수립하고 인적 · 물적 자원을 동원 · 관리하는 활동'이라고 정의하고 있다. 이에 비해 학교경영은 '교육행정의 하위체제'인 학교와 학급을 경영하는 활동이라고 규정하고 있다. 교육행정과 학교경영은 행정단위 범위의 차이만 있을 뿐 기능이나 성격 면에서는 별다른 차이가 없다고 본다. 이 관점에 따라 교육행정의 개념 정의를 그대로 활용하여 "학교경영이란 학교가 적합한 목적을 수립하고, 이에 필요한 인적 · 물적 · 재정적 자원을 적절한 수준으로 확보하여, 이를 공정하게 배분하고, 능률적으로 활용하여, 효과적인 목표달성을 위하여 기획 · 운영 · 평가하는 활동이다."라고 정의하고 있다(한국교육행정학회 편, 2010: 16). 교육행정은 학교와 학급경영 활동을 지원하는 활동이고, 넓은 의미의 교육행정에는 학교행정이 포함된다고 밝히고 있다.

한국교육행정학회의 개념 정의는 교육행정의 개념 범위를 광의와 협의로 명확히 구분하는 특징을 보인다. 넓은 의미에서는 교육행정에 학교행정이 포함되지만, 좁은 의미에서는 학교와 학급경영을 제외한 국가와 교육청 차원의 지원활동을 의미한다고 밝히고 있다.[10] 국내 교육행정학, 교육행정 및 교육경영 등 관련 교재들(김종철, 1982; 윤정일 외, 2003; 이종재 외, 2012; 김윤태, 2006)도 한국교육행정학회(2010)의 입장을 취하고 있다. 교육행정과 학교행정을 행정단위에 의해 구분하는 우리나라 학계의 입장은 중앙집권적 교육행정 구조를 취하고 있는 나라에 타당한 접근이다. 이 경우 협의의 교육행정은 중앙정부 차원, 혹은 지방교육자치단체 차원의 지원활동, 교육정책 수립 활동 등에 더 초점을 맞추어야 할 것이다.

미국 교육행정학 책들은 교육행정이라는 제목을 달고 있으면서도 내용은 학교행정(경영)에 초점을 맞추고 있다(Hanson, 2002; Hoy & Miskel, 1978, 1991, 2003; 2012; Sergiovanni et al., 2004). 즉, 미국에서는 우리와 달리 교육행정과 학교행정에 대한 구분을 별로 하지 않는다. 미국은 연방정부가 교육에 대한 법적인 권한을 가지고 있지 않기 때문에 우리나라

10) 여기서 의미하는 학교는 초 · 중등학교로 고등교육기관을 의미하지는 않는다.

와 달리 국가 차원의 교육행정이 아니라 학교라는 조직 안에서 혹은 지역 교육청 차원에서의 교육행정이 관심 대상이었다.

또 하나 이유는 미국 교육행정학 책은 주로 대학원 프로그램에서 학교경영자 또는 교육행정학자가 되고자 하는 사람을 대상으로 하고 있기 때문이다. 이러한 책들은 미래 학교경영자가 학교라는 조직을 경영하는 데 필요한 이론을 제공하고, 교육(행정)학자가 되고자 하는 사람들은 학교행정과 정책 연구에 필요한 이론을 제공하는 것을 목적으로 하고 있다.

Lunenberg와 Ornstein(2000)은 『교육행정학 이론과 실제』라는 600쪽이 넘는 방대한 책에서 연방 및 주정부와 교육 그리고 교육청이라는 두 개의 장을 포함시켜 우리나라 식으로 하면 좁은 의미의 교육행정 실제를 다루고 있다. 하지만 이 또한 학교경영자가 알아야 할 사항을 소개하는 데 그치고 있다. 따라서 우리나라 교육행정학계가 이론을 수입하여 사용한 미국의 교육행정학은 주로 학교행정학을 일컫는다고 할 수 있다.

미국은 우리와 달리 승진이 아니라 교육행정석 · 박사 과정을 통해 학교경영자를 배출하고 있다. 그래서 학교경영자 양성 프로그램에 대한 분석과 개혁도 교육행정학자들의 중요한 관심사가 되고 있다(Lunenberg & Ornstein, 2000: 575-576). 반면에 우리는 승진을 통해 학교경영자 자격을 갖게 된 사람을 대상으로 하여 교육청과 교육부 주관하에 자격연수를 실시하다 보니 학교경영자 양성 프로그램에 대한 학계의 관심뿐만 아니라 영향력 또한 낮은 실정이다.

교육행정의 범위

교육행정의 범위는 이상에서 살펴본 것처럼 교육과 행정, 행정과 관리, 행정과 정치, 교육행정 대상으로서의 교육 범위, 교육행정과 학교행정의 관계를 어떻게 규정하느냐에 따라 달라진다. 윤정일 등(2003: 25)은 행정단위, 행정기능, 그리고 교육대상의 세 가지 차원을 토대로 교육행정의 범위를 [그림 1-1]로 간결하게 제시하고 있다. 행정역할(기능)의 경우 만일 행정정치일원론을 따르면 기획뿐만 아니라 교육제도와 교육정책 결정이 추가되어야 한다.

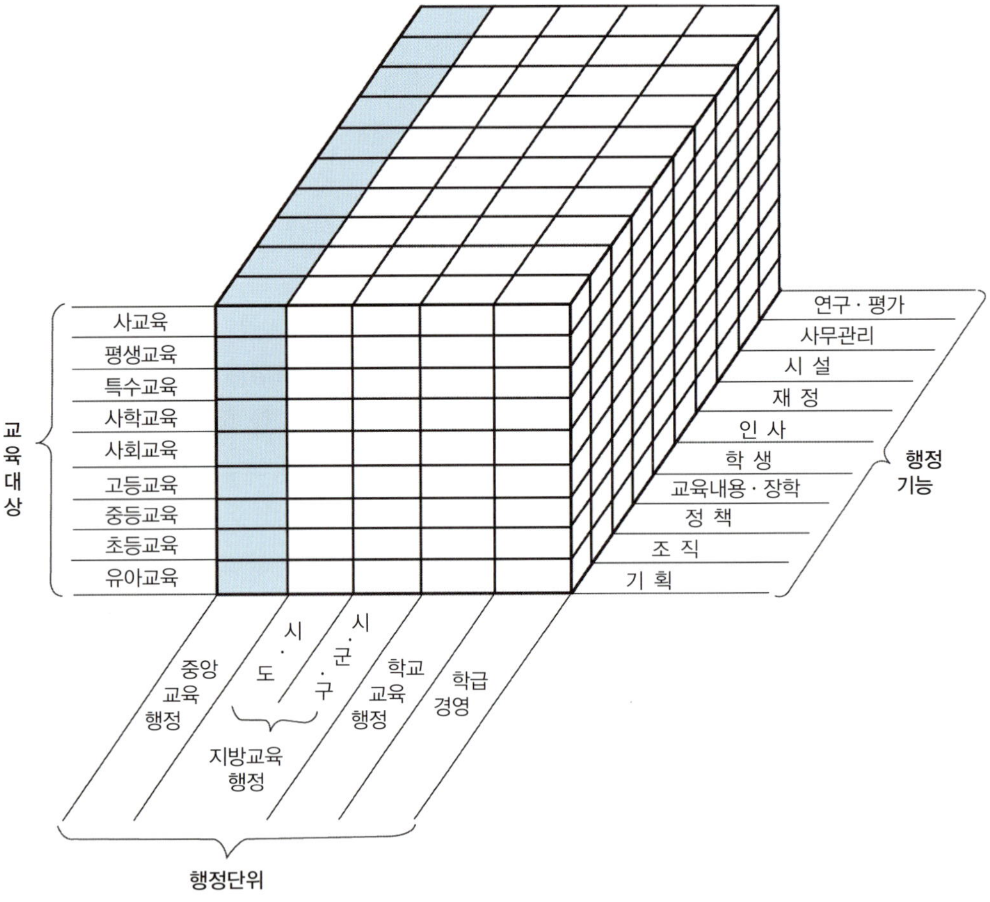

출처: 윤정일 외(2003). p.25를 토대로 수정.

[그림 1-1] 교육행정의 범위

교육대상에는 평생교육뿐만 아니라 장기적으로는 사교육도 포함되어야 할 것이다. 만일 교육대상은 초등으로, 행정단위는 초등학교로 한정하면 초등학교경영자가 갖추어야 할 행정관련 지식의 핵심은 10가지 행정 기능에 관한 것으로 집약된다. 초등교육행정을 담당하는 학교장(감)을 위한 초등교육행정론은 이러한 10가지 행정 기능을 수행하는 데 필요한 기본 이론과 실제를 제공하는 방식으로 구성될 것이다. 물론 학교 교사도 학교 행정 지원활동을 하므로 초등교육행정론의 이론과 실제를 알아야 한다. 하지만 학교경영을 직접 담당하지 않는 예비교사들이 우선적으로 갖추어야 할 지식은 학급이라는 조직을 경영하는 데 보탬이 될 교육행정학적 지식과 학급경영의 실제에 관한 것일 것이다.

교육행정의 개념

가장 넓은 의미에서의 교육행정은 [그림 1-1]에 나타난 전 범위를 포괄하는 활동이다. 김종철(1982: 19)은 "교육활동의 목표를 설정하고 그 목표달성에 필요한 인적·물적 조건을 정비 확립하며, 목표달성을 위한 활동을 지도·감독하는 것"이 교육행정이라고 정의함으로써 3차원 전 범위가 포함되도록 하고 있다. 이 정의는 교육대상 범위를 제한하지 않음으로써 교육행정이 국가와 지방교육자치단체 수준에서의 활동만이 아니라 학교 및 학급 차원에서의 행정(경영)까지를 포괄할 수 있게 하고 있다. 다음으로 '목표를 설정'하는 활동이라고 하여 행정정치일원론의 입장에 서 있음을 알 수 있다. 그리고 조건 정비 확립과 지도·감독을 하는 활동이라고 함으로써 관리의 개념까지 포함시키고 있음을 알 수 있다. 우리나라 교육행정학계 제1세대인 김종철 교수의 교육행정 개념 정의는 그 다음 세대 학자들에게도 받아들여지고 있다(윤정일 외, 2003; 이종재 외, 2012; 김윤태, 2006).

이 개념 정의는 한편으로는 모두를 포괄하여 보여주는 강점을 갖고 있지만, 다른 한편으로는 교육행정학 이론체계에 혼란을 가져다주고 있다. 가령 윤정일 등(2003: 26-32)이 제시한 교육행정의 원리를 보면 협의의 교육행정(중앙과 지방교육자치단체 단위)에 적용되는 원리(예: 지방분권, 자주성 존중, 안정성 유지)와 광의의 교육행정에 적용되는 원리(예: 민주성, 효율성, 합법성, 기회균등)가 혼재된 상태로 열거되어 있다. 이종재 등(2012: 45)은 이러한 혼선을 피하기 위해 네 가지 차원, 즉 교육행정의 민주적 차원(민주성, 법정주의, 합법성), 정치적 차원(공공성과 정치적 합리성), 관리적 차원(효율성), 교육적 적합성 차원으로 나누어 원칙을 제시하고 있다. 하지만 차원 구분이 모호하고, 역시 원리가 혼재되어 있음을 알 수 있다.

그 결과 미국식 교육행정학, 즉 학교행정학 이론과 중앙집권체제하의 한국형 교육행정학 이론 모두 제대로 발전하지 못하고 있다. 물론 양자가 중첩되는 부분도 많지만 좁은 의미의 한국형 교육행정학 이론과 학교행정학 이론 정립을 위해 별도의 노력을 기울일 때 한국 교육행정과 학교행정의 이론과 실제 발전에 더 큰 기여를 할 수 있을 것이다. 이러한 분화발전 과정을 거치며 장기적으로는 한국교육행정학이라는 통합적 이론 틀이 만들어질 수도 있을 것이다. 따라서 당분간은 다음에 살펴볼 일본의 경우처럼 이 양자를 구분하고, 이 양자의 연구 영역과 관련 이론을 각각 발전시켜나가는 것이 필요해 보인다.

교육행정과 교육제도 및 교육정책의 관계

광의의 교육행정은 교육제도와 정책을 수립·결정하고, 그 안에서 제도와 정책을 이끌어가며, 동시에 제도와 정책을 변화시키는 활동까지 포함한다. 그렇다면 교육제도는 무엇이고, 교육정책은 무엇이며 이들은 어떤 관계가 있을까?

제도는 규범의 복합체로서 법률화된 것부터 일상생활에서 관습적으로 받아들이는 것까지를 통틀어 일컫는 말이다(두산백과). 신제도주의자들(Lowndes, 1996; Peters, 1999; 하연섭, 2002) 또한 제도는 법규 형태의 공식적인 측면을 지닐 수도 있고 관습과 같은 비공식적 측면을 지닐 수도 있다는 입장을 취하고 있다.

김종철(1982: 19-20)은 교육제도란 국가와 사회가 의도적으로 수행하는 교육활동의 형식, 조직, 과정을 규정한 것을 의미한다고 하여 공식적 법규 형태의 것을 제도로 보는 협의의 제도 관점에 서고 있다. 우리나라의 경우 교육제도는 대부분 법규의 형식으로 존재하는데, 학교제도, 교육행정 조직, 교육인사 및 재정 제도 등을 그 예로 들 수 있다. 이종재 등(2012: 134)은 공식적 규칙뿐만 아니라 표준화된 관행까지를 제도로 정의한 Hall (1986)의 견해에 따라 광의의 제도 관점을 받아들이고 있다.

교육정책이란 교육활동에 관하여 국가와 공공단체가 국민의 동의를 바탕으로 정한 강제성을 가지는 기본 방침이다. 교육정책은 교육활동의 목적, 수단, 방법 등에 관한 의도적·정치적·합리적 선택 결과로 만들어진 최적의 대안이다(김종철, 1982: 120). 대상에 따라서 초등교육정책, 중등교육정책 등으로, 내용에 따라 교육과정정책, 재정정책 등으로 나뉜다.

교육제도와 교육정책은 이처럼 서로 다른 것 같지만 현실 속에서는 입시제도와 입시정책의 경우처럼 혼용되기도 한다. '제도화되었다'는 표현에서 보듯이 제도는 정책에 비해서는 상대적으로 안정성과 지속성을 가지고 있는 더 큰 틀(system)을 의미한다. 입시제도의 예로는 오랫동안 정착되어온 정시와 수시제도, 수능제도 등을 예로 들 수 있다. 입시정책으로는 EBS 교재의 수능 반영 비율 정책, 학생부전형요소별 반영 비율 정책 등을 들 수 있다.

결론적으로 교육제도와 교육정책은 기본 틀과 방향이며, 강제성을 띤다는 점에서는 유사하지만 다음 몇 가지 점에서 차이가 있다. 교육제도는 교육정책보다는 상대적으로 큰 틀에 관한 것이며, 법제화 혹은 관습화되어 있어서 안정성과 지속성을 가진다. 반면에 교육정책은 제도 안의 보다 구체적인 문제에 대한 방침의 성격을 띠고 있고, 당면한 사회문제 해결을 위한 처방적 성격이 강하여 급변하는 사회 속에서는 불안정하며 가변적인 속성을 지닌다. 정책은 법제화되어 안정화 단계를 거치면서 제도화되기도 한다.

이러한 구분을 따를 경우 안정성과 지속성을 가져야 할 입시의 큰 틀, 입시제도 자체가 너무 자주 바뀌는 것은 비판의 대상이 될 수 있다. 하지만 입시제도의 상세한 부분에 해당하는 세세한 입시정책이 바뀌는 것은 '너무 자주'가 아니라면 사회의 요구가 다양할 경우 당면한 문제해결을 위해 지속적으로 바른 방향에 대해 논의하고 수정해가는 것은 비판의 대상이 되기 어렵다.

4. 예비초등교사를 위한 초등교육행정론의 구성

가. 초등교육행정론 구성

앞에서 밝힌 것처럼 이 책은 교육행정학의 지식 중에서 초등교사가 수업 및 생활지도를 포함하여 자신들에게 맡겨진 학급을 경영하는 학급경영자로서, 학교경영(지원)자로서 그리고 자기계발자로서의 역할을 수행하는 데 필요한 지식을 제공하고 필요한 역량을 길러주는 것을 목적으로 한다. 이에 더해 교사가 수업을 포함한 학급경영을 성공적으로 하기 위해 자신의 교육활동에 영향을 미치는 거시적 차원의 교육조직과 교육정책의 흐름을 이해하고, 나아가 필요한 교육정책을 생산하는 역할도 수행할 수 있도록 돕는 것을 목적으로 한다. 〈표 1-6〉에는 교사가 이상의 역할을 수행하는 데 도움이 될 교육행정학 이론과 실제를 열거해 두었다. 교육행정학에 포함된 더 많은 이론과 실제가 직·간접적으로 도움이 될 수 있지만, 한 학기 동안 공부할 교재로서의 역할에 맞추어 그 범위를 제한하였다.

이 책의 구성은 크게 네 부분으로 나누어볼 수 있다.

첫째는 예비교사들의 초등교육행정학에 대한 이해를 돕기 위한 초등교육행정의 개념과 구조(제1장), 교육행정학의 이해(제2장) 부분이다.

둘째는 교사로서의 역할(수업을 포함한 학급경영, 학교경영 지원 업무)을 수행하는 데 필요한 교육행정학 이론과 실제이다. 교육조직과 조직문화(제4장), 교원의 양성과 임용(제6장), 교육재정과 학교회계(제8장), 교육법의 이해와 실제 교육기본권(제9장), 교육거버넌스와 학교 자율성(제10장), 교육지도성과 팔로워십(제11장), 동기 이론과 교원의 동기(제12장), 의사소통과 갈등관리(제13장)가 여기에 속한다.

셋째는 초등교사가 자신의 교육활동에 영향을 미치는 거시적 차원의 교육조직과 교육정책 등의 흐름에 대한 이해 및 교육정책 생산능력을 기르기 위한 교육정책과 학교변화(제3장), 교육조직과 조직문화(제4장), 학교교육제도와 학사행정(제5장), 교육법과 교육기본권(제9장), 교육거버넌스와 학교 자율성(제10장) 부분이다.

넷째는 교사의 업무의 하나로 간주되는 자기계발과 관련된 장이다. 교원의 양성과 임용(제6장), 교원의 전문성 개발(제7장), 동기 이론과 교원의 동기(제12장)가 여기에 속한다. 이를 간단히 표로 정리하면 〈표 1-6〉과 같다.

〈표 1-6〉 교사 역할 수행과 초등교육행정론 구성

역할 구분		관련된 초등교육 행정론
교사 역할	학급경영(수업포함)	교육조직과 조직문화(제4장), 교육법의 이해와 실제 교육기본권(제9장), 교육리더십과 팔로워십(제10장), 의사소통과 갈등관리(제12장)
	학교경영(지원)	교원의 양성과 임용(제5장), 교육재정과 학교회계(제7장), 교육법의 이해와 실제 교육기본권(제9장), 교육거버넌스와 학교 자율성(제10장), 교육리더십과 팔로워십(제11장), 동기 이론과 교원의 동기(제12장), 의사소통과 갈등관리(제13장)
	자기계발	교원의 양성과 임용(제6장), 교원의 전문성 개발(제7장), 동기 이론과 교원의 동기(제12장)
교육행정·제도·정책 이해 및 교육정책 생산		초등교육행정의 개념과 구조(제1장), 교육행정학의 이해(제2장), 교육정책과 학교변화(제3장), 교육조직과 조직문화(제4장), 학교교육제도와 학사행정(제5장), 교육법의 이해와 실제 교육기본권(제9장), 교육거버넌스와 학교 자율성(제10장)

나. 각 장별 핵심 내용

각 장별 핵심 내용을 간략히 소개하면 다음과 같다.

제1장 '초등교육행정의 개념과 구조'에서는 이상에서 살펴본 것처럼 먼저 교사들이 초등교육행정론을 배워야 하는 이유를 교사 역할(학급경영, 학교경영지원, 자기계발)과 교육행정·제도·정책 이해 및 교육정책 생산 등으로 나누어 설명한다. 다음으로는 교육행정의 개념과 범위를 이해할 수 있는 구조 틀을 제시한다. 이어서 교원양성 프로그램에서 교육행정학이 갖는 의미를 우리나라 초·중등교원 프로그램뿐만 아니라 일본과 미국의 사례까지를 통해 살펴본다. 마지막으로 예비교사를 위한 초등교육행정론의 구성을 제시한다.

제2장 '교육행정학의 이해'에서는 학문과 이론이 전문적 연구자의 전유물이 아니라는 전제하에 이론과 연구의 관계, 교육행정 탐구자로서의 교사의 의미를 살펴보았다. 이어서 교육행정 이론의 흐름을 주로 미국을 중심으로 고전 이론, 인간관계론, 행동과학론, 다원론으로 구분하고 등장 배경, 주요내용, 특징 및 한계를 제시하였다. 이어서 교육행정 이론의 정립을 위한 교사의 역할로서 교육행정학 이론 및 연구방법의 비판적 수용자, 교육행정 실제에 대한 원자료 제공자, 연구문제·주제의 제안자, 실행연구자 등으로 제시하였다.

제3장 '교육정책과 학교변화'에서는 교육정책의 개념과 특성, 교육정책과정 전반에 대한 주요 개념과 이론 그리고 모형 등을 살펴보고, 마지막으로 학교변화의 개념과 특성 그리고 학교변화 과정에 대한 모형을 중심으로 다룬다. 이와 같은 교육정책에 대한 기초 이론을 바탕으로 학교교육활동에 대한 종합적 이해 역량을 높일 수 있을 것이다.

제4장 '교육조직과 조직문화'에서는 교사의 일과 삶의 현장인 학교를 포함한 여러 교육조직의 구조를 살펴보고, 교육조직 안에서 그 구성원들이 어떠한 문화를 형성하고 있는지를 탐색한다. 조직의 구조는 조직의 목적 달성에 영향을 주는 주요한 요인 중의 하나이다. 이 장의 학습을 통해 학교 또는 학급 조직의 목표달성에 도움이 되는 조직 구조를 설계하고 활용할 수 있는 역량을 형성할 수 있다. 조직의 문화는 조직의 구성원들에게 조직 속에서 해야 할 일과 해서는 안 되는 일을 판단하고 다른 구성원의 행동을 판단하는 기준이 된다. 이 장의 학습을 통해 학교의 조직문화를 파악할 수 있는 안목과 더불어 바람직한 조직문화를 형성할 수 있는 역량을 키울 수 있다.

제5장 '학교교육제도와 학사행정'에서는 교육행정의 토대로서 교육제도에 대한 기본적 이해를 위해 교육제도의 형성과정과 현재의 모습 그리고 교육적 요구를 반영한 미래 교육제도를 위한 다양한 논의를 진행하고자 한다. 또한 교육제도의 중요한 일부분인 학사행정에 대해서도 함께 기술하고자 한다.

제6장 '교원의 양성과 임용'에서는 학교 조직의 핵심 인력인 교사에 관한 인사로서 교원의 양성과 임용을 다룬다. 모든 조직이나 기관에서 인력의 효율적인 관리는 조직의 목표를 달성하고 성과를 높이기 위한 핵심적인 과정으로 중시되고 있다. 학교 조직에서 핵심 인력은 교수학습을 담당하는 교사이다. 교사에 대한 인사관리는 교사양성교육, 신규채용에서부터 퇴직까지의 전 과정을 포괄한다. 이 중 제5장은 새로운 인력의 충원 과정으로서 교사양성과 신규채용, 교직 입직 후 경력 개발 과정으로서 승진과 전직을 다룬다.

제7장 '교원의 전문성 개발'에서는 교직 전문가로서 교원의 직무수행에 필요한 전문지식과 정보, 교직소양 등을 고도화하기 위해 교직생애 동안 지속적으로 학습하고 연찬해야 할 책임과 의무를 다룬다. 교원의 전문성은 교직의 특성과 교원의 전문성 관계, 교직생애발달과 직무수행, 교원연수와 장학, 교원평가 등을 통해 교직생애 동안 점진적으로 계발 및 육성된다.

제8장 '교육재정과 학교회계'에서는 예비교사들이 교육재정의 의의와 특징을 이해하고, 교육재정의 확보, 배분, 운영의 구조와 학교회계에 대한 전반적인 이해를 통해 교사에게 필요한 교육재정 지식 및 수행능력을 높이는 데 중점을 두고 서술한다.

제9장 '교육법의 이해와 실제'는 교육행정과 교육법의 관계, 교육기본권의 보장, 교원의 지위와 교권보호, 학생의 지위와 인권보호, 그리고 학교교육 분쟁사례로 구성되었다. 예비교사에게 있어서 교육법에 관한 학습은 초등학교 행정을 법률적 관점에서 이해하는 기초가 될 것이다. 우선 국민의 교육기본권에 대한 이해를 바탕으로 교육당사자인 학습자 · 보호자 · 교원 · 교원단체 · 학교설립자 · 국가 · 지방자치단체 간의 권리 · 의무 · 책임 관계를 파악하는 것이 중요하다. 특히, 담임교사로서의 권리와 의무, 학생 및 학부모의

권리와 의무에 대한 이해는 이들 간 역할분담 및 상호 협력의 중요성을 이해하는 기초가 된다. 학교교육 분쟁사례를 살펴보는 것은 교사로서 갖추어야 할 판단력과 대응력을 기르기 위함이다.

제10장 '교육거버넌스와 학교 자율성'에서는 거버넌스의 개념과 등장 배경, 거버넌스의 구성요소를 살펴본다. 그리고 이를 토대로 교육거버넌스에 영향을 미치는 참여자들과 이들의 역할을 국가 수준(대통령과 행정부, 입법부와 사법부), 지방 수준(교육감과 교육위원회) 및 단위학교 수준(학교운영위원회)에서 분석한다. 특히 단위학교 수준에서는 학교재구조화의 한 방편으로 등장한 학교자율경영제와 자율적인 학교공동체를 표방하며 설치된 학교운영위원회에 대해 서술한다.

제11장 '교육지도성과 팔로워십'에서는 예비교사가 지도성과 팔로워십의 계층적, 수평적 다양성을 이해하고, 바람직한 지도자와 추종자의 모습을 스스로 그려보도록 함으로써 미래의 성공적인 교육지도자가 되게 하였다. 교육지도성과 팔로워십은 어느 특정한 지위를 가진 사람에게만 필요한 것이 아니다. 교사는 학생들에게는 바람직한 지도자의 모습을 보여주는 모델로서의 역할을 하며, 교장선생님을 포함하는 선배교사에게는 학교조직을 위하여 바람직한 팔로워십을 가져야 하는 이중적인 존재가 된다.

제12장 '동기 이론과 교원의 동기'에서는 교원의 직무만족과 학교교육의 성과를 좌우하는 매우 중요한 요인이 되는 교원의 다양한 행동을 이해하고, 교원 동기부여를 위한 효율적인 제도를 만들기 위한 동기에 관한 이론과 실제를 다룬다. 이 내용은 학급경영자로서 교사가 학급 학생들에게 동기를 부여하고자 할 때에도 이론적 기초가 된다.

제13장 '의사소통과 갈등관리'에서는 의사소통개념 이론, 갈등관리 이론을 중심으로 실제 교육조직에서의 의사소통과 갈등유형 및 관리 기법을 다루고, 교사의 의사소통 및 갈등관리 전략을 진단하는 내용을 다룬다. 이를 통해 조직구성원이자 학급경영자로서 교사가 갖추어야 할 의사소통과 갈등관리 이론적 역량과 실제를 개선할 수 있는 통찰력을 기르는 데 기여할 것이다.

핵심 용어

- 초등교육행정론을 배우는 이유
- 행정
- 경영
- 관리
- 교육행정
- 교육경영
- 학교행정
- 학교경영
- 학급경영
- 교사업무
- 교육제도
- 교육정책
- 교육행정의 개념과 범위
- 정책생산능력
- 교육을 위한 행정
- 교육에 관한 행정
- 행정경영일원론
- 행정경영이원론
- 행정정치일원론
- 행정정치이원론
- 교육행정의 범위 3차원

생각해 볼 주제

- 예비교사가 초등교육행정론을 배워야 하는 이유에 대해 생각해 보자.
- 학급경영 및 학교경영(지원)자로서의 교사에게 필요한 교육행정학 지식에 대해 생각해 보자.
- 초등교사가 교육제도와 교육정책을 이해해야 하는 이유에 대해 생각해 보자.
- 교육과 행정의 관계에 대한 교육을 위한 행정과 교육에 관한 행정의 의미에 대해 생각해 보자.
- 행정과 경영의 관계에 대한 행정경영이원론과 일원론의 의미에 대해 생각해 보자.
- 교육행정의 범위 3차원에 대해 생각해 보자.
- 교육행정의 개념과 범위에 대해 생각해 보자.

참고문헌

강길수 · 김영식 · 김종철 · 이종재(1983). 교육행정. 서울: 한국방송통신대학출판부
강영삼 · 김명한 · 신중식 · 신철순 · 윤정일(1982). 현대교육행정학. 서울: 교육출판사.
강원근 · 고전 · 김도기 · 김용 · 박남기 · 박상완 · 성병창 · 유길한 · 윤홍주 · 정수현 · 조동섭(2008). 초등교육행정론. 서울: 교육과학사.
교육행정학회 편(1982). 현대교육행정이론. 서울: 형설출판사.
김영돈(1957). 학급경영론. 서울: 정문사.
김윤태(2000). 교육행정·경영 및 정책의 탐구. 서울: 동문사.
김윤태(2001). 교육행정·경영의 이해. 서울: 동문사.
김윤태(2006). 교육행정·경영의 이해(수정판). 서울: 동문사.
김종철(1982). 교육행정의 이론과 실제(3정판). 서울: 교육과학사.
김종철(1985). 교육행정학신강. 서울: 세영사.
김종철 · 이종재(1994). 교육행정의 이론과 실제. 서울: 교육과학사.
김종철 · 진동섭 · 허병기(2000). 학교·학급경영론. 서울: 한국방송통신대학출판부.
김항규(2004). 행정철학(3정판). 서울: 대영문화사.
남정걸(2003). 교육행정 및 경영(제3판). 서울: 교육과학사.
남한식(1990). 학교와 학급경영총론. 서울: 형설출판사.
박남기(2008). 초등학급경영의 개념과 범위 그리고 영역 분석: 단행본, 승진규정, 학급교육과정 운영부를 중심으로. 초등교육연구, 21(1). pp.1-32.
박남기(2015). 학교혁신의 방향과 과제: 교육개혁을 위한 새패러다임 탐색. 한국교총 · 한국교육행정학회, 5.31교육개혁과 학교교육의 혁신(69-115). 5.31 교육개혁 20주년 연속 세미나(2) 자료집.
박남기 · 강원근 · 고전 · 김용 · 박상완 · 성병창 · 유길한 · 윤홍주 · 정수현 · 조동섭(2008). 초등학급경영의 이론과 실제. 서울: 교육과학사.
박병량(2003). 학급경영. 서울: 학지사.
박병량 · 주철안(2005). 학교·학급경영. 서울: 학지사.
박선형(2012). 교육행정철학의 발전가능성과 향후 과제. 교육행정학연구, 30(1). pp.53-77.
박세훈 · 권인탁 · 고명석 · 유평수 · 정재균(2008). 교육행정 및 교육경영. 서울: 학지사.
백현기(1981). 교육행정의 기초. 서울: 배영사.
송광용 · 박남기 외 5인(2003. 03－2003.12). 교대 교육 발전을 위한 교사교육 프로그램 개발 심사 · 평가. (2003년 교육부 정책연구과제. 1억5천만원) 공동연구자.
송미섭 · 나동환(1991). 교육행정 및 교육경영론. 서울: 형설출판사.
신철순(1995). 교육행정 및 경영. 서울: 교육과학사.
안암교육행정학연구회(2014). 학교중심의 교육행정 및 교육경영. 서울: 박영 story.
우리교육(2004). 빛깔이 있는 학급운영. 서울: 우리교육.
우리교육(2005). 초등 학급운영. 서울: 우리교육.
윤정일 · 송기창 · 조동섭 · 김병주(2003). 교육행정학원론. 서울: 학지사.
이군현(1997). 교육행정 및 경영. 서울: 형성출판사.
이문용 · 김명한 · 박종렬 · 박병량(1985). 교육행정 및 경영. 서울: 형설출판사.
이종재 · 이차영 · 김용 · 송경오(2012). 한국교육행정론. 경기도: 교육과학사.
전국교직원노동조합(2002). 학급운영분과: 나누고 함께 하는 교육실천의 새 기운을. 서울: 전국교직원노동조합.
전국교직원노동조합(2003). 중등학급운영분과: 교사 학생의 관계를 새롭게. 서울: 전국교직원노동조합.
조석준(1980). 한국행정학. 서울: 박영사.
주삼환(역편)(2005). 교육행정철학. 서울: 한국학술정보.
주삼환 · 천세영 · 명제창 · 신붕섭 · 이명주 · 이석열(2000). 교육행정 및 교육경영. 서울: 학지사.
진동섭 · 이윤식 · 김재웅(2007). 교육행정 및 학교경영의 이해. 서울: 경기도.

최희선(2001). 학교·학급경영: 이론과 실제. 서울: 형성출판사.

하연섭(2002). 신제도주의의 최근 경향. 한국행정학보, 36(4). pp.339-359.

한국교육개발원 · 정태범 · 서정화(1975). 학교경영체제 개발을 위한 초 · 중학교 실태조사(연구보고 23집). 서울: 한국교육개발원.

한국교육행정학회 편(1995). 학교·학급경영론. 서울: 교육과학사.

한국교육행정학회 편(2010). 학교경영론. 서울: 교육과학사.

Dimock, M.(1958). *A philosophy of education*. New York: Harper.

English, F.(1994). *Theory in educational administration*. New York: HarperCollins College Publishers.

Hanson, E.(2003). *Educational administration and organizational behavior*(5th ed.). MA, Boston: Pearson Education.

Hargreaves, A., & Shirley, D.(2009). *The fourth way*. 이찬승 · 김은영(역). 학교교육 제4의 길. (2015). 서울: 21세기교육연구소.

Hodgkinson, C.(1978). *Towards a philosophy of administration*. New York: St. Martin's Press.

Hodgkinson, C.(1983). *The philosophy of leadership*. New York: St. Martin's Press.

Hoy, W., & Miskel, C.(1978). *Educational administration: Theory, research, and practice*. New York: Random House.

Hoy, W., & Miskel, C.(1991). *Educational administration. Theory, research, and practice*(4th ed.). New York: McGraw-Hill.

Hoy, W., & Miskel, C.(2002). *Educational administration: Theory, research, and practice*(6th ed.). New York: McGraw-Hill.

Hoy, W., & Miskel, C.(2012). *Educational administration: Theory, research, and practice*(9th ed.). New York: McGraw-Hill.

Kuhn, T.(1970). *The structure of scientific revolutions*(2nd ed.). Chicago: The University of Chicago Press.

Lowndes, V.(1996). Varieties of New Institutionalism: A Critical Appraisal. *Public Administration, 74*(2). pp.181-98.

Lunenburg, F., & Ornstein, A.(2000). *Educational administration: Concepts and practices*(3rd ed.). Belmont, CA: Wadsworth.

Peters, B.(1999). *Institutional theory in political science: The 'New Institutionalsm'*. London: Pinter.

Reinoehl, C., & Ayer, F.(1940). *Classroom administration and pupil adjustment*. New York: Appleton-Century company.

Sergiovanni, T., Kelleher, P., McCarthy, M., & Wirt, F.(2004). *Educational governance and administration*(5th ed.). MA: Allyn and Bacon.

勝野 正章 등 10인 공저(2015). 教育行政學. 學文社.

小松茂久 編(2013). 教育行政學. 教育ガバナンスの未來図.

河野 和淸(2014). 新しい教育行政學. ミネルヴァ書房.

CHAPTER 02

교육행정학의 이해

정수현(서울교육대학교)

학문과 그 소산으로서의 이론은 전문적 연구자의 전유물이 아니다. 연구는 체계적 탐구이며, 체계적 탐구는 일상생활에서의 문제해결 과정에서도 이루어진다. 엄밀성과 구체성 면에서 차이는 있지만, 누구나 나름의 '이론'을 가지고 있고 그러한 이론에 입각하여 문제해결을 위한 탐구를 실시한다. 교육행정학을 배우는 것은 교육행정학의 개념, 원리, 이론만이 아니라 더욱 엄밀한 체계적 탐구를 통해 더 타당한 이론을 형성해가는 법을 배우는 것이다.

이에 교육행정학의 이론이 어떻게 변천해 왔는가를 살펴보는 것이 중요하다. 새로운 이론이 이전의 이론이 지닌 약점을 어떻게 극복하였는지, 어떠한 약점을 극복하지 못하여 후속되는 이론의 발달을 가져왔는지 살펴보는 것은 나름의 이론적 관점을 형성하기 위한 기초가 된다. 또한, 교육행정 이론과 실제의 통합을 위한 교사의 역할과 과제를 생각해 보는 것은 교사가 이론의 수동적 수용자를 넘어 능동적 공유자이자 생산자로서의 위상을 구축하고 교직의 전문직으로서의 위상 확보에 기여할 수 있는 토대가 될 것이다. 이 장은 교육행정과 교육행정학의 관계, 교육행정 이론의 발달과정, 교육행정 이론의 정립을 위한 교사의 역할로 구성되었다.

1. 교육행정과 교육행정학

가. 학문과 이론 · 연구

학문과 이론

교육행정학은 교육행정 현상을 다루는 학문이다. 학문(學問)은 배우고 묻는다는 말이고 탐구하는 행위와 검증하는 행위를 함께 지칭한다(조동일, 1997: 216). 탐구하는 행위와 검증하는 행위는 학습과 연구를 함께 지칭하는 것이기도 하다(정은, 2003: 4). 학문을 해서 얻는 결과, 탐구나 연구의 결과가 이론이다(조남두 외, 2006: 41). 즉, 실험과 관찰 등을 통해 더 정밀한 실험과 관찰을 해낼 수 있는 상호 관련된 원리들을 발전시켜 나아가는 과정이 탐구이며, 그러한 탐구의 결과로서 제시되는 지식체가 이론이다.

이론과 연구의 관계

이론은 탐구나 연구의 결과이면서 연구를 이끄는 역할도 수행한다(이종재 · 이차영 · 김용 · 송경오, 2012: 65). Van Dalen(1979)에 따르면, 이론은 연구자에게 무엇을 주목하고 무엇은 무시해야 할 것인가를 알려주며, 연구자로 하여금 방대한 현상들을 분류할 수 있도록 해 주고, 직접적인 관찰이나 측정은 어렵지만 몇 가지 표집된 행동들에 대한 관찰이나 측정을 통해 유추 가능한 구념들(constructs)을 형성해 준다(Lunenburg & Ornstein, 2012: 3-6에서 재인용). 또한, 이론은 얼핏 보기에는 서로 분리되어 있는 자료들을 더 광범위한 개념적 틀로 요약해 주고, 학자들로 하여금 그 이론에 들어맞지만 아직 관찰되지 않은 사례들을 예측할 수 있게 해 준다. 한편, 이론은 학자들에게 탐구해야 할 영역과 해결해야 할 핵심 문제들을 밝혀준다.

이처럼 이론은 연구자로 하여금 현상의 선별적 주목, 분류, 요약, 예측 등을 통해 연구를 위한 문제와 가설을 도출해낼 수 있도록 해 준다(박성식, 2011: 40-41; Hoy & Miskel, 2008: 5; Lunenburg & Ornstein, 2012: 3-6). 여기서 가설이란 둘 이상의 개념 내지 변인들 간의 관계를 가리키는 예측성 진술을 의미한다(Hoy & Miskel, 2008: 5; Lunenburg & Ornstein, 2012: 2).

연구를 통하여 기존의 이론으로부터 도출된 가설이 타당한 것으로 입증되면 그 이론의 타당성은 더욱 높아지게 된다. 반면 가설이 타당하지 않은 것으로 나타나면 그 이론은 수정, 보완되거나 새로운 이론으로 대체된다. 이처럼 이론과 연구는 밀접하게 서로 연결되어 있으며, 이론은 연구를 이끌고 연구는 이론의 내용을 새롭게 한다(이종재 · 이차영 · 김용 · 송경오, 2012: 65).

나. 교육행정과 교육행정학

진동섭, 이윤식과 김재웅(2011: 27-33)은 학문의 일반적 요건을 분명한 탐구대상 체계, 그 세계를 탐구하는 연구방법 보유, 탐구의 과정과 결과에서 내적 규율의 엄격한 준수, 학자들의 공동체인 학회가 중심이 되는 학문 활동과 그 결과의 학술지 발표 등으로 제시하였다. 교육행정학은 교육행정을 탐구대상으로 삼는다. 즉, 교육행정학은 교육행정에 대해 배우고 묻는 일이다. 이때 '교육행정'은 대체로 두 가지 의미를 가진다. 기술, 설명, 이해의 대상으로서의 교육행정과 처방의 대상으로서의 교육행정이 그것이다.

기술, 설명, 이해의 대상으로서의 교육행정

교육행정은 기술, 설명, 이해의 대상으로서의 교육행정현상을 의미할 수 있다. "제도로서의 교육, 즉 학교, 교육청, 교육부 등의 조직이 어떻게 운영되고 있는지"가 교육행정현상의 한 예가 될 것이다(진동섭 · 이윤식 · 김재웅, 2011: 31). 김종철과 이종재(1994: 74-75)에 따르면, 교육행정현상은 교육활동에 관한 기획, 정책결정, 조직, 교신, 지도, 조정, 통제, 평가 등 다양한 활동을 포함하며, 내용 면에서는 프로그램, 인적 자원, 물적 자원, 기타 연구와 홍보 등의 지원조건에 이르기까지 광범위한 영역에 걸쳐 교육활동을 지원하고 조성하며 통제하고 규제하는 양면을 함께 포함한다. 행정현상이라 함은 그와 같은 제 활동을 하나의 사회적 · 공공적 사실로서 파악하려는 것을 의미한다.

처방의 대상으로서의 교육행정

교육행정은 처방의 대상으로서의 교육행정을 의미할 수도 있다. "어떻게 하면 학교, 교육청, 교육부 등의 조직을 효과적이고 효율적으로 운영할 수 있는지"가 처방의 대상으로서 교육행정과 관련한 질문의 한 예가 될 것이다(진동섭 · 이윤식 · 김재웅, 2011: 27-33). 김종철과 이종재(1994: 74)가 교육행정학을 '교육행정' 운영의 기술을 위한 지침을 제공해 주는 것으로 규정할 때, 교육행정의 의미는 처방의 대상으로서 교육행정을 의미한다. 한편, 임연기(2003)는 교육행정학의 탐구대상은 교육행정의 실천과정에서 발생하는 '교육행정의 문제'이며, 교육행정의 문제에 대한 연구결과를 바탕으로 교육행정의 실천이 보다 세련되고 합리적인 실천으로 전환하게 된다고 하였다. 이때 교육행정의 실천은 처방의 대상으로서 교육행정 실천을 의미한다. 이처럼 교육행정학은 현상으로서의 교육행정과 처방의 대상이 되는 실천으로서의 교육행정 두 가지를 모두 대상으로 삼는다.

다. 교육행정 탐구자로서의 교사

교사가 하는 일과 교육행정학자가 하는 일의 유사성

교사는 학생의 학습이 효율적으로 이루어지기 위한 인적·물적 조건을 정비·확립하는 존재이며, 이는 교육행정가가 하는 일과 매우 유사하다. 앞서 보았듯이, 교육행정가가 하는 일은 교육활동에 관한 기획, 정책결정, 조직, 교신(의사소통), 지도, 조정, 통제, 평가 등의 활동을 포함하는데 그러한 활동은 교사의 일에서도 나타난다. 마찬가지로, 교사도 학생의 학습을 위한 프로그램, 인적 자원, 물적 자원, 기타 지원조건에 이르기까지 광범위한 영역에 걸쳐 학생의 학습활동을 지원하고 조성하며 통제하고 규제하는 일을 한다. 교사가 하는 일과 교육행정학자가 하는 일 간에 유사성이 매우 높다면, 교사에게도 교육행정 이론이 가치를 가진다고 할 수 있다.

교사와 이론

현상을 체계적으로 설명하고 예측하는 상호 관련된 개념, 가정 및 일반화들의 조직체로서의 이론은 단순한 일반화로부터 복잡한 법칙에 이르기까지, 철학적 이론에서부터 과학적 이론에 이르기까지 다양하다(Lunenberg & Ornstein, 2012: 2). 그러한 이론을 학자들만이 활용하는 것은 아니다. 학문적 또는 과학적 이론만이 아니라 개인적, 실제적, 상식적 이론도 존재한다(Argyris & Schön, 1974; McCutcheon & Jung, 1990: 144). 전문직 종사자의 전문적 실천도 이론에 입각하고 있다(Argyris & Schön, 1974). 교육행정가나 교사 모두 나름대로의 개념(가령, 교육의 개념), 가정(이를테면, 인간은 본성적으로 선한 존재이다.), 일반화(예를 들면, 선생님이 행복하면 아이들도 행복해진다.)를 보유하고 있으며, 그것들이 정합적인 형태를 취할 경우 하나의 이론이라고 할 수 있다. 교육행정가나 교사가 취하는 거의 모든 행위는 어느 정도 명시적 혹은 암묵적 이론에 입각하고 있다고 할 것이다(Griffiths, 1957: 356; Hoy & Miskel, 2008: 4; Lunenburg & Ornstein, 2012: 3). 이론을 형성해가는 과정의 엄밀성이나 추상화 수준, 강조점 면에서는 차이가 있을지라도 전문적 연구자나 현장 종사자 모두 체계적 탐구의 과정을 거쳐 나름의 이론을 형성하고 또 형성해야 한다는 점에서는 동일하다(Hoy & Miskel, 2008: 7).

교육행정가나 교사가 이론에 입각하여 본인의 교육행정행위나 교육행위를 수행하고 있다면, 그는 그러한 이론에 대한 지속적 검토를 통해 본인의 이론과 실천을 개선해 나아가야 할 것이다. 학문적 탐구의 과정이 기존 이론으로부터 가설 도출, 가설에 대한 경험적 검증, 검증된 가설 및 일반화로부터 원리 도출 등의 과정을 거쳐 이루어진다면(Hoy

& Miskel, 2008: 6), 현장 종사자도 기존 이론의 명료화와 그로부터의 가설적 실천방안 도출, 방안의 실천을 통한 검증, 검증된 방안 및 일반화로부터 실천적 원리 도출 등의 과정을 거쳐 본인의 이론 및 실천을 개선해 가야 한다. 이러한 과정은 일종의 반성적 실천(reflective practice)의 과정이며 그러한 반성적 실천이 전문직 종사자의 전문성 발달의 본질이라는 지적도 있다(Schön, 1983).

교육행정가나 교사가 반성적 실천을 통해 나름대로의 이론을 정립해 가는 과정에서 교육행정학에서 발전된 이론들이 많은 도움을 줄 수 있다. 교육행정학 연구자가 발전시킨 이론은 더 광범위한 사례나 상황에서의 상대적으로 더 엄밀한 검증을 거친 것이기 때문에 현장 종사자의 개별적이고 제한적인 경험을 통해 형성된 이론을 보완해 줄 수 있다. 이에 교육행정가나 교사로서 지속적인 전문성 신장을 도모하고자 하는 사람은 대학원 진학 등을 통해 교육행정학의 이론 및 연구방법을 습득하고 그것을 본인의 반성적 실천에 적극적으로 활용하는 노력을 기울이는 것이 바람직하다. 다만, 연구자들이 발전시킨 이론은 수많은 요인들이 상호작용하면서 영향을 미치고 있는 현실과는 달리 많은 조건들을 통제함으로써 상황을 단순화하여 도출한 결과물이라는 점에서 한계가 있다는 점(Hoy & Miskel, 2008: 8)도 고려하여야 할 것이다.

2. 교육행정 이론의 전개

교육행정가나 교사가 반성적 실천을 통해 나름대로의 이론을 정립해 가는 과정에서 교육행정학의 이론들이 많은 도움을 줄 수 있다고 하였다. 교육행정학에서도 기존 이론에 대한 지속적인 반성적 검토를 통해 새로운 이론을 발전시켜 왔다. 교육행정 이론의 전개과정에 대한 검토는 독자 개개인의 이론을 정립하는 데 도움이 될 수 있을 것이다. 교육행정 이론은 고전 이론, 인간관계론, 행동과학론의 시기를 거쳐 현재는 다원론의 시기에 있다고 할 수 있다. 고전이론은 1910년을 전후한 시기에, 인간관계론은 1930년을 전후한 시기에 발달하였으며, 행동과학론은 1950년을 전후한 시기에 발달하였다. 그리고 다원론의 시기는 1970년을 전후한 시기부터라고 할 수 있다(한유경 외, 2018: 17-18). 현재 개방체제론이 주류를 이루고 있는 가운데 해석학적 관점, 비판 이론, 포스트모더니즘 등의 대안적 관점이 대두하고 있다. 교육행정 이론은 기존의 행정학이나 경영학에서 발전된 이론을 적용하는 단계에 머물다가 행동과학론의 시기에 이르러 교육행정의 이론화운동을 통해 본격적인 이론 정립의 계기를 마련하였다고 할 수 있다.

가. 고전 이론

등장 배경

산업혁명 이후 대량 생산체제의 확립과 급격한 도시화는 산업조직과 사회의 능률을 제고할 필요를 제기하였고, 자연과학 기술의 발전은 세상을 기계화하는 풍조를 만연시켰다(남정걸, 2009: 55-57; 박성식, 2011: 48-54). 이러한 경향은 고전 이론의 발전을 촉진하고 그 성격을 규제하는 중요한 요소로 작용하였다.

미국은 공교육이 시작된 20세기 초 무렵부터 의무취학의 입법, 이민에 의한 인구의 증가로 학생 수가 증가하면서 수많은 교실과 교사가 필요하였다(남정걸, 2009: 55-57; 진동섭 · 이윤식 · 김재웅, 2011: 43-56). 학교재정의 증가에 따라 학교재정의 책무성과 효율성에 대한 요구가 커지면서 국민의 세금으로 운영되는 공립학교들이 비능률의 전형이라는 비판을 받게 되었다(박성식, 2011: 48-54; 진동섭 · 이윤식 · 김재웅, 2011: 43-56; 이병환 · 장기풍 · 김규태, 2012: 41). 대규모화되고 있는 학교체제를 주먹구구식이 아닌 전문적으로 관리할 필요가 커지면서 1925년경에는 교육감직이 교육적 지위보다는 관리적 지위가 되었다(진동섭 · 이윤식 · 김재웅, 2011: 43-56; 이병환 · 장기풍 · 김규태, 2012: 41). 이에 따라 1890년대 이후 지역주민들로 구성된 교육위원회에 종속되어 있던 교육행정가들이 교사 및 행정가의 임용, 교육과정 승인 등의 권한을 확보하기 위한 전문직화 노력을 본격화하였다(Sergiovanni et al., 2004: 112-114). 그러한 노력은 과학적 관리론 등의 고전이론을 교육행정에서 도입하려는 노력으로 이어졌다.

주요내용

고전 이론은 20세기 초기를 풍미했던 이론으로 과학적 관리론, 행정관리론, 관료제론 등을 포함한다. 과학적 관리론은 Taylor가 주창한 경영관리의 과학화 운동으로서, 작업공정의 표준화, 노동자의 선발 및 교육훈련의 과학화, 관리자와 노동자 간의 친밀한 협동을 통해 인간능력을 기계와 같이 효율화함으로써 생산을 극대화하려고 한 이론적 경향이다. 행정관리론은 Fayol, Gulick 등이 주도하였으며 행정 혹은 관리의 과정을 체계화하여 인간 및 조직 관리의 효율화를 도모하고 생산성을 극대화하려 한 이론적 경향이라고 할 수 있다. Weber가 주창한 관료제론은 과업 조직을 체계화 · 효율화하여 생산의 극대화를 도모하고 조직 관리의 과학화를 도모하였다(강원근 외, 2008: 12).

고전 이론은 Spaulding과 Bobbit 등에 의해 교육행정에 수용되었다. Spaulding은 교육행정의 비능률이 교육사업의 큰 취약점이라고 비판하면서 교육도 기업과 같이 과학적 관리에 의하여 보다 능률적으로 운영되어야 한다고 주장하였다. 또한 Bobbit도 교육에서도 기업과 마찬가지로 생산품(학생)과 생산방법(교육방법)의 표준화, 생산자(교사)의 자격 및 교육과 훈련에 과학적 관리론을 충실히 적용할 것을 주장하였다. 그 외에도 Cubberley, Sears, Gregg, Strayer 등도 교육행정에 고전 이론을 적용하는 데 기여하였다. 학교관리와 장학행정에서의 절약과 능률의 강조, 교육행정 과정의 탐색, 학교조직의 관료제적 특성 파악, 교육행정가의 과업과 그러한 과업의 효과적 실천 방법의 제시 등을 통하여 효율적이고 과학적인 교육행정을 제시하였다(정일환, 2003: 40; 박성식, 2012: 52-54).

특징 및 한계

고전 이론의 특징을 다음과 같이 제시할 수 있다(정일환, 2003: 35-41; 강원근 외, 2008: 12; 남정걸, 2009: 56-57; 박성식, 2011: 51-52; 진동섭 · 이윤식 · 김재웅, 2011: 55-56; 박병량 · 주철안, 2012: 26-32; 이종재 · 이차영 · 김용 · 송경오, 2012: 69-73; Lunenburg & Ornstein, 2012: 8). 첫째, 능률성(efficiency)을 가장 중요한 가치로 추구하였다. 고전 이론은 조직과 그 구성원을 하나의 기계와 기계부속품으로 취급하는 기계화, 합리화, 과학화를 통해 조직 운영에서 능률의 극대화를 도모하였다. 능률을 향상하기 위한 수단으로 인간을 이용하였으며, 그 결과 인간의 심리적, 사회적 요인을 무시하게 된다. 둘째, 공식적 구조를 중시하였다. 고전 이론에서는 조직이 주어진 목표를 달성하기 위해 존재한다고 보고, 그러한 목표를 달성하기 위한 조직의 공식적 구조와 과정에만 초점을 두었다. 그 결과 고전 이론은 조직의 비공식적 측면을 간과하는 경향을 보였다. 셋째, 조직을 폐쇄체제로 간주하였다. 조직의 공식적 구조와 내부과정에만 초점을 맞춤으로써 환경의 영향을 간과하는 경향이 있었다. 넷째, 인간을 경제적 · 물질적 유인에 의해 움직이는 이기적 존재로 가정하였다. 고전 이론은 조직의 구성원을 경제적 이득에 의해 동기유발되는 이기적인 인간으로 간주하는 일종의 성악설적 인간관에 입각하였다. 다섯째, 엄밀한 과학적 방법보다는 경험과 직관에 의존하였다. 고전 이론은 과학적 관리를 표방하기는 하였으나 거기에서 제안된 '원리(principles)'는 대부분 과거의 경험과 직관에 의존한 것이었다. 요컨대, 고전 이론은 인간의 욕구나 집단보다 과업과 생산성, 능률을 강조한 나머지 '인간 없는 조직'을 추구한다는 비판을 받고 결국 인간관계론적 접근을 낳게 하였다(남정걸, 2009: 57; 이병환 · 장기풍 · 김규태, 2012: 45).

이러한 특징을 가진 고전 이론의 영향은 20세기 초기에만 국한된 것이 아니며, 오늘날에도 조직의 연구와 운영에 꾸준히 영향을 미치고 있다(박성식, 2011: 52; 진동섭 · 이윤식 · 김재웅, 2011: 56; 이종재 · 이차영 · 김용 · 송경오, 2012: 69-73). 1980년대 미국을 중심으로 한 교육개혁의 방향이나 1995년 이후의 우리나라의 교육개혁의 방향 속에서 고전주의 이론의 핵심이라 할 수 있는 '효율성 증진'의 요소를 발견할 수 있으며(신현석 · 안선회 외, 2011:

63-64), 그러한 요소는 오늘날 교육과정 개발, 교육자료 선정, 수업체제 개발 그리고 기타 교육행정의 여러 측면에서 강력하게 고려되고 있다(Sergiovanni et al., 2004: 119). 교육에서 과학적 관리는 성과계약, 비용－편익분석, 목표관리, 기획예산제도, 경영정보체제와 같은 능률의 아이디어를 제공하기도 하였다(박병량 · 주철안, 2012: 26-32).

나. 인간관계론

등장 배경

인간관계론은 기존의 고전 이론에 대한 회의와 경제공황으로 대표되는 정치 · 경제 · 사회 · 문화적 변화가 맞물리면서 등장하였다(정일환, 2003: 41; 강원근 외, 2008: 13; 박성식, 2011: 54; 박병량 · 주철안, 2012: 33; 이병환 · 장기풍 · 김규태, 2012: 46). 고전 이론은 조직의 공식적인 구조나 과업조직, 구성원의 경제적 · 물리적 측면만을 강조함으로써 조직구성원의 사회적 · 심리적 측면, 조직 내부의 비공식조직 등을 간과하고 기계적 효율성만을 추구함으로써 조직의 목표달성이나 생산성을 저하시킨다는 비판을 받게 되었다. 1930년대 들어 경제공황이 심화되면서 고전적 조직 이론에 의한 조직 관리의 한계가 드러나게 되고, 노동자들의 교육 정도와 생활 수준 향상, 교통 · 통신의 발달, 노동조합의 저항, 노동자의 권익에 대한 사회적 기대의 증대 등으로 인해 인간을 기계의 부속품처럼 생각하는 고전 이론 대신 인간관계론이 점차 설득력을 얻게 되었다.

주요내용

인간관계론의 발전에 가장 결정적인 공헌을 한 것은 서부전기회사의 Hawthorne 공장을 중심으로 Mayo의 주도하에 실시된 일련의 실험적 연구이다. 그러한 연구를 통해 정립된 인간관계론의 주요 가정은 다음과 같다(Lunenburg & Ornstein, 2012: 10). 첫째, 조직구성원의 동기는 경제적 유인만이 아니라 사회적 · 심리적 욕구에 의해 유발되며, 그러한 욕구는 노동자의 사기 및 생산성을 결정하는 데 있어 작업환경의 물리적 조건보다 더 중요하다. 둘째, 개인의 지각, 신념, 동기, 인지, 장애요인에 대한 반응, 가치 등이 작업 상황에서 행동에 영향을 미칠 수 있다. 셋째, 조직구성원들은 공식조직과 병행하면서 관리를 돕거나 저해할 수 있는 비공식적인 사회조직을 발전시키는 경향이 있다. 넷째, 작업장 내에서의 비공식적 조직은 고유한 규범과 행동강령을 만들고 그 조직의 구성원에게 강제한다. 다섯째, 구성원은 지원적 관리하에서 더 높은 사기를 보이며 더 열심히 일하고, 사기의 증가는 생산성의 증가로 귀결된다. 여섯째, 의사소통, 권력, 영향력, 권위, 동기유발 등은 모두 조직 내에서, 특히 상급자와 하급자 사이에서 중요한 관계이다. 효과적인 의사소통 경로가 위계의 여러 수준 간에 발달하여야 하며, 권위주의적 리더십보다 민주적 리더십을 강조해야 한다.

인간관계론적 관점을 교육행정 분야에 적용시킨 학자로는 Koopman, Yauch, Moehlman, Griffiths 등을 들 수 있으며, 이들은 교육행정에서 인간관계의 중요성, 민주적 지도성의 개념 규정, 조직운영의 민주화, 조직구성원의 의사결정에의 적극적 참여 등을 강조하였다(정일환, 2003: 51). 인간관계론은 20세기 초에 형성된 민주적 행정철학과 접목되어 학교경영의 민주화에 공헌하였다(진동섭 · 이윤식 · 김재웅, 2011: 60-62; 박병량 · 주철안, 2012; 이종재 · 이차영 · 김용 · 송경오, 2012: 76). 민주적 행정철학과 관련하여 Dewey는 학교 안에서 민주주의를 체험하도록 하기 위해서는 학교의 구조와 운영에 있어서 민주주의 원리가 적용되어야 할 것으로 보고, 그러한 맥락에서 과학적 관리론을 비판하였다(박성식, 2011: 59; 진동섭 · 이윤식 · 김재웅, 2011: 60).

인간관계론의 영향으로 민주적 행정, 민주적 장학, 민주적 의사결정, 민주적 교수 방법 등의 용어가 강조되었으며(남정걸, 2009: 61; 이병환 · 장기풍 · 김규태, 2012: 49; 이종재 · 이차영 · 김용 · 송경오, 2012: 76), 과학적 관리론에서 통용되던 명령, 지시 등의 용어가 자극, 의사소통 등의 용어로 바뀌게 되었다. 또한, 의사결정에 관한 책임 분담, 학교행정가의 대인관계 기술, 교장의 비지시적 지도성, 학교 안의 비공식적 조직의 중요성이 강조되었다.

특징 및 한계

인간관계론의 주요 특징 및 한계를 제시하면 다음과 같다(남정걸, 2009: 63-64; 박성식, 2011: 57-58; 신현석 · 안선회 외, 2011: 68-69; 진동섭 · 이윤식 · 김재웅, 2011; 박병량 · 주철안, 2012: 35; 이병환 · 장기풍 · 김규태, 2012: 50-51; 이종재 · 이차영 · 김용 · 송경오, 2012: 75-76).

첫째, 비공식적 요인을 중시하고 있다. 인간관계론은 조직을 개인으로 구성된 사회적 집단으로 보고, 여기서 나타나는 자생적이고 비공식적인 행동에 연구의 초점을 맞추고 있다. 또한 인간관계론은 조직 참여자인 인간의 사회적 · 심리적 측면을 중시하면서 대인관계와 인간집단의 비공식적 관계, 권한의 위임과 분권화, 민주적 지도과정, 조직구성원의 경영 참여 등에 강조점을 두었다. 그렇지만, 인간관계론은 지나치게 비공식적 집단이나 조직구성원의 사회·심리적 측면만을 강조한 나머지 오히려 생산성 저하, 노동자와 경영자 간의 갈등 및 조직 기강의 문제, 관리의 방향 상실, 조직의 구조적 측면 및 생산성 제고 측면 등한시, 폐쇄된 조직 내부의 문제 등을 야기하게 되었다는 비판을 받고 있다.

둘째, 능률을 중요한 가치로 추구한다. 인간관계론이 강조하는 능률은 고전 이론의 경우와는 달리 사회적 능률을 의미한다. 사회적 능률이란 조직 참여자의 만족도, 특히 사회적 욕구 충족도를 의미하는 개념이다(박성식, 2011: 57). 인간관계론에서는 조직의 생산성이 합리적인 직무설계나 전문기능 등 조직의 구조체계보다는 조직구성원이 자신의 직무에 얼마나 만족하고, 자신이 관리자로부터 얼마나 인정받고 있다고 느끼는가에 달렸다고 본다.

셋째, 조직의 구성원이 경제적인 동기만이 아니라 사회적인 동기에 의해 행동한다고 본다. 그런 점에서 인간관계론은 조직구성원이 열심히 일하도록 하는 동인으로서 경제적 보상보다 사회심리적 보상을 강조한다.

넷째, 조직을 폐쇄체제로 보고 환경의 영향을 경시하였다. 이를테면, 인간관계론은 개인의 감정과 개인 상호 간의 관계, 소집단의 영향력에 초점을 두는 반면, 그 개인이나 집단이 존재하는 보다 광범위한 사회구조, 예컨대 인간관계를 구성하는 사회조직의 원리나 조직 상황 그 자체는 제도에 주어진 것으로 가정하기 때문에 연구의 주제로 삼지 않았다(남정걸, 2009: 63-64).

다섯째, 개인의 욕구나 비공식집단의 중요성을 강조하지만 그에 대한 관심은 조직의 생산성 향상을 위한 수단일 뿐이다. 조직 내의 인간을 해방시키는 데 관심이 있는 것이 아니라 조직의 목적을 달성하는 수단으로서 인간의 욕구를 활용하고 있을 뿐인 것이다.

여섯째, 체험이나 사변적 처방을 중심으로 이론적 논의를 전개하였다. 인간관계론에서 규범적 처방의 형태로 제시되었던 대부분의 행정원리는 사실상 교육 현장에서 성공한 행정가의 체험이나 상아탑 속에 있는 교수들의 민주주의 이념에 근거한 것이었다(Hoy & Miskel, 2008: 16). 그래서 교육행정에 대한 인간관계론적 접근은 말로만 성찬이었을 뿐 학교조직과 운영의 실제에 대한 이론적 연구는 소홀하였다. 요컨대, 인간관계론은 개인의 욕구 및 감정과 비공식집단을 중시하는 반면, 조직의 구조적 측면을 소홀히 함으로써 고전 이론이 '인간 없는 조직'을 강조한 것과 대조적으로 '조직 없는 인간'이라는 이미지를 형성하였다(남정걸, 2009: 64; Lane, Corwin, & Monahan, 1967: 14-15).

고전 이론의 경우와 마찬가지로 인간관계론의 영향은 오늘날에도 지속되고 있다. 이를테면, 인간관계론이 성숙한 형태로서 인간자원론은 고전 이론과 같은 능률성 모델의 한계와 사회적 욕구의 중요성을 인정하면서도 개인의 성장 및 도전 욕구에 가장 주목하고 있다(한유경 외, 2018: 21; Sergiovanni et al., 2004: 124-125).

다. 행동과학론

등장 배경

고전 이론은 개인의 욕구 및 인간관계의 영향을 경시한 반면, 인간관계론은 조직의 공식적 구조의 영향을 소홀히 취급하였다. 두 이론 모두 조직의 생산성 향상을 궁극적 목적으로 추구함에도 불구하고, 조직과 인간 중 한 측면만을 강조함으로써 한계를 노출하였다. 이에 두 이론을 변증법적으로 통합하는 것이 중요한 과제로 대두하였다. 더욱이, 두 이론 모두 당위나 가치지향성을 전제로 하여 행정을 설명하려 했기 때문에 변인 간의 관련성이나 역동적 상호작용을 이해하고 설명하며 일반화할 수 있는 새로운 이론을 생산하지 못하였다(남정걸, 2009: 65). 그런데 1930년대 초 유럽에서 미국으로 유입된 사회과학자들이 심리학, 정치학, 경영학 등 다양한 관점에서 정치 · 사회 현상에 대한 체계적 분석방법을 제공함에 따라 그러한 학문들의 명제, 개념, 원리, 모형, 연구 설계 등을 이용하여 가설을 경험적으로 검증함으로써 이론을 개발하는 노력이 가능하게 되었다(박선형, 2003: 134-135; 박성식, 2011, 61-69; 박병량 · 주철안, 2012: 36-38).

주요내용

행동과학론은 고전 이론과 인간관계론의 통합을 추구하는 만큼 인간과 조직의 통합을 강조한다. 행동과학론의 발전에 크게 공헌한 Barnard(1938)는 조직 내 비공식조직의 중요성과 공식조직과의 밀접한 관계를 제시하는 한편, 조직에서 효과성과 능률성 간의 균형을 강조하였다. 효과성(effectiveness)은 조직목표달성과 관련되며, 능률성(efficiency)은 개별 구성원의 만족과 관련된다. Simon(1997)은 조직을 구성원의 기여(contributions)와 유인(inducements)의 교환이 이루어지는 평형체제(system in equilibrium)로 보았다. 구성원은 조직에서 제공하는 유인이 자신의 업무 기여도보다 더 크다고 지각하는 한 조직에 머무른다는 것이다(Hoy & Miskel, 2008: 21).

Barnard와 Simon에 의해 시작된 행동과학론은 1950년대 들어 행동과학의 연구 방법이 조직과 행정 연구에 도입되면서 본격화하였다. 행동과학론의 범주에 포함되는 행정 이론의 종류에 대해서는 연구자별로 이견이 있으나, 조직행동론이 행동과학론의 주류를 이루었다. 조직행동론은 조직 내 인간의 행동이 조직의 효과성 혹은 효율성과 관련하여 바람직한 방향으로 이루어질 수 있도록 체계적으로 연구하는 것으로 고전적 조직 이론에서 강조되었던 조직의 관점과 인간관계론에서 강조되었던 인간의 관점이 합치될 수 있도록 조정하는 데 그 초점을 맞춘다(조남두 외, 2006: 25). 이러한 입장에서 연구한 조직행동론 연구자들로는 Maslow, McGregor, Argyris, Herzberg, Likert 등을 들 수 있다. 이 외에 지도성 분야를 포함하여 조직행동론의 관점에서 연구된 조직 이론들은 수없이 많고 그 전통은 오늘날에 이르기까지 계속되고 있다(조남두 외, 2006: 25).

교육행정학계에서도 행동과학론의 영향을 받아 교육행정에 대한 이론화 운동이 전개되었다(박성식, 2011: 65-69; Sergiovanni et al., 2004: 81-100). 미국학교행정가협의회(AASA)는 1946년에 학교행정직의 전문화를 위하여 대학에서의 양성과정의 개선과 교육위원회에 의한 학교 행정직 선발의 개선을 요구하기로 하였다. 1947년에 결성된 미국교육행정학교수협의회(The National Conference for Professors of Educational Administration: NCPEA)는 사회과학분야의 행동과학자들이 다수 참석하는 연차대회 개최(1954), 교육행정에 관한 기존의 연구물을 종합한 『교육에 있어서 행정적 행위』 출간 등을 통해 교육행정 분야에서 이론적 연구의 필요성을 강조하였다. 또한 Kellog 재단의 지원으로 Harvard 대학을 포함하여 8개 대학에 교육행정협동프로그램(CPEA)이 설치되어 교육행정학 교수들과 사회과학자들의 지속적인 학문적 대화를 촉진하였다. 1956년에 NCPEA의 주도하에 교육행정학 분야의 박사학위 과정을 개설 중인 대학들이 모여 '교육행정을 위한 대학협의회(UCEA)'를 구성하였다. UCEA는 1957년에 '교육행정 이론의 발전'이라는 주제의 세미나를 개최하여 이론화 운동을 가속화하였고, 1965년부터 『계간 교육행정(Educational Administration Quarterly)』 발간, 『교육지도성의 도전: 21세기 지도성의 재규정』과 『시련에 처한 미국 교육통치: 변화와 도전』 발간, '교육행정수월성 위원회'를 구성하고 중요한 정책연구보고서 발간, 1988년 위원회의 건의에 따라 '교육행정가를 위한 정책위원회(NPBEA)' 설치, 학교행정가 양성을 위한 국가기준 제정 등 다양한 노력을 기울여 오고 있다.

행동과학론에 바탕을 둔 이론화 운동의 전개는 두 이론을 통합한 새로운 교육행정연구의 지평을 확장함으로써 교육행정학의 학문적 토대를 갖추게 하는 계기를 마련하였다(강원근 외, 2008: 14-15). '새로운 운동(New Movement)'이라고도 불리는 이 운동을 통해 1950년대와 1960년대에 걸쳐 철학과 과학, 가치와 사실을 엄격히 구분하는 논리적 실증주의에 입각한 교육행정의 이론화 작업이 활발히 전개되었다(남정걸, 2009: 67). 이에 현대적 교육행정학의 기점을 이론화운동으로 보는 학자들도 있다(노종희, 1992: 73-74; 김종철 · 이종재, 1994: 79-80). 교육행정의 이론화 운동은 실제적 처방중심의 교육행정학을 다른 사회과학처럼 이론중심의 학문으로 발전시키기 위한 노력이었으며, 이 운동에 참여한 연구자들은 교육행정 연구에 과학적 방법을 적용하고 현장중심의 사실 그대로의 관찰을 통해 교육행정 이론의 개발을 모색하였다(신현석 · 안선회 외, 2011: 69-70). 이론화 운동은 교육행정을 연구하는 데 이론에 근거한 가설 · 연역적 연구 방법을 채택하여야 한다는 점, 교육행정은 일반행정이나 기업행정 등과 크게 다르지 않으며 행정은 그 자체로서 과학적인 연구주제가 될 수 있다는 점, 교육기관은 사회체제로서 가장 잘 이해될 수 있는 것이기 때문에 교육행정의 연구는 행동과학적인 접근방법에 크게 의존하지 않을 수 없다는 점을 강조함으로써 이론과 실제 간의 관계를 새롭게 해석하고 교육행정을 과학화 · 이론화하는 데 크게 기여하였다(박성식, 2011: 66).

특징 및 한계

행동과학론의 특징 및 한계를 제시하면 다음과 같다.

첫째, 조직의 연구범위를 확대하였다. 조직을 분석함에 있어 조직의 공식적 요인과 비공식적 요인 및 두 요인의 상호 관련성, 비공식집단의 범위와 그들 간의 상호 관계, 상·하위자 간의 관계, 사회적 보상과 물질적 보상 및 그들 상호 간의 영향, 조직과 환경의 상호작용, 작업조직만이 아닌 비작업조직 등을 포함함으로써 관심영역을 확대하였다(Etzioni, 1964: 49). 또한 특정 단일요인에 관한 연구에 있어서도 그 요인과 다른 요인들 간의 관련성에 주목하였고, 조직에 대한 중요성을 판단하는 기준을 제시함으로써 행정 연구를 풍요롭게 하는 데 기여하였다(박성식, 2011: 61-69).

둘째, 다양한 사회과학 분야의 개념, 원리, 연구설계를 활용하여 조직을 분석하고자 하는 다학문적 접근을 활용하고 있다. 특히 교육행정에 대한 연구는 행동과학론의 영향을 받아 단일 학문 중심의 사실적 관찰에 근거한 교육현장 중심의 연구에서 다학문적 접근 방법을 통한 이론의 개발을 지향하는 학문중심 연구로 관심을 돌리기 시작하였다(박성식, 2011: 65-66).

셋째, 조직 분석에 있어서 가치중립적 접근을 견지하였다. 논리실증주의를 바탕으로 전개된 행동과학론이나 교육행정의 이론화 운동에서는 이론과 연구에서 당위론적인 일반화('ought' generalizations)보다 기술이나 설명의 성격을 가지는 일반화를 강조하고, 연구는 이론에 근거를 두어야 하되 최상의 가장 강력한 이론은 수식으로 표현되는 가설·연역적 진술이라고 보고 있다(Culbertson, 1988: 14-17). 이러한 논리실증주의의 입장은 교육행정학에서 해석론적 접근을 강조하는 진영의 비판을 초래하여 이른바 Greenfield-Griffiths 논쟁을 불러일으키기도 하였다.

넷째, 조직을 폐쇄체제로 파악하고 있다. 행동과학론은 고전 이론과 인간관계론의 관점을 통합하고자 하였으나 고전 이론과 인간관계론이 지닌 폐쇄체제로서의 조직에 대한 가정은 계승하였다. 행동과학론의 주류를 이루는 조직행동론의 경우 조직 외부의 환경과의 관계를 거의 고려하지 않고 있다.

다섯째, 행동과학론의 범위가 모호하다. 연구자에 따라 행동과학론에 포함되는 이론들이 달라진다. 이를테면, 개방체제론의 경우 행동과학론에 포함시키는 입장(조남두 외, 2006; 신현석·안선회 외, 2011)과 행동과학론과 별도로 제시하는 입장(정일환, 2003; 박성식, 2011; 박병량·주철안, 2012; 이병환·장기풍·김규태, 2012)이 공존하고 있다. 마찬가지로 상황대응 이론의 경우에도 이를 행동과학론에 포함시키는 입장(조남두 외, 2006; 박병량·주철안, 2012)과 행동과학론과 분리하는 입장(정일환, 2003; 박성식, 2011)이 모두 나타나고 있다. 이는 행동과학론 자체의 문제라기보다 행동과학론의 성격을 어떻게 규정할 것인가에 대한 관점이 연구자들 간에 서로 다른 데서 나타나는 현상이라고 할 것이다.

라. 다원론

등장 배경

다원론은 조직을 폐쇄체제로 바라보는 행동과학론의 한계, 1960년대 후반 및 1970년대 미국 사회의 급격한 변화 등을 배경으로 등장하였다. 조직행동론을 중심으로 한 행동과학론은 조직을 폐쇄체제로 파악하였지만, 교육행정체제가 변화하는 주변 환경과의 상호작용 없이는 그 기능을 수행할 수 없어 조직 내의 상호작용은 물론 이들과 그 조직 외부의 변인과의 상호작용을 고려한 이론이 1960년대 이후 등장하기 시작하였다(정일환, 2003: 52). 환경 변화와 관련하여 1960년대 후반 미국의 사회적 · 정치적 불안, 1970년대의 인권운동, 베트남전, 워터게이트 등 재정적 · 정치적 긴급 사태가 지적되고 있으며, 행동과학으로부터 도출된 이론적 지식은 어떠한 맥락에서도 타당하다고 보는 '조직에 대한 보편이론'이 가지는 한계도 다원론의 등장을 촉발하였다(박성식, 2011: 69-72).

주요내용

다원론은 특정한 이론적 관점을 의미하지 않으며, 다양한 이론적 관점이 공존하는 시기를 지칭하는 명칭이다. 다원론의 범위에 대해서도 논란이 가능하며, 이는 행동과학론과 대안적 이론의 경계를 어떻게 설정할 것인가의 문제와 결부되어 있다. 행동과학론의 범위에 대한 논란은 앞서 제시하였지만, 대안적 이론과 관련해서도 논란이 있다. 가령, 신현석과 안선회 등(2011)은 대안적 관점 및 이론에 해당하는 해석론적 관점, 비판이론, 포스트모더니즘, 페미니즘 등의 성격이 다소 포괄적이면서 실제로 다양한 교육행정 현상을 설명하는 비중이 낮기 때문에 다루지 않는다고 하였다. 그렇지만, 해석론적 관점을 반영한 질적 연구의 비중이 높아져가고 있는 추세인 만큼 해석론적 관점을 '대안적 관점'으로 포함시켜야 할 것인가에 대해서는 논란이 가능하다. 이 책에서는 대안적 이론을 별도로 설정하지 않고 모두 다원론의 범주에 포함하였다. 향후 해석론적 관점, 비판이론, 포스트모더니즘, 페미니즘 등 이른바 대안적 이론 및 관점의 비중이 갈수록 높아질 것으로 예상되기 때문이다. 현재 개방체제론이 교육행정학 이론의 주류를 이루고 있는 가운데, 해석론적 관점, 비판이론, 포스트모더니즘 등 다양한 관점과 접근방법이 교육행정연구에서 활용되는 추세라고 할 수 있다.

○ 개방체제론

1960년대 초에 교육행정 이론에서 체제 이론이 대두되었으며, 체제 이론은 조직이 주위 환경의 영향을 받을 뿐만 아니라 환경에 의존한다는 사실을 강조한다. 체제 이론은 조직을 관리하는 하나의 분리된 접근방법이 아니라 조직을 종합적이고 체계적으로 조망하는 하나의 방식으로서 체제이론가들은 조직을 전체적으로 연구하고, 조직의 구성 요소들 간의 상호관계, 그리고 조직과 외부환경의 관계를 중점적으로 탐구한다(박병량 · 주철안, 2012: 39). 체제 이론을 토대로 발전된 사고방식이나 기법으로서 체제적 사고, 체제접근, 체제분석 등은 교육행정가가 체제의 목표를 효과적으로 달성할 수 있도록 문제분석의 새로운 시각을 제공해 주고 보다 효율적으로 학교를 경영할 수 있는 기법에 대한 안목을 제공해 주었다(이병환 · 장기풍 · 김규태, 2012: 54-61).

여기서의 체제는 개방체제를 의미하며, 개방체제는 상호의존 관계에 있는 여러 하위체제들로 구성되고, 환경으로부터 투입(input)을 받아들이고 이를 전환(transformation) 또는 처리과정(process)을 통해 산출(output)로 변화시켜서 환경(environment)으로 내보낸다(이형행, 1992: 195). 산출에 관한 정보는 투입 또는 처리과정으로 환류(feedback)되어 평가적 정보로 활용된다. 하나의 체제는 경계(boundaries)에 의해 다른 체제들과 구별되며, 경계 밖은 그 체제의 환경이 된다.

개방체제의 중요한 속성으로서 다음과 같은 것을 들 수 있다(Immegart & Pilecki, 1973: 39-45). 첫째, 개방체제는 환경과 에너지 및 정보를 교환함으로써 자신을 유지한다. 에너지 및 정보는 환경으로부터의 투입에 해당할 수도 있고 체제로부터 환경으로 내보내는 산출에 해당할 수도 있다. 둘째, 개방체제는 안정된 상태로 자신을 유지하려 한다. 셋째, 인간의 몸이 스스로 체온을 조절하듯이 개방체제는 자기 규제(self-regulating)를 특징으로 한다. 넷째, 개방체제는 각기 상이한 조건에서 출발하거나 각기 다른 과정을 밟더라도 동일한 결과에 도달할 수 있는 능력을 가지고 있다(equifinality, 異因同果性). 다섯째, 개방체제는 기능적 하위체제의 역동적 상호작용에 의해서 유지된다. 여섯째, 개방체제는 부분적으로 피드백 과정을 통해서 안정적인 상태를 유지한다. 개방체제는 자신의 과거 행동에 대한 정보를 획득하고, 이 정보를 활용하여 평가를 실시하며, 필요하다면 미래 행동을 위해 체제의 구조와 과정을 수정함으로써 안정적인 상태를 유지한다. 일곱째, 모든 개방체제는 점진적으로 분화(progressive segregation)한다. 이것은 하위체제들을 분화시켜 기능적이고 위계적인 순서로 배열하는 과정으로서, 이를 통해 체제의 효과성과 통합, 환경에의 대응능력은 증대된다. 여덟째, 개방체제는 점진적 기계화(progressive mechanization)의 특성을 가지고 있다. 이는 모든 개방체제는 특정 절차 또는 과정을 고정하여 배열한다는 것을 의미하며, 이를 통해 체제는 행동의 '규칙성'을 확보한다. 앞에서 이야기한 자기규제의 경향과 비슷하지만 그보다 넓은 개념으로서 정상적인 상태로부터의 가벼운 일탈만이 아니라 위기 상황에서의 규제도 포함한다. 아홉째, 개방체제는 생존하기 위해 체제가 해체 또는 소멸되어 가는 경향성을 없애고자 하는 역소멸지향성을 가지고 있다.

이러한 개방체제론은 교육행정학에서도 널리 수용되고 있다. 특히 학교조직에서 교사와 학생 등 사람이 매우 중요하다는 점을 강조하면서 학교조직을 사회체제로 파악하려는 관점이 보편적으로 받아들여지고 있다. 역할만이 아니라 개인적 욕구 · 신념 · 목표에 입각해서 행위하는 사람들로 구성되어 있으며, 목적지향적이고, 구조와 규범 · 제재장치, 독특한 문화, 구성원의 행위에 영향을 미치는 권력관계를 보유하고 있다는 점을 사회체제의 특징으로 들 수 있다(Hoy & Miskel, 2008: 23).

사회체제의 특징에서 보듯이 사회체제에는 정치체제와 문화체제도 포함되며, 이에 조직에 대한 정치적 접근과 문화적 접근도 개방체제론의 하위 범주에 포함시킬 수 있다. 조직에 대한 정치적 관점과 관련한 중요한 주제로서 제한적 합리성 관점, 무질서 조직으로서의 학교조직을, 문화적 관점과 관련한 중요한 주제로서 문화적 관점에서의 지도성, 학교문화의 형성, 학교공동체 등을 들기도 한다(이종재 · 이차영 · 김용 · 송경오, 2012: 82-91; 한유경 외, 2018: 28). 조직 구성 요소들 간의 결합(coupling), 상황대응 이론 등도 개방체제론의 주요한 관심사이다(Hoy & Miskel, 2008: 37).

상황대응 이론에서는 행정에서 '최선의 방법(the one best way)'은 없으며, 조직을 관리하는 모든 방법들이 주어진 일련의 상황에 똑같이 효과적인 것은 아니라는 점을 인정한다. 그리하여 조직설계와 관리형태의 선택은 상황적인 요소들에 대한 분석에 근거해야 한다고 주장한다(박병량 · 주철안, 2012, 38-39; 이종재 · 이차영 · 김용 · 송경오, 2012: 77). 이러한 상황대응 이론은 주로 지도성 이론에서 제기되었다(이종재 · 이차영 · 김용 · 송경오, 2012: 77).

○ 해석론

해석론, 비판이론, 포스트모더니즘 등은 흔히 대안적 관점과 이론으로 분류된다. 이러한 이론들은 기본 가정이 유사하고 기존의 조직 이론에 의문을 제기하며, 기존의 사회과학적 분석을 비판한다는 점에서 공통점을 지닌다(박병량 · 주철안, 2012: 48-49). 이러한 이론들이 교육행정학에서 주류를 형성하고 있다고 할 수는 없으나, 해석론의 관점은 "구조기능적 패러다임에 대응하는 하나의 연구패러다임으로 자리잡고 있다."는 평가를 받을 정도로(조남두 외, 2006: 25) 급격히 부상하고 있다.

해석론의 입장에서 보면, 조직은 객관적 실체가 아니라 인간에 의해 창조된 가공물이기 때문에, 조직을 객관적 실체로 보고 가설연역적 이론을 경험적 · 수학적으로 검증하고자 하는 실증주의적 접근은 조직 연구에 적절하지 않다(Greenfield, 1988). 현실은 특정 상

〈표 2-1〉 사회적 실재를 해석하는 두 가지 기본 입장

비교 준거	사회적 실재에 대한 입장	
	객관적 실재로서의 자연적 체제	인간의 고안물
철학적 근거	실재론: 세계는 실제로 존재하며 있는 그대로 파악 가능함. 조직은 스스로의 삶을 가진 실체임	관념론: 세계는 존재하나 사람들은 매우 상이한 방식으로 그것을 해석함. 조직은 고안된 사회적 실재임
사회과학의 역할	사회와 사회 속에서 일어나는 인간 행동의 보편적 법칙을 발견하는 것	사람들이 자신이 살아가는 세계를 얼마나 다르게 해석하고 있는지 발견하는 것
사회적 실재의 기본 단위	집합체: 사회나 조직	단독으로 또는 함께 행위하는 개인
이해의 방법	사회나 조직이 존재할 수 있도록 하는 조건이나 관계의 규명. 그러한 조건과 관계가 무엇인지 구상해냄	개인들이 자신의 행위에 부여하는 주관적 의미의 해석. 그러한 행위를 위한 주관적 규칙의 발견
이론	인간 행동을 설명하기 위해 과학자들이 구축한 합리적 체계(edifice)	사람들이 자신의 세계와 그 안에서의 행동의 정합성을 확보하기 위해 활용하는 일련의 의미들
연구	실험이나 준실험을 통한 이론의 타당성 검증	유의미한 관계의 탐색과 그러한 관계가 행위에 미치는 영향의 발견
방법론	주로 수학적 모형과 정량적 분석을 통한 실재의 추상화	비교의 목적을 위한 실재의 묘사. 언어 및 의미의 분석
사회	질서정연함. 획일적인 가치체계가 지배하며 그러한 가치들에 의해서만 존재 가능	갈등을 내포함. 권력에 접근할 수 있는 사람들의 가치가 지배함
조직	목표지향적. 사람(구성원)과 독립적. 질서유지의 도구는 사회와 개인 모두에게 봉사함	사람(구성원)과 그들이 추구하는 목표에 의존. 권력의 도구는 일부 구성원만이 통제하고 그들이 바람직하다고 생각하는 목적을 달성하기 위해 활용할 수 있음
조직의 병리(病理) 현상	조직이 사회적 가치 및 개인적 필요와 일치하지 않는 것	구성원들이 추구하는 다양한 목적을 고려하면, 그러한 목적을 추구하기 위해 행위하는 사람들 사이에는 갈등이 상존함
병리 현상의 치유를 위한 처방	사회적 가치 및 개인적 필요를 충족시키기 위해 조직의 구조를 변화시킴	누구의 어떤 가치들이 조직 행위에 구현되고 있는지 발견함. 가능하다면 사람이나 그들이 추구하는 가치를 변화시킴

황 속에서 행위자의 준거틀에 기초하여 만들어질 따름이며, 사람에 따라, 같은 사람일 경우라도 때에 따라 현실은 달라질 수 있다(Lincoln & Guba, 1985: 70-91). 이에 해석론자들은 실증주의적 접근이 논리나 이성 외에 인간의 자유 의지, 가치, 감정 등이 조직에서 중요하게 작용한다는 점을 무시하고, 현장 종사자들이 구성해 낸 조직 현실을 열등한 것으로

취급하게 된다고 비판한다(Greenfield, 1988). Greenfield(1975)는 논리실증주의와 해석론의 특징과 그것이 조직 실제에 주는 시사점을 〈표 2-1〉과 같이 비교하여 제시하였다.

이처럼 해석론에서는 객관적으로 존재하는 교육행정 현상을 부정하고 개인의 주관적 지각에 따라 구성된 의미로서의 현상, 그리고 인간의 상호작용으로 인해 비롯된 생활 속에서 합의된 의미로서의 현상을 강조한다(신현석, 1996: 209-213). 이에 해석론의 관점은 특정 상황에서 특정 개인의 행동하는 방식을 지배하고 있는 주관적 의미구조를 체계적으로 상세화한다(조남두 외, 2006: 25). 따라서 해석론에서 중요한 것은 외부로 표현된 행위 그 자체보다는 행위가 담고 있는 배후의 의미를 그 행위가 발생한 상황에서 간주관적으로 어떻게 해석하느냐이다.

교육행정학 분야에서 해석론에 대한 논의는 1974년 영국에서 열린 제3차 국제 상호 방문 프로그램에서 Greenfield가 '학교조직이론에 있어 논리실증주의 연구의 비판'이라는 논문을 발표하면서 시작되었다고 볼 수 있다(조남두 외, 2006: 25). 그는 관찰적 · 실증적 자료는 이론 의존적이기 때문에 관찰적 · 실증적 자료에 의하여 정당화되는 가설연역체제의 확증과정은 행동과학적 접근이 지향하였던 객관성을 보장받지 못한다고 하였다. 또한, 그는 이론의 선택은 개인의 선호도와 같은 주관성을 반영한다고 하였다. 이에 그는 인간의 다양한 의미와 가치의 우선적 중요성을 고려하는 주관주의가 과학에 대한 보다 폭넓은 새로운 개념으로서 교육행정학에 정착되어야 한다고 보았다(박선형, 2002: 139-141). 그의 이러한 주장은 Griffiths를 중심으로 하는 미국의 논리실증주의적 교육행정 이론가들의 반박을 불러일으켜 이른바 Greenfield-Griffiths 논쟁을 초래하였다.

○ 비판 이론

비판 이론은 20세기 초에 형성된 독일의 Frankfurt 학파를 중심으로 한 사회비판 이론에 그 뿌리를 두고 있다. 비판 이론에서는 비판을 통한 계몽을 중시한다. 비판 이론은 비판을 통해 현대의 조직이 지배층의 이익에 어떻게 기여하고 있는지 보여주고자 하며, 조직구성원을 소외시키는 기존 질서에 대한 구성원 자신의 '허위 의식'을 조명함으로써 그것을 변화시키고자 한다. 비판 이론은 현대조직이 지배계급의 이익을 위해 어떠한 기능을 수행하는지 드러내는 데 그치지 않고, 인간의 소외와 억압, 불평등, 허위의식을 야기하는 사회구조 및 조직을 변혁하고자 한다(이병환 · 장기풍 · 김규태, 2012: 65-66).

비판교육행정학을 주장하는 대표적 학자로서 Bates는 교육체제가 '형평, 정의, 기회의 원리'를 표방하지만, 실제로는 학교교육이나 교육행정 이론은 사회통제를 위한 기제나 도구로 이용되고 있다고 하였다. 그는 자본주의와 교육의 내재적 위기를 극복하기 위해서는 교육행정이 효율성과 효과성 제고에 관심을 기울이는 관리과학이 아니라 보다 나은 사회건설과 사회정의 실현에 필요한 참여 민주주의와 인간해방과 같은 '집합적인 사회적 가치'를 사회에 폭넓게 전하는 것에 주된 관심을 두어야 한다고 보았다(박선형, 2002: 142-146).

○ 포스트모더니즘

포스트모더니즘은 주로 문학과 예술의 영역에서 유행어처럼 쓰이던 문예적인 개념이었으나 이제 단순한 문예적 개념의 범주를 뛰어넘어 현대사회의 다국적 자본주의화, 후기 산업사회화, 소비사회화, 정보화사회화라는 성격변화를 체계적으로 설명하는 철학적 · 사회적 논리로서 자리잡아 가고 있다(조남두 외, 2006: 25). 포스트모더니즘의 특징으로서 이성중심주의의 보편적 타당성 부정(신현석, 2020: 18), 절대적인 진리의 존재 부정, 대서사(grand narratives; grand theory)보다는 소서사 지향(모든 사람, 모든 사회에 적용될 수 있는 대서사를 거부하고, 개인이나 소집단에 초점을 맞춘 소서사에 관심), 거대 이론보다 개인과 소집단에 현실적으로 적용될 수 있는 국지 이론 지향, 이론과 실제의 결합 지향, 보편적이고 객관적인 이성을 추구하는 계몽사상에서 벗어나 인간의 유한성과 다양성 존중, 지식의 보편성과 객관성 부정 등을 들 수 있다(주삼환 외, 2009: 81-82).

박선형(2002: 147)에 따르면, 포스트모더니스트들은 전통 조직 이론이 갈등의 최소화를 통한 효율성과 통제에 입각하여 생산성을 추구하는 데 관심을 기울이는 거대담론을 추구하였다고 본다. 그들은 인간의 언어와 행위는 조직 속에서 고정되어 닫혀 있는 것이 아니라 또 다른 가능성을 위하여 유동적으로 움직이기 때문에 조직의 구조와 공식적 측면에 강조점을 두기보다는 조직의 기본적 불안정성에 초점을 맞추어야 한다고 주장한다. 따라서 포스트모더니스트들은 생산성과 효율성 제고를 목표로 하는 조직이론의 거대담론의 해체를 통하여 조직의 불안정성과 나약함을 드러내는 데 논의의 초점을 둔다.

포스트모더니즘의 이러한 특징은 교육이 학생들에게 보다 개방적 · 허용적 · 비판적 사고를 할 수 있는 능력, 자신이 지식과 신념, 가치체계를 창조해 나아가는 능동적 · 주체적 존재라는 자각, 전통에 대한 올바른 인식과 비판적 재창조 능력, 창의력 등을 함양하는 한편, 진정한 자유와 평등, 민주주의를 체험하고 배우도록 해야 할 것임을 시사한다(윤종건, 1996: 287-289).

○ 페미니즘

페미니스트들은 조직에서 여성이 불이익을 받고 있다고 본다. 이를테면, 관료제 조직에서 직위의 유지를 위한 전적인 헌신과 광범위한 훈련을 강조하지만 가사와 일을 병행하는 여성의 입장에서는 그것이 어려우며, 그런 점에서 관료제는 승진을 위한 준거의 적용만이 아니라 준거의 선정에서도 성차별적이라고 한다(Hoy & Miskel, 2008: 102-103). 또한 관료적 구조는 남성적 덕목과 가치에 우선순위를 부여함으로써 남성 지배 시스템을 영속시킨다고 한다. 가령, 조직 구조화의 원리로서 불평등, 위계, 몰인정성 등은 평등주의적이고 개인을 중시하는 유대와 같은 여성적 가치를 평가절하한다는 것이다(Scott, 1992: 325). 요컨대, 페미니스트들은 조직이 통일성, 권위에의 복종, 충성, 경쟁, 호전성과 효율성을 강조하는 남성문화의 지배를 받고 있다고 주장한다. 일부 페미니스트들은 조직의 연구와 이론이 남성중심이며 남성지향적이라고 주장한다(정일환, 2003: 68).

특징 및 한계

다원론은 다양한 이론 내지 이론적 관점들이 복합적으로 혼재하는 시기를 가리키는 명칭이지 특정한 이론적 관점을 지칭하는 용어는 아니다. 따라서 특정 이론의 특징이나 한계 대신 다원론 시기의 특징을 제시하고자 한다.

다원론 시기의 가장 중요한 특징은 매우 상이한 신념, 가치, 방법론을 추구하는 이론들이 공존하고 있다는 점이다. 자연과학적 방법과 같은 객관적 연구방법을 활용하여 보편적 이론을 도출해내고자 하는 전통적이고 실증주의적인 접근과 이를 비판하면서 주관성, 비결정성, 비합리성, 개인적인 해석, 감정에 대한 신뢰, 상대주의, 단편성, 조직의 독특한 특성 등을 강조하는 대안적 접근이 혼재하고 있다. 그러한 접근들은 서로 다른 패러다임에 입각하고 있는 것으로 간주될 만큼 가정이나 가치, 방법론 등에서 차이를 보이고 있다. 여기서 패러다임이란 '어떤 시기의 특정한 학문공동체의 연구자들이 공유하는 믿음, 가치, 방법론 등을 구성하는 학문연구의 원형(기본형)', '연구자들이 공유하는 이론적 가정들', '연구자들이 타당하다고 인정하는 가정을 바탕으로 세계를 이해하는 이론적 틀', '연구자들이 공유하는 시각, 준거 틀, 정신적 창구' 등을 지칭한다(정일환, 2003: 6). 신현석(1994, 1996)에 따르면 이론화 운동 이후 주류적인 패러다임은 논리실증주의에서 해석론적 패러다임을 거쳐 비판적 패러다임으로 이어졌고 최근에는 포스트모더니즘의 패러다임이 등장하고 있다. 그러한 분석이 옳다면 새로운 패러다임이 출현하는 속도도 매우 빠르다. 확실히 최근의 교육행정 이론은 동요와 비판적 분석에 직면해 있으며, 다양한 이론적 관점이 제시되는 가운데 새로운 패러다임으로의 전환을 모색하고 있는 중이다(박성식, 2011: 69-72).

다양한 패러다임이 공존하는 가운데 전통적인 논리실증주의 패러다임의 중요성은 약화되고, 주관성, 상대주의를 강조하면서 현대 조직의 비합리적인 측면, 독특한 특성, 억압된 측면, 경계, 거절되고 주변적인 것, 침묵하고 무력한 사람들 등에 초점을 두는 패러다임의 중요성은 커지고 있다는 점이 다원론 시기의 또 다른 특징일 것이다(박병량 · 주철안, 2012: 48-50). 그에 따라 보편적 · 획일적 이론이나 법칙을 추구하는 경향은 축소되고 있다(박성식, 2011).

그럼에도 불구하고, 사회구조의 변혁과 같은 거대담론이나 절대적인 진리나 법칙의 해체와 같은 접근은 교육행정 문제의 실질적인 해결에 도움을 주지 못한다. 그러므로 다양한 이론적 관점들을 균형 있게 포괄적으로 활용하여 교육행정의 실제를 기술, 이해, 설명해 내고, 근거이론(grounded theory)의 발상과 유사하게 그 결과로부터 보편적 이론을 도출해내려는 노력을 포기할 필요는 없을 것이다. 말하자면, "조직 현상의 다양성, 상황별 고유성 그리고 변칙 가능성을 이해하고 용납하면서 '변화 속의 일관성'을 찾아 보편적인 요인을 포착하려는 성숙한 태도를 보이는 것이 최근 교육행정 이론의 집합적인 경향"이자(박성식, 2011) 나아가야 할 방향이라고 할 수 있다.

마. 교육행정 이론의 발달과 교사의 반성적 실천

이제까지 교육행정 이론의 발달 과정을 살펴보았다. 여기에서는 교육행정 이론의 발달 과정이 교사의 반성적 실천에 주는 시사점을 살펴보기로 한다.

반성을 통한 실천 이론의 지속적 개선

교육행정 이론의 발달 과정에서 한 시대를 풍미하던 이론이 한계에 부딪히고 비판을 받으면서 새로운 이론에 주류의 자리를 내어주는 것을 볼 수 있다. 특정한 이론이 한때 정합적이고 실제를 잘 기술하거나 처방해 주는 것처럼 보이지만 결국 한계와 비판에 직면하게 된다는 것은 이론의 지속적인 자기 성찰과 혁신이 발전을 위해 필요하다는 것을 보여준다. 마찬가지로 교사도 자신의 교육적 실천을 이끄는 이론이 얼핏 보기에는 정합적이고 타당해 보일지라도 지속적인 반성적 검토를 통해 자신의 실천 이론을 발전시켜 나아가야 할 것이다.

교육행정 이론은 조직의 공식적 구조로부터 비공식적 조직과 인간의 욕구로 관심을 넓히고, 그 둘을 통합하고자 노력하였고, 환경을 고려하지 않은 우물 안 개구리 같은 사고에서 환경을 중시하고 더 큰 사회경제적 구조의 영향까지 고려하게 되는 쪽으로 발전해 왔다. 나아가 보편적 법칙을 추구하고 강제하는 데서 조직구성원 특히 약자의 관점에서 조직을 바라보고 '이해'하는 한편 개별 조직과 개별 구성원의 개성을 강조하는 방향으로 발전해오기도 했다.

교사의 발달 과정도 이러한 발전 방향과 유사성을 가진다는 생각도 가능하다. 신규 교사 시절에는 학급의 공식적 구조를 어떻게 만들어 갈 것인가에 주로 관심을 가지다가 점차로 비공식적 조직과 학생의 욕구에 관심을 가지게 되고, 내 학생, 내 학급만을 바라보다가 결국 내 학생, 내 학급에 영향을 미치는 학교 요인, 가정 및 지역사회 요인을 중시하게 될 것이다. 처음에는 학급 전체만 보이다가 점차로 학생 한 명 한 명이 눈에 들어오게 될 것이다. 교사로서의 안목이 갈수록 넓어지고 또 깊어지는 한편, 학생을 각기 다른 개성을 가진 존재로 바라보고 그 중에서도 소외받는 약자나 소수자에 더 관심을 기울이게 될 것이다. 그런 점에서 교육행정 이론의 발달 과정은 교사 발달의 방향에도 주는 시사점이 있다.

교육행정의 여러 이론들이 각각 나름의 한계를 가지고 있듯이, 교사의 발달 과정에서 교사가 형성해 가는 이론들도 나름의 한계를 가지게 될 것이다. 그러한 한계는 빨리 극복해야 학생에게 가는 피해를 최소화할 수 있는 만큼 교사는 지속적인 반성을 통해 본인의 실천 이론이 가지는 한계를 극복하려는 노력을 기울여야 할 것이다.

학습공동체를 통한 집단적 반성

교육행정 이론의 발달은 특정 개인보다는 교육행정학자들의 공동체를 통해 이루어진 것으로 보아야 할 것이다. 개인에 의한 반성도 발전에 기여하겠지만 개인 차원의 반성은 한계를 가진다. 인간이 가진 지각 능력의 한계 등으로 인해 인간은 자신에 대해 보지 못하는 부분이 있게 마련이기 때문이다. 본인이 보지 못하는 부분에 대해 다른 사람이 피드백해 줄 때, 본인이 당연하다고 생각하는 신념이나 가정에 대해 다른 사람이 문제를 제기할 때 반성은 더 잘 일어날 수 있을 것이다. 그런 점에서 반성은 개인 차원만이 아니라 집단 차원에서도 이루어지는 것이 바람직하다.

교육행정 이론이 교육행정학자들 간의 토론과 대화를 통해 발전해왔듯이, 교사의 실천 이론의 발전도 교사들의 공동체를 통해 가속화될 수 있을 것이다. 최근에 전문적 학습공동체(professional learning community)가 강조되면서 학교 현장에서는 교원학습공동체나 전문적 학습공동체라는 이름의 소집단 모임이 장려되고 있다. 그러한 교사들의 공동체를 통해 반성적 실천이 지속적으로 이루어질 필요가 있을 것이다.

다만, 한 가지 유의해야 할 것은 교사들의 소집단으로서 교원학습공동체나 전문적 학습공동체가 강조될 경우 그러한 소집단이 학교 전체 교원의 결속과 협력을 저해하는 분파주의(balkanization)로 이어져 학교 차원의 공동체 형성이 저해될 수 있다는 점이다 (Goldman & Tindal, 1997; Hargreaves & Fullan, 2012). 이에 교사들의 소집단만이 아니라 학교 전체가 하나의 전문적 학습공동체를 추구하는 것도 동시에 이루어져야 한다.

학교가 추구하는 전문적 학습공동체는 '다름의 공동체(community of difference)'로서의 전문적 학습공동체이다. 오늘날과 같이 다원화된 사회에서는 다양한 의견이나 이해관계 등이 존재하기 때문에 특정한 의견이나 이해관계를 강제로 수용하게 함으로써 공동체를 형성해가는 방식은 부적절하다. 이에 공동체를 추구하되 '동일성'을 강제하는 공동체가 아닌 '다름의 수용(acceptance of otherness)'과 '차이 내에서의 협력(cooperation within difference)'을 통해 동질성이 확보되는 공동체여야 한다(정수현, 2003: 208). 다른 생각과 이해관계를 가진 사람들이 서로 다름을 인정하면서도 협력하는 것은 대화를 통해 가능하다(Shields & Seltzer, 1997). 나와 다른 생각과 의견, 이해관계를 가진 사람과 열린 자세로 만날 때 반성이 더 넓고 깊게 자극받을 가능성이 높다. 이에 전문적 학습공동체는 다름의 공동체를 추구하여야 한다.

나아가 교사들만의 공동체가 아니라 교원, 학생, 학부모 등 학교구성원 전체를 구성원으로 포함하는 학습공동체를 추구하는 것도 필요할 것이다. 이질적인 집단 간의 만남은 전혀 새로운 관점, 의견, 생각과 접할 수 있게 함으로써 교사들의 실천 이론에 대한 넓고 깊은 반성을 불러일으킬 가능성이 있기 때문이다. 그러한 넓고 깊은 반성의 결과로서 그야말로 교사들의 실천 이론에 있어 패러다임의 전환이 일어날 수 있을지도 모른다.

이중순환학습(doule-loop learning)으로서의 반성적 실천

교육행정 이론의 발달 과정은 다양한 차원에서의 반성과 경우에 따라서는 이론의 근본적 대전환까지도 요구하는 반성의 필요성을 일깨워준다. 교육적 실천과 관련한 교사의 반성은 흔히 교육활동의 방법 및 기술에 국한되기 쉽다. 그렇지만, 교육행정 이론의 발달 과정은 그러한 기술적 측면의 반성만이 아니라 내 교육활동은 실제로 어떠한 교육적 인간상이나 교육목표를 구현하고 있는가, 내가 추구하는 교육적 인간상이나 교육목표가 타당한 것인가, 나의 교육활동이 의도치 않게 어떤 부류의 학생을 소외시키고 있으며 어떤 사회의 구현에 이바지하고 있는가, 나는 나의 교육활동을 통해 어떠한 사회의 구현에 이바지하고자 하며 내가 추구하는 사회는 진정 바람직한 것이고 실현 가능한가 등에 대해서도 반성이 이루어질 필요성을 제기한다(김순희, 2009: 105-106; 양은주, 2003: 208-211). 교육행정 이론의 발달 과정에서 나타난 포스트모더니즘은 이성을 중시하는 합리적 인간상을 거부하며, 비판이론이나 페미니즘은 교육이 억압적인 사회적, 경제적, 문화적 구조를 반영함으로써 특정 집단을 소외시키고 있다고 비판한다는 점이 그러한 필요성을 제기하고 있다.

단순한 방법적, 기술적 차원의 반성만이 아니라 이념이나 인간상 및 사회상에 대해서까지 반성이 이루어질 필요가 있다는 것은 교사가 반성을 통해 관점의 근본적 전환까지도 추구해야 한다는 것을 뜻한다. 코로나 19 바이러스 사태로 인해 전면 원격교육이 실시되면서 교사들에게 교육관의 대전환이 요구되고 있으며, 코로나 19 이전에도 이른바

4차산업혁명에 따른 교육의 대전환이 필요하다는 주장이 다양하게 제기되었다. 이는 교육행정 이론의 발달이 일종의 패러다임 전환을 통해 이루어졌듯이, 교사의 실천 이론에서도 패러다임 전환까지 추구할 필요성을 제시한다.

말하자면 교사들은 반성을 통해 현재의 틀 내에서의 현재지향적 학습만이 아니라 대안적인 틀을 추구하는 학습을 추구해야 한다. 그러한 학습은 흔히 이중순환학습(double-loop learning, Argyris & Schön, 1974), 2차원 학습(second-order learning, Lant & Mezias, 1992), 생성적 학습(generative learning, Senge, 2006)으로 불린다. 교사는 반성적 실천을 통해 본인의 실천 이론을 이끄는 패러다임을 넘어 새로운 틀을 추구하는 이중순환학습까지도 지속적으로 추구해야 한다.

3. 교육행정학과 교사의 역할

교육행정 이론의 발달 과정이 교사의 반성적 실천에 주는 시사점을 살펴보았지만, 이론은 학자의 전유물이 아니며 교사도 나름의 실천 이론에 입각하여 직무를 수행한다. 교육행정 이론은 교사의 실천 이론을 정립하는 데 크게 도움을 줄 수 있다. 이렇게 보면, 교육행정 이론과 교사의 실천은 별개의 것이 아니다. 교사가 본인의 교육적 실천 이론을 정립하는 데 교육행정 이론을 활용할 수도 있지만, 교사는 교육행정 이론을 본인의 교육적 실천 이론에 접목하여 적용하는 과정에서 교육행정 이론의 발전에 기여할 수도 있다. 말하자면 이론과 실제는 분리되어 있거나 이론이 우위에 있는 것이 아니며, 이론과 실제는 동등한 입장에서 통합될 필요가 있다. 그런 점에서 교육현장에서 교육 및 교육행정의 실제를 직접 경험하고 있는 교사의 역할이 매우 중요하다. 이에 이론과 실제의 관계, 이론과 실제의 통합을 위한 교사의 역할에 대해 살펴보고자 한다.

가. 이론과 실제의 관계

이론은 실제와 적어도 세 가지 방식으로 직접적으로 관련된다(Hoy & Miskel, 2008: 7-8).

첫째, 이론은 현장 종사자가 참조할 수 있는 준거틀을 형성해 준다. 이론이 실제 문제에 대한 즉각적인 해결책을 제공해 주지는 않지만, 현장 종사자가 당면하는 문제에 대한 분석의 초점을 맞추는 데 필요한 분석적 도구 및 준거틀을 제공해 준다.

둘째, 이론을 형성하는 과정은 실제 사태를 분석하는 일반적 양식을 제공해 준다. 이론 형성에 활용되는 합리적 탐구로서의 과학적 접근은 사태에 대하여 사고하는 방식, 분석 양식을 제공해 준다. 연구자는 연구문제를, 현장 종사자는 실제에서 부딪히는 문제를 체계적·반성적 탐구를 통해 해결해 간다는 점에서 동일하며, 둘 사이에 과학적 접근을 활용하는 구체적 방식에는 차이가 존재할지라도 본질적인 차이는 아니다.

셋째, 이론은 실제에서의 의사결정을 안내한다. 의사결정을 위해서는 현장 종사자가 지식을 필요로 하고, 그러한 정보나 지식을 제공하는 의미 있는 연구는 이론이 전제되지 않고는 이루어질 수 없다.

이론이 실제와 관련하여 이러한 기능을 수행하지만, 그러한 이론은 실제의 현상을 과학적으로 탐구하는 연구에 의해 도출된다. 그리고 도출된 이론은 가설 형성의 원천으로서 연구에 투입되어 실제에 적용된다. 그런 점에서 이론과 실제는 반복 순환적인 흐름의 관계 속에서 불가분의 관계를 맺고 있다(조남두 외, 2006: 42-43).

나. 교육행정 이론과 실제의 통합을 위한 교사의 역할

앞에서 제시한 이론과 실제의 관계에 비추어 보면, 교육행정 이론과 실제의 통합에 있어 현장 종사자의 역할이 중요함을 알 수 있다. 교육행정 이론과 실제의 통합을 위해서 요청되는 교사의 역할을 몇 가지만 제시하면 다음과 같다.

교육행정 이론의 비판적 수용자

교사는 기존의 교육행정 이론을 수용하고 이를 활용하여 교육활동에서 부딪히는 문제를 분석하는 준거 틀을 형성하고, 실제 의사결정에서 교육행정 이론 및 지식을 활용하고자 노력하여야 할 것이다. 다만, 그러한 이론이나 지식을 맹목적으로 수용하기보다 그러한 '현장 밖의' 이론이나 지식이 본인의 현장지식이나 교육적 실천이론을 왜곡하거나 잠식할 가능성에 대해 비판적으로 검토하는 것이 필요하다. 특히 교육행정학의 이론은 많은 변인들을 통제한 상태에서 얻어진 것으로서, 다양한 요인들이 역동적으로 상호작용하고 있는 상황에서의 즉각적 의사결정에 활용하는 데에는 제약이 있다는 점을 유념하여야 한다.

교육행정학 연구방법의 비판적 수용자

교사는 교육행정학에서 활용되는 다양한 연구방법을 습득, 수용하고 본인이 교육실제에서 부딪히는 문제들을 체계적·반성적으로 해결해 가는 데 그것을 적극적으로 활용하여야 할 것이다. 다만, 다양한 연구방법들이 가지는 기본 전제, 가정 등을 동시에 고려함으로써 적절하게 활용할 수 있도록 해야 할 것이다.

교육행정 실제에 대한 원자료 제공자

교사는 교육행정학 연구자에게 교육행정의 실제에 대한 원자료를 성실하게 제공하는 역할을 수행하여야 한다. 설문에 응답하거나 면담에 응하거나 일지나 일기를 작성하여 제공하는 등 원자료 제공자로서의 역할은 다양하다. 설문이나 면담에 불성실하게 응하거나 거짓으로 응답하는 경우 연구 결과를 왜곡하고 이는 잘못된 이론으로 연결되어 이론과 실제의 괴리를 심화하며 궁극적으로 교육현장에 피해를 입히게 된다는 점을 유념해야 할 것이다.

연구자의 요청이 없을 경우라도 평소 본인의 교육활동과 관련한 일지나 일기, 자료를 최대한 기록, 보관하는 것도 권장할 만하다. 자발적으로 기록, 수집한 자료는 실제를 그대로 반영하고 있을 가능성이 높으므로 그러한 자료를 적절한 시기에 본인이 직접 분석하여 반성적 탐구를 실시하거나 연구자에게 제공하여 연구에 활용하도록 하는 것이 바람직하다.

연구 문제 · 주제의 제안자

연구자의 관심과 현장 종사자의 관심이 일치하기는 어려우므로 교사가 중요하게 생각하는 문제나 주제를 연구자가 고려하지 못할 수도 있다. 그럴 경우 교사가 그러한 문제나 주제를 연구자에게 먼저 제안하는 것도 이론과 실제의 일치를 위해 생각해 볼 수 있다.

(협력적) 실행연구자

현장연구 혹은 실행연구(action research)는 실천의 개선을 목적으로 현장의 교원에 의해 이루어지는 연구로서 그 연구 설계는 학술적 연구에 비해 상대적으로 느슨한 것으로 간주되고 있으나, 최근에는 질적 연구방법을 중심으로 실행연구의 엄밀성을 강조하는 입장이 대두하고 있다(이용숙 외, 2005). 본인의 실천을 개선할 목적으로 수행하는 실행 연구라 할지라도 최대한 엄밀하고 체계적인 연구 절차에 근거할 때 의미 있는 연구결과를 얻을 수 있을 것이다. 이에 교사는 연구 방법론에 익숙한 연구자와의 협력적 실행연구를 통해 체계적인 연구의 절차 및 방법을 습득할 필요가 있다. 특히 교육행정학 연구자와의 협력적 실행연구는 이론과 실제의 일치를 위해서도 권장할 만하다. 전문적 연구자와의 협력적 실행연구를 통해 연구의 절차 및 방법을 충분히 학습한 후에는 단독으로 실행연구를 실시하거나 협력적 실행연구를 하더라도 본인의 역할을 늘려가는 것이 필요하다. 더 나아가 교사들끼리 협력적 실행연구를 실시함으로써 실천적 지식의 공유와 공동 탐구를 통해 전문적 학습공동체를 구축해가는 노력을 기울이는 것이 바람직할 것이다.

이상에서 교육행정 이론과 실제의 통합을 위한 교사의 역할을 교육행정 이론의 비판적 수용자, 교육행정학 연구방법의 비판적 수용자, 교육행정 실제에 대한 원자료 제공자, 연구 문제 · 주제의 제안자, 협력적 실행연구자 등으로 제시하였다. 이러한 역할을 수행하는 것과 관련하여 교육대학원이나 일반대학원의 석박사과정 진학도 적극적으로 고려해볼 필요가 있다. 대학원에서는 기본적으로 교육행정 이론과 연구 방법에 대해 학습할 수 있으며, 연구자인 교수와의 상호작용을 통해 실제에 대한 원자료 제공, 연구 주제의 제안, 실행연구 등을 도모할 수 있기 때문이다. 나아가 비슷한 문제의식과 관심사를 지니고 대학원에 진학한 동료교원들과의 긴밀한 상호작용 및 공동탐구를 통해 학교 밖 전문적 학습공동체를 형성해갈 수 있다는 점도 대학원 진학의 이점이라 할 수 있을 것이다.

핵심 용어

- 학문
- 이론
- 연구
- 개방체제론
- 이론과 실제의 관계
- 이론-실제와 교사 역할
- 실행연구
- 인간관계론
- 행동과학론
- 다원론
- 교육행정학
- 교육행정 이론
- 고전 이론
- 학습
- 페미니즘
- 반성적 실천
- 교육행정
- 해석론
- 비판 이론
- 포스트모더니즘
- 전문적 학습공동체

생각해 볼 주제

- 학문은 질문에서 시작한다. 학교 및 교육과 관련하여 대답을 구하고 싶은 질문을 생각해 보자.
- 나의 교육활동을 이끄는 '이론'을 글로 표현해 보자. 나의 '이론'은 '교육행정 이론의 발달과정'에서 제시된 다양한 이론 중 어떤 이론과 가장 유사한지 살펴보자.
- 본인이 경험한 학교운영이나 교육활동의 문제를 하나 제시하고 그러한 문제를 개선 내지 해결하기 위한 실행연구계획을 작성해 보자.
- Meyer와 Rowan(1977)은 교사의 자격 · 임용, 학급편성, 담임 배정, 수업 시간표 작성 등과 같은 의식적 분류(ritual classification)의 영역에 대해서는 강한 통제가 이루어지지만 교수활동의 영역에서는 통제와 조정이 약하며, 그러한 약한 통제는 '신뢰의 논리(logic of confidence)'에 기초하고 있다고 하였다. 이러한 '이론'이 실제에 주는 시사점은 무엇인지 생각해 보자.

참고문헌

강길수 · 강영삼(1997). 한국교육행정학회 30년의 회고와 전망. 교육행정학연구, 15(3). pp.1-14.
강영삼(2013). 교육행정학의 학문 발달사. 한국교육행정학회(편). 한국 교육행정학 연구 핸드북. 서울: 학지사. pp.21-60.
강원근 외(2008). 초등교육행정론. 파주: 교육과학사.
김병찬(2003). 교육행정 연구에서의 질적 접근. 교육행정학연구, 21(2). pp.503-526.
김순희(2009). 교사의 반성적 수업 실천을 위한 방안 탐색. 한국교원교육연구, 26(2). pp.101-121.
김종철 · 이종재(1994). 교육행정의 이론과 실제. 신정증보판. 서울: 교육과학사.
남정걸(2009). 교육행정 및 교육경영, 5판. 파주: 교육과학사.
노종희(1992). 교육행정학: 이론과 연구. 서울: 문음사.
박병량 · 주철안(2012). 교육행정 및 교육경영: 학교·학급경영 중심. 서울: 학지사.
박선형(2002). 교육행정 이론발달의 철학적 연원에 대한 고찰. 교육행정학연구, 20(4). pp.133-157.
박성식(2011). 교육행정학. 서울: 학지사.
서정화(2008). 한국교육행정학회의 역할과 기여에 관한 고찰. 교육행정학연구, 26(1). pp.119-139.
신현석(1994). 교육행정학연구의 주류 패러다임과 포스트모더니즘적 반성. 교육행정학연구, 12(3). pp.88-113.
신현석(1996). 포스트모더니즘 시대의 교육행정학(Ⅰ): 포스트모던 교육행정학의 철학적 기초에 대한 탐색을 중심으로. 교육행정학연구, 14(4). pp.202-226.
신현석(2009). 한국적 교육행정학의 방법적 기반. 교육행정학연구, 27(3). pp.23-56.
신현석(2020). 한국교육행정학론. 파주: 교육과학사.
신현석 · 박균열 · 정주영 · 김진미(2014). 한국 교육행정학 분야 양적 연구 동향 분석: 「교육행정학연구」를 중심으로. 교육행정학연구, 32(4). pp.109-142.
신현석 · 박균열 · 전상훈 · 주휘정 · 신원학(2009). 한국 교육행정학의 연구 동향 분석: 「교육행정학연구」를 중심으로. 교육행정학연구, 27(4). pp.23-56.
신현석 · 안선회 · 가신현 · 주영효(2014). 교육행정학 연구의 학문지도: 한국교육행정학의 블루오션 탐색. 한국교육학연구, 20(2). pp.35-77.
신현석 · 안선회 외(2011). 학습사회의 교육행정 및 교육경영. 서울: 학지사.
신현석 외(2014). 학교중심의 교육행정 및 교육경영. 서울: 박영story.
신현석 · 주영효 · 정수현(2014). 한국 교육행정학 분야 질적 연구 동향 분석. 교육행정학연구, 32(3). pp.53-81.
양은주(2003). 연구자로서의 교사 개념과 대안적 교실 실천. 한국교사교육, 20(2). pp.203-221.
윤종건(1996). 포스트모더니즘의 교육적 재해석과 학교경영에의 시사점. 교육행정학연구, 14(2). pp.280-297.
이병환 · 장기풍 · 김규태(2012). 교육행정 및 교육경영. 서울: 태영출판사.
이용숙 외(2005). 실행연구방법. 서울: 학지사.
이일용(2003). 한국교육행정학 연구의 동향과 과제: 연구방법 측면. 교육행정학연구, 21(1). pp.355-373.
이종재 · 이차영 · 김용 · 송경오(2012). 한국교육행정론. 파주: 교육과학사.
이형행(1994). 교육행정: 이론적 접근. 서울: 문음사.
임연기(2003). 한국 교육행정학의 학문적 특성과 과제. 교육행정학연구, 21(1). pp.331-353.
정수현(2003). 교육공동체 개념에 근거한 학교평가의 방향 탐색. 교육행정학연구, 21(2). pp.205-227.
정은(2003). 학문일반론적 논의를 통한 특수교육학의 위상 재조명. 특수교육저널: 이론과 실천, 4(3). pp.1-15.
정일환(2003). 교육행정학의 탐구: 개념과 실제. 서울: 원미사.
정진환 · 이일주 · 이석경(1993). 한국교육학회 교육행정학연구회의 업적 분석. 교육행정학연구, 11(3). pp.303-332.
조남두 · 권기욱 · 오영재 · 유현숙 · 조남근 · 최창섭 · 신현석(2006). 교육행정론. 서울: 원미사.
조동일(1997). 인문학문의 사명. 서울대학교출판부.
주삼환 외(2009). 교육행정 및 교육경영, 4판. 서울: 학지사.

진동섭 · 이윤식 · 김재웅(2011). 교육행정 및 학교경영의 이해, 제2판. 파주: 교육과학사.

천세영 · 이삼경 · 방인자(2013). 한국교육행정학의 내용 체계. 교육발전논총, 34(1). 대전: 충남대학교 교육발전연구소. pp.25-41.

한유경 · 임현식 · 김병찬 · 김성기 · 정제영 · 이희숙 · 임소현 · 김은영 · 윤수경 · 이윤희 · 김화영 · 김경애 · 정현주(2018). 교육행정 및 교육경영. 서울: 학지사.

허병기(2003). 한국 교육행정학 연구의 동향과 과제: 연구내용을 중심으로. 교육행정학연구, 21(1). pp.375-396.

Argyris, C. & Schön, D. A.(1974). *Theory in Practice: Increasing Professional Effectiveness*. Jossey-Bass.

Barnard, C. I.(1938). *The Functions of the Executive*. Cambridge: Harvard University Press.

Culbertson, J. A.(1988). A Century's Quest for a Knowledge Base in N. J. Boyan(ed). *Handbook of Research on Educational Administration: A Project of the American Educational Research Association*. New York: Longman.

Etzioni, A.(1964). *Modern Organizations*. Englewood Cliffs: Prentice-Hall.

Goldman, P. & Tindal, G.(2002). "Contradictions of Scool Community in Restructuring elementary Schools: Lessons from a Case Study". G. Furman(ed). School as Community: From Promise to Practice. Albany: State University of New York Press.

Greenfield, T. B.(1975). "Theory about Organization: A New Perspective and its Implications for Schools" in International Intervisitation Programme on Educational Administration, *Administering education: international challenge*, 3rd edition. Bristol: Athlone Press.

Greenfield, T. B.(1988). "The decline and fall of science in educational administration" in A. Westoby(ed). *Culture and power in educational organizations*. Philadelphia: Open University Press. pp.115-141.

Griffiths, D. E.(1957). Toward a Theory of Administrative behavior in R. F. Campbell & R. T. Gregg(eds). *Administrative behavior in education*. New York: Harper & Row.

Hargreaves, A. & Fullan, M.(2014). Professional Capital: Transforming Teaching in Every School. 진동섭(역). 교직과 교사의 전문적 자본: 학교를 바꾸는 힘. 교육과학사.

Hoy, W. K. & Miskel, C. G.(2003). *Educational Administration: Theory, Research, and Practice*(6th edition). 김형관 · 오영재 · 신현석 · 박종필(역). 교육행정 이론, 연구, 실제. 서울: 원미사.

Hoy, W. K. & Miskel, C. G.(2008). *Educational Administration: Theory, Research, and Practice*(8th edition). Higher Education.

Immegart, G. L. & Pilecki, F. J.(1973). *An introduction to systems for the educational administrator*. Reading: Addison-Wesley Pub. Co.

Lane, W., R. Corwin, & Monahan, W.(1967). *Foundations of Educational Administration: A Behavioral Analysis*. New York: Macmillan.

Lant, T. K. & Mezias, S. J.(1992). An Organizational Learning Model of Convergence and Reorientation. Organization Science, 3(1). pp.47-71.

Lincoln, Y. S. & Guba, E. G.(1985). *Naturalistic inquiry*. Beverly Hills: Sage Publications.

Lunenburg, F. C. & Ornstein, A. C.(2012). *Educational Administration: Concepts and Practices*(6th edition). Wadsworth.

McCutcheon, G. & Jung, B.(1990). Alternative Perspectives on Action Research. *Theory into Practice*, 29(3). pp.144-151.

Meyer, J. W. & Rowan, B.(1977). Institutionalized Organizations: Formal Structure as Myth and Ceremony. *American Journal of Sociology*, *83*. pp.440-463.

Owens, R. G. & Valesky, T. C.(2007). *Organizational Behavior in Education: Adaptive Leadership and School Reform*(9th edition). Pearson.

Schön, D. A.(1983). *The Reflective Practitioner: How Professionals Think in Action*. New York: Basic Books.

Scott, W. R.(1992). *Organizations: Rational, Natural, and Open Systems*, 3rd edition. Englewood Cliffs: Prentice-

Hall International.

Senge, P. M.(2006). Fifth Discipline: The art and practice of the learning organization, Revised edition. Random House.

Sergiovanni, T. J., Kelleher, P., McCarthy, M. M. & Wirt, F. M.(2004). *Educational Governance and Administration* (5th edition). Pearson.

Shields, C. M. & Seltzer, P. A.(1997). Complexities and Paradoxies of Community: Toward a More Useful Conceptualization of Community. Educational Administration Quarterly, 33(4).

Simon, H. A.(1997). *Administrative Behavior: A Study of Decision-Making Processes in Administrative Organization*, 4th edition(e-Book). New York: The Free Press.

CHAPTER 03

교육정책과 학교변화

성병창(부산교육대학교)
정바울(서울교육대학교)

교육정책은 교육 가치를 바탕으로 추구하고자 하는 교육목표를 의도적으로 달성하고자 하는 활동이다. 이러한 활동은 학교 현장에서 일어나고 있는 일상적인 교육활동에 영향을 준다. 교육정책에 대한 이해는 현재의 교육활동을 보다 종합적으로 파악하는 데에 필수적이다. 이러한 점에서 교육정책은 교육행정의 주요 부분으로 이해된다.

교육정책은 주로 중앙정부와 시 · 도교육청 수준에서 개발된다. 교육정책이 어떤 과정을 거쳐 개발, 집행, 평가되는지를 파악하는 것은 거시적 관점에서 교육문제를 종합적으로 이해하는 데 도움이 된다. 최근에는 단위학교 수준에서의 교육활동들이 역으로 시 · 도교육청의 주요 교육정책이 되기도 한다. 대표적인 것으로는 단위학교 수준에서의 학교혁신이나 변화와 관련된 정책들이다.

이 장의 목표는 교육정책에 대한 기초 이론을 바탕으로 학교교육활동에 대한 종합적 이해 역량을 높이고자 하는 데에 있다. 본문에서는 교육정책의 특성, 교육정책과정의 이해, 학교변화에 대해 살펴보고자 한다.

1. 교육정책의 특성

가. 교육정책의 개념

교육정책의 개념은 다양하게 규정되고 있다. 주로 공공정책의 개념을 어떻게 규정하느냐에 따라 교육정책의 개념이 달라진다. 좁은 의미에서는 공공정책을 "정부에서 공식적으로 표현한 의지"로 파악한다. 넓은 의미에서는 공공정책을 "가치의 권위적 배분"으로 파악한다. 교육정책은 이러한 개념 범위의 폭 내에서 관점에 따라 다양하게 규정된다(Fowler, 2004).

브리태니커 사전에 의하면, 교육정책은 "국가와 공공단체가 국민 또는 관련 주민의 동의를 바탕으로 공교육활동을 위해 공적으로 제시하고 시행하는 기본방침"이라고 규정하고 있다. 이는 교육활동의 목표·수단·방법 등에 관한 최적의 대안을 의도적·합리적으로 선택한 것이며, 교육이념을 구현하기 위한 수단인 동시에 교육제도의 운영을 위한 대강령을 제시한 것이다.

교육정책의 개념을 보다 종합적으로 이해하기 위해서는 교육정책 이념·과정·내용·효과·환경과의 관련 속에서 파악할 필요가 있다(브리태니커백과사전, 2015).

- 교육정책이념이란 교육정책의 기본 철학 내지 원리로서, 교육의 목표·수단·방법 등은 물론 교육과 사회의 연관성에 대한 통찰을 전제로 하여 교육운영의 기본원리가 무엇이어야 하는가에 대한 명분과 원리를 이루는 것이다.
- 교육정책과정이란 교육정책이 수립·집행·평가되는 과정을 의미한다.
- 교육정책내용은 크게 2가지로 나눌 수 있다. 교육활동의 부문별 영역에 따라 초등교육·중등교육·고등교육·교원교육·실업교육·유아교육·특수교육·해외교육·사회교육 등으로 구분할 수 있으며, 교육활동의 기능별 요인에 따라 교육목표·교육과정·교과서·장학·교직원·인사·학생·교육시설·교육재정·교육홍보·교육연구 등으로 구분할 수 있다.
- 교육정책효과는 교육정책의 집행 후 교육활동에 어떠한 효과를 가져왔는가를 평가·확인하는 것이다.
- 교육정책환경이란 교육정책 과정이 추진되는 정치적·행정적·경제적·사회적·문화적 환경을 의미하는 것으로 넓은 의미에서 교육풍토, 사회풍토가 이에 해당한다.

나. 교육정책의 특성

교육정책의 특성은 의사결정 측면, 정치적 과정의 측면, 교육적 효과의 측면으로 구분하여 살펴볼 수 있다(김종철, 1989: 708-713).

의사결정 측면

교육정책은 정책행위라는 측면에서 정부가 수행하는 교육에 관한 공적인 의사결정이라는 특징을 갖는다. 정부의 공적인 의사결정으로 다음과 같은 특성을 가진다.

- 교육정책은 본질적으로 합리적이고 목적지향적인 특성을 갖는다.
- 교육정책은 교육문제의 해결을 위한 대안을 제시한다는 의미에서 과학적인 문제해결 과정을 기반으로 한다.
- 교육정책은 최적의 대안을 채택하는 일이라는 점에서 최적화를 지향하는 하나의 선택 행위라는 특성을 갖는다.

정치적 과정의 측면

교육정책은 그 형성과정에서 정치적 과정을 통해 이루어지고, 정치 · 행정체제를 통해 수립되기 때문에 본질적으로 권력의 문제와 깊은 관련을 맺는다. 정치적 과정으로 다음과 같은 몇 가지 특성을 가진다.

- 교육정책은 필연적으로 정치적 과정, 곧 역동적인 권력관계를 통해 형성되고, 심의 · 합법화되는 과정을 거치기 때문에 그 형성과 추진은 정치권력과 밀접한 관련을 갖는다.
- 교육정책은 그 사회의 가치체제나 행태에 의해 좌우된다. 교육이 정치적 과정을 통해 이루어진다는 말은 자유민주주의 사회에서는 공익과 국민의 동의를 바탕으로 이루어진다는 의미를 내포한다.

교육적 효과 측면

교육정책은 교육활동을 이끌고 조장하며 지원하기 위한 기본 지침을 제시하려는 근본적인 목적을 가지고 있다. 그래서 교육정책의 특성은 교육정책이 교육에 어떠한 효과를 주었느냐와 밀접하게 관련을 맺고 있다. 교육적 효과와 관련하여 다음과 같은 몇 가지 특성을 가진다.

- 교육정책은 교육목적 실현에의 기여와 밀접하게 관련되어 있다. 적어도 교육목적 실현을 통해 교육에 의해 영향을 받는 대다수 사람의 이익과 복지 증진에 기여해야만 그 의미와 가치를 가진다.
- 교육정책은 교육의 내적, 외적 조건을 정비하고 확충함으로써 교육의 발전을 도모한다는 특징을 가진다.
- 교육정책의 성과는 교육의 국가 발전과 사회 발전에 대한 기여도에 따라 달라진다.

다. 교육정책의 유형

교육정책은 정책의 내용, 시기, 결정체제 등에 따라 다양하게 유형화된다. Lewi(1964)의 정책 유형에 따라 교육정책을 분배(distributive), 규제(regulatory), 재분배(redistributive) 정책으로 유형화할 수 있다.[1)]

분배정책

분배정책은 단순하게 표현하면 국민들에게 선물(gift)을 주는 정책을 말한다. 국민들에게 어떤 권리나 이익 또는 서비스를 제공하는 정책들이다. 대표적인 것으로 보조금 지급(subsidy), 도급계약(contract), 비규제적 면허(nonregulatory license) 정책 등이 있다. 보조금 정책은 주로 현금, 재화, 서비스를 제공하는 것이다. 예를 들어, 교육부에서 단위 학교에 방과후수업에 대한 특별교부금의 지급이나 교육청에서 단위학교에 지원하는 급식지원금 등이 해당된다.

도급계약 정책은 정부로부터 일정 규모 자금을 민간회사가 받고, 자신의 물품이나 서비스를 제공하는 것을 말한다. 급식서비스에 대한 민간 급식기관과의 도급계약이나 학교 시설 관리에서의 도급계약 등이 해당된다.

비규제적 면허 정책은 면허를 제공해 주지 않으면 불법이라고 여겨질 수 있는 것을 정부에서 할 수 있도록 허락하는 특권을 말한다. 교육 분야에는 별로 없는 상황이다. 예를 들어, 지역주민들에게 인근 학교도서관 이용권의 제공은 이에 해당될 수 있다.

규제정책

규제정책은 특정 개인이나 집단의 자유를 구속하거나 억제함으로써 다수의 사람들을 보호하려는 목적을 지닌 정책을 말한다. 규제정책의 특별한 형태의 하나가 자격제도이

1) 나중에 정책 유형을 통제의 기법이라고 부르고, 분배정책을 진흥정책(promotional policy)이라고 바꾸었다. 이 내용은 Fowler(2004)가 제시한 내용들을 재정리한 내용이다.

다. 자격제도는 특정 요건을 충족하기 전에 직업적인 행위를 하지 못하도록 하는 제도이다. 교사자격증, 교감이나 교장자격증 등이 이에 해당된다.

대부분의 규제정책은 특정 행동을 요구하거나 금지하는 법이나 행정규칙의 형태로 나타난다. 규칙은 대체적으로 정부나 공공기관이 실행의 주체이고, 그것을 위반할 시에는 처벌이 따른다는 의미가 내포되어 있다. 대학입시, 학생의 입학과 졸업요건, 교육과정지침, 교사평가, 학교안전 규정 등 교육 현장에서 지켜야 할 규칙들은 대부분 규제정책에 해당된다. 규제정책은 모든 집단을 만족시킬 수 없다는 특징을 가지고 있다.

재분배정책

재분배정책은 한 사회집단의 자원이나 권력을 다른 집단으로 이전시키는 것을 말한다. 재분배정책은 크게 경제자원의 이전과 권력의 이전이라는 두 범주로 구분된다. 경제자원의 이전은 결과적으로 특정 집단에게 경제적 자원의 혜택을 더욱 제공하는 것이다. 경제자원 이전과 관련되는 정책은 주로 교육복지와 관련된 정책들이다. 교육에서의 예로 특수교육진흥법이나 결손가정 자녀 지원 정책 등이 해당된다.

권력의 이전과 관련된 재분배정책은 기존 집단이 가지고 있던 권력을 다른 집단에게 이전시키는 정책이다. 교육부가 가지고 있었던 정책들 중에 시 · 도교육청으로 권한을 이양하는 정책들이 대표적인 예이다. 그리고 단위학교경영제와 같은 정책은 교육청의 권력을 학교로 이전시킨다는 점에서 재분배정책이라 할 수 있다.

교육정책의 유형을 단순하게 구분할 수 없는 상황들이 있다. 또한 교육정책은 중복적으로 나타나는 경우들이 있다. 처음에는 분배정책이었던 것이 나중에는 규제정책이면서 재분배정책의 성격을 가질 수도 있다. 이러한 약점에도 불구하고 교육정책을 유형화하는 이유는 교육정책의 성격을 보다 명확하게 이해하기 위해서이다.

2. 교육정책과정의 이해

교육정책의 과정은 교육문제의 발생에서부터 교육정책이 종결될 때까지 일어나는 일련의 과정을 말한다. 이러한 교육정책과정에 대해 학자들마다 달리 구분하고 있다. 여기에서는 교육정책의 과정을 다음과 같이 제시한다. 이에 대해 구체적으로 살펴본다.[2)]

2) 기본적인 내용의 틀은 Fowler(2004)의 글을 바탕으로 하고 있다.

정책 쟁점 → 정책 의제 → 정책 형성(결정) → 정책 집행 → 정책 평가

가. 정책 쟁점

모든 사회에는 수많은 문제가 있다. 그러한 문제 중에서 일부만이 정책의 문제로 쟁점이 된다. 오랫동안 교육적으로 쟁점이 아니었다가도 상황이 바뀌면서 쟁점이 될 수가 있다. 정책 쟁점은 문제를 정부가 다루는 것으로 변화시키는 것이다.

문제와 정책 쟁점은 다를 수 있다. 일상적인 문제 모두를 정부가 개입하여야 하는 정책 쟁점으로 간주하지 않는다. 학교에는 일반적으로 많은 문제들이 발생한다. 예를 들어, 교사의 상당수가 학교교육에 대한 만족 수준이 낮다는 문제가 있을 수 있다. 이것은 문제일 수 있지만, 긴급하게 다루어야 할지는 차후의 문제이다. 어떤 사람들은 긴급하게 다루어야 한다고 여길 수도 있고 그렇지 않은 사람도 있을 수 있다. 문제와 다르게 정책 쟁점은 문제의 해석, 가치 설정 및 정부의 적절한 역할이 포함되어 있다. '상당수의 교사들이 학교교육에 대한 만족 수준이 낮다'라는 문제는 '교사들이 스스로 전문적인 교육행위를 결정할 수 없기 때문에 낮은 만족감을 갖고 있다고 해석하고, 그래서 교사들에게 전문적 권한을 부여하기 위해 교육청 수준에서 단위학교 책임경영제를 도입하여야 한다'로 전환하는 것이 정책 쟁점이다.

나. 정책 의제

정책 의제의 개념과 특징

교육정책의 쟁점 모두가 정부에 의해 발의되는 것은 아니다. 쟁점이 정책이 되기 위해서는 정책 의제가 되거나 정부 관료 및 관련 기관이나 단체 등의 관심 주제 목록에 있어야 한다. 실제 교육정책이 되기 위해서는 정책 쟁점이 정책 의제가 되어야 한다.

교육문제가 정부 의제로 발전하는 과정을 정책 의제 설정(agenda building)이라고 한다. 새로운 아이디어는 대부분 정부의 정책 의제로서 상당 기간 미루어오다가 공식적인 정책이 되거나 되지 않을 수도 있다. 교육문제가 정부에 귀속되어 정책 의제가 되는 경우는 다음과 같다(김종철, 1989; 이종재 외, 2015).

- 정치체제에 의해 그 중요성이나 심각성이 인식되는 교육문제는 정책 의제가 된다. 심각성의 정도가 크고, 그에 대한 공감의 폭이 넓으며, 문제해결이나 개혁의 방향이 사회규범이나 대의명분에 부합될수록 그 가능성은 높다.
- 해결할 주체가 없거나 있더라도 관련자 간의 해결이 어려운 사회문제는 정책 의제가 된다. 예컨대, 지역 간 교육의 불균형에 따른 양극화 문제 같은 것이 그러한 경우이다.
- 문제해결을 위한 소요재원의 규모가 방대할 때, 그 문제는 정책 의제가 된다. 예컨대, 교육세를 영구세로 전환하고 「지방교육재정교부금법」을 개정하여 지방교육재정을 개선한 이유를 살펴보면 짐작할 수 있다.
- 민간투자 유인력이 약하여 정부지원이 필요할 때, 그 교육문제는 교육정책의 의제가 된다. 예컨대, 교원자질을 향상시키기 위해 현직연수를 강화한다거나 국가학력평가 기능을 강화하기 위해 어떤 평가기관을 설치하고자 할 때, 그러한 사업을 민간에 맡기는 것은 거의 불가능하다.
- 당면한 교육문제를 방치하는 경우 그것이 정치적으로 중대한 의미를 가질 때, 그 문제는 정책 의제가 된다.

정책 의제의 유형

정책 의제의 유형은 크게 체계적 의제와 정부 의제로 구분된다(Fowler, 2004: 181-182).

- 체계적 의제(systematic policy agenda)는 정부기관 밖의 사람들이 관심을 갖고 논의하는 모든 의제를 말한다. 체계적 의제에는 세 개의 하위 의제로 구분된다.
  - 전문 의제(professional agenda)는 전문가들 사이에서 토의되는 모든 쟁점을 말한다. 주로 학술대회나 관련 분야의 논문을 통해 쟁점화된다.
  - 언론 의제(media agenda)는 언론에 의해 제시되는 의제를 말한다. 전문 의제와 달리 언론매체는 고객의 관심을 끌기 위해서 흥미 위주의 문제에 초점을 맞춘다.
  - 공공 의제(public agenda)는 일반 대중이 관심을 갖는 교육쟁점을 말한다. 이 의제는 앞의 두 의제와 중복될 수도 있고 그렇지 않을 수도 있다. 대체로 공공 의제는 언론 의제의 영향을 많이 받는다.
- 정부 의제(governmental agenda)는 "특정 시기에 정부 단위에서 심각하게 관심을 갖는 주제 또는 정책목록"을 말한다(Kingdon, 1995: 3). 중앙정부 또는 지방정부가 어떤 교육문제를 공식적으로 해결하기로 논의하거나 공식적으로 행동을 계획하는 것을 말한다.

대부분의 정책문제들은 정부 의제, 공공 의제, 언론 의제에 도달하지 못한다. 그 이유는 각 의제의 '전달능력'이 제한적이기 때문이다. 문제와 각 정책 의제 유형 간의 연관성을 그림으로 나타내면 [그림 3-1]과 같다.

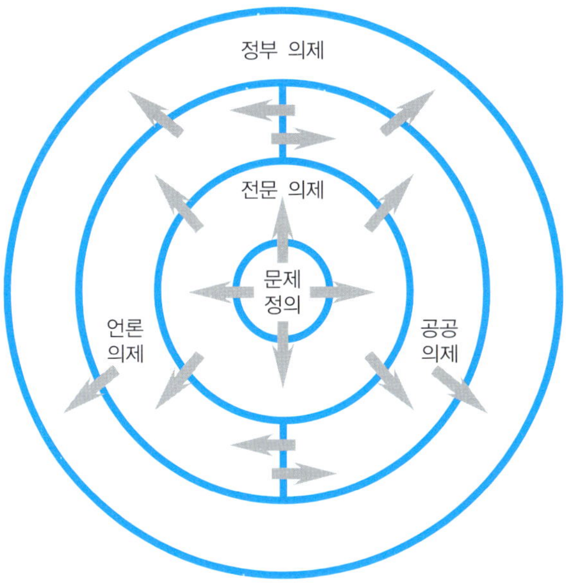

[그림 3-1] 문제와 각 정책 의제 유형 간의 연관성

정책 의제 설정

정책 의제 설정에서는 누가, 어떻게 정책 의제화하였는가에 따라 형태가 달라진다. 의제 설정의 주체에 따라 정책 의제 설정 과정을 외부주도형, 동원형, 내부접근형으로 구분할 수 있다(Cobb, Ross & Ross, 1976; 강원근 외, 2010).

- 외부주도형(outside initiative model): 정부 밖 외부집단이 스스로 사회문제라 인식하는 문제를 정부에 해결할 것을 요구하는 유형이다. 외부집단에서 사회문제화하여 공공 의제로 전환시키고, 결국 정부 의제로 채택되는 과정을 일컫는다. 언론과 정당이 이 과정에서 중요한 역할을 한다. 예를 들면, 언론에서 아이들의 돌봄에 대한 여러 문제 제기가 있고, 이에 대해 정부가 돌봄을 어떻게 할지에 대해 공식 의제로 다루었던 경우이다.
- 동원형(mobilization model): 정부가 외부집단을 활용하여 의제를 형성하는 경우이다. 정부 차원에서 문제를 해결하기로 결정한 후, 일반 대중을 상대로 문제를 환기하여

대중의 지지를 획득하고, 이를 바탕으로 정부 의제화를 시도하는 경우이다. 국가가 주도적으로 교육개혁의 정책을 특정 집단의 힘을 이용하여 전개하는 경우이다.

- 내부접근형(inside acess model): 정부 내부의 특정 주도 집단이 정책내용을 미리 결정하고, 그 정책을 최소한의 수정만으로 집행하려고 시도하는 경우이다. 이 유형은 특수 이익집단이 정부의 혜택을 보려는 경우에 나타나며, 정책과정의 공개성과 참여도가 낮아서 음(陰) 모형이라고 불리기도 한다. 이 형태는 군사정권 시절에 과외금지와 같은 교육정책을 국가가 주도적으로 시행하였던 경우가 해당된다.

Kingdon의 정책 창 모형

Kingdon(2003)의 기본 문제의식은 "왜 어떤 사회문제는 정책문제로 이슈화되어 정책결정자의 관심을 받게 되는 반면, 또 어떤 사회문제는 채택되지 않는가?"에 대한 물음에서 시작한다. 정부가 정책을 선택하고 의제화하는 과정은 합리적으로 이루어지는 것이 아니라 예측불가능하게 이루어진다는 입장을 가지고 있다. 서로 별개의 세 가지 흐름인 문제의 흐름, 정책 대안의 흐름, 정치적 흐름이 독립적으로 움직이다가 특정한 시점에 우연히 합치될 때에 정책의 창이 열린다는 입장이며, 이러한 합치의 과정에서 정책선도가가 주요 역할을 하게 된다는 입장이다(이종재 외, 2015 재인용).

- 문제의 흐름(problem stream): 사회에 존재하는 다양한 이슈들이 정책 의제로 인식된다. 정책결정자들이 이와 같이 문제를 인식하는 데에는 주요 지표의 변화, 위기와 사건의 발생, 환류의 환경적 조건이 가장 큰 영향을 미친다.
- 정책 대안의 흐름(policy stream): 정책 의제가 되기 전에 다양한 이해당사자들 사이에서 대안이 논의되는 흐름을 말한다. 정책 대안의 흐름을 통해 여러 가지 정책 대안들이 가능성 있는 대안으로 좁혀가게 된다.
- 정치적 흐름(political stream): 이는 정치적 사건을 의미한다. 정치적 사건은 정책 의제 설정에서 실질적으로 가장 중요한 역할을 수행하며, 문제나 정책 대안의 흐름과는 별개로 발생한다. 정치적 흐름은 국가의 전반적인 분위기, 이익집단의 압력, 행정부나 입법부의 정권 교체 등을 통해 크게 영향을 받는다.
- 정책의 창(policy windows): 특정 문제의 흐름이 어떤 계기로 정책 대안과 합류하고 정치적 상황이 어느 순간에 동시에 결합하면서 열리는 과정을 의미한다. 정책과정 중에 문제와 정책 대안 그리고 정치적 사건이 우연히 맞아 떨어질 때 정책의 창이 열린다.
- 정책선도가(policy entrepreneur): 특정한 정책문제, 정책대안, 정치적 사건의 세 흐름

이 우연히 결합하여 정책의 창이 열리기 위해서는 정책선도가의 역할이 중요하다. 독립적으로 흐르고 있는 각 흐름을 자신의 의도에 맞게 정치적으로 변경하여, 흐름 사이의 결합을 만들고, 정책의 창이 열리도록 시도하는 행위자를 말하며, 모든 자원을 동원하여 정책의 방향이 자신이 기대하는 대로 이루어지도록 하기 위해 노력하는 사람 또는 집단을 말한다. 문제의 흐름, 정책 대안의 흐름, 정치적 흐름이 만나 정책의 창이 열리는 것은 적절한 시기에 이를 결합하는 적절한 정책선도가의 역할에 의해 크게 좌우된다. 정책선도가는 어떤 특정 지위에 있는 사람만이 가능한 것이 아니며, 누구라도 정책선도가가 될 수 있다.

다. 정책 형성

정책 형성의 개념과 특징

정책 형성(policy formulation)은 학자에 따라 정책결정, 정책개발, 정책분석 등 다양한 개념과 혼용하여 사용되고 있다(이종렬, 1983). 대체적으로 정책 형성은 어떤 문제를 해결하기 위해 여러 가지 대안 중 하나를 선택하여 공적으로 방향이나 활동 지침을 결정 또는 채택하고자 하는 것을 말한다. 정책 형성은 정책 결정을 통한 정책 채택의 의미로 사용된다. 이러한 점에서 여기에서는 정책 형성을 정책 결정과 정책 채택을 합친 개념으로 사용한다. 정책 형성의 주요 배경 이론은 의사결정 이론이 된다. 이는 다른 장에서 다루기 때문에 여기에서는 생략한다.

정책 쟁점이나 의제는 대체적으로 일반 대중들에게 조용하게 비가시적으로 일어나고 있는 반면에 정책 형성은 가시적 영역이다. 정책 형성에서는 정책들이 일정한 언어로 표현되며, 표현된 정책은 채택되어야 한다는 점에서 가시적이다. 일반적으로 정책 형성은 다음의 세 가지 중요한 과정을 거친다.

첫째, 정책은 법규나 행정 규칙 또는 판결문 등의 형식으로 성문화된다.

둘째, 정책 용어와 더불어 예산의 확보가 이루어진다.

셋째, 용어로 형성된 정책은 채택된다. 이것은 의회에서 과반수 이상 찬성했거나 행정부가 동의했다는 의미이다.

정책 형성과정

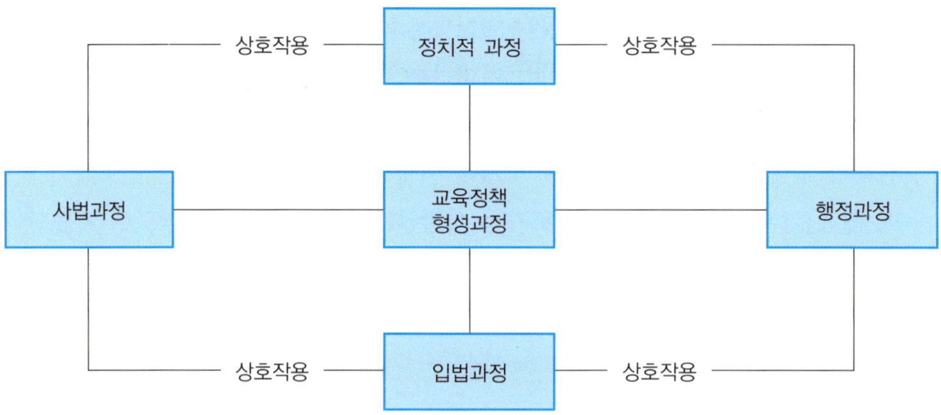

[그림 3-2] **교육정책 형성과정**

교육정책 형성은 정치적 과정, 행정과정, 사법과정, 입법과정에 의해서 이루어진다(이득기, 1994). 정치적 과정은 다양한 교육관련 집단들이 선거나 언론매체 및 지원체제 등을 이용하여 교육정책 형성에 영향을 미치는 경우이다. 사법과정은 법원의 판례와 같은 사법부의 결정에 의해 교육정책이 형성되는 경우이다. 행정과정은 구체적인 자료의 분석과 전문적 지식 등을 통해 행정적 권한과 능력을 발휘하여 영향을 미치는 경우이다. 입법과정은 교육정책의 결정과정에 법적 가치를 부여하도록 영향을 미치는 경우이다. 교육정책의 형성과정에서 정책의 타당성을 제고시켜 주는 입법과정이 매우 중요하다.

우리나라의 경우, 공식적 참여자로서의 국회는 국민의 대표성을 지니는 기관으로서, 법안의 제출권과 정부 제출법안의 동의권을 동시에 보유한다. 그러므로 행정부가 제기한 정책 의제를 입법대상으로 선택할 것인가의 여부를 채택하는 과정에서부터 법률안의 심의 및 의결에까지 이르는 정책의 전 과정 및 최종 결정과정에 막대한 영향력을 행사한다. 따라서 교육정책 결정과정의 분석에서 국회의 입법과정 분석이 중요함을 알 수 있다.

교육정책 형성은 주로 입법부와 행정부에 의해 이루어진다.

○ 입법부에서의 정책 형성과정

정책 아이디어는 일반적으로 제안서로 작성된 후, 법안, 그 다음 법령, 그리고 최종적으로는 공식적인 정책이 된다. 미국 입법부에서의 정책 형성과정은 일반적으로 다음과 같다(Fowler, 2004).

1단계: 입법 제안서의 작성이다.

입법 제안서는 현 회기 또는 다음 회기의 정책변화에 대한 진지한 제안이다. 이는 일반적으로 글로 작성된다. 아직 공식적인 법안 형태는 아니지만 정책 의제에서 발전하여 법률 용어로 초안이 작성되기 바로 직전의 상태이다. 입법 제안서의 경우에는 의회, 행정부 그리고 이익집단 등에서 개발할 수 있다.

2단계: 법안의 작성이다.

입법 제안서가 법안 또는 제안하는 법률로 변화하는 과정이다. 의회에 제출하는 법안은 특정한 형식을 갖추어야 하며, 정책 담론으로 표현되어야 한다. 법안의 작성은 기술적인 과정이며, 법률가나 의원 중에서도 극소수만이 그 방법을 알고 있다. 의회는 일반적으로 법률 초안 작성에 필요한 특정 기술을 가진 법률가들로 구성된 사무국을 가지고 있다.

3단계: 법안 상정이다.

미국의 경우, 모든 법안은 상·하 의원에 의해서 후원된다. 후원자(sponsor)는 새로운 법안을 담당자에게 법안을 제출함으로써 법안을 상정한다. 다음으로 그 법안은 의사위원회(reference committee)라 불리는 위원회로 옮겨지게 된다. 여기에서는 법안에 대한 청문회, 논의, 가능한 개정안 또는 해당 법안이 계속 진행되어야 할 것인지의 결정이 이루어질 적합한 상임위원회를 지정한다. 그리고 절차를 규정하는 운영위원회로 옮겨진다. 이 위원회는 토론이 이루어질 회의 날짜와 전체 의회의 투표일정을 정한다. 이때 토론의 과정에서 법안이 수정될 수 있다.

4단계: 행정부의 수용 또는 거부이다.

의회에서 결정된 법안을 행정부의 최고행정가에게 보낸다. 의회의 법안을 최고행정가가 수용할 것인지 거부할 것인지를 결정한다. 법안을 수용하면, 정책의 법률로 정해진다. 법안이 거부되면, 재가결을 위해 의회로 회부된다. 재가결의 경우는 거의 없지만, 재가결은 일반적으로 2/3 이상의 다수에 의해 승인된다.

우리나라에서 입법과정(legislative process)이란 법률안이 입안되어 국회에 제출된 후 국회의 법률안 심의와 의결을 거치고 정부에 이송되어 대통령의 서명 및 공포에 의하여 하나의 법률로서 효력이 발생되기까지의 전 과정을 의미한다.

우리나라 입법과정을 살펴보면 다음과 같다(안효정 · 신철균, 2010).

① 법률안이 입안되어 국회에 제출되면(의안의 발의: 국회의원과 정부), ② 국회의장은 본회의에 보고하고, ③ 소관 상임위원회에 회부한다. ④ 소관 상임위원회에서는 토론 후

의결하는데, 상임위원회 중심으로 운영되고 있는 우리 국회에서는 법률안 내용에 대한 심도 있는 논의를 위해 위원회 전체회의보다는 주로 법안심사소위원회에서 이루어진다.

소관 상임위원회에서 법률안의 심사가 통과되면, ⑤ 법제사법위원회에 회부하여 체계와 자구에 대한 심사를 거친다. 여기에서 체계 심사란 법률안 내용의 위헌 여부, 관련 법률의 저촉 여부, 자체 조항 간의 충돌 여부 등을 심사하는 동시에 법률 형식을 정비하는 것이다. 자구 심사란 각 법률 간에 용어의 통일을 기하기 위하여 법률안 용어의 적합성과 통일성 등을 심사하는 것이다.

의안 발의(제출)

↓

본회의 보고

↓

소관 상임위원회 회부

↓

상임위원회 심사
→ 상정할 법안 선정
→ 전문위원 검토보고
→ 대체토론
→ 소위원회 심사 · 보고
→ 축조심사
→ 찬반토론
→ 위원회 의결

↓

법제사법위원회 체계, 자구 심사

↓

본회의 심의

↓

정부이송

↓

공포

출처: 국회 의안정보시스템(http://likms.assembly.go.kr)

[그림 3-3] 국회 입법과정

위원회에서 심사를 마친 법률안이 ⑥ 본회의에서 의결되면, ⑦ 국회의장은 이를 정부로 이송한다. 이때 국회에서 이송된 법률안에 이의가 있을 때에 ⑧ 대통령은 이송되어 온 지 15일 이내에 이의서를 붙여 국회로 환부하고 재의를 요구할 수 있다. 법률안이 위의 전 과정을 거쳐 법률로서 확정되면, ⑨ 대통령은 확정된 법률을 공포한다. 이러한 국회 입법과정을 그림으로 제시하면 앞의 [그림 3-3]과 같다(안효정 · 신철균, 2010).

○ 행정부에서의 정책 형성과정

행정부 정책 형성은 입법부에서 제정한 법들이 모호한 용어로 표현되어 있기 때문에 행정기관에서는 규칙, 규정 그리고 정책 지침서를 개발해서 구체화한다. 행정부의 정책 형성은 법률안 제출을 통해 입법부의 정책 형성에 영향을 주거나 입법부 법률의 보완적 기능을 하는 행정규칙을 통해 이루어진다.

행정규칙은 일반적으로 세 가지 기능을 한다. 첫째, 입법자들이 미처 깨닫지 못했거나 혹은 정부기관의 전문가에게 위임한 법의 공백을 메우는 기능을 한다. 둘째, 법률 또는 특정 영역에서의 핵심 용어를 정의한다. 마지막으로 행정기관들은 행정 규칙 제정과 운영 등의 내부 절차를 규칙으로 정한다.

우리나라의 경우, 행정부 내 정책결정기구 속에서 심의 · 결정되는 정책은 교육부 내부에서 실무자의 검토와 실국장회의의 협의 · 결정, 그리고 소관 자문위원회의 심의를 거쳐 결정된다. 중요한 교육정책의 경우 이러한 절차를 거치는 과정 혹은 정책안의 수정과정에서 당정실무기획위원회, 당정조정협의회, 청와대 회의 등에서의 정책조정을 통해 결정된다(김훈기, 2003). 이보다 중요성을 더하는 교육정책에 대해서는 이후 국회에 제출되어 교육위원회와 관련 상임위원회의 심의와 전체 회의의 의결을 거쳐 결정된다.

고전적인 정책형성모형

정책형성모형은 기본적으로 의사결정모형에 근거한다. 정부 또는 공공기관 수준에서의 의사결정이기 때문이다. 일반적인 의사결정모형에 근거한 고전적인 정책형성 모형을 우선 비교하여 살펴보고자 한다.

- 합리모형: 정책결정이 완전하게 합리적이어야 된다고 가정하는 고전적인 의사결정 모형으로 최적화 모형이라고도 한다. 하나의 규범적 성격을 지니고 있는 모형으로, 정책 목표와 이의 달성을 극대화할 수 있는 최선의 대안을 선택하고, 이를 시행하고 평가할 수 있다는 입장이다. 실제적으로 합리모형 사용에 적합한 상황은 완전한 정보와 확실한 결과를 지닌 단순한 문제일 경우이다.

- 만족모형: 만족모형은 합리모형에서 최선의 해결책을 찾을 수 있다는 것은 사실상 불가능하다는 점을 지적하고, 만족스러운 해결책을 찾고자 한다는 입장이다. 문제는 매우 복잡하고, 이의 대안은 너무 많고, 의사결정자의 습관이나 가치 등에 따라 제한된 합리성을 가질 수밖에 없기 때문에 최적의 대안보다는 오히려 만족할 만한 대안을 선택한다는 입장이다. 만족모형 사용에 적합한 상황은 부분적인 정보와 불확실한 결과를 지닌 복잡한 문제, 만족할 만한 결과와 검토할 충분한 시간이 있을 때이다.
- 점증모형: 점증모형은 일반적으로 문제가 복잡하고 불확실하며 갈등이 높을 때 활용할 수 있는 접근 방법으로, 예상치 못한 부정적인 결과를 낳지 않고자 점증적인 작은 변화로서의 대안을 검토하는 입장이다. 목적의 설정과 대안 간에 분리하지 않고, 대안의 탐색은 현존 상황과 유사한 소수의 대안만을 고려하는 입장이다. 실질적으로 널리 사용되고 있는 모형이지만, 보수적 입장과 목표가 불문명하다는 비판을 받고 있다. 점증모형 사용에 적합한 상황은 불완전한 정보, 복잡한 문제, 불확실한 결과, 그리고 정책지침이 없을 때이다.
- 혼합모형: 혼합모형은 이상적인 합리모형과 실용적인 점증모형을 결합한 것이다. 광범위한 영역의 사실들을 일반적으로 검토하여 선택한 후에 초점을 좁혀서 특정 사실에 대해 세밀한 분석 후에 선택을 하는 입장이다. 혼합모형은 효과적인 의사 진료의 방식과 유사하다. 혼합모형을 사용하는 데에 적합한 상황은 불완전한 정보, 복잡한 문제, 불확실한 결과, 지침이 되는 정책이 있을 때이다.

정책옹호연합모형

정책 결정 및 채택과정에서 나타나는 동태적 변화를 설명하기 위해 개발된 모형이 바로 Sabatier(1991)의 정책옹호연합모형(policy advocacy coalition framework)이다. 정책옹호연합모형을 구성하는 핵심요소는 외적 변수, 정책옹호연합, 신념체계, 정책중개자이다(이종재 외, 2015).

외적 변수(external parameters)는 정책결정과정에 영향을 미쳐 궁극적으로 서로 다른 정책결과를 가져오게 하는 외적 요인을 의미한다. 안정적인 외적 변수와 역동적인 외적 변수로 구분한다. 안정적인 외적 변수는 정책 하위체제에 비교적 안정적으로 영향을 미치는 변수를 의미한다. 역동적인 외적 변수로는 사회경제적 조건의 변화, 여론의 변화, 지배집단의 변화, 다른 하위체제로부터의 정책결정 및 영향 등이 포함된다.

정책옹호연합(policy advocacy coalition)은 다양한 정책행위자들의 연합 형성을 의미한다. 즉 국회나 입법부, 이익집단, 정당, 정책선도가, 언론 등과 같은 정책행위자들이 자신이 선호하는 정책대안을 채택하기 위해 연합 형성을 시도한다. 이들이 정책옹호연합을 형성하면 상호 경쟁적이며 배타적 관계에서 갈등을 유발한다.

신념체계(belief systems)는 옹호연합을 구성하는 데 가장 중요한 조직원리이며, 구성원들의 행동에 영향을 미치는 인식체계다. 정책에 대한 기본적인 가치, 정책수단에의 동의와 같은 주요한 신념체계를 공유하는 정책행위자들의 협력체가 바로 옹호연합이다.

정책중개자(policy brokers)는 정책옹호연합 간의 정책갈등을 줄이면서 합리적인 타협점을 통해 정책이 산출될 수 있도록 조정하는 역할을 수행한다. 주로 제3의 정책행위자인 관료나 시민단체 등이다.

Sabatier(1991)의 정책옹호연합모형은 정책 형성과정에서 옹호집단들 간에 어떻게 상호작용하는지와 외부 환경적 요인들이 정책의 결과에 어떻게 영향을 주는지를 체계적으로 보여준다. 이를 그림으로 나타내면 [그림 3-4]와 같다(이종재 외, 2015: 180).

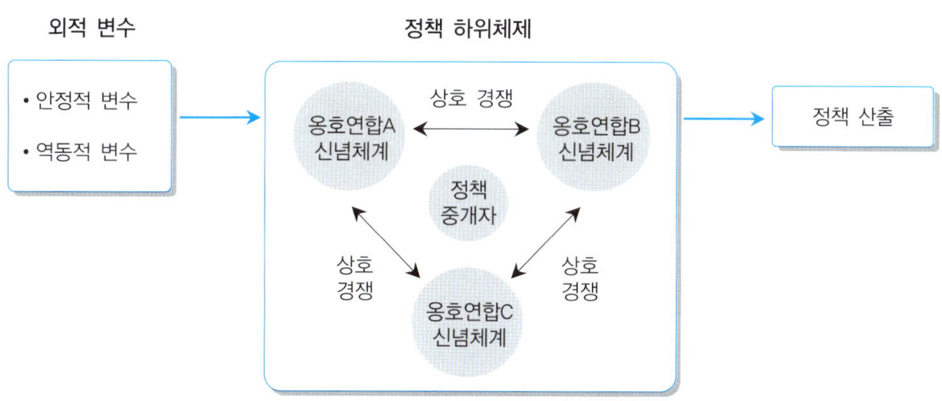

[그림 3-4] 정책옹호연합모형의 개념적 구조

라. 정책 집행

정책 집행의 개념과 특징

정책 집행(policy implementation)은 정부에 의해서 공식적으로 채택된 정책을 실행으로 옮기는 정책과정이라고 할 수 있다. 즉, 권위 있는 공공정책의 지침이 실행되는 과정이다. 정책 집행은 일련의 전체 정책과정 가운데 정책 형성과 정책 평가 단계 사이에서 이루어지는 실천적 단계로서, 권위 있는 정책내용을 구체화하기 위한 실현 활동으로 이해할 수 있다.

정책 집행의 성공과 실패에서 핵심적 역할을 하는 사람이나 기관을 집행자라고 부른다. 즉, 정책 집행의 주요 행위자들을 집행자(implementer)라고 부른다(Fowler, 2004). 이에는 두 집행자가 있다. 하나는 공식 집행자(formal implementer)이며, 이는 새로운 정책의 시행을 감독하는 법적 권위를 가지고 있는 정부 관리를 말한다. 주로 중앙단위에서는 교육부에서 일하는 행정가가 해당되거나 지방자치단체에서는 교육청에서 일하는 행정가가 해당된다. 다른 하나는 중간 집행자(intermediary)가 있다. 이들은 공식집행자들이 원활한 집행을 위해 책임을 위임한 사람 또는 집단을 말한다. 중앙 수준의 정책 집행에서는 지방자치단체의 행정가들은 중간집행자가 된다. 지방자치단체 수준에서 개발된 정책들은 단위학교의 장이나 교사들이 중간집행자가 된다.

정책 집행의 성공은 일반적으로 중간집행자들의 의지와 역량을 개발하고 유지하는 데 달려 있다. 정책이 당연히 집행되리라고 생각해선 안 된다. 사실상 많은 공식적인 정책들은 전혀 집행되지도 못하거나 아니면 일부분만 집행되거나 또는 올바르지 않게 집행된다. 이러한 집행의 결과에 보다 직접적으로 영향을 미치는 것이 바로 중간집행자이다. 그래서 중간집행자의 역할이 정책 집행의 성공과 밀접하게 관련되어 있다.

특히, 교육정책의 중간 집행자이면서 실질적 집행자인 교사의 역할은 무엇보다 정책 집행의 성공을 가늠하는 핵심 요소이다. 교육활동을 직접 담당하는 교사는 수동적 정책 집행자가 아니라 능동적, 역동적 정책 집행자의 역할을 수행하고 있다. 국가나 지방자치단체 수준에서 개발된 정책이 학교 현장이나 교사의 가치 및 이념과 괴리가 있을 때에 정책 집행을 미루거나 무시하기도 한다. 이러한 점에서 정책 집행의 성공을 위해서는 실질적 정책집행자인 교사의 요구나 기대를 수시로 파악할 필요가 있다.

과정중심 정책 집행 모형

정책 집행에는 다양한 모형들이 있다. 이러한 모형 중에 대표적인 모형으로 정책 집행 과정 모형을 들 수 있다. 과정 모형은 새로운 정책을 성공적으로 집행하기 위한 일반적인 과정을 '집행을 위한 동원'–'엄밀한 의미에서 집행'–'새로운 정책의 제도화'로 구분한다(Fowler, 2004).

○ 1단계: 집행을 위한 동원

정책 집행에서 가장 중요한 단계이다. 여기에서 문제가 생기면 그 프로젝트는 거의 실패하게 된다. 이 단계에서는 정책 채택, 기획, 자원 모으기가 있다.

- 정책 채택: 잘못된 채택과정은 전체 집행에 해가 된다. 정책 채택과정을 제대로 수행하지 않은 것이 정책 집행의 주요 실패 원인이다. 정책 채택에서는 다음의 세 가

지 핵심질문에 답할 수 있어야 한다.

첫째, 새로운 정책을 채택할 합당한 이유가 있는가?

둘째, 이 정책은 우리 학교나 교육청에 적절한가?

셋째, 이 정책은 관련 이해관계자들의 충분한 지원을 받고 있는가?

- 기획: 새로운 정책을 집행하기로 결정하였다면, 그 다음은 정책을 기획하는 일이다. 이와 관련되는 핵심적인 활동은 '계획에 참여 인사 결정하기', '사전 시나리오 계획하기'이다.
- 자원 모으기: 집행에 필요한 자원들을 모으는 일이다. 집행을 위한 자원 확보로써 고려해야 할 것들은 돈, 시간, 인력, 공간, 설비와 자료 등이다.

○ 2단계: 엄밀한 의미에서의 집행

집행은 동원이 확실하게 된 이후에 시작하여야 한다. 엄밀한 의미에서 성공적인 집행을 위한 세 가지의 요소가 필요하다. 그것은 계속적인 관찰과 의견 청취, 지속적인 도움, 문제 극복하기이다.

- 계속적인 관찰과 의견 청취: 이는 프로젝트 책임자가 집행과정을 세밀하게 지속적으로 관찰하여야 한다는 것이다.
- 지속적인 도움: 집행과정에서는 여러 가지 형태의 도움이 필요하다. 이러한 도움은 지속성을 가지고 있어야 한다. 전체적인 집행과정에서 상황에 적합하면서 다양하고 지속적인 도움이 주어져야 한다는 것을 말한다.
- 문제 극복하기: 모든 정책 집행에는 여러 가지 문제가 내재되어 있다는 전제에 따라 이들 문제를 잘 찾아내고 적합하게 대처하는 것을 말한다. 집행의 문제는 프로그램과 관련된 문제, 사람과 관련된 문제, 상황과 관련된 문제들이 있다. 이러한 문제를 극복하는 방법에는 기술적인 방법, 정치적인 방법, 문화적인 방법이 있다. 기술적인 방법은 문제 영역을 주의 깊게 분석하고, 그것에 필요한 자원을 제공하는 것이다. 정치적 방법은 바람직한 방향으로 행동하도록 격려하기 위해 적합한 권력을 사용하는 것이다. 문화적 방법은 문제에 핵심이 되는 공유하는 가치나 신념 그리고 상징을 적합하게 활용하는 것이다.

○ 3단계: 정책의 제도화

집행의 마지막 단계는 '혁신이 조직으로 통합해가는 기간'인 제도화이다. 정책이 학교나 교육청에 일상적인 관행으로 자연스럽게 통합되면, 정책은 완전히 제도화된다. 더 이상 새롭거나 특별한 것으로 인식되지 않고, 우리가 일을 처리하는 일상적인 방식이 되어

버린다. 즉, 정책이 조직의 문화로 자리를 잡게 되는 것을 말한다.

마. 정책 평가

정책 평가의 개념과 특징

정책 평가는 정의하는 관점에 따라 다양하게 나타나고 있다. 먼저 평가에 대해 정의하면, 평가(evaluation)는 대상의 가치나 이점을 체계적으로 판단하는 것이라고 한다. 그리고 정책은 일반적으로 일정 기간 동안 이루어지는 교육적 활동으로써 프로젝트(project) 또는 프로그램의 모습을 띤다. 이러한 점에 근거해서, 교육정책 평가는 교육 프로젝트나 프로그램의 가치나 이점을 체계적으로 판단하는 활동이라 정의할 수 있다.

Stufflebeam(1983: 140)은 "우리는 프로그램의 장단점을 파악하기 전에는 그것을 개선할 수 없다. 여러 가지 대안과 각각의 상대적인 이점을 알지 못하면 효과적으로 계획할 수 없다"는 말로 평가의 중요성을 언급하였다.

정책평가는 설정된 정책목표가 어떻게 수행되고 있는가를 밝혀주는 데 기여하며, 성공과 실패의 요인을 규명해 주며, 성공한 정책에 담겨 있는 원리를 발견하도록 해 주며, 추후 연구를 위한 기초자료를 제공해 준다.

정책 평가 과정

정책 평가의 과정은 다음과 같은 절차에 의한다.

① 정책의 목적이나 목표를 결정한다. 주로 정책을 통해 성취하고자 하는 목적을 정하는 일이다.
② 지표(indicator)를 선정한다. 목적의 달성 여부를 판단하거나 측정할 수 있는 지표를 선정해야 한다.
③ 자료수집도구를 선정하거나 개발한다. 다양한 양적 그리고 질적 형식의 도구를 선정하거나 개발한다.
④ 자료를 수집한다.
⑤ 자료를 분석하고 요약한다.
⑥ 평가보고서를 작성한다.
⑦ 평가자로부터 받은 제안 사항에 따라 정책을 수정하거나 폐기한다.

정책 평가의 기준

정책 평가의 기준은 교육철학 및 가치에 의해 중요성이 다를 수 있다. 여기에서는 일반적인 교육정책 평가 기준을 제시하면 다음과 같다(정일환, 2003).

- 노력(effort): 사업활동에 투자한 질적 · 양적 투입이나 에너지를 의미한다. 이러한 기준에 의한 평가는 그동안 무엇을 했으며, 얼마나 그 일을 잘 수행하였느냐에 관한 대답을 얻기 위한 평가라고 할 수 있다.
- 능률성(efficiency): 정책목표를 달성하는 데 또는 의도한 정책영향을 산출하는 데 투입된 것을 판단하는 것이다. 이 기준은 투입에 대한 산출의 비율 정도가 어떤지를 판단하는 것으로 수단의 극대화를 중시한다.
- 효과성(effectiveness): 의도한 또는 가치 있는 결과가 성취되었는가를 판단하는 것이다. 즉, 정책의 목표성취에 초점을 둔다. 이 기준은 원래 의도했던 정책목표를 얼마나 성취하였는가를 판단하거나 노력의 결과가 실제로 이루어졌는가를 중시한다.
- 충족성(adequacy): 성과의 정도가 전체 욕구 수준에 어느 정도 부합하느냐를 판단하는 것이다. 이 기준은 교육정책 결정자나 행위자가 그들의 목표를 얼마나 높이 설정하느냐에 따라 달라질 수 있는 상대적인 측정이라 할 수 있다. 가치 있는 결과가 어느 정도 문제를 해결할 수 있는가에 초점을 둔다.
- 형평성(equity): 비용과 편익이 특정 집단에게 차별 없이 동등하게 배분되었는가를 판단하는 것이다. 이 기준은 교육정책의 집행과 운영에 있어서 성별, 지역별, 계층별 간에 균형이 이루어져야 하며, 기회균등의 원리가 보장되어야 한다는 것이다.
- 대응성(responsiveness): 성취된 교육정책 결과가 교육과 관련된 집단의 요구, 선호, 가치 등을 어느 정도 만족시켜 주었는가를 판단하는 것이다. 이 기준은 교육정책의 수혜자가 실제로 그리고 어떤 혜택을 받았으며, 그 혜택이 그들의 욕구에 얼마나 잘 대응하였는가가 평가의 핵심이다.
- 체제 유지(system maintenance): 교육정책이 사업목표, 구조, 기능 등 여러 측면에서 합리주의에 근거해서 체제를 유지하고 있는가를 판단하는 것이다. 체제의 안정이라는 거시적 차원과 각 정책 집행단위의 추진력과 활력의 미시적 차원을 함께 보장하고 있는가가 관심의 대상이다.

정책 평가의 모형

정책 평가 모형은 다양하게 제시되고 있다. 여기에서는 교육정책 영역에서 주요하게 활용되고 있는 효과성 모형과 정책 평가의 구성주의적 접근에 기반한 동료중심 정책평가모형을 살펴본다(이종재 외, 2015).

○ 효과성 모형

효과성 모형은 고전적 접근이지만, 가장 빈번하게 활용되고 있는 평가모형 중 하나이다. 효과성 모형의 핵심은 목표달성에 있다. 효과성 모형은 목표달성을 측정하여 도달 여부를 정책 평가의 효과성 기준으로 삼는다. 이 모형에서 주안점을 두는 것은 정책목표와 도출된 결과 간의 일치 정도이다. 효과성 모형의 최대 약점은 정책이 실행되는 과정을 전혀 고려하지 않는다는 점이다. 효과성 모형을 그림으로 제시하면 [그림 3-5]와 같다.

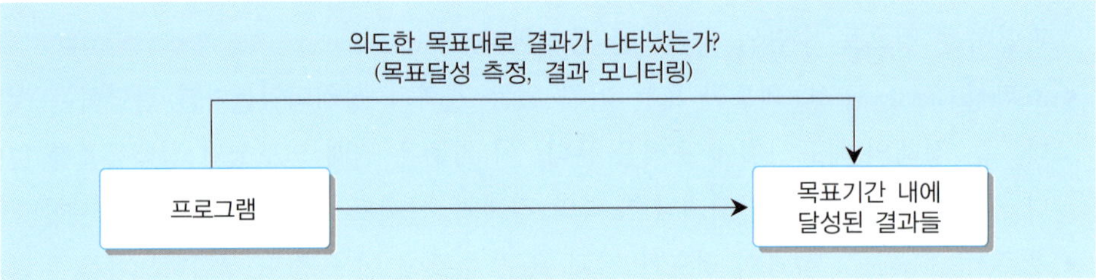

출처: 이종재 외(2015). p.222.

[그림 3-5] 목표달성에 기반을 둔 효과성 모형

○ 동료중심 정책 평가 모형

동료중심 정책 평가는 실제 정책이 실행되는 학교 현장의 맥락이 상당히 복잡하고 다양하기 때문에 이러한 현장의 특성을 이해해서 정책 평가가 이루어져야 한다는 입장이다. 현장 맥락의 특성상 정책 평가는 주관적이고, 관련 집단 혹은 학교 구성원 대다수가 참여하는 형태의 평가로 행해진다. 동료중심 정책 평가에서는 평가자와 피평가자 간의 관계가 일방적 관계라기보다는 참여를 통한 상호작용적 관계의 특징을 갖는다. 이 모형의 단점은 동료집단의 검토가 신뢰성이 떨어지는 결과를 가끔 도출할 수 있다는 것이다.

동료중심 정책 평가의 일반적인 과정은 다음과 같다. 이를 그림으로 제시하면 다음의 [그림 3-6]과 같다.

① 동료평가자 집단을 선정한다.

② 평가자는 충분한 기간 동안 관찰하고 심층적으로 기술한다.

③ 수집된 정보를 검증한다. 이때에는 자료와 이론, 평가대상의 환경 등을 종합하여 점검한다.

④ 동료 평가자에 의한 조언과 지적을 한다. 이때에는 검토를 실시하는 사람과 검토를 받는 사람은 그 검토과정 전반에 걸쳐 상호작용을 하게 된다.

⑤ 평가대상자의 평가결과에 대해 의견을 제시한다. 연구결과를 평가하는 과정은 반드시 상호작용을 통해 진행되어야 한다. 평가대상자에게 평가자의 보고서가 최종적으로 마무리되기 전에 그 보고서에 대한 의견을 제시할 기회가 주어져야 한다.

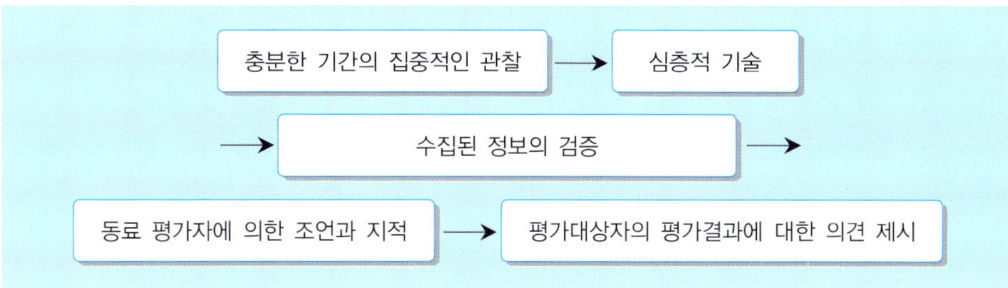

출처: 이종재 외(2015). p.222.

[그림 3-6] **동료중심 교육정책 평가 모형**

3. 학교변화[3]

가. 학교변화의 개념과 특성

변화는 학교를 포함하여 모든 조직의 규범이다. 변화하는 환경에 적응하고, 끊임없이 제기되는 교육문제를 해결하며, 교육 실제와 사회적 기대와의 괴리를 좁히고, 나아가서 교육발전에 대한 사회구성원들의 열망에 부응하기 위해서 학교는 부단히 변화와 혁신을 도모하여야 한다(박병량, 2006). 이러한 점에서 학교변화는 학교의 생존과 발전을 위한 필수 요소라고 할 수 있다.

학교는 계획적이든 무계획적이든, 긍정적이든 부정적이든 계속해서 변화하고 있다. 학교변화의 개념을 이해하기 위해 우선 변화의 의미를 살펴볼 필요가 있다. 변화는 어원적으로 프랑스어인 'changer'에서 출발하였다. 이 말은 식물이 태양을 향해 움직이는 것 같이 '구부린다', '회전한다'이다(박병량, 2006). 이 뜻을 풀어보면, 변화는 기본적으로 어떤 한 상태에서 다른 상태로의 전환을 의미한다고 해석할 수 있다. 이를 환경에 대한 적응

3) 이 장에서는 교육변화 및 학교변화의 가장 대표적인 이론가인 Michael Fullan이 저술한 "The New Meaning of Educational Change(5th Edition)(이찬승 역(2017), '학교변화는 왜 실패하는가: 교육변화의 새로운 의미와 성공원리. 21세기교육연구소)" 내용 가운데, Fullan의 교육변화이론이자 그의 학문의 정수라고 할 수 있는 가장 핵심적인 개념인 학교변화의 '의미와 과정을 한국의 학교 상황에 맞게 재구성하여 소개하였다.

또는 적응과정이라고 해석도 가능하다.

학교에서의 변화는 역동적으로 작용하는 수많은 요인들과의 상호작용을 통해 일어난다. 복잡한 환경에서 일어나는 학교변화의 특성을 제시하면 다음과 같다(Fullan & Miles, 1992).

① 변화는 불확실성의 연속이다. 예정된 방식으로 변화가 진행되지는 않는다. 성공적인 변화의 본질적 요소에는 불안, 어려움, 불확실성이 내포되어 있다.
② 변화과정의 청사진은 없다. 변화는 합리적인 계획에 따라 일어나지 않는다. 변화는 일종의 학습과 적응의 여행이다.
③ 여행에서 일어나는 문제는 수용해야 한다. 학교변화는 문제해결의 과정이다. 자신있게 여행을 계속하기 위해서는 오직 문제를 찾고, 이를 해결해야 한다.
④ 변화는 자원을 필요로 한다. 현상에서 벗어나 변화를 도모하기 위해서는 다양한 에너지(예: 새로운 공간, 사람, 훈련 등)가 필요하다.
⑤ 학교변화는 통합된 힘의 원천이 필요하다. 역할이 다른 사람 또는 집단(예: 교사, 학생, 학부모 등)의 통합된 힘에 의해 변화가 이루어질 때에 변화 관리가 보다 용이하다. 서로 다른 세계관을 가진 집단에서는 학습이 더욱 촉진되고, 변화는 보다 현실적으로 관리될 수 있다.
⑥ 성공적인 변화는 단편적이고 분절적이기보다는 체계적이고 종합적인 과정이다. 가시적이고 형식적인 요소의 변화에만 초점을 둘 것이 아니라 비가시적이고 조직 전체를 결정하는 문화적 요소 등에 초점을 두어야 한다. 또한 성공적인 변화는 학교 내의 체제들 간의 상호 관계를 종합적으로 고려해야 한다.
⑦ 변화는 멀리 떨어진 곳에서가 아니라 현장에서 실행되어야 한다. 이는 문제를 가장 잘 인식하고 있는 현장 인사들이 변화를 수행하는 데에 앞장서야 한다는 것이다.

나. 학교변화의 의미

앞서 학교변화의 특성을 일곱 가지로 제시한 Michal Fullan은 교육변화와 학교변화 분야의 구루(guru)이다. Fullan은 1991년에 '교육변화의 의미(The Meaning of Educational Change)'라는 학교변화 분야의 기념비적인 책을 저술하여 일약 세계적인 학자로 부상했고, 출간이래 왕성한 저술활동을 통해 학교변화 연구의 지평을 널리 확장시킨 학자로 여겨진다. Fullan의 학교변화이론의 키워드는 제목에서도 잘 드러나듯이 '의미'라고 할 수 있다. 왜 의미인가? Fullan은 학교변화에 있어서 가장 중요하지만 흔히 간과되는 것으로 학교변화가 변화의 대상이 될 사람들에게 어떠한 의미를 갖는지, 그리고 변화를 둘러싼 현실에 대해 각 개별 학교 주체(학생, 학부모, 교사, 정책결정자)들이 어떻게 이해하고 대응하는가에 대한 이해라고 하였다(2017, p.47). Fullan은 학교변화에 있어서 '변화는 무엇인가?(이번 절의 주제)'와 '변화를 일으키기 위해서는 어떤 요인과 절차가 필요한가?(변화과정)'(이어지는 절의 주제)에 대한 이해가 가장 핵심적인 부분이라고 주장하였다.

모든 변화는 부분적인 차이가 있기는 하지만 대체로 상실, 불안, 투쟁을 동반하기 마련이다. 그런데 변화의 의미가 변화 초기 단계부터 분명하게 이해하기는 힘들고, 늘 양면성을 띠고 있어서 어떠한 변화라도 그 '의미'가 공유되지 않는다면 변화에 대해 공감을 이끌어 낼 수 없고, 실행하기에도 많은 어려움이 드러난다(Marris, 1975: 121; Fullan, 2019: 50 재인용). Fullan은 학교변화의 의미에는 주관적인 의미와 이 양자를 균형 있게 이해하는 것이 필요하다고 주장하였다. 학교변화는 혁신적인 "아이디어, 사람들의 개인 및 조직적 상황, 그리고 개인의 역사에 스며들어 있는 수천 가지 주관적 현실 간의 관계에서 발생(p.75)"하기 때문에 이와 같은 변화를 둘러싼 주관적 현실을 어떻게 이해하고 그에 대응하느냐에 따라 잠재적 학교변화가 개인 차원에서 어떤 의미를 갖게 될지 여부를 결정하게 된다. 학교변화의 동기가 아무리 이상적이고 고매하다고 해도 현장에서 이러한 변화를 실천해야 하는 개개인은 새로운 실천－목표－신념－실행방안의 의미에 대해서는 혼란스럽고 또 우려를 표할 수밖에 없다. Fullan은 학교변화의 주관적 의미를 이해하는 데 있어서는 교사들이 일상에서 느끼는 주관적인 현실의 의미와 중요성을 들어 강조하고 있다. Fullan은 Huberman(1983)의 연구를 인용, 교사들의 매일 경험하는 '교실수업에서의 교사로서 받는 압력들(즉각성과 구체성의 압력, 다차원성과 동시성의 압력, 지속적으로 변화하는 상황 및 예측불가능성에 대한 적응, 학생들과 개인적인 관계맺기의 압력)(pp.54-55)은 학교변화를 이해하는 데 다양한 방식으로 영향을 미친다고 주장한다. 그런데 이러한 교사들의 일상을 간과한 채 대부분의 교육개혁 전략이 구조적인 문제와 공식적으로 요구되는 사항, 행사성의 활동(전문성개발 워크숍, 이벤트)에 초점을 맞추는 경향이 있다고 지적한다. 이 과정에서 정작 중요한 문화적인 요소가 전혀 고려되지 않는다고 비판한다. 이러한 차원에서 Fullan은 '구조적 변화는 빈번히 일어나지만 정작 중요한 것은 교사들이 자신의 신념과 관습에 대해 스스로 질문하고 문화를 바꾸는(p.55)', 즉 재구조화(restructuing)가 아니라 재문화화(reculturing)가 중요하다고 주장하였다.

한편, Fullan은 이와 같은 학교변화를 둘러싼 주관적 의미뿐만 아니라 학교변화의 객관적인 현실을 냉철하게 이해하는 것이 학교변화의 성공에 있어 매우 중요하다고 지적한다(p.64). 학교변화의 다면성으로 인해 사람들은 변화과정에서 의미, 형태, 결과의 양면성 등과 같은 상충되는 경험을 하곤 한다. 학교변화의 객관적 현실이라는 것은 규정하기에 매우 어려운 까다로운 개념이다. 학교변화의 객관적 현실이라는 것이 실제로는 "변화를 주도하는 이들이 원하는 사회적 이미지의 반영(p.64)"일 수도 있고, "'그들의' 주관적 구상이 미화된 모습"일 수도 있다는 것이다. Fullan은 학교변화를 둘러싼 주관적 의미와 함께 '객관적 현실'을 이해하기 위해서는 변화의 다층적 차원(구조적 차원, 문화적 차원, 정치적 차원)에 대한 이해가 함께 고려되어야 한다고 주장한다. 즉, 하나의 프로그램으로서 변화에 대한 구조적 측면, 변화에 대한 의미, 신념에 대한 문화적 차원, 그리고 변화를 둘러싼 갈등, 이해관계의 대립과 경쟁을 둘러싼 정치적 차원에 대한 균형적인 이해가 수반되어야 할 필요가 있다고 주장하였다.

요약하면, 결국 학교변화에 성공하려면 개인에게 받아들여지는 변화의 주관적인 의미가 무엇이고, 객관적인 현실이 무엇인지 이해하는 것이 필요하고, 이를 통해 개인들이 어떤 조건하에서 변화에 대한 동기가 생기는지 이해하는지가 중요하다(Fullan, 2019: 82). 학교변화의 의미를 이해하고 내면화하는 것은 "동기부여를 촉진하고 노하우는 쌓여서 지속적으로 문제해결을 가능하게 한다(Fullan, 2017: 79)"고 할 수 있다. 이와는 달리, 학교변화의 의미에 대한 이해 결여는 혼란, 과도한 부담감, 낮은 효율성의 문제를 초래하여 교사들의 에너지를 소진시키고 학교변화의 실패를 야기할 수 있다. Fullan은 더 나아가 학교변화를 이해하는 차원에 머물지 않고 더 높은 의미를 '형성'하는 전략의 단계로까지 나아갈 필요가 있다고 주장하였다. 이를 위해서는 학교변화의 착상, 도입, 발전단계에 교사를 참여시키는 인프라와 프로세스를 갖춰야 할 필요가 있고, 이러한 학교변화(특히, 교수-학습과 관련한 새로운 변화)는 표면적인 것이 아니라 심층적인 차원의 의미 부여에 관한 것이라는 것을 이해할 필요가 있다는 것이다. 그는 그 심층적인 차원의 의미 부여를 학교변화의 중요한 동인이라고 할 수 있는 도덕적 목적(moral purpose)이라고 강조하였다. 그런데 이러한 변화의 의미 또는 비전의 이해와 공유는 성공의 전제조건 또는 선행조건이라기보다는 성공적인 변화과정의 결과로 얻어지는 것으로 봐야 한다는 것이 Fullan의 학교변화 이론의 핵심이기도 하다(p.83). 성공적인 학교변화를 이해하는 데 또 한 가지 중요한 내용이라고 할 수 있는 학교 변화의 과정에 대해서는 다음 장에서 살펴보겠다.

다. 학교변화의 과정 모형

학교변화의 과정은 복잡하다. 수많은 요인들의 작용에 의해 학교는 변화한다. 변화의 과정은 복잡하지만, 일종의 형태를 지니고 있다. 이러한 변화 형태를 밝히고자 다양한 변화 모형들이 있다. 이 장에서는 변화과정에 대해 거의 최초의 이론이라고 할 수 있는 Lewin(1951)의 힘의 장 모형을 먼저 살펴보고, 다음으로 가장 대표적인 학교변화 과정이론인 Fullan(2017)의 학교변화 모형을 살펴보고자 한다. 이어서 이와 같은 학교변화 과정이 교육행정에 주는 시사점을 살펴보고 이 장을 맺을 것이다.

힘의 장 모형

힘의 장(force field theory) 모형은 Lewin(1951)에 의해 주창된 것이다. 이 모형은 체제의 변화과정을 설명하는 기본적 이론 중 하나이다. 힘의 장 모형에서는 조직이나 체제는 기본적으로 평형 상태를 유지하고자 하는 속성이 있다고 본다. 평형 상태가 깨어지더라도 다시 원래의 평형 상태로 되돌아가고자 하는 속성이 있다고 본다. 변화의 시작은 평형 상태가 깨어지는 것이다.

힘의 장 모형은 추진력(driving forces)과 억제력(restraining forces)의 두 힘 간에 평형 상태가 깨어짐에 따라 변화가 생기게 된다고 본다. 추진력은 변화를 일으키고자 하는 힘을 말하고, 억제력은 현 상태를 유지하고자 하는 힘을 말한다. 두 힘이 균형을 이루고 있으면, 평형의 상태가 된다. 그러나 두 힘의 균형이 깨어지면 평형 상태는 깨지게 되고, 변화가 일어난다. 변화의 과정은 해빙(unfreezing), 이동(moving), 재결빙(refreezing)의 단계로 이루어진다.

- 해빙 단계: 단단하게 결빙되어 있는 상태를 녹이는 단계로서, 변화의 준비 단계이다. 이 단계에서는 추진력과 억제력의 균형 상태가 깨어지기 시작한다. 변화의 시작은 기존의 평형 상태에서 추진력을 강하게 만들거나, 억제력을 약하게 하는 것으로 해빙을 한다. 해빙의 과정은 경직적이고 폐쇄적인 조직이나 체제에서는 매우 어려운 과정이므로 체제의 유연화, 개방화 작업이 중요하다.
- 이동 단계: 새로운 변화 수준의 상태로 이동하는 단계로서, 변화의 실행 단계이다. 이 단계는 체제의 주요 부분이나 영역에서 실질적으로 변화가 이루어지게 된다. 새로운 모습의 체제로 이동시키는 것이다. 이동의 과정에서는 변화 촉진의 힘을 지속적으로 발휘하는 것이 중요하다.
- 재결빙 단계: 변화된 상태를 다시 결빙시키는 단계로서, 변화의 제도화 단계이다. 새로운 변화 상태를 지속적으로 유지하고 안정화하기 위한 제도화 단계이다. 변화된 것을 강화(재결빙)하기 위해 지속적으로 제도적 지원이 함께 이루어져야 한다. 재결빙의 과정에서는 변화의 속성상 이전의 평형 상태로 되돌아가고자 하기 때문에 강력한 제도적 장치를 통한 안정화 작업이 중요하다.

Fullan의 학교변화 모형

Fullan(2017)은 학교변화의 변화 과정에 대한 전통적 모델을 도입-실행-제도화의 트리플 I(3I)[initiation(착수), implementation(실행), institutionalization(지속)]로 제시한다. Fullan에 따르면 학교변화의 과정은 실제로는 이보다 훨씬 더 복잡하지만 이 모형은 그 과정을 이해를 돕기 위해 단순화한 것이라고 설명한다. 또한 비록 이 모형은 선형적(linear)인 방식으로 제시되어 있지만 실제로는 반복적이고 유동적인 과정이라고 주장하였다(p.111).

도입 (initiation) ↔ 실행 (implementation) ↔ 제도화 (institutionalization)

○ 도입 단계

이 단계는 변화를 유발하고자 하는 준비과정이다. 이 과정은 실행으로 나아가는 과정이며 실행 여부에 대한 의사결정을 포함하는 단계이다(p.114). 학교변화에 영향을 주는 요소들은 매우 다양하고 많다. 착수 단계에 주요하게 영향을 주는 요인으로 다음의 8가지를 제시하고 있다[4].

■ 영향의 요인

① 혁신의 존재와 질(현실에 존재하고 있는 혁신이 어떤 것이 있는지의 여부)

② 혁신에 대한 접근성(존재하는 혁신안 가운데 무엇을 선택하느냐의 문제로 이는 정보에 대한 차별적 접근을 통해 가능함)

③ 행정가들의 공개적지지 표명(변화의 시작은 지지자 없이는 불가능함. 교육위원회나 지방자치단체의 지지를 받을 때 변화 도입과 추진이 강력하게 됨)

④ 교원의 공개적 지지 표명(교사들은 대중들의 눈에 개혁을 선호하기보다는 반대하는 집단으로 비춰지고 있지만, 만약 이들이 개혁의 노력에 연대하기로 결정하면 누구보다도 강력한 개혁의 주체가 될 수 있음)

⑤ 외부 변화 주체들의 참여(지역, 시-도, 국가 단위에 속해 있는 변화 주체들, 최근에는 대규모 비영리재단 및 기업과의 파트너십)

⑥ 지역사회의 역할(학구마다 지역사회의 특성이 크게 달라 요소들의 다양한 조합에 따라 변화 도입도 매우 다양한 양상을 띰)

⑦ 정부정책과 기금

4) 이 장은 Fullan(2017)의 제4장 가운데, pp.114-125를 요약, 정리한 내용이다.

■ 시사점

변화 착수에는 위에서 제시한 여러 요소들이 혼합되어 영향을 주게 된다. 성공적인 착수과정은 변화과정의 다양성(장단기 변화, 변화의 내외부 주체, 변화주도자의 규모, 변화내용, 변화범위 등)으로 인해 일정한 답을 제시하기는 어렵다. 이상적으로 변화의 착수는 세 가지 요소의 결합으로 작용한다. 3R's라고 부른다. 즉, Relevance, Readiness, Resources이다.

① 적합성: 혁신의 실천 가능성과 필요성이 결합된 말이다.
② 준비성: 혁신 추진 역량과 필요가 결합된 말이다.
③ 자원: 혁신의 이용 가능성(availability)과 관련된 말이다.

그런데 흥미롭게도 Fullan은 변화를 도입하는 것과 그 실행 사이에는 큰 관련이 없을 수도 있다고 주장한다. Cuban(2013)이 지적하듯, '개선효과없는 변화'들이 많기 때문이고, 학교변화를 제도적, 상징적 차원에서의 정치적, 상징적 가치를 교육적 혜택이나 실행을 둘러싼 여러 고려사항보다 더욱 중요하게 간주하기 때문이기도 하다. 이와 더불어 Fullan은 도입 단계에서 지나치게 공을 들인 과도한 계획이 오히려 학교변화의 실행을 실패하게 만들기도 한다고 주장한다. 이를 권투선수 타이슨의 말 "누구나 계획은 있다. 하지만 그 계획은 입을 한방 맞기 전까지만 존재한다(p.158)"를 통해 극적으로 설명해 준다. 이런 의미에서 Fullan은 오히려 힘을 빼고 거품을 뺀 린 스타트업(Lean Startup) 모델을 주창한다.

○ 실행 단계

실행은 새로운 아이디어나 프로그램 또는 새로운 활동이나 구조를 개인이나 조직이 실천하는 과정이다. 교육변화의 상당 부분은 바람직함에도 불구하고 실천되지 못한 경우가 많다. 실행은 바라는 목표를 달성하는 수단이다. 즉, 변화의 실천 없이는 변화가 일어나기 어렵다.

실행의 성공에 영향을 주는 요소들은 매우 다양하다. 성공적인 실행을 위해 다양한 연구들이 수행되어 왔다. 그 연구들은 주로 두 가지 방식으로 이루어져 왔다. 하나는 실행의 성공과 관련된 주요 요인들을 밝히는 것이다. 다른 하나는 성공적 실행을 위한 주요 주제를 제시하는 것이다.

■ 영향의 요인

영향의 요인에는 크게 둘로 구분된다. 하나는 변화의 특성 요소이고, 다른 하나는 지역적 특성 요소이다.

(1) 변화의 특성 요소

① 필요성: 필요성은 변화의 착수에서도 언급되었지만, 실행에서도 중요하게 작용한다. 여기에는 필요성의 우선순위를 결정하는 일이다.

② 명료성: 변화의 목적과 수단에 대한 명확한 인식은 변화를 성공적으로 실천하게 하는 주요 요인으로 작용한다.

③ 복잡성: 변화의 복잡성 정도가 작으면(즉, 단순한 변화), 쉽게 실행할 수 있지만 많은 것을 얻을 수 없다. 그리고 변화의 복잡성 정도가 높으면, 보다 많은 것을 얻을 수 있지만, 그것을 위해서는 더 많은 노력이 필요하고, 실패의 경우에는 더 큰 피해를 얻을 수도 있다.

④ 프로그램의 질과 실천 가능성: 이는 변화의 성질과 직접적으로 관련된 것이다. 변화의 질은 착수 단계에서뿐만 아니라 실행의 단계에서도 중요하게 작용한다.

(2) 지역적 요소

① 교육청

② 교육위원회 및 지역사회

③ 학교장

④ 교사 등

이러한 요소 외에도 변화 실행에 영향을 주는 요소들은 다양하다. 특히, 외부적인 요소로서 정부의 정책, 일반 행정기관, 연구소, 시민단체 등이 주요하게 작용한다.

■ **영향의 주요 주제**

실행과정에 영향을 주는 주요 주제(themes)들을 살펴보면 다음과 같다.

① 비전 구축(vision-building): 비전에는 두 가지 형태가 있다(Miles, 1987). 하나는 학교가 어떤 모습을 갖고 싶은 것에 대한 공유 비전이 있고, 다른 하나는 변화 과정에 대한 공유 비전이 있다. 성공적 실행을 위해서는 두 가지 형태의 비전을 구축해야 한다.

② 발전적 기획(evolutionary planning): 발전적 기획에서는 위아래(top-down)와 아래위(bottom-up) 접근을 결합하는 것이다. 발전적 기획이 이루어질 때 변화 실행이 용이하다.

③ 솔선수범과 위임(initiative-taking and empowerment): 실행을 할 때에는 '권력 공유'가 무엇보다 중요하다. 리더의 경우에는 다른 사람들에게 지원적이면서 솔선수범을 보여야 한다.

④ 교직원 개발 및 자원 지원(staff development and resource assistance): 성공적 실행을 위

해서는 교직원 개발의 양보다는 질이 중요하다. 그리고 새로운 학습의 주요 기반은 전문적 학습공동체의 형성과 밀접하게 관련되어 있다.

⑤ 모니터링(monitoring): 이는 협소한 의미에서의 평가와 다르다. 문제의 해결과 진정한 의미에서의 통제활동이라 할 수 있다. 하나는 혁신을 실천하는 데에 필요한 정보를 제공해 줌으로써 좋은 아이디어에 접근할 수 있도록 하는 것이다. 다른 하나는 잘못하는 것을 제거해 주고 더 좋은 실천을 행할 수 있도록 도와주기 위해 유심히 살피는 일이다.

⑥ 재구조화(restructuring): 성공적 실행을 위해서는 교육활동의 작업장으로서 학교가 적합하게 조직되어야 한다는 것이다.

이러한 여섯 가지 주제들은 학교의 지속적 변화를 위해서는 상호작용적으로 함께 요구된다.

■ 시사점

흥미롭게도 Fulllan은 변화의 실행에 영향을 주는 위와 같은 요인(예: 필요성, 명확성)과 같은 특성들은 변화의 도입단계에서는 모호한 상태로 남아 있다가 역설적이게도 정작 실행단계로 넘어와 크게 가시적인 이슈로 등장한다고 주장한다. 사람들은 보통 어떤 행동을 하기 시작하면서 즉, 실행의 단계에 이르러서야 정작 자신의 필요를 더 명확하게 파악하게 된다고 그는 주장한다(p.133). 명확성과 관련하여서도 교사들은 자신들이 도입하기로 한 혁신의 핵심적 특성을 잘 파악하지 못 하는 경향이 많았고, 실행과정에서 변화에 대해 인식하거나 깨달았던 것보다 더 많은 것이 내포될 때 흔히 출현하는 현상이 가짜 명확성(false clarity)에 안주하는 문제가 초래된다. Fullan에 따르면 가짜 명확성은 "사람들이 스스로 변화를 수용했다고 생각하면서도 새로운 실행의 피상적인 면만 흉내낼 때 발생(p.62)"하는 것으로, 변화 실행단계에서 "개인이 변화를 받아들이는 주관적인 의미(필요성, 명확성)이 탄탄하게 형성되지 않은 상황에서 불확실한 혁신이 실행될 때 이때의 겪게되는 혼란과 불확실성은 매우 고통스럽다(p.62)"고 주장하였다.

○ 제도화 단계

전통적 학교변화 과정의 세 번째 단계는 제도화의 단계이다. 변화의 실행이라는 차원에서 볼 때, 실행은 큰 도전이지만 한번 시작한 혁신 또는 변화를 지속시키는 것은 또 다른 차원의 문제이다. 학교변화의 제도화는 변화를 학교의 일상 과업으로 정착시켜서 또 하나의 일상으로 만드는 것을 의미한다. Huberman와 Miles(1984)는 지속이나 혁신으 제도화가 다음에 달려 있다고 말한다(Fullan, 2017: 145 재인용).

첫째, 변화가 프로그램의 구조 속에 붙박이로 내장된다(정책, 예산, 시간표 등을 통해). 둘째, 변화가 제도화 단계에 이를 즈음이면 변화에 능숙하고 헌신적인 교사와 행정가가 바람직한 결과를 얻기에 충분한 수가 확보된다. 셋째, 지속적인 지원, 특히 신임교사와 행정가에 대한 지속적인 지원 절차가 마련된다(훈련된 보조인력 등).

또한 이 단계에서는 한편 시도된 변화의 포기 또는 철회에 대한 결정을 내리게 될 수도 있다. 프로그램의 유지에 영향을 주는 요인은 프로그램의 지원 조건, 프로그램의 학교 이전, 프로그램의 순환적 생존으로 구분된다(Huberman & Miles, 1984를 박병량, 2006에서 재인용). 프로그램 지원 조건은 프로그램의 효과 검증과 관련된 요인이다. 여기에는 프로그램의 가치와 긍정적 결과에 따라 유지가 결정된다. 프로그램의 학교 이전은 프로그램의 소유권이 외부에서 학교로 이전되는 것이다. 프로그램의 순환적 생존은 학교가 프로그램의 존속 여부를 결정하여야 하는 중요한 계기를 맞았을 때, 프로그램이 위기를 극복하여 존속할 수 있고, 확산 또는 보급될 수 있는 정도를 나타낸다. 보급이나 확산이 많이 된 프로그램의 경우에는 순환적 생존력이 강한 것이다.

학교변화과정에 대한 이해가 교육행정에 주는 시사점

이상의 학교변화 과정에서의 시사점을 제시하면 다음과 같다(Fullan, 1991: 90-92의 내용을 정리한 박병량의 글에서 재인용).

첫째, 성공적인 학교개혁의 출발을 위해서는 추진력이 필요하다. 학교개혁의 착수단계에서 많은 사람들이 참여하는 것도 중요하지만, 소수의 사람들이 개혁 추진의 기세를 형성하는 것이 더욱 중요하다. 참여, 주도, 권한은 개혁 착수의 핵심 요인들이다.

둘째, 개혁의 성공을 위해서는 압력과 지원 모두가 필요하다. 압력은 나쁜 것으로, 지원은 좋은 것으로 생각하지만 압력은 행동을 촉진하는 긍정적 역할을 한다. 또한 지원이 없는 압력은 저항과 소외를 불러일으키고, 표류와 자원의 낭비를 가져온다.

셋째, 개혁의 성공을 위해서는 행동의 변화와 신념 또는 이해의 변화가 병행되어야 한다. 변화 의미의 이해와 변화의 기술 습득의 선후관계는 복잡하겠지만, 진정한 변화를 위해서는 변화 의미의 새로운 이해와 변화 기술의 새로운 습득이 상호 호혜적인 관계로 함께 진행되어야 한다. 즉, 개인이 변화의 의미를 이해하고 변화의 기술을 습득할 때 진정한 변화는 일어난다.

넷째, 변화참여자들이 변화에 대한 소유감(ownership)을 느낄 때 진정한 변화가 일어난다. 변화의 소유감은 변화를 선호하는 것과는 다르다. 그것은 변화의 의미, 기술, 헌신과 관련된다. 변화의 의미를 이해할수록, 변화의 기술을 습득할수록, 변화에 대한 헌신이 커질수록 변화에 대한 소유감은 점진적으로 커진다. 진정한 변화의 소유감은 변화의 시작

단계가 아니라 변화가 성공적으로 끝날 때 나타나는 것이라고 하겠다.

다섯째, Fullan은 전통적인 도입-실행-제도화 모델과 같은 선형적인 접근은 목표와 우선순위, 정책, 특정한 아이디어의 구안과 추진 과정을 밝혀내는 데 유용하다고 보았지만, 디지털 시대에 이르러 혁신은 자생적으로 출현하는 경우도 많고 예측하기 어려운 불확실성과 복잡성의 증가로 인해 그 효용성이 흔들리고 있다고 진단한다(p.146). 만약 현 시점에서도 전통적인 변화 과정 모델을 고수한다면 끊임없이 변화의 실행이론만 좇으며 퇴행 양상을 초래하리라는 것이다. 대안적으로 Fullan은 이러한 여건하에서는 "변화의 계획안을 사전에 연구실에서 완벽하게 만들어 활용하기보다는 반복적으로 고안하고 시도하고 적용하면서 지속적으로 현장에서 개선해나갈 수밖에 없다(p.148)"고 주장한다. 이런 측면에서 Fullan(2009)은 "Motion leadership: Skinny on becoming change savvy"라고 하는 흥미로운 제목의 책에서 두꺼운 계획이 아닌 날씬한, 즉 명확하고, 간소하고, 경로변경의 모니터링과 수정이 용이한 계획을 중심으로 한 변화과정이 필요하다고 주장하였다. 이와 더불어 Fullan은 변화과정에 대한 지식은 유용하지만 이에 지나치게 의존하는 것은 한계가 있고, 변화과정에서 드러난 틈과 간극을 특히 현장의 실천가들과 연대와 협력의 문화를 통해 현장과 소통하여 채워나가는 것이 효과적인 실천을 위해 강조한다.

핵심 용어

- 교육정책의 특징
- 교육정책의 유형
- 교육정책과정
- 정책 쟁점
- 정책 의제
- 정책 형성
- 정책 집행
- 정책 평가
- 학교변화
- 학교변화과정모형

생각해 볼 주제

- 무상급식 정책을 비롯하여 최근에 주요하게 논의되고 있는 교육정책 중 하나의 정책을 선택하여 교육정책과정(정책 쟁점 – 정책 의제 – 정책 형성 – 정책 집행 – 정책 평가)에 근거해서 분석해 보자.
- 최근 시·도교육청 차원에서 실시하고 있는 혁신학교의 변화과정을 학교변화과정모형에 근거해서 주요 특징을 도출해 보자.
- 다양한 유형의 교원정책들을 제시하고, 이들의 정책들이 분배정책, 규제정책, 재분배정책 중 어디에 해당하는지를 파악해 보자.
- 기존의 대학입시정책들이 어떤 과정을 통해 정책의제화가 되었는지를 파악해 보자.
- 최근 논란이 되고 있는 누리과정 정책형성에 대해 정책옹호연합모형으로 설명해 보자.

참고문헌

박병량(2006). 학교발전과 변화. 서울: 학지사.
안효정 · 신철균(2012). 입법 과정에서 국회와 정부의 상호작용 행태 분석 연구. 교육행정학연구, 제30권 제2호, 55-77. 한국교육행정학회.
이득기(1994). 주요국의 교육정책 결정과정에 기초한 교육정책형성 모형개발. 비교교육연구, 제4권 제1호, 187-226. 한국비교교육학회.
이종렬(1984). 정책학원론. 경기: 대왕사.
이종재 · 이차영 · 김용 · 송경오(2015). 교육정책론. 서울: 학지사.
정일환(2003). 교육행정학의 탐구. 서울: 원미사.
조남두 외(2006). 교육행정론. 서울: 원미사.
한국교육혁신연구회 편(1991). 교육혁신의 반성과 진로. 교육과학사.
Fowler, F. C.(2004). *Policy Studies for Educational Leaders: an introduction*. New Jersey: pearson.
Fullan, M. G.(1991). *The new meaning of educational change*. NY: Teacher College Press.
Fullan, M. G.(2009). Motion Leadership: Skinny on becoming change savvy. Corwin Press.
Fullan, M. G.(2015). *The new meaning of Educational Change (5th edition)*. 이찬승 역(2017). 학교개혁은 왜 실패하는가: 교육변화의 새로운 의미와 성공원리. 21세기 교육연구소.
Hall, G. E., & Hord, S. M.(2006). *Implementing change: patterns, principles, and potholes*. N.Y.; Allyn and Bacon.
Kingdon, J. W.(2003). *Agendas, alternatives, and public policies*(Updated second edition). New York: Longman.
Lewi, T. J.(1964). American business, public policy, case studies, and political theory. *World Politics*, July. pp.677-715.
Lewin, K.(1951). *Field theory in social science*. New York: Harper & Row.
Smith, D.(2006). *Exploring Innovation*. NY: McGraw-Hill.
Stufflebeam, D. L.(1983). The CIPP model for program evaluation. In G. F. Madaus, M. Scriven, & D. L. Stufflebeam(Eds.), *Evaluation models*. Boston: Kluwer-Nijhoff.
Weiss, C. H.(1988). Where politics and evaluation research meet. In D. Palumbo(Ed.), *The politics of program evaluation*. Newbury Park, CA: Sage.

CHAPTER 04

교육조직과 조직문화

김왕준(경인교육대학교)
최원석(경인교육대학교)

1. 교육조직의 기초 이론
2. 교육조직
3. 교육조직의 책무성
4. 교육조직 문화
5. 교육조직의 구조와 문화 분석

사람이 하는 거의 모든 일은 조직을 통해서 이루어진다. 교사의 주요 업무인 수업, 생활지도, 행정업무 모두 조직을 통해서 이루어진다. 조직을 구성하는 가장 근본적인 이유는 다른 사람의 도움이 없이 혼자서 일을 할 수 없거나 어렵기 때문이다. 조직은 특성상 다수의 사람으로 구성되기 때문에 다양하고 복잡한 관계가 형성된다. 조직의 구조는 이러한 다양하고 복잡한 관계를 조정하는 기제이다.

조직의 구조와 더불어 조직운영의 성과에 영향을 주는 주요한 요인은 조직의 문화이다. 조직의 문화는 조직의 구성원들에게 조직 속에서 해야 할 일과 해서는 안 되는 일을 판단하고 다른 구성원의 행동을 판단하는 기준이 된다. 조직에서 추구하는 목적과 정합되는 조직의 문화가 형성될 때 조직은 소기의 목적을 달성할 수 있다.

이 장에서는 학교 또는 학급 조직의 목표달성에 도움이 되는 조직구조를 설계하고 활용할 수 있는 역량을 함양할 수 있도록 조직의 기초 이론, 교육조직의 실제와 책무성을 다룬다. 그리고 학교의 조직문화를 파악할 수 있는 안목과 더불어 바람직한 조직문화를 형성할 수 있는 역량을 형성할 수 있도록 교육조직의 실제 문화를 다룬다.

1. 교육조직의 기초 이론

가. 조직의 의미와 중요성

조직은 2인 이상이 특정한 목적을 위해 구성된 실체이다. 우리가 생각하는 인간의 거의 모든 일은 조직을 통해서 이루어진다고 해도 과언이 아니다. 조직의 도움이 없이 이루어지는 일은 거의 없다. 조직을 구성하는 가장 근본적인 이유는 다른 사람의 도움이 없이 혼자서 일을 할 수 없거나 어렵기 때문이다.

우리나라에는 2020년 현재 초등학생 2,693,716명, 중학생 1,315,846명, 고등학생 1,337,312명이 있으며, 이들을 교육하기 위해 초등학교 6,120개, 중학교 3,223개, 고등학교 2,367개가 운영되고 있다. 유치원, 초등학교, 중학교, 고등학교에 근무하는 교원은 486,935명이다(교육부 · 한국교육개발원, 2020). 우리나라 교육을 위한 중앙정부의 교육예산은 2019년 현재 74조 9천억 원 이상으로 전체 예산의 18.7%를 차지하고 있다(교육부 · 한국교육개발원, 2019). 이에 더해 지방교육자치단체도 교육에 막대한 재정을 지출하고 있다.

학교교육이 이루어지기 위해서는 무수히 많은 일들이 수행되어야 한다. 예를 들어 학교건물을 짓고 관리하고, 학생을 모집하고, 교육과정을 설계하고 이에 따른 교육을 실시하고, 학생들을 평가하고, 학적을 관리하고, 교육에 필요한 재정을 마련하여 배분하고 집행하고, 교원을 양성하고 선발하고 배치하는 등 무수히 많은 일들이 수반된다. 이러한 일들을 한 개인이 수행하는 것은 불가능하기 때문에 이를 담당하는 조직을 구성하게 된다. 학교교육을 위해 존재하는 주요 조직은 교육부, 시 · 도 교육청, 교육지원청, 학교 등이 있다. 또한 학교 내에서 교무, 과학, 방과후교실, 행정실 등의 하위 조직과 학년과 학급 등의 하위 조직이 있다.

나. 조직의 목적

조직은 본질상 특정 목적을 상정하지 않고서는 존재할 수 없다. 따라서 조직을 바라볼 때 제일 먼저 생각해 볼 것은 그 목적이 무엇인가이다. 조직의 목적은 조직의 운영방향과 구성원의 역할을 결정하는 중요한 기준이며, 조직 성과 평가의 기준이 된다. 따라서 교육부, 시 · 도교육청, 교육지원청, 학교, 학급, 학교 내 하위 부서 등 조직의 목적이 무엇인가를 정의할 수 있어야 한다.

국가 주요 조직의 목적은 추상적인 수준에서 법령에 규정되어 있으며, 조직 내 업무

분장을 통해서 보다 구체적으로 정의된다. 또한 조직의 비전이나 사명을 통해 외부의 이해관계자나 내부 구성원들에게 표출된다. 그러나 실제에는 목적이 불명확한 조직이 많으며, 목적이 명확하다고 하더라도 구성원들이 이를 공유하지 않는 조직도 많다. 이러한 이유로 변혁적 리더십 등 여러 리더십 이론에서 구성원 간 비전의 공유를 강조하는 것이다.

담임 교사의 입장에서 제일 먼저 생각할 수 있는 조직은 학급이다. 학급이라는 조직의 목적이 무엇인지 규정할 수 있어야 한다. 흔히 학급의 목적은 교사의 철학, 학교의 운영 철학 등과 관련되어 규정될 수 있다. 학급 조직이 담임 배정 이전에 구성되고 담임 교사의 역할도 상당 부분 이미 명시적 또는 암묵적으로 규정되어 있기 때문에 담임 교사들은 조직의 구성자 또는 운영자로서의 역할을 인식하기 어렵다. 그러나 조직 속에서 담임의 역할을 제대로 수행하기 위해서는 조직으로써 학급의 목적을 명확히 정의하는 것이 중요하다.

다. 조직의 구조와 운영

조직이 목적을 달성하기 위해서는 특정한 구조를 가지고 있어야 하며, 조직 구조가 목적을 달성할 수 있도록 설계되는 것이 중요하다. 조직의 구조는 조직에 따라 다양하지만, 조직이 생존하기 위해서는 공통적으로 필수적인 구조를 가지고 있어야 한다. 조직의 관점에서 보면 교사를 포함하여 학교교육에 종사하는 사람들은 모두 조직의 구성원인 동시에 조직의 운영자가 된다. 또한 수시로 조직을 구성하는 역할을 담당하게 된다.

학급경영을 담당하는 교사는 학교 조직의 구성원이자 학급 조직의 운영자이며, 학급 내 다양한 조직의 구성자이자 운영자가 된다. 따라서 조직의 목적을 달성하기 위해 필수적인 조직의 구조를 이해할 수 있어야 하고 적합한 조직을 설계하고 운영할 수 있어야 한다. 또한 조직이 목적을 제대로 달성하지 못하고 있다면 조직의 구조 측면에서 그 원인을 찾아볼 수 있어야 한다.

교육은 국가의 주요 업무 중의 하나이고, 국가의 조직에 의해 실행되기 때문에, 교육조직의 구조는 Max Weber(1946; 1947)가 제시한 관료제의 특성인 합법성, 분업, 권위의 위계, 문서화, 규정과 규칙 등으로 파악할 수 있다. 조직의 구조는 조직이론이나 조직행동론의 주요한 연구주제이며 그동안 많이 소개되었다. 저자에 따라 용어의 차이가 있으나(임창희, 2010; Robbins & Judge, 2011), 다음에서 설명하는 조직의 구조는 공통적으로 담고 있다.

분업(직무 전문화)(division of work vs. division of labor)

조직은 분업을 통해 조직의 목표를 달성한다. 분업은 조직이 수행해야 할 전체 과업을 하위 조직 또는 개인 등 특정 단위로 나누는 것이다. 국가 또는 지방자치단체의 수준에서 학교와 행정기관을 설치하고 학교에서는 교육을 담당하고, 행정기관에서는 이를 지원하는 역할을 담당하는 것이 그 예이다. 또한 학교를 초등학교, 중학교, 대학교로 나누고 초등학교에서 초등교육을 담당하고, 중학교와 고등학교에서 중등교육을 담당하고, 대학에서 고등교육을 담당하는 것 역시 분업의 예이다.

분업은 조직의 규모에 관계없이 나타나며, 특정 조직의 하위 조직(부서)에서도 나타난다. 예를 들어, 하나의 초등학교에서 과업은 교무부, 창의인성부, 정보부, 과학부 등의 하위 부서로 나누어질 수 있으며, 하위 부서인 교무부 내에서 구성원들 간의 업무가 나누어질 수 있다. 학급 내에서도 교사와 학생 간의 분업이 나타난다. 초등학교 학급의 어린이회에서도 분업이 나타나며, 담임 교사와 학급 어린이회의도 일정 부분 분업을 하게 된다.

적절한 분업은 조직의 효율적인 운영에 기여할 수 있다. 복잡한 과업을 특정 단위로 나누게 되면 단순화되어 일의 수행에 필요한 지식이나 기술의 양을 줄일 수 있으며, 보다 덜 복잡한 일을 반복하게 되면 숙달이 되어 처리시간을 단축할 수 있는 장점이 있다. 예를 들어, 중학교와 고등학교에서 한 교사가 국어, 영어, 수학, 과학, 사회 등의 과목을 모두 가르쳐야 한다면, 이 교사에게 필요한 지식의 양은 그만큼 늘어나게 되고, 숙달에 의한 이점도 없게 된다.

분업의 또 다른 장점은 업무 수행에 필요한 시설이나 도구를 줄일 수 있다는 것이다. 학교에서 학년을 나누고 학급을 나누는 것도 분업의 예이다. 과학실이나 음악실 등 특별활동 교실을 나누어 사용할 수 있는 것은 이러한 분업을 통해서 가능하다. 학년 또는 학교의 모든 학생들이 동시에 음악실을 사용하기 위해서는 해당 학급 수만큼 음악실이 필요하게 된다. 가장 단순한 예로 학급에서 청소할 때, 분업을 하지 않고 모든 학생이 동시에 빗자루질을 하려고 하면 빗자루가 학급 학생수만큼 필요하게 된다.

그러나 분업 그 자체가 조직의 효율성을 가져오는 것은 아니다. 조직에서 분업을 통해 일을 수행할 때, 조직 전체의 성과는 분업 단위의 성과에 크게 영향을 받는다. 특정 분업 단위가 제대로 일을 수행하지 않으면 그 분업단위의 성과뿐만 아니라 조직 전체의 성과에도 영향을 준다. 따라서 적절하지 못한 분업은 조직의 효율성을 오히려 저해한다. 가장 쉽게 예를 들 수 있는 것이 팀별 과제이다. 팀별 과제는 팀원 간의 분업과 협력을 전제로 한다. 그러나 팀원 중 일부가 자신의 역할(분업)을 제대로 하지 않거나 못하는 경우 그 팀의 전체 성과에 영향을 주며, 팀원 간의 인간관계도 악화시킬 수 있다. 따라서 조직이 분업에 의해 일을 수행할 때 조정이 중요한 과제로 부각된다.

조정체제(통합화)

분업을 하면서 통합을 위해 조직구성원 또는 경영자는 다음과 같은 다섯 가지 방식을 주로 활용한다.

첫째, 구성원 간 자율적인 상호 조절이다. 과업을 수행하면서 서로 관련이 있는 업무를 수행하는 구성원들이 서로의 행동을 조절하는 것이다. 예를 들어, 학교에서 한 교사가 몸이 아파 조퇴를 하는 경우, 그 교사가 수행하여야 할 일을 동료 교사가 처리하여 주는 것이다.

둘째, 상급자의 명령에 의한 조정이다(권위의 위계). 한 교사가 조퇴를 하는 경우, 그 교사가 처리해야 할 일을 어느 누구도 맡지 않으려고 할 때, 상급자인 교감이 특정 교사를 지목하여 그 일을 대신 처리하도록 지시하는 것이다.

셋째, 작업과정의 표준화이다(행동의 공식화). 작업과정의 표준화는 직무의 내용과 처리 절차를 분명히 정의하여 구성원 간 업무의 혼란을 방지하고 수행에 대한 책임확보의 수단이 된다. 작업과정의 표준화의 한 예인 학교교육과정은 학년별 또는 교과별로 담당 교사의 여러 업무 중 교과지도의 내용에 대한 기술이다. 학교에서 교사들의 업무를 표준화할 수 있다면, 개별 교사의 업무 수행에 대한 객관적인 평가가 가능할 것이다. 그러나 작업과정의 표준화 정도는 업무의 특성에 따라 달라진다. 수업, 생활지도, 상담 등 교사의 주요 업무는 표준화가 상당히 어렵다.

넷째, 산출의 표준화이다. 일의 결과, 즉 산출의 종류와 양을 표준화함으로써 조정하고자 하는 방식이다. 산출의 표준화는 일의 과정이 조직의 다른 구성원에게 미치는 영향이 거의 없고 산출이 중요할 때 가능하다. 학교에서 학생이 어떤 영역에서 성취해야 할 기준을 교사에게 알려주고, 그 기준에 도달하는 방식은 교사의 자유재량에 맡기는 방식이다. 그러나 교육조직에서는 성과(산출)를 측정하기 매우 어렵다는 문제가 제기된다.

다섯째, 기술의 표준화이다. 직무에 대한 교육, 훈련, 연수 등의 간접적인 방법을 통해서 구성원들이 특정한 방식으로 일을 수행하도록 유도하는 것이다. 예를 들어, 교사 양성교육은 교육과정을 통해 교사들에게 교육의 사명, 교수방법, 학생 지도 방법 등에 대해 특정한 방식을 교육함으로써 기술의 표준화를 추구한다. 물론 교육의 특성상 교사의 업무수행 기술을 표준화하는 데 한계는 있다.

계층화(권위의 위계)

권위의 위계(계층)는 조직에서 직위를 계층으로 배열하여, 하급자는 상급자의 감독과 통제를 받도록 제도화한 것이다. 학교조직에서 교장, 교감, 부장교사, 평교사 등의 권위의 위계가 그 예이다. 조직에서 권위의 위계를 두는 것은 분업을 통합하기 위한 수단이다. 분업으로 구성원들이 서로 다른 일을 수행할 때, 각자가 맡은 역할을 충실히 수행할 때 조직의 목적을 달성할 수 있기 때문에 각자의 업무 수행을 확인하고 문제가 발생하였을 때 이를 해결하는 조정은 매우 중요하다. 다른 방법으로 조정이 되지 않을 때, 강력한 조정 수단이 상급자의 명령이다.

권위의 위계와 관련하여 관리자에게 중요한 시사점은 상급자의 주요 역할 중의 하나가 조정이라는 것이다. 조정은 구성원 간 이해관계의 재조정을 수반한다. 조정의 결과 특정인에게는 이익이 되지만 다른 사람에게는 손해가 될 수 있다. 손해를 입은 당사자는 이러한 조정을 한 상급자에게 불만을 표출할 수 있다. 이러한 이유로 상급자들이 명령에 의한 조정을 회피하려는 경향이 나타난다. 그러나 명령에 의한 조정의 회피는 상급자의 책임을 다하지 못하는 것이다.

권위의 위계는 상급자에게 부하직원의 업무를 통제하고 조정하는 공식적인 힘을 부여하여, 조직의 목표에 부합하도록 부하직원에게 업무를 할당하고 갈등을 억제하거나 조정하는 기능을 수행한다. 계층제가 본래의 기능을 수행하기 위해서는 다음과 같은 원칙들이 지켜져야 한다(오석홍, 1993).

첫째, 명령통일의 원칙이 준수되어야 한다. 조직에 참여하는 사람들은 각자 한 사람의 상관으로부터만 명령을 받아야 한다. 명령통일의 원칙이 준수되지 않을 경우 부하직원은 서로 다른 상관으로부터 상충된 명령을 받거나 과중한 업무를 받게 될 가능성이 있다. 학교조직의 경우 명령통일의 원칙이 지켜지지 않는 사례가 나타난다. 예를 들어, 대부분의 교사는 학급담임으로서 학년부에 속하면서 다른 업무부서의 일원이 된다. 따라서 한 교사가 학년부장과 업무부장의 명령을 받게 되는 경우가 생기게 된다. 이 경우 부장들은 다른 부장이 어떠한 업무지시를 하였는지 알 수 없기 때문에 과도한 업무가 배분될 수 있다. 이러한 문제를 예방하기 위해서 해당 교사는 자신이 받은 업무(명령)를 다른 부장에게 알려야 한다.

둘째, 공식적 통로를 이용하여 명령 또는 보고 등이 전달되어야 한다. 즉, 상급자의 명령은 조직의 위계에 따라 건너뛰지 않고 순차적으로 전달되어야 하고, 보고는 하급자에서 상급자로 조직의 위계에 따라 건너뛰지 않고 전달되어야 한다. 학교에서 교장은 예외적인 상황(긴급한 상황 또는 중간 상급자와 함께 회의 중인 경우 등)을 제외하고 교사에게 직접 지시하여서는 안 되고 반드시 직하급자인 교감에게 명령을 하여야 한다. 교감은 부장에게 명령하고 부장은 교사에게 명령을 하여야 한다. 이것이 다소 번거롭게 보일 수 있으나, 조직의 통합에 매우 중요하다. 상급자에게는 부하 직원에게 명령을 할 수 있는 권한과 동시에 업무 수행을 감독할 권한과 책임이 있다. 만일 조직에서 상급자의 명령이 중간의 상급자를 우회하여 전달되고 직상급자는 이를 알지 못하였을 경우, 직상급자가 명령을 내린 상급자와 다르게 지시하여 혼란을 초래하거나 부하 직원에게 새로운 업무를 부과하여 부담을 증가시키는 문제가 생길 수 있다.

셋째, 통솔의 범위를 고려하여야 한다. 통솔의 범위는 한 사람이 감독할 수 있는 부하 직원의 수이다. 통솔의 범위는 업무에 특성에 따라 달라질 수 있으나, 대체적으로 볼 때 단순한 업무일수록 통솔의 범위는 커지고 복잡한 업무일수록 통솔의 범위는 작아지게 된다. 통솔의 범위는 조직의 효율성에 영향을 준다. 통솔의 범위를 넘어선 조직의 구성은 효과적인 감독과 조정을 어렵게 하고, 통솔의 범위보다 작게 조직을 구성하면 상급자의 수가 늘어나게 되어 낭비의 요인이 된다. 교육에서 학교당 학생수 또는 학급당 학생 수 등의 논의는 통솔의 범위와 관련되어 있다. 또한 복수 교감의 배치 등도 통솔의 범위를 고려한 것이다. 학급경영에서도 통솔의 범위를 고려할 필요가 있다. 모둠도 하나의 조직이고 그 안에서 나름대로 조직의 관리자(모둠 대표)가 있기 때문에 모둠의 구성 시에 통솔의 범위를 고려하여야 한다. 또한 체험학습 등의 외부 행사에서 교사는 본인의 통솔의 범위를 고려하여 인솔자의 추가 소요 등을 파악하여야 한다.

행동의 공식화(규정과 규칙)

규정 또는 규칙은 행동을 공식화하는 하나의 방법이다. 행동의 공식화는 구성원의 작업과정을 표준화하여 구성원의 행동 자유를 조정하고 통제하는 방법이다(신유근, 1991). 조직을 효율적으로 운영하기 위해서는 크게 직무, 작업흐름, 규칙 등을 공식화하여 한다(Minzberg, 1983). 직무를 공식화하는 것은 개인별 또는 하위 조직별 직무를 규정하는 것이다. 학교의 업무분장표가 대표적인 예이다. 작업 흐름을 공식화하는 것은 작업의 순서와 담당자(부서)를 미리 정해 놓는 것이다. 학교조직에서 연간 계획, 월간 계획, 주간 계획 등을 수립하고 이행하는 것이 그 예이다.

행동의 공식화는 과업 수행의 혼란 방지와 신속성 확보, 공정한 과업 수행, 조직의 대외관계 유지, 효율적인 과업 수행을 위해 필요하다(최종태, 1991). 또한 행동의 공식화를 통해서 조직의 구성원이 변경되더라도 조직 전체의 측면에서는 동일한 과업이 수행되도록 하는 기능을 한다.

행동을 공식화한 문서가 규정 또는 규칙이다. 민주국가의 경우 법치주의를 원칙으로 하며, 정부 조직의 목적과 구성원의 주요 직무는 법령에 규정되어 있다. 규정 또는 규칙은 조직의 구성원이 변하더라도 조직이 존속하게 해 주는 기능을 한다. 규정 또는 규칙은 특정 개인에 의해 존립이 좌우되는 것을 예방한다. 또한 위에서 조정 기제로 제시된 작업과정, 산출, 기술 등의 표준화와 관련된 사항들을 규정함으로써 분업화된 조직을 통합하는 데 기여한다.

학교 조직에는 다양한 규정이 있으며 주로 규정집이라는 이름으로 관리된다. 규정집에는 보통 학사, 인사, 조직, 복무 등에 관한 규정이 있다. 학사에 관한 규정의 예로는 학칙, 학업성적관리 규정, 출석관리규정, 졸업생 전원 시상제 규정, 체벌에 관한 규정 등이 있다.

〈표 4-1〉 **인천○○초등학교 규정 목록**

학사	인천○○초등학교 학칙 학업성적관리 규정 출석관리 규정 여학생 생리 결석 시 출석인정 방안 규정 졸업생 전원 시상제 규정 졸업생대외상 시상 규정 졸업생장학금지급내규 체험학습운영 규정 학교 전염병에 관한 등교중지 처리 규정 체벌에 관한 규정 학교장위임전결 규정 병설유치원내부 규정 유치원종일제운영 규정
인사	인사자문위원회 규정 보직교사임용 규정 학교업무분장 규정 표창대상자추천 규정 학교 성과급 규정 학교교육 유공경력 교원선정 규정 (교외)연수종별 대상자 선정 규정
조직	교육분쟁조정위원회 규정 교구선정관리위원회운영 규정 교과목별 이수인정평가위원회 조직 및 임무 규정 학교폭력대책자치위원회 규정 운영위원회 규정 전교 학생회 정부회장 선거 규정 학급 어린이 정부회장 선출 내규 규정 어린이회 운영 규정
복무	복무지침
기타	학교운동장 개방 및 이용에 관한 규정 친목회 회칙

라. 학교 조직의 특성

조직은 분업과 조정, 권위의 위계와 행동의 공식화 등을 통해 운영되며, 학교 역시 이와 같은 특성을 갖는다. 그러나 학교라는 조직을 살펴볼 때 두드러지는 특성이 있다. 학교 조직은 교사라는 전문가들에 의해 운영되며, 이들이 서로 느슨하게 결합되어 있다는 점이 학교 조직을 연구하는 학자들의 관심을 받아왔다.

전문적 관료제

전문적 관료제(professional bureaucracy)로서 학교를 바라보는 관점은 Mintzberg(1979)의 조직 구조 이론에 바탕을 두고 있다. 그는 조직 구조상 핵심 요소로 다음과 같은 다섯 가지 요소를 제시하였다. 이 요소들은 먼저 조직의 효과적 수행을 책임지는 전략적 고위층(strategic apex), 둘째로 조직의 궁극적 결과물을 생산하는 핵심운영층(operating core), 셋째로 공식적 권위 구조를 통해 전략적 고위층과 운영 핵심을 연결하는 중간 관리층(middle line), 넷째로 다른 사람들의 업무, 산출 과정을 표준화하고 직원에 대한 교육·훈련을 담당하는 기술부문(technostructure), 마지막으로 다른 요소들의 과업수행을 지원하는 지원부문(support staff)이다(Hoy & Miskel, 2013).

Mintzberg(1979)는 다섯 가지 요소와 함께 조직이 업무를 감독하고 통제하기 위해 사용하는 기본적인 수단으로 다섯 가지 조정 기제를 제시하고(이들 다섯 가지 조정 기제는 이 책의 110쪽에 제시된 다섯 가지 조정 체제와 다르지 않다.) 이에 따라 다섯 가지의 조직 유형이 나타난다고 보았다. 이 가운데 전문적 관료제는 핵심운영층이 핵심 부분이며, 기술의 표준화가 핵심적인 조정 기제로 작동하는 조직 유형이다. 이 유형의 조직에서는 핵심운영층이 전문가로 훈련되는 과정에서 습득한 지식과 기술을 바탕으로 스스로를 통제하기 때문에 기술부문을 크게 필요로 하지 않으며, 핵심운영층에게 많은 권한이 위임된다(Hoy & Miskel, 2013/2013). 이러한 조직은 전문적 지식과 기술에 의한 권위에 의존한다는 점에서, 직위에 의한 직접적인 감독에 의존하는 단순 구조(simple structure)나 기술부문에 의해 표준화된 작업 과정 준수를 강조하는 기계적 관료제(machine bureaucracy)와는 차이가 있다.

학교 조직에서 핵심운영층은 교실에서 수업을 하는 교사들로 구성된다. 이들은 특별한 지식과 기술을 연마하는 전문적 양성 과정을 이수하고 일정한 자격검정시험을 통과하여 자격증을 부여받은 전문가 집단이다. 교사들은 교수-학습 과정에서 상당한 자유재량권을 행사한다. 또한 외부로부터 주어진 작업 절차를 따르기보다는 그들이 습득한 전문적 지식과 기술에 의존하여 교육과정을 구성하고, 교수-학습활동을 수행하고, 학생의 성취를 평가한다. 이러한 점을 감안할 때, 학교 조직은 전문적 관료제라 할 수 있다(윤정일 외, 2015).

학교 조직을 전문적 관료제로 바라보는 시각은 학교가 관료제적 특성과 전문가 집단으로서의 특성을 모두 갖고 있다는 점을 강조한다. 교사들이 학교에서 업무를 수행함에 있어 계층화된 권위에 의한 지시와 명령, 규정화된 절차 준수를 보다 강하게 요구받을수록 교사들은 학교의 관료주의적 특성, 즉 기계적 관료제로서의 특성이 강화된다고 인지할 것이다. 반면 전문적 자율성을 존중받을수록 전문가 집단으로서의 특성이 강화된다고 인지할 것이다. 최근, 교사 간의 협력을 통해 교수-학습 수행에 관한 전문적 지식과 기술을 축적하는 전문적 학습 공동체 활동이 강조되고 있다(서경혜, 2009). 그렇게 축적된 지식과 기술에 의거하여 과업을 수행하는 활동들이 강화될 때 의미 있는 학교개혁이 가능하다고 주장이 힘을 얻고 있다(Hargreaves & Fullan, 2012/2014). 이러한 움직임은 전문적 관료제로서의 학교 조직 특성을 강화하는 데 기여할 것으로 기대된다.

느슨하게 결합된 조직

학교조직의 특성을 이해하는 데 도움이 되는 또 다른 개념은 느슨하게 결합된 조직(loosely coupled system)이라는 개념이다. 이 개념의 교육 분야에서의 적용은 Parsons, Bidwell, Lortie에 의해 그 가능성이 암시되었고, Weick에 의해 널리 알려졌다(진동섭, 2005). Weick(1976)의 설명에 따르면, 느슨한 결합의 개념은 조직 내의 서로 연결된 사건들이 서로 영향을 주고받으면서도 동시에 각각 자신의 정체성과 물리적, 논리적 독자성을 드러내는 이미지를 전달한다. 교실에서의 수업과 관련하여 학교장은 장학 지도와 교과 관련 연수, 의사결정 과정에의 참여 허용 등의 기제를 사용하여 교사와 영향을 주고받지만(박상완, 2005), 학교장의 영향력이 대단히 중요하고 강력한 것은 아니다. 학교장과 교사 간 의사소통은 활발하다고 하기 어렵고, 교사들은 부분적으로 자율성을 소유하고 있다(나민주, 2005).

조직의 결합이 느슨할 경우 다음과 같은 특성을 기대할 수 있다(Campbell, Corbally, Nystrand, 1983: 윤정일 외, 2015에서 재인용; Weick, 1976). 느슨하게 결합된 조직의 경우 단단하게 결합된 조직에 비해 하위요소 및 사건들의 독립성과 정체성을 유지하는 것을 더 많이 허용하기 때문에, 이러한 조직에서는 환경 변화에 적응하기 위해 한 조직에서 이질적인 요소가 공존하는 것이 가능하다. 예를 들어, 지식 전달과 반복에 의한 숙달을 중시하는 교육관을 가진 교사와 학생의 참여와 활동을 통한 지식 구성을 중시하는 교육관을 가진 교사가 하나의 학교 안에서 큰 갈등 없이 공존할 수 있다.

혁신의 도입과 관련하여 생각해 본다면, 느슨하게 결합된 조직은 체제 내의 구성원에게 보다 많은 자율성과 자기결정권이 제공되기 때문에 새로운 변화를 국지적으로나마

선제적으로 받아들이기에 유리하다. 동시에 조직의 느슨한 결합은 긍정적인 변화가 조직 전체로 확산되는 것을 저해할 수도 있다.

조직 운영 측면에서, 느슨하게 결합된 조직은 부분 간의 조정을 위해 많은 비용을 필요로 하지 않는다. 또한 느슨하게 결합된 조직은 다른 부분에 큰 영향을 주지 않고 체제의 일부분이 분리되는 것이 가능하다. 예를 들어, 지역사회에 초등학생 수가 증가한다면 학급을 증설하고 교사를 추가로 배치할 것이다. 그러나 추가된 학급과 증원된 교사로 인해 학교조직의 교육과정이나 운영 규칙 등을 대대적으로 조정해야만 하는 것은 아니다. 학생 수의 감소로 학급 수를 축소하는 경우에도 마찬가지이다. 교사를 감원하는 과정에서 갈등이 있을 수 있고, 기존의 교실 공간의 용도 변경도 필요하겠지만, 남아 있는 교사 집단의 업무수행 방식이나 학교 운영 전반에 큰 변화를 요구하는 것은 아니다.

2. 교육조직

가. 중앙교육행정조직(교육부)

「헌법」 제31조에 의하면 우리나라 국민은 능력에 따라 균등하게 교육을 받을 권리를 가지고 있으며, 학교교육 및 평생교육을 포함한 교육제도와 그 운영, 교육재정 및 교원의 지위에 관한 사항은 법률로 정하도록 규정되어 있다.

교육서비스 제공과 관련된 가장 주요한 국가와 지방자치단체의 역할은 학교와 사회교육시설의 설립과 운영이다(「교육기본법」 제11조). 학교와 사회교육시설의 운영은 상당히 포괄적인 규정이며, 구체적인 예로 학교와 사회교육시설을 지도 감독하는 역할(「교육기본법」 제17조)과 학생, 기관, 학교의 평가와 관련된 역할이 있다(「초 · 중등교육법」 제9조).

국가의 주요 의무 중의 하나는 국민이 교육을 받을 수 있도록 교육서비스를 제공하는 것이고, 교육 서비스 제공과 관련된 행정사무의 체계적이고 능률적인 수행을 위해 설치한 조직이 교육부이다. 교육부는 인적 자원개발정책, 학교교육 · 평생교육, 학술에 관한 사무를 관장한다(「정부조직법」 제28조).

교육부와 그 소속기관의 직무, 하부 조직, 하부 조직별 업무 분장은 대통령령인 "교육부와 그 소속기관 직제"에 규정되어 있다. 교육부의 하부 조직으로 운영지원과, 고등교육정책실, 학교혁신지원실, 교육복지정책국, 학생지원국, 평생미래교육국, 교육안전정보국 등이 설치되어 있으며, 장관 밑에 대변인 1명 및 장관정책보좌관 2명을 두고, 차관 밑에 기획조정실장, 사회정책협력관 및 감사관 각 1명을 둔다(교육부와 그 소속기관 직제 제4조).

교육부의 하부 조직 중의 하나인 학교혁신지원실은 초등교육과 중등교육의 근간인 제도 및 정책을 담당하는 부서이다. 학교혁신지원실에 실장 1명을 두고, 실장 밑에 학교혁신정책관, 교육과정정책관 각 1명을 둔다(교육부와 그 소속기관 직제 제11조). 다음에 열거된 학교혁신지원실장의 업무 중 학교혁신정책관은 제1호부터 제25호까지의 사항에 관하여 실장을 보좌하고, 교육과정정책관은 제26호부터 제48호까지의 사항에 관하여 실장을 보좌한다.

〈학교정책관〉

1. 초·중등학교 교육제도 및 입학제도의 개선
2. 자율형 공립·사립 고등학교 및 자율학교의 제도 개선 및 운영 지원
3. 특성화중학교, 외국어고등학교 및 국제고등학교의 제도 개선 및 운영 지원

〈중략〉

23. 학부모 지원정책의 수립·시행 및 관련 법령·제도 개선
24. 학부모 교육 및 학부모의 학교교육 참여 활성화
25. 한국교직원공제회, 사립학교교직원연금공단 및 한국교육삼락회의 운영 지원

〈교육과정정책관〉

26. 유치원, 특수학교 및 초·중등학교의 국가수준 교육과정 기본정책의 수립·시행
27. 교과별 교육과정 기본정책의 수립·시행
28. 통일대비 남북 표준 교육과정의 개발

〈중략〉

45. 학교체육 진흥 시책의 수립·시행
46. 초·중등학생 예술교육 활성화정책의 수립·시행
47. 초·중등학교 통일교육 및 통일대비 교육정책의 수립·시행
48. 초·중등학생 독서교육 활성화 및 학교도서관 진흥 기본정책의 수립·시행

나. 지방교육행정조직(시·도교육청, 교육지원청)

교육은 지방자치단체의 주요 사무 중의 하나이다. 「지방자치법」 제9조의 지방자치단체의 사무범위에 따르면, 지방자치단체의 구역, 조직, 행정관리 등에 관한 사무, 주민의 복지증진에 관한 사무, 농림·상공업 등 산업진흥에 관한 사무, 지역개발과 주민의 생활환경시설의 설치·관리에 관한 사무, 교육·체육·문화·예술의 진흥에 관한 사무, 지역민방위 및 지방소방에 관한 사무 등이 지방자치단체의 사무이다.

국가에서 국회와 행정부의 관계와 유사하게 지방자치단체의 사무는 대의기관인 지방의회와 집행기관(시·도지사, 교육감, 시·군·구청장)이 처리한다. 지방의회는 지방 사무를 위한 조례의 제정·개정 및 폐지, 예산의 심의·확정, 결산의 승인, 법령에 규정된 것을

제외한 사용료 · 수수료 · 분담금 · 지방세 또는 가입금의 부과와 징수 등에 대한 의결권을 가지고 있으며(「지방자치법」 제39조), 또한 행정사무 감사권 및 조사권(「지방자치법」 제41조)을 통해서 시 · 도교육에 영향을 미친다. 조례를 통한 교육의 방향 설정의 예로 경기도, 광주광역시, 서울특별시, 전라북도의 인권조례 등이 있다. 그리고 시 · 도교육청의 행정기구와 분장사무를 규정하는 조례를 제정함으로써 교육행정사무의 집행에 영향을 준다(예: 경기도교육청 행정기구 설치조례).

우리나라는 일반자치와 분리하여 교육자치를 실시하고 있다. 교육의 자주성 및 전문성과 지방교육의 특수성을 살리고 지방교육의 발전에 이바지하기 위하여(「지방교육자치에 관한 법률」 제1조), 「지방자치법」에 대한 특별법으로 「지방교육자치에 관한 법률」을 제정하고 지방자치단체의 교육 · 과학 · 기술 · 체육 그 밖의 학예에 관한 사무를 관장하는 기관의 설치와 그 조직 및 운영 등에 관한 사항을 규정하고 있다(「지방교육자치에 관한 법률」 제3조). 지방자치단체의 교육 · 과학 · 기술 · 체육 그 밖의 학예(이하 "교육 · 학예"라 한다)에 관한 사무는 특별시 · 광역시 및 도(이하 "시 · 도"라 한다)의 사무로 규정하고 있어(「지방교육자치에 관한 법률」 제2조), 광역 수준에서 교육자치를 실시하고 있다.

시 · 도의 교육 · 학예에 관한 사무의 집행기관으로 시 · 도에 교육감을 둔다(「지방교육자치에 관한 법률」 제18조). 교육감은 교육 · 학예에 관한 다음 각 호의 사항에 관한 사무를 관장한다(「지방교육자치에 관한 법률」 제20조).

1. 조례안의 작성 및 제출에 관한 사항
2. 예산안의 편성 및 제출에 관한 사항
3. 결산서의 작성 및 제출에 관한 사항
4. 교육규칙의 제정에 관한 사항
5. 학교, 그 밖의 교육기관의 설치 · 이전 및 폐지에 관한 사항
6. 교육과정의 운영에 관한 사항
7. 과학 · 기술교육의 진흥에 관한 사항
8. 평생교육, 그 밖의 교육 · 학예진흥에 관한 사항
9. 학교체육 · 보건 및 학교환경정화에 관한 사항
10. 학생통학구역에 관한 사항
11. 교육 · 학예의 시설 · 설비 및 교구(教具)에 관한 사항
12. 재산의 취득 · 처분에 관한 사항
13. 특별부과금 · 사용료 · 수수료 · 분담금 및 가입금에 관한 사항
14. 기채(起債) · 차입금 또는 예산 외의 의무부담에 관한 사항
15. 기금의 설치 · 운용에 관한 사항
16. 소속 국가공무원 및 지방공무원의 인사관리에 관한 사항
17. 그 밖에 당해 시 · 도의 교육 · 학예에 관한 사항과 위임된 사항

지방교육의 집행기관인 교육감 소속하에 국가공무원으로 보하는 부교육감 1인(인구 800만 명 이상이고, 학생 170만 명 이상인 시 · 도는 2인(경기도가 이에 해당))을 두되, 대통령령이 정하는 바에 따라 「국가공무원법」 제2조의2의 규정에 따른 고위공무원단에 속하는 일반직공무원 또는 장학관으로 보한다. 부교육감은 당해 시 · 도의 교육감이 추천한 자를 교육부장관의 제청으로 국무총리를 거쳐 대통령이 임명한다. 부교육감은 교육감을 보좌하여 사무를 처리한다. 또한 교육감 소속하에 다른 보조기관을 둘 수 있다(「지방교육자치에 관한 법률」 제30조). 부교육감 이외의 보조기관으로 서울특별시교육감의 경우에 기획조정실, 교육정책국, 평생진로교육국, 교육행정국 등을 두고 있다. 부교육감 등의 보조기관이 사무를 분장하여 위에서 제시한 교육감의 사무를 담당하고 있다.

교육감은 그 소관 사무의 범위 안에서 필요한 때에는 대통령령 또는 조례가 정하는 바에 따라 교육기관을 설치할 수 있다. 서울특별시의 경우에 8개의 직속기관과 4개의 평생학습관, 그리고 17개의 도서관을 설치하여 운영하고 있다.

시 · 도의 교육 · 학예에 관한 사무를 분장하기 위하여 1개 또는 2개 이상의 시 · 군 및 자치구를 관할구역으로 하는 하급교육행정기관으로서 교육지원청을 둔다. 교육지원청에 교육장을 두되 장학관으로 보한다. 교육장은 시 · 도의 교육 · 학예에 관한 사무 중 공 · 사립의 유치원 · 초등학교 · 중학교 · 고등공민학교 및 이에 준하는 각종학교의 운영 · 관리에 관한 지도 · 감독의 사무와 그 밖에 조례로 정하는 사무를 담당한다(「지방교육자치에 관한 법률」 제34조, 제35조).

다. 학교

실제 학생을 교육하는 책임을 맡고 있는 기관은 학교이다. 학교 역시 학생 교육과 관련된 여러 사무를 처리하기 위해서 수직적 · 수평적 분업체계를 가지고 있다. 교장은 교무를 통할하고, 소속 교직원을 지도 · 감독하며, 학생을 교육한다. 교감은 교장을 보좌하여 교무를 관리하고 학생을 교육하며, 교장이 부득이한 사유로 직무를 수행할 수 없을 때에는 교장의 직무를 대행한다. 수석교사는 교사의 교수 · 연구 활동을 지원하며, 학생을 교육한다. 교사는 법령에서 정하는 바에 따라 학생을 교육한다. 행정직원 등 직원은 법령에서 정하는 바에 따라 학교의 행정사무와 그 밖의 사무를 담당한다(「초 · 중등교육법」 제20조).

학교에는 원활한 학교 운영을 위하여 교사 중 교무를 분담하는 보직교사를 둘 수 있다(「초 · 중등교육법」 제19조). 학교에 두는 보직교사는 교육부장관 또는 시 · 도교육감이 정하는 학교급별 보직교사 배치기준에 따른다. 2019학년도 인천광역시교육청 초등학교의 경우 6학급 이상 11학급 이하의 학교에는 2명, 12학급 이상 17학급 이하의 학교에는 4명 이

내, 18학급 이상 23학급 이하의 학교에는 6명 이내, 24학급 이상 29학급 이하의 학교에는 8명 이내, 30학급 이상 35학급 이하의 학교에는 10명 이내, 36학급 이상의 학교에는 12명 이내, 5학급 이하인 학교로서 교감을 두지 아니하는 학교 또는 5학급 이하의 분교장에는 1명을 둔다(인천광역시교육청, 2018).

보직교사의 명칭은 '부장교사'로 하며, 학교별 보직교사의 종류 및 그 업무분장은 학교

〈표 4-2〉 안산○○초등학교의 업무 분장 중 일부 예시

부서	업무내용
교무기획부	교무기획 총괄, 행사(계기)교육, 의무취학 관리, 생활기록부 관리, 학급편성, 월중행사, 교원포상, 학칙 및 제규정 관리, 각종 위원회 관리, 학교교육과정 운영조정, 학교홍보, 교직단체(교총), 생활기록부, 현장학습 및 수학여행(시행: 해당학년부장), 아버지회 관리, 학교운영위원회 관리, 청소년단체 총괄 NEIS 생활기록부 전산업무(생활기록부 정정업무) 학부모회, 평생교육 정보공시, 학교소식지 특수교육과정 편성 · 운영 총괄, 방과후 교실, 자유수강권, 서편 게시판 통학비, 보조인력 관리, 특기적성 교육, 서편 현관-복도관리
교육과정운영부	교육과정 기획 총괄, 교육과정편성 · 운영(학교,학년,학급), 교사 NTTP연수 추진(동호인 연수, 외부강사), 혁신교육, 혁신공감학교 총괄 독서축제운영 교원능력개발평가 학력평가, 평가기준안(수행평가), 수학경시대회 기초학력 향상, 부진아 지도, 인턴교사운영 교원 연수 및 연구대회 자율장학(교과연구회, 수업연구-교원평가공개 수업포함, 임상장학) 배움중심 수업 교사연수 방학 중 영어캠프, 영어관련 교내 행사 추진및 대회 참가 영어전용실(원어민) 관리, 영어관련 행사 및 대회 참가 업무 보조 한자교육 및 한자인증제 운영, 시지원 한자교실 도서관업무, 전자도서, 도서구입, 독서신문발간, 도서도우미(봉사단), 교사용도서 및 장학자료 관리(CD) 독서(문예)교육 및 행사(독서축제), 간행물 관리
학년부장	학년교육과정 편성 · 운영 학년행사 학년별 체험학습 운영(수련활동, 수학여행) 학년보결관리 주간학습 안내 학년연구실 관리 교과서 및 교과용도서 관리 학년생활지도

의 장이 정한다. 인천의 한 초등학교의 교무업무는 교무기획부, 창의경영부, 학력관리부, 교육복지부, 과학영재부, 교육정보부, 환경안전부, 생활인성부, 문화체육부, 비전홍보부 등으로 구성하고 각 부에 보직교사로서 부장을 두고 있다. 경기도의 한 초등학교는 교무업무를 교무기획부, 교육과정운영부, 방과후학교운영부, 생활인권부, 과학정보부, 예체능교육부 등으로 분장하고 있다.

학교운영의 자율성을 높이고 지역의 실정과 특성에 맞는 다양하고 창의적인 교육을 할 수 있도록 초등학교 · 중학교 · 고등학교 및 특수학교에 학교운영위원회를 구성 · 운영하여야 한다. 국립 · 공립학교에 두는 학교운영위원회는 그 학교의 교원 대표, 학부모 대표 및 지역사회 인사로 구성한다. 학교운영위원회의 위원 수는 5명 이상 15명 이하의 범위에서 학교의 규모 등을 고려하여 대통령령으로 정한다(「초 · 중등교육법」 제31조). 국립 · 공립학교에 두는 학교운영위원회는 다음 각 호의 사항을 심의하며, 또한 학교발전기금의 조성 · 운용 및 사용에 관한 사항을 심의 · 의결한다(「초 · 중등교육법」 제32조).

1. 학교헌장과 학칙의 제정 또는 개정
2. 학교의 예산안과 결산
3. 학교교육과정의 운영방법
4. 교과용 도서와 교육 자료의 선정
5. 교복 · 체육복 · 졸업앨범 등 학부모 경비 부담 사항
6. 정규학습시간 종료 후 또는 방학기간 중의 교육활동 및 수련활동
7. 「교육공무원법」 제29조의3 제8항에 따른 공모 교장의 공모 방법, 임용, 평가 등
8. 「교육공무원법」 제31조 제2항에 따른 초빙교사의 추천
9. 학교운영지원비의 조성 · 운용 및 사용
10. 학교급식
11. 대학입학 특별전형 중 학교장 추천
12. 학교운동부의 구성 · 운영
13. 학교운영에 대한 제안 및 건의 사항
14. 그 밖에 대통령령이나 시 · 도의 조례로 정하는 사항

라. 학급

효율적인 학급운영을 위해서는 학급 내에서도 다양한 조직을 구성할 필요가 있다. 교육부, 시 · 도교육청, 교육지원청, 학교 등의 조직은 법령에 의해 규정되어 조직구성의 재량권이 작은 반면에 학급 내 조직 구성은 담임 교사에게 거의 전적인 자율권이 부여되어 있다. 담임 교사는 학급운영에 필요한 일들을 고려하여 다양한 학급 부서를 구성하여 운영할 필요가 있다. 학급 부서는 학생 자치의 관점에서 학급어린이회의 하위 조직이지만,

담임교사의 직접적 또는 간접적 지도를 받게 되며 학급에서 해야 할 일을 분담하게 된다. 따라서 학급 부서의 효율적인 구성과 운영은 학생들의 교육에 직접적인 영향을 준다.

초등학교에서 일반적인 학급 부서는 학습부, 생활부, 환경부, 체육부, 예술부 등이다. 최근 사회 교과와 연계하여 국가 행정부의 이름과 역할을 이해시키고, 학교를 넘어 사회의 한 구성원임을 교육하기 위해서 학급 부서의 이름을 국가 행정부의 이름을 사용하는 경우도 있다.

〈표 4-3〉 **초등학교 각 부서의 주요 업무 예시**

부서	주요 업무
회장단	• 아침자습 검사, 계단청소 검사, 회의 진행 • 일기장(남) 낸 아동 체크, 배부, 칠판 기재 및 청결 • 일기장(여) 낸 아동 체크, 배부, 교과서 준비, 회의록
학습부	• 사회 – 조사 확인, 과학 준비 도우미 • 수학 – 익힘책 확인 • 과학 – 실험도구 준비 및 정리 • 컴퓨터 – 책정리, 3컴퓨터실 뒷정리 • 한자 – 확인
생활부	• 쉬는 시간 복도, 계단 통행 확인 • 바른 언어 사용하기 확인 • 시간 약속 지키기(공부시작 시간 지키기) • 착한 어린이, 칭찬쿠폰 아동 확인 • 실내화 검사, 실내화주머니 바로 놓기 • 쉬는 시간에 자리에 앉기 지도(이효산)
도서부	• 독서록 낸 아동 체크(매주 수요일), 안 낸 아동 남기기 • 학급 문고 관리 • 책꽂이 정리, 청결 • 책 광고하기(주 1회) 및 독서 신문(월 1회)
미화부	• 당번활동 체크 • 아동 작품 게시 및 게시대 청결 • 거울 닦기 • 복도쪽 교실 창문 청결 • TV 주변 청결 및 선생님 책상 정리
체육부	• 체육시간 줄, 급식 확인 • 영어, 음악 자료 준비 • 체육시간 자료 준비 및 정리
봉사부	• 이웃돕기, 1컴퓨터실 청소 검사 • 분리수거 • 학습 준비물 운반, 쓰레기 봉투 버리고 바꾸기 • 분실물 상자 정리 및 관리

수업 중의 모둠 또한 중요한 학급 조직 중의 하나이다. 조직의 하나인 모둠을 구성할 때도 조직의 구성 원리를 고려하여야 한다.

3. 교육조직의 책무성

가. 조직의 책무성

사회의 인위적 구성체인 조직의 존재의 정당성은 목적 수행과 관련되어 있다. 조직이 목적을 수행할 수 없거나 비효율적으로 수행하는 경우에는 존재의 정당성을 잃게 된다. 조직을 구성하고 운영하기 위해서는 구성원에 대한 임금, 사무 공간의 임차료 및 관리비, 각종 유지비, 업무 처리에 수반하는 제반 비용 등 많은 비용을 필요로 한다. 따라서 주기적으로 조직이 효율적으로 제 역할을 다하고 있는지 점검하는 것은 매우 중요하다.

책무는 직무에 따른 책임이나 임무를 의미하고 조직 또는 개인의 책무성은 조직 또는 개인의 책무 수행 정도를 의미한다. 국가 차원에서는 삼권분립의 원칙에 의해 입법부, 사법부, 행정부 간 견제와 균형의 원리에 의해 각 부들이 책임을 다하도록 규정하고 있다. 행정부의 한 부서인 교육부의 업무는 국회의 입법권, 조사권, 예산권 등을 통해 통제된다. 또한 국가의 기관들은 평가에 관한 법률에 의해 평가를 받고 있다. 시 · 도교육청의 경우 지방교육에 대해 지방의회의 지원과 통제를 받게 된다.

나. 교육부 평가

「정부업무평가 기본법」은 국정운영의 능률성 · 효과성 및 책임성을 향상시키기 위한 목적으로 중앙행정기관 · 지방자치단체 · 공공기관 등의 평가를 규정하고 있다. 이 법은 평가를 통하여 통합적인 성과관리체제의 구축과 자율적인 평가역량의 강화를 통하여 국정운영의 효율성을 높이기 위한 것이다(제1조).

정부업무평가는 평가대상 기관 · 법인 또는 단체가 수행하는 정책 · 사업 · 업무 등에 관하여 그 계획의 수립과 집행과정 및 결과 등을 점검 · 분석 · 평정하는 것을 말한다(제2조). 정부업무평가는 평가 대상 기관의 성과관리를 중심으로 평가한다. '성과관리'라 함은 정부업무를 추진함에 있어서 기관의 임무, 중 · 장기 목표, 연도별 목표 및 성과지표를 수립하고, 그 집행과정 및 결과를 경제성 · 능률성 · 효과성 등의 관점에서 관리하는 일련의 활동을 말한다.

2007년부터 중앙행정기관은 '성과관리 전략계획'을 수립하여 기관의 임무와 비전, 전략목표를 제시하고, 최소한 3년마다 그 계획을 수정 · 보완해야 한다(제5조). 또한 실행계획인 '성과관리 시행계획'을 수립하여 당해연도의 성과목표와 이의 달성을 위한 정책과 성과지표, 재정부문에 관한 과거 3년간의 성과결과 등을 제시하고 있다(제6조). 국무총리 소속 정무업무평가위원회는 중앙행정기관의 목표체계와 성과지표의 적절성을 검토하고 조정하는 등 계획 수립을 지원한다. 성과관리계획 수립 시기와 예산편성 주기를 일치시켜 성과관리계획이 예산과 연계되도록 운영하고 있다.

중앙행정기관은 매년 4월에 평가계획을 수립하고, 연말실적을 기준으로 다음해 1~3월에 자체 평가를 실시한다. 국무총리는 정부 내에서 지속적 관리가 필요한 시책, 다수 부처 관련 시책, 현안 시책 등에 대하여 다음해 1~3월에 특정평가를 실시한다.

자율과 책임이라는 성과관리 원칙을 구현하기 위해 중앙행정기관장 책임하에 스스로 평가하는 자체평가제도를 마련하여 평가계획을 수립하고 평가하고 필요에 따라 평가결과를 활용하도록 하고 있다. 중앙행정기관은 국무총리가 정부업무평가 시행계획에서 정한 당해연도 성과관리 및 정부업무 평가의 기본방향 등에 따라 평가대상, 평가방법, 세부평가 일정 등을 포함한 자체평가계획을 수립하고, 10~30인 규모의 민간전문가 중심의 자체평가위원회를 구성하여 평가를 실시한다.

중앙행정기관이 실시한 자체평가 결과는 평가총괄기관인 국무조정실, 기획예산처, 중앙인사위원회, 행정안전부, 정보통신부 등이 주요정책, 재정성과 등 부문별로 확인 점검하여 자체평가의 객관성과 신뢰성을 제고한다. 확인 점검결과 자체평가의 객관성 및 신뢰성에 문제가 있어 다시 평가할 필요가 있다고 판단될 경우 국무총리는 정부업무평가위원회의 심의 · 의결을 거쳐 재평가를 실시할 수 있다.

교육부는 2019년 자체평가에서 기본방향을 네 가지로 설정하였다(교육부, 2020). 첫째, 정부업무 평가와 연계하여 성과창출 중심으로 평가한다. 이는 정부업무평가 평가항목 간 비중에 있어 전년도에 비해 정책추진노력 부문 비중이 감소하고 상과지표달성도 부문이 상승한 것을 반영한 것이다. 둘째, 국민참여 활성화를 통해 국민 체감도를 제고한다. 이를 위해, 정책 추진 시 현장소통 등 국민참여 활성화 정도를 평가에 반영하여 국민 눈높이에 맞는 정책 구현을 유도한다. 셋째, 상 · 하반기 자체평가를 구분하여 운영을 내실화한다. 상반기에는 부문별 이행상황을 점검하여 계획대비 이행실적, 문제점 등을 도출하고, 하반기는 대면평가를 통해 정책 성과창출 정도 등을 확인한다. 넷째, 평가 실효성 제고를 위해 평가 결과를 환류한다. 이를 위해 평가결과를 정책개선, 인사 · 조직 · 예산 및 보수 등과 연계한다.

교육부는 2019년에 교육 분야의 외부 전문가 29인을 포함한 교육 분야 전문가 30인으로 자체평가위원회를 구성하여, 성과관리 시행계획, 자체평가 계획 등의 수립에 관한 사항을 심의하고, 자체평가업무 추진 관련 주요사항 심의 등을 심의한다(교육부, 2020). 2019년의 평가대상 성과관리시행계획의 관리과제 총 69개이며, 평가항목 및 평가기준은 다음의 표와 같다. 2019년 교육부의 자체평가결과는 보고서로 작성되어 2020년 2월에 홈페이지를 통해 공개되었다.

〈표 4-4〉 2019년 평가지표 및 평가내용

평가지표	배점	평가내용
계획수립의 적절성	15점	• 정책 계획 수립 시 성과지표 등이 적절하게 설정이 되었는지, 전년도 환류 및 국민소통계획 등을 평가
집행과정의 충실성	25점	• 정책의 집행과정에서 추진계획별 적기 완수 여부, 대내외 홍보 및 의견수렴 과정의 충실성 등을 평가
정책효과	50점	• 성과지표 달성여부, 당초 의도한 정책 효과 및 부수적 효과, 향후 기대효과 등을 평가
대표성 및 노력도	10점	• 관리과제 및 성과지표의 대표성, 업무추진 전 과정에서의 부서 노력 정도(갈등해소, 협업 등) 등을 평가

출처: 교육부(2020: 3)

다. 교육청 평가

교육부장관은 교육행정을 효율적으로 수행하기 위하여 특별시 · 광역시 · 특별자치시 · 도 · 특별자치도 교육청과 그 관할하는 학교를 평가할 수 있다(「초 · 중등교육법」 제9조 제2항). 시 · 도교육청평가는 평가를 통해 시 · 도교육청의 책무성을 평가하고, 지방의 우수사례를 발굴하여 확산하고, 시 · 도교육청 간 선의의 경쟁을 통해 교육의 질적 수준을 제고하고, 교육행정발전을 위한 자발적인 노력을 유도하여 궁극적으로 지방교육의 질을 제고하기 위해서 실시된다(시 · 도교육청 평가 운영 규정).

시 · 도교육청 평가는 매년 실시되고 있다. 교육부장관은 평가에 관한 기본계획을 전년도 8월 31일까지 수립하여 시 · 도교육감에게 통보하며, 매년 6월 30일까지 평가를 실시하고 그 결과를 공표한다. 평가는 특별한 경우를 제외하고는 전년도 또는 전학년도 실적을 평가하는 것을 원칙으로 한다. 이 외에도 교육부장관은 예산의 편성 및 운용, 그 밖에 지방자치단체의 교육행정에 관한 사항으로서 또는 교육감이 필요하다고 인정하는 사안(「초 · 중등교육법 시행령」 제12조 제1항제1호 및 제5호) 중 시 · 도교육청의 조직 효율화와 재정 건전화를 위한 별도의 평가를 실시할 수 있다. 이 경우 기본계획을 평가 해당 연도 2월 28일까지 수립하여 시 · 독육감에게 통보하고, 매년 9월 30일까지 평가를 실시하여 그 결과를 공표한다(시 · 도교육청 평가 운영 규정 제4조).

평가지표는 시 · 도교육청의 책무성을 평가하기 위한 정량평가지표와 시 · 도교육청의 주요정책 및 정책 추진과정을 평가하기 위한 정성평가지표로 구성한다. 정량평가지표는 다음과 같다.

1. 학교교육 내실화에 관한 지표
2. 학교폭력 및 학생위험 제로 환경 조성에 관한 지표
3. 능력중심사회 기반 구축에 관한 지표
4. 교육비 부담 경감에 관한 지표
5. 교육현장 지원 역량 강화에 관한 지표
6. 교육수요자 만족도 제고에 관한 지표

평가결과는 시 · 도교육청에 대한 격려를 극대화하고, 시 · 도교육청 간 선의의 경쟁을 유도하도록 하는 데 활용한다. 평가결과를 「지방교육재정교부금법 시행령」 제3조 제1항 제1호의 특별교부금 지원과 연계하여 시 · 도교육청에 지원할 수 있다.

라. 학교평가

교육감은 교육행정의 효율적 수행 및 학교 교육능력 향상을 위하여 그 관할하는 교육행정기관과 학교를 평가할 수 있다(「초 · 중등교육법」 제9조 제3항). 학교평가는 학교경영의 자율성 제고, 교육전문성 증진, 교육경쟁력 확보, 우수 사례 발굴 및 일반화, 교육수요자 만족도 향상 등 단위학교에서 실천하는 교육활동 전반에 대해 진단하고, 이를 토대로 발전 방안과 정책을 마련하여 궁극적으로 학교교육의 질을 제고하는 데 목적이 있다.

학교평가의 실시 주기는 평가목적, 활용도, 교육여건 등을 고려하여 시 · 도교육청에서 자율적으로 결정할 수 있으나 최근 매년 실시되고 있다. 평가는 교육과정 운영 및 교수 · 학습 방법, 교육 활동 및 교육 성과, 그 밖에 학교운영에 관한 사항으로 교육부장관 또는 교육감이 필요하다고 인정하는 사항을 기준으로 실시한다(「초 · 중등교육법 시행령」 제12조 제2항).

평가 방법도 시 · 도에 따라 다양한데, 교육청이 학교평가영역 또는 평가지표만 제공하고 학교는 평가지표에 따라 자율적으로 평가하고 그 결과를 보고하는 것으로 종료하는 방식으로 운영되는 경우가 많다(경기도교육청, 2019; 서울특별시교육청교육연구정보원, 2020).

평가결과는 「초 · 중등교육법 시행령」 제13조 제4항에 근거하여 교육부장관 또는 교육감이 특히 필요하다고 인정하는 경우를 제외하고는 공개한다. 평가결과는 학교 교육과정 계획 수립의 기초자료나 학교평가 후속 컨설팅 실시 또는 시 · 도교육청별 학교개선을 위한 행 · 재정적 지원 방안을 수립하거나 단위학교 및 교원의 책무성 강화를 위한 방안 마련에 활용될 수 있다.

평가기준(영역)은 교육과정 및 학습방법, 교육활동 및 교육성과, 그리고 그 밖에 학교 운영에 관한 사항으로서 교육부장관 또는 교육감이 필요하다고 인정하는 사항에 대해 평가한다. 평가기준은 각 시 · 도 교육감이 결정하며, 한국교육개발원에서 학교평가가이드북을 제작하여 시 · 도교육감이 참고할 수 있도록 제공한다.

4. 교육조직 문화

가. 조직 문화의 중요성

조직을 관료제라는 구조로 이해할 수 있고, 조직의 문화로 이해할 수 있다. 문화는 다양하게 정의되고 있는데, 조직론에서 관심을 갖는 정의는 "특정 조직 속에서 구성원들이 일반적으로 일을 해나가는 방식"(Deal & Peterson, 1994; Peterson & Deal, 1998)이다. 조직에서 구성원들이 일하는 방식은 구성원들이 공유하는 믿음과 비전, 의식과 의례, 의사소통망, 공유하는 가정, 가치 또는 규범 등으로 나타난다.

사회의 여러 조직들이 서로 다른 문화를 가지고 있다는 것은 조직별로 일하는 방식이 상이하다는 것이다. 예를 들어, 기업조직의 구성원이 일하는 방식과 학교조직의 구성원이 일하는 방식이 상이하다. 조직에서 일하는 방식은 개략적이지만 명시적으로 그 조직의 규정과 규칙에 의해 일부분은 결정되지만 비공식적으로 공유되는 것이 일반적이다.

행정가들이 조직의 문화에 관심을 갖는 이유는 조직의 문화가 그 조직구성원에게 어떤 행동(사고)이 허용되고 어떤 행동은 허용되지 않은지에 대한 정보를 주고 구성원들의 행동을 실제로 통제하기 때문이다(Getzels & Thelen, 1960). 행정가들은 구성원들이 조직의 목표를 달성할 수 있는 방향으로 행동하기를 기대한다. 행정가들의 주요 역할 중의 하나인 통제 또는 조정은 바로 조직의 구성원들의 행동이 조직의 목표에 부합하도록 하는 것이다. 따라서 조직의 문화가 조직의 목표에 부합된다면 행정가들의 역할인 통제 또는 조정이 불필요하거나 용이해진다. 변혁적 리더십 등 여러 리더십 이론에서 구성원들 간의 공유된 가치 또는 비전을 강조하고 새로운 문화형성을 강조하는 이유가 여기에 있다.

나. 교육행정조직문화

국가 차원의 대표적인 교육행정조직은 교육부이고, 지방 차원에서 대표적인 교육행정조직은 시 · 도교육청과 교육지원청이다. 문화를 "특정 조직 속에서 구성원들이 일반적으로 일을 해나가는 방식"(Deal & Peterson, 1994; Peterson & Deal, 1998)으로 정의할 때, 교육부의 문화는 국가교육정책의 방향에서 탐색될 수 있으며, 또한 교육부 관료들의 행태나 인식을 통해 탐색될 수 있다. 국가교육정책의 방향은 교육부 조직을 넘어선 대통령의 국정운영 방향과 연계되어 있으며, 정권에 따라 달라지는 특징이 있기 때문에 특정 조직의 문화라기 보기 어려운 면이 있다. 그러나 다른 한편으로 대통령의 교육에 대한 국정운영 방향이 그대로 추진되기보다는 교육부의 조직문화에 의해 변형되어 추진된다. 대통령의 국정운영방향과 교육부의 조직문화가 충돌하게 되면, 국정 운영방향은 더 많은 변형을 가져오게 된다.

교육행정의 조직문화로서 가장 근원적인 것은 거버넌스에 관한 논의이다. 즉, 정부가 일을 해나가는 방식이다. 정부의 정책은 근본적으로 사회의 문제를 해결하고 갈등을 관리하는 것이다. 교육부의 주요 역할은 교육에 관한 사회의 문제를 해결하고 갈등을 관리하는 것이다. 이러한 방식은 크게 다음과 같이 세 가지로 분류할 수 있다(이종재 외, 2012). 첫째, 법규상의 근거에 따라 계층제적 위계에 의해 조정하는 방식이다. 이를 계층제 거버넌스라고 명명한다. 계층제 거버넌스는 교육에 관한 문제를 교육행정조직이 직접 해결하는 것이다. 시 · 도교육청에 학교를 담당하는 장학부서를 설치하고 장학사들이 학교를 평가하고 개선방안을 제시하고 이행 여부를 점검하는 방식이다. 둘째, 고객 만족과 효율성을 주요 가치로 추구하면서 자유 경쟁의 원리에 따라 조절하는 것이다. 이를 시장 거버넌스라고 명명한다. 시장 거버넌스는 정부가 문제해결을 하기보다는 시장에서 수요와 공급에 의해 해결하도록 하는 것이다. 학교를 개선하기 위해서 정부는 학부모 또는 학생에게 학교선택을 부여하고, 학부모 또는 학생들이 선호하는 학교는 지원하고 학생들이 선호하지 않는 학교는 경우에 따라 학교를 폐쇄하는 방법이 대표적인 예이다. 셋째, 다양한 조직들이 자발적으로 상호의존하면서 사회의 문제를 해결하고 갈등을 해결하는 것이다. 이를 네트워크형 거버넌스라고 부른다. 예를 들어, 학교의 문제를 개선하기 위해서 학교는 상급기관인 교육지원청 또는 교육청의 조치를 기다리기보다는 필요에 따라 외부 전문 컨설팅 기관에 의뢰하는 방식이다. 이 경우 외부 전문 컨설팅 기관은 순수한 영리기관이거나 정부로부터 지원을 받는 조직일 수 있다.

행정문화로서의 거버넌스의 논의에서 유의할 점은 현행 법 규범과 행정문화가 불일치할 때이다. 예를 들어, 법 규범은 네트워크형 거버넌스를 규정하고 있는데 행정문화는 계층제 거버넌스인 경우가 있을 수 있다. 외형적으로 네트워크형 거버넌스를 지향하면서 실제로는 계층제에 의한 강력한 통제를 하는 경우가 한 예이다. 학교개선의 방법으로 학교 컨설팅을 권장하면서 의무적으로 컨설팅을 받도록 하거나 컨설팅 전문기관이나 컨설턴트를 통제하는 방법이 그 예이다.

다. 학교조직문화(행동)

학교문화는 여러 가지 차원에서 정의될 수 있다. Steinhoff와 Owens(1989)는 ① 조직의 역사, ② 조직의 가치와 신념, ③ 조직을 설명하는 신화와 이야기, ④ 조직의 문화규범, ⑤ 조직의 전통, 관례, 의식, ⑥ 조직의 영웅 등 여섯 가지 요소에 대한 학교 구성원의 인식을 측정하는 조직문화측정도구(Organizational Culture Assessment Inventory: OCAI)를 개발하였다. 조직문화측정 결과에 더해 학교의 조직문화는 다음과 같이 네 가지로 유형화할 수 있다.

가족(family)문화: 이 학교는 가족, 가정 또는 팀에 비유된다. 학교장은 부모, 양육자, 친구, 형제 또는 코치로서 묘사될 수 있다. 이 학교에서는 의무감을 초월하여 학생에 대한 헌신은 물론 타인에 대한 관심이 무엇보다 중요하다. 모든 구성원은 가족의 일원이 되며, 그 자신의 역할을 수행한다.

기계(machine)문화: 이 학교는 기계에 비유된다. 학교는 일을 달성하기 위해 교사를 활용하는 기계이다. 학교에 대한 비유는 잘 기름쳐진 기계, 정치 기계, 벌집 또는 녹슨 기계 등이 포함된다. 학교장은 일중독자에서부터 느릿느릿하게 일을 처리하는 사람으로 비유된다. 기계로서의 학교는 도구적 의미로서 순수하게 여겨진다. 추진력은 조직구조 그 자체로부터 생기며, 행정가들은 유지를 어떻게 하느냐에 따라 그들의 다양한 능력이 묘사된다.

카바레(cabaret)문화: 이 학교는 유명한 예술가들에 의해 연출된 서커스, 브로드웨이쇼, 연주회, 또는 발레에 의해 비유된다. 이 학교에 있는 교사들은 가족문화의 학교처럼 집단결속의 사회적 활동을 많이 하지만, 주요하고 본질적인 차이는 그러한 관계가 과업과 청중의 반응에 집중되어 있다는 것이다. 교사는 자신의 수업에 대해 자긍심을 가지고 있으며, 이는 거장(maestro)의 감시 아래 수행된다.

공포(little shop of horrors)문화: 이 학교는 전쟁지역 또는 혁명과 같은 특징을 지닌 예상하지 못한 그리고 긴장이 팽배한 악몽으로 비유된다. 다음에 누가 사라질지 아무도 모르는 상황에 있는 학교이다. 교사들은 그들의 학교를 폐쇄된 상자 또는 감옥으로 묘사하고, 학교장은 그의 직위가 유지될 수 있다면 희생을 치룰 준비가 되어 있는 자리이며, 대체로 일을 평온하게 진행되도록 하는 것이 주요 기능이다. 교사들은 사회적 활동이 거의 없이 고립적으로 생활한다. 이 학교는 냉혹하고, 적대적이며, 편협적인 문화를 가지고 있다.

Hargreaves(1997)은 학교문화를 사회적 통제를 의미하는 도구적 차원과 사회적 응집을 의미하는 표현적 차원으로 구분하고 학교의 문화를 구분하였다. 도구적 차원의 학교의 과업을 강조하는 것으로 미국의 맥락에서 학생의 학업성취를 강조한다. 표현적 차원은 교사와 학생 간의 지원적이면서 만족스러운 관계를 중시하는 차원이다. 각 차원별로 그 수준이 높고 낮음에 따라 다음과 같이 다섯 가지로 학교문화를 유형화하였다.

<table>
<tr><td colspan="2" rowspan="2"></td><td colspan="3">도구적 차원(사회적 통제)</td></tr>
<tr><td colspan="2">높음</td><td>낮음</td></tr>
<tr><td rowspan="2">표현적 차원
(사회적 응집)</td><td>높음</td><td>온실</td><td rowspan="2">효과적</td><td>복지주의자</td></tr>
<tr><td>낮음</td><td>형식적</td><td>생존주의자</td></tr>
</table>

형식적 학교문화: 사회적 통제의 측면에서 학생들에게 학습목적을 달성하도록 과도한 압력을 가하고, 사회적 응집의 측면에서 교직원과 학생 간의 응집이 약한 학교이다. 학교생활은 교수-학습과 관련하여 질서화, 계획화되어 있다.

복지주의자 학교문화: 사회적 통제의 측면에서 학교의 목표에 대한 강조는 약한 반면에 구성원 간의 사회적 응집은 강한 학교이다. 이 학교는 관대하고, 태평하고, 편안한 분위기로 특징지어진다. 비형식적이고 친구 같은 교사와 학생 관계가 강조된다. 아동중심의 초등학교 또는 강한 보살핌이 중시되는 학교가 이런 유형이다.

온실 학교문화: 사회적 통제와 사회적 응집 모두 높은 학교이다. 학교 구성원 모두 학교생활의 전반에서 적극적으로 참여하도록 압력을 받으며, 일과 개인의 개발 모두에 대한 기대가 높은 학교이다. 교사들은 교육의 실험자 또는 개혁자로서 정열적이고 헌신적

이다. 학교 내에 친밀함의 확산 속에서도 모든 구성원들은 감시와 통제하에 있는 학교를 말한다. 이러한 학교는 열기가 가득 찬 학교라는 점에서 온실 학교문화라 한다.

생존주의자 학교문화: 사회적 통제와 사회적 응집이 매우 약한 학교이다. 교사와 학생 간의 관계는 매우 불량하며, 교사들은 학생들의 학업에도 관심을 갖지 않는다. 이 학교가 갖는 기풍은 불안전, 낙망, 그리고 사기 저하이다. 이러한 성격 때문에 학교는 붕괴의 처지에 놓이게 된다.

효과적 학교문화: 사회적 통제와 사회적 응집이 적절한 수준에 있는 학교이다. 구성원들 간에 일과 행동에 대한 기대가 높지만 이러한 기준이 과도하지 않은 수준이다. 학교 구성원 모두는 기대에 대해 충족하고자 노력하며, 이러한 노력에 학교는 지원적인 풍토를 형성하고 있다. 이러한 특징은 기존의 연구문헌에서 효과적인 학교의 특징으로 정의되어 효과적 학교문화라 칭한다.

Halpin과 Croft(1963)은 학교의 조직풍토를 측정하는 조직풍토기술질문지(Organizational Climate Description Qustionnaire: OCDQ)를 개발하였다. 조직풍토기술질문지는 교사집단의 행동 특성에 관한 4개의 하위 변인과 교장의 행동특성과 관련된 4개의 하위 변인으로 구성되었다. 이상의 8개 하위 변인에 대한 측정결과를 개방성과 폐쇄성의 정도에 따라 학교조직의 풍토를 다음과 같이 여섯 가지 유형으로 구분하였다(남정걸, 1993).

개방적 풍토: 교사들의 사기가 매우 높고 협조적이며 우호적이다. 높은 직무 만족과 어려움을 극복할 수 있는 충분한 동기를 가지고 있으며, 학교에 근무하는 데에 자긍심을 가지고 있으며 불필요한 과업에 시달리지 않는다. 학교장은 솔선수범하고, 교사들의 업무처리를 촉진시킨다. 교사들과의 관계도 소원하지 않으며, 규칙과 절차는 강조하지 않으나 적절히 준수된다.

자율적 풍토: 교사들은 조직 내의 사회적 활동에 충분한 자극을 가지며, 함께 일할 때는 신속히 처리하고, 높은 사기를 가지며 사무에 시달리지 않는다. 교장은 절차와 규칙을 정하여 물품의 공급은 적절한 통제와 절차에 의거한다. 감독과 생산성 강조가 심하지 않고 교사들이 소신대로 일하게 한다.

통제적 풍토: 교사들의 사회적 욕구는 무시되고 과업 성취만을 강조한다. 교장은 지배적이고 지시적이며 융통성이 없고 독단적이다. 교사들이 열심히 하려고 노력하나 권한과 책임의 위임이 없고, 지도성은 집단보다는 교장 개인에게만 발휘된다.

친교적 풍토: 교사들의 사회적 욕구 만족이 대단히 높으며, 구성원 상호 간에 가족적인 분위기를 형성한다. 그러나 목적 달성을 위한 집단활동을 지시하고 관리하는 점이 소홀하다. 교장은 교사들에게 불필요한 업무를 과하지 않는다.

간섭적 풍토: 교장의 행동은 교사들이 통제와 사회적 욕구 만족에 비효과적이며, 통제능력의 부족으로 집단의 유지와 교사들 상호 간의 협력이 잘 안 된다. 교장은 공정성이 부족하며, 교사들에게 과업만 강조하는 분위기이다.

폐쇄적 풍토: 교사들의 사회적 욕구 만족 수준과 사기가 매우 낮은 수준이고, 교장의 행동은 교사들의 통제에 비효과적이어서 과업 달성에 도움이 되지 않는다. 교사들과 소원하여 규칙과 절차는 독단적으로 결정하고, 추진성이 부족하여 교사들을 동기화하지 못한다.

Hoy와 그의 동료들(2002)은 OCDQ가 학교장과 교사, 교사 간 관계의 개방성에 한정되어 있다는 점에 주목하면서 학교와 지역사회, 학생과 교사 간의 관계를 함께 제시하는 조직건강[1] 논의를 종합적으로 다루고자 하였다. 이를 위해 제도적 취약성, 동료적 리더십, 전문적 교사 행위, 학업 압력의 네 가지 주요 범주를 측정하는 조직풍토지표(Organizaitonal Climate Index: OCI)를 개발하였다(Hoy & Miskel, 2013).

제도적 취약성(institutional vulnarability)이란 학교가 목소리가 큰 소수의 학부모나 시민단체로부터 영향을 받는 정도를 의미하며, 취약성이 높다는 것은 학교가 이들에 의해 쉽게 휘둘린다는 것을 의미한다. 동료적 리더십(collegial leadership)은 교장의 특성과 관련되며, 조직구성원들의 사회적 필요와 학교목표 성취 모두를 지향하는 행동을 의미한다. 학교장이 교사를 전문가 동료로 대하며, 개방적이고 친근하면서도 동시에 교사에 대한 성취기준과 기대를 명확하게 설정하는 행동들과 관련된다. 전문적 교사 행위(professional teacher behavior)는 교사 집단의 특성에 대한 범주이며, 동료교사의 능력을 존중하고, 학생들에게 헌신하며, 자율적으로 판단하고, 상호 협력하고 지지하는 행동들이 나타나는 정도를 의미한다. 마지막으로 학업 압력(achievement press)은 학교가 높지만 달성가능한 수준의 학업성취기준과 목표를 설정하고, 이를 달성하기 위해 노력하는 정도를 나타낸다. 학생들은 학업적 성취를 위해 지속적으로 노력하고, 동료학생과 교사에 의해 존중받는

1) 조직건강(organizational health)은 "조직이 자체 유지능력을 가지고 환경과 역동적인 상호작용을 통해 구성원의 사기를 진작시키고 생산성을 제고할 수 있는 능력을 기술하는 지표"(윤정일 외, 2015: 138)이며, Argyris, Miles 등에 의해 개념화되고, Holmes, Hoy와 Fldman 등에 의해 이를 측정하는 척도가 개발되기도 하였다(윤정일 외, 2015).

다. 학부모, 교사, 학교장은 높은 성취기준과 학교 개선을 위해 매진하는 분위기를 나타낸다.2) Hoy와 그의 동료들은 OCI를 활용하여 학교풍토를 유형화하기보다는 OCI 점수가 높은 학교들의 특성을 확인하는 연구를 수행하였는데, OCI에 포함된 네 가지 측면은 신뢰 문화를 촉진한다고 보고하였다(Hoy et al., 2002). 또한 앞서 언급한 바와 같이 OCI는 학교의 개방성과 조직 건강을 종합적으로 다루고 있기 때문에, OCI에서 긍정적인 수준의 점수를 받은 학교들은 개방적 풍토의 학교들에서 발견되는 특징들을 보일 것으로 기대할 수 있다.

이재덕(2013)은 외부 환경 변화에 대응하여 학교조직이 스스로 새로운 구조를 만들어 나갈 수 있는 긍정의 힘으로 학교활력을 정의하고, 이를 측정하기 위한 도구를 개발하였다. 그는 학교활력이라는 개념이 변화지향성, 소통성, (환경에 대한) 적응성의 세 가지 속성을 포함하고 있다고 보았다. 변화지향성은 조직의 목표나 가치를 분명하게 정의하고 공유하는 정도를 나타내는 '목표공유' 측면과 혁신을 추진하려는 분위기나 혁신적인 활동을 조직이 수용하는 정도를 의미하는 '혁신풍토' 측면으로 구성된다. 소통성은 새로운 정보를 생산 · 집적하고 이를 공유 · 활용하는 '정보공유' 측면과 구성원의 다양한 의견이 조직의 상하좌우로 이동하는 정도를 의미하는 '의사소통' 측면을 포함한다. 적응성은 지식과 기술을 습득하기 위해 다양한 활동을 수행하는 '지속적 학습' 측면과 환경변화에 신속히 대응하여 조직을 창조적으로 변화시키는 '창조적 반응' 측면으로 구성된다(이재덕, 2015). 학교활력의 구성 요소 중 혁신풍토 및 창조적 반응의 경우 경기교육종단연구의 혁신풍토를 측정하는 문항에 반영되기도 하였다(성기선 외, 2012). 그 결과 학교활력을 진단하는 도구뿐만 아니라 혁신풍토와 연관 변인들 간의 관계를 측정하는 연구들에 사용되기도 하였다.

설문조사지를 통해 조직의 문화적 특성을 계량하려는 시도 외에도, 질적 분석을 통해 조직 문화가 갖는 의미를 탐색하려는 시도들도 활발하게 전개되고 있다. 오영재(2010)는 1992년부터 2007년까지 16년 동안에 이루어진 약 12편의 초등학교 교사문화에 관한 질적 연구를 분석하여, 우리나라의 초등학교 교사들의 일반적인 문화를 '의례화'와 '보여주기', '변화를 꺼려하는 성향', '불만 속의 순응', '개인주의 및 동 학년 동일시' 등으로 정리하였다. 수업과 관련하여서는 '이상적 수업과 일상적 교실수업은 다르다', '고립적 수업문화'가 나타남을 발견하였고, 행정업무에 대해서는 '정말 하기 싫지만, 어쩔 수 없이 참고 하기',

2) 이상에 기술된 범주의 정의 및 지표 내용, 응답 결과를 비탕으로 각 영역의 점수를 산출하는 방법 등은 Wayne K. Hoy의 웹사이트(https://www.waynekhoy.com/climate-index-oci)에서 확인할 수 있다.

'경력에 따라 나누되, 꼭 필요한 일만 남하는 만큼만 한다'는 문화가 있다고 기술하였다. 인간관계 측면에서 교장에 대해서는 '어른'에 대한 예우와 순종을 하면서 외부압력에 대한 '방패막이'로서의 교장에 대한 기대가 크다는 점을 발견하였고, 동료교사와의 관계에서는 '동 학년 중심의 튀지 않으며 서로 간섭하지 않는 문화'가 있다고 보았다.

교직문화와 관련하여 왕한신(2014)은 우리나라에서 부정적인 측면에 관심을 기울이는 데에 매우 익숙하다고 지적하면서 부정적인 교직문화도 있지만, 초등학교에서 동학년 조직이 활성화되고 있는 현상을 주목하면서 긍정적인 문화기술의 중요성을 강조하였다. 동학년 조직이 동학년 교사들의 폐쇄적인 일상의 나눔으로 끝나는 경우도 있지만, 대부분의 경우 동학년 교사들이 서로의 수업에 대한 조언과 피드백을 위한 중요한 나눔과 상호평가의 장으로도 활용되고 있다.

학교의 조직문화는 교사 자신도 모르게 행동규범으로 형성될 수 있으며, 다른 사람의 평가기준으로 정립되는 경우가 있다. 따라서 학교에서의 조직문화를 객관적으로 바라볼 수 있는 안목이 있어야 한다. 관리자의 경우 바람직한 학교의 문화를 형성하는 것은 학교의 목표달성에 중요한 요인이기 때문에 현재의 문화를 진단하고 바람직한 문화를 형성하기 위한 조치를 취할 필요가 있다.

5. 교육조직의 구조와 문화 분석

가. 조직구조 분석

조직은 인간이 특정한 목적을 수행하기 위해 만든 구성체이다. 조직의 목적 달성에 영향을 주는 요인은 무수히 많다. 조직이 가진 인적 자원과 물적 자원이 조직의 목적 달성에 영향을 주며, 이 장에서 학습한 조직의 구조 또한 조직의 목적 달성에 영향을 준다. 자신이 알고 있거나 주변에 소재한 초등학교 1개교를 선정하고, 학교홈페이지 또는 학교정보공개사이트에서 제공하는 정보를 수집하여 그 학교의 조직도와 업무 분장을 분석하고, 분업과 전문화의 정도, 부문화, 권위의 위계(계층화), 통합화에 대해서 논의해 보자.

초·중·고등학교 또는 대학 재학 중에 소속된 조직(예를 들어 동아리, 학습과제 모둠, 학과, 학교 등) 또는 본인이 직접 구성한 조직 중에서 성공적인 조직과 그렇지 못한 조직을 정의하고 조직의 구조 측면에서 이들 조직이 어떻게 다른지를 분석하여 논의해 보자.

나. 조직문화 분석

조직의 문화는 구성원의 행동을 규율하는 작용을 한다. 조직의 구성원들은 조직 문화에 더해 해야 할 일과 해서는 안 되는 일을 판단하고 다른 구성원의 행동에 대해서도 이를 기준으로 평가한다. 따라서 학교 조직의 운영자인 교장은 주요 구성원인 교사와 직원들에게 기대하는 행동들이 있고 그것을 준수하는 것이 학교 문화로 정착되기를 기대한다. 교장은 교사들이 학생들을 공평하게 대우하고 학생들에게 높은 성취 기대를 갖고, 교사들 간에 전문적 학습공동체를 형성하여 서로 지지하기를 바란다.

학급 조직의 운영자인 교사는 교육적으로 바람직한 행동들이 학급의 문화로 정착하기를 바란다. 교육적으로 바람직한 행동들이 학급 문화로 정착되면 그 기준에 맞추어 학생들은 스스로를 통제하고 또한 다른 학생들의 행동을 통제하게 된다. 예를 들어, 학급 담임은 학생들이 학교에 등교한 후에 반 친구들끼리 반갑게 인사하고 차분히 앉아 책을 읽거나 예습하기를 기대한다. 이러한 행동들이 학급 문화로 정착되었다면 아이들은 자연스럽게 기대한 행동을 하게 되며, 만일 일부 학생들이 그렇게 하지 않는다면 바람직하지 않은 행동을 하는 것으로 평가되고 모종의 압력을 받게 된다.

이 장에서 배운 조직문화의 개념에 더해서 자신이 소속되어 있던 초등학교, 중학교, 고등학교의 학급 또는 대학의 학과 또는 전공 중 하나를 선정하고, 그 조직에서 바람직한 것으로 평가되는 행동과 그렇지 않는 행동을 정의해 보자. 조직에서의 행동규범을 교육적인 관점에서 평가하고, 조직에서 특정한 행동규범이 생기게 된 원인을 분석하고, 특정한 행동규범을 조장하거나 억제하기 위한 방안을 논의해 보자.

| 참고자료 | 학교활력 진단을 위한 설문지

다음 진술문을 읽고, 학교의 상황이 어떤지 오른쪽 응답 번호에 √표를 하여 주십시오.

우리학교(에서)는...		전혀 그렇지 않다		보통이다		매우 그렇다
목표 공유	1-1. 학교 교육 목표를 명료하게 진술하고 있다.	①	②	③	④	⑤
	1-2. 교사들이 학교의 교육 목표를 명확히 알고 있다.	①	②	③	④	⑤
	1-3. 교사들이 학교의 교육 목표에 찬성한다.	①	②	③	④	⑤
	1-4. 교육 목표달성을 위해 구체적인 행동 목표를 설정한다.	①	②	③	④	⑤

혁신 풍토	2-1. 개인의 실수나 시행착오를 학습의 기회로 삼도록 하는 분위기이다.	①	②	③	④	⑤
	2-2. 직위나 경력에 관계 없이 참신한 아이디어를 내도록 서로를 격려한다.	①	②	③	④	⑤
	2-3. 교장이 학교경영상의 문제점에 대한 비판을 수용한다.	①	②	③	④	⑤
	2-4. 교사의 새로운 아이디어가 학교 운영에 적극적으로 반영된다.	①	②	③	④	⑤
정보 공유	3-1. 교사들이 정보를 공유하는 것이 장려된다.	①	②	③	④	⑤
	3-2. 새로운 지식 및 기술을 공유하기 위해 정기적으로 모임을 갖는다.	①	②	③	④	⑤
	3-3. 동료 교사가 제공하는 지식을 적극적으로 활용한다.	①	②	③	④	⑤
	3-4. 학내 정보공유 체계가 수업과 업무향상에 기여한다.	①	②	③	④	⑤
의사 소통	4-1. 다양한 의견을 수렴하기 위한 풍토가 활성화되어 있다.	①	②	③	④	⑤
	4-2. 업무를 수행할 때 토의를 통해서 조정한다.	①	②	③	④	⑤
	4-3. 경력과 직위에 관계없이 누구와도 대화를 할 수 있다.	①	②	③	④	⑤
	4-4. 교사들은 자신의 업무에 영향을 미치는 의사결정에 의견을 제시한다.	①	②	③	④	⑤
지속적 학습	5-1. 교사들이 전문성을 키우기 위해 외부 전문가의 도움을 받는다.	①	②	③	④	⑤
	5-2. 전문성 신장을 위한 교내 연수프로그램이 실시되고 있다.	①	②	③	④	⑤
	5-3. 수시로 동료장학이나 교육활동 영역의 컨설팅이 이루어진다.	①	②	③	④	⑤
	5-4. 교사들이 새로운 교수 기법을 학습하고 실행한다.	①	②	③	④	⑤
창조적 반응	6-1. 환경변화에 대응하여 학교를 개선하기 위해 능동적으로 노력한다.	①	②	③	④	⑤
	6-2. 기존의 제도나 관행을 깨는 시도를 한다.	①	②	③	④	⑤
	6-3. 교장이 자신의 발상을 끊임없이 새롭게 변화시킨다.	①	②	③	④	⑤
	6-4. 새로 시도된 운영 방법이 수정을 거치면서 안정된다.	①	②	③	④	⑤

출처: 이재덕(2012: 162-163). 저자의 허락을 받아 수록하였음.

핵심 용어

- 조직
- 조직구조
- 분업
- 직무전문화
- 조정
- 통합
- 권위의 위계
- 계층화
- 규정과 규칙
- 행동의 공식화
- 중앙교육행정조직
- 지방교육행정조직
- 업무분장
- 책무성
- 평가
- 조직문화
- 학교문화
- 교직문화
- 조직풍토
- 조직문화측정도구
- 조직풍토기술질문지

생각해 볼 주제

- 조직의 구조에 대한 이해와 조직의 구성능력이 교사에게 필요한 이유에 대해서 생각해 보자.
- 학교조직의 목적과 교사의 역할에 대해서 생각해 보자.
- 효율적인 학급 운영에 필요한 하위 조직을 구상해 보자.
- 조직문화가 중요한 이유를 생각해 보자.
- 바람직한 조직문화 또는 풍토를 제시하고 그 이유를 생각해 보자.

참고문헌

경기도교육청(2019). 성장중심 학교평가 매뉴얼. 저자.

교육부(2020). 2019년 자체평가 결과보고서: 주요정책 부문. 저자.

교육부 · 한국교육개발원(2019). 교육통계연보 2019. 저자.

교육부 · 한국교육개발원(2020). 2020 교육통계 주요지표 핸드북. 저자.

나민주(2005). 학교조직의 결합. 진동섭, 정수현, 박상완, 나민주, 김병찬, 박진형, 박인심, 김민조, 김진수, 박지웅, 이승복, 이은주, 한점숙 공저, 한국 학교조직 탐구 (pp. 89-113). 서울: 학지사.

박상완(2005). 초등학교 교장의 교사에 대한 결합기제. 진동섭, 정수현, 박상완, 나민주, 김병찬, 박진형, 박인심, 김민조, 김진수, 박지웅, 이승복, 이은주, 한점숙 공저, 한국 학교조직 탐구 (pp. 139-164). 서울: 학지사.

서경혜(2009). 교사 전문성 개발을 위한 대안적 접근으로서 교사학습공동체의 가능성과 한계. 한국교원교육연구, 26(2), 243 - 276.

서울시교육청교육정보연구원(2020). 학교자치의 바탕을 이루는 2020 학교평가 가이드북. 저자.

성기선 · 김준엽 · 박소영 · 민병철(2012). 경기교육종단연구 연구설계 및 문항개발 연구. 한국교육연구네트워크.

신유근(1992). 조직행위론. 서울: 다산출판사.

오석홍(1993). 조직이론. 서울: 박영사.

오영재(2010). 한국 초등학교 교사문화의 특성과 교육 행정적 함의. 한국교육논단 제9권 제2호.

왕한신(2014). 우리나라 초등학교 교직문화 연구. 경인교육대학교 교육논총 제34권 제3호.

윤정일 · 송기창 · 조동섭 · 김병주(2015). 교육행정학원론(제6판). 서울: 학지사.

이재덕(2012). 학교활력 진단도구 개발과 유형의 특성. 서울대학교대학원 박사학위논문.

이재덕(2013). 학교활력 진단도구 개발 연구. 교육행정학연구, 31(1), 211-235.

이종재 · 이차영 · 김용 · 송경오(2012). 한국교육행정론. 파주: 교육과학사.

인천광역시교육청(2018.12). 2019학년도 학교급별 보직교사 배치 기준.

임창희(2010). 조직론. 파주: 학현사.

진동섭(2005). 학교장과 교사의 결합: 결합의 개념적 모델. 진동섭, 정수현, 박상완, 나민주, 김병찬, 박진형, 박인심, 김민조, 김진수, 박지웅, 이승복, 이은주, 한점숙 공저, 한국 학교조직 탐구 (pp. 73-87). 서울: 학지사.

최종태(1991). 현대조직론. 서울: 경세원.

Deal, T. E., & Peterson, K. D.(1994). *The leadership paradox: Balancing logic and artistry in schools*. San Francisco: Jossey-Bass.

Getzels, J. W., & Thelen, H. A.(1960). "The Classroom Group As a Unique Social System", in N. B. Henry(Ed.), The Dynamics of Instructional Group, The59th Yearbook of NSSE. Chicago: University of Chicago Press.

Halpin, A. W., & Croft, D. B.(1963). *The Organizational Climate of Schools*. Midwest Administration Center, University of Chicago.

Hargreaves, D. H.(1997). School Culture, School Effectiveness and School Improve- ment. In Harris, A., Bennett, N., & Preedy, M.(Eds.), *Organizational Effectiveness and Improvement in Education*. Open University Press.

Hargreaves, A., & Fullan, M.(2014). 교직과 교사의 전문적 *자본[Professional Capital: Transforming Teaching in Every School]* (진동섭, 역). 교육과학사. (원서출판 2012).

Hoy, W., & Miskel, C.(2013). 교육행정: 이론, 연구, 실제*[Educational administration: Theory, research, and practice]* (오영재 · 신현석 · 양성관 · 박종필 · 가신현, 역, 제9판). 아카데미프레스. (원서출판 2013).

Hoy, W. K., Smith, P. A., & Sweetland, S. R.(2002). The development of the organizational climate index for high schools: Its measure and relationship to faculty trust. *The High School Journal, 86*, 38-49.

Mintzberg, H.(1979). *The structure of organizations*. Englewood Cliffs, NJ: Prentice Hall.

Mintzberg, H.(1983). *Designing Effective Organizations*. Englewood Cliffs: Prentice-Hall.

Peterson, K. D., & Deal, T. E.(1998). How Leaders Influence the Culture of Schools. *Educational Leadership*, Vol 56. No. 1

Robbins, S. P., & Judge, T. A.(2011). 조직행동론[*Organizational Behavior*] (이덕로 · 김태열 · 박기찬 · 박원우, 역, 제14판). Pearson Education Korea. (원서출판 2012).

Steinhoff, C. R., & Owens, R. G.(1989). The Organizational Culture Assessment Inventory: a Metaphorical Analysis in Educational Setting. *Journal of Educational Administration*, Vol. 27 Iss.: 3.

Weber, M.(1946). "Bureaucracy" in From Max Weber: Essays. Ed. and trans. by H. H. Gerth and C. W. Mills, N.Y.: Oxford University Press.

Weber, M.(1947). The Theory of Social and Economic Organization. Ed. and trans. by A. M. Henderson and Talcott Parsons. N.Y.: Oxford University Press.

Weick, K. E.(1976). Educational organizations as loosely coupled systems. *Administrative Science Quarterly, 21*(1), 1 - 19.

〈관련 웹사이트〉

교육부. http://www.moe.go.kr

교육통계정보센터. http://kess.kedi.re.kr/index

법제처 종합법률정보. https://www.law.go.kr/

CHAPTER 05

학교교육제도와 학사행정

박주형(경인교육대학교)
최원석(경인교육대학교)

1. 학교교육제도의 개념
2. 학교교육제도의 전개와 국제비교
3. 우리나라 학제의 현황
4. 학사(학생)행정
5. 학교교육제도의 변화와 쟁점

교육행정은 사회제도의 일부인 교육제도의 틀 속에서 이루어진다. 비교적 안정적 조직과 형태로서 존재하며 법제화를 통해 교육정책이 구체적으로 표현된 것(김종철, 1982)을 의미하는 교육제도에 대한 이해는 교육행정을 학습하기 위한 필수적인 토대를 제공한다. 교육행정은 교육제도를 기반으로 교육활동을 가능케 하는 교육기관 등의 운영을 포함하고 있을 뿐만 아니라 교육제도의 변화과정에 관여하는 역할도 하고 있기 때문이다.

이 장은 교육행정의 기초로서 교육제도에 대한 기본적 이해를 목적으로 기술되었다. 이를 위해 교육제도의 개념, 교육제도의 형성과정과 현재의 모습 그리고 교육적 요구를 반영한 미래 교육제도를 위한 다양한 논의를 살펴보고자 한다. 또한 교육제도의 중요한 영역으로 예비초등교원에게 중요한 의미를 가지는 학사(학생)행정에 대해서도 함께 기술하고자 한다.

1. 학교교육제도의 개념

가. 교육제도의 의의

제도란 사회의 성원 사이에서 여러 가지 생활영역을 중심으로 한 규범이나 가치체계에 바탕을 두고 형성되는 복합적인 사회규범의 체계(두산백과, 2015)를 의미한다. 법제화를 통해 구체화되는 제도는 사회를 안정적으로 지속시키기 위한 기능을 담당한다. 하지만 제도는 고정적인 것이 아니라 사회의 요구에 따라 변화는 특징을 가진다.

교육제도란 사회를 구성하는 제도인 정치제도, 경제제도, 가족제도, 종교제도 등의 일부로 존재하며 교육에 관한 혹은 교육을 위한 제도로 이해된다. 교육학용어사전(서울대학교 교육연구소, 1995)에 따르면 교육제도는 '교육에 관한 작용이나 활동이 법률에 의해 구체적으로 조직화된 것'으로 정의된다. 또한 김종철(1982: 50)은 교육제도를 '사회제도의 일부로서 비교적 안정된 조직과 형태를 가지고 있으며, 특히 법제화됨으로써 교육정책을 가장 구체적으로 표현한 것'으로 정의하고 '교육행정은 제정된 교육제도를 기반으로 하여 그 운영을 담당하는 것을 주된 임무로 하나 교육제도 제정의 과정에서도 정보의 제공과 전문적 조언의 기능을 통하여 직접 간접으로 참여하게 된다'라고 설명함으로써 교육제도, 교육정책, 교육행정 간의 관계를 명시적으로 드러내었다. 그리고 윤정일(2002)은 '교육제도는 하나의 사회제도로서 교육의 목적, 내용, 방법, 조직 및 행·재정 등 교육 전반에 관한 조직, 기구, 법제 등'으로 정의함으로써 교육제도의 범위를 포괄적으로 제시하였다.

나. 학교교육제도의 의의

교육제도는 형식성과 그 포괄 범위에 따라 통상적으로 학교제도, 사회교육제도, 교육행정제도 등으로 구분된다. 하지만, 일반적으로 교육제도는 학교교육제도를 의미한다. 학교교육제도는 국가교육제도의 일부로서 국가의 교육목표를 실현하려는 제도적 장치이다(김영철 외, 2006). 보다 구체적으로 학교제도는 "학교계통[1]과 학교단계[2]에 따른 교육목

1) 수평적 차원에서 학교교육의 지향과 목적에 따라 성격을 달리하는 학교교육의 종류를 구분한다. 학교계통은 교육의 각 단계에서 계열별로 구성된 종적인 학교종별, 곧 각종의 학교계열을 의미한다. 보통교육, 직업교육, 특수교육이 이에 포함된다.

2) 학교단계는 수직적 차원에서 학교교육의 종류를 구분한다. 학교단계는 연령, 교육내용의 수준을 나타내는 것으로 학습자의 심신발달, 교육목적, 교육내용, 사회적 적절성 등에 따라 구분된다. 취학 전 교육, 초등교육, 중등교육, 고등교육이 이에 포함된다.

표, 교육내용, 수업연한, 취학연령, 학교 간의 종적 연결(접속 또는 분화관계)과 계열 간의 횡적 연결(연계관계) 등을 위한 조직, 기관, 기구와 그 기능 및 운영 등을 법규로 제도화한 것"(이종재, 1997)으로 정의될 수 있다. 이 정의에 따르면 학교제도는 좁은 의미의 학교제도를 의미하는 학교계통과 학교단계(학제)의 의미뿐만 아니라 학교교육을 구성하는 중요한 내용을 모두 포괄하게 된다. 즉, 학교제도의 개념은 학교교육을 구성하고 있는 주요 요소인 교육급, 교육기관, 계열, 학과, 과정, 졸업자격 등을 포함한다(박재윤 외, 2007).

이러한 맥락에서 김종철(1982)은 학교교육제도를 광의로 해석하면 학교체계 전반을 의미하는 반면, 협의의 학교교육제도는 학제, 의무교육제도, 중등교육제도, 고등교육제도, 교원양성교육제도, 사립학교제도 등을 포함한 국민교육제도의 핵심을 의미한다고 설명하였다. 이 장에서는 학교교육제도의 협의의 개념 중 학제를 중심내용으로 다루기로 한다.[3] 다만, 학교교육을 구성하는 중요 요소 중 이 책의 다른 장에서 다루지 않고 있는 학사(학생)행정[4]의 내용 중 일부를 다루었다.

다. 교육제도의 특징과 기능

교육제도의 개념과 범위는 다양하지만 일반적으로 교육제도(그 일부로서 학교교육제도)는 형식성, 안정성, 민주성, 복지성, 적응성, 정의성을 특징으로 한다(한국교육행정학회, 1996: 9-10). 먼저, 교육제도는 교육의 행태, 기간, 방법 등에 대한 형식화된 기준을 가지고 있다. 또한 주로 법제화를 통해 획득된 안정성은 교육제도에 대한 사회적인 유용성과 신뢰도를 높인다. 민주성은 교육제도가 모든 국민의 학습권을 보장할 수 있게 해 준다는 의미이며, 복지성은 교육제도를 통해 모든 국민이 자기성취 및 사회적응이 가능토록 해 주는 것이다. 적응성이란 교육제도는 효과적인 교육을 위해 통일적이고 안정적으로 운영될 필요가 있지만 사회변동과 그때그때의 시대적 상황을 반영하여 유연하게 대처한다는 의미이며, 정의성이란 교육제도가 창출하는 가치의 배분을 위한 규칙과 그것을 준수하는 사회적 행위가 정의롭다는 특성을 지닌다.

이러한 특징을 지닌 교육제도는 다음과 같은 사회적 기능을 수행하고 있다(한국교육행정학회, 1996: 11-12). 첫째, 보존적 기능을 수행한다. 학교교육은 그 사회가 추구하고 있는 가치체계와 생활양식을 다음 세대로 넘겨주는 기능을 한다. 둘째, 사회의 가치체계와 생

3) 광의이든 협의이든 교육제도의 개념은 매우 포괄적이다. 협의의 경우에도 아마도 본 저서의 다른 장에서 다루는 내용의 상당 부분을 포함할 것이다.

4) 김성기와 조석훈(2009)에 따르면 초등학생행정의 주된 영역은 입학, 졸업, 전학이라고 제시하였다. 다만, 최근에는 학업중단 역시 중요한 내용이라고 제시하였다.

활양식에 대한 변화에 응하는 개조적 기능을 수행한다. 셋째, 중립적 · 통합적 기능이다. 교육제도를 통해 사회문화가 특정 소수집단이 추구하는 가치들만을 전달하고 적응하는 것이 아니라 일반적인 가치체제의 보존과 개조를 시행한다. 넷째, 교육제도는 사회문화에 대해 공간적으로 보편적이고 시간적으로는 항구적인 가치를 포함하면서 사회화와 사회적 보호 기능을 수행한다. 교육제도의 사회적 기능은 실제로는 교육의 사회적 기능과 매우 유사한 의미를 가진다. 이는 교육제도를 광의로 해석하면 국가의 교육목표를 달성하기 위한 모든 체제를 의미하게 되는데, 국가의 '교육목표' 달성에 사회의 유지, 변화, 개인의 사회화 등이 포함되기 때문이다.

라. 학교교육제도의 유형

학제는 학교교육제도의 핵심으로 국가별로 각기 다른 맥락으로 발달해왔다. 하지만 일반적으로 학제는 계통성을 중심으로 하는 복선형과 단계성을 중시하는 단선형 그리고 복선형과 단선형의 특성을 공유하는 분기형으로 구분된다(윤정일, 2002). 다만, 최근의 경우 이러한 구분이 분명하게 적용되지 않는 경우가 많이 나타나고 있다. 또한 주류, 비주류에 따른 구분이 가능하다.

학교 단계와 계통별 학교 간의 접속과 분화 관계 및 연계 등에 따른 분류

- 복선형: 상호 관련을 가지지 않는 두 가지 이상의 학교계통이 병존하면서 학교계통 간의 이동을 인정하지 않는 학교제도이다. 계통별로 동급학교 동학년 사이의 교육과정상 현저한 차이를 가진다. 여기서는 단계성보다는 계통성이 중시되며, 사회계급, 계층을 재생산하는 기능을 담당한다. 일제 강점기의 우리나라 학제나 과거 유럽의 여러 나라에서 나타나는 학제의 모습이다.
- 단선형: 학교계통이 하나뿐인 단일형 학교제도로서 전 국민이 원칙적으로 단일체계의 학교교육을 받을 수 있는 제도이다. 현재 순수한 의미의 단선형은 존재하지 않으며 공통의 기초학교 위에 수업연한이나 수료자격에 있어서 동등한 복수의 학교나 과정으로 분화되는 형태를 취하는 경우가 많다.
- 분기형: 복선형과 단선형의 중간형태로 복선형의 기초학교 부분이 통일되고 그 위에 동격이 아닌 복수의 학교계통이 병존하는 학교제도이다. 우리나라의 현재 학제와 미국, 일본 등의 경우에 해당한다.

주류, 비주류에 따른 분류

- 기본학제(기간학제): 유치원, 초등학교, 중학교, 고등학교, 대학으로 이어지는 정규 학교교육제도를 의미한다.
- 특별학제: 기본학제의 보완적 기능을 수행하거나 사회교육의 성격을 가지고 정규학교의 교육과정에 준하는 교육을 실시하기 위한 학교제도를 의미한다. 공민학교, 고등공민학교, 각종학교 등을 의미한다.

2. 학교교육제도의 전개와 국제비교

가. 한국의 학교교육제도의 변천과정[5)]

교육제도는 법령에 기반을 두기 때문에 안정성을 가지고 있지만 사회요구에 따라 변화하게 된다. 교육제도에 영향을 미치는 다양한 변수들(사회환경, 인구구조, 정치, 경제제도, 국제화 등)의 변화에 따라 교육제도는 이에 적응하고 대비하는 방향으로 적응하게 된다. 예컨대, 2000년대 중후반에 활발하게 논의된 학제개편 이슈는 그 당시의 사회적 요구변화에 대응하기 위한 방안이었다. 즉, 교육체제 내·외의 급속하고도 다양한 변화에 대응하고, 학교교육의 근원적인 문제해결 및 교육 정상화를 통해 지식기반 정보화 사회에 대응할 수 있는 인재를 양성할 수 있는 교육제도의 필요성에 대한 사회적 논의과정이었다(김영철 외, 2006). 2000년 중반 이후에도 근본적인 혹은 부분적인 학제개편 논의가 지속되고 있다. 다음에서는 근대 이후부터 현재까지의 학제변화를 간략히 살펴보았다.

근대 및 일제강점기 시기의 학제

우리나라의 근대 학제는 1880년대 이후 서양 문물의 도입(개화기)으로 근대적 교육기관의 설립으로 인해 시작되었다. 먼저 민간 차원에서 서당을 비롯한 기존의 교육기관들이 새로운 신식학교로 변화하였는데 대표적으로 원산학사, 동래무예학교, 동문학, 육영공원 등이 설립되었다.

또한 정부 차원에서도 새로운 학제 도입을 서둘렀는데 1895년 고종황제의 '교육조서'[6)]

5) 이 부분은 김영철 외(2006)와 박제윤 외(2007)의 자료를 토대로 기술하였다.

6) 고종 32년(1895) 국왕이 조칙으로 발표한 교육에 관한 특별조서이다. 갑오개혁(1894) 이후 교육을 통한 국가중흥을 이루기 위해 발표하였다. 새로운 교육내용(경전중심에서 세계 정세에 눈뜨게 하는 교육)을 강조하고 덕육, 체육, 지육 등의 전인교육을 강조하였다(서울대학교 교육연구소, 1995).

발표 후 근대 국가에 적합한 공교육 체제 설립을 추진하였다. 서구식 체제를 도입하여 초등(심상과 3년, 고등과 2~3년), 중등(중학교, 사범학교, 외국어학교, 의학교, 상공학교 및 법관양성소), 고등(성균관을 경학원으로 개칭함)교육 체제를 이루는 것을 목표로 하였다. 이 시기의 학제는 대한제국 및 근대산업화를 이루기 위한 토대로 인식되었으나 이러한 학제개편을 정착시킬 여건이 충분히 성숙되지 않았기 때문에 학제개편이 의도된 대로 이루어지지 못했다. 이후 1905년의 을사조약 이후 일본의 의도에 따라 학제개편이 지연되었다.

일제강점기의 학제는 무단통치기(1910~1919), 문화통치기(1919~1931), 민족말살통치기(1931~1945)에 따른 차이를 보인다. 무단통치기에는 일본의 조선교육령, 문화통치기에는 제2차 조선교육령, 민족말살통치기에는 제3차, 4차 조선교육령에 따라 학제가 설립, 운영되었다. 일제강점기의 학제는 기본적으로 복선형 학제(보통, 실업, 전문)를 유지하면서 수업연한을 짧게 하며 교육내용은 실용주의적인 것을 추구함으로써 일본학제에 비해 열등한 학제를 우리나라에 구축하는 것을 목적으로 하였다. 이 시기의 학년은 4월부터 시작하였다.

무단통치기의 교육연한은 10~12년이었으며 개화기에 비해 초등, 중등 및 고등교육 사이의 계통화와 단계화가 체계적으로 정착되었다는 특징을 가진다. 문화통치기는 수업연한을 확대함으로써 한국의 학제를 일본의 학제와 유사하게 통일시켰다는 특징을 가진다. 민족말살통치기는 황국식민화를 추구하던 시기로 '내선일체' 방침으로 한국인의 일본인화를 위해 학제를 활용하였다.

현재의 학제

현재의 우리나라 학제는 광복 이후 미군정 시대(1945~1948)와 정부 수립시기를 거치면서 6-3-3-4제를 근간으로 하는 단선형 학제로 형성되었다. 이후 현재까지 큰 변화 없이 기본적인 골격을 유지하고 있으나 시대의 교육적 요청에 따라 학제의 일부 내용들이 변화하는 모습을 보였다(김영철 외, 2006).

1948년 정부수립을 통해 교육제도가 확정된 이후, 1950년대는 한국식 교육제도 정립을 위한 노력, 1960년대는 조국근대화를 달성하기 위한 학제개편, 1970대는 직업기술교육제도의 변화, 1980년은 고교평준화의 문제점을 개선하기 위한 고교체제의 변화(특수목적형 고교 신설 등), 1990년대에는 고등교육 및 평생교육 프로그램의 확대 등이 이루어졌다. 이후 2000년대는 유아교육의 확대(누리과정), 2010년대에는 고등학교 다양화 및 중학교 자유학기제 도입이 주요 변화로 볼 수 있다. 이러한 변화의 결과 학교제도가 유아교육과 평생교육을 포함하는 방향으로 범위가 확대되었고, 교육수요자의 개별화된 교육적 요구에 적합한 교육제도를 만들기 위해 교육계통의 다양화가 지속적으로 이루어졌다.

광복 이후 3년간 이루어진 미군정 시대의 최상급 교육행정기관은 군정청 내 학무국이었으나 새로운 학제를 수립하는 과정에서 가장 큰 영향을 미친 것은 교육계와 학계 인사 100명으로 결성된 조선교육심의회[7](1945. 11~1946. 3)였다. 심의회는 일제강점기의 복선형 학제를 폐지하고 단선형 학제를 도입하는 등의 주요한 학제개편에 대한 의견을 도출했다. 먼저, 학교 계통을 학령 전 교육, 초등교육, 중등교육, 고등교육, 특종교육의 5단계로 설정하였으며, 교육연한은 유치원부터 대학원까지 20년으로 정하였다. 또한 학교운영은 남녀공학을 원칙으로 하였으며, 종전의 3학기제를 폐지하고 1년을 2학기제로 정하였다. 그리고 학기의 시작을 제1학기는 9월부터 다음해 2월까지로 하고, 제2학기는 3월부터 8월까지로 정해 1946년 9월부터 새로운 학기제를 실시하였다.

대한민국 정부 수립(1948. 8. 15) 이후에는 교육제도 법률주의(「헌법」 제16조)[8]에 따라 「교육법」(1949년)을 제정함으로써 학제를 개편하였다. 「교육법」에서는 기본학제로 초등학교 6년, 중학교 4년, 고등학교 2년 혹은 4년, 대학교 4년 혹은 6년으로 규정하였고 신학기의 시작을 4월로 변경하였다. 하지만 중등교육기간의 논란으로 1950년, 1951년 「교육법」 개정을 통해 6-3-3-4제의 단선형 학제가 수립되었다.

1960년대는 경제개발을 위한 목적과 확대되는 교육수요에 대응하기 위한 학제개편을 실시하였다. 학제개편의 요구가 주로 현실의 개선 차원에서 다루어졌기 때문에 6-3-3-4의 기본골격을 유지한 채 일부의 학제변화를 추진하였다. 실업고등전문학교가 새롭게 도입되고 학기제의 시작일이 종전의 4월 1일에서 3월 1일로 변경되었다(1961년). 1968년에는 방송통신대학교가 수립되는 방안이 시행되었다. 1969년부터는 중학교 무시험 추첨배정에 의한 진학제도를 시행함으로써 진학을 원하는 초등학교 졸업자는 추첨을 통해 거주지 인근의 중학교로 진학할 수 있게 되었다(이종재 외, 2006).

1970년대는 유신정권의 유지와 경제재건을 위한 교육체제의 기틀을 마련하는 방향으로 학제가 개편되었다. 실업계 고등교육기관의 체제를 확립하였으며, 고등학교 단계에서 다양한 교육수요를 충족하기 위한 교육체제를 개선하였다. 더욱 증가하는 사회적 교육수요에 대처하기 위해 방송통신고등학교의 설치, 산업체 부설 중등학교의 설치 운영 등이 이루어졌다. 1974년부터 고등학교 평준화 정책을 실시하여 고등학교 입학시험을 폐지하고 공립학교의 교사순환근무제, 사립학교 학교운영비 재정보조 등을 통해 고등학교의 평균적인 교육 여건을 개선하였다(이종재 외, 2006).

7) 교육문제 전반에 걸친 자문을 위해 수립한 기관이다. 짧은 운영기간에도 불구하고 105회의 분과회의와 20회의 전체회의를 통해 한국의 교육이념, 학제, 교육과정 등에 관한 정책에 관여하였다(두산백과, 2015).

8) 제헌헌법(1948. 7. 17) 제16조 모든 국민은 균등하게 교육받을 권리가 있다. 적어도 초등교육은 의무적이며 무상으로 한다. 모든 교육기관은 국가의 감독을 받으며 교육제도는 법률로써 정한다.

1980년대는 교육의 양적 성장과 질적 발전을 동시에 추구하며, 교육의 정상화를 위한 교육제도 개편이 이루어졌다. 교육의 보편화를 위해 유아교육의 확대 및 중학교 의무교육 확대[9]를 실시하였다. 고등학교 단계에서는 과학고등학교와 외국어고등학교를 신설하고 공업고등학교와 농업고등학교의 내실화를 추진하였다.

1990년대에는 지속적인 교육기회 확대가 이루어졌다. 중학교 의무교육이 전면 실시되었으며, 대학원 과정을 설치할 수 있는 대학의 범위가 확장되었다. 또한 평생학습체제의 확립을 위해 학점은행제를 적극 시행하였다. 더불어 다양한 대안학교와 홈스쿨링의 도입, 다양한 학교유형의 도입으로 학교의 자율성을 확대한 것이 학제개편의 큰 흐름이었다.

2000년대에는 1990년대 말 우리나라가 겪은 금융위기와 사회경제적 변화에 대응하기 위해 교육의 재구조화시기로 일컬어진다(이종재 외, 2012). 평준화 정책을 유지하면서도 고등학교 수준에서 학교다양화를 통해 학생의 선택권을 확대하였다. 자립형(자율형) 사립고 제도가 도입되고 특수목적고 운영이 활성되었다. 더불어 혁신학교나 대안학교의 등장으로 교육과정과 학교운영의 자율성이 확대된 시기였다. 또한 국가적 차원의 고등교육 질 관리를 위한 개혁이 이루어졌으며 평생학습의 진행을 위한 평생교육기관의 확대 등도 시행되었다. 학교교육운영에 있어서 자율성이 보장된 반면 국가적 차원의 책무성 확보를 위한 기관평가, 평가결과의 행·재정 연계, 학교정보 공개 등이 이루어지는 등의 많은 측면에서 학제 변화가 이루어졌다.

나. 현행 학제의 구조

우리나라의 현재 기본학제는 6-3-3-4제로 운영되고 있다. 광복 이전의 복선형 학제와 미 군정기의 6-6-4제와 6-3-3-4제의 병행운영이 1949년 제정된 「교육법」과 1951년 공포된 개정 「교육법」에 의해 현재와 같이 변화하였다(김종철, 1982).

학제는 「헌법」 제31조 제6항에 의해 법정주의의 원리를 적용받는다. "학교교육 및 평생교육을 포함한 교육제도와 그 운영, 교육재정 및 교원의 지위에 관한 기본적인 사항은 법률로 정한다"는 규정에 의하여 학제운영은 「교육기본법」, 「유아교육법」, 「초·중등교육법」, 「고등교육법」, 「평생교육법」 등에 의해 이루어지고 있다. 「교육기본법」 제9조(학교교육)은 "유아교육, 초등교육, 중등교육 및 고등교육을 하기 위하여 학교를 둔다"고 규정하고 있다.

현행 학제는 [그림 5-1]에서 보는 것처럼 이루어져 있다.

9) 중학교 의무교육제도는 1984년 「교육법」 제8조에 근거를 마련하고, 1985년부터 시행한 제도로서 도서·벽지 중학교부터 시작하여 읍·면, 도시지역으로 확대 실시되었다. 2004년 모든 중학교 학생들에게 중학교 무상의무교육이 실현되었다.

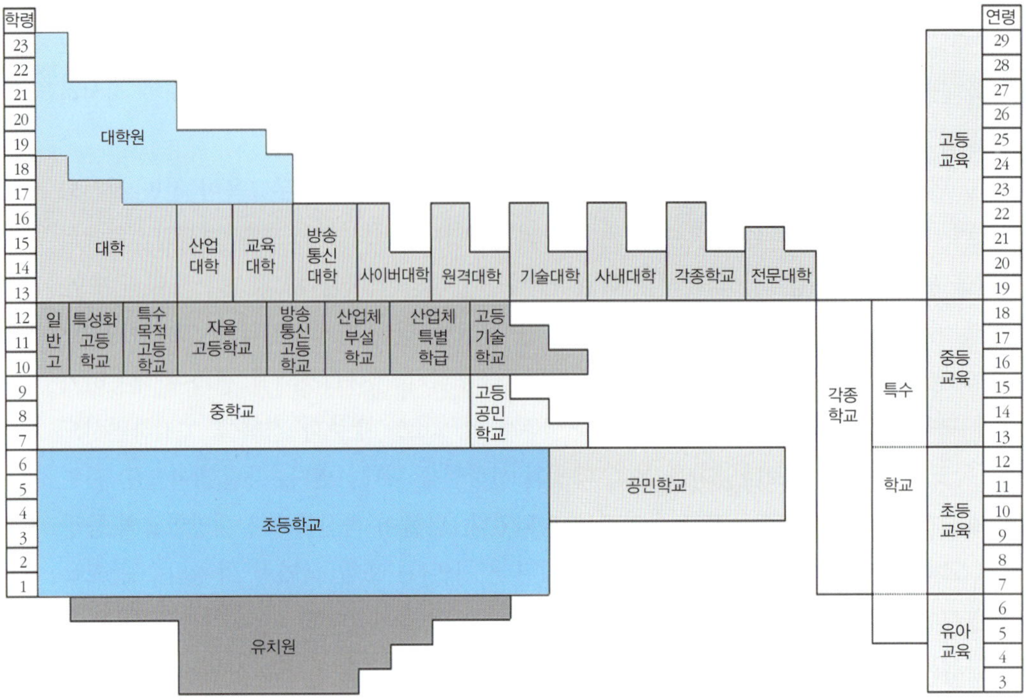

[그림 5-1] 우리나라의 현행 학제

다. 해외 주요국의 학제[10)]

우리나라의 학제에 대한 이해도를 높이고 국제 비교를 위해 미국, 영국, 독일의 학제에 대해 간략히 살펴보기로 한다. 미국은 우리나라 학제에 가장 큰 영향을 미쳤다는 점을 고려하였으며, 영국은 복선형 학제의 대표적인 경우라 선택하였다. 또한 독일은 일찍이 국민의무교육제도를 법적으로 확립한 나라[11)]이자 최근 우리나라에서 활발히 논의되는 직업중심적인 교육제도 형성에 큰 영향을 주고 있는 국가라 소개하였다.

10) 이 부분은 OECD의 Education 시스템의 국가별 자료, 정일형(2013)의 미국, 프랑스, 영국 교육제도와 이규한(2009)의 주요국의 교육제도를 참조하여 작성하였다. 또한 최신자료는 Wikipedia의 국가별 자료를 참조하였다.

11) 독일에서는 1919년 바이마르 헌법의 제정으로 이전까지 일부 지역(17세기 말부터 시행)에서 실시되고 있던 학교의무교육제도를 법제화하고 전역으로 퍼트렸다.

미국

미국의 교육제도는 교육기회 균등의 원칙을 보장하기 위한 보편적이고 민주적인 교육을 모든 국민에게 제공한다는 이상을 실현하기 위해 노력 중이다. 미국의 학제는 매우 다양하게 존재한다. 이는 기본적으로 미국의 교육 시스템이 역사적으로 점진적으로 지역별로 다양하게 발전해왔기 때문에 지방분권주의가 강하게 지배해왔다는 점과 교육의 궁극적인 책임이 연방정부가 아닌 주(State) 정부에게 부여[12]되어 있기 때문이다.

일반적으로 미국에서의 초중등교육은 K－12라 지칭되는데 이는 Kindergarten, 즉 유치원부터 12학년까지를 의무교육으로 지정하고 있기 때문이다.

미국에서는 일반적으로 4~6세에 학교를 입학하게 되며 17세에 중등과정을 마치게 된다. Pre-Kinder 과정은 주별로 재정지원을 하는 경우도 많으나 Kinder-gargen부터 공식적인 의무교육이 시작된다. 초등교육은 일반적으로 6년제가 많으나 5년제, K-3학년 학교, 혹은 초등학교와 중학교가 결합한 형태 등이 존재한다. 예를 들어, 2016-17학년도를 기준으로 봤을 때, 대략 6.9%의 초 · 중등학교가 초등학교에서 9학년 이상의 학년을 포함한 유형의 학교였다(Snyder, de Brey, & Dellow, 2020: 129). 또한 중학교의 경우에도 3년 혹은 2년 과정이 있으며, 고등학교도 4년제, 혹은 3년제 학교 등으로 구성되어 있다.

영국[13]

근대의 영국 교육제도는 교회가 가진 교육의 권한을 국가가 확보하는 과정에서 발달해왔다. 1870년 전까지는 국민교육은 교회를 중심으로 이루어지다가 1870년 공표된 초등교육법을 통해 교육의 권한이 국가로 넘어오기 시작하였다. 영국 정부는 초등교육법을 통해 행정시스템을 정비하고 학교위원회 구조의 거버넌스를 구축함으로써 공립학교 중심의 교육이 이루어지도록 하였다.

특히, 1944년 교육법에 의해 국가에 의한 교육지배를 공고히 함으로써 국민교육제도를 확립하였다. 1988년의 교육개혁법은 중앙정부의 교육에 대한 권한을 높이기 위해 국민교육과정의 기본을 설정하고 학교교육의 효과를 검증하는 표준화된 학력평가를 도입하면서 학교교육의 질 향상을 꾀하고 있다. 역사적인 측면에서 점진적으로 교육의 권한이 지방에서 중앙으로 넘어옴에 따라 교육제도 역시 중앙과 지방 사이의 협력에 기반하여 운영되고 있다.

12) 미국 연방헌법에 교육에 관한 규정이 없기 때문에 교육의 기능은 주에 속한다고 해석된다.

13) 영국은 잉글랜드, 웨일즈, 스코틀랜드, 북아일랜드로 구성되어 있지만 잉글랜드와 웨일즈의 학교제도를 중심으로 설명하였다.

영국의 일반적인 학제는 4~6세에 초등학교에 입학하여 16세까지의 교육을 기본으로 한다. 일반적으로 초등 6년, 중등 5년, 대학준비과정 2년(후기 중등과정으로 대학준비과정인 Sixth Form과 직업교육과정 Further Education으로 구분됨), 대학 2~4년을 기본으로 한다. 중등과정을 마치면 중등교육 졸업시험(General Certificate of Secondary Education: GCSE)을 보아 5개 과목 이상에서 C등급을 받아야 대학준비과정에 진학한다. GCSE를 통과한 후 2년 과정을 이수하고 A Level 시험(GCE-A)을 보고 이 성적과 내신성적을 통해 대학입학을 진학한다. 의무교육은 5세에서 15세 사이의 학생이며, 초등교육(6년)과 중등교육(5년)을 대상으로 한다. 11~15세 학생을 대상으로 한 중등학교는 문법학교, 현대학교, 종합학교, 기술학교, 특수학교, 대안학교 등 다양한 형태로 존재한다. 학교는 운영방식에 따라 지역사회학교, 재단설립학교, 자립형 사립고, 정부지원학교, 시기술학교 등으로 구분된다.

16~19세를 대상으로 하는 후기중등과정은 대학준비를 위한 아카데믹 트랙(A Level 통과 시), 졸업 후 취업과 직업훈련을 통해 국가기술자격(National Vocational Qualification: NVQ)을 취득하는 좁은 직업 트랙(narrow vocational trackn) 그리고 일반직업기술자격(General National Vocational Qualification: GNVQ)이나 GCE-A 시험을 보고 전문대와 같은 계속교육기관(Further Education College) 진학을 통해 학위나 국가기술자격을 취득하는 넓은 직업 트랙(broad vocational track)으로 구분된다.

독일

독일은 연방제 국가로서 연방과 주가 교육제도에 대한 권한과 책임을 담당하고 있으나 기본적으로 교육제도의 입법과 행정을 주에서 관할하고 있다. 또한 역사적으로 교회가 교육에 관여해왔으나 이제는 교육관련 당사자들인 교사, 학부모, 학교, 정치, 교육행정기관들의 교육권이 확립된 국가이다. 통일독일 이전에 서독과 동독에서 이질적으로 형성된 교육제도는 통일 이후 서독 구조로 교육제도가 개편되었다.

독일은 만6세부터 최소 만18세까지 초·중등교육을 시행하고 있으며, 약 9~10년간의 일반의무교육과 이외에 2~3년간의 직업의무교육을 시행하고 있다(김도협, 2013). 학제는 취학전(유치원), 초등, 초기중등, 후기중등, 중등후 비고등교육, 고등교육 등으로 구분된다. 다른 국가와는 다르게 초기중등과 후기중등이 분명하게 구분되며, 초기중등 단계에서 계열성이 분명히 나타나는 특징을 보인다.

초기중등교육은 진로를 모색하는 단계이며, 후기중등교육은 진로를 확정하는 단계로 인정된다. 특히, 중등 후 비고등교육이 다른 국가보다 명확하게 자리잡고 있다. 이런 측면에서 독일의 학제는 전형적인 복선제 형태를 띤다.

초등교육은 4년간 이루어지며, 초기 중등교육은 유형에 따라 5~6년에 걸쳐 이루어진다.[14] 초등학교 졸업 후에는 기본학교(Hauptschule: 5~9학년), 실업학교(Realschule: 5~10학년), 인문계 고교(Gymnasium: 5~10학년), 종합학교(Gesamtschule: 5~9/10학년)에 진학할 수 있다. 전기 중등교육 과정의 5~6학년은 관찰기(Orientierungsstufe)로 7학년에 학교 이동이 가능하다. 후기 중등교육과정은 대학입시 준비 고등학교 과정(GymnasiumOberstufe: 11~13학년), 직업학교(Berufsschule), 직업전문학교(Berufsfachschule), 직업고등학교(Fachoberschule)로 나뉜다. 중등후 비고등교육에 해당되는 직업학교(Berufsoberschule, Berufsschule)는 실업학교(Realschule)를 졸업하거나 동등한 가치를 지닌 졸업장을 가진 학생을 받아 전문적인 직업교육을 실시하는 학교이다. 또한 고등교육(Hochschulbereich) 기관은 종합대학(Universität)과 전문대학(Fachhochschule)으로 나뉜다. 평생교육(Weiterbildung)을 지향하는 독일에는 성인교육기관으로 시민대학(VHS, Volkshochschule)과 야간 김나지움(Abendgymnasium)을 비롯한 각종 직업훈련원이 있다.

3. 우리나라 학제의 현황

가. 학제의 학교급별 구분

유치원

유치원은 유아(만3세부터 초등학교 취학 전까지의 어린이)를 대상으로 「유아교육법」에 따라 설립, 운영되는 국립, 공립, 사립학교이다(「유아교육법」 제2조). 국가 및 지방자치단체는 보호자와 더불어 유아를 건전하게 교육할 책임을 지며(「유아교육법」 제3조), 초등학교 취학직전 3년의 유아교육은 무상으로 실시해야 한다(「유아교육법」 제24조).

2012년 누리과정(만3~5세 유아에게 공통적으로 제공하는 교육, 보육과정)의 도입으로 유치원과 어린이집의 구분이 모호해지고 있다. 그러나 두 기관에 적용되는 법규가 다른데, 유치원은 학교(「유아교육법」), 어린이집은 보육시설(「영유아보육법」)로 규정되어 있다. 또한 두 기관 사이에는 주무부처/전담체계/대상연령/재원에서도 차이가 있다.

14) 외교부의 독일개황(독일의 의무교육, 독일의 학제 참조).

초 · 중등학교

「교육기본법」 제8조에서는 의무교육을 초등학교 6년과 중등학교 3년으로 규정하고 있다. 이로 인해 모든 국민은 보호하는 자녀 또는 아동이 6세가 된 날이 속하는 해의 다음 해 3월 1일에 그 자녀 또는 아동을 초등학교에 입학시켜야 하고, 초등학교를 졸업할 때까지 다니게 하여야 한다(「초중등교육법」 제13조). 기본적으로 초 · 중 · 고등학교는 독립적으로 운영되어야 하나, 초 · 중 · 고등학교는 지역의 실정에 따라 상호 병설할 수 있다(「초 · 중등교육법」 제5조).

초 · 중등교육을 위한 학교에는 초등학교, 중학교 · 고등공민학교, 고등학교 · 고등기술학교, 특수학교, 각종학교를 두며(「초 · 중등교육법」 제2조) 각 학교는 설립주체에 따라 국립, 공립, 사립으로 구분된다(「초 · 중등교육법」 제3조). 지방자치단체는 그 관할 구역의 의무교육대상자를 모두 취학시키는 데에 필요한 초등학교, 중학교 및 초등학교 · 중학교의 과정을 교육하는 특수학교를 설립 · 경영하여야 한다(「초 · 중등교육법」 제12조).

○ 초등학교

초등학교는 국민생활에 필요한 기초적인 초등교육을 하는 것을 목적으로 하며(「초 · 중등교육법」 제38조), 수업연한을 6년으로 한다(「동법」 제39조). 2019년 12월에 일부개정된 「초 · 중등교육법」 이전에는 특별학제로서 초등교육을 받지 못한 사람을 위해 3년 수업연한의 공민학교를 학교건물, 마을회관, 공장 또는 사업장 등에 설치할 수 있다고 제40조에서 규정하고 있었다. 그러나 현재 설치 · 운영 중인 공민학교가 없는 현실을 반영하여 관련 규정은 삭제되었다.

○ 중학교

중학교는 초등학교에서 받은 교육의 기초 위에 중등교육을 하는 것을 목적으로 하며(「동법」 제41조) 수업연한은 3년이다. 중학교 과정의 교육을 받지 못한 사람을 위해 국민생활에 필요한 중등교육과 직업교육을 위해 수업연한이 1년에서 3년 이하인 고등공민학교(「동법」 제44조)를 운영할 수 있다. 또한 방송통신중학교는 중학교 또는 고등학교에 부설할 수 있다(「동법」 제43조의 2).

○ 고등학교

고등학교는 중학교에서 받은 교육의 기초 위에 중등교육 및 기초적인 전문교육을 하는 것을 목적으로 하며(「동법」 제45조) 수업연한은 3년이다. 다만, 시간제 통신제의 경우에는 4년의 수업연한도 가능하다(「동법」 제46조). 특별학제로서 국민생활에 직접 필요한 직업기술교육을 목적으로 고등기술학교(「동법」 제54조)를 둘 수 있다. 또한 고등학교에 방송통신고등학교를 부설할 수 있다(「동법」 제51조). 고등학교는 교육과정 운영과 학교의 자율성을 기준으로 일반고등학교, 특수목적고등학교, 특성화고등학교,[15] 자율고등학교(자율형 사립고, 자율형 공립고)로 구분된다(「동법 시행령」 제76조의3).[16]

특수목적고등학교(「동법 시행령」 제90조)는 과학 인재 양성을 위한 과학계열의 고등학교, 외국어에 능숙한 인재 양성을 위한 외국어계열의 고등학교와 국제 전문 인재 양성을 위한 국제계열의 고등학교, 예술인 양성을 위한 예술계열의 고등학교와 체육인 양성을 위한 체육계열의 고등학교, 산업계 수요에 직접 연계된 맞춤형 교육과정을 운영하는 고등학교(마이스터교)를 포함한다. 이 가운데 '외국어에 능숙한 인재 양성을 위한 외국어계열의 고등학교와 국제 전문 인재 양성을 위한 국제계열의 고등학교'를 규정한 제90조제1항제6호는 2020년 2월에 개정된 시행령에 의해 2025년 3월 1일부터는 삭제될 예정이다.

특수학교

국가는 신체적 · 정신적 · 지적 장애 등으로 인하여 특수교육이 필요한 사람을 위해 초, 중, 고등학교에 준하는 교육과 실생활에 필요한 지식, 기능 및 사회적응 교육을 위해 특수학교를 설치할 수 있으며(「동법」 제55조), 고등학교 이하 각급학교에 특수학급을 둘 수 있다(「동법」 제56조). 특수학교의 교육대상인 장애인의 교육을 위해서 장애인 등에 대한 특수교육법에 의해 추가적인 지원조치가 가능하다.

각종학교

초 · 중등교육을 위한 각종학교(「동법」 제2조)로 외국인학교(제60조의 2)와 대안학교(제60조의3)가 존재한다. 외국인학교는 국내에 체류 중인 외국인의 자녀와 외국에서 일정 기간 거주하고 귀국한 내국인[17]을 교육하기 위해 설립되었으며, 유치원 · 초등학교 · 중학교 · 고등학교의 과정을 통합하여 운영할 수 있다. 대안학교는 학업을 학업을 중단하거나 개인적 특성에 맞는 교육을 받으려는 학생을 대상으로 현장 실습 등 체험 위주의 교육, 인성 위주의 교육 또는 개인의 소질 · 적성 개발 위주의 교육 등 다양한 교육을 하는 학교로서 초 · 중 · 고등학교 과정을 통합하여 운영할 수 있다.

---

15) 특성화 고등학교는 소질과 적성 및 능력이 유사한 학생을 대상으로 특정 분야의 인재양성을 목적으로 하는 학교(직업형) 또는 자연현장실습 등 체험위주의 교육을 전문적으로 실시하는 학교(대안형)로 구분된다.

16) 「동법 시행령」에 고등학교 구분이 명시되기 전인 2010년 전에는 일반계, 전문계고로 구분되었다.

17) 외국에서 거주한 기간이 3년 이상인 내국인을 의미하며, 학교의 총 정원의 30%를 넘을 수 없다. 단, 교육감은 특별시·광역시 또는 도의 여건을 고려하여 20%의 범위에서 특별시·광역시 또는 도의 교육규칙으로 입학 비율을 높일 수 있다.

대학교

대학교는 인격을 도야하고, 국가와 인류사회의 발전에 필요한 심오한 학술이론과 그 응용방법을 가르치고 연구하며, 국가와 인류사회에 이바지함을 목적으로 한다(「고등교육법」 제28조). 고등교육을 실시하기 위한 학교(「동법」 제2조)는 대학, 산업대학, 교육대학, 전문대학, 방송대학 · 통신대학 · 방송통신대학 및 사이버대학, 기술대학, 각종학교가 있으며, 대학(산업대학, 교육대학 및 원격대학)은 대학원을 둘 수 있다(「동법」 제29조). 대학원의 종류는 일반대학원, 전문대학원, 특수대학원이 있으며(「동법」 제29조의2) 특정한 분야의 전문인력을 양성하기 위하여 대학원만을 두는 대학원대학을 설립할 수 있다(「동법」 제30조).

나. 학교관련 정보 현황[18)]

학교수 추이

2020년 유 · 초 · 중등교육을 담당하는 학교(특수학교, 고등공민학교, 고등기술학교, 각종학교, 방송통신중 · 고등학교 포함) 수는 전체 20,740개교로 전년 대비 69개교 감소하였다. 유치원은 8,705개원으로 전년 대비 132개원 감소, 초등학교는 6,120개교로 33개교 증가, 중학교는 3,223개교로 9개교 증가, 고등학교는 2,367개교로 11개교 증가하였다.

전체 학교수는 1970년 9,496개교였던 것이 2018년 20,967개교로 증가한 후, 2020년 현재 20,740개교로 감소하였다. 하지만 초등학교의 경우 시대별 다소간의 증감에도 불구하고 1970년과 2020년의 학교 수의 차이가 크지 않은 반면, 유치원, 중 · 고등학교 수의 변화는 상당히 크게 나타났다. 유치원은 18배 정도 가까이 증가했으며, 중 · 고등학교는 2배 이상 증가하였다.

18) 2020년 교육기본통계 자료(https://kess.kedi.re.kr/index)를 참조하였으며, 주로 초 · 중등학교 관련 정보를 제시하였다.

〈표 5-1〉 유 · 초 · 중등학교 수

(단위: 개교)

구분	전체 학교수	유치원	초등학교	중학교	고등학교							기타
					전체	일반	특성화	특목	자율	일반계	전문계	
2020	20,740	8,705	6,120	3,223	2,367	1,573	489	160	145	-	-	325
2019	20,809	8,837	6,087	3,214	2,356	1,555	489	158	154	-	-	315
2018	20,967	9,021	6,064	3,214	2,358	1,556	490	157	155	-	-	310
2017	20,938	9,029	6,040	3,213	2,360	1,556	491	155	158	-	-	296
2016	20,835	8,987	6,001	3,209	2,353	1,545	497	152	159	-	-	285
2015	20,729	8,930	5,978	3,204	2,344	1,537	498	148	161	-	-	273
2014	20,540	8,826	5,934	3,186	2,326	1,520	499	143	164	-	-	268
2013	20,336	8,678	5,913	3,173	2,322	1,525	494	138	165	-	-	250
2012	20,137	8,538	5,895	3,162	2,303	1,529	499	128	147	-	-	239
2011	19,974	8,424	5,882	3,153	2,282	1,554	499	120	109	-	-	233
2010	19,850	8,388	5,854	3,130	2,253	-	-	-	-	1,561	692	225
2000	18,659	8,494	5,267	2,731	1,957	-	-	-	-	1,193	764	210
1990	19,078	8,354	6,335	2,474	1,683	-	-	-	-	1,096	587	232
1980	11,213	901	6,487	2,100	1,353	-	-	-	-	748	605	372
1970	9,496	484	5,961	1,608	889	-	-	-	-	408	481	554

주 1) 학교수에는 신설학교, 기존학교, 휴교가 포함됨(폐교, 분교는 제외함)
2) 기타에는 특수학교, 공민학교, 고등공민학교, 고등기술학교, 각종학교, 방송통신중 · 고등학교가 포함됨
3) 2020년 특목고: 과학고 20개교, 영재고 8개교, 예술고 28개교, 외국어고 30개교, 체육고 17개교, 국제고 7개교, 마이스터고 50개교

출처: 2020년 교육기본통계 발표자료.

학생수 추이

2020년의 유 · 초 · 중등 전체 학생수는 6,010,006명으로 전년 대비 126,788명(2.1%) 감소하였다. 전체 학생수는 1980년대 이후 지속적으로 감소하는 추세이다. 유치원생은 지속적으로 증가했으나 2016년 이후 감소하고 있다. 1970년의 574만 명에 달했던 초등학생의 수는 지속적으로 감소하여 2016년에는 267만 명의 규모를 보이고 있다. 2016년 이후 증가하는 듯했으나 2020년 다시 감소하여 269만 명 수준을 나타내고 있다.

〈표 5-2〉 유 · 초 · 중등학교 학생수

(단위: 명)

구분	전체 학생수	유치원	초등 학교	중학교	고등학교							기타
					전체	일반	특성화	특목	자율	일반계	전문계	
2020	6,010,006	612,538	2,693,716	1,315,846	1,337,312	958,108	212,294	64,493	102,417	-	-	50,594
2019	6,136,794	633,913	2,747,219	1,294,559	1,411,027	1,001,756	230,098	65,244	113,929	-	-	50,076
2018	6,309,723	675,998	2,711,385	1,334,288	1,538,576	1,096,331	252,260	66,693	123,292	-	-	49,476
2017	6,468,629	694,631	2,674,227	1,381,334	1,669,699	1,193,562	274,281	67,960	133,896	-	-	48,738
2016	6,635,784	704,138	2,672,843	1,457,490	1,752,457	1,256,108	290,632	67,607	138,110	-	-	48,856
2015	6,819,927	682,553	2,714,610	1,585,951	1,788,266	1,278,008	302,021	67,529	140,708	-	-	48,547
2014	6,986,116	652,546	2,728,509	1,717,911	1,839,372	1,314,073	313,449	66,928	144,922	-	-	47,778
2013	7,187,384	658,188	2,784,000	1,804,189	1,893,303	1,356,070	320,374	67,099	149,760	-	-	47,704
2012	7,384,788	613,749	2,951,995	1,849,094	1,920,087	1,381,130	330,797	64,468	143,692	-	-	49,863
2011	7,601,338	564,834	3,132,477	1,910,572	1,943,798	1,425,882	340,227	63,727	113,962	-	-	49,657
2010	7,822,882	538,587	3,299,094	1,974,798	1,962,356	-	-	-	-	1,496,227	466,129	48,047
2000	8,549,865	545,263	4,019,991	1,860,539	2,071,468	-	-	-	-	1,324,482	746,986	52,604
1990	9,965,954	414,532	4,868,520	2,275,751	2,283,806	-	-	-	-	1,473,155	810,651	123,345
1980	10,044,891	66,433	5,658,002	2,471,997	1,696,792	-	-	-	-	932,605	764,187	151,667
1970	7,793,585	22,271	5,749,301	1,318,808	590,382	-	-	-	-	315,367	275,015	112,823

주: 기타에는 특수학교, 공민학교, 고등공민학교, 고등기술학교, 각종학교, 방송통신중 · 고등학교가 포함됨

출처: 2020년 교육기본통계 발표자료.

교원수 추이

2020년 초 · 중등학교의 전체 교원 수는 498,281명으로 전년대비 1,777명(0.4%) 증가하였다. 학제별로 살펴보면 전년대비 유치원은 289명(0.5%) 증가, 초등학교 704명 증가(0.4%), 중학교 1,338명(1.2%) 증가, 고등학교 1,023명(0.8%) 감소하였다. 1970년 이후로 변화를 살펴보면 지속적으로 교원수가 증가하고 있으나 최근의 상승폭은 그 이전보다 축소되었음을 알 수 있다. 학생수의 감소에도 교원수가 완만한 상승을 보이고 있는 것은 유치원 교원의 확충과 교실여건(학급당 학생수) 개선 등의 정책변화에 따른 것이다.

〈표 5-3〉 유 · 초 · 중등학교 교원수

(단위: 명)

구분	전체 교원수	유치원	초등 학교	중학교	고등학교							기타
					전체	일반	특성화	특목	자율	일반계	전문계	
2020	498,281	53,651	189,286	111,894	132,104	89,666	25,200	8,012	9,226	-	-	11,346
2019	496,504	53,362	188,582	110,556	133,127	89,975	25,387	7,886	9,879	-	-	10,877
2018	496,263	54,892	186,684	109,906	134,227	90,855	25,619	7,787	9,966	-	-	10,554
2017	492,187	53,808	184,358	109,130	134,754	91,064	25,853	7,674	10,163	-	-	10,137
2016	491,152	52,923	183,452	109,525	135,427	91,474	26,306	7,416	10,231	-	-	9,825
2015	489,515	50,998	182,658	111,247	134,999	90,878	26,588	7,245	10,288	-	-	9,613
2014	488,363	48,530	182,672	113,349	134,488	90,174	26,938	6,934	10,442	-	-	9,324
2013	482,686	46,126	181,585	112,690	133,414	89,469	26,759	6,678	10,508	-	-	8,871
2012	476,065	42,235	181,435	111,004	132,953	89,538	27,283	6,289	9,843	-	-	8,438
2011	469,136	38,662	180,623	110,658	131,083	90,464	27,327	5,801	7,491	-	-	8,110
2010	455,907	36,461	176,754	108,781	126,423	-	-	-	-	90,735	35,688	7,488
2000	370,245	28,012	140,000	92,589	104,351	-	-	-	-	63,374	40,977	5,293
1990	342,770	18,511	136,800	89,719	92,683	-	-	-	-	58,074	34,609	5,057
1980	232,643	3,339	119,064	54,858	50,948	-	-	-	-	27,480	23,468	4,434
1970	158,472	1,660	101,095	31,207	19,854	-	-	-	-	9,845	10,009	4,656

주 1) 기타에는 특수학교, 공민학교, 고등공민학교, 고등기술학교, 각종학교가 포함됨(방송통신중 · 고 제외)
2) 교원수에는 정규교원(휴직 교원 포함)과 기간제교사가 포함되며, 퇴직교원과 강사는 제외됨

출처: 2020년 교육기본통계 발표자료.

다. 현행 학제의 도전 과제

학제는 사회의 요구와 교육적 필요성에 의해 변동되는 특성을 가지고 있다. 학제의 변화는 무엇보다도 학제에 대한 문제점을 개선하기 위한 노력으로 시작되기도 한다.

정부수립 이후 학교제도에 대한 문제 제기를 통한 학교제도 개편논의는 지속적으로 이루어졌다. 이 중 일부는 학교제도에 반영되어 현재의 학교교육제도를 이루는 근간이 된 반면, 다른 논의는 아직까지는 적용되지 않았지만 장기적으로 학교제도의 개선을 위한 잠재적 논의대상으로 간주되고 있다. 예컨대, 취학연령을 낮추고 교육연한을 축소하는 논의, 학기 시작을 가을로 변경하려는 논의는 교육계 내 · 외부의 요구로 1990년대 이후 주기적으로 공론화되고 있는 실정이다.

학교교육제도에 대한 문제점 및 개선방안에 대한 주요한 논의를 살펴보면 다음과 같다. 김영식과 최희선(1988, 윤정일, 2002: 226-227에서 재인용)은 1980년대 학제의 문제점으로 경직성, 비효율성, 비연계성, 지체성, 폐쇄성을 지적했다. 경직성은 교육체제의 탄력성 결여, 학교학년제의 고정, 학제 내에서 횡적 이동 제약을 의미하며, 비효율성은 교육연한의 적절성 결여, 교육비 부담의 과정, 진로준비 교육의 불충실로 인해 야기되었다고 주장했다. 비연계성은 사회교육과의 연계 결여, 학교 간의 협력체제 결여를 의미하며, 지체성은 산업구조 변화에의 적합성 미흡, 평생교육 체제의 미흡을 마지막으로 폐쇄성은 교육기회의 제한, 근로청소년 교육체제 미흡을 의미하였다.

주삼환 등(2002)은 학제의 개선방안으로 유치원 교육의 공교육화, 실업계 고등학교의 성격을 재검토하여 그 역할을 충실히 수행할 수 있도록 하는 것, 교육과정 2000이 담고 있는 국민공통교육과정의 정신 이행, 전문대학원제도와 고등교육학제의 개혁을 제안하였다. 박제윤 등(2007)은 학제개편의 방향성으로 정합성 구현, 다양성과 유연성 확보, 개편안에 대한 폭넓은 공감 확보 등을 제안하였다. 학제가 가진 모순을 발전적으로 해소한다는 정합성은 학제개편의 근거를 제시해 주며, 사회적 요구를 수용해서 변화 가능성을 확보해야 한다는 원칙을 제안하였다. 또한 비용과 효과를 고려한 모든 이해관계자들의 설득과 합의를 통한 실제 개편이 필요하다고 주장하고 있다.

박정수(2010)는 문민정부에서 발표된 1995년 5.31. 교육개혁을 평가하면서 1990년대 중반의 교육제도가 교육공급자 중심, 획일적 교육 지향, 규제와 통제 중심의 교육운영, 획일적 균일주의 교육 추구, 폐쇄적인 전통적 교육방식 추구, 질 낮은 교육의 문제점을 포괄적으로 가지고 있었다고 지적하였다.

이종재 등(2012)은 교육정책의 향후 과제로서 학제와 관련된 개혁방향을 제시하고 있다. 먼저, 공급자 중심과 수요자 중심을 넘어 학습자 중심의 교육제도, 평준화와 서열화를 넘어 다양화된 교육제도, 경쟁의 도구를 넘어 공동체의 회복을 실현할 교육제도를 지향해야 한다고 설명하였다.

하지만 실제 학제의 개편은 많은 이해당사자들이 관련된 중차대한 일로서 재정적 부담뿐만 아니라 미래교육에 대한 장기적 관점, 사회적 파급효과 등을 고려해야 하기 때문에 섣불리 단기적으로 이루어지면 안 되는 사안이다. 사회적 변화 요구에 따라 최근 시행되거나 개선안이 논의되고 있는 학제에 관련된 정책에 대해서는 5절에서 논의하기로 한다.

4. 학사(학생)행정[19)]

학생은 교육공동체의 중요한 주체임에도 불구하고 교육행정 영역에서 중요시 여겨지지 않았다. 하지만, 초등 교원양성과정에서 예비교사는 학생에 대한 행정을 통해 학생을 이해하고 학생과 관련된 일들을 어떻게 다루어야 하는지를 학습해야 할 필요가 있다. 본 절에서는 학사행정 중 일부에 대해 설명하고자 한다.

가. 학사행정의 개념

학사행정은 교육행정의 개념을 적용하면 학생을 대상으로 하는 행정과 학생을 위한 행정으로 구분될 수 있다. 이 장에서는 후자의 입장을 반영하여 학생의 교육과 복지를 위한 수단적, 봉사적 활동으로서의 정의한다.

이종재 등(2012)은 학생 인사 행정의 현황으로 취학 의무와 학생 신분에 관한 행정, 학교 생활 및 학생 지도에 관한 행정, 학생 보건에 관한 행정, 학생 정보에 관한 행정으로 구분하였다. 또한 학생 복지, 학생 인권, 학생의 학교 운영 참여 영역도 학사행정의 주요 내용으로 다루고 있다. 이 장에서는 이러한 학사행정의 범위 중 초등학교를 중심으로 학생의 입학과 전학을 위주로 다룬다.

나. 학생의 입학, 전학

초등학교 입학

모든 국민은 법으로 보장된 6년간의 초등교육과 3년간의 중학교 교육 등 9년간의 의무교육을 이행해야 한다. 「초·중등교육법」 제13조(취학의무)에 의해 모든 국민은 자녀 또는 아동의 초등학교 의무를 가지게 된다. 단, 질병·발육 상태 등 부득이한 사유로 취학이 불가능한 의무교육대상자에 대하여는 대통령령으로 정하는 바에 따라 제13조에 따른 취학 의무를 면제하거나 유예할 수 있다. 또한 「동법」 제13조 제2항에 따라 만6세 입학이 원칙이나 만5세와 만7세도 입학이 가능하다.

취학의무 이행과 이행독려를 위해서 지방자치단체와 교육행정기관 및 학교의 다양한

19) 김성기와 조석훈(2009)의 초등학교 학생행정 가이드를 참조하여 기술하였다. 이 책에서는 학생행정의 영역으로 취학, 진급과 졸업, 학생보건, 특수교육, 다문화가족, 학교폭력, 생활지도, 학교안전사고, 대안학교 위탁교육을 다루고 있다.

노력이 이루어진다. 읍 · 면 · 동의 장은 매년 10월 1일 현재 그 관내에 거주하는 자로서 그 해 1월 1일부터 12월 31일까지 연령이 만 6세에 달하는 자를 조사하여 그 해 10월 31일까지 취학아동명부를 작성하여야 한다(「초 · 중등교육법 시행령」 제15조). 교육장은 다음 해에 취학할 아동의 입학기일과 통학구역을 결정하고 입학기일이 속한 해의 전해 11월 30일까지 읍 · 면 · 동의 장에게 이를 통보하여야 하며(「초 · 중등교육법 시행령」 제16조), 읍 · 면 · 동의 장은 입학할 학교를 지정하고 입학기일을 명시하여 입학기일이 속한 해의 전해 12월 20일까지 취학할 아동의 보호자에게 취학통지를 하여야 한다(「초 · 중등교육법 시행령」 제17조).

초등학교의 경우 대부분이 공립이므로 원칙적으로 거주지를 고려하여 배정되는 것이 원칙이다. 하지만, 국립과 사립의 경우에는 학부모의 학교선택이 가능한 상태로 사립학교 진학을 결정하면 공립학교 지정에 영향을 받지 않는다.

2020년을 기준으로 설립유형별 초등학교 현황을 살펴보면 대부분의 초등학교는 공립으로 운영되고 있음을 알 수 있다. 사립학교는 74개가 존재하는데 주로 서울에 밀집되어 있으며, 부산이나 대구와 같은 광역시에서도 많이 운영되고 있다.

〈표 5-4〉 국 · 공 · 사립초등학교 현황(2020년)

(단위: 개, 명)

	국립	공립	사립	전체
학교수	17	6,029	74	6,120
학교수(서울)	2	566	39	607
학생수	8,697	2,647,300	37,719	2,693,716
학생수(서울)	1,241	387,628	20,667	409,536
교원수	524	187,006	1,756	189,286
교원수(서울)	85	27,562	961	28,608

출처: 2020년 교육기본통계 발표자료.

전학

초등학교의 전학은 일반적으로 주소지 이전(이사)이 생기는 경우 「초 · 중등교육법 시행령」 제21조(초등학교의 전학절차)에 따라 이루어진다. "초등학교의 학생이 주소의 이전으로 전학하려는 경우 그 학생의 보호자는 재학 중인 학교와 전학하려는 학교에 그 사실을 알려야 한다"(「초 · 중등교육법 시행령」 제21조 제1항). 이때 주소지의 변경을 확인할 수 있는 서류를 제출해야 한다. 다만, 특별한 사유가 인정될 때도 전학이 가능하다. 즉, "초등학교의 장은 학생의 학교생활 부적응 또는 가정사정 등으로 인하여 학생의 교육환경을 바꾸어 줄 필요가 있다고 인정하는 때에는 학생의 보호자 1인의 동의를 얻어 교육장에게 당해 학생의 전학을 추천할 수 있다. 이 경우 교육장은 제1항의 규정에 불구하고 전학할 학교를 지정하여 전학하게 할 수 있다(「초 · 중등교육법 시행령」 제21조 제7항).

귀국 학생 및 다문화학생 등의 입학 및 전학

위와 같은 일반적인 초등학교 입학 및 전학과는 다르게 귀국 학생 및 다문화 학생 등의 입학 및 전학은 예외적용을 받게 된다. 「초 · 중등교육법 시행령」 제19조(귀국 학생 및 다문화학생 등의 입학 및 전학) 제1항에 따르면 "다음 각 호의 어느 하나에 해당하는 아동이나 학생(이하 이 조에서 "귀국학생등"이라 한다)의 보호자는 제17조 및 제21조에 따른 입학 또는 전학 절차를 갈음하여 거주지가 속하는 학구 안에 있는 초등학교의 장에게 귀국학생 등의 입학 또는 전학을 신청할 수 있다: 1.외국에서 귀국한 아동 또는 학생, 2.재외국민의 자녀인 아동 또는 학생, 3.「북한이탈주민의 보호 및 정착지원에 관한 법률」 제2조 제1호에 따른 북한이탈주민인 아동 또는 학생, 4.외국인인 아동 또는 학생, 5.그 밖에 초등학교에 입학하거나 전학하기 전에 국내에 거주하지 않았거나 국내에 학적이 없는 등의 사유로 제17조 및 제21조에 따른 입학 또는 전학 절차를 거칠 수 없는 아동 또는 학생."

다만, 외국에서 귀국한 아동은 제1항에도 불구하고 교육감이 정하는 바에 따라 귀국학생 특별학급이 설치된 초등학교에 입학 또는 전학할 수 있다. 또한 「다문화가족지원법」 제2조 제1호에 따른 다문화가족의 구성원인 아동이나 학생(이하 "다문화학생"이라 한다)은 제17조 및 제21조에도 불구하고 교육감이 정하는 바에 따라 다문화학생 특별학급이 설치된 초등학교에 입학하거나 전학할 수 있다.

5. 학교교육제도의 변화와 쟁점

이제까지 논의한 학제의 개념과 학제의 변천, 해외 학제와의 비교, 학제의 현황 등의 이해를 바탕으로 최근 보다 구체적으로 논의되고 있는 학제에 대한 이슈를 살펴보기로 한다. 예비교사로서 학생들은 이러한 학제 개편에 대한 논의를 통해 학제 개편이 가져올 혜택과 손실 등을 종합적으로 고려해 볼 수 있다. 크게 구조적 측면에서의 학제개편 논의인 유아교육의 공교육화, 고교 무상교육 이슈와 운영적 측면에서 중학교 자유학기제,

가을학기제 시행, 방학분산제(사학기제 운영)를 중심으로 기술하였다. 여기서는 각 이슈에 대해 개괄적으로 제시하고자 한다.

가. 구조적 측면

최근의 학제개편에 대한 논의 중 비중 있게 다루어진 것으로 유아교육의 공교육화 논의와 고등학교의 무상교육 도입이 있다.

유아교육의 공교육화

유아교육의 공교육화는 두 가지 의미에서 논의되고 있다. 먼저, 의무교육 제도로서 유아교육을 포함시켜 「교육기본법」 제8조(의무교육)에 규정된 의무교육의 범위(초등교육과 3년의 중등교육)를 확대하여 유아교육 1년을 포함시키는 것이었다. 다른 한편으로는 만5세아를 위한 유아교육을 무상교육으로 실시한다는 논의로 진행되었다. 궁극적으로는 유아교육이 의무교육체제에 포함되어야 유아교육의 공교육화를 온전히 달성할 수 있지만 재정적 측면을 고려한 실현의 어려움 때문에 유아교육 비용을 국가나 지방자치단체가 부담하는 무상교육화 실시가 먼저 추진되었다.

1996년 제2기 교육개혁위원회가 만5세아 무상교육을 권고한 이후 유아교육의 공교육화 논의가 본격화되었다(국가기록원, 2015). 2004년 제정된 「유아교육법」은 무상교육의 범위로 '초등학교 취학직전 1년의 유아교육은 무상으로 하되, 대통령령이 정하는 바에 따라 순차적으로 실시한다'로 규정함으로써 유아교육의 무상교육화를 규정하였다. 이 법 제정 이전에는 저소득층 만5세 자녀만 교육비 일부를 지원받았으나 이 법을 통해 저소득층 만3~4세 아동과 단계적으로 모든 취학전 만5세 아동과 이 무상교육을 받을 수 있게 되었다.

현재의 「유아교육법」 제24조(무상교육)은 '초등학교 취학직전 3년의 유아교육은 무상(無償)으로 실시하되, 무상의 내용 및 범위는 대통령령으로 정한다'고 규정함으로써 무상의 유아교육기간을 확대하였다. 이에 따라 「유아교육법 시행령」 제29조(무상교육의 내용 및 범위)는 매년 1월 1일 현재 만3세 이상인 유아를 대상으로 유치원, 어린이집 및 교육부령으로 유아교육(누리과정)을 실시하도록 지정받은 기관에서 3년 동안 무상교육을 받을 수 있도록 규정하였다.

유아교육과 관련하여 아직 해결되지 않은 학제개편 논의는 유아교육의 공교육화에 대한 논의이다. 현재 유아교육이 유치원과 보육기관에 의해 공동으로 이루어지는 현실과 다양한 이해당사자 간의 의견을 반영해서 다루어져야 하는 중장기적 과제로 남아 있다.

고교 무상교육 실시[20)]

고교 무상교육은 1984년부터 추진된 중학교 의무교육 실시를 이어받아 초·중·고등학교 12년간 의무교육을 완성하는 마지막 과제의 첫 단계로 인식되고 있다. 고교 교육의 경우 고등학교 미진학과 미취학 문제, 홈스쿨링 및 대안교육의 문제, 의무교육의 효과 문제, 학교 부적응자 및 퇴학학생의 학습권 문제 등을 고려할 때 의무교육 단계 이전에 무상교육을 실시하는 것이 우선되어야 하기 때문이다.

고교 무상교육은 박근혜 대통령후보자의 공약사항으로 등장하면서 본격적으로 논의되기 시작했다. 선진국의 경우 대부분의 국가에서 고교 무상교육이 이루어졌다는 점, 우리나라의 고등학교 진학률이 99.7%로 보편화되었다는 점을 근거로 고교 무상교육을 단계적으로 실시하여, 수업료·입학금·학교운영지원비·교과서 대금을 무상 지원하겠다고 약속하였다. 2014년부터 매년 25%씩 확대하여 2017년에 전면 무상교육을 실시하기로 하였다. 그러나 재정적인 문제로 인해 박근혜 정부하에서 변화가 나타나지 못했다.

이후 문재인 정부의 국정 과제에 고교 무상교육이 포함되면서 논의가 재점화되었다. 국정 과제에서는 교육의 공공성 제고의 일환으로 2020년부터 고등학교 무상교육을 단계적으로 실시해서 2022년에 완성하는 목표가 제시되었다(국정기획자문위원회, 2017). 이러한 목표는 과거 중학교에서 무상교육이 추진된 속도에 비하면 대단히 빠른 속도로 진행하려는 목표라 할 수 있다. 중학교 의무교육은 1984년 「교육법」 제8조 개정을 통해 "모든 국민은 6년의 초등교육과 3년의 중등교육을 받을 권리가 있다"고 규정한 이후 1985년 도서, 벽지 지역, 1992년 군지역 1학년, 2004년 전면시행으로 확대되었다. 약 20년에 걸쳐서 적용 지역을 천천히 확대한 것이다.

현재까지는 국정과제에서 제시한 목표보다 더 빠른 속도로 고교 무상교육을 실현하려 하고 있다. 2019년 12월에 개정된 「초·중등교육법」에서 고등학교 등의 무상교육에 관해 규정한 제10조의2를 신설하여 순차적으로 고등학교 무상교육을 추진하는 근거로 삼았다. 입학금, 수업료, 학교운영지원비, 교과용 도서 구입비의 비용을 무상으로 하는 고교 무상교육을 2019학년도 2학기부터 고등학교 3학년을, 2020학년도에는 고등학교 등 2학년 및 3학년을, 2021학년도 이후로는 고등학교 등 전학년을 대상으로 시행할 계획이다(교육부, 2019).

20) 양승실 등(2012)의 고등학교 의무교육 실시의 적합성 분석 연구를 바탕으로 기술하였다.

나. 운영적 측면

중학교 자유학기제

한 학기 동안 지필 시험 없이 다양한 체험학습 과정과 결과를 학생부에 기록하고, 단위학교의 운영 자율성을 대폭 확대한 제도인 자유학기제는 학교제도의 전면적 개편은 아니지만 학교제도에 실제적으로 영향을 미친 가장 최근의 사례이다.

자유학기제는 박근혜 정부의 핵심교육과제로서 등장했다. 제18대 대통령선거 새누리당 정책공약으로 청소년의 꿈과 끼를 살려주는 교육과정 운영을 위해 ① 학교에서 한 개 학기 동안 진로 탐색의 기회를 제공하는 자유학기제 운영, ② 자유학기제에는 중간고사, 기말고사 등의 필기시험을 치르지 않으며, 중학교 생활기록부에는 학생의 꿈과 끼와 관련된 활동 내역을 기록, ③ 자유학기제에는 학생이 자신의 꿈과 끼를 찾도록 시험 위주의 강의식 교육 대신 토론, 실습 등 다양한 체험활동 중심으로 학교 교육을 진행하겠다고 제안하였다. 이후 박근혜 정부 국정과제로 공식적으로 자유학기제의 도입이 시작되었다.

정부는 자유학기제 시범운영 계획안에 자유학기제 정책 추진 목적으로 ① 학생들이 스스로 꿈과 끼를 찾고, 자신의 적성과 미래에 대해 탐색 · 고민 · 설계하는 경험을 통해 지속적인 자기성찰 및 발전할 수 있는 기회 제공, ② 지식과 경쟁 중심 교육을 자기주도 창의학습 및 미래지향적 역량(창의성, 인성, 사회성 등) 함양이 가능한 교육으로 전환, ③ 공교육 변화 및 신뢰 회복을 통해 학생이 행복한 학교생활 제공을 제시하였다.

이 제도의 배경에는 과도한 경쟁과 입시교육의 대안을 요구하는 사회적 분위기, 중학생 행복에 대한 교육적 관심 필요, 진로 연계 교육과정에 대한 교육적 요구, 미래지향적 역량을 강조하는 세계적 교육개혁 흐름에 영향 등이 있다. 2015학년도까지의 시범운영 과정에서 상당수의 학교들이 자발적으로 이 정책을 수용하여 희망학교를 신청하는 모습을 보였는데, 2015년에 이미 전국 중학교의 약 80%에 해당하는 2,551개교가 자유학기제 연구학교 또는 희망학교를 신청 · 운영하였다(교육부, 2015). 이러한 성과를 바탕으로 2016학년도부터는 전국의 모든 중학교에서 자유학기를 의무적으로 시행하게 되었다. 이후 2017년 11월에 다시 「초 · 중등교육법 시행령」 제44조 제3항을 개정하여 "한 학기 또는 두 학기를 자유학기로 지정해야 한다"고 규정함으로써, 2018년부터는 한 학년을 자유학기처럼 운영하는 자유학년제를 학교가 선택적으로 운영할 수 있도록 하였다(교육부, 2017).

가을학기제(9월 신학년제)[21]

2015년 초 교육부는 새 학년을 9월부터 시작하는 '가을학기제'에 대한 논의를 본격화하기로 했다. 이와 결부하여 초등학교 입학연령을 1년 앞당기는 방안(만6세에서 만5세로)도 검토하기로 했다. 동시에 초중등과정 1년 단축도 함께 논의되고 있다. 선진국 중 신학기를 3월에 시작하는 국가는 우리나라와 일본뿐이어서 유학생 등 국제교류에 걸림돌이 되며, 신체적 · 정신적 성숙도에 따른 입학연령 조정은 취업도 빨리된다는 생각으로 가을학기제 논의가 시작되었다.

앞의 학교제도의 변천과정에서 살펴보듯이 신학기는 4월(일제시대), 9월(1946년), 1949년(4월), 1961년(3월)로 변동되어 왔다. 하지만 이러한 변동은 사회의 요구에 따른 것이기보다는 교육체제 내부의 문제인 행정의 효율성 측면 및 학제변동과정의 문제를 최소화하기 위해 변화한 것으로 판단된다. 하지만, 2015년에 진행된 가을학기제의 논의는 주로 경제적 관점(저출산 해소, 경제활성화, 복지적 측면 등)에서 시발되었다는 특징이 있다.

2015년의 가을학기제 도입논의에 앞서 정부는 1997년과 2006년의 도입추진 논의를 진행한 바 있다. 문민정부 시절 교육개혁위원회에서는 제4차 교육개혁방안(1997.6.2)을 통해 교육의 국제화, 세계화 시대에 대비하기 위한 9월 신학년제를 제시하였다. 또한 참여정부 시절에는 취학연령과 수업연한 조정까지 고려한 학제개편 논의 속에 9월 신학년제가 제안되었다(교육혁신위원회 내의 학제개편 공론화팀).

하지만 이러한 논의는 사회경제적 비용(10여 년간 학교현장의 혼란 및 사회적 파급효과)에 비해 실익이 크지 않다는 이유로 무산된 바 있다. 중장기적으로 보다 지속적으로 검토해야 하는 과제로 남겨진 바 있다.

그 후, 시대적 변화를 교육체제가 적극적으로 반영해야 한다는 논리에 근거하여 2015년도에 다시 가을학기제 도입 논의가 촉발되었다. 즉, 글로벌화 시대에 적합한 교육제도를 갖춤으로써 외국인 유학생과 한국인 해외유학생의 전환과정을 보다 용이하게 하며, 교원과 학생들의 국제교류를 활성화하기 위해 가을학기제가 필요하다는 주장이 제기되었다. 특히, 초등학교 입학연령을 1년 줄임으로써 산업계에 필요한 인재를 보다 일찍 공급할 수 있다는 주장도 가을학기제 도입의 주요한 근거이다.

하지만 2015년도 추진과정에서도 학교현장의 혼란, 준비과정에서의 비용문제(학교신설, 교원수급 등), 첫 적용학생들의 희생(동급생 수의 증가로 인한 대입과 사회진출과정에서의 경쟁 격화)을 고려할 때 가을학기제의 도입보다는 현재의 봄학기제를 개선하는 것이 필요하다는 의견이 강하게 제시되었고, 다시 한 번 중장기 검토 과제로 미뤄졌다. 이후, 2020

21) 황준성과 조옥경(2014)의 9월 신학년제 실행방안을 바탕으로 기술하였다.

년도에 전 세계적으로 코로나19가 유행하는 상황에서 초·중등학교의 개학이 연기되고 온라인 개학으로 이어지자 정치권을 중심으로 다시 한 번 가을학기제 도입이 거론되었다. 그러나 정책 의제로 확산되지 못하고 이내 대중의 관심에서 멀어졌다.

가을학기제 도입은 초등학제의 큰 영향을 미칠 수 있는 사안이다. 특히, 가을학기 도입 첫해의 학생수 증가에 따른 교육여건 마련과 빨라진 입학연령을 고려한 새로운 교육과정 및 교육방법을 개발하는 것이 필요하다. 또한 유아교육과의 연계(누리과정 등)를 다시 설정하는 과정에서 많은 혼란이 야기될 수 있다는 점을 감안할 때, 이를 추진하기 위해서는 중장기적인 준비와 계획이 필요하다.

방학분산제(4분기 학사제)[22)]

방학분산제는 여름방학이나 겨울방학의 일정을 조정하여 봄과 가을의 일정기간에 단기방학을 갖도록 학사일정을 조정하는 것을 의미한다. 이 제도는 학사일정을 재구조화하여 휴가 분산을 통한 관광수요 확대 차원에서 시작된 학제개편 논의다. 2001년 국민의 정부하에서 문화관광부에서 제기된 사안으로 10여 년간 논의(2007년 노무현 정부, 2011년 이명박 정부)가 지속된 사안이었다. 2013년 박근혜 정부에서 문화체육관광부가 대통령 업무보고에 방학분산제 추진을 본격 시행하겠다고 보고한 이후로 정부 부처 간 의견조율을 거쳐 2015년부터 자율시행이라는 틀로 일부 시행된 바 있는 제도이다.

방학분산제의 필요성은 교육적 측면과 사회적 측면에서 제기되고 있다. 먼저, 학교교육의 패러다임이 일방적인 지식전달 위주에서 체험을 통한 학생의 자기주도적 학습중심으로 전환했기 때문에 필요하다고 한다. 또한 지금의 방학제도가 1960년대 시대적 필요와 교육적 요구로 형성된 것이므로 현재의 상황에 맞는 방학제도의 변경을 재검토해 볼 수 있다는 주장이다. 마지막으로 지금의 학사 운영이 비효율적으로 운영되고 있으며 학생들의 학습을 방해하는 측면에 있다는 주장이다. 겨울방학과 학년말 방학(봄방학)으로 인한 비효율성이 나타나며, 학교 자율휴업일이 본래의 취지를 살리지 못하는 문제점이 있다. 또한 학기가 길어 학기말에 집중도가 떨어진다는 의견도 있었다. 이를 해결하기 위한 방안으로 방학분산제가 제기되었다. 사회적 측면에서는 삶의 질 향상과 관광사업을 통한 내수 진작 그리고 휴가집중 현상을 해소하기 위해 방학분산제가 도입되어야 한다고 주장되고 있다.

반면, 방학분산제의 문제점들을 제기하면서 반대하는 목소리가 매우 크다. 한국교원단체총연합회는 이에 대해 교육적 논리가 아닌 경제, 문화적 관점에서 학제를 흔드는 것에

22) 양승실(2014)의 방학분산제 도입의 배경과 정책적 과제를 중심으로 기술하였다.

우려를 제기하고 이 논의가 학기제 개편의 차원에서 종합적으로 논의해야 하는 사항이라는 이유로 반대한 바 있다. 특히, 교육과정의 분절로 인한 학습효과가 낮아지고 학교 운영에 어려움이 가중되며 가정에서도 학생지도에 어려움을 겪게 될 것이라는 우려를 표하였다.

방학분산제에 대한 여론조사를 실시한 연구(양승실, 2014)에 따르면 방학분산제의 기대효과로 학습집중도 향상, 부족한 학습 보충 또는 심화학습 기회 확보, 체험학습시간 확보, 가족과 보내는 시간 증가, 국내관광 활성화, 봉사활동 시간 확보라는 의견이 있었고, 예상되는 문제점으로는 학습 리듬이 끊김, 맞벌이 가정 학생의 보육, 사교육 심화, 사회·경제적 차이로 체험활동 격차 심화, 교육과정·학사일정 변경으로 인한 혼란, 지출비용 증대 등의 의견이 제시되었다.

하지만 방학분산제는 실제 학교 현장에서 도입되기 시작했으며 이 제도의 공과에 대한 분석이 시행되고 있다(김왕준 외, 2015). 이를 통해 보다 현장에 적합한 학제개편의 사례로 적용될 수 있을지는 더 살펴보아야 할 과제이다.

핵심 용어

- 교육제도
- 학교교육제도
- 학제
- 복선형
- 단선형
- 분기형
- 기본학제
- 특별학제
- 학제개편
- 학사행정
- 입학
- 전학
- 유아교육 공교육화
- 무상교육
- 중학교 자유학기제
- 가을학기제 시행
- 방학분산제(4분기 학사제)

생각해 볼 주제

- 학교교육제도의 주요 특성과 기능에 대해 생각해 보자.
- 학교교육제도의 변화가 가져올 장, 단점을 국가, 사회, 학교, 교사, 학생 차원에서 생각해 보자.
- 학교교육제도의 변화와 교사영역에서 논의된 학제개편 이슈 중 하나를 선정하여 이에 대한 본인의 의견을 정리해 보자.

참고문헌

교육부(2015). 학생의 꿈과 끼를 키워 행복교육을 실현하는 중학교 자유학기제 시행 계획(안). https://www.moe.go.kr 에서 인출

교육부(2017). 중1 자유학년제, 내년부터 희망하는 학교 약 1,500개교에서 시작(보도자료). https://www.moe.go.kr 에서 인출

교육부(2019). 2019년 2학기부터 고등학교 무상교육 시행(보도자료). https://www.moe.go.kr 에서 인출

국정기획자문위원회(2017). 문재인정부 국정운영 5개년 계획. https://www.korea.kr/main.do 에서 인출

김도협(2013). 독일의 단계별 교육시스템과 진로교육에 관한 고찰. 교육법학연구, 25(1), p.49-75.

김영철 · 박재윤 · 김흥주 · 윤종혁 · 김태은(2006). 미래사회에 대비한 학제개편 방안. 한국교육개발원.

김종철(1982). 교육행정의 이론과 실제. 경기: 교육과학사.

두산백과(2015). 제도. doopedia.

박재윤 · 양승실 · 윤종혁 · 김태은 · 김성기 · 김용 · 황준성(2007). 미래사회에 대비한 학제개편 방안 II. 한국교육개발원.

박정수(2010). 5.31 이후 교육개혁의 전개와 향후 과제. 대한민국 교육정책: 과거, 현재, 미래-5.31 교육개혁 평가와 미래교육의 비전, 전략. 5.31 교육개혁 평가 및 미래교육 비전 심포지엄.

서울대학교 교육연구소(1995). 교육학용어사전. 하우동설.

신철균 외(2014). 중학교 자유학기제 정착 방안 연구. 한국교육개발원.

양승실(2014). 방학 분산제 도입의 배경과 정책적 과제. 한국교육개발원 포지션 페이퍼.

이규한(2009). 주요국의 교육제도. 서울: 배영사.

이종재(1997). 전경련학술세미나 발표문.

이종재 · 이차영 · 김용 · 송경오(2012). 한국교육행정론. 경기: 교육과학사.

이종재 · 정성수 · 김영식(2006). 한국교육의 발전 전략과 새로운 과제. 교육행정학연구, 24(4), 1 - 26.

정일형(2013). 미국, 프랑스, 영국 교육제도: 그들이 걸어온 교육의 길. 서울대학교 출판문화원.

주삼환 · 천세영 · 명제창 · 신붕섭 · 이명주 · 이석열(2002). 교육행정 및 교육경영. 서울: 학지사.

한국교육행정학회(1996). 교육제도론. 하우.

황준성 · 조옥경(2014). 9월 신학년제 실행방안. 한국교육개발원 포지션페이퍼.

Snyder, T.D., de Brey, C., and Dillow, S.A.(2019). *Digest of Education Statistics 2018* (NCES 2020-009). National Center for Education Statistics, Institute of Education Sciences, U.S. Department of Education. Washington, DC.

CHAPTER 06

교원의 양성과 임용

박상완(부산교육대학교)
정성수(대구교육대학교)

1. 교원인사행정의 개념과 영역
2. 교원의 구분과 자격
3. 교원양성체제 및 교원양성 교육과정 구성
4. 교원임용제도의 이해
5. 교원양성 및 임용제도의 쟁점과 변화 방향

모든 조직이나 기관에서 인력의 효율적인 관리는 조직의 목표를 달성하고 성과를 높이기 위한 핵심적인 과업이다. 인력은 재정, 물자와 함께 조직 운영의 3가지 핵심 요소이다. 학교 조직에 근무하는 인력은 교원, 행정직원, 보조 · 지원인력, 강사 등으로 다양하지만 핵심 인력은 교수-학습을 담당하는 교원이다. 교원의 인사관리를 위한 인사행정의 범위는 양성, 자격, 신규 채용, 연수, 승진, 전직, 전보, 보수, 후생 · 복지, 윤리, 권리와 의무 등으로 매우 포괄적이다. 이 중 본 장에서는 교원의 자격과 양성 그리고 임용을 중심으로 다룬다. 이는 교원의 종류와 자격기준, 교원양성 교육과정 이수 요건, 신규채용을 포함한 다양한 임용제도를 이해하는 데 도움을 줄 것이다. 이 장의 세부 내용은 교원인사행정의 개념과 영역, 교원의 구분과 자격, 우리나라의 교원자격제도 및 교원양성제도, 신규채용을 포함하여 교원의 승진, 전보, 전직 등을 포괄하는 교원임용제도 그리고 교원양성 및 임용제도의 변화 방향으로 구성된다.

1. 교원인사행정의 개념과 영역

가. 교원인사행정의 개념

교원인사행정이란

어느 조직에서나 사람을 관리하는 일은 조직의 성패를 좌우하는 중요한 일이다. '인사(人事)가 만사(萬事)'라는 말은 조직에서 인사 관리의 중요성을 잘 표현하고 있다. 어떤 조직이나 조직 목표를 달성하고 조직의 성과를 높이기 위해서는 우수한 인재를 확보하고 계속 유지할 필요가 있다. 학교조직도 마찬가지이다. 교사로서 적합한 인성과 사명감, 역량을 가진 우수한 사람들을 선발, 교육하여 교사로 채용하고, 이후에는 이들이 교직에서 자신의 능력을 최대한 발휘하고 성장하여 궁극적으로 학교의 교육목표를 달성하는 데 기여하게 할 필요가 있다. 교원인사행정은 이러한 전 과정을 포함한다.

인사행정(public personnel administration) 분야 중 교육기관에 근무하는 교원을 대상으로 하는 인사행정은 별도로 '교원인사행정'이라 한다. 교원인사행정의 개념은 연구자에 따라 다음과 같이 정의되고 있다.

- 교원인사행정은 유능한 인적 자원을 확보·배치하고 이들의 계속적인 능력계발을 도모하며, 높은 사기와 긍지를 가지고 직무에 최선을 다할 수 있도록 제반 여건을 조성하는 과정이다(윤정일 외, 2015).
- 교원인사행정은 학교교육을 담당할 인적 자원을 확보, 교육, 배치, 관리하고 그들을 위한 근무조건을 확립하며 전문성 향상을 위한 일련의 행정지원활동을 말한다(서정화 외, 2001).
- 교원인사행정은 인적 자원 관리라는 관점에서 유능한 인적 자원을 확보하고 그들의 능력을 개발하며, 그들로 하여금 최선을 다할 수 있는 제반 여건을 조성하는 과정이다. 즉, 적절한 인재를 확보·배치하고 그들의 계속적인 능력의 발전을 도모하며 높은 사기와 긍지를 지니고 직무에 최선을 다하도록 하는 일련의 행위이다(서정화 외, 2011).

인사행정과 유사한 의미로 인적 자원 관리(human resource management), 인적 자본 관리(human capital management) 등의 용어가 사용되고 있다. 여기서 인적 자본은 투자에 상응하는 수익이 발생하는 실물자본(physical capital)과 같이 인간을 '투자에 의해 경제적 가치

내지 생산력의 크기를 증가시킬 수 있는 자본'으로 보는 개념이다. 1950년대 말부터 미국의 노동 경제학에서 사용된 개념으로 슐츠(Shultz)와 베커(Becker) 등에 의해 발전되어 왔다(이종수, 2009).

그러나 인간을 물질과 같은 '자본'으로 수단화하는 것에 대한 비판적 시각이 확대되면서 근래에는 인적 자원이라는 용어가 더 널리 사용되고 있다. 인적 자원은 '개발 가능한 자원 · 자본'이라는 의미를 담고 있는 것으로, 여기서 인간은 자신이 보유하고 있는 능력을 무한하게 개발하고 발전시킬 수 있는 '자원'(유민봉 · 박성민, 2014: 9)으로 이해된다. 최근 공공부문에서도 인사행정보다 인적 자원 관리라는 용어가 선호되는 경향이 있으며, 두 가지 개념이 명확하게 구분되는 것은 아니다(오석홍, 2013: 3). 인사행정과 인적자원관리는 모두 조직에 필요한 우수한 인재를 확보, 개발, 유지, 평가, 보상하는 일련의 과정, 활동을 포괄하는 개념이다.

나. 교육직원의 구분과 인사행정의 영역

교육직원의 구분

교원인사행정의 대상인 '교원'은 교육공무원으로서 초 · 중등학교 교사, 교감, 교장을 포함하여 대학의 교수, 유치원의 교사, 원감, 원장 등을 모두 지칭하는 말이다. 우리나라에서 교원은 국가공무원으로서 경력직 공무원 중 특정직 공무원에 속하는 교육공무원이다. 국가공무원은 경력직과 특수경력직으로 구분되며 그 의미는 다음과 같다.

- 경력직 공무원: 실적과 자격에 따라 임용되고 그 신분이 보장되며 평생 동안(근무기간을 정하여 임용하는 공무원의 경우에는 그 기간 동안) 공무원으로 근무할 것이 예정되는 공무원을 말한다(「국가공무원법」 제2조 제2항). 경력직 공무원은 일반직과 특정직으로 구분된다.
- 특수경력직 공무원: 경력직공무원 외의 공무원을 말하며 그 종류는 정무직과 별정직으로 구분된다(「국가공무원법」 제2조 제3항).

「국가공무원법」 제2조에 근거하여 국가공무원의 종류를 정리하면 [그림 6-1]과 같다.

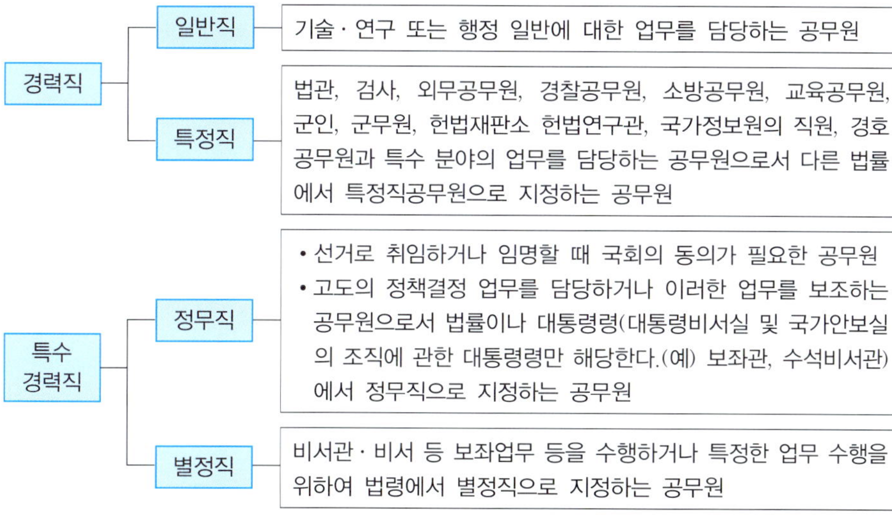

[그림 6-1] 국가공무원의 구분

교원인사행정의 영역

인사행정의 영역은 인력의 신규채용에서부터 퇴직 시까지의 전 과정을 포괄하며, 세부적으로 인적 자원의 확보, 개발, 유지 및 활용, 평가, 보상 등 상호 관련성을 가진 일련의 순차적 기능 내지 활동으로 구분할 수 있다(유민봉 · 박성민, 2014: 21). 인사행정의 영역을 구분하는 방식은 연구자에 따라 차이가 있다. 송기창 등(2014)은 인사행정의 구성요소를 다음과 같은 세 영역으로 구분하고 있다.

- 충원: 교원수급 계획, 예비교사 모집, 임용시험, 신규임용
- 인사 및 능력계발: 연수, 근무성적 평정, 승진, 전직 · 전보
- 후생복지 및 사기: 보수 및 근무환경을 포함하는 물리적 조건, 사회심리적 요인

유민봉과 박성민(2014)은 체제 모형을 활용하여 인사행정의 기능을 인적 자원의 확보, 개발, 유지 · 활용, 평가, 보상의 다섯 가지로 구분하였다([그림 6-2] 참조). 여기서 '확보'는 모집, 선발, '개발'은 교육훈련, 인사이동, 경력개발, '유지 · 활용'은 의무와 권리, 동기부여, 노동조합, 다양성 관리로 '평가'는 근무성적평정, 역량평가, 경력평정, 가점평정으로, '보상'은 보수와 연금으로 세분된다.

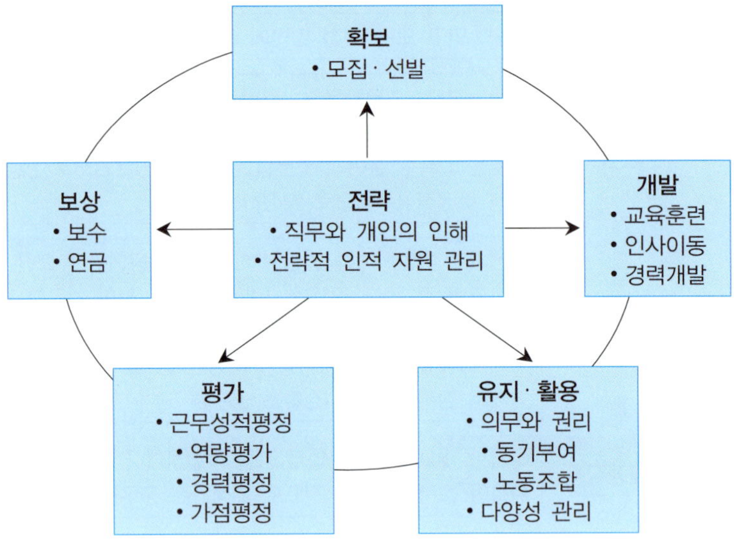

[그림 6-2] 인사행정의 주요 기능

출처: 유민봉 · 박성민(2014) p.20.

인사행정의 각 영역의 의미를 정리하면 다음과 같다(유민봉 · 박성민, 2014: 22-26).

- 확보:
  - 조직의 결원을 채우는 과정으로 인사행정의 첫 번째 단계이다. 조직에서 공석은 새로운 직무나 조직이 추가되거나 직원의 퇴직 등으로 발생한다.
  - 공석을 채우는 방법은 기존 직원의 승진, 수평적인 인사이동을 통해 충원하는 방법과 외부에서 새로운 인적 자원을 확보, 충원하는 방법이 있다. 보통 인적 자원의 확보는 후자를 말한다.
  - 인적 자원의 확보 방법은 모집과 선발로 구분할 수 있다. 모집은 우수한 인재가 공직(교직)에 관심을 갖고 채용시험에 응시할 수 있도록 유인하는 것을 말하며, 선발은 채용시험 응시자 중에서 직무수행능력이 상대적으로 뛰어난 사람을 선정하는 활동이다. 초 · 중등학교 교원 확보를 위해서는 교원임용시험제도가 시행되고 있다.

- 개발:
  - 직원의 지식, 기술, 태도, 능력을 조직의 목표달성에 기여할 수 있도록 변화시키는 과정을 말한다. 교직에 들어온 신임 교사나 경력 교사 모두에게 필요한 과정이다.
  - 교원능력개발은 교육부, 교육청, 학교가 개설, 제공하는 공식적 과정뿐 아니라 교사 연구회 등을 통한 비공식적 과정, 다양한 오프라인과 온라인(사이버) 프로그램을 통해 이루어지고 있다.

- 유지 · 활용:
- 조직구성원이 강한 의욕과 건전한 의식을 가지고 직무에 몰입하도록 관리하는 과정을 말한다. 여기에는 동기부여, 공무원의 의무와 권리 확보 및 제한 활동 등이 포함된다.
- 교원은 전체 국민에 대한 봉사자인 국가공무원으로서 공정하고 성실하게 직무를 수행해야 하며, 연고나 금전적 대가에 따라 부정한 행동을 해서는 안 된다. 동시에 공무원도 일반 국민과 마찬가지로 「헌법」에서 정한 기본적인 권리, 권익 또한 보호되어야 한다.

- 평가:
- 인적 자원에 대한 평가는 조직구성원의 근무수행성적, 근무실적을 평가하는 활동이다. 평가는 공무원 개인에 대한 평가와 조직에 대한 평가로 구분해 볼 수 있다.
- 개별 공무원을 대상으로 한 평가는 근무수행 실적뿐 아니라 공무원 개인의 능력, 태도 등을 모두 포함한다. 조직에 대한 평가는 조직의 성과, 실적을 평가한다.
- 최근에는 보다 성과지향적인 '역량'(competency) 개념이 도입되어 역량기반 면접, 역량기반 교육, 역량평가 등 인사행정의 각 단계에 접목되는 경향이 있다. 교원인사행정에서도 교원이 갖추어야 할 역량이 무엇이며, 이러한 역량을 어떻게 개발, 유지, 평가할 것인가가 인사행정의 주요 과제가 되고 있다.

- 보상:
- 인적 자원에 대한 보상은 금전적 보상과 비금전적 보상으로 구분할 수 있다. 인적 자원에 대한 각종 보상제도가 어떻게 구성되어 있는가는 잠재적인 인적 자원의 확보, 유지 · 활용에 중요한 영향을 미친다.
- 우리나라에서 교직 지원자가 많고, 교원의 이직률이 낮은 것은 이러한 금전적, 비금전적 보상과 밀접한 관련이 있는 것으로 볼 수 있다.

다. 교원인사행정 관련 법령

교원인사행정의 근거가 되는 법은 「헌법」을 비롯하여 「국가공무원법」, 공무원보수규정, 「공무원연금법」 등 국가공무원 전체에 적용되는 법령과 「교육기본법」, 「초 · 중등교육법」, 「교육공무원법」, 「교원의 지위 향상 및 교육활동 보호를 위한 특별법(교원지위법)」, 「교원의 노동조합 설립 및 운영 등에 관한 법률(교원노조법)」 등 교육공무원인 교원에게 적용되는 법으로 구분할 수 있다. 교육인사행정의 영역별 관련 법령을 예시하면 〈표 6-1〉과 같다.

〈표 6-1〉 교원인사행정 관련 주요 법령

구분		법률	시행령	시행규칙
확보	자격·양성	교육기본법, 초·중등교육법	교원자격검정령, 초·중등교육법 시행령	교원자격검정령 시행규칙, 초·중등교육법 시행규칙
	신규 임용	교육공무원법	교육공무원임용령, 국립의 각급 학교에 두는 공무원의 정원에 관한 규정, 지방교육행정기관 및 공립의 각급학교에 두는 국가공무원의 정원에 관한 규정, 국가공무원 총 정원령	교육공무원 임용후보자 선정 경쟁시험 규칙, 교사 임용후보자 명부 작성 규칙, 교육공무원 인사기록 및 인사사무 처리규칙, 국립의 각급학교에 두는 공무원의 정원에 관한 규정 시행규칙 등
개발	연수	교육공무원법	교원 등의 연수에 관한 규정	교원 등의 연수에 관한 규정 시행규칙
유지·활용	복무	국가공무원법, 교육공무원법, 공직자윤리법, 공무원연금법	국가공무원 복무규정, 공직자윤리법 시행령	국가공무원 복무규칙, 공직자윤리법 시행규칙, 교육공무원 인사기록 및 인사사무 처리 규칙
	신분 보장 및 징계	국가공무원법, 교육공무원법, 교원지위법	교육공무원징계령, 교원소청에 관한 규정	교육공무원 징계양정 등에 관한 규칙, 교육공무원 인사기록 및 인사사무 처리규칙
평가	평가 및 임용(승진)	-	교육공무원승진규정, 교육공무원인사위원회규정, 교원 등의 연수에 관한 규정	교육감 소속 지방공무원 평정규칙, 공무원 성과평가 등에 관한 규정. 교원능력개발평가 실시에 관한 훈령
보상	보수 및 예우	-	공무원보수규정, 공무원수당 등에 관한 규정, 국가공무원 명예퇴직수당 등 지급 규정	기간제교원의 봉급 지급에 관한 예규
	복지 후생	한국교직원공제회법, 공무원연금법, 퇴직 교원 평생교육활동 지원법	공무원연금법 시행령	공무원연금법 시행규칙
교직단체활동		교원의 노동조합 설립 및 운영 등에 관한 법률	교원의 노동조합 설립 및 운영 등에 관한 법률 시행령, 교원지위 향상을 위한 교섭·협의에 관한 규정	교원의 노동조합 설립 및 운영 등에 관한 법률 시행규칙

2. 교원의 구분과 자격

가. 교원자격의 종류와 자격기준

초·중등학교 교원은 교사, 수석교사, 교감, 교장으로 구분된다. 이 중 교사는 자격 종류에 따라 정교사(1급·2급)·준교사·전문상담교사(1급·2급)·사서교사(1급·2급)·보건교사(1급·2급)·영양교사(1급·2급) 및 실기교사로 다시 구분된다(「초·중등교육법」 제21조 제2항). 교사의 자격 종류는 1급과 2급으로 구분된다. 2급 정교사 자격은 자격 종류별로 정부가 정한 교사양성기관을 졸업한 경우 무시험검정으로 취득 가능하다. 교육대학이나 사범대학을 졸업할 때 취득하는 자격은 초등 2급 정교사 또는 중등 2급 정교사 자격이다.

1급 정교사 자격 취득을 위해서는 2급 정교사 자격 취득 이후, 해당 분야에서 일정한 교육경력을 가지고 재교육(자격 연수)을 이수해야 한다. 1급 정교사 자격은 현직 교원만 취득할 수 있었으나 2019년부터 기간제 교사도 1급 정교사 자격을 취득할 수 있게 되었다. 1급 정교사 자격을 취득하면 계약기간 중이라도 호봉과 봉급을 재산정할 수 있다.

교원의 종류별 자격 기준은 「초·중등교육법」 제21조 제1항과 제2항 관련 [별표 1], [별표 2]와 「교원자격검정령」에 규정되어 있으며, 주요내용은 다음과 같다.

초등교사 자격 기준

우리나라에서 초등학교 2급 정교사 자격을 취득하기 위한 경로는 〈표 6-2〉에서 보는 바와 같이 다양하다. 그러나 〈표 6-2〉에 열거된 자격 기준 중 3호~7호의 자격기준은 사실상 명목상으로만 남아 있으며, 현 제도상 초등 2급 정교사 자격을 취득하기 위해서는 1호 또는 2호 요건을 충족해야 한다. 즉, 교원대와 제주대의 초등교육과를 포함하여 교육대학을 졸업하거나(1호) 이화여자대학교 사범대학의 초등교육과를 졸업한 사람(2호)으로 대통령령(교원자격검정령)으로 정하는 바에 따라 교육부장관이 검정·수여하는 자격증을 받아야 한다. 법적으로 초등교사 자격 취득 경로를 다원화한 것은 해방 이후 초등의무교육을 추진하면서 초등교사를 신속하게 확보하기 위한 것이었으며, 또 제도적인 유연성을 보장하기 위한 것이기도 하다.

〈표 6-2〉 **초등학교 교사의 자격 기준과 자격검정 기관**

자격 종류		자격 기준	검정기관
초등학교 정교사	2급	1. 교육대학을 졸업한 사람[1)]	대학의 장
		2. 사범대학을 졸업한 사람으로서 초등교육과정을 전공한 사람[2)]	대학의 장
		3. 교육대학원 또는 교육부장관이 지정하는 대학원의 교육과에서 초등교육과정을 전공하고 석사학위를 받은 사람[3)]	대학의 장
		4. 초등학교 준교사 자격증을 가진 사람으로서 2년 이상의 교육경력을 가지고 일정한 재교육을 받은 사람	교육감
		5. 중등학교 교사자격증을 가진 사람으로서 필요한 보수교육을 받은 사람	교육감
		6. 전문대학을 졸업한 사람 또는 이와 같은 수준 이상의 학력이 있다고 인정되는 사람을 입소 자격으로 하는 임시 교원양성기관을 수료한 사람	교육감
		7. 초등학교 준교사 자격증을 가진 사람으로서 교육경력이 2년 이상이고 방송통신대학 초등교육과를 졸업한 사람	교육감
	1급	1. 초등학교 정교사(2급) 자격증을 가진 사람으로서 3년 이상의 교육경력을 가지고 일정한 재교육을 받은 사람 2. 초등학교 정교사(2급) 자격증을 가진 사람으로서 교육경력이 3년 이상이고, 방송통신대학 초등교육과를 졸업한 사람 3. 초등학교 정교사(2급) 자격증을 가지고 교육대학원 또는 교육부장관이 지정하는 대학원의 교육과에서 초등교육과정을 전공하여 석사학위를 받은 사람으로서 1년 이상의 교육경력이 있는 사람	교육감

주: 1) 교원대, 제주대 초등교육과를 포함함. 2) 이화여대 초등교육과를 말함. 3) 초등교사만 선발함.
출처: 초·중등교육법 [별표 2] 교사 자격 기준을 재정리함; 검정기관은 교육부(2020). p.14에서 정리함.

수석교사의 자격 기준

수석교사제는 교사 → 교감 → 교장 등 학교 관리자로의 승진 중심으로 일원화되어 있는 교원의 경력발달 체제를 교수(Instruction) 경로와 행정관리(Management) 경로로 이원화하여([그림 6-3] 참조) 수업 전문성을 가진 교사가 우대받는 교직풍토를 조성하고 교직사회의 학습 조직화를 촉진하기 위해 제안되었다(한국교총, 2012).

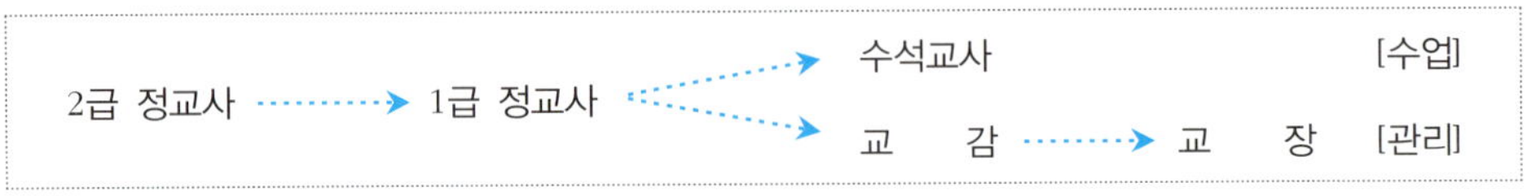

[그림 6-3] **학교 관리직과 수석교사 경력의 이원화**

1980년대부터 교직 사회의 숙원 사업 중 하나였던 수석교사제는 2008년 처음 시범 운영되었다. 2011년 법적 근거를 갖추게 되었으며, 2012년 3월부터 초·중등학교에 배치되기 시작하였다(교육부, 2013). 법적으로 수석교사는 15년 이상의 교육경력을 가지고 교수·연구에 우수한 자질과 능력을 가진 사람 중에서 대통령령으로 정하는 바에 따라 교육부장관이 정하는 연수 이수 결과(수석교사 자격연수)를 바탕으로 검정 · 수여하는 '자격증'을 받은 사람을 말한다.

수석교사는 학교 현장에서 교사의 교수 · 연구 활동을 지원하며, 학생을 교육하는 역할을 한다(교육부, 2011). 수석교사에 대한 자격검정은 교육감이 시행한다. 시 · 도교육청별로 수석교사의 선발 기준과 선발 인원(규모)은 다소 차이가 있으나(교육부, 2013), 수석교사의 임기, 지원 자격, 선발절차, 지원내용, 연수, 담당 직무 등 수석교사제 시행 초기에 교육부에서 마련한 기본적인 제도는 현재에도 유지되고 있다(교육부 2013).

2020년 서울시교육청의 수석교사 선발 · 운영 계획을 토대로 수석교사 제도의 개요를 정리하면 〈표 6-3〉과 같다.

〈표 6-3〉 수석교사 선발 · 운영 개요

구분	주요내용
운영 목적	• '수업을 잘 하는 교사'가 우대 받는 교직 풍토 조성 • 교사의 수업의 질 향상 및 교직 사회의 학습 조직화 촉진
임기	• 4년 • 임기 만료 시 재심사 후 재임용 가능
지원 자격	• 15년 이상의 교육경력을 가진 교사 • 정년 잔여 4년 이상인 교사 • 수석교사 4년 임기 내 명예퇴직 및 휴직 예정자는 지원 불가
선발 절차	• 추천(단위학교): 단위학교 수석교사추천위원회 추천 • 1차심사(교육지원청): 서류 심사 및 현장 실사(동료교원 면담 포함) • 2차심사(본청): 역량평가 및 심층 면접
선발 · 배치	• 선발 인원: 13명(유치원 1명, 초등 5명, 중등 7명) • 교육지원청별 학교수, 학교 규모, 교과 수요(중등) 등을 고려하여 배치 • 4년 임기 동안 동일 학교 근무
지원 내용	• 해당 학교별 교사 1인당 평균 수업시수의 2분의 1로 경감 • 수석교사 수당(연구활동비) 지급(월 40만원), 시간 강사비 지원(중등) • 수석교사 배치 학교: 수업 컨설팅실 설치(권장)
연수 이수	• 자격 연수: 15일, 90시간 이상 • 직무 연수: 직무연수 이수 실적 평가(90시간 만점)
담당 직무	【필수 직무】 • 소속 학교에서의 수업 및 생활지도, 수업공개 등 • 교사 지원 활동(수업 및 생활지도 컨설팅, 신규 교사 및 교육실습생 지도, 연수 지원 및 강사활동, 자료개발 · 보급 및 연구활동 등) 【보조 직무】 • 학교교육과정 수립 과정 등 참여 • 학부모 대상 교육(연수) 강사 활동 등

구분	주요내용
업적평가	• 평가자: 수석교사 소속 학교장 • 확인자: 교육장, 교육감, 재단 이사장 - (공립) 유초중고, 특수학교: 교육장, 본청 소속학교(특성화고, 특목고 등): 교육감 - (사립) 재단 이사장 • 평가 실시: 매년 12월 31일 기준으로 실시
재심사	• 재심사자: 임용권자(교육감) • 재심사 기준: 업적평가(360점), 연수실적평가(40점)(총계 400점 만점) (280점 미만인 자는 재임용 제한. 수석교사 부적격 사유 유무 등)
제한 사항	• 수석교사 임기 중 교감 · 교장 자격 취득 불가 / 근무성적평정 대상 제외 • 수석교사 임기 중 퇴직, 전직, 파견, 공모교장 응모 등 불가

출처: 서울시교육청(2019). 2020년 수석교사 선발 · 운영계획. p.1.

서울시교육청의 경우, 수석교사의 임기 4년 동안 동일 학교에 근무할 것, 수석교사 임기 중 교감 · 교장 자격 취득 제한(즉, 교감, 교장자격연수를 받을 수 없음), 명예퇴직, 전직, 파견, 공모 교장 응모 등을 제한하고 있다.

수석교사 수는 2012년 1,143명에서 2014년 1,863명으로 증가하였다가 2015년 이후 감소 추세가 지속되고 있다. 2019년 기준(2020년 8월 조사)으로 수석교사수는 총 1,415명이며, 학교급별 교원수 대비 비율로 보면, 초등 0.33%, 중학교 0.4%, 고등학교 0.25%에 불과하다. 수석교사로 임용되는 교사수가 크게 증가하지 않고 있는 것은 수석교사제가 학교 현장에서 지지, 환영받지 못하고 있음을 보여준다. 학교에서 수석교사의 직무와 위상은 불분명하고, 수석교사제가 교장 승진 경쟁을 완화하거나 우수 교원을 유인할 정도의 긍정적인 효과를 내지 못하는 것으로 볼 수 있다.

교장과 교감의 자격 기준

초중등학교 교장과 교감이 되기 위해서는 「초 · 중등교육법」에서 정하고 있는 자격 기준을 충족한 사람으로서 교육부장관이 검정 · 수여하는 자격증을 받은 사람이어야 한다. 이 자격증을 취득하기 위해서는 교육청에서 개설하는 자격연수(교감자격연수, 교장자격연수)를 거쳐야 하며, 자격연수 대상자는 교감, 교장 승진 규정에 따라 점수로 결정된다. 「초 · 중등교육법」에 명시된 초 · 중등 교감, 교장의 자격 기준은 〈표 6-4〉와 같다.

〈표 6-4〉 초중등학교 교감과 교장의 자격 기준

구분	교감	교장
초등	1. 초등학교 정교사(1급) 자격증 또는 보건교사(1급) 자격증을 가지고 3년 이상의 교육경력과 일정한 재교육을 받은 사람 2. 초등학교 정교사(2급) 자격증 또는 보건교사(2급) 자격증을 가지고 6년 이상의 교육경력과 일정한 재교육을 받은 사람 3. 특수학교의 교감 자격증을 가진 사람	1. 초등학교의 교감 자격증을 가지고 3년 이상의 교육경력과 일정한 재교육을 받은 사람 2. 학식 · 덕망이 높은 사람으로서 대통령령으로 정하는 기준에 해당한다는 인정을 교육부장관으로부터 받은 사람 3. 특수학교의 교장 자격증을 가진 사람 4. 공모 교장으로 선발된 후 교장의 직무수행에 필요한 교양과목, 교직과목 등 교육부령으로 정하는 연수과정을 이수한 사람
중등	1. 중등학교 정교사(1급) 자격증 또는 보건교사(1급) 자격증을 가지고 3년 이상의 교육경력과 일정한 재교육을 받은 사람 2. 중등학교 정교사(2급) 자격증 또는 보건교사(2급) 자격증을 가지고 6년 이상의 교육경력과 일정한 재교육을 받은 사람 3. 교육대학의 교수 · 부교수로서 6년 이상의 교육경력이 있는 사람 4. 특수학교의 교감 자격증을 가진 사람	1. 중등학교의 교감 자격증을 가지고 3년 이상의 교육경력과 일정한 재교육을 받은 사람 2. 학식 · 덕망이 높은 사람으로서 대통령령으로 정하는 기준에 해당한다는 인정을 교육부장관으로부터 받은 사람 3. 교육대학 · 전문대학의 학장으로 근무한 경력이 있는 사람 4. 특수학교의 교장 자격증을 가진 사람 5. 공모 교장으로 선발된 후 교장의 직무수행에 필요한 교양과목, 교직과목 등 교육부령으로 정하는 연수과정을 이수한 사람

출처: 초 · 중등교육법 [별표 1] 교장 · 교감 자격 기준을 재정리함.

교장과 교감의 자격 기준은 학교급에 따라 차이가 있다. 초등학교 교감과 교장의 자격 기준을 보면, 교감은 1급 정교사 또는 보건교사(1급) 자격증을 가지고 3년의 경력과 일정한 재교육(교감자격연수)을 받은 사람이어야 한다. 교장은 교감 경력 3년 이상을 가지고 재교육(교장자격연수)을 받은 사람이거나 '학식 · 덕망이 높은 사람'으로 교육부장관으로부터 자격 인정을 받은 사람, 공모 교장으로 연수과정을 이수한 사람이 될 수 있다.

우리나라 교감, 교장 자격 기준으로서 다소 특이한 점은 각급학교 정교사 자격증 소지자 외에 보건교사 자격증 소지자에 대해 초 · 중등학교 교감이 될 수 있도록 한 점, 교육대학 교수 경력자에 대해 초등학교가 아닌 '중등학교' 교감이 될 수 있도록 한 점, 현직 교원 경력이 없는 경우에도 교육부장관이 인정하는 사람에 대해 각급학교 교장이 될 수 있도록 한 점을 들 수 있다.

교육전문직원의 자격 기준

교육전문직원은 「교육공무원법」(제9조)에 따른 자격 기준을 갖춘 사람으로 장학사, 장학관, 연구사, 연구관 등 4종류가 있다. 교육전문직원은 시·도교육청 및 소속기관 또는 교육부에 배치된다. 교원의 경우 학교장의 추천을 받아 시험을 거쳐 임용되며, 교원에서 교육전문직원으로 '전직'하게 된다. 교육전문직원의 자격 기준은 〈표 6-5〉과 같다.

〈표 6-5〉 교육전문직원의 자격 기준

구분	자격 기준
장학관·교육연구관	1. 대학·사범대학·교육대학 졸업자로서 7년 이상의 교육경력이나 2년 이상의 교육경력을 포함한 7년 이상의 교육행정경력 또는 교육연구경력이 있는 사람 2. 2년제 교육대학 또는 전문대학 졸업자로서 9년 이상의 교육경력이나 2년 이상의 교육경력을 포함한 9년 이상의 교육행정경력 또는 교육연구경력이 있는 사람 3. 행정고등고시 합격자로서 4년 이상의 교육경력이나 교육행정경력 또는 교육연구경력이 있는 사람 4. 2년 이상의 장학사·교육연구사의 경력이 있는 사람 5. 11년 이상의 교육경력이나 2년 이상의 교육경력을 포함한 11년 이상의 교육연구경력이 있는 사람 6. 박사학위를 소지한 사람
장학사·교육연구사	1. 대학·사범대학·교육대학 졸업자로서 5년 이상의 교육경력이나 2년 이상의 교육경력을 포함한 5년 이상의 교육행정경력 또는 교육연구경력이 있는 사람 2. 9년 이상의 교육경력이나 2년 이상의 교육경력을 포함한 9년 이상의 교육행정경력 또는 교육연구경력이 있는 사람

출처: 교육공무원법 [별표 1]

나. 교원 자격검정의 종류와 기준

교원 자격검정의 종류에는 무시험검정과 시험검정이 있다. 2급 정교사 자격검정에 대한 시험검정은 교원의 수급상 반드시 필요한 경우에 한하여 실시하고 있으나 1980년 이후에는 시험검정이 실시되고 있지 않다(교육부, 2020: 13). 초중등학교 2급 정교사의 교원 자격 무시험검정 합격 요건은 교원양성대학 입학자들의 입학년도를 기준으로 크게 네 차례 변경되었다(〈표 6-6〉 참조).

〈표 6-6〉 교원자격 무시험검정 합격 기준

구분	이수학점	성적기준	교직적성 및 인성검사	응급처치 및 심폐소생술
2008 학년도 이전	• 전공과목 42학점 이상 - 기본이수과목 14학점(5과목) 이상 포함 • 교직과목 20학점 이상 - 교직과목 중 교과교육영역 4학점(2과목) 이상 포함 (교과교육과목은 교직과목에 포함되어 있었음)	• 중등 교직과정이수자의 경우, 전공 및 교직과목 평균성적 각각 80점 이상	• 1회 이상(2013.3.1 이후 졸업자)	* 2회 이상 (16.3.1.기준 교원양성과정 이수시까지 2학기 남은 경우 1회, 2학기 미만 남은 자는 제외)
2009-2012 학년도	• 전공과목 50학점 이상 - 기본이수과목 21학점(7과목) 이상 포함 - 교과교육영역 8학점(3과목) 이상 포함 • 교직과목 22학점 이상 - 교직이론 14학점 이상 - 교직소양 4학점 이상 - 교육실습 4학점 이상	• 졸업 전체 평균성적 75/100점 이상	• 1회 이상(2013.3.1 이후 졸업자)	* 2회 이상 (16.3.1.기준 교원양성과정 이수시까지 2학기 남은 경우 1회, 2학기 미만 남은 자는 제외)
2013-2015 학년도	• 전공과목 50학점 이상 - 기본이수과목 21학점(7과목) 이상 포함 - 교과교육영역 8학점(3과목) 이상 포함 • 교직과목 22학점 이상 - 교직이론 12학점 이상 - 교직소양 6학점 이상 - 교육실습 4학점 이상	• 전공과목 - 평균 75점 이상 • 교직과목 - 평균 80점 이상 • 교직 적성 및 인성검사 적격판정 2회 이상 • 기타 교원양성기관의 장이 별도로 정하는 기준	• 2회 이상	* 2회 이상 (16.3.1.기준 교원양성과정 이수시까지 2학기 남은 경우 1회, 2학기 미만 남은 자는 제외)
2016 학년도 이후	• 13-15학년도와 동일 • 교과교육을 교과별 교수법 · 교육과정 · 평가방법론 포함하여 다양하게 운영('17 이후)	• 2013-2015학년도와 동일	• 2회 이상	* 2회 이상

출처: 교육부(2020). pp.52-53을 토대로 정리함.

무시험검정 합격 요건 중 교직 적성 · 인성검사는 교원양성기관의 장이 실시하며, 검사항목 및 실시 방법, 구체적인 적격판정 기준 등도 교원양성기관의 장이 정한다(교원자격검정령 제19조 제3항 및 [별표 1]). 교육대학을 포함하여 4년제 교원양성기관의 경우 교직

적성 및 인성검사 적격판정은 입학 초기와 졸업 시기에 각각 시행되며, 불합격자에 대해서는 심층 면담 등을 통해 재판정의 기회가 제공된다. 적격판정을 위한 평가 문항이나 불합격자에 대한 처리 등은 대학별로 정한다. 교직 적성 및 인성검사 문항은 대학별로 개발하거나 교육부가 안내한 표준안을 재구성하여 실시할 수 있으나, 성격검사 지표 등 교직과 상관없는 검사지는 활용할 수 없다(교육부, 2020: 73).

응급처치 및 심폐소생술 실습은 대학의 장이 주관하여 개설하는 것이 원칙이나 미 이수자를 위해 외부기관의 실습을 인정해 줄 수 있으며, 대학은 관련 계획을 마련해야 한다. 또한 응급처치 및 심폐소생술 실습 실시 후 대학은 이수(수료)자 명부를 작성 · 관리해야 하며, 미 이수한 학생에 대해서는 충분하게 안내하여 민원 사례가 발생하지 않도록 해야 한다(교육부, 2020: 74).

다. 대학의 교원 자격검정

교원양성위원회의 역할과 구성

교원 자격검정 기관은 대학의 장 또는 교육감이며 교원 자격 기준(대상)별로 상이하다. 기본적으로 교사자격 기준 중 교육경력이 포함되는 무시험검정은 시 · 도교육감이 실시하며, 학력만 필요로 하는 무시험검정은 대학의 장이 실시하는 것을 원칙으로 한다(교육부, 2020: 45). 대학의 교원자격검정 실시 및 교육과정 운영에 관한 사항을 심의하기 위해 17개 시 · 도교육청과 교원자격을 부여하는 모든 대학(2년제 대학 포함)에 교원양성위원회를 설치한다. 교원양성위원회는 다음의 역할을 담당한다(교육부, 2020: 17).

- 교육과정의 개발 · 편성 및 운영에 관한 심의 · 의결
- 교원자격 무시험검정 실시
- 기타 교원양성기관의 장이 별도로 정하는 무시험검정 합격기준 결정

대학의 교원 자격검정 절차

대학은 졸업예정자 또는 졸업자로부터 교원 자격검정 서류(교원자격검정령 시행규칙 제9조)를 접수 · 심사한 후, 졸업사정과 함께 확정하여 교원자격증을 발급하게 된다. 교원 자격검정은 졸업 10일 전까지 완료하며, 교원자격증 발급일은 졸업일 또는 그 이후가 된다. 졸업자에 대한 자격검정은 수시로 이루어지며 대학의 학칙이나 지침 등으로 연 2~4회 검정시기를 별도로 지정할 수 있다(교육부, 2020: 18).

라. 교사자격증 표시 방법과 자격증의 교부

교사자격증의 종류와 표시 방법

교사자격증은 국가 자격증이나 자격증 수여권자는 시 · 도교육감(1급 정교사) 또는 대학의 장(2급 정교사)이 된다. 교원자격증은 영문으로도 발급받을 수 있으며, 초등학교 정교사(2급)는 Elementary School Teacher (Grade Ⅱ)로 표기한다(교육부, 2020: 38). 교원자격증에는 표시과목, 즉 전공 교과와 정교사 자격종류(1급, 2급)를 표시한다(교육부, 2020: 23). 초중등교사의 자격 종류별 표시 방법은 〈표 6-7〉과 같다.

〈표 6-7〉 초중등학교 교사의 자격 종류와 표시 방법

자격종별	표시 방법	비고
초등학교 정교사	초등학교 정교사(2급)	-
초등학교 교과전담 교사	초등학교 정교사(2급) 영어	중등학교 교사자격증을 가진 자로서 「초 · 중등교육법」 [별표 2]에 의한 보수교육을 받은 자
특수학교 교사	특수학교(초등) 정교사(2급)	-
중등학교 정교사	중등학교 정교사(2급) 과목명	표시과목 명시
전문상담교사	전문상담교사(2급)	2004년부터 1,2급 구분

초등학교 정교사(2급)는 유치원 정교사(2급)와 마찬가지로 표시과목이 없다. 중등학교 정교사의 경우, 정부의 자격증 표시과목 개편에 따라 자격증 취득 이후 표시과목의 명칭이 변경될 경우, 종전 표시과목이 표시된 자격증은 새로 변경된 표시과목이 표시된 자격증으로 본다. 즉, 별도의 자격증을 갱신할 필요가 없으며, 새로 변경된 표시과목을 가르칠 수 있다(예: 국민윤리 → 윤리).

교사 자격의 명칭이 변경된 경우도 있는데 보건교사와 전문상담교사를 들 수 있다. 양호교사는 2002년 「초 · 중등교육법」 개정(2002.8.26.)으로 보건교사로 명칭이 변경되었다. 1963년 「교육공무원법」 개정으로 도입된 전문상담교사의 명칭은 교도교사였다. 1997년 「초중등교육법」 개정으로 전문상담교사로 명칭이 변경되었으며, 2004년 1월 법 개정으로 1급과 2급 자격을 구분하게 되었다(교육부, 2020: 28). 사서교사도 2004년 1월 「초 · 중등교육법」 개정으로 1급과 2급 자격을 구분하게 되었다.

교사자격증의 재교부와 정정

교원자격증은 대학 졸업 시 교부받으며, 이후 재교부 받거나 자격증에 기재된 내용을 정정할 수 있다. 자격증 재교부는 자격증을 분실하였거나 자격증이 헐어 못쓰게 된 때, 정정은 성명, 생년월일 등 자격증의 기재사항에 변동이 있을 때 하게 된다. 자격증의 재교부나 정정은 시 · 도교육감이나 대학의 장이 행한다. 대학에서 교사자격증을 취득한 경우는 출신 대학에서 담당하는 것이 원칙이나 현직교원의 경우 대학의 확인 작업을 거쳐 근무지 소속 시 · 도교육청에서 재교부할 수 있다.

중등학교 교사로서 자격증 표시과목을 변경하고자 할 경우(예: 과학(물리) → 물리, 공통사회 → 통합사회), 표시과목 변경을 위한 연수를 이수하고, 변경된 표시과목이 기재된 자격증을 재교부받을 수 있다. 구자격증은 회수하게 된다. 교원자격증 기재 사항을 정정할 경우 교원자격증 발급대장에 기재하고 나이스 업무시스템에 입력해야 한다(교육부, 2020: 29, 33, 35).

3. 교원양성체제 및 교원양성 교육과정 구성

가. 교원양성체제

초등 교원양성체제의 발달

우리나라 초등 교원양성체제는 고등학교 수준인 사범학교에서 2년제 대학으로, 그리고 4년제 대학으로 점진적으로 발달되어 왔다. 중등 교원양성체제가 처음부터 4년제 국립 사범대학에서 실시된 것과 차이가 있다. 이는 1945년 해방 직후부터 초등교육을 의무교육으로 실시하면서 급격하게 증가하는 초등교사 수요를 신속하게 충족하기 위해서였다고 할 수 있다. 해방 후 초등 교사양성은 기존에 설치되어 있던 10개의 고등학교 수준의 사범학교를 개편하고, 1951년까지 8개 사범학교를 추가로 설치하여 이루어졌다. 또한 사범학교에 초등교사 임시양성소를 부설하여 급격하게 증가하는 초등교사 수요에 대응하였다(교육부, 1998). 초등 교원양성체제의 발달을 정리하면 다음과 같다.

○ 임시교원양성소와 사범학교의 병존(1945~1950)

기존의 사범학교로는 초등교사 수요를 충족시킬 수 없어 사범학교에 강습과, 속성과, 임시초등교원양성소 등의 단기 교원양성과정을 부설하고 중등학교에도 단기 교원양성소와 사범과를 부설하도록 하였다. 각 도에는 임시초등교원양성소를 설치하여 1년 이

내의 단기교육을 통해 초등교원을 양성하였다. 미군정 시대에는 7개교의 사범학교가 신설되었다.

○ 사범학교 확대와 4년제 초등 교사양성과정 신설(1951~1960)

1951년에는 1개교의 사범학교가 신설되어 총 18개의 사범학교가 설립되었으며, 모두 고등학교 수준이었다. 6.25 전쟁 후에는 부족한 교원을 확보하기 위해 단기과정의 양성소가 설치되었다. 1957년에 이화여자대학교 사범대학 교육학과에 초등교육 전공을 두어 4년제 대학에서 초등교사를 양성하게 하였다.

○ 사범학교 폐지와 2년제 교육대학 도입(1961~1973)

1961년 2월 23일 국무회의에서 초등 교원양성을 위한 2년제 사범대학을 설립하기로 결의함에 따라, 1962년 3월 1일을 기해 전국적으로 사범학교가 초급대학인 교육대학으로 격상되었다. 일부 지역(서울, 전북, 전남, 부산) 사범학교는 종합대학 병설교육대학이 되었다. 1963년 3월 1일에는 종합대학교에 병설되었던 교육대학이 독립됨에 따라 초등 교원양성을 위한 교육대학제도는 완전한 법적 근거를 갖추게 되었다. 1966년 3월 19일자 대통령령 제2469호로 임시교원양성소규정을 만들어 초급대학 졸업자 이상의 학력 소지자를 대상으로 18주간의 교원교육을 실시하여 초등학교(당시는 초등학교) 2급 정교사로 임용하였다. 또 1967년부터 현직 교원의 퇴직률이 급증하여 고등학교 졸업자까지도 임시양성소에 입소시켜 18주간의 교육 이수 후 준교사 자격증을 수여하고, 교원으로 임용하였다. 이러한 임시조치는 교직에 대한 사회적 인식을 크게 떨어뜨리는 결과를 낳았다.

○ 2년제 교육대학 축소 개편(1974~1980)

1968년에 8.79%(8,108명)이던 초등교원 퇴직률은 1971년을 정점으로 급격히 하락하여 1973년에는 3.9%(4,104명)로 낮아졌다. 1973년 「의무교육재정교부금법」 개정으로 의무교육 예산이 감소하게 되면서 정부는 초등교원 증가를 억제하기 시작하였다. 이에 따라 1977년 강릉, 마산, 안동, 군산, 목포 등 5개 교육대학이 일반대학으로 개편되었다.

○ 4년제 교육대학제 도입(1981~1999)

1980년 7월 30일 교육개혁 조치로 1981년부터 교육대학이 4년제로 개편되었다. 그러나 이는 짧은 기간에 급작스럽게 진행됨에 따라 많은 부작용을 낳았다. 4개월여에 걸친 짧은 기간에 4년제에 적합한 교대 교육과정을 만들어 내야 했기 때문이다. 결과적으로, 초등교원을 양성하는 교육대학에 적합한 교육과정을 개발하지 못한 채 준 학과 형식의 심화과정을 만들게 되었고, 이러한 심화과정 체제는 현재에도 유지되고 있다. 아울러 1981

학년도 신입생부터 적용할 교육과정 준칙이 1983학년도에 가서야 마련되어 소급 적용되기도 하였다. 1996년부터는 교육대학에 교육학 석사 학위 과정을 개설하고 있다.

○ 4년제 교육대학의 개편(2000~현재)

2005년에는 인천교대 경기캠퍼스(안양)가 개교하면서 인천교대의 교명이 경인교대로 개칭되었으며, 2008년에는 제주대학교와 제주교대가 통합되었다. 2000년대 중반부터 초등교원 과잉공급 및 초등학교 신입생 감소에 따른 교육대학 졸업생의 임용률이 낮아지기 시작하였다. 초등교사 수요 감소로 교육대학교 신입생 정원은 매년 약 10%씩 감축되었고 현재는 매년 약 3,847명의 초등교원이 양성되고 있다.

초등교사 양성기관의 유형과 규모

우리나라 교원양성체제는 해방 이후부터 현재까지, 일부 제도적 변화는 있었으나, 초등교사와 중등교사를 분리하여 양성하는 체제, 초등교사 양성은 교육대학을 중심으로 한 폐쇄형으로, 중등교사 양성은 사범대학뿐 아니라 일반대학 교직과정과 교육대학원 등 다양한 기관을 중심으로 한 개방형 체제를 유지하고 있다.

현재 초등교사 양성기관은 국립의 10개 교육대학교와 한국교원대학교 초등교육과, 제주대학교의 교육대학, 그리고 사립대학인 이화여자대학교 사범대학 초등교육과에서 이루어지고 있다. 2020년 기준으로 10개 교육대학의 학과 수는 140개이며, 재적 학생수는 15,628명, 전임교원수는 827명이다(한국교육개발원 대학통계). 최근 3년간(2018~2020) 교육대학과 일반대학의 초등 교사양성 규모, 즉 교육부가 인가하는 입학정원은 3,847명 수준으로 일정하게 유지되고 있다(〈표 6-8〉).

〈표 6-8〉 초등 교사양성기관별 입학정원(2018-2020)

구분		기관수	2020	2019	2018
초등학교 교사양성	교육대학	10	3,583	3,581	3,583
	일반대학	3	264	264	264
	합계	13	3,847	3,845	3,847

출처: 교육부(2020). 교원양성기관현황.

중등 교사양성교육은 일반대학과 교육대학원에서 이루어진다. 일반대학의 전공(학과) 계열별 입학정원은 다음 〈표 6-9〉와 같다. 입학정원은 연간 8,500명 수준이며, 학과 계열별로 언어, 자연, 사회, 예체능계열 순으로 입학정원이 많다.

〈표 6-9〉 중등 교사양성대학(일반대학)의 학과계열별 입학정원(2018~2020)

구분	2020		2019		2018	
	학과	정원	학과	정원	학과	정원
언어	121	2,714	119	2,721	117	2,731
인문	27	484	27	487	27	487
사회	63	1,173	63	1,176	63	1,156
공학	20	328	24	328	24	313
자연계	134	2,620	133	2,620	133	2,645
예체능	45	1,245	45	1,245	45	1,245
합계	410	8,560	411	8,577	409	8,577

출처: 연도별 한국교육개발원 교육통계서비스. 학과계열별 학과수, 입학정원

연도별 교육대학 재적학생수는 2000년 20,907명에서 2020년 15,628명으로 5,000명이 감소하였다. 교육대학 입학자수 변화를 보면(〈표 6-10〉), 1999년 4,840명에서 2005년 6,188명으로 증가하였으나 그 이후 감소하여 2020년 현재 3,861명이다. 여학생 비율은 1999년 76.8%에서 2020년 65.0%로 감소하였다.

〈표 6-10〉 교육대학 재적학생수 및 입학생수 변화(1999~2020)

연도	재적 학생수(명)	입학생수(명)	입학자 중 여학생수(명, %)	
1999	21,323	4,840	3,715	76.8
2000	20,907	5,075	3,719	73.3
2005	25,141	6,188	4,267	69.0
2010	21,618	4,862	3,408	70.1
2015	15,967	3,850	2,736	71.1
2016	15,903	3,849	2,727	70.8
2017	15,839	3,863	2,665	69.0
2018	15,788	3,866	2,660	68.8
2019	15,697	3,870	2,559	66.1
2020	15,628	3,861	2,510	65.0

출처: 한국교육개발원 교육통계사이트(2020). 재적학생수는 『간추린교육통계』 각 연도.

대안적인 교원양성체제

우리나라에서 초등교사 양성교육은 교육대학을 중심으로 한 4년제 학사과정을 근간으로 하고 있으나 최근 인구절벽으로 대변되는 학령인구의 감소와 이로 인한 교원수요의

감소 정책에 따라 교원양성체제 개편 논의가 활발하게 이루어지고 있다.

지금까지 우리나라에서 논의된 교원양성체제의 개편 논의를 살펴보면 크게 초등교원양성과 중등교원양성을 분리할 것이냐(현 체제 유지), 통합할 것이냐(종합대학교에 흡수통합)를 중심으로 학부수준에서의 양성과 대학원 수준에서의 양성(교육전문대학원), 독립형 종합교원대학을 통한 양성(한국교원대 모형), 교육대학 간 권역별 통합 등으로 구분되며(교육대학교발전연구위원회, 2005; 김명수, 2003; 김병찬, 2017; 김이경 외, 2004; 박남기, 2003, 2017), 각각의 장점과 단점 등에 대해서는 이미 수많은 논의가 이루어진 상태이다. 예를 들어, 교육대학과 사범대학의 통폐합에 대해서는 양쪽 모두가 어느 정도 그 필요성은 인정하나 방법적인 측면에서는 이견을 보이고 있다. 즉, 교육대학교는 현 체제 유지 혹은 교육대학교 중심으로의 권역별 통합이나 별도의 종합교원양성대학을 희망하고 있으며, 사범대학은 종합대학교 내로의 흡수통합을 선호하고 있으나 합의점에는 도달하지 못하고 있는 상황이다(정성수 · 송영명, 2018).

요약하면, 초등교원과 중등교원의 중요성과 전문성이 다르지 않으므로 굳이 별도의 양성기관을 통해 독립적으로 양성되어야 할 이유는 없다는 주장과 초등교원과 중등교원의 전문성이 다르며 각 교원양성체제의 특수성이 유지되기 위해서는 분리하여 양성하는 것이 타당하다는 주장이 맞서고 있다. 지금까지 이루어진 통합의 장점과 단점에 대한 논의를 종합하면 〈표 6-11〉과 같다.

〈표 6-11〉 교육대학과 사범대학 통합의 장점과 단점

구분	주요내용	
장점	대학운영의 효율성 및 교사양성의 효율성 증대	• 초등 학령인구 감소에 따른 교사 수급의 문제 및 대학 규모 축소의 문제 해결 • 교수진, 시설, 강좌 공유 등으로 교사양성교육 효율성 증대
	연구 환경 개선으로 시너지 효과 창출 및 학생의 진로 기회 확대	• 종합대학의 행 · 재정적, 환경적 지원을 바탕으로 교육, 연구, 봉사에 있어서 시너지 효과 창출 • 박사과정을 개설로 교수의 교육 · 연구력 향상 • 종합대학의 풍부한 교육적 환경에서 학생들의 경험의 폭 확장 및 타 분야로의 진출 기회의 확대
	초 · 중등 연계체제 구축 용이 및 예비교원의 전문성 신장	• 교육환경 변화 및 수요자의 높은 교육적 수요에 부응할 수 있는 교원양성 체제 구축 및 초 · 중등을 연계 프로그램 운영 가능 • 학생들의 교육과정 선택권 확대(교양, 전공 등)로 풍부한 교양과 전문성을 갖춘 교원양성 용이 • 초중등 교사간 장벽 허물고 교육공동체 구축의 토대 마련
	복지혜택과 신분 안정성 확보	• 현행 교육대학 수준보다 높은 복지 혜택 및 신분 안정성 조기 확보

구분	주요내용	
단점	우수초등교사 자원 확보 곤란 및 초등교육의 전문성 하락	• 현행 중등교사 양성체제와 같이 개방형으로 바뀌게 될 가능성이 높고 초등교사 임용율이 현저히 낮아지게 되어 우수 자원 확보 곤란 • 중등의 복수전공체제가 적용될 경우, 초등전공 관련 과목 이수 최소화로 초등교육전공의 질 저하 우려 • 경쟁체제 심화로 교수들이 연구나 강의보다는 논문발표에 더 몰두하게 되어 초등교육 강의의 질 저하 우려
	초등교육 예산 축소로 인한 초등교사 양성교육 질 저하	• 종합대학에 종속될 경우 우선순위에 밀려 초등교원양성에 필요한 재정지원이나 필요한 실험실습 시설확충 미비로 초등교사 양성교육의 질 저하
	교수들의 대학 경영 참여 축소, 교직원 및 학생 정원 감축	• 교대교수들의 초등교사교육에 관한 의사결정에 참여 기회 제한으로 초등교사양성교육 발전 의견이 대학정책에 반영되기 어려움 • 직원 정원축소 불가피 및 사범대와의 유사학과 통폐합이 이루어질 경우 교수정원의 축소 불가피 • 사대와 교간의 교사교육에 대한 주도권 갈등이 예상되며, 담당과목 중복이 생길 경우 영역 주도권 갈등 발생
	통합에 따른 국가재정 부담 증가	• 교사대 통합에 따른 초기 비용으로 국가의 교육재정 부담 증가

출처: 정성수 · 송영명(2018). p.351.

하지만, 인구절벽으로 대변되는 학령인구의 급격한 감소, 4차 산업혁명으로 대변되는 미래사회 교육환경의 급격한 변화와 함께 학생의 인지적 · 정의적 · 신체적 발달 상황을 고려할 때 단순히 초 · 중 · 고를 구분하는 것이 어떠한 의미를 가지는지에 대한 회의적인 시각이 있는 것도 사실이다.

초등교사의 전문성과 중등교사의 전문성이 다르다는 것을 인정하더라도 이것이 교원양성을 별도로 해야 함을 의미하지는 않으며, 국가차원의 교육정책들도 무학년제, 조기진급제, 조기졸업제 등의 변화를 허용하고 있음을 감안할 때 교원양성체제의 통합에 대해 좀 더 발전적인 논의를 시작할 때라는 것이다. 이제는 각 교원양성 체제의 장점과 단점을 논의하기 보다는 특정 교원양성 체제가 가지는 단점들을 최소화하면서 장점을 극대화 할 수 있는 방안들에 대한 논의를 활성화시키고 이를 통해 이해 관련 당사자들 간의 합의를 이끌어내기 위한 노력을 해 나가야 할 시점이라고 보여진다.

나. 교원양성 교육과정

교원양성 교육과정의 의미

교원양성 교육과정은 교원양성기관이 교사 양성을 위해 공식적으로 구성한 교과과정과 이러한 교과과정을 통한 학생의 학습과 경험의 총체로 정의할 수 있다(정미경 외, 2010: 24). 교원양성 교육과정을 보다 세분화하여 교원양성기관이 기관 설립의 목적 및 기관이 원하는 교사상을 구현하기 위해 기관 차원에서 구성한 '계획한 교육과정', 계획된 교육과정에 근거하여 교수가 강의를 통해 구현하는 '실천된 교육과정', 교원양성기관에서 학생들이 '경험한 교육과정'의 총체로 구분하기도 한다(김갑성 외, 2009). 교원양성기관에서 실천된 교육과정과 학생들이 경험한 교육과정은 개별 대학이나 개별 학생에 따라 차이가 있겠으나 교원양성기관이 계획한 교육과정은 법규에 근거하여 구성되므로 교원양성기관에 따라 편차가 크지 않다고 할 수 있다.

「고등교육법」 제44조에 의하면, 교육대학 · 사범대학 · 종합교원양성대학 및 교육과의 교육은 세 가지 목표를 두고 있다. ① 교육자로서의 확고한 가치관과 건전한 교직 윤리 확립, ② 교육의 이념과 그 구체적 실천방법 체득, ③ 교육자로서의 자질과 역량을 생애에 걸쳐 스스로 발전시켜 나가기 위한 기초 확립이다. 이러한 교육목표 실현을 위한 교원양성 교육과정은 「고등교육법」 제41조(목적), 제44조(목표), 「교원자격검정령」에 근거하여 대학이 자율적으로 편성 · 운영하고 있다.

교원양성 교육과정의 구성

교원양성 교육과정을 범주화하는 방식은 연구자나 교원양성기관에 따라 차이가 있으나 이를 구성하는 요소는 교양, 교과내용, 교과교육, 교직이론, 교육실습 등으로 대동소이하다. 최근 대학의 교육과정을 크게 교양과 전공으로 구분한다는 점에서 교원양성 교육과정 또한 교양과정과 전공과정으로 대별할 수 있다. 교원양성이라는 목적에 따라 전공과정은 교과내용, 교과교육, 교직과정으로 구분되며, 교직과정은 「교원자격검정령」에 의거하여 다시 교직이론, 교직소양, 교육실습으로 세분할 수 있다(박상완, 2007: 147). 또한 초등 교원양성 교육과정의 전공과목에는 예 · 체능 실기교육을 반드시 포함해야 하며, 심화과정을 운영하고자 할 경우, 전공과목 이수 기준 외에 18학점 이상의 세부 전공과목을 이수할 수 있다(교사자격취득을 위한 세부 기준. 교육부고시 제2020-240호 제5조).

초등 교원양성기관별 이수 학점수

초등 교원양성 교육과정은 2년제에서 4년제 학사과정으로 개편된 후 여러 차례 개정을 거쳤다. 특히 2008년 「교원자격검정령」 개정 전에는 '초등' 교사자격 취득을 위한 무시험검정 기준이 별도로 없었고, 교육부 고시로 정하고 있는 전공과목에 대한 기본 이수과목 기준도 설정되어 있지 않아 초등 교원양성기관마다 교육과정의 편차가 있었다(정진곤 외, 2004). 그러나 2008년 「교원자격검정령」 및 시행령 개정 이후 초등 교사자격증 취득을 위한 최소 기준과 기본 이수과목에 대한 기준(즉, 초등 2급 정교사 자격 취득을 위한 전공과목과 교직과목 무시험검정 합격기준)이 마련되어 오늘에 이르고 있다.

전국 13개 초등 교원양성기관인 10개 교육대학과 제주대학교, 한국교원대학교, 이화여자대학교 초등교육과의 교육과정 구성과 이수 학점수는 대학별로 다소간의 차이를 보이고 있다. 총 이수 학점은 131~155학점, 실제 총 수업시수는 140~157시간이다. 이수학점과 수업시수 간의 차이는 실험, 실습 강좌의 경우 학점과 수업시수(1학점, 2수업시수)의 차이에 따른 것이다. 총 학점의 경우, 부산교대가 가장 적은 131학점을 부여하고 있으며, 그 외의 대학들은 135학점에서 145학점의 범위 내에서 총 이수학점을 정하고 있다. 초등 교원양성기관별 이수 학점수, 수업시수는 〈표 6-12〉와 같다.

〈표 6-12〉 **전국 교육대학교 이수 학점 및 수업시수 현황**

(기준: 2020.9.29.)

학교명	학점(시수)	비고
대구교대	145(157)	
서울교대	140(140)	
경인교대	143(146)*	*체육(1),음악(1),미술(1) 심화과목
공주교대	143(153)	
광주교대	137(149~153)*	*심화과정 시수 배정은 학과별로 정함
부산교대	131(155)	
전주교대	145(155)	
진주교대	145(155)	
청주교대	135(143~146)*	*심화과목에서 시수 차이남
춘천교대	141(150)	

4. 교원임용제도의 이해

가. 임용의 범위와 임용의 제한

교원 임용의 범위

「교육공무원법」에서 임용이란 신규채용뿐 아니라 승진, 승급, 전직, 전보, 겸임, 파견, 강임, 휴직, 직위해제, 정직, 복직, 면직, 해임 및 파면 등을 포함하는 매우 포괄적인 개념이다(「교육공무원법」 제2조 제6항). 여기서 전직이란 교육공무원의 종류와 자격을 달리하여 임용하는 것을 말하며, 전보란 교육공무원을 같은 직위 및 자격에서 근무기관이나 부서를 달리하여 임용하는 것을 말한다. 또한 강임이란 같은 종류의 직무에서 하위 직위에 임용하는 것을, 복직이란 휴직, 직위해제 또는 정직 중에 있는 교육공무원을 직위에 복귀시키는 것을 말한다(「교육공무원법」 제2조 제8~11항). 본 절에서는 이 중 신규채용과 전보, 휴직 등 임용의 일부만 다루기로 한다.

교원 임용의 제한

교육공무원을 포함한 국가공무원의 임용은 기본적으로 자격, 재교육성적, 근무성적, 그 밖에 실제 증명되는 능력에 의하며, 「교육공무원법」 상 교원으로서의 자격을 갖추고 임용을 원하는 모든 사람에게는 능력에 따른 균등한 임용의 기회가 보장되어야 한다(「교육공무원법」 제10조).

그러나 교원이 재직하는 동안 ① 금품수수 행위, ② 시험문제 유출 및 성적조작 등 학생성적 관련 비위 행위, ③ 학생에 대한 신체적 폭력 행위 등의 행위로 인하여 파면·해임되거나 금고 이상의 형을 선고받은 사람은 원칙적으로 유치원 및 고등학교 이하 각급 학교의 교원으로 신규채용 또는 특별채용될 수 없다. 또한 「국가공무원법」 상 공무원 임용 결격 사유에 해당되거나(제33조), 미성년자에 대한 「성폭력범죄의 처벌 등에 관한 특례법」 제2조에 따른 성폭력범죄 행위로 파면·해임되거나 100만 원 이상의 벌금형이나 그 이상의 형을 선고받아 그 형이 확정된 사람(집행유예를 선고받은 후 그 집행유예기간이 경과한 사람을 포함한다)은 교육공무원으로 임용될 수 없다(「국가공무원법」 제33조(공무원 임용 결격 사유) 참조).

나. 교사의 신규채용

신규채용의 개념과 법적 근거

신규채용이란 교육조직에서 부족한 교사를 교육조직 외부로부터 일정한 절차를 거쳐서 보충하는 것을 말한다(서정화 외, 1995: 82). 교사의 신규채용은 공개전형(교육공무원임용후보자 선정 경쟁시험)으로 이루어지며, 공개전형에 응시하기 위해서는 교사 자격증을 취득해야 한다(취득 예정자 포함). 교사 신규채용을 위한 공개전형의 요건(연령, 기타 자격요건), 공개전형의 절차·방법 및 평가요소 등에 대해서는 「교육공무원임용령」과 「교육공무원 임용후보자 선정 경쟁시험규칙」에서 상세하게 규정하고 있다.

교사 채용이 어려운 지역에 근무할 교원을 확보하기 위한 조치로 특별채용 제도가 시행되고 있다. 즉, 경쟁시험으로 결원을 보충하기 곤란한 도서·벽지 등 특수한 지역에 근무할 사람과 특수한 교과목을 담당할 사람을 임용하는 경우 교사의 임용권자(교육감)는 특별채용을 실시할 수 있다(교육공무원법 제12조 제1항 제3호). 이 경우 임용권자는 근무 예정 지역이나 학교를 미리 정하여 채용시험을 실시할 수도 있으며 이에 따라 채용된 교사에 대해 임용권자는 10년 이내의 범위에서 다른 지역이나 다른 학교로의 전보를 제한할 수 있다.

교사 신규채용제도의 변화

초중등교사의 신규채용은 해방 후부터 1990년까지는 의무복무제로, 1991년부터는 공개전형으로 이루어지고 있다. 1999-2000년간 중등교사 자격 소지자를 교육대학 3학년으로 편입하여 초등교사 자격 취득 기회를 부여하기도 하였으나 신규채용은 공개전형으로 실시하였다.

○ 의무복무제도(1945~1990)

의무복무제도는 특수 분야에 종사할 공무원을 안정적으로 확보하기 위해 일정 기간 동안 공무원으로 근무할 것을 강제하는 제도이다. 우리나라에서 의무복무제도는 1990년 교원임용시험제도가 도입되기 전 국공립 교사양성기관(사범대학, 교육대학 등) 졸업자에 대해 적용되었다. 이는 국공립 교사양성기관 재학 중 학자금과 생활비를 지원받은 데 대한 반대급부의 성격을 띤 것으로 졸업 후 일정 기간 동안 의무적으로 근무하도록 한 것이다.

의무복무제도는 우수한 인재를 교직으로 유인하고 안정적으로 확보할 수 있는 장점이 있다. 반면, 국공립 교사양성기관에 진학하지 못한 사람에 대해 국공립학교 교사로 근무할 기회가 제공되지 않는다는 점에서 공개경쟁 방식(실적주의)에 의한 공무원 임용제도

원칙에 부합하지 않는다고 할 수 있다.

한편 의무복무제도가 교사양성교육의 질을 높이고 우수한 교직 후보자를 양성하는 기여한다는 점에 대해서는 상반된 입장도 있다. 즉, 의무복무제도는 예비교사들이 교사양성기관 재학 기간 동안 교사로 필요한 자질과 소양을 집중적이고 체계적으로 개발할 수 있다는 장점이 있다는 입장과 교사양성교육에 충실하지 못한 예비교사들도 교사로 임용이 보장되기에 교사양성교육이 부실할 우려가 있다는 입장이 대립되고 있다. 현재 의무복무제도는 경찰대학, 육군사관학교 등에서 제한적으로 적용되고 있다.

○ 공개전형: 임용시험제도(1991~현재)

우리나라는 1991년부터 교사 신규채용에 공개전형 방식, 즉 유 · 초 · 중등학교 및 특수학교의 교사 임용후보자 선정경쟁시험(이하 임용시험이라 함)을 도입 · 시행하고 있다. 1991년 첫 시행된 초등 신규교사임용시험은 2단계 전형으로 실시되었다. 1차 시험에서는 서술적 단답형과 선택형이 혼재된 필기시험과 실기시험이, 2차 시험으로 논문형 필기시험과 면접시험이 시행되었다. 면접시험에서는 교사로서의 적성 · 교직관 · 인격 및 소양을 평가하였다(최석민 외, 2015: 57). 이후 임용시험의 단계, 방법, 시험과목과 배점 비율 등은 여러 차례 변화되었다.

특히 2004년 사범대학 졸업생에 대해 부여하던 임용시험 가산점이 위헌으로 결정 나면서 임용시험 제도는 다시 개편되었다. 임용시험에서 국 · 공 · 사립 사범대학 졸업생에게 가산점을 부여한 것은 1991년 임용시험 제도를 도입하면서부터이다. 1990년 12월 「교육공무원 임용후보자 선정경쟁시험규칙」 제8조 전문 개정을 통해 국 · 공 · 사립을 막론하고 사범계 대학 출신자들에게 가산점을 부여할 수 있도록 하였다. 이는 교사양성을 목적으로 설립된 사범대학의 지위 인정을 위한 것으로, 동 규칙을 근거로 사범계 대학 출신자에 대해 시 · 도교육청별로 일정 비율의 가산점을 부여하였다(류방란 · 박상완, 2004: 115).

사범계 대학 가산점은 출신대학의 지역 소재지에 따라 가산점을 부과하는 지역 가산점과 연계되어 있다. 지역 가산점제는 동일지역 대학 출신자 우대 및 타지역 유출 방지를 통해 지역의 원활한 교원수급을 위해 도입되었다. 특히 당시 교원이 다소 부족한 초등의 경우 대도시 등 특정 지역으로 임용시험 응시자 집중 현상이 심각하였고, 교육여건이 불리한 지역의 교원수급 원활화 등 지역별 형평성을 고려하기 위한 것이었다(류방란 · 박상완, 2004: 115).

그러나 임용시험에서 가산점이 합격의 주요 변수로 작용하고 비사범계 대학 출신자들의 임용률이 낮아지면서 교육대학원 졸업생이 가산점 항목의 일부가 공무담임권을 침해한다고 주장하면서 헌법소원을 제기하였다. 이에 대해 헌법재판소는 가산점 항목에 대해 법률에서 명시적으로 규정하고 있지 않다는 이유를 들어 위헌을 결정하였으며, 일부 재판관들은 법률유보원칙에 위배될 뿐 아니라 실체적으로도 위헌이라는 의견을 제시하였다(류방란 · 박상완, 2004: 129). 이후 사범계 대학 가산점은 폐지되고 지역 가산점은 유지되었다.

임용시험의 절차, 방법, 평가 요소(내용) 등에 대해 지속적으로 문제가 제기되고 있다. 지식 평가 위주의 임용시험은 능력 있는 우수 교사의 선발을 보장하지 못하며, 교사 지망생을 사교육 시장, 학원으로 내몰고 있다는 점(서민원, 2007)은 교사 임용시험에 대한 전형적인 비판이다. 이러한 비판에 대응하여 그간 임용시험제도는 여러 차례 변화되어 왔다. 2009년부터는 임용시험에 교직적성 심층면접, 학습지도안 작성, 수업실연이 도입되고 시험 단계도 3단계로 실시되다가 지원자 부담 가중 등의 문제가 제기되면서 2013년부터 다시 2단계로 축소되어 현재에 이르고 있다.

○ 중초교사 임용제도(1999~2000)

1998년 교원정년 단축 정책(65세에서 62세로 단축)이 시행되면서 명예퇴직 교원이 급증하자 초등교사가 일시적으로 크게 부족하게 되었다. 또한 2000년대 초 정부가 초등학교의 학급당 학생수를 OECD 국가 평균으로 맞추려는 '교육여건 개선사업'을 실시하면서 일시적으로 초등교사 공급 부족 현상이 더 심화되었다. 초등 교사양성 규모를 확대하기 위해 정부는 교육대학의 입학정원을 늘리는 한편 임시양성소 규정을 준용하여 일명 '중초교사' 제도를 도입하였다. 이는 중등교사 자격증 소지자를 대상으로 교육대학교에서 일정시간 연수 후(교육대학 3학년으로 편입) 초등교사 임용시험에 응시할 수 있도록 하는 제도이다. 중초교사제 시행에 대해 교육대학에서 극심한 반대가 있었고, 초등교사 수급이 안정화되면서 중초교사 제도는 2년간 실시된 후 폐지되었다.

초중등교사 임용시험의 주요내용

유 · 초 · 중등학교 및 특수학교의 교사 임용후보자 선정경쟁시험(이하 임용시험이라 함)은 9가지로(유치원, 초등학교, 중등학교, 특수학교, 실기교사, 보건교사, 사서교사, 전문상담교사, 영양교사 임용후보자 선정경쟁시험) 구분된다(교육공무원 임용후보자 선정경쟁시험규칙 제3조). 공개전형은 필기시험 · 실기시험 및 면접시험 등의 방법에 의하며, 대학 재학기간 중의 성적 등의 평가요소를 점수로 환산하여 가산할 수 있다(교육공무원임용령 제11조). 현 교사 임용시험의 단계 및 방법 등은 「교육공무원 임용후보자 선정경쟁시험규칙」에서 상세하게 정하고 있다.

초중등교사 임용시험은 교사로서 전문적인 능력을 갖추었는가를 평가한다. 시험관리

기관은 시 · 도교육청과 한국교육과정평가원으로 이원화되어 있다. 시 · 도교육청은 시험시행 공고, 원서 교부 · 접수, 문답지 운송, 시험실시, 합격자 발표 등을 담당하며, 한국교육과정평가원은 1차 시험출제 및 채점과 2차 시험 출제를 담당한다. 일부 시 · 도교육청은 2차 시험을 자체적으로 출제하기도 한다(한국교육과정평가원 http://www.kice.re.kr/sub/info.do?m=010603&s=kice. 검색일: 2020.10.30.). 초중등교사 임용시험의 주요 내용은 〈표 6-13〉과 같다.

〈표 6-13〉 초중등교사 임용시험 개요

단계	시험과목 · 배점 · 시간 · 출제 범위		비고
	초등교사 임용시험	중등교사 임용시험	
1차 시험	• 교직논술(20점) - 논술형 1문항, 60분 - 교직 · 교양 전 영역 • 교육과정(80점) - 기입형, 서술형, 22개 문항 내외, 140분 - 교육과정A(70분), 교육과정B(70분)로 시간을 나누어 실시 - 초등 교육과정 전 영역 • 한국사 - 한국사능력 검정시험으로 대체함	• 교육학(20점) - 논술형, 1문항, 60분 - 교직이론 과목 • 전공A(40점) - 기입형 4문항(8점), 서술형 8문항(32점), 90분 • 전공B(40점) - 기입형 2문항(4점), 서술형 9문항(36점), 90분 * 전공시험은 교과교육학(25~35%), 교과내용학(75~65%)으로 구성 * 외국어 과목은 해당 외국어로 출제	• 1, 2차 시험을 통합하여 실시 가능 • 시험과목과 배점비율은 시 · 도교육감이 정함 • 1차 시험 합격자는 선발예정인원의 1.5배수 이상 선발 • 한국사 능력 검정 결과 3급 이상 • 각 과목 만점의 40% 이상 득점
2차 시험	• 교직적성 심층면접 - 교사로서의 적성, 교직관, 인격 및 소양을 평가 • 교수 · 학습 과정안 작성 - 교과과정의 일정 단원 또는 주제에 대한 교수 · 학습과정안 작성 • 수업실연 - 교사로서의 의사소통 능력과 학습지도 능력 평가 • 영어면접 및 영어수업 실연 - 영어로 진행하는 수업 능력 및 영어 의사소통능력 평가	• 교직적성 심층면접 - 4문항 - 외국어 과목은 일정 부분을 해당 외국어로 실시 • 교수 · 학습 지도안 작성 - 외국어 과목은 해당 외국어로 실시 • 수업실연 - 외국어 과목은 해당 외국어로 실시	• 1차 합격자에 한하여 응시 • 최종 합격자는 1차 시험(가산점 제외) 및 2차 시험의 성적을 각각 100점 만점으로 환산하여 합산한 성적 고득점자 순으로 결정 • 동점자 처리: ① 2차시험 성적이 높은 사람, ② 병역의무를 마친 사람, ③ 시험실시기관이 정하는 기준 해당자 등

주: 임용시험 문항의 '모범 답안'과 '채점 기준'은 비공개함.
출처: 교육공무원 임용후보자 선정경쟁시험규칙, 한국교육과정평가원 홈페이지 국가고사(초등교사, 중등교사 임용시험) 안내를 토대로 정리함.

다. 수석교사와 기간제 교사의 임용

수석교사의 임용

수석교사는 임용권자인 교육부장관의 위임을 받아 교육감이 임용한다. 교육부장관의 임용권이 「교육공무원임용령」 제3조(임용권의 위임) 제5항에 근거하여 교육감에게 위임되어 있는 경우는 교장과 원장의 전보와 교감 · 원감 · 수석교사 및 교사의 임용이다. 수석교사는 최초로 임용된 때부터 4년마다 대통령령으로 정하는 업적평가 및 연수실적 등을 반영한 재심사를 받아야 한다. 심사기준을 충족하지 못한 경우 수석교사로서의 직무 및 수당 등을 제한할 수 있다. 수석교사는 수업부담 경감, 수당 지급 등에 대하여 우대할 수 있으나 수석교사 '임기 중'에 교장 또는 교감 자격을 취득할 수 없다(「교육공무원법」 제29조의4 제4항).

그러나 수석교사 임기 종료 후에는 교장 또는 교감 자격연수를 이수하고 교장 또는 교감 자격증을 취득하면, 관리직으로 임용될 수 있다. 이에 대해서는 교사의 경력발달을 교수 경로와 행정관리 경로로 이원화한 취지를 훼손하는 것이라는 입장과 경력개발의 유연성을 제고할 필요가 있다는 입장이 대립되고 있다.

기간제 교원의 임용

고등학교 이하 각급학교에 예산의 범위 내에서 기간을 정하여 교원 자격증을 가진 사람을 교원으로 임용할 수 있다. 기간제교원은 다음의 경우 개별학교의 요구에 따라 임용한다(「교육공무원법」 제32조 제1항).

- 해당 학교 교원이 휴직하게 되어 후임자의 보충이 불가피한 경우
- 교원이 파견 · 연수 · 정직 · 직위해제 등 대통령령으로 정하는 사유로 직무를 이탈하게 되어 후임자의 보충이 불가피한 경우
- 특정 교과를 한시적으로 담당하도록 할 필요가 있는 경우
- 교육공무원이었던 사람의 지식이나 경험을 활용할 필요가 있는 경우
- 유치원 방과후 과정을 담당하도록 할 필요가 있는 경우 등

기간제교원은 정규 교원 임용에서 어떠한 우선권도 인정되지 않으며, 책임이 무거운 감독 업무의 직위에 임용될 수 없으며, 임용기간이 끝나면 당연히 퇴직한다. 학교에서 기간제교원은 학급담임, 학교폭력업무 등 다양한 업무를 담당하고 있으나 시 · 도교육청 정책에 따라 이를 제한하기도 한다.

라. 교원의 승진과 전직

교원의 승진 임용

○ 승진의 개념과 기준

「교육공무원법」 상의 승진은 임용의 한 형태로서 동일 직렬 내 하위직에서 상위직으로 임용되는 것을 말한다. 교육공무원의 승진임용은 교사가 교감으로 교감이 교장으로 되는 교육직렬의 승진과 장학사나 교육연구사가 장학관 또는 교육연구관이 되는 장학직렬 또는 교육연구 직렬의 승진을 들 수 있다(한공우, 2000: 382). 승진제도는 ① 구성원에게 보상수단 내지 욕구충족 수단을 제공하며, ② 인적 자원을 적절히 배치함으로써 조직의 목표를 효율적으로 달성할 수 있게 하고, ③ 조직구성원이 직무수행을 위해 필요한 지식과 능력을 향상시키는 등 능력계발의 수단이 된다(최종태, 1981: 220-223).

교육공무원의 승진임용은 경력평정, 재교육성적, 근무성적, 그 밖에 실제 증명되는 능력에 의하여 이루어진다(「교육공무원법」 제13조). 교사에서 교감으로 승진하는 경우 경력평정점 70점, 근무성적 100점, 연수성적평정점 30점을 각각 만점으로 평정하여 합산한 점수가 높은 승진후보자의 순서대로 승진후보자 명부를 작성, 등재하게 된다(「교육공무원승진규정」 제40조 제2항). 교감에서 교장으로 승진하는 경우는 경력평정점 70점, 근무성적평정점 100점, 연수성적평정점 15점을 각각 만점으로 평정한다(「교육공무원승진규정」 제40조 제1항).

○ 교장의 승진임용

교장은 교육부장관의 제청으로 대통령이 임용한다(「교육공무원법」 제29조의2 제1항). 교장의 임기는 4년이며, 한 번만 중임할 수 있다(공모교장으로 재직하는 횟수는 이에 포함하지 않는다). 교장으로 1차 임기를 마친 사람에 대해서는 정년까지 남은 기간이 4년 미만인 경우에도 특별한 결격사유가 없으면 교장으로 다시 임용할 수 있다.

교장의 임기가 학기 중에 끝나는 경우 임기가 끝나는 날이 3월에서 8월 사이에 있으면 8월 31일을, 9월에서 다음 해 2월 사이에 있으면 다음 해 2월 말일을 임기 만료일로 한다. 교장은 임기 중에 전보될 수 있으며, 교장 전보는 교육감이 행한다. 정년 전에 임기가 끝나는 교장으로서 교사로 근무할 것을 희망하는 사람(교사자격증을 가진 사람만 해당)은 수업 담당 능력과 건강 등을 고려하여 교사로 임용할 수 있으며, 이 경우 원로교사로 우대한다.

○ 공모 교장의 임용

공모에 따른 교장 임용제도(교장 공모제)는 참여정부 시기인 2007년 9월 시범 운영된 이후 2011년 「교육공무원법」에 공모에 따른 교장 임용에 관한 조항이 추가되면서 법적 근거를 갖추게 되었다(박상완, 2015: 324). 교장공모제는 교장 승진 임용제와 더불어 우리나라 초·중등학교 교장을 임용하는 새로운 제도로서 학교 단위로 공모 교장심사위원회를 구성하여 교장을 공개 모집, 임용하는 제도이다.

이러한 교장공모제는 교육공무원 승진임용 기준에 의거한 교장승진임용제와 달리 교장 자격증은 없으나 상대적으로 젊고 학교 경영 능력을 갖춘 일반 교원이나 특정 분야 전문가들을 학교장으로 임용할 수 있는 제도라 할 수 있다. 교육감은 결원이 되는 학교 수의 1/3~2/3 범위 내에서 공모 학교를 지정할 수 있다.

교장 공모의 유형은 교장 공모자의 자격요건에 따라 초빙형, 내부형, 개방형으로 구분된다. 초빙형은 교장자격증 소지자가 지원할 수 있는 공모유형이며, 내부형은 교장자격증 소지자나 교육경력 15년 이상인 교육공무원 또는 사립학교 교원으로 교장자격증 미소지자가 지원할 수 있다. 개방형은 교장자격증 소지자나 해당 학교 교육과정 관련 기관이나 단체에서 3년 이상 경력을 가진 사람이 지원할 수 있으며, 주로 특성화중·고, 특목고, 예체능계 학교에서 실시하는 교장공모 유형이다. 2018년 「교육공무원임용령」 개정으로 교장자격증 미소지자가 응모할 수 있는 학교는 신청 학교의 15% 이내에서 50%까지 확대되었다(제12조의6 제2항). 공모 교장 지원 자격 기준은 〈표 6-14〉와 같다.

〈표 6-14〉 공모 교장 지원 자격 기준

유형	추진근거	자격 기준	대상학교
초빙형	교육공무원법 제29조의3 제1항	• 교장자격증 소지자(교육공무원)	일반학교
내부형	교육공무원법 제29조의3 제2항,	• 교장자격증 소지자(교육공무원) • 초중등학교 교육경력 15년 이상인 교육공무원 또는 사립학교 교원(교장자격증 미소지자) - 교장자격증 미소지자 공모 가능 학교로 정한 경우 가능 (내부형의 50% 범위)	자율학교, 자율형 공립고
개방형	교육공무원 임용령 제12조의6 제1항	• 교장자격증 소지자(교육공무원) • 해당학교 교육과정에 관련된 기관 또는 단체에서 3년 이상 종사한 경력이 있는 자(교장자격 미소지자) - 교장자격증 소지 유무 관계없이 공모 가능	자율학교로 지정된 특성화중·고, 특목고, 예·체능계고

출처: 교육부(2019). p.5.

교원의 전직

전직은 조직에서 종별과 자격을 달리하는 임용, 즉 직급은 동일하나 직렬이 달라지는 횡적, 수평적 인사이동을 말한다. 교육공무원의 전직은 학교급별 전직, 교원의 교육전문직원으로의 전직, 교육전문직원의 교원으로의 전직, 교육전문직원 간의 전직 등으로 구분할 수 있다.

○ 학교급간 교원의 전직

시 · 도교육감이 교원수급상 필요한 경우에 교원이 희망하는 바에 따라 다른 학교급의 교원으로 이동하는 것을 말한다. 초등학교 교원이 중등학교 교원자격증을 가지고 있거나 중등학교 교원이 초등학교 교원자격증을 가지고 있는 경우, 본인의 희망에 따라 전직 임용될 수 있다.

○ 교원의 교육전문직원으로의 전직

교원은 교육전문직원인 장학사 · 연구사, 장학관 · 연구관으로 전직할 수 있다. 장학관 · 연구관의 전직임용은 임용권자가 정하며, 장학사 · 연구사로의 전직임용은 교육기관 · 교육행정기관 또는 연구기관의 추천을 받아 공개전형을 거쳐 임용한다. 공개전형기준, 전형방법 및 전형절차 등은 임용권자가 정함에 따라 시 · 도교육청별로 교사에서 장학사 · 연구사로의 전직임용 기준은 차이가 있다. 교육부와 그 소속기관에 근무하는 장학사 · 연구사로서 전직임용은 정규 교원으로서 실제 근무한 경력이 5년 이상인 자를 대상으로 공개경쟁시험에 의함을 원칙으로 한다.

○ 교육전문직원의 교원으로의 전직

교육전문직원이 교원으로 전직할 때는 전직할 당시의 직위로 전직하여야 하나, 교사에서 교육전문직원으로 전직한 경우 5년 이상, 교감에서 교육전문직원으로 전직한 경우 2년 이상 근속한 경우는 임용권자가 정하는 기준에 따라 교감 또는 교장으로 전직할 수 있다. 아울러 교육경력 10년 이상이고 교육전문직원으로 10년 이상 근속한 경우 전직될 직위에 제한을 받지 않는다. 교육전문직원의 교원으로의 전직은, 원칙적으로 연구(장학)사 · 연구(장학)관 각 단계에서 1회에 한하여 허용된다. 그러나 교육부와 그 소속기관 및 시 · 도교육청의 과장 직위 이상 장학관 및 교육연구관이 교원으로 전직하는 경우에는 예외로 한다(교육공무원 인사관리규정 제15조).

○ 교육전문직원 간의 전직

장학관과 교육연구관, 장학사와 교육연구사 상호 간 전직 임용하는 것을 말한다. 이들의 전직임용에 관한 사항은 교육감이 정한다. 그러나 실제적으로 장학사와 연구사, 장학관과 연구관은 자격 면에서 엄격하게 구분되지 않으며 공개전형도 통합하여 이루어지고 있다. 대체로 장학사와 장학관은 시 · 도교육청 본청과 교육지원청에 근무하며, 연구사는 시 · 도교육청의 부속기관인 도서관, 교육연수원 등에 근무하나 상호 간 인사교류(전직)는 빈번하게 이루어진다.

마. 교원의 전보

교원 전보제도

○ 교원 전보의 개념과 의의

「교육공무원법」 상 전보란 교육공무원을 같은 직위 및 자격에서 근무기관이나 부서를 달리하여 임용하는 것을 말한다(「교육공무원법」 제2조 제9항). 교원(순환)전보제도는 우리나라, 일본, 프랑스 등과 같이 시 · 도교육청에서 교사를 신규채용하여 각 학교에 배치하고 교사의 근무기관(학교)을 일정한 주기로 이동시키는 제도로 학교단위로 교사를 채용하고 있는 영미권 국가들에서는 찾아보기 어려운 제도이다.

전보제도는 지역에 따른 교사의 수급 불균형을 완화하고 유능한 교사의 특정 학교 편중 방지, 교사의 신분안정과 교사의 교육권 보장을 위해 도입 · 시행되고 있다(김갑성 외, 2009). 교원 전보제도 운영 원칙으로 전문성 향상, 공정성, 형평성, 효율성 등이 고려되고 있으나(이윤식 외, 1992: 50-51), 교사 순환전보제도는 제도의 기본 목적과 취지, 운영 원칙을 제대로 살리지 못하고 있다는 문제점이 지속적으로 제기되어 왔다(이윤식 외, 1992; 한만길, 1992; 조동섭 · 안병천, 2008; 김갑성 외, 2009; 김갑성 · 주현준, 2013). 교원전보는 교육감이 관할함에 따라 시 · 도교육청별로 그리고 동일한 시 · 도교육청 내에서도 학교급별로 교원 전보제도는 상이하게 운영되고 있고 또 지역 내 기초 자치구의 구성(도시와 농촌, 도서벽지 규모 등)과 교육여건 격차 등으로 인해 시 · 도교육청별로 교원 전보의 문제와 쟁점은 차이를 보이고 있다. 이에 따라 공정하고 합리적인 교원전보제도 운영은 각 시 · 도교육청의 교원인사행정에서 주요 과제가 되고 있다.

○ 전보 시 교사들이 선호하는 학교의 특성

교사 전보제도를 통해서 교사들 선호하는 학교의 특성을 조사한 연구들이 있다. 예를 들어, 오영재(2004)는 대전광역시 소재 4개 초등교사 38명 대상으로 면담조사와 설문조사를 실시한 연구에서, 초등교사들이 전보 시 선호하는 학교는 ① 통근거리(출퇴근의 편의성과 가정과 직장 양립을 위해 집과 가까운 학교를 선호), ② 행정적 업무 분담을 위한 대규모

학교, ③ 학교장의 인품, ④ 민주적이고 공부하는 학교 분위기, ⑤ 연구 시범학교 지정 여부(연구학교를 선호 또는 기피. 선호하는 이유는 승진 점수, 기피하는 이유는 업무 부담이 주를 이룸), ⑥ 자연친화적이고 청결한 학교환경, ⑦ 아동의 학업능력과 생활수준이 고른 학교, ⑧ 교사들의 교육활동에 간섭하지 않는 학부모들이 있는 학교 등을 제시하였다.

조동섭과 안병천(2008)은 경기, 인천 지역 초등교사 400명을 대상으로 한 설문조사를 통해 교사들이 좋아하는 학교의 특성, 조건은 ① 통근 편리, ② 행정업무를 분담할 수 있는 대규모 학교, ③ 학교행정가 특성(리더십과 품성), ④ 교직원 간 친밀한 인간관계, ⑤ 학교시설 · 환경, ⑥ 학생 특성(학습능력), ⑦ 학부모 특성(학부모가 교사를 믿고 학생을 맡겨주는 학교), ⑧ 승진 점수 취득 등에 유리하거나 그 조건이 좋은 학교인 것으로 분석하였다.

교사전보 시 교사들이 선호하는 학교와 그렇지 않은 학교가 있는 가운데 시 · 도교육청별로 교사 전보제도 운영방식은 다소 차이를 보이고 있다. 이러한 차이는 대체로 교사의 거주지와 선호도를 고려한 전보제도 운영, 지역여건에 따라 교사들이 선호하는 학교와 그렇지 않은 학교가 있다는 데에서 기인한다.

5. 교원양성 및 임용제도의 쟁점과 변화 방향

교원양성 및 임용제도는 우수한 교원을 확보하기 위한 제도로 우리나라는 학교급에 따라 교사자격을 구분하고 초등과 중등 교사양성교육과 임용을 분리 · 운영하고 있다는 특징이 있다. 본 절에서는 교원양성제도 및 임용제도와 관련된 주요 쟁점과 질문을 제시한다. 이는 우수한 교원을 양성하고 임용하기 위한 제도 변화 방향을 탐색하는 데 활용될 수 있을 것이다.

가. 교사자격제도의 주요 쟁점

교원자격제도와 관련된 주요 쟁점으로는 교사자격 취득 기준, 교원자격에 대한 질 관리(교사자격갱신제의 필요성), 초등교사자격, 중등교사자격과 같이 학교급에 따라 구분되어 있는 교사자격제도, 교사자격 취득을 위한 대안적 경로의 제한 등 교사자격 제도의 경직성을 들 수 있다.

우리나라에서 초 · 중등 교사자격을 취득하기 위해서는 특정 교사양성기관에서 일정한 학점을 이수하고 교육실습 과정을 이수해야 한다. 교사자격을 취득하기 위한 별도의 시험은 없으며 전공과목과 교직과목에서 일정한 학점 기준을 충족해야 한다. 중등보다 초등 교사자격을 취득하기 어려운데, 이는 초등 교사자격 취득 과정을 제공하는 대학이 10개 교육대학과 3개 일반대학(제주대, 이화여대, 교원대)으로 한정되어 있고 입학성적 기준이 높기 때문이다. 이러한 우리나라의 교원 자격제도는 우수한 교사를 확보할 수 있는 장점이 있지만 교사자격을 취득할 수 있는 기회가 일정한 시기로 제한된다는 문제도 있다. 교사자격제도와 관련하여 생각해 볼 문제는 다음과 같다.

- 초등 교사자격을 취득하기 위해서는 이수학점수, 성적(교직과목과 전공과목), 교직 적성 및 인성검사 결과를 충족해야 한다. 무시험검정기준인 각 제도는 초등교사로서 적합한 학생을 선별하는 데 적절한가? 교사자격 취득 기준을 보다 강화한다면 어떤 요건을 더 부과해야 할 것인가?
- 현재 학교급을 기준으로 구분되어 있는 교사자격(유치원 교사, 초등교사, 중등교사 등)을 학생 발달을 고려하여 학년별로 구분한다면(예: 유치원-3학년, 4-7학년, 4-9학년 등), 어떤 장점과 한계가 있는가?
- 현직 교원에 대해 교사자격 취득 후 일정 기간(예: 10년) 경과 후 주기적으로 교사자격을 갱신하게 하는 교사자격갱신제의 장단점은 무엇인가? 교사로 근무하지 않는 경우에도 교사자격을 갱신하도록 해야 할 것인가?

나. 미래 교원의 역할, 자질과 교원양성 교육과정의 연계

현재 초등 교사양성 교육과정은 교양, 교직, 전공과목(교과내용과 교과교육)으로 구성되어 있다. 교직실무, 특수교육의 이해, 학교폭력 예방 및 대책 과목과 같이 국가의 정책적 요구와 필요에 의해 교직 소양이라는 명칭으로 도입된 것을 제외하고 대체로 교사양성 교육과정은 큰 변화 없이 유지되고 있다. 그러나 현재와 같은 교사양성 교육과정의 구성과 내용이 미래사회에 적합한 교원을 교육하는 데 적합한가에 대해서는 의문이 제기되고 있다. 인공지능(AI) 등의 발달로 미래사회에서 교사의 역할은 교과지식 전달자에서 학습지원자, 학습컨설턴트 등으로 변해야 한다는 요구도 높으며, 핵심 역량(예: 창의력, 문제해결력, 비판적 사고력, 협력 등) 중심으로 교육과정을 개편해야 한다는 요구도 제기되고 있다.

사회변화에 따라 교사의 역할, 교사에게 요구되는 역량은 다양하지만, 교사는 모든 학생들이 가진 잠재력을 최대한 개발하도록 지원할 수 있는 능력을 갖추어야 하며, 이러한 교사를 길러내는 것이 교사교육의 목적이라는 점은 변함이 없을 것이다. 교사들이 갖추어야 할 능력(전문성)은 무엇이며, 교사양성교육은 이를 어떻게 보장할 것인가에 대해 다음과 같은 질문을 제기해 볼 수 있다.

- 우수한 초등교사는 교과교육과 생활교육, 그리고 학생의 학습 및 발달에 관하여 어떤 지식과 기술을 갖추어야 할 것인가?
- 교사는 다양한 사회문화적 배경을 가진 학생들에게 효과적인 학습경험을 제공하고 모든 학생들이 성공하도록 돕고, 기초학력을 보장하기 위해 어떤 지식과 기술을 가져야 할 것인가?
- 교사는 학생교육을 위해 동료교사, 교감, 교장과 협력하고 학부모의 참여를 이끌어 내고 지역사회의 다양한 자원을 효과적으로 활용하기 위해 어떤 지식과 기술을 가져야 할 것인가?
- 교사가 자신의 수업을 비판적으로 평가하고 개선하기 위해 어떤 능력을 가져야 하는가? 전문가로서 자신의 지식과 기능을 지속적으로 개발하기 위해 어떠한 전문가적인 헌신이 필요한가?
- 각 질문과 관련된 교사양성 교육과정(교양과목, 전공과목, 교직과목 등)은 무엇이며 교사양성교육에서 보다 강화되어야 할 점은 무엇인가?

다. 교원양성체제 개편: 초·중등 교사양성체제의 분리·통합

우리나라 교원양성교육은 교사가 되려는 학생을 조기에(대학입학단계) 선발하여 교사양성을 목적으로 설립된 대학(사범대학, 사범계 학과, 교육대학, 교원대학 등)을 중심으로 하되, 중등에 한해 일반대학에 진학한 학생들에 대해서도 교사자격 취득 기회를 제공하고 있다(일반대학 교직과정).

우수한 교사의 확보를 위해 교사양성교육을 교육대학과 같은 목적형 기관에서 제공할 것인가, 일반대학에서 개방적으로 이루어지도록 할 것인가는 쟁점이 되어 왔다. 이는 교사양성교육에서 전문교육을 강화할 것인가, 교양교육과 일반교육을 강조할 것인가의 문제라 할 수 있다. 목적형 교사양성교육을 지지하는 입장은 대학 입학 단계에서부터 교사가 되고자 하는 학생을 조기에 선발하여 교사로서 필요한 전문지식과 소양, 현장 실습을 제공할 필요가 있다고 본다. 반면, 개방형 교사양성교육을 지지하는 입장에서는 학부 수준에서 보다 폭넓은 교양과 심화된 전공교육을 이수한 이후에 교수학습 방법과 교수법, 교직과 학교교육에 대한 이해 등 교육학적 지식, 기술과 소양을 집중적으로 함양하는 것이 보다 적합하다고 본다.

일부에서는 교육대학을 한국교원대학교와 같은 교육종합대학교로 개편하자는 의견(박남기, 2011), 또 다른 일부에서는 대학원 수준에서 교사를 양성하자는 안(김병찬 외, 2018), 또 초등과 중등교사양성체제를 통합하자는 안이 제시되고 있다. 보다 우수한 교사를 교육하기 위해 교사양성체제는 어떻게 개편되어야 할 것인가? 교사양성체제 개편과 관련하여 생각해 보아야 할 질문들은 다음과 같다.

- 미래 사회에서 요구되는 우수한 역량을 갖춘 교사를 양성하기 위해 교사양성체제는 어떻게 변화되어야 할 것인가? 현재와 같은 4년제 학사과정, 교사교육의 기간을 연장한 5~6년제 학사과정(건축학과, 의과대학 모델), 대학원 석사과정(법학전문대학원 모델) 등 어떤 체제로 개편되어야 할 것인가?
- 권역별로 교육대학교를 교육종합대학으로 개편하여, 유아, 초등, 중등 교사 양성교육을 단일 기관으로 운영할 경우, 장점과 단점은 무엇인가?
- 초등교육의 특성, 초등교사에게 요구되는 전문성에 비추어 볼 때 초등교사양성과 중등교사양성과정 통합의 장점과 단점은 무엇인가?

라. 교원임용의 주체와 단위

교사임용과 관련해서는 세 가지 대립된 임용방식을 생각해 볼 수 있으며, 각각은 장단점이 있다. 우수한 교사를 선발 · 확보하기 위해 어떤 제도가 보다 적합한지, 현재 제기되는 임용시험제도의 문제점을 보완할 수 있는 방안을 생각해 보는 자료가 될 수 있다.

첫째, 공개전형제와 우선임용제(의무복무제)이다. 이는 우수한 교사 확보를 위해 공개전형이 적합하다는 입장과 교육대학, 사범대학 등 목적형 교사양성기관 졸업자를 우선임용하자는 입장의 대립을 말한다. 공개전형은 실적주의와 직업공무원제하에서 보편적으로 활용되는 공무원 충원 방식으로 공직임용의 기회 균등과 민주성, 형평성을 보장할 수 있는 제도라는 점에서 지지되고 있다. 우선임용제를 지지하는 입장은 목적형 교사양성기관 졸업자를 우선임용, 의무복무하게 하는 것이 교직에 대한 사명감과 소양을 갖춘 보다 우수한 교사를 충원할 수 있는 방법이라고 본다.

둘째, 학교별 임용과 시 · 도교육청별 임용이다. 영미권 국가에서 학교별로 교사를 임용하는 반면, 우리나라를 포함한 프랑스, 일본은 지방교육행정기관이 임용 주체가 된다. 우리나라에서 교원은 국가공무원이나 국가의 위임에 따라 임용권자는 교육감으로 되어 있다. 우리나라와 같이 전국적으로 동일한 임용시험을 통해 교사를 선발할 경우, 시 · 도교육청 내, 시 · 도교육청 간 교사 이동을 원활하게 할 수 있다는 장점이 있다. 반면 학교별로 교사를 임용할 경우, 학교공동체 구축, 학교자치, 학교자율성 확대 등의 장점이 있다. 다만 학교단위로 교원을 임용할 경우, 학교 간 교사 충원 여건과 능력 차이로 인해 학교 간 교원의 질적 격차가 커질 수 있다는 문제점이 있다.

셋째, 임용시험 방식에서 지필시험 개선과 역량 평가제 도입이다. 1991년 임용시험제도가 도입된 이래 시험의 절차, 내용과 방법은 여러 차례 변경되었다. 그럼에도 불구하고 임용시험제도 개선에 대한 논의는 지속되고 있다(은지용 · 박상준, 2014). 이는 임용시험제도의 문제가 시험 방법, 평가 요소의 타당성, 신뢰성 등 평가학적, 기술적 문제일 뿐 아니라 지필시험 중심의 공개전형 제도가 갖는 본질적인 한계에 기인한다고 볼 수 있다.

이에 따라 교사 임용에서 지필시험 대신 또는 이를 보완하여 역량 평가를 실시하자는 의견이 제시되고 있다(정미경 외, 2011; 최석민 외, 2015). 이러한 역량평가는 학생들의 학습에 긍정적인 영향을 미치는 교사의 질, 교사의 신념과 행동, 직무수행 등에 관한 연구에 근거하여(Kimbrel, 2019), 문제상황에 대응하는 능력, 교사역량(비판적 사고력, 의사소통, 협력 등)을 평가하는 데 초점을 둔다. 교사양성교육을 이수하는 동안 학생들이 작성한 포트폴리오 활용, 예비교사의 발달 기록(학점, 동아리 활동, 봉사활동, 인 · 적성검사 기록 등) 반영 등을 생각해 볼 수 있다. 그러나 역량평가는 임용시험과 같은 객관성, 공정성을 보장하기는 어려우며 임용시험에 비해 고비용이라는 문제도 있다.

교사를 선발하는 방법, 임용 방식의 문제와 함께 교사임용에서 쟁점이 되는 것 중 하나는 교사양성교육과 교사임용의 분리이다. 현행 임용시험과 대학의 교사양성교육은 별개의 논리와 주체에 의해 운영되고 있다. 대학은 졸업장과 교사자격증을 줄 뿐 임용시험을 대비하는 데 별 도움이 되지 않는다. 심지어 교사양성기관이 많은 비용을 들여 학원 강사를 특별 초빙하여 임용시험 특강을 주선, 제공하기도 한다(서민원, 2007: 59-60). 4년간의 교원양성교육의 결과는 거의 무시된 채 지필고사와 면접을 토대로 교사 선발이 이루어지고 있고, 학생들은 교사양성대학에서의 교육은 소홀하게 여기고 시험 준비는 사설 학원에 의존하는 부작용이 발생하고 있기(권동택, 2017) 때문이다.

이러한 문제를 해결하기 위해 교사임용 시 대학 성적 반영 비율을 높이거나 포트폴리오 활용, 예비교사의 발달 기록 활용 등의 방법을 생각해 볼 수 있다. 프랑스, 독일과 같이 임용시험 합격자에 한해서 현장 교육실습을 하고 이를 교사자격 취득에 반영하는 방안을 생각해 볼 수 있다. 예비교사들이 교사양성과정 동안 전문 교사로서 교육받는 데 많은 시간을 투여할 수 있도록 양성과 임용을 유기적으로 연계하기(박영숙 외, 2017: 330) 위한 노력은 지속되어야 할 것이며, 다음과 같은 질문들을 고민해 볼 수 있다.

- 우수한 교원을 확보하기 위해 어떤 임용방식이 가장 적합한가?
- 현행 임용시험제도의 문제점을 개선하기 위한 대안적인 임용방식은 무엇인가?
- 교사양성교육과 교사임용을 연계할 수 있는 방안은 무엇인가?

핵심 용어

- 인사행정
- 인적자원관리
- 교육공무원
- 교원자격
- 무시험검정
- 자격연수
- 교직 적성 · 인성검사
- 표시과목
- 교원자격갱신제
- 교원양성위원회
- 교원양성교육과정
- 교원양성체제
- 사범학교
- 교육대학
- 교원 임용
- 신규채용
- 의무복무제
- 공개전형
- 임용시험
- 중초임용
- 수석교사
- 교육전문직
- 기간제교원
- 교장공모제
- 승진제도
- 전직제도
- 전보제도

생각해 볼 주제

- 인사행정의 영역은 인적 자원의 확보, 개발, 유지 · 활용, 평가, 보상 등으로 구분해 볼 수 있다. 교원양성제도와 임용제도는 우수한 교원을 확보하기 위한 제도이다. 우수한 교원을 확보하기 위해 교원양성과 임용제도에서 개선되어야 할 점에 대해서 자유롭게 토론해 보자.
- 신규교사 채용 방식은 학교별 임용제, 의무발령제와 공개전형제 등으로 구분해 볼 수 있다. 각 제도의 장단점을 생각해 보자. 어떤 제도가 우수한 교사를 선발하는 데 가장 적합한 방법인가 생각해 보자.
- 교사들이 근무하는 학교를 일정한 주기로 변경하는 교사 전보제도는 학교 간 교사의 질과 교사 간 근무 여건을 균등하게 유지하는 주요 장치로 활용되어 왔다. 그러나 교사들의 주기적인 전보로 인해 학교공동체를 형성하기 어렵고 여건이 어려운 학교는 교사들의 전보가 더 빈빈하게 이루어지고 있다는 문제도 있다. 교사 전보제도를 현재와 같이 4년 이하의 주기가 아니라 10년 주기로 운영할 때의 장점과 문제점에 대해 생각해 보자.
- 초등교사 양성체제 개편 방안에 대해 생각해 보자. 우수한 초등 교원의 확보와 교육을 위해 현 교육대학 체제, 교육종합대학 체제(교원대학교 모델), 종합대학 내 단과대학(제주대 모델), 대학원 수준의 교사양성, 초등과 중등교사양성과정 통합 등 어떤 교사 양성체제가 가장 적합할 것인지 각 체제의 장단점에 대해 생각해 보자.

참고문헌

고재천 · 박경묵 · 김은주 · 이정선 · 고전 · 권동택(2005). 초등교사 양성교육을 위한 교사론 프로그램 및 지도방법 개발 연구. 교육인적 자원부.
교육부(1998). 교육50년사. 교육부.
교육부(2011.6.29). 30년 교육계 숙원 사업, 수석교사제 드디어 법제화. 보도자료.
교육부(2013.11.26). 2014년 수석교사 선발 · 운영 계획 발표. 보도자료.
교육부(2014.10.2). 2015학년도 유 · 초등교사 임용시험 공고 현황. 보도참고자료
교육부(2014.10.24). 2015학년도 국 · 공립학교 중등 및 비교과 교사 선발시험 공고 현황. 보도자료
교육부(2019). 2020학년도 교장공모제 추진계획(안).
교육부(2020). 2020년도 교원자격검정 실무편람. 교육부.
권동택(2017). 임용고시 운영의 문제와 개선방향. 2017 한국교육학회 교육정책포럼 자료집, 53-75. 한국교육학회.
김갑성(2009). 서울특별시의 교사순환전보제도. KEDI 칼럼. https://www.kedi.re.kr/khome/main/research/select ColumnForm.do?acNum0=6859 (검색: 2015.7.1).
김갑성 · 김이경 · 박상완 · 이현숙(2009). 학교 교육력 제고를 위한 교원 인사제도 개선에 관한 연구. 서울특별시 중등교사 순환전보제도를 중심으로. 한국교육개발원.
김갑성 · 김이경 · 주현준 · 이근호(2012). 중등교원 전보제도 개선을 위한 연구. 한국교육개발원.
김갑성 외(2009). 교원양성체제 개편 방안 연구. 한국교육개발원.
김갑성 외(2012). 중등교원 전보제도 개선을 위한 연구(CR2012-54). 한국교육개발원.
김갑성 · 주현준(2013). 중등교원 전보제도 개선에 관한 연구: 대구광역시 사례를 중심으로. 중등교육연구, 61(4). pp.841-869.
김병찬 · 김갑성 · 박상완 · 송경오 · 이기영(2018). 교원양성 및 임용체제 개편 방안. 대통령직속 국가교육회의.
김수영 · 전제상(2005). 신 교육행정의 이해. 서울: 양서원.
김이경 외(2004). 교원자격·양성제도 개편방안 연구. 서울: 한국교육개발원.
남정걸(2006). 교육행정 및 교육경영. 서울: 교육과학사.
류방란 · 박상완(2004). 교원 임용 시험 가산점 위헌 결정에 대한 정책적 대응방향. 한국교육개발원. 교육연구개발 연계체제 이슈페이퍼. RM 2004-60, 111-136. 서울: 한국교육개발원.
박남기(2011.08). 초등교육 미래 비전에 비추어본 초등교원 양성 교육 개편 방향. 초등교육연구, 24(3). pp.325-348.
박상완(2007). 교원양성 교육과정의 발전방향과 과제. 한국교원교육학회. 교육력 제고를 위한 교원교육의 발전방향과 과제 (2007년 제49차 교원교육 학술대회) (pp.21-56). 한국교원교육학회.
박상완(2013). 지방분권과 교육. 한국학술정보.
박상완(2015). 역사적 제도주의 관점에서 교장공모제도 변화 분석: 정책변화의 경로의존성을 중심으로. 교육행정학연구, 33(3), 323-350.
박영숙 · 양승실 · 황은희 · 허은정 · 김갑성 · 김이경 · 전제상 · 정바울(2017). 교직환경 변화에 따른 교원 정책 혁신 과제(Ⅰ): 교원 양성 및 채용 정책의 혁신 과제. 연구보고 RR 2017-06. 충북: 한국교육개발원.
서민원(2007). 교원선발제도의 평가학적 검토와 개선과제. 교육평가연구, 20(2), 51-76.
서울특별시교육청(2019). 2020년 수석교사 선발 · 운영 계획. 미발간유인물.
서정화 외(1995). 교육인사행정론. 한국교육행정학회.
송기창 외(2014). 교원의 복무와 교직단체 (115-151). 중등교직실무. 서울: 학지사.
심성보 · 박채형 · 이광현 · 강이화(2015). 부산교육대학교 교육과정 개정을 위한 기초 연구. 부산교육대학교 교육과정연구팀. 미발간 연구보고서.
오석홍(2013). 인사행정론. 제7판. 서울: 박영사.
오영재(2004). 초등 교사들이 선호하는 학교의 조건과 그 이유. 교육학연구, 42(3). pp.349-374.

유민봉 · 박성민(2014). 한국인사행정론. 제5판. 서울: 박영사.박영사.
유한구 · 김양현 · 송광용(1994). 교육대학 교육프로그램의 평가. 서울교육대학교 논문집, 27. pp.195-318.
윤정일 외(2015). 교육행정학원론. 서울: 학지사.
은지용 · 박상준(2014). 초등교사 임용시험 체제의 진단과 개선 방안. 열린교육연구, 22(2), 67-95.
이윤식 · 한만길 · 유현숙(1992). 교사 신규채용 및 전보제도 개선 연구. 수탁연구 RR92-32. 한국교육개발원.
이종수(2009). 행정학사전. 대영문화사.
이홍우(1980). 교원교육과 교직과정: 대학 교육과정과 교직 교육과정. 중등 교원양성기관의 교직과정 운영에 관한 세미나 보고서(pp.40-49). 서울대학교 사범대학 교육연구소.
전제상(2013). 교원인사(pp.321-353). 한국교육행정학회 편. 한국교육행정학연구 핸드북. 학지사.
정미경 · 김갑성 · 류성창 · 김병찬 · 박상완(2010). 교원양성 교육과정 개선 방안 연구. 연구보고 RR 2010-11. 한국교육개발원.
정미경 · 김정원 · 류성창 · 박인심(2011). 교사 선발방식 개선 방안 연구. 연구보고 RR 2011-05. 서울: 한국교육개발원.
정성수 · 송영명(2018). 초 · 중등 교원양성대학의 통합 방안: 교 · 사대를 중심으로. 학습자중심교과교육연구, 18(16). pp.343-366.
정진곤 · 황규호 · 조동섭(2004). 교원양성체제 개편 종합방안 연구. 교육인적 자원부.
조동섭 · 안병천(2008). 교사들이 선호하는 학교의 조건과 특성. 초등교육연구, 21(1). pp.371-386.
조동섭 · 이도영 · 박승규(2004). 초등교원 양성교육의 문제와 개선방안. 교육논총 23권. 경인교육대학교 초등교육연구소.
주영주 외(2005). 교원양성체제 개편 후속조치 정책연구. 교육인적 자원부.
최석민 · 김병주 · 김도기 · 박수정 · 정성수(2015). 신규교사 임용시험 제도개선 정책연구. 전국시도교육감협의회, 대구광역시교육청.
한공우(2000). 교육행정 및 교육경영. 동문사.
한국교원단체총연합회(2012.7.24). 한국교총-한국초중등수석교사회 수석교사 법제화 1주년 기념식 개최. 보도자료.
한국교육개발원(2014). 2014 교육통계연보
한국교육과정평가원 http://www.kice.re.kr/sub/info.do?m=010603&s=kice
한만길(1992). 교원전보제도의 발전방향. 교육개발, 제79호. pp.43-51.
행정학용어표준화연구회(2010). 이해하기 쉽게 쓴 행정학 용어사전. 새정보미디어.

Castetter, W. B. & I. P. Young(2000). *The Human Resource Function in Educational Administration*, 7th edition. Upper Saddle River: Pearson Education.
Eurydice(2009). Organization of the education system in France. Brussels: Eurydice.
Kimbrel, L. A.(2019). Improving the teacher hiring process through the combination of teacher quality and employee selection research. AASA Journal of Scholarship and Practice, 15(4), 14-21.

CHAPTER 07

교원의 전문성 개발

전제상(공주교육대학교)

'교육의 질은 교원의 질에 의해 결정된다'는 말처럼 교원의 질은 교육의 질과 성패를 좌우하는 핵심 요인으로 작용하고 있다. 교직 전문가로서 교원은 자신의 직무수행능력 개선과 전문적 지식 및 정보의 습득, 교직소양 등을 고도화하기 위해 교직생애 동안 지속적으로 학습하고 연찬해야 할 책임과 의무가 있다. 교원의 전문적인 자질과 능력은 교직생활 전 생애에 걸친 계속적인 학습을 통해 점진적으로 계발 및 육성된다. 교원의 전문성 개발 접근으로는 교원에 대한 연수, 장학 행정, 평가 등을 포함한다. 이 장은 교직 특성과 교원의 전문성, 교직생애발달과 직무수행, 교원 연수와 장학, 전문적 학습공동체, 교원 평가, 주요 쟁점으로 구성되었다.

1. 교직 특성과 교원의 전문성

가. 교직의 특성

교직의 성격과 특수성

직업이란 인간에게 있어서 일상적으로 종사하는 업무이면서 생계를 유지하기 위한 일이다. 직업은 자신의 능력에 따라 어떤 목적을 위하여 종사하는 일을 말한다. 직업은 개인이 일상적으로 종사하는 생업이며, 개인의 능력을 지속적으로 발휘하는 활동임과 동시에 사회적 분업 활동에 참여하는 것이다(이범웅 · 허숙, 2014: 17).

교직은 학생을 가르치는 일에 종사하는 것을 의미한다. 교직은 일반 직업과는 달리 차별적인 특성을 가진다. 교직만이 갖는 독자적 특성은 교원과 학생의 특수 관계로 인한 차이점을 반영하고 있다.

- 교직은 인간을 대상으로 하는 직업으로 인간 그 자체를 주 대상으로 한다.
- 교직은 인간의 정신생활을 돕는 일을 한다.
- 교직은 미성숙한 인간을 대상으로 한다.
- 교직은 봉사에 기반을 두고 있다.
- 교직은 국가와 민족발전에 지대한 영향을 주는 공공성을 지니며, 나아가 인류발전에 기여하는 역할을 담당하고 있다.

이러한 교직의 특수성에 비추어 보면 교직에 종사하는 교원들은 자신이 하는 일에 대한 소명 의식과 더불어 제자를 사랑하고 가르치는 일에 대한 열정이 있어야 하며, 진리탐구에 대한 태도와 자세 등을 겸비해야 한다.

교원의 역할과 전문성

역할이란 사회의 어떤 지위에 있는 사람에 대하여 사회구성원들이 공통적으로 기대하는 행동양식을 말하는 것이라면, 교사의 역할이란 교사들이 의식적으로 수행하며, 또 교사들이 해야 한다고 다른 사람들이 인정하는 포괄적인 행동 방식을 말한다. 이러한 교원의 역할에 더해서 지금까지 교사의 역할을 연대순으로 종합, 분석한 결과(전제상, 2001)에 의하면, 교원의 역할은 학교조직의 목적을 달성하기 위해서 교사가 수행해야 할 역할은 일차적으로 교과지도자로서의 역할, 생활 및 특별활동지도자로서의 역할, 학급경영관리자로서의 역할, 연구 및 연수자로서의 역할, 행정사무관리자로서의 역할, 학부모 및 지역사회관계자로서의 역할 등으로 정리될 수 있다.

교원의 역할에 비추어 볼 때 교직의 특성은 어떠해야 하는가 하는 문제가 제기되는데, 이것은 결국 교직을 어떠한 관점으로 바라볼 것인가 하는 문제로 귀결된다. 교직관은 교직에 대한 인식의 틀로서 교직이라는 '직업'을 어떻게 파악하느냐 하는 문제이며, 넓게는 교육관과 좁게는 교사관에 연결된 개념구조를 갖는 특성을 지닌다. 교직은 일반적으로 성직, 전문직, 노동직의 세 가지 관점에서 많이 논의되어 왔다. 이와 같은 3가지 교직관 중 어느 하나의 관점을 취할 것인가에 대한 논의는 교직이 하나의 직업으로써, 그리고 공교육체제가 도입된 직후부터 생겨났다. 그러나 교직의 특성과 관련한 본격적인 논의는 1966년 유네스코(UNESCO)와 국제노동기구(ILO)가 공동으로 채택한 교원의 지위에 관한 권고(Recommendations concerning the Status of Teachers)에서 교직을 전문직으로 규정하면서부터이다.

유네스코는 "교직은 전문직(profession)으로 간주되어야 한다. 그것은 엄격하고도 계속적인 연구를 통하여 습득 유지되는 전문적 지식과 기술을 필요로 하는 공공적 업무의 하나이다. 아울러 그것은 교원들에 대하여 그들이 담당하고 있는 학생들의 교육과 복지를 위하여 개인적 · 집단적인 책임감을 요구한다(권고 6항)."고 선언하고, 교원의 책임으로 "모든 교원은 교직의 지위가 적지 않게 교원 자신에게 달려 있다는 사실을 인식하고 자기의 모든 직무에 있어서 가능한 한 최고의 수준에 도달할 수 있도록 노력하여야 한다(권고 70항)."고 권고하고 있다. 이와 같이 교원은 전문직 종사자로서 최고의 직무 수준에 도달하기 위해 최대한 자기 계발에 노력해야 한다는 점을 특별히 강조하고 있다.

나. 교직의 전문성

교직의 전문성이란?

일반적으로 전문직은 그 직종이 일반의 사람들이 가지지 못하는 특수한 지식과 능력을 필요로 하며, 그것을 구유하기 위해 오랜 기간의 교육훈련과 그를 공적으로 확인해주는 자격증의 구비를 필요로 한다. 전문직 종사자는 고도의 지식과 능력에 기초한 자율적이고 합리적인 판단에 따라 직무를 수행하며, 자율적 판단에 따라 수행하는 활동에 대해 사회적 책무를 지고, 자율적인 조직과 규율을 통해 그 권한과 책임을 스스로 통제하고 감당한다.

교사가 교직을 성공적으로 수행하기 위해서는 교직의 특수성에 따른 전문성을 갖추고 있어야 한다. 교직은 일반적으로 전문직으로 인식되고 있지만 사회변화에 따라 교직의 전문성이 지속적으로 도전받고 있다. 교직이 전문직으로 인정받기 위해서는 다음과 같은 조건들을 충족해야 한다.

- 교직은 일반 직종의 사람들과는 다른 특수한 지식과 능력을 구비하고, 장기간의 교육과정을 거쳐 공인된 교사 자격증을 취득해야 한다.
- 교직은 전문성을 바탕으로 하여 자율적이고 합리적인 판단에 따라 수업활동을 수행할 수 있어야 한다.
- 교직에 근무하는 교사는 근본적으로 다른 사람의 발전을 위하는 일을 하는 것으로 이타적인 봉사 역할을 수행해야 한다.
- 교사는 학생의 발달 수준을 이해하고, 이에 맞는 교육활동을 전개해야 할 책무를 가진다.
- 교사는 미성숙한 학생을 대상으로 교육을 하기 때문에 교사의 지도방식이 학생의 성격, 능력, 태도 등에 커다란 영향을 미치게 된다. 따라서 교사의 행동은 높은 책임성과 윤리성을 지닌다.
- 교직 종사자로서 교사는 자신의 권리를 옹호하고 전문성 신장과 자율적인 교육활동을 위한 교직단체를 결성하고 교원 윤리강령의 제정을 통해 스스로의 권익과 책임을 통제 · 감당하는 특징을 가진다.

교직 전문성의 지식 기반

교직의 전문성은 학생들의 잠재능력을 개발하고 그들을 우수한 인재로 육성하는 데 필요한 특수한 지식과 능력과 자질 등을 전제로 출발한다. 그러므로 교직은 교사의 전문성이 반드시 필요한 것이며, 특별한 양성과정과 능력계발 과정을 통해 구비되고, 교원자격증에 의해 공인된다. 그렇지만 교사의 전문성은 그 역할 수행과 관련하여 시대와 사회의 요구에 부합하는 방식으로 그 교육적 요구에 필요한 지식, 능력과 자질들을 기반으로 재정의될 필요가 있다.

전통적인 측면에서 보면, 교사의 전문성은 수업 전문성에 기반하고 있다. 교사는 수업활동을 통해 교직이 다른 직업의 세계와 어떻게 다르고, 그것은 전문적으로 준비되지 않는 한, 아무나 할 수 없는 것임을 확인하게 된다. 이와 같은 수업 전문성과 관련하여 Grossman(1990)은 교사가 갖추어야 할 전문적 지식의 영역을 일반교육학과 교과 지식, 교과 수업 지식, 수업의 배경을 이루고 있는 주변 여건에 대한 상황 지식으로 제시하였다(곽병선, 2002).

- 일반교육학 지식은 수업을 중심으로 한 지식, 신념, 방법에 관한 지식이다. 여기에는 학습자와 학습에 관한 지식, 학급경영에 관한 지식, 교육과정 및 수업에 관한 지식과 함께 교육의 목적과 목표, 교육과정 편성의 일반원리, 평가의 원리에 관한 지식 등이 포함된다. 또한 교과지식은 교과 내용지식, 교과영역의 핵심구조와 구문구조로 구성된다. 여기서 교과 내용지식은 교과 영역에서 지식체계를 이루는 사실과 개념, 그리고 이들 간의 관계에 관한 지식을 말하며, 교과영역의 핵심구조는 교과영역에서 탐구문제를 제기하는 형식이나 지식을 조직하는 방법에 관한 지식을 말하고, 교과영역의 구문 구조(syntactic structure)는 교과영역 안에서 지식임을 입증하는 증거를 이해하고, 증명하는 지식, 또는 교과영역 안에서 어떻게 지식에 관한 명제가 교과 구성원들 간에 평가되는가에 대한 지식을 말한다.
- 교과 수업 지식은 교사가 일반 교육학 지식과 교과 지식을 사용하여 수업을 전개할 때, 교과의 특수성에 작용하는 지식을 특별히 변별하여 지칭하는 용어이다. 이것은 교사가 수업에서 다루는 교과 주제, 사용하는 아이디어의 제시 방식, 가장 자신 있게 사용하는 유추, 삽화, 보기, 설명, 시범과 관련된 것으로서, 다른 말로 말하면, 교사가 교과 지식을 가르칠 때 학생들이 쉽게 터득할 수 있는 방법으로 교과를 구성하고 제시하는 방법에 관한 지식을 말한다. 이것은 다시 4가지 구성 요소로 구분된다. 그 첫째는 학년 수준에 따른 교과 교육의 목적과 신념체제와 관련된 지식이다. 둘째는 학생들이 교과를 얼마나 이해하고 있는가를 이해하는 지식이다. 교과내용을 잘 가르치기 위해서는 교사가 학생들이 관련 교과를 얼마나 잘 알고 있는지 또는 잘못 알고 있는지를 사전에 아는 것을 말한다. 셋째는 교육과정에 관한 지식이다. 이는 수업에 동원할 수 있는 교육과정 자료가 무엇이며, 교과내용의 수평적·수직적 관계를 아는 것과 같은 것이다. 넷째는 특정 내용을 가르치는 데 있어서 예시, 은유, 실험, 시범, 설명, 활동 방식 등과 같은 유용한 수업전략이나 제시 방식이 무엇인가를 아는 지식을 의미한다.
- 상황 지식은 학습자 개개인의 특수성과 관련된 것으로서 학교가 속한 사회의 요구가 무엇인지를 아는 지식이다. 수업은 주어진 특정 상황에서 이루어진다. 따라서 국가와 지역 수준의 교육방침, 지역주민의 교육에 대한 기대, 학교문화, 교풍, 학부모의 경제 사회적 배경, 강점과 약점 등이 무엇인지를 아는 것은 수업을 보다 의미있게 전개하는 데 매우 중요하다. 예컨대, 수행평가를 강조하는 교육청의 방침이나 대학입시의 경향, 학생의 가정환경을 이해하고 그에 부합되는 방식으로 가르칠 때 수업의 효과는 배가될 수 있다.

교직 전문성의 능력 기반

교사의 전문성에 대한 전통적인 관점은 수업에 초점을 맞춘 지식에 집중되어 있다는 문제를 지닌다. 물론 그 지식 속에 방법과 신념에 대한 지식을 포함시키고는 있지만, 교사의 다양하고도 새로운 역할을 생각할 때 지식에 근거한 전문성은 분명 한계를 가지고 있다. 이러한 문제의식에서 미국의 전문교사자격기준위원회(National Board for Professional Teacher Standard)는 교사의 전문성을 평가하는 5대 핵심 기준을 다음과 같이 제시하였다.

- 교사는 학생과 그들의 학습을 위해 헌신해야 한다. 이를 위해서는 학생 개인차에 대한 인식과 그를 고려한 지도, 학생의 발달에 대한 이해, 학생 개개인에 대한 공평한 대우, 학생의 지적 능력 개발에 대한 소명감 등을 지니고 있어야 한다.
- 교사는 담당교과의 지식과 그것을 가르치는 방법을 알고 있어야 한다. 이를 위해서는 지식의 생산과 조직, 다른 교과와의 연계에 대한 이해, 교과 지식의 효과적인 교수법에 대한 이해, 다양한 지식 탐구방법에 대한 충분한 이해 등을 지니고 있어야 한다.
- 교사는 학생 학습을 촉진하고 파악하는 책임을 다해야 한다. 이를 위해서는 목표에 도달하는 다양한 방법의 활용, 집단학습 상황에서의 효과적인 학습지도, 학습자의 자발적 참여 유도, 학생의 진도에 대한 정기적 평가, 투철한 목표의식의 공유 등을 효과적으로 수행해야 한다.
- 교사는 그의 직무를 체계적으로 생각하고 경험으로부터 배워야 한다. 이를 위해 교사는 매순간 그들의 판단을 시험하는 상황에서 어려운 결정을 내리고, 타인과 그들의 직무 향상을 돕는 연구 및 학문으로부터 충고를 지속적으로 경청해야 한다.
- 교사는 학습 공동체의 구성원임을 인식해야 한다. 이를 위해 교사는 동료교사들과 협력하여 학교의 효과 증진에 기여해야 하며, 학부모들과 협력하고, 지역사회의 자원을 효과적으로 활용해야 한다.

교직 전문성 개념의 재구조화

교사의 전문성은 지식만이 아니라 자질과 태도 등을 포함한 능력과 신념의 요소들을 개념적으로 내포하고 있음을 알 수 있다. 이러한 점을 고려하여 학생들의 잠재능력 개발과 우수한 인재로의 육성에 필요한 지식과 능력 및 자질을 토대로 몇 가지 측면에서 교사의 전문성을 다음과 같이 재구조화할 수 있다(조동섭, 2006).

- 지식 기반 전문성은 수업과 학생지도 등의 지식에 기초한 전문성이다. 그것은

Grossman 등이 제시하는 일반교육학과 교과지식 및 교과교육학에 관한 지식, 교과수업과 관련한 여러 가지 지식의 다양한 활용 방법에 관한 지식, 그리고 교육활동 수행과 관련된 제반 배경이 되는 상황적 지식이 그 기반이 된다.

- 능력 기반 전문성은 지식을 활용하여 학교교육활동을 성공적으로 수행할 수 있는 직무수행 능력과 관련된 전문성이다. 그것은 지식을 성공적으로 생산, 저장, 처리, 유통, 활용하는 능력으로서, 직무의 수행과 직접적으로 관련되어 있는 다양한 역할 수행과 관련된 능력, 즉 수업수행능력을 포함하여 학급경영능력, 학생상담능력, 지도력 등이 그 기반이 된다. 이때 지도력은 미래 상황에 대한 대처능력을 포함하여 학생들에게 비전을 제시하고 그 비전을 실현하도록 자극하고 안내하는 능력 등을 포함한다.
- 신념 기반 전문성은 교직 수행과 관련한 적성과 인성, 뚜렷한 교직관과 소명의식, 그리고 태도 등 교직소양과 자질에 관련된 전문성이다. 그것은 교사로서의 적성과 바람직한 인성의 구비, 교육목적과 학생교육에 대한 뚜렷한 신념, 교사를 천직으로 여기고 그 사명을 소명으로 실천하는 정신력, 교사로서의 긍지와 자신감, 정의로움과 공정함을 가지고 학생들을 공평하게 대우하고 애정과 열정으로 지도하는 성실하고 정직한 태도 등이 그 기반이 된다. 신념 기반 전문성에는 전문직 종사자로서 사회적 책무를 느끼고 헌신과 봉사를 삶의 중요한 덕목으로 삼는 태도 등을 포함한다.

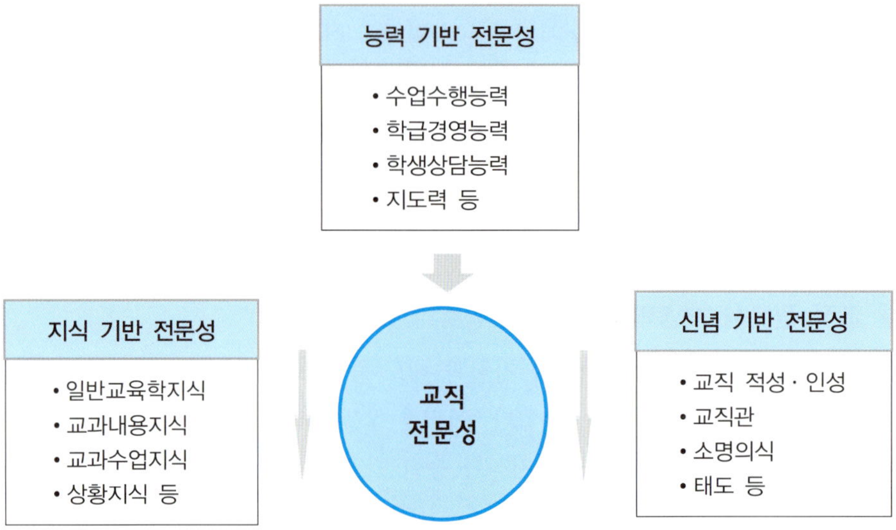

[그림 7-1] 교직 전문성의 개념 재구조화

이상의 교사의 교직 전문성을 3가지 측면에서 정리하여 제시하면 앞의 [그림 7-1]과 같다(조동섭, 2006).

교직의 전문성 저해 요인

교직은 특별한 사유가 없는 한 62세 정년이 보장된다. 이는 직업의 안정성에서 긍정적인 측면으로 작용하지만, 자기 계발을 소홀히 하는 부정적인 측면을 동시에 가진다. 교사가 직무를 효율적으로 수행하기 위해서는 교직환경 변화의 특징과 교사의 역할 변화에 능동적으로 대처해야 한다. 미래사회에 예견되는 교직환경 변화의 대표적인 특징으로는 교직환경 저출산 및 고령화로 인구구조의 변화, 과학기술 혁명의 급속화, 지식기반경제 중심의 산업구조의 변화, 세계화 · 국제화의 가속화, 다양화 속의 양극화, 가치관의 다양화 등이 있다.

교직이 전문직으로서 교사들이 학생을 가르치고 있지만 교직의 전문성을 저해하는 요인들이 다양하게 상존하고 있다. 현장 교원들은 교직을 전문직이라고 주장하고 있지만 현실적인 여건에서는 전문적인 교육활동에 전념하기 어려운 여건에 처해 있다. 이러한 교직의 전문성을 저해하는 요인을 진단 및 분석하여 대안을 모색하는 것이 필요하다. 현실적으로 교직의 전문성을 저해하는 요인들은 다음과 같다(이범웅 · 허숙, 2014: 46-49).

- 고도화된 지식과 기능에 대한 요구 증대: 현대사회가 복잡 다원화되면서 교육의 역할이 증대되고 있으며, 교과지도 및 생활지도, 정보처리 및 외국어 능력 등과 같은 다양한 지식과 기능을 요구하고 있다.
- 전문적 직무 이외의 업무 과다: 교사는 가르치는 일 이외에도 공문 처리, 청소, 환경 구성, 담당 업무 처리 등으로 교재 연구에 집중할 시간이 부족하다.
- 교원집단의 대규모화: 교육이 대중화되면서 가르치는 일에 종사하는 교원의 수가 크게 증가하면서 교직을 일반 직업의 하나라는 인식이 확산되고 있다.
- 사회 일반인의 고학력화: 교육의 기회균등이 확대되면서 교사와 동등하거나 교사보다 높은 학력을 가진 일반인들이 많아졌다. 교원양성기관의 4년간 교육으로 교직의 전문성을 갖추었다고 주장하기가 곤란해졌다.
- 결과를 중시하는 비본질적인 교육활동: 교육은 과정을 중시한 교육활동에 많은 시간과 연구가 필요하다. 그런데 결과를 중시하는 교육활동을 강조하다 보면 교육의 본질이 약화되고 비교육적 활동에 빠져들기 쉽다.
- 가르쳐 본 경험으로 인한 오해: 대부분 사람들은 일상생활에서 자녀교육, 학원 등 교습소에서의 공부, 과외 등을 통해 가르쳐본 경험을 가지고 있다. 사람들은 이러

한 경험을 확대하여 가르치는 일은 누구나 할 수 있는 일로 오해하기도 한다.

2. 교직생애발달과 직무수행

가. 교직생애발달

교직생애발달이란?

교원의 교직생애발달은 교사가 교직에 입문하여 교직을 떠날 때까지의 전 기간을 통하여 교사로서의 가치관과 신념, 지식과 기능 행동 등이 변화되어 가는 일련의 과정이다. 교사들은 교직생활에서 발생하는 각종 문제 상황을 스스로 해결해 나가면서 교육관, 교사관, 교육과정관, 수업지도관, 학생관 등에서 양적, 질적 성격의 다양한 변화를 겪게 된다. 이처럼 교직생애발달은 교직환경과의 접촉을 통하여 유기체에게 지속적으로 일어나는 변화로서, 양적인 변화뿐만 아니라 질적인 변화도 포함한다. 이러한 교사의 변화와 관련하여 교사발달(teacher development, teacher career development) 또는 교사사회화(teacher socialization)에 관한 많은 연구가 교사들이 어떻게 변화·발달해 가는가에 대한 다양한 이론적 모델을 제시하고 있다. 발달이란 환경과의 접촉을 통하여 유기체에게 지속적으로 일어나는 변화를 의미한다. 이러한 변화는 양적인 변화뿐만 아니라 질적인 변화도 포함하고 있다. 유기체의 기관이 양적으로 증대되고 구조와 기능에 있어서 정밀화되어 가는 변화의 과정을 말한다(이명주 외, 2015: 22-23).

교직생애발달 모형

교원의 교직생애발달에 관한 대표적인 모형으로는 Burke, Christensen, 그리고 Fessler 등(1984)이 제시한 교사발달 사이클 모델(teacher career cycle model)이 있다. 이 모델은 기존의 성인발달 및 교사발달에 관한 연구들에 대한 종합적인 분석을 기초로 구안되었다. 교사발달 사이클 모형은 교사발달을 개인적 환경 및 조직적 환경의 영향 관계 속에서 설명하고 있다. 이 모형의 핵심인 교사발달 사이클은 8개의 단계로 구성되는데, ① 교직이전단계, ② 교직입문단계, ③ 능력구축단계, ④ 열중·성장단계, ⑤ 직업적 좌절단계, ⑥ 안정·침체단계, ⑦ 직업적 쇠퇴단계, ⑧ 퇴직단계 등이다(강경석 외, 2011: 32-34).

교직이전단계는 교사교육을 받는 기간을 의미한다. 교직입문단계는 교사가 학교 현장에서의 일상적인 활동에 익숙해져 가는 기간으로서 임용 후 최초 수년간을 의미한다. 능력구축단계는 교수 기술과 능력을 향상시키기 위해 새로운 교수자료, 교수방법 및 수업 전략을 추구하는 시기이다. 열중 · 성장단계는 교사들이 높은 능력 수준에 다다른 후에도 계속적으로 전문성을 향상시키기 위해 노력하는 시기를 의미한다. 직업적 좌절단계는 교직에 대해 좌절감과 회의를 느끼는 시기로 소위 교사 소진(burn-out) 현상이 발생하는 시기이다. 안정 · 침체단계는 교사들이 수월성이나 성장 · 발달을 추구하기보다는 그저 현실안주나 현상유지에 머무르려고 하는 시기이다. 끝으로 직업적 쇠퇴단계와 퇴직단계는 교사들이 교직을 떠나려고 준비하는 시기와 교직을 떠나는 시기를 의미한다.

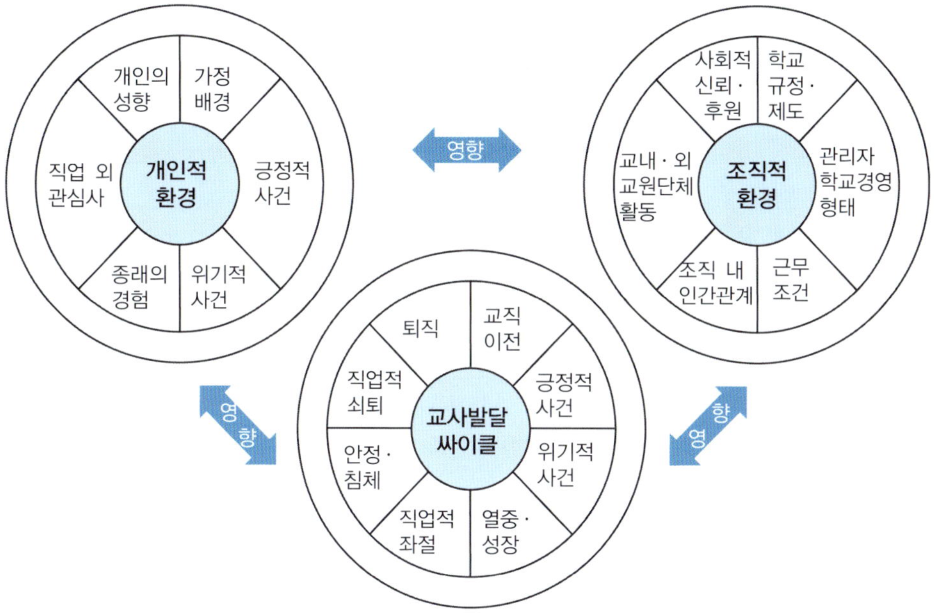

[그림 7-2] 교사발달 사이클 모델

교사가 위에 제시된 교사발달 사이클의 각 단계를 따라서 어떻게 변화 · 발달하여 가는가 하는 것은 교사가 경험하는 환경적 조건에 의하여 커다란 영향을 받는다. 환경적 조건은 개인적 환경과 조직적 환경의 2가지로 구분된다. 개인적 환경은 가정, 긍정적 사건, 위기적 사건, 종래의 경험, 직업 이외의 관심사, 개인의 성향 등의 요소가 해당된다. 조직적 환경은 학교규정 · 제도, 관리자 학교경영형태, 근무조건, 조직 내 인간관계, 교내 · 외 교원단체 활동, 사회적 신뢰 · 후원 등의 요소가 포함된다.

또한 교사 발달 단계 모형은 단순 · 직선적 사회화 단계 모형과 순환 · 역동 · 복합적 발달 모형이 있다. 단순 · 직선적 사회화 단계 모형은 교사의 교직사회화 과정을 단순히 한

가지 방향으로 발달한다고 보는 것으로, 단계별로 이행하는 과정을 직선적인 관계로 가정하는 것을 말한다. 순환·역동·복합적 발달 모형은 교사의 교직사회화 과정을 단순히 직선만이 아닌 복합적, 불연속적, 반비례적 성격을 띤다고 보았으며, 이에 따라 교직 발달단계의 규정은 규범적인 구조보다는 기술적인 것으로써 분석적으로 신중하게 기술되어야 한다. 교사발달단계에 대한 선행연구 결과들을 개관하면 〈표 7-1〉과 같다(손민호 외, 2010; 이명주 외, 2014).

〈표 7-1〉 교사발달단계 선행 연구

특징	연구자	교사발달단계구분
직선적 순차적 발달 모형	Fuller(1969)	교직이전단계 → 교직초기단계 → 교직후기단계
	Fuller & Bown (1975)	교직이전관심단계 → 생존관심단계 → 교수상황관심단계 → 아동관심단계
	Katz(1972)	생존단계 → 보강단계 → 갱신단계 → 성숙단계
	Gregorc(1973)	형성단계 → 성장단계 → 성숙단계 → 원숙전문단계
	Burden(1979)	생존단계 → 조정단계 → 성숙단계
	Unruh & Turner (1970)	교직이전단계 → 초기교수단계 → 안전구축단계 → 성숙단계
	Newman(1978)	교직경력 최초 10년까지의 시기 → 20년까지의 시기 → 30년까지의 시기
	Peterson(1978)	연령 20대의 시기 → 30대의 시기 → 40대의 시기 → 50대의 시기 → 60대의 시기
순환적 역동적 복합적 발달 모형	Burke, Chrissen, & Fessler(1984)	교직이전단계 → 교직입문단계 → 능력구축단계 → 열중·성장단계 → 직업적 좌절단계 → 안정침체단계 → 직업적 쇠퇴단계 → 퇴직단계
	Hurberman (1989)	생존과 발견단계 → 안정화단계 → 실험주의적 단계 → 평정단계 → 이탈 (1~3년) (4~6년) 재평가단계(7~18년) 31~40년

교사발달에 영향을 미치는 요인에 대한 연구들을 개관해 보면 〈표 7-2〉와 같다(손민호 외, 2010).

〈표 7-2〉 교사발달 영향 요인 연구

범주	연구자	교사발달 영향 요인
학급 차원	Doyle(1979)	학생집단과 학급생태
	Hargreaves(1988), Denscombe(1982), Sharp&Green(1975)	학급의 물리적 조건, 사회적 조직 요인, 환경적 상황 요인

범주	연구자	교사발달 영향 요인
학교 차원	Fenstermacher(1980)	학교가 갖고 있는 기관 특성에 대한 경험 요인
	Dreeben(1973) Giltin(1983)	학교가 갖고 있는 조직적 속성이 교사 직무에 미치는 영향
	Nigris(1988)	동료교사의 영향
	Carew & Lightfoot(1979)	교사문화
	Edgar & Warren (1969)	의미 있는 평가자의 태도
사회 차원	Hatton(1987)	학부모의 권력수준(사회경제적 배경 요인)
	Waller(1932)	지역사회의 맥락 혹은 압력 수준
	Apple(1967) Gittlin(1983) Wise(1979)	정치주도 세력이 교사와 교사의 직무성격에 대한 영향
	Dale(1977), Giroux(1980), Popkewitz(1985)	이데올로기, 문화

교직생애발달 단계별 특성

교사발달단계 모형들을 중심으로 각 단계별 특성들을 정리해보면 다음과 같다(손민호 외, 2010).

- 초임기(0~5년)는 교직에 입문하여 교직적응의 단계로, 모든 관심이 자신에게 집중되는 시기이다. 자신의 능력에 대해 고민하고 생존을 위해 노력한다. 이 시기는 제한되고 미약한 지식과 경험으로 인해 교사의 직전교육 프로그램과 교생실습 등 이론과 자신의 경험을 실제에 적용시켜 보고자 하는 단계이다. 학교의 문화나 지식들을 어느 누구도 알려주지 않는 것에 어려움을 겪기도 하며, 이에 따라 선배 교사들로부터 가르침을 필요로 하는 시기이다.
- 성장기(6~10년)는 교사들의 첫 번째 승급 관문인 자격연수를 통해 교사 스스로 자기 관심 분야의 자질을 발견하고 개발하는 시기이다. 교직 생활 전체에 대해 설계를 하는 시기이며, 자신이 설계한 계획과 현재 자신이 하고 있는 일이 일치하지 않는다면 불안감을 느끼며, 스스로 비효율적이며 비참하다고 느낄 수 있다. 또한 교사는 능력 개발을 위하여 교수활동에 필요한 지식을 넓히고 개발하며, 심화시키려고 한다.
- 성숙기(11~20년)는 각종 보직 교사를 경험하는 시기로, 근무성적과 연수성적 등을 관리하고 가산점을 얻기 위해 노력하는 시기이다. 성숙기에 도달한 교사들은 어느

정도 자신의 경력에 자신감을 가지며, 안정감을 느낀다. 자신의 일을 사랑하며, 학교에서 학생들과 상호작용하기를 기대하며, 그 동안 쌓인 폭넓은 교육적 경험과 지식을 바탕으로 주어진 업무를 수행하고, 전문성을 신장시키기 위해 노력하는 시기이다. 또한 초임기 교사를 도울 수 있는 역할을 수행하기도 한다.

- 좌절 · 침체기(20~25년)는 가르치는 것에 대하여 좌절과 환멸을 겪기도 하고, 직무만족감이 약해지는 시기이다. 교사의 이직률이 높아지는 시기에 해당되며, 맡은 바대로 일하고 있지만, 안정성을 추구할 뿐 수월성과 전문성을 추구하는 일에 몰두하지는 않는다. 혁신보다는 신중함을 추구하며, 새로운 것을 얻기보다는 가지고 있는 것을 고집하려는 보수주의적 태도가 나타난다.
- 원숙기(25년 이상)는 승진을 위해 마지막 노력을 다하는 시기로, 이 시기에는 경쟁관계에서 밀리게 되면 스스로 승진을 포기하는 교원이 나오게 되는 시기이다. 자신의 진로가 교수학습 전문가인지, 행정 관리직인지 목표를 분명히 인식하고 그에 따라 자격을 갖추는 시기이다. 교직경력이 30년 이상되면, 교직에 대한 높은 자긍심을 갖는 것과 반대로 생물학적 연령의 효과를 인식하며 힘과 정력이 떨어지는 시기이다. 또한 지나간 교직생활 시간을 회상하며 교직을 떠날 준비를 하는 시기이기도 하다. 그리하여 자신의 직업에 대한 투자보다는 다른 생활로 관심이 옮겨간다.

교직생애발달 유형

실제적으로 교사들은 자신의 개인적 특성이나 학교 현장의 구조적 · 운영적 특성과의 복합적인 관계 속에서 성숙한 단계에 이르기도 전에 교직에서 탈락하거나 또는 부적응의 상태로 상당기간 교직생활을 하는 교사도 있으며, 또 어떤 경우에는 비교적 빠른 시간 내에 성숙한 단계에 이르렀다가는 곧 좌절하거나 회의를 느끼는 교사도 있을 수 있다. [그림 7-3]은 교원의 교직생애발달에 따른 다양한 발달유형을 보여준다. 교사들이 개인적인 환경에서 경험하는 다양한 요소들, 그리고 조직적인 환경에서 경험하는 다양한 요소들 간의 복합적이고 역동적인 영향으로 인하여 교사들의 발달이 긍정적인 방향 혹은 부정적인 방향으로 순환적이고 복합적으로 이루어짐을 보여준다. 그림에서 보듯이 ㉮형, ㉯형, ㉰형, ㉱형 등 교사들의 발달 형태는 다양할 수 있다. ㉮형은 직선적 · 순차적 발달모형을 보이는 교사를 의미한다. ㉯형과 ㉰형은 초기에 교직 현장에서 필요한 가치관, 신념, 태도, 지식, 기능, 행동 등을 발달시켜 나가다가 어느 시기에 개인적, 조직적 요인에 의하여 부정적인 방향으로 후퇴하거나 다시 긍정적으로 변해가는 것을 보여준다. ㉱형은 교직생활을 시작하면서 바로 회의 · 좌절 등을 경험하고 이를 극복하지 못하여 얼마 못 가서 교직을 떠나는 형태를 보여준다(이윤식, 2000: 46).

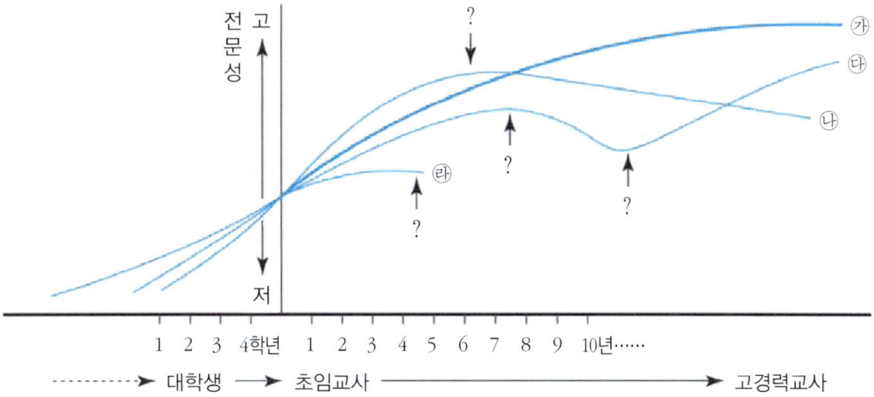

출처: 이윤식(2000). p.46.

[그림 7-3] 교직생애발달

나. 교사의 직무수행

교사의 직무

직무는 특정 직책이나 직업상에서 책임을 지고 담당하여 맡은 일을 의미한다. 직무는 조직의 목표에 따라 또는 사회의 요구나 변화에 따라 특정 직업의 특정 지위에 요구되는 책임, 수행하는 업무를 말하며 이러한 직무의 표준을 규정한 것을 직무 기준이라고 할 수 있다. 직무 기준은 특정 직무에 적합한 인재의 양성, 선발, 평가 과정 등 다양한 영역에 활용될 수 있다(이명주 외, 2014).

교사의 직무 및 직무 기준은 주로 교사의 역할에 근거하여 규정된다. 일반적으로 교사의 역할은 이상적인 교사상에 근거한 역할, 교사 주변 환경과의 관계에 의한 역할, 시대 및 사회변화와 관련한 새로운 역할 등 세 가지 범주로 구분할 수 있다(김이경 외, 2005). 이상적인 교사상은 성직관, 노동직관, 전문직관, 공공봉사직관 또는 공직관 등에 근거하여 규범적인 교사의 역할과 직무가 규정된다. 또한 교사의 직무는 학생과의 관계, 학급에서의 역할, 학교조직 구성원으로서의 역할, 사회적 측면에서의 역할 등 교사가 해야 할 과업에 기초하여 규정된다. 이때 교사의 역할과 교사 직무는 밀접하게 관련되어 있다. 아울러 교사의 역할과 직무는 시대 및 사회변화에 따라 달라질 수 있다. 즉, 사회변화에 따라 교사의 전문성 개념이 달라지고 교사는 교육과 훈련을 통해 교직에 적합한 능력과 태도를 기를 수 있으며, 이러한 맥락에서 교사의 직무는 고정되어 있다기보다는 시대, 사회의 변화에 따라 변화되어야 함을 강조한다(김혜숙 외, 2001).

교사 직무에 관한 주요 연구에서는 교사의 핵심적인 직무는 수업이지만, 실제 교사들은 수업 이외의 비전문가적인 부수적인 업무에 많은 시간을 할애하고 있다는 문제를 제기한다. 이에 따라 전문가로서의 교사가 수행해야 할 직무를 명확히 규정하고 교사와 학생을 지원할 인력을 확보함으로써 교사의 교육활동의 질 제고를 강조하고 있다(박영숙 외, 1999; 김이경 외, 2005).

교사의 직무영역

교사의 핵심 직무를 무엇으로 볼 것인가의 문제는 교사 업무부담과 직무 기준 설정 논의에서 핵심 쟁점이 된다. 학교 조직의 구성원으로서 교사가 해야 할 직무가 무엇인지 정의하기가 쉽지 않지만, 일차적인 근거는 각종 법규에서 찾을 수 있다. 「초·중등교육법」 제20조(교직원의 임무) 제3항은 '교사는 법령이 정하는 바에 따라 학생을 교육한다.'고 규정하고 있다. 기타 교사 직무 관련 법규는 「교육기본법」, 「초·중등교육법 및 시행령」, 「교육공무원법」, 「국가공무원법」, 「학교보건법」 등에 제시되고 있다(박영숙 외, 1999). 이들 법률에 규정되어 있는 교사 직무 관련 내용을 보면, 교사는 교육공무원의 신분을 가지며(「교육공무원법」 제2조 제1항), 교육을 담당하는 자로서 자질과 품성을 함양하기 위해 노력해야 한다(「교육기본법」 제14조 제2항). 또한 교사는 초·중등 각급학교의 교육과 관련하여 기본적으로 수행해야 할 역할과 업무 내용을 가진다(「초·중등교육법」 제38조, 제41조, 제45조). 이 밖에도 교사는 국가공무원으로서 관련 법인 「국가공무원법」에 의해 성실의 의무, 복종의 의무, 친절 공정의 의무, 비밀 엄수의 의무, 청렴의 의무, 품위 유지 의무 등을 가진다. 또한 소극적 의무사항으로서 교사는 직장 이탈 금지 의무, 영리 및 겸직 금지 의무, 정치운동 금지 의무, 집단행위 금지 의무 등을 이행해야 한다. 이처럼 교사는 그 직책상 다양한 직무와 역할을 수행할 것을 요구받고 있다. 교사의 직무에 대한 법률적 근거들을 종합해 보면, 교사의 직무는 크게 핵심이 되는 4가지 영역으로 ① 교과학습지도, ② 학생지도, ③ 전문성 신장, 그리고 ④ 학교경영이다.

교사 직무 분석 관련 선행연구에서도 교사의 직무를 다양하게 규정하고 있다. 예를 들어, 박영숙 등(1999: 253-255)은 학교의 내규, 교사 직무 규정 관련 법규뿐 아니라 학교교육계획서를 토대로 교무분장 업무 분석, 연간 학교행사 일정을 분석함으로써 교사 직무영역을 도출하였다. 이 연구에서 설정한 교사의 직무영역은 ① 수업지도(수업계획, 수업실시, 수업평가), ② 학생지도(학습지도, 생활지도, 특별활동), ③ 학급경영(계획, 환경조성, 자치활동), ④ 연수활동(교내연수, 교외연수, 행정관련연수), ⑤ 학교교육 과정 운영(학교일정편성, 교육과정 편성·운영, 학생자치활동지도, 방과후교육활동), ⑥ 지역사회 및 대외협력(지역사회관계, 학부모관계), ⑦ 학교행정사무(교부분장업무 및 행정처리), ⑧ 전문적 책임과 업무수행

등 총 8개와 19개의 하위 직무내용으로 구분된다. 이와 더불어 이 연구에서는 각 직무별 세부 활동과 각 영역별 직무 목표를 개발, 제시하였다.

김이경 등(2005)의 연구는 교사 직무 관련 법 규정, 시 · 도교육청의 교사 직무 실무 편람 등의 자료와 선행연구, 외국 사례, 전문가 협의회 등을 토대로 교사 직무 수행 기준을 개발하였다. 이에 따르면 교사의 직무 수행 영역 및 직무 기준은 ① 수업지도(수업계획 및 준비, 수업실시, 학습평가), ② 학생지도(생활지도, 특별활동지도), ③ 학급경영(학급환경조성, 학급자치활동 지도), ④ 학교교육과정 편성 · 운영(교육계획수립 참여, 학교교육과정 편성 · 운영), ⑤ 학부모 및 대외관계(학부모 관계, 대외관계), ⑥ 학교경영지원(학교 의사결정 참여, 경영지원업무), ⑦ 전문성 신장(전문가적 사명감, 연수활동, 연구활동) 등 7개 대영역과 15개 중영역으로 구분된다.

이러한 교사 직무영역에 관한 문헌과 자료를 검토해 볼 때, 교사 직무영역은 수업, 학생지도, 학급경영, 연수, 학교교육과정 운영, 행정사무, 학부모 관계를 포함한 대외관계 등을 공통으로 포함하고 있음을 알 수 있다.

3. 교원연수와 장학

가. 교원연수

교원연수의 개념과 의의

교원연수는 현직에 임용된 교원을 대상으로 하여, 교원의 전문성을 제고하며, 교원의 전문적 능력과 일반적 자질을 함양하며, 다양한 장소에서 다양한 방법으로 이루어지며, 공식적 과정과 비공식적 과정을 동시에 포함하며, 의무적 또는 자발적 활동의 각종 교육, 훈련을 포함하고 있다. 교원연수는 현직 교원을 대상으로 하는 각종 교육, 훈련 과정을 총체적으로 지칭하는 것으로 교원현직연수, 교원현직교육, 교원연수, 교원현직 교육 · 훈련, 전문성 개발, 교직원 개발, 교원계속교육 등으로 다양하게 불리고 있다. 이처럼 교원연수에 대한 개념 정의는 현직에 임용된 교원을 대상으로 하여, 교원의 전문성을 제고하며, 교원의 전문적 능력과 일반적 자질을 함양하며, 다양한 장소에서 다양한 방법으로 이루어지며, 공식적 과정과 비공식적 과정을 동시에 포함하며, 의무적 또는 자발적 활동의 각종 교육, 훈련을 포함하고 있다(전제상, 2010). 교원연수는 교원에게 필요한 품성과 자질 및 능력을 향상하도록 교원들을 자극하고 도와주는 일련의 과정이다. 전문직 종사자로서 교원에게 필요한 자질과 능력, 지식과 기술, 교육적 신념과 태도 등의 전문성을 심화하는 데 주된 의의를 두고 있다.

교원연수는 권리로서의 연수와 책무로서의 연수로 구분하여 이해되고 있다(이성은 외, 2011: 110-111). 권리로서의 연수는 연수 이수 여부는 교원의 권리를 행사하는 것으로 교원의 자유의사가 우선된다는 관점이다. 교원은 연수 이수에 따른 비용 지급이나 기타 우대 조치를 요구할 권리가 있으며, 연수를 받지 않더라도 교원의 신분을 유지하는 데 어떠한 불이익도 없다는 관점이다. 교원 연수 비용은 국가가 부담하고 정부나 시 · 도교육청이 다양한 연수과정을 개발 · 운영하며 지원해야 하는 관점을 취한다. 반면에 책무로서의 연수는 교원이 자신의 신분을 유지하고 맡은 바 직무를 적절히 수행하기 위하여 의무적으로 이수해야 할 책무라는 관점이다. 이러한 책무로서의 연수는 교직의 전문직적 성격과 연관되는 것으로 연수를 받지 않는다면 교원의 신분을 유지하는 데 불이익이 있을 수 있다는 관점을 가진다.

교원연수의 법적 근거

전문직 종사자로서 교원은 학교교육활동을 전문적으로 수행하고 주어진 직무수행에 필요한 지식과 정보를 지속적으로 습득해야 할 의무를 가진다. 교원연수의 법적 근거는 「헌법」 제31조 제4항의 교육의 자주성 · 전문성 · 정치적 중립성 및 대학의 자율성은 법률이 정하는 바에 의하여 보장된다(교육의 전문성 보장 규정), 「교육기본법」 제14조 ② 교원은 교육자로서 갖추어야 할 품성과 자질을 향상시키기 위하여 노력하여야 한다(의무), 「초 · 중등교육법」 제21조(교원의 자격), 「교육공무원법」 제37조 내지 42조, 제38조(연수와 교재비) ① 교육공무원은 그 직무를 수행하기 위하여 부단히 연구와 수양에 노력하여야 한다. ② 국가 또는 지방자치단체는 연수와 그에 필요한 시설 및 장려에 관한 계획을 수립하여 그 실시에 노력하여야 하며... 등으로 규정하고 있다. 또한 교원 등의 연수에 관한 규정과 교원 등의 연수에 관한 규정 시행 규칙에서 교원의 연수의 목적, 연수기관의 종류 및 설립, 연수대상, 지정연수, 연수종별과 연수과정 등에 대해 구체적으로 규정하고 있다.

- 교원 등의 연수에 관한 규정 제1조(목적) 이 영은 교원의 자격 취득에 필요한 연수, 교원의 능력 배양을 위한 연수 등을 위한 연수기관의 설치 · 운영과 연수 대상 등의 사항을 규정함을 목적으로 한다. 제2조(연수기관의 종류 및 설치) 연수기관의 종류는 교육연수원, 교육행정연수원, 종합교육연수원 및 원격교육연수원으로 한다. 제6조(연수의 종류와 과정) 연수는 직무연수와 자격연수로 구분한다. 직무연수는 교원능력

개발평가 결과 직무수행능력 향상이 필요하다고 인정되는 교원을 대상으로 실시하는 직무연수와 그 밖에 교육의 이론·방법 연구 및 직무수행에 필요한 능력 배양을 위한 직무연수로 구분한다. 자격연수는 교원의 자격을 취득하기 위한 연수로 한다. 직무연수의 연수과정과 내용은 연수원장(위탁연수를 실시하는 경우에는 위탁받은 기관의 장을 말한다.)이 정한다. 자격연수의 연수과정은 정교사(1급)과정, 정교사(2급)과정, 준교사과정(특수학교 실기교사를 대상으로 하는 과정을 말한다), 전문상담교사(1급)과정, 사서교사(1급)과정, 보건교사(1급)과정, 영양교사(1급)과정, 수석교사과정, 원감과정, 원장과정, 교감과정 및 교장과정으로 구분하고, 연수할 사람의 선발에 관한 사항 및 연수의 내용은 교육부령으로 정한다. 제7조(연수기간) 자격연수의 연수기간 및 이수시간은 별도 기준에 따라 정하고, 직무연수의 기간은 해당 연수원장이 정한다.

〈표 7-3〉 **교원자격연수의 연수기간 및 이수시간**

구분	정교사(1급), 정교사(2급), 준교사(특수학교 실기교사를 대상으로 하는 과정을 말한다), 전문상담교사(1급), 사서교사(1급), 보건교사(1급), 영양교사(1급), 수석교사, 교감 및 원감	교장 및 원장
기간	15일 이상	25일 이상
이수시간	90시간 이상	180시간 이상

제8조(연수비의 지급 등) 연수자에게는 예산의 범위에서 연수에 필요한 실비(實費)의 전부 또는 일부를 지급할 수 있다. 제8조의3(연수실적의 기록·관리) 교원의 임용권자는 소속 교원의 연수 이수실적을 학점화하여 기록·관리하여야 한다. 교원의 연수 이수실적의 기록 및 관리에 필요한 사항은 교육부령으로 정한다.

- 교원 등의 연수에 관한 규정 시행규칙 제8조(연수 이수실적의 기록·관리) 교원의 임용권자는 영 제8조의3제1항에 따라 연수 이수실적을 학점화할 때에는 연수 이수시간을 기준으로 15시간당 1학점으로 하여야 한다. 교원의 임용권자는 영 제8조의3에 따른 교원의 연수 이수실적을 해당 교원의 인사기록카드에 기록·관리하여야 한다.

교원연수 모형

현재 교원연수 관련 법적 근거에 비춰보면, 교원에 대한 연수는 자격연수와 직무연수로 구분된다. 교원자격연수는 현재 2급 정교사에서 1급 정교사로 자격갱신을 위한 것으로 의무적이며, 직무연수는 교원의 전문적 발달을 위한 자율성을 가진다. 이와 같이 교원연수에 참여해야 하는 필요성으로는 교원의 전문성 결핍 보완, 교사 발달단계에 따른 지속적인 성장과 역할의 변화, 복잡한 교육현상의 문제해결 등을 들고 있다. 이러한 교원연수의 모형에는 결핍모형, 성장모형, 변화모형, 문제해결모형으로 구분하여 설명하고 있으며, 각각의 특징은 〈표 7-4〉와 같다(김병찬, 2007; 이성은 외, 2011: 112-115).

〈표 7-4〉 **교원연수 운영모형의 특징**

구분	결핍모형	성장모형	변화모형	문제해결모형
전제	교원양성기관의 배움 미흡	교원 전문성의 진행형	사회와 학교환경의 급속한 변화에 적응	학교현상의 복잡 다원화
적용대상	신규교사, 교원양성기관에서 부족한 교사	모든 교원	모든 교원	모든 교사, 문제해결 곤란교원
목적	교사의 역량 강화	교원 발달	변화에 적응	문제해결
연수주체	교내인사	교내인사, 외부전문가 등	교내인사, 외부전문가 등	교내인사, 외부전문가 등
연수방법	강의, 토의 등	강의, 토의, 실습 등	강의, 토의, 실습, 현장방문 등	강의, 토의, 실습, 협동학습 등
연수기간	단기	중기	중기	단기
적용사례	신규교사연수	개인중심연수	직무연수, 자격연수	학교중심연수

교원연수의 종류와 유형

교원연수의 종류와 유형은 연구의 목적과 필요성, 연수내용과 방법, 실행 주체와 대상, 장소와 시행방법, 시기와 절차, 참여자의 의지 등에 따라 다양하게 구분된다. 교원연수의 종류와 유형은 목적, 성격, 실시 주체, 실시 방법, 실시 시기 등에 따라 구분하여 살펴보면 다음과 같다(서정화 외, 2011: 239-244).

- 연수의 목적에 따른 유형은 학위나 자격을 취득하기 위한 연수, 직무 개선을 위한 연수, 경력 개발이나 승진을 위한 연수, 직무 재배치를 위한 연수, 개인의 성장 발전을 위한 연수 등으로 구분할 수 있다.
- 연수 성격에 따른 유형은 자격연수, 직무연수, 특별연수, 자기연수 등이 있다.
- 연수 실시 주체에 따른 유형은 기관중심연수, 학교중심연수, 개인중심연수 등으로 구분할 수도 있으며, 외부 위탁 연수, 지정 연수, 기관 자체 연수, 개인 자율 연수 등으로도 구분할 수 있다.
- 연수 실시 방법에 따른 유형은 집합(출석)연수, 원격연수 등으로 구분할 수도 있고,

자율연수, 의무연수 등으로도 구분할 수 있다.

- 실시 시기에 따른 유형은 학기 중 연수, 방과 후 연수, 방학 중 연수 등으로 구분할 수 있고, 임용 전 연수, 현직 연수, 휴·복직 연수 등으로도 구분할 수 있다.

이러한 교원연수의 유형은 〈표 7-5〉와 같이 정리할 수 있다.

〈표 7-5〉 교원연수의 유형 구분

목적에 따른 유형	성격에 따른 유형	주체에 따른 유형	방법에 따른 유형	시기에 따른 유형
• 자격취득 연수 • 직무개선 연수 • 경력개발 연수 • 직무재배치연수 • 개인발전 연수	• 자격연수 • 직무연수 • 특별연수 • 자기연수	• 기관중심연수 • 학교중심연수 • 개인중심연수	• 집합(출석)연수 • 원격연수	• 학기 중 연수 • 방과 후 연수 • 방학 중 연수
		• 외부 위탁 연수 • 지정 연수 • 자체 연수 • 개인 자율 연수	• 자율연수 • 의무연수	• 임용 전 연수 • 현직 연수 • 휴·복직 연수

교원연수의 운영체제

일반적으로 교원연수는 모든 교원을 대상으로 하는 교육·훈련 과정의 공통성을 가지며, 연수의 실시 주체에 따라 기관중심연수, 학교중심연수, 개인중심연수 등으로 구분된다. 기관중심연수는 교육부, 시·도교육청 등의 교육행정기관에 의해 계획·추진되는 연수로 교육연수원과 시·도교육연수원, 대학 등에 위탁되어 연수를 진행한다. 학교중심연수는 개별학교에서 이루어지는 연수로 대체적으로 교장에 의해 진행되며 각종 교내장학활동 등이 해당된다. 개인중심연수는 개별 교원의 자율 의지에 의해 이루어지는 연수활동으로, 각종 기관 및 대학, 교육청과 교원단체, 민간기관 등을 통해서 진행된다. 이와 같은 기관중심연수, 학교중심연수, 개인중심연수의 목적은 대체적으로 학위 및 자격취득과 개인의 전문적 성장과 발달, 승진 및 승급, 직무배치, 학교개선 등의 이유로 연수에 참여하게 된다. 이러한 교원연수의 종류와 연수과정은 다음과 같이 정리할 수 있다(교육부, 2015).

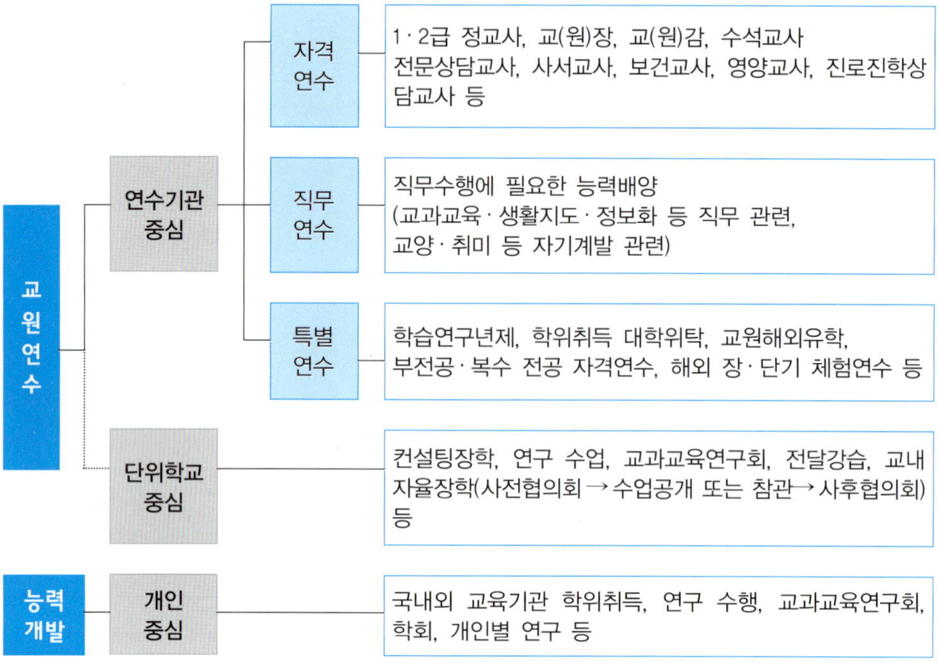

[그림 7-4] 교원연수의 종류와 연수과정

기관중심연수에 있어서 직무연수는 직무수행과 관련하여 직무적응에 필요한 능력과 자질을 배양하기 위해 실시하는 연수이다. 또한 자격연수는 상급 자격 취득과 새로운 자격 취득하기 위한 연수이며, 특별연수는 국가 및 지방 교육정책과 이념에 대한 이해와 정보 습득을 위한 목적으로 실시되는 연수를 말한다.

교원연수 기관 현황

교원연수기관별 유형은 2020년 9월 기준으로 시·도교육연수원 18개 기관, 교육행정 및 종합교육연수원 15개 기관, 대학부설 교육연수원 80개 기관, 원격교육연수원 32개 기관(시·도교육청 설치기관 제외)으로 총 145개 기관이 있다. 그 밖에는 특수분야 연수기관이 있다. 교원연수기관별 종류와 주요 기능은 〈표 7-6〉과 같다(교육부, 2020).

〈표 7-6〉 교원연수기관별 종류와 주요 기능

구분	기관명	주요 연수과정	비고
중앙단위 연수원	중앙교육연수원	• 교육정책, 교원 · 일반직 연수 • 연수 발전 및 자료 개발	교육연수원 평가 업무 포함
시 · 도 교육연수원	서울특별시교육연수원 등 18개 기관	• 유 · 초 · 중등 교원 자격 및 직무연수	
교장자격 연수기관	한국교원대학교 종합교육연수원	• 교(원)장 자격연수 • 특별연수 및 외국어연수	교장 자격연수 지정기관
	서울대학교사범대학 부설 교육행정연수원	• 교장(중등) 자격연수 • 교육행정 지도자 과정	
	서울교육대학교 부설 교육연수원	• 교장(초등) · 원장 자격연수	
대학부설 교육연수원	서울대학교사범대학 부설 교육연수원 등 80개 기관	• 부전공 · 복수전공 자격연수 등	「고등교육법」 상 대학에 설치
원격교육연수원	한국교원캠퍼스 등 32개 기관	• 교원 직무연수, 원격연수과정	교육청 설치 기관 제외
종합교육연수원	한국과학창의재단 종합교육연수원 등 5개 기관	• 교원의 직무연수	민간 및 공공기관
특수분야 연수기관	국립국어원 등 각종 공공 · 민간 분야	• 유 · 초 · 중등교원 직무연수	지정권자 교육감

나. 장학

장학의 개념과 의의

장학은 학교가 교사와 학생의 학습과 성취를 위해 효과적으로 지도 · 조언하는 활동을 뜻한다. 장학의 개념은 장학에 대한 접근방법과 관점, 시간과 공간, 강조점 등에 따라 학자들마다 다양하게 정의되고 있다(강경석 외, 2011: 232-234). Wiles와 Bondi(1980)는 '장학이란 교육행정의 연장으로 발전해서 1980년대는 독립된 개별형태인 행정, 경영, 인간관계, 교육과정, 지도성 교수의 기능을 수행하고 있으며, 이것은 학문적으로 독립한 단계를 의미하는 것이 아니라 교육의 기능 면에서의 독립을 의미하고 있다. Harris(1985)는 '장학은 학생들의 학습을 돕고자 이용되는 수업과정에 직접적인 영향을 주는 방법으로 학교를 경영해 나가거나 변혁을 가져오게 하는 인적 및 물적 요소를 다루는 일이다. 장학활동은 하나의 단순한 과업이나 또는 일련의 과정이 아니라 수업활동과 상당히 관련된 학교 경영의 주기능이라 할 수 있다'고 하였다. 그리고 근대적인 장학의 개념을 처음으로 정의한 Burton과 Bruechner(1955)은 장학을 "교수행위의 개선, 현직교사의 성장, 교육과정의 선정과 조직, 교사의 평가와 관련된 제 활동이다"라고 규정하였다.

정태범(2005)은 '장학을 교수 · 학습의 효율화를 목적으로 교사의 전문성의 신장, 교육과정의 운영 및 학교경영의 효율화를 목적으로 교사의 전문성의 신장, 정보제공, 자원봉사 등 일련의 전문적 · 기술적 활동'이라고 정의하였다. 이윤식(2000)은 '장학은 교육활동의 개선을 위한 지도 및 조언 활동을 의미하는데, 여기서 교육활동의 개선은 교실 내에서 이루어지는 교수-학습 활동의 개선을 핵심으로 하여 단위학교에서 설정된 교육목표의 효율적인 달성을 위한 집단적이고 협력적인 모든 활동을 의미한다'고 하였다. 주삼환(2006)은 '장학의 핵을 수업개선에 있다. 수업개선을 하려면 교사, 교육과정, 학습환경에 변화를 주어 결국 학생의 학습행위를 변화시켜 학습 성취, 학습결과를 높여야 하는데, 이것이 바로 장학의 본질이고 장학의 의미'라고 하였다.

이상으로 장학의 개념 정의에 대한 다양한 의견을 종합해 보면, 장학은 교육활동의 개선을 위하여 교원을 대상으로 이루어지는 지도 · 조언활동 등을 의미하는 것으로 교육과정 운영을 내실있게 하며, 학교 행정 및 경영을 합리화하며, 교사의 전문성을 신장시키고, 합리적인 지도성을 발휘하게 하며, 학교 조직문화를 쇄신하게 하는 등을 위해 정보를 제공하는 일련의 전문적 · 기술적인 교육활동이다. 장학의 궁극적인 목표는 학생들의 지적 · 정의적 · 신체적 성장 · 발달을 도모하는 데 있다(이윤식 외, 2007: 201-202).

장학의 유형과 종류

장학의 유형은 장학의 주체에 따라 교육행정기관이 주도하는 행정적인 성격의 장학과 학교 현장에서 교장 · 교감을 중심으로 교직원들이 협력적인 관계 속에서 진행되는 자율적인 성격의 장학으로 구분된다(이윤식 외, 2007: 203-207).

○ 교육행정기관 중심 장학

교육행정기관이 주도하는 장학은 교육부장학, 시 · 도교육청 장학, 지역교육청 장학으로 다양한 형태와 방법으로 전개된다.

- 종합장학: 교육시책 추진 사항, 교육과정 운영, 학교경영 등 전반 영역에 대해 종합적으로 실시되는 장학활동으로 학교현황 파악, 수업참관, 협의, 확인, 평가 등의 방법으로 실시
- 담임장학: 각 학교를 담당하는 장학사가 해당학교 교육활동 전반에 대해 수시로 실

시하는 장학활동으로 상담, 협의, 참관, 확인, 평가 등으로 실시

- 표집장학: 학교별 또는 주제별로 학교를 무선표집하여 학교경영 또는 주제활동을 점검, 합의, 지원하기 위한 장학활동
- 확인장학: 장학지도 시 시정, 보완지시사항에 대한 이행을 확인하거나 학교 경영활동을 확인하기 위한 장학활동
- 특별장학: 특별한 문제가 발생하거나 발생이 우려되는 경우에 해당 문제의 해결과 예방을 위해 지도 · 조언하는 장학활동
- 협동장학: 장학사, 학교관리자, 교사, 기타 자원인사들로 장학협의체를 구성하여 실시하는 장학활동. 또는 지역교육청의 장학인력 활동의 효율화와 상호 보완 활용을 위해 몇 개의 지역교육청 간에 장학협의체를 구성해 실시하는 장학활동
- 개별장학: 장학사 개인별로 담당학교에 대해 실시하는 장학활동
- 교과장학: 교과별로 교과담당 장학사가 학교의 해당 교과활동을 중심으로 실시하는 장학활동으로 수업참관과 수업 협의 등으로 실시
- 일반장학: 종합장학 또는 특별장학에 대비되는 의미로 학교교육활동 또는 수업 내용에 대해 협의, 검토하며, 지도 및 조언하는 장학활동
- 방문장학: 학교의 요청 또는 교육행정기관의 필요에 따라 해당 학교 담당 장학사나 해당 업무 담당 장학사가 학교를 방문하여 실시하는 장학활동
- 통신장학: 교육과정 운영, 학교경영, 기타 학교에서 질의, 협의 요청한 사항에 대해 통신수단을 이용하여 지도 및 조언하거나, 교육행정기관의 필요에 따라 학교에 대해 통신수단을 통하여 전달되는 지도 및 조언활동
- 요청장학: 학교의 필요에 의해 장학사를 초청하여 실시하는 장학으로 수업참관, 연구회 참석, 상담 및 협의 등의 방법으로 실시
- 맞춤장학: 외부 전문성을 갖춘 장학요원들이 학교 또는 교사 개인별 교육활동의 문제를 연구 및 분석하고 해결방안을 제시하거나 지원하는 활동
- 컨설팅장학: 전문성을 갖춘 장학요원들이 교원이나 학교의 의뢰에 따라 교원의 직무수행에 필요로 하는 문제를 진단, 조사, 확인, 해결하기 위해 지원 또는 조언하는 활동
- 사이버장학: 인터넷이나 원격통신매체를 활용하여 시간적, 공간적 제약을 받지 않고 장학담당자와 교원들이 교육활동의 개선을 위해 필요한 정보와 자료를 교환하는 활동

○ 교내 자율 장학

교내 자율 장학은 단위학교에서 교육활동의 개선을 위해 자율적으로 교장 · 교감을 중심으로 전체 교직원들이 상호 이해와 협력을 기초로 하여 서로 지도 · 조언하는 활동을 말한다. 교내 자율 장학은 수업장학, 동료장학, 자기장학, 약식장학, 자체연수 등이 있다(이윤식 외, 2007: 206).

- 수업장학은 장학담당자와 교사 간의 상호 신뢰 속에서 수업기술 향상을 위한 체계적이고 개별적인 과정으로 이루어진다. 수업장학은 원칙적으로 교장과 교감의 주도 하에 교사의 전문적 발달을 위하여 임상장학, 수업연구, 마이크로티칭 등의 방법으로 신임교사나 교사를 대상으로 또는 수업기술 향상의 필요를 느끼는 교사를 대상으로 진행한다. 수업장학은 일반적으로 네 가지 단계를 거쳐서 진행한다. 자료수집 단계, 수집된 자료의 체계적인 분석단계, 개선전략의 개발 및 실천단계, 실천결과에 대한 평가와 환류단계의 과정을 거친다. 또한 초임교사나 경력이 짧은 교사가 왔을 때, 교장 및 교감이 첫 학기 동안 혹은 2~3달 동안에 개별적으로 수업지도안을 검토해 주고 수업참관을 하면서 초임교사가 보다 쉽게 수업활동과 교직생활에 적응하도록 지도 및 조언해 주는 활동도 수업장학의 중요한 방법이라고 할 수 있다(이윤식, 2005: 281).
- 동료장학은 동료교사들 간에 그들의 교육활동의 개선을 위하여 공동으로 노력하는 과정이다. 동료교사가 서로 수업을 관찰하고 그 결과를 분석 및 토론, 조언함으로써 서로 간 부담 없이 전문적 성장을 돕는 장학활동 방법이다. 소집단의 교사가 자신들의 전문적 성장을 위하여 함께 협동하는 동료적 과정이다. 동료장학은 동료교사 간의 협조를 토대로 그들의 전문적 발달, 개인적 발달 그리고 그들이 근무하는 학교의 조직적 발달에 도모한다. 동학년 단위 또는 동교과 단위로 수업연구 과제의 해결이나 수업 방법의 개선을 도모하기 위한 수업연구 활동이나, 공동 관심사나 공동 과제, 공동 문제 해결 및 개선을 위해 협의하는 것들이 동료장학의 전형적인 형태이다. 또한 동료 교원 상호 간에 정보, 아이디어, 도움 또는 충고 및 조언을 주고받는 공식적 및 비공식적인 행위도 넓은 의미의 동료장학에 포함된다. 또한 특정한 연구과제나 시범과제를 선정하여 관심 있는 동료교사들을 중심으로 공동으로 연구를 수행하거나, 연구 자료나 작품을 공동으로 제작하는 활동도 동료장학활동의 하나이다.
- 자기장학은 한 교사가 혼자 독립적으로 자신의 전문적 성장을 위하여 일하는 과정으로, 혼자 일하기를 좋아하는 경험 및 능력이 있는 교사들에게 가장 적합하고 유

용한 방법이다. 단위학교에서 자기장학 활동은 자기수업 분석 및 연구, 자기평가, 학생을 통한 수업반성, 1인 1과제 연구 혹은 개인연구, 전문서적 및 자료 탐독, 대학원 수강, 전문기관 · 전문가 방문 · 상담, 현장 방문 · 견학, 교과연구회 · 학술회 · 강연회 참석 등을 포함한 각종 자기연찬 활동이 있다.

- 약식장학은 교장 · 교감이 간헐적으로 짧은 시간 동안 학급순시나 수업참관을 통하여 교사들의 수업활동과 학급경영활동을 관찰하고 이에 대하여 교사들에게 지도 및 조언을 제공하는 활동을 의미한다. 약식장학은 교장 · 교감의 계획과 주도하에 전개되는 비공식적인 성격이 강한 활동으로서 다른 형태의 장학에 대하여 보완적이고 대안적인 성격을 갖는다.
- 자체연수는 교육활동의 개선을 위하여 교직원들의 필요와 요구에 더해 교내 · 교외의 인적 · 물적 자원을 활용하여 학교 자체에서 실시하는 연수활동이다. 자체연수는 교장, 교감, 교사뿐만 아니라 행정직원이나 관리직원들도 참여할 수 있다. 교사들과 행정 · 관리 직원들 간의 공동 관심사나 공동 과제에 대한 연수, 또는 교사들의 이해와 협조가 요구되는 행정 · 관리의 특정 업무(예: 공문서 작성, 물품 구매절차, 예산운영, 연말정산 등)와 관련된 소개와 연수는 교사들과 행정 · 관리직원들 간의 상호 이해와 협력을 제고할 수 있다. 자체연수는 교직원들의 전문적 발달, 개인적 발달, 학교의 조직적 발달을 지향하여, 교장, 교감, 부장교사, 교사, 행정 · 관리직원을 포함하여 교내 · 외의 교직원, 또는 외부 전문가나 장학요원들이 연수담당자가 되어 진행된다. 학교교육에 대한 학부모의 참여를 높이기 위해 전문적 지식이나 경험이 있는 학부모, 교육과 관련하여 좋은 지식 · 정보 · 경험을 교직원들에게 나누어 줄 수 있는 학부모, 특정 분야에 종사하고 있는 학부모를 강사로 초대하여 자체연수를 진행할 수도 있다.

〈표 7-7〉 **교내 자율 장학의 형식**

기본 형태	개념	장학 담당자	영역	장학 방법	대상
수업 장학	교사들의 수업기술 향상을 위하여 교장 · 교감(외부 장학요원 · 전문가 · 자원인사포함)이 주도하는 개별적이고 체계적인 성격이 강한 지도 및 조언활동	교장 및 교감(외부 장학요원 · 전문가 · 자원인사 포함)	교사의 전문적 발달	• 임상장학 • 마이크로티칭 • 수업연구(교장 · 교감 주도) • 초임교사 대상 수업관련 지도 · 조언활동 등	• 초임교사 • 저경력 교사 • 수업기술 향상의 필요성을 느끼는 교사

기본 형태	개념	장학 담당자	영역	장학 방법	대상
동료 장학	동료교사들의 교육활동의 개선	동료교사	• 교사의 전문적 발달 • 교사의 개인적 발달 • 학교의 조직적 발달	〈수업연구(공개)중심 동료장학〉 • 동학년 수업연구(수업 공개) • 동교과 수업연구(수업 공개) 등 〈연구과제중심 동료장학〉 • 공동연구과제 추진 • 공동 시범과제 추진 • 공동연구자료/작품 제작 〈협의중심 동료장학〉 • 동학년 · 동교과 · 동부서 교사 협의 • 부장교사 협의 • 스터디 그룹 활동 • 각종 공식적 및 비공식 협의 등 〈일대일 동료장학〉 • 초임교사와 경력교사 간 짝짓기 〈동호인 활동중심동료장학〉 • 각종 건전한 동호인활동	• 전체 교사 • 협동으로 일하기 원하는 교사 • 관심분야가 같은 교사 • 동호인
자기 장학	교사 개인이 자신이 전문적 발달을 위해 스스로 체계적인 계획을 세우고 이를 실천해 나가는 활동	개별 교사	교사의 전문적 발달	• 자기수업 분석 및 연구/자기평가 • 학생을 통한 수업반성/대학원 수강 • 1인1과제연구/개인연구 • 전문서적 자료탐독 • 전문기관/전문가 방문 및 상담 • 현장방문 및 견학/교과 연구회/학술회/강연회/각종 자기연찬 활동 등	• 전체교사 • 자기분석/자기지도의 기술이 있는 교사 • 혼자 일하기 원하는 교사
약식 장학 (확인 장학)	교장 및 교감이 간헐적으로 짧은 시간 동안의 학급순시나 수업참관을 통하여 교사들의 수업활동과 학급경영활동을 관찰하고 이에 대하여 교사들에게 지도 및 조언하는 활동	교장 및 교감	교사의 전문적 발달	• 학급순시/수업참관(약식장학은 교장 및 교감이 일상적으로 수행하는 활동이므로 일상장학으로 지칭 가능)	전체 교직원
자체 연수	교육활동의 개선을 위하여 교직원들의 필요와 요구에 더해 교내외의 인적 및 물적 자원을 활용하여 학교 자체에서 실시하는 연수 활동	전체 교직원 (외부인사/학부모/강사)	• 교사의 전문적 발달 • 교사의 개인적 발달 • 학교의 조직적 발달	• 학교 주도의 각종연수(수업장학, 동료장학, 자기장학의 결과를 자체연수 때에 발표할 수 있음)	전체 교직원

다. 전문적 학습공동체

전문적 학습공동체의 시작과 개념

교원의 전문성 개발을 위한 새로운 접근방식으로 전문적 학습공동체(Professional Learning Community)가 주목을 받고 있다. 전문적 학습공동체는 학습공동체, 배움공동체, 교사연구회, 교사연구모임, 학습동아리 모임 등과 같은 다양한 명칭으로 불리고 있다. 전문적 학습공동체의 개념적 아이디어는 Lortie(1975)의 "교직사회: 교직과 교사의 삶(Schoolteacher: A sociological study)"에서 교직의 개인주의 문화 개선을 위해 교사 협력 및 교사공동체 접근을 제시하면서 시작되었다. 이후 Dufour와 Hord는 전문적 학습공동체를 학교 개선과 교육개혁을 위한 프로그램과 정책으로 체계화하는 데 크게 기여하였다(정바울, 2018). 전문적 학습공동체는 학습 경험을 공유하는 전문가들의 집단을 의미하는데, 이에 대한 개념 정의는 학자들마다 상이하다. 전문적 학습 공동체의 개념에 대한 학자별 정의는 다음과 같다.

〈표 7-8〉 학자별 전문적 학습공동체 개념 정의

학자 이름	전문적 학습공동체 개념 정의
McLaughlin · Talbert(2006)	교사들이 그들의 실천을 공동으로 반성하고, 그들의 실천과 학생들의 학습결과에 대한 증거 자료를 함께 검토하며, 그들의 교수 개선과 학생들의 학습증진을 위해 협력적으로 실천하는 것을 특징으로 하는 모임
Sergiovanni · Starratt(2007)	교사들이 함께 그들의 실천을 비판적으로 반성하고 개선하며, 그들의 지식, 경험, 실천을 공유하고, 협력적으로 실천하는 것을 특징으로 하는 모임
Brookhart(2009)	여러 명의 교사가 한 팀이 되어 정기적으로 만나고 공동 목표를 설정하여 주어진 과제를 자율적으로 학습함으로써 설정한 목표를 달성하도록 설계된 학습 조직
Popham(2009)	상호 관심이 있는 분야에서 교사 자신의 개별 역량을 강화하기 위하여 일정한 기간 동안에 함께 공부하는 교사 조직
서경혜(2009)	교사의 전문성 신장과 학생의 학습 증진을 위해 교사들 스스로 협력적으로 배우고 탐구하고 실천하는 교사 집단으로, 가치와 규범의 공유, 교사의 학습성, 구성원들 간의 협력을 특징으로 하는 모임
조기희(2015)	함께 의논하고 반성하고 개선하고 실행하는 과정에서의 지식과 실천의 공유, 생각과 경험의 소통을 통해 교사들의 협력적인 전문성 발달을 꾀하고, 궁극적으로 수업의 질 향상을 통해 학생들의 전인적 성장을 추구하는 지속적인 교사들의 모임

출처: 박영숙 외(2016). 학교교육 역량 강화를 위한 교사학습공동체 지원방안연구(21-22)

전문적 학습공동체 운영 특성

전문적 학습공동체의 운영에 대해 DuFour와 Eaker(2005)는 미션 공유, 공동 탐구, 협력 팀 구성, 실천 지향적 활동, 지속적인 개선 추구, 결과 지향의 여섯 가지로 제시하고 있다. 첫째는 미션, 비전, 가치의 공유를 특징으로 한다. 둘째는 공동 탐구를 특징으로 한다. 학습공동체 구성원들이 함께 교육현상에 대해 문제를 제기하고 새로운 방법을 탐색하며 이 방법들을 검증해 보고 그 결과를 반성하는 등 공동으로 교육현상 및 실천을 탐구한다. 셋째는 공동의 목적을 공유하는 협력적 팀으로 구성, 운영된다. 넷째는 실천 및 실험 지향적이다. 전문가 학습공동체는 가설을 세우고 이를 실천을 통해 검증하는 일을 기꺼이 한다. 다섯째는 현실에 안주하지 않고 지속적인 개선을 추구한다. 여섯째는 결과 지향적으로 전문적 학습공동체는 공동체의 효과를 의도보다 결과에 기초해서 평가한다.

서경혜(2015)는 교사학습공동체의 운영 특성에 관하여 집단 전문성 개발, 협력 학습, 비판적 탐구의 세 가지로 제시하였다. 첫째는 집단 전문성 개발 특성을 가진다. 교사 학습공동체는 교사 개인의 전문성 신장뿐 아니라 공동의 집단전문성 신장을 목적으로 하며 궁극적으로는 학생들의 학습 증진을 목적으로 한다. 나 하나 잘 하는 것에 그치지 않고, 나도 잘 하고 다른 교사들도 잘 할 수 있도록 그리하여 학생들도 잘 할 수 있도록 노력한다. 교사학습공동체에서 교사의 학습은 자신의 학습, 동료 교사들의 학습, 그리고 학생들의 학습을 포괄한다. '나'의 전문성 신장뿐 아니라 '우리'의 전문성 신장을, 그리하여 궁극적으로는 학생들의 학습 증진을 추구한다. 둘째는 협력 학습의 특징을 가진다. 전문적 학습공동체는 서로 자유롭게 교류, 공유하며 협력적으로 학습한다. 고참은 가르치고 신참은 배우는 일방적인 관계가 아니라 혹은 유명 교사가 일반 교사들에게 비법을 전수하는 것이 아니라, 다양한 경력과 능력을 가진 교사들이 서로 동등한 관계에서 그들의 전문성을 자유롭게 교류 공유하며 서로 가르치고 배우며 개인의 전문성은 물론 공동의 전문성을 형성, 발전시킨다. 셋째는 비판적 탐구 자세를 견지한다. 교사학습공동체는 교직의 전문지식을 흡수, 축적하는 방식이 아니라 비판적 탐구를 통해 전문성을 개발한다. 교사학습공동체에서의 학습은 자신의 교육실천에 대한 비판적 탐구, 그리고 그 기저에 깔린 지식, 가정, 신념 등에 대한 비판적 탐구에서 시작된다. 나아가서 서로의 교육실천에 대해 비판적으로 탐구하고, 지금까지 당연시 받아들여졌던 교육실천에 도전한다. 이 같은 비판적 집단탐구를 통해 끊임없이 교육실천을 혁신하고 새로운 전문지식을 창출하며 전문성을 향상시킨다(박영숙 외, 2016).

이처럼 전문적 학습공동체의 운영 특성에 대해서 학자별 특징을 제시하면 〈표 7-9〉와 같다.

〈표 7-9〉 학자별 전문적 학습공동체의 특성

학자 이름	전문적 학습공동체의 특성
DuFour & Eaker(2005)	• 미션 · 비전 · 가치의 공유 • 협력적 팀 • 지속적인 개선 • 공동탐구 • 실천 및 실험 지향 • 결과중심
Oliver, Hip & Huffman(2009)	• 지원적 공유 리더십 • 협력적 학습과 적용 • 지원적 환경(구조) • 가치와 비전의 공유 • 개인 실천의 공유 • 지원적 환경(관계)
이석열, 이미라(2005)	• 비전의 공유 • 협력적 학습 • 시스템적 사고 • 개인적 숙련 • 성찰과 탐구
서경혜(2009)	• 가치와 규범의 공유 • 학습 중심성 • 협력
이경호(2010)	• 리더십 공유 • 지원적 관계 • 협력적 학습과 적용 • 실천 결과 공유 • 가치와 비전의 공유

학교 차원의 전문적 학습공동체 유형과 운영 사례

학교 차원의 전문적 학습공동체는 크게 학교 안 학습공동체와 학교 밖 학습공동체로 구분할 수 있다. 학교 안 학습공동체는 단위학교 안에서 학교 교사들이 중심이 되어 운영되는 학습공동체이다. 이 학교 안 학습공동체 유형으로는 교과 중심 학습공동체(교과협의회), 학년 중심 학습공동체(학년협의회), 수업연구회, 교사 동아리, 학교단위 학습공동체 연수기관 지정 운영 혹은 학교단위 연수 학점제 운영, 통합형 학습공동체 등이 있다. 학교 밖 학습공동체는 학교의 일부 교사가 외부에서 운영하는 학습공동체에 참여하는 학습공동체이다. 각기 다른 학교의 교사들이 모여 하나의 학습공동체를 형성하는 것을 일컫는다. 학교 밖 학습공동체의 유형으로는 교과연구회, 특정주제중심연구회 등이 있다. 이러한 학교 차원의 전문적 학습공동체의 유형은 〈표 7-10〉과 같이 정리할 수 있다(박영숙 외, 2016).

〈표 7-10〉 학교 단위 전문적 학습공동체 유형 및 운영 사례

대분류	유형	운영 예시
학교 안	학년 중심 학습공동체	학년별 협의회
	교과 중심 학습공동체	수학교과협의회, 과학교과협의회
	통합형 학습공동체(교과+학년)	융합형 수업평가회
	수업연구회	신임교사 수업연구발표회
	학교단위 연수 학습공동체	학교 연수 학점 이수제

대분류	유형	운영 예시
	취미 중심 교사 동아리	역사탐방 동아리, 독서 동아리
학교 밖	교과연구회	과학교과연구회, 체육교과연구회
	주제 중심 연구회	수업방법연구회

전문적 학습공동체 발전 방향

일반적으로 학교에서 전문적 학습공동체는 같은 교과, 학년, 부서별 또는 특정 주제를 가지고 교사들이 학습을 통해 자신의 전문성을 신장하고 교육의 질을 향상시켜 나가는 조직을 말한다. 학습공동체 조직에서의 교사들은 전문성 개발을 위해 상호 협력과 공동체 의식을 가지고 함께 학교교육을 개선해 나간다. 교사의 전문성 개발을 위한 학습공동체의 노력은 과거부터 강조되었지만, 실천적인 방법과 전략이 분명하지 않아 성공적으로 뿌리내리지 못하고 있다. 그 이유는 교수·학습지도에서의 어려움이 발생할 경우 교사들이 서로 상의하고, 수업을 관찰하고 협력하는 교직문화가 제대로 형성되지 못하고 있기 때문이다.

교사는 자신의 수업에 대해 반성적으로 사고하는 능력을 가진 전문적 실천가이다. 교사는 반성적 실천의 과정 속에서 지속적으로 의문을 제기하며 스스로 전문성을 키워나간다. 학교 현장에서 교사가 전문적 성장을 지속하기 위해서는 교사 개개인의 학습도 중요하지만, 공동체 내의 학습 조직 형태로 발전시키는 것이 보다 효과적이다.

현실적으로 교사들은 연수, 컨설팅, 장학, 워크숍 등을 받고 있지만 전문성 개발 프로그램의 내용과 방법 등에 관한 효과성에 의문이 제기되고 있다. 또한 교사의 전문성 개발과 관련한 각종 연수는 개별 교사 중심의 교육활동으로 전개되고 있어 협력학습으로 연계되지 못하고 있다. 이러한 상황에서 교사들이 자발적으로 전문적 학습공동체를 형성하고 상호 협력한다면 전문성 개발과 교육활동에 긍정적으로 기여할 수 있다. 이것이 바로 학교조직을 전문적 학습공동체로 만들어야 하는 이유이다. 결국 전문적 학습공동체의 목적은 교원의 전문성 개발을 통해 학생의 학습력을 향상시키는 데 있다.

전통적인 학교가 전문적 학습공동체로 전환하기 위해서는 전통적인 학교와 전문적 학습공동체 학교간의 특징과 차이를 이해하는 것이 전제되어야 한다. 전통적인 학교와 전문적 학습공동체의 특징을 비교하면 〈표 7-11〉과 같다(이석열, 2015).

〈표 7-11〉 전통적인 학교와 전문적 학습공동체의 비교

구분	전통적인 학교	전문적 학습공동체
사명	1. 진술이 추상적이다. 2. 진술이 '우리는 모든 학생이 배울 수 있다고 믿는다'와 같이 간단하다.	1. 진술은 학생들이 무엇을 배울 것인지 명확히 보여준다. 2. 진술은 '우리가 학생들이 배운 것을 어떻게 확인할 수 있는가?'에 대한 답을 준다. 3. 진술은 어떻게 학교가 배우지 못한 학생들에게 반응할 것인지 명확히 밝힌다.
비전	1. 비전은 의견 조율의 결과이다. 2. 비전이 자주 무시된다. 3. 비전이 소수에 의해 결정된다.	1. 비전은 연구에 기반한다. 2. 비전은 개선을 위한 청사진으로 사용된다. 3. 비전은 협력을 통해 널리 공유된다.
가치	1. 가치가 무작위이다. 2. 가치 진술의 수가 과하다. 3. 가치가 신념처럼 표현된다. 4. 가치 진술이 개인에게 맞추어져 있다.	1. 가치는 비전과 연계된다. 2. 가치 진술의 수가 적다. 3. 가치 진술은 개선을 위한 청사진으로 사용된다. 4. 가치는 행동과 헌신으로 표현된다.
목표	1. 목표 진술이 무작위이다. 2. 목표의 수가 과하다. 3. 목표가 결과보다 수단에 초점을 둔다. 4. 목표를 측정하거나 평가하는 것이 불가능하다. 5. 목표를 준수하기 어렵다.	1. 목표 진술은 비전과 연계된다. 2. 목표의 수가 적다. 3. 목표는 바람직한 결과에 초점을 둔다. 4. 목표는 측정 가능한 행동 기준으로 해석된다. 5. 목표는 지속적으로 감시된다. 6. 목표는 단기적 성공과 장기적 열정을 위해 설정된다.
교육과정	1. 개별 교사들이 독립적으로 무엇을 가르칠지 결정한다. 2. 계획한 교육과정을 다 끝내지 못하는 경우가 빈번하다.	1. 학생들이 무엇을 배워야 하는지 협동적으로 결정한다. 2. 학습 내용을 줄이는 것의 의미는 중요한 내용을 깊이 있게 배우는 것이다. 3. 평가 방법은 협동을 통해 개발된다. 4. 학습 부진아들을 위한 계획은 협동적으로 개발된다.
리더십	학교 행정가들은 리더이고 교사들은 팔로워(실행가)이다.	학교 행정가들은 리더 중의 리더이다. 교사들은 변형된 리더이다.
학교개선 계획	1. 학교의 개선 계획이 넓고 다양한 범위에 초점을 둔다. 2. 계획을 제출하는 것에만 집중하기 때문에 계획 자체는 종종 무시된다.	1. 학교 개선 계획은 학생들의 배움에 영향을 주는 소수의 중요한 목표에 초점을 둔다. 2. 학교 개선 계획은 조직적이고 장기적인 학교 개선의 원동력이 된다.

출처: Eaker, DuFfour, & DuFfour(2002). pp.13-24.

4. 교원평가

가. 교원평가의 이해

교원평가의 개념

우리가 조직의 일원으로 살아가는 한 평가는 자연스런 현상이다. 평가는 인간이 존재하는 곳 언제 어디서나 수시로 일어나는 활동의 하나로서 평가의 사전적 의미는 사물의 가치를 판단하는 것을 의미한다. 이러한 평가의 개념에는 의도한 목표나 요구한 바를 달성했는가를 검토하는 활동, 경험과 과정의 가치를 판단하는 데 초점을 두는 활동, 의사결정에 도움이 될 수 있는 정보를 제공하는 활동이 포함된다. 이렇듯 학교교육에서 평가는 학교조직과 개인의 발전 · 개선이나 유지 등을 위하여 학교조직과 개인의 효과나 장 · 단점에 대한 자료를 수집하고, 가치 판단을 하는 일련의 체계적 활동을 의미하게 된다(전제상, 2011).

마찬가지로 교육인사행정에서 사용하는 평가의 개념은 여러 가지 다양한 의미로 사용하고 있어 합일된 정의를 내리는 것이 쉽지 않다. 우리나라의 경우, 일반 행정에서는 근무성적평정이란 용어로, 경영학에서는 인사고과라는 용어로 보편적으로 사용해 왔으나, 문민정부의 교육개혁안이 발표되면서 평가라는 용어가 일반 행정 및 경영학뿐만 아니라 교육행정을 비롯한 모든 분야에서 보편적으로 사용되기 시작하였다. 교원은 학교조직의 일원으로서 학교조직이 부여한 직무를 수행할 의무를 지니게 된다. 교원의 직무수행에 대해 조직은 어떤 형태로든지 평가를 하게 된다. 교원에 대한 평가는 교원의 직무수행과정과 결과를 평가하여 이의 결과를 다양한 형태로 활용하는 것을 의미한다. 교원평가의 목적은 인사행정자료를 확보하거나 교원의 전문성 개발에 필요한 정보를 제공하는 등 다양한 역할과 기능을 동시에 갖는다. 마찬가지로 학교조직에 대한 평가는 학교조직 목적 달성을 위해 어떠한 노력을 기울이고 어떠한 성과와 실적을 가져왔는지에 관한 평가를 진행하게 된다. 따라서 교원 평가는 교원의 태도, 성격, 적성 등을 판단하며, 교원의 직무수행상의 업적이나 성과들을 측정하고, 교원의 능력, 즉 현재의 능력과 잠재능력을 동시에 개발하는 것으로 정의할 수 있다(전제상, 2001).

교원평가의 목적

교원평가는 교원에 관한 평가가 시작된 이래로 지금까지 근무성적평정(performance rating)이란 용어와 동의어로 줄곧 사용되어 왔다. 근무성적평정은 교원의 직무수행 능력과

업적을 판정하고 기록하는 절차 곧 교원의 과거 및 현재의 성취를 그의 환경배경에 비추어 평가하고 조직을 위한 장래의 잠재력을 판정하는 절차적 의미를 내포하고 있다. 전통적으로 교원평가는 조직 내에서 승진, 전보 및 면직 등과 같은 인사행정 결정을 위한 자료제공에 강조점을 두었다(전제상, 2001).

그러나 사회·경제적 여건의 변화와 더불어 교육의 책무성 강조와 교육의 효과성 증진 등의 영향으로 교원평가는 교원의 전문적 성장을 통한 교수활동의 개선과 교육조직의 질 개선에 기여하는 방향으로 강조점이 이동되고 있다. 이처럼 교원평가의 개념에는 교원을 승진시키거나, 장기간 근속 또는 해고 등을 위한 의사결정에 사용되는 총괄평가기능, 그리고 교원 자신의 역할을 보다 효과적으로 수행할 수 있도록 교수·학습 기술 증진에 초점을 두는 형성평가기능으로 구분된다(전제상, 2001). 교원평가는 평가활동의 목적을 어디에 두느냐에 따라 평가의 개념과 기능이 달라질 수 있다. 형성적 평가와 종합적인 평가의 관점으로 보면, 이들 두 개의 평가체제는 서로 분리하여 운영할 수 있지만, 이들이 상호 연결될 때 교수·학습 활동과 학교조직의 효과성이 더욱 증진될 수 있는 보완적인 관계이다. 따라서 교육의 보다 높은 질을 제공하기 위하여 교원평가체제는 발달적 기능과 행정 및 통제 기능을 균형 있게 수행하도록 계획하는 것이 중요하다(서정화 외, 2011: 150-151).

학교조직에서 교원평가는 승진이나 전보 등의 인사행정 결정을 위한 자료를 제공하는 기능 외에도 교원 개인의 전문적인 성장과 발달을 도모하는 한편 교육조직의 효과성을 증가시킴으로써 보다 높은 교육의 질을 제공하는 데 기여할 수 있음을 [그림 7-5]가 제시하고 있다. 교원의 전문성 발달을 위해 전문적 활동 등 직무수행의 과정에 초점을 두는 형성적인 평가, 행정 업무 등 직무수행의 결과에 초점을 두는 총괄적인 평가를 동시에 강조하고 있다. 따라서 교원을 대상으로 하는 평가는 행정 업무에 대한 평가 기능과

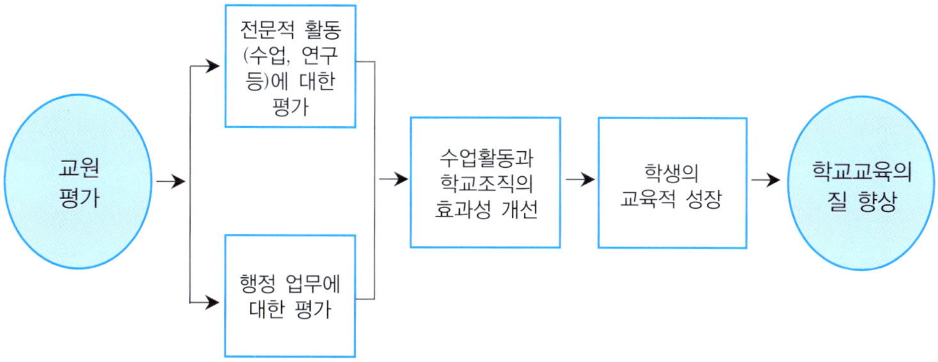

[그림 7-5] 교원평가와 교육의 질과의 관계

더불어 앞으로 더욱 강조되어야 할 전문성 발달을 목적으로 하는 전문적 활동 평가 기능이 통합됨으로써 교수·활동과 학교조직의 효과성이 증진되고, 학교조직의 효과성 증진은 학생의 교육적 성장으로 이어져, 결국에는 보다 높은 학교교육의 질을 담보할 수 있을 것이다(전제상, 2001).

교원평가의 내용과 기준

교원평가의 내용은 무엇을 평가하느냐에 관한 것이며, 또 기준은 평가과정에서 구체적으로 적용되는 것으로 평가내용을 명확하게 구체화시켜 주고 평가대상자로 하여금 평가과정을 보다 확실하게 인식하게 해 준다. 따라서 교육목적 달성에 기여하고 있는 교원 개인의 성공적 직무수행은 학교조직의 복합적인 차원에서 평가되어야 하기 때문에 어느 한 부분만을 근거로 평가할 수는 없다.

학교조직에서의 교원인사 평가는 학교조직의 성공적인 목표달성에의 필수적인 요소로서 평가의 주요내용을 교수–학습, 학급경영, 교과 제시, 인간관계, 수업자료 및 자원 활용 등 교원의 다양한 역할을 중심으로 제시할 수 있다. 그런데 교원의 역할을 어떻게 정의하느냐에 따라 교원평가의 내용 또한 달라진다. 역할이란 사회 질서 속에서 차지하게 되어 있는 개인의 자리 또는 지위에 따른 정상적인 행동양식을 뜻하며, 사회에서 특정한 지위에 있는 사람들이 의식적으로 수행하는 그리고 다른 사람들에 의해서도 어느 정도 명확하게 인정을 받고 있는 포괄적인 행동방식을 말한다.

교원 역할에 대한 분석결과들은 여러 가지 형태로 분류되고 있지만, 교원의 역할은 교원이 그 사회에서 점유하고 있는 지위에 비추어 규명되어야 한다. 그러나 교원의 역할이란 학교조직의 범주 안에서 논의될 때 보다 분명한 개념 정의가 가능하다. 학교의 본질적 기능은 교육 기능을 수행하는 데 있으며, 이러한 교육 기능에는 다시 교수·학습 기능과 생활지도 기능이 있다. 또한 교육 기능의 원활한 수행을 가능하게 하는 지원 기능이 필요한데, 이러한 기능을 달성하기 위하여 학교의 구성원인 교사에게 직무를 부여하게 된다. 이와 같은 논의에 기초해 보면, 학교조직의 목적을 달성하기 위해서 교사가 수행해야 할 역할은 교과지도자 역할, 생활 및 특별활동지도자 역할, 학급경영관리자 역할, 연구 및 연수자 역할, 행정사무관리자 역할, 학부모 및 지역사회관계자 역할 등을 중심으로 구분될 수 있다(전제상, 2001).

학교조직에 있어서 교원의 역할이 정리되면, 이에 포함되는 구체적인 기준을 설정하고 각각의 기준에 내재된 지표들을 설정하는 작업이 뒤따르게 된다. 이러한 평가요소와 기준들은 교원의 직무를 제대로 수행하게 하는 데 어느 것을 강조하느냐 하는 것은 그 사회의 특성 등에 따라서 채택 여부가 다양한 요소들로 결정될 수 있다. 교사의 핵심적인 업무인 수업의 질을 개선하고 교직자로서의 자질을 평가하는 데 초점이 맞추어지고 있다. 평가내용과 기준은 근본적으로 교원의 다양한 근무수행 방향을 명시해 줄 뿐만 아니라 교원의 성장과 발달을 촉진하고, 학교 교육력 향상으로까지 이어지기 때문에 교육공동체 간의 상호 협의를 통하여 결정되어야 한다. 교원의 직무란 교직의 특성, 학교조직의 특성을 전제로 하여 교원이 처해 있는 제반 상황들을 종합적으로 고려해야 교원 개개인의 역할, 즉 직무를 결정할 수 있다(서정화 외, 2011: 151-152).

교원평가의 방법

교원을 평가하는 접근방법과 활용하는 도구들은 매우 다양하다. 평가 방법은 절대적일 수 없으며 기존 상황이나 조건에 알맞은 것을 선택적으로 활용해야만 한다. 즉, 구체적으로 어떠한 것을 선택하느냐의 문제는 조직의 크기와 복잡성, 평가의 목적, 투입한 비용 등의 다양한 요인들에 의존하게 된다(서정화 외, 2011: 153-154).

교원을 평가하는 방법은 어떤 절대적인 기준에 의거하여 개별적으로 측정하는 것과 다른 교원의 근무수행과 비교하여 집단적으로 혹은 상대적으로 측정하는 것으로 구분할 수 있다. 여기서는 전자를 절대적인 평가 방법이라고 말하고, 후자를 상대적인 평가 방법이라고 말한다. 절대적인 평가 방법 및 도구들에는 자유기술법(essay), 도식평정척도, 행위평정법, 강제선택법(forced choice rating method), 중요사실기술법(critical incidents technique), 평정척도, 목표에 의한 관리, 그리고 자기신고법 등이 포함된다. 또한 상대적인 평가방법들에는 서열법, 등급분류법, 대조법, 강제할당법 등이 포함된다(서정화 외, 2011: 153-154).

또한 일반적으로 평가 방법의 유형은 관리자 평가, 동료평가, 자기평가, 집단평가, 외부 전문가 평가 등이 있으며, 이러한 평가 유형은 나름의 장 · 단점을 동시에 가진다. 교원평가는 전통적으로 교장 · 교감에 의한 평가 방식으로 진행되어 왔다. 관리자에 의한 평가방법은 평정이 사실보다 느낌이나 감정에 근거하여 이루어지는 경향이 있다. 평가 실제에서도 객관적으로 실시하기보다는 승진 예정자에게 높은 성적을 부여하는 경향이 있다. 그리고 평가에 허위 주장, 허위 자료, 개인적 · 전문가적 편견, 차별, 허위 보고 등과 같은 것이 반영될 개연성이 높다는 점 때문에 평가의 객관성 · 신뢰성 등에서 많은 문제점을 야기시켜 왔다. 이를 극복하기 위한 대안으로 등장한 것이 바로 다면평가시스템이다. 다면평가시스템은 균형적이고 포괄적인 평가방법으로 교원의 직무성과를 측정할 수 있기 때문에 교원평가의 공정성 · 객관성 · 신뢰성을 제고할 수 있다. 최근 몇 년간 새로운 교원평가시스템 도입과 관련한 주요 논란은 바로 교원평가 참여기회를 어디까지 확대할 것인가에 대한 교육공동체 간 인식의 차에 기인되는 문제이다(서정화 외, 2011: 153-154).

나. 교원평가의 실제

교원근무성적평정

교원근무성적평정(다면평가)의 법적 근거는 교육공무원승진규정에 의거하고 있으며, 이의 결과는 교감과 교장 승진예정자를 결정하기 위한 인사자료로 활용하는 데 주된 목적이 있다. 즉, 교사가 교감과 교장으로 승진하기 위해서는 경력평정점, 근무성적평정점, 연수성적, 가산점을 합한 점수에 의해서 결정된다. 교원근무성적평정제는 1964년에 교육공무원승진규정이 제정되면서 시작되었다. 교원근무성적평정의 내용은 교사용과 교감·장학사·교육연구사용으로 구분된다. 교사와 교감 등의 근무성적평정은 자질 및 태도, 근무실적 및 근무수행능력을 평가한다. 자질 및 태도, 근무실적 및 근무수행능력은 다시 하위 평정요소와 평정내용으로 세분되며, 교사와 교감의 내용이 구별된다. 평정자는 매 학년도 종료일(2월 28일) 기준으로 평정내용을 수, 우, 미, 양의 4등급으로 구분하여 점수로 평가한다. 평정결과는 평정대상자의 요구가 있는 때 특별한 사정이 없는 한 본인의 최종 근무성적 평정점(교사의 경우 최종 합산점)을 알려주어야 하며, 이의 결과는 승진 이외에 전보, 포상 등 인사자료로 활용된다.

교원근무성적평정은 1964년에 교육공무원승진규정(대통령령 제1863호, 1964. 7. 8)의 제정으로 실시되었다. 이 승진규정은 제정 이후 수차례의 부분 개정과 1997년의 전문 개정, 2007년의 전면 개정(대통령령 제20068호, 2007. 5. 25), 2015년 개정을 거쳐 오늘에 이르고 있다. 교원근무성적평정은 이 승진규정 제3장 근무성적평정(제16조부터 제28조까지)에서 평정의 기준(제16조), 평정표(제17조), 평정자와 확인자(제18조), 평정시기(제19조), 평정의 예외(제20조), 평정점의 분포비율(제21조), 평점의 채점(제22조), 근무성적평정조정위원회(제23조), 근무성적평정의 조정(제24조), 평정결과의 보고(제25조), 평정결과의 공개(제26조), 근무성적평정결과의 활용(제27조), 특별근무성적평정(제28조), 교사의 근무성적평정(제28조의2), 별지 등으로 규정되어 있다. 이러한 승진규정상의 교원 근무성적평정제의 변천사항과 주요내용을 평정목적, 평정기준, 평정준거 및 배점, 평정분포비율, 평정시기, 평정자 및 확인자, 평정채점비율, 평정기간 및 평정결과 공개로 정리하면 〈표 7-12〉와 같다(전제상, 2018).

교원성과상여금 제도

교원성과상여금제도는 2001년 교직사회 내부의 경쟁을 유도하여 교육의 질을 개선함과 동시에 수업과 생활지도를 잘하는 교원과 어렵고 기피하는 업무를 담당하고 있는 교원을 성과급에서 우대하여 교원의 사기진작을 목적으로 도입되었다. 교원성과상여금평

〈표 7-12〉 교원근무성적평정제의 변천내용

<table>
<tr><th>구 분</th><th>1964년 제정</th><th>1972년 개정</th><th>1986년 개정</th><th>1990년 개정</th><th>2007년 전면 개정</th><th>2015년 개정</th></tr>
<tr><td>평정목적</td><td colspan="6">• 승진임용에 있어서 인사행정의 공정을 기함</td></tr>
<tr><td>평정기준</td><td colspan="6">• 직위별로 타당한 요소의 기준에 의하여 평가할 것 • 평가자의 주관을 배제하고 객관적 근거에 의해서 평가할 것
• 신뢰성과 타당성을 보장하도록 할 것 • 평가대상자의 근무성적을 종합적으로 분석 평가할 것</td></tr>
<tr><td rowspan="3">평정준거 및 배점</td><td>근무실적(30점)
학급운영 8점
학습지도 8점
생활지도 8점
교육연구 6점</td><td>40점</td><td rowspan="3">평가요소별 배점을 일률적으로 8점으로 함</td><td rowspan="3">자질 및 태도 (24점)
교육자의 품성 (12점)
사명의식(12점)

근무실적(56점)
학습지도 24점
생활지도 16점
학급경영 16점
총 80점</td><td rowspan="3">교사의 경우
자질 및 태도(20점)
교육자로서의 품성 10점
공직자로서의 자세 10점

근무실적 및 근무수행 능력(80점)
학습지도 40점
생활지도 20점
교육연구 및 담당업무 20점

총 100점 전면 개정</td><td rowspan="2">교사(100점)
• 교육공직자로서의 태도(10점)
• 학습지도(40점)
• 생활지도(30점)
• 담당업무(15점)
• 전문성개발(5점)</td></tr>
<tr><td>직무수행(15점)
기본실력 5점
지도력 5점
창의력 5점</td><td>20점</td></tr>
<tr><td>직무수행태도 (15점)
책임감 5점
협조성 5점
준법성 5점</td><td>20점</td><td>교감 · 장학사 · 교육연구사(100점)
• 교육공직자로서의 태도(20점)
• 교육활동 및 교육연구 지원(40점)
• 교육지원(20점)
• 행정사무관리(20점)</td></tr>
<tr><td>평정 분포 비율</td><td>우 20%
양 70%
가 10%</td><td>수 10%
(74점 이상)
우 30%
(58-73점)
양 50%
(32-57점)
가 10%
(31점 이하)</td><td>수 20%
(72점 이상)
우 30%
(64-71점)
미 40%
(56-63점)
양 10%
(31점 이하)</td><td>수 20%
우 40%
미 30%
양 10%</td><td colspan="2">수 30%(95점 이상)
우 40%(90-95점 미만)
미 20%(85-90점 미만)
양 10%(85점 미만)</td></tr>
<tr><td>평정시기</td><td>매년 6월과 12월 2회</td><td colspan="4">연 1회 12월 31일 기준</td><td>매년 2월말일 기준</td></tr>
<tr><td>평정자 및 확인자</td><td colspan="4">교장 및 교감</td><td>교장, 교감,
다면평가(동료교사 중 3인 이상 참여)</td><td>교장, 교감,
교사평가관리위원회(교사 7인 이상 구성)</td></tr>
<tr><td>평정채점</td><td colspan="4">교장(확인자) 50%, 교감(평정자) 50%</td><td>교감 30%, 교장 40%, 다면평가 30%</td><td>교장 40%, 교감 20%, 교사 40%</td></tr>
<tr><td>평정기간</td><td colspan="2">1년</td><td>3년</td><td>2년
(1994년부터)</td><td>3년(교사: 5년 중 3년 선택 반영)</td><td>3년(교사 5년 중 3년 선택 반영, 2019년부터 1:1:1 비율)</td></tr>
<tr><td>평정결과의 공개</td><td colspan="4">비공개 원칙</td><td colspan="2">제한적 공개</td></tr>
</table>

가의 법적 근거는 공무원수당 등에 관한 규정의 제7조의2와 성과상여금업무 처리기준에 근거하고 있다. 지급 기준일은 학년도 기준이며, 지급 대상 기간은 직전년도 1년간의 근무기간이다.

교원성과급은 1995년 11월 17일 중앙인사위원회에서 능력 및 실적 반영 승진 · 보수 체제와 관련하여 성과급지급 방침을 발표하면서 도입 논의가 시작되었다. 1996년과 1997년에 교원 및 교육전문직에게 근무평정결과와 특별근무성적을 고려하여 특별상여수당의 형식으로 10%의 우수교사들에게만 지급하였으나, 1997년 IMF 경제위기로 중단되었다.

1999년 전 공무원을 대상으로 성과상여금제도를 도입하고, 교원에 대해서도 성과상여금을 지급하고자 하였으나, 교직단체의 반대로 지급이 유보되다가 2001년 교직사회의 협력과 경쟁 유도를 통한 교육의 질을 개선함과 동시에 교원의 사기진작 도모를 목적으로 본격적으로 도입되었다. 2001년부터 2005년까지 90% 균등지급, 10% 차등지급하는 형태로 교원성과급이 지급되어 오다가 이후 차등지급 비율을 2006년 20%, 2008년 30%, 2009년 30%~50%, 2010년 50~100%, 2016년 70~100%로 확대되는 등 차등지급 비율을 점진적으로 확대하는 정책을 추진해 오고 있다.

2011년 학교단위 집단성과상여금이 도입되어 초 · 중 · 고 교원을 대상으로 개인 성과급과 학교 성과급으로 이원화하여 성과상여금 총 지급액의 10%를 학교 성과급으로 지급하였으며, 2012년~2015년에는 성과상여금 총 지급액의 20%를 지급하였다. 그러나 학교성과상여금 지표가 정규교육과정 운영 및 학생 인성지도와 관련성이 적다는 지적, 학교간 여건이 다름에도 불구하고 획일적인 지표로 평가하여 공정성과 타당성에 대한 지속적인 문제 제기, 학교나 교사의 노력과 상관없이 S, A, B 등급을 받는 학교가 고착화되는 경향이 있다는 불만 등의 주장이 꾸준히 제기되어 2016년 폐지되었다(교육부, 2015).

2016년 이후부터는 동일교원을 대상으로 근무성적평정, 성과상여금평가, 교원능력개발평가 등 유사 · 중복된 교원평가를 매년 실시하고, 학생지도가 우수한 교원이 각 교원평가에서 상이한 결과를 받으며, 공정성과 신뢰성을 위한 발전적 평가제도 개선이 필요하다는 요구에 근무성적평정과 성과상여금평가를 교원업적평가로 통합 · 간소화하고, 교원업적 평가 중 다면평가 결과를 100%활용하여 개인성과급을 지급하였다. 교원성과상여금 지급 기준은 성과상여금 심사위원회를 구성하여 지급대상별 합당한 평가요소 및 평가방법을 적용할 수 있도록 지급기준을 설정하고 지급순위를 심사 의결하도록 하고 있다. 평가등급은 S(30%), A(40%), B(30%) 3등급으로 인원 배정하여 지급한다. 모든 지급 대상자에게 개인 성과급 100%를 지급하되, 개인별 평가 후 차등 지급한다. 2020년도 교육공무원 성과상여금 기본 모델은 〈표 7-13〉과 같다.

〈표 7-13〉 2020년도 교육공무원 성과상여금 기본모델

지급단위	지급비율	차등지급률 평가등급(배정비율)	지급 방식
개인성과급	100%	3등급(S, A, B) (30%, 40%, 30%)	개인별 평가 후 차등 지급

교원능력개발평가

교원능력개발평가는 기존 근무성적평정만으로는 교원의 전문성을 지속적으로 유지, 개발하는 데 한계가 있음을 인식하고, 2004년 2월 정부가 학교교육의 발전을 위해 교원들이 긴장감을 갖도록 다면평가제를 도입하겠다고 언급하면서 본격적인 논의가 시작되었다. 정부는 2005년 11월 교원평가를 포함한 학교교육력 제고 시범사업의 일환으로 교원능력개발평가제 시범학교 47개교를 선정하였다. 2006년에는 교원평가 시범학교를 19개교 추가 지정하였으며, 2007년에는 506개교를 선도학교로 지정하여 운영하였고, 2008년에는 669개교, 2009년에는 3,121개교를 지정하였다. 2010년 3월부터는 모든 초·중등학교에 교원능력개발평가를 전면 시행하게 되었다. 교원능력개발평가는 2011년 교원 등의 연수에 관한 규정과 연수관련 규정과 2016년 교원능력개발평가 실시에 관한 훈령에 의한 법적 근거를 갖게 되었다.

교원능력개발평가는 교원의 전문성 수준을 진단하고 지원하여 교원의 전문성을 끊임없이 신장시키려는 데 목적이 있다. 교원능력개발평가의 성격은 반성적 성찰의 자기평가, 3주체(교원, 학생, 학부모)가 참여하는 다면평가, 전문성 수준에 대한 절대평가, 전문성 신장을 위한 진단 기제, 교육 주체 간의 소통기제이다. 이를 바탕으로 교원능력개발평가의 기본적인 방향은 다음과 같다. 첫째, 교사의 학습지도 및 생활지도를 평가하여 수업의 질적 개선과 생활지도 능력 신장을 도모한다. 둘째, 교육공동체 구성원인 교원, 학부모, 학생이 참여하는 평가를 실시하고, 평가결과는 교사의 전문성 향상을 위한 능력 개발 자료로 적극 활용한다. 셋째, 교원 상호 간 지식과 경험이 원활하게 공유되고 지속적으로 학습이 일어날 수 있는 체제를 구축한다. 넷째, 교사 평가에 따른 단위학교 및 교원의 업무 부담이 최소화되도록 하고, 객관적이고 공정한 평가가 이루어질 수 있는 체제를 구축한다는 것이다.

교원능력개발평가제의 주요내용은 〈표 7-14〉와 같다.

〈표 7-14〉 **교원능력개발평가의 주요내용**

<table>
<tr><th colspan="2">구분</th><th colspan="3">주요내용</th></tr>
<tr><td colspan="2">평가 기본 목적</td><td colspan="3">교원의 전문성 신장으로 공교육 신뢰 회복</td></tr>
<tr><td colspan="2">평가 대상</td><td colspan="3">국·공·사립, 초·중·고 및 특수학교 재직 교원(보건 ,영양, 사서, 상담 등 비교과 교사 포함)</td></tr>
<tr><td colspan="2" rowspan="3">평가 종류/
평가참여자</td><td>동료교원 평가</td><td colspan="2">교장 또는 교감 1인 이상, 수석교사(부장교사) 1인 이상, 동료교사 포함 5인 이상 교원 참여</td></tr>
<tr><td>학생
만족도 조사</td><td colspan="2">- 초등학교 4학년부터 6학년까지의 학생은 교사의 전문성 신장을 위한 자기성찰적 의견조사에 참여(1학년부터 3학년까지의 학생은 제외)
- 중학년 1학년부터 고등학교 3학년까지 학생(2개월 미만 재학생 참여 제외), 평가 지표별 양극단값 5%씩(총 10%) 제외</td></tr>
<tr><td>학부모
만족도 조사</td><td colspan="2">학부모(2개월 미만 재학생 학부모 제외),도서벽지 및 소규모 학교는 학부모 공동참여단 구성 가능, 온라인평가시스템 참여 권장</td></tr>
<tr><td rowspan="6">평가
영역
·
요소
·
지표</td><td rowspan="2">교사</td><td>학습지도</td><td>수업준비, 수업실행, 평가 및 활용 평가요소</td><td>3요소 8개 지표</td></tr>
<tr><td>생활지도</td><td>상담 및 정보제공, 문제행동 예방 및 지도, 생활습관 및 인성지도</td><td>3요소 7개 지표</td></tr>
<tr><td rowspan="3">수석교사</td><td>교수연구
활동지원</td><td>수업지원, 연수·연구지원</td><td>2요소 6개 지표</td></tr>
<tr><td>학습지도</td><td>수업준비, 수업실행, 평가 및 활용 평가요소</td><td>3요소 8개 지표</td></tr>
<tr><td>생활지도</td><td>상담 및 정보제공, 문제행동 예방 및 지도, 생활습관 및 인성지도</td><td>3요소 7개 지표</td></tr>
<tr><td>교장·교감</td><td>학교경영</td><td>학교교육계획, 교내장학, 교원인사, 시설관리 및 예산운용 (※교감은 시설관리 및 예산운용 지표 제외)</td><td>학교경영목표관리 등
4요소 8개 지표</td></tr>
<tr><td colspan="2">평가문항</td><td colspan="3">상기 평가요소별 평가지표별 문항으로 구성하되, 학교특색 활동 별도 지표 추가 가능</td></tr>
<tr><td colspan="2">평가시기</td><td colspan="3">매년 9-11월 실시
(학생·학부모 만족도 1학기말, 동료교원평가 10월 말까지)</td></tr>
<tr><td colspan="2">평가방법</td><td colspan="3">5점 척도 절대평가 방식과 자유서술형 응답식 병행</td></tr>
<tr><td colspan="2" rowspan="2">평가
시행주체</td><td colspan="3">단위학교장이 소속 교사, 수석교사에 대하여 실시</td></tr>
<tr><td colspan="3">시·도교육감(지역교육청 교육장) 교장·교감에 대하여 실시</td></tr>
<tr><td colspan="2">평가관리기구</td><td colspan="3">교육청 및 학교에 교원능력개발평가관리위원회 설치
(교원, 학부모, 외부전문가, 교육청 관계자 등 5인 이상 11인 이내로 구성)</td></tr>
<tr><td colspan="2">결과 통보</td><td colspan="3">교육감·학교장, 개별교원에게 평가지표별 환산점 및 합산점수를 통보
(※단위학교 전체 평가결과값은 학교 정보공시제를 통하여 공개)</td></tr>
<tr><td colspan="2">결과 활용</td><td colspan="3">- 능력개발 지원을 위한 맞춤형 연수 등 자료 활용
- 일반교원은 평가지표별 직무연수, 우수 교원은 교원학습연구년 특별연수
- 지원필요교원은 능력향상 연수 부과(학생만족도평가결과 2.5 미만 또는 동료교원평가결과 2.5 미만)</td></tr>
</table>

이상에서 살펴본 교원근무성적평정, 교원성과상여금, 교원능력개발평가의 교원평가체제는 목적, 도입 시기, 철학, 대상, 평가자, 평정요소 등으로 구분하여 비교 분석하여 정리하면 〈표 7-15〉와 같다.

〈표 7-15〉 교원평가체제 비교

구분	교원근무성적평정(다면평가)	교원성과상여금	교원능력개발평가
목적	승진, 전보의 인사자료로 활용	교원의 사기 진작과 성과급 배분	교원 능력개발 자료로 활용
도입 시기	1964년	2001년	2010년 전면 시행
법적 근거	교육공무원승진규정	공무원수당에 관한 규정/성과상여금업무 처리기준	교원 등의 연수에 관한 규정/교원능력개발평가 실시에 관한 훈령
철학	서열화, 차별화 평가/외재적·보상적 가치에 중점	외재적·보상적 가치에 중점	기준부합 판별 평가/내재적·본질적 가치에 중점
대상	교사, 교감	교사, 교감 및 교장	교사, 교감 및 교장
평가자	교장(40%), 교감(20%),동료교사 다면평가(40%)	교사다면평가활용(정성평가 20%+정량평가80%)	교원 전원(교장, 교감, 교사) 학생 및 학부모(만족도 조사) - 초등학생은 4-6학년만 실시하고 자기성찰자료로 활용
평가 내용	교사: 교육공무원으로서 태도, 학습지도, 생활지도, 전문성개발, 담당업무 교감: 교육공무원으로서 태도,교육활동 및 교육연구지원, 교원지원, 행정사무관리	업적평가의 다면평가 내용을 그대로 정성과 정량으로 구분하여 활용	교장, 교감: 학교교육계획, 교내장학, 교원인사, 시설관리 및 예산운용 교사: 학습지도 및 생활지도 평가
기준	전국적으로 통일된 지표	전국적으로 통일된 기준을 바탕으로 단위학교에서 일부 수정 가능	평가영역 및 요소별로 골고루 반영하되, 평가지표에 단위학교 특성 반영 가능
시기	매 학년도 종료일 기준		9-11월 실시
방식	총괄(summative) 평가	총괄(summative) 평가	형성(formative)평가
방법	상대평가	상대평가	절대평가
결과 환류	결과 제한적 공개 → 환류(feedback) 미흡	개별교원에게 등급 통보 → 환류(feedback) 미흡	결과 통보 → 환류(feedback)조치 수반

업적평가

그간 학교 교육현장에서 3가지 교원평가를 별도로 실시해 중복된 평가에 따른 비효율성 비판, 교원들의 피로감 호소, 평가별 결과 차이로 인한 신뢰성 및 공정성 논란, 연공서열식 평가 등에 대한 비판이 계속하여 제기하였다. 이러한 문제를 해결하기 위해 정부는 2015년 9월 3일 교원의 평가 부담감 해소와 결과의 신뢰성 제고, 수업과 생활지도를 잘하는 교원 우대 등 교원 본연의 업무인 학생지도를 잘할 수 있는 교원평가 실현을 위해 교원평가 운영방식의 개선방안을 발표하였다. 2015년 교원평가제도 개선방안에서는 기존 교원근무성적평정과 교원성과상여금평가를 교원업적평가로 통합하여 간소화하였다. 또한 교원능력개발평가는 현행대로 일부 내용만을 개선하는 것으로 보완하였다. 아울러 3가지 교원평가체제에서 서로 다르게 사용하던 평가용어와 지표를 정비하고 평가대상기간을 학년도 단위로 통일하도록 개선하였다. 교원업적평가는 관리자평가와 교사평가로 구분하여 실시하되, 이를 합산해 인사에 반영하며, 교사평가 결과는 개인성과급 지급에 활용하기로 하였다. 2015년 교원평가제도 개선방안의 내용을 제시하면 [그림 7-6]과 같다(전제상, 2018).

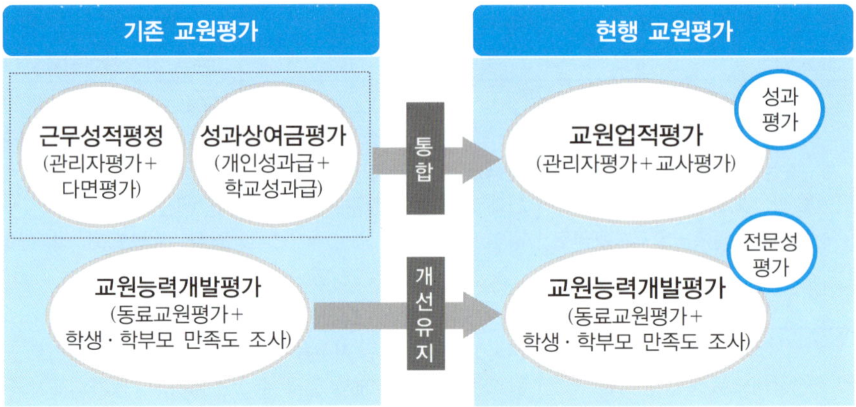

[그림 7-6] 2015년 교원평가제도 개선방안

교원업적평가(관리자 근무성적평정 + 동료교원 다면평가) 결과는 승진인사에 활용하고, 교원업적평가 중 동료교원 다면평가는 성과상여금 평가에 100% 활용한다. 교원업적평가 중 승진에 활용되는 관리자 평가와 교사 평가의 활용 비율은 6:4로 한다. 구체적으로 교사평가는 동료교원 다면평가 결과를 활용하고, 승진자료 활용 시 정성평가 80%(환산비율 32%), 정량평가 20%(환산비율 8%)를 합산하여 반영하며, 성과급 활용 시 정성평가 80%, 정량평가 20%로 반영한다. 평가기준은 정성평가(공통지표)와 정량평가로 나누며, 정량평가

시 공통지표와 학교선택지표의 비율은 7:3으로 하였다. 교원업적평가 활용 방안 및 반영 비율은 [그림 7-7]과 같다.

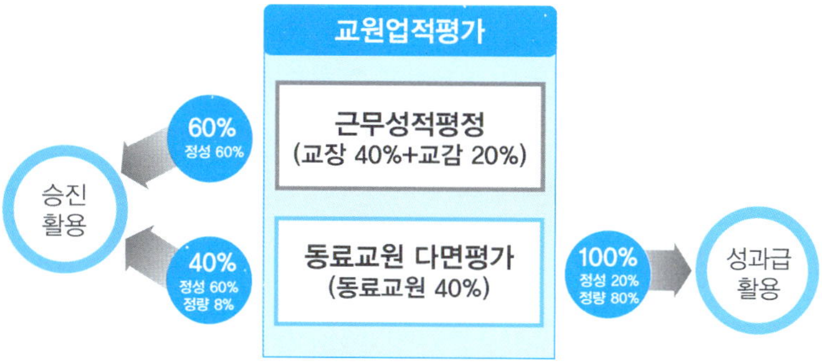

[그림 7-7] 교원업적평가의 활용 방안 및 반영 비율

교원업적평가의 동료교원 다면평가를 위해서는 동료 교사 중 3명 이상 7명 이하를 위원으로 하는 다면평가관리위원회를 구성하여야 한다. 위원은 학년 초에 학년별·업무분장·교과군 등을 고려하여 각 분야별 대표성이 있는 동료교사로 구성하며, 위원회 구성 시 수업을 주로 하지 않는 교사(보건·영양·사서·전문상담 등) 1명 이상의 참여를 권장하고 있다. 정성평가 및 정량평가 방법에 따른 교사 다면평가 평가지표는 기관(학교) 자율로 추가·삭제·수정할 수 있으나, 평가요소 및 배점은 변경할 수 없다. 정성평가 방법에 따른 교사 다면평가 평가지표는 수업이 주된 업무가 아닌 영양·보건·전문상담 또는 사서 교사 등의 평가대상자에 대한 학습지도와 관련한 평가지표로 한정하여 추가·삭제·수정 가능하다. 단위학교별 추가·삭제·수정 가능한 평가지표에 대해서는 학년 초 전체 교원의 의견을 수렴하여 다면평가관리위원회에서 심의하되, 명부작성권자가 정하면 따라야 한다. 이후 단위학교(기관)별로 마련된 정량평가 평가지표에 따라 세부 평가기준 및 배점을 정한다(전제상, 2018).

5. 교원의 전문성 개발 주요 쟁점

가. 교직 전문성 수준에 관한 기대와 실제의 불일치

교직은 학생의 발달 특성에 따라 적절한 교육을 수행하는 일을 하게 된다. 이를 위해서는 학생발달 특성, 교육방법, 생활지도 등에 관한 전문적인 지식과 기술이 요구된다.

이러한 이유로 교직은 전문직으로 지칭된다. 교직의 전문성이 전제되어야 교사는 학생을 제대로 가르칠 수 있다. 따라서 교직은 전문직으로서의 기본적인 요건인 전문적인 지식 체계, 장기간의 직전교육과 훈련, 엄격한 자격기준과 자격 통제, 전문직 단체를 통한 전문성 신장, 고도의 직업윤리와 봉사 등을 충족하고 있다. 그런데 교직은 전문직으로서 일반 국민들이 인식하는 만큼의 높은 전문성을 갖추고 있느냐 하는 것에 대해서 의문을 제기하는 이들이 많은 실정이다.

교직은 일반 국민들이 미래 직업 선택에 있어서는 선호도가 높지만 정작 교원을 의사와 판사, 변호사 등과 같은 전문직종사들만큼 교직전문가로서 높게 평가하고 사회경제적으로 인정하고 못하고 있다는 현실적 한계가 있다. 초등교사가 교직 전문성을 구비하는데 4년의 준비기간이 적절한가에 관한 문제를 제기하여 일부에서는 교원양성교육기간을 5년이나 6년의 대학원 수준으로 개편할 필요가 있다고 주장하는 학자들도 있다. 또한 교사가 교직에 입문한 이후에 자신의 전문성 신장을 위해 부단히 노력하는 것이 부족한 것은 아닌가 하는 부정적 시각이 존재하고 있다. 아울러 교사자격증은 한번 주어지면 별도의 노력 없이도 교사자격증이 그대로 존속되는 것이 과연 타당한 것인가에 관한 물음이 제기되어 일부 국가에서 적용되는 교사자격증 갱신제 등의 도입이 필요하다고 주장하기도 한다.

최근에는 초등교사의 전문성 고도화를 위해 서울교육대학교와 경인교육대학교 2곳에만 교육전문대학원을 개설·운영하고 있지만, 나머지 교육대학교에서는 설치되지 못하고 있는 것도 초등교직의 전문성을 낮게 평가하고 있는 대표적인 사례가 아닐 수 없다. 따라서 교직의 전문성을 위협하는 여러 요인들이 어떠한 것들이 있는 지를 진단 및 분석하고 전문직 종사자로서 전문성 개발과 위상 정립을 위한 다양한 정책적·행정적 노력들이 요구되고 있다.

나. 교직생애발달 주기와 전문성 지원체제의 불일치

교사가 교직에 입문하면 62세 정년까지 적어도 35년 이상을 근무하게 된다. 교사가 장기간의 교직생활 동안 수많은 영역에서 변화와 발달의 과정을 거치게 된다. 교사는 일차적으로 교직관과 교사관, 학생관 등에 관한 변화뿐만 아니라 가르치는 교과지식과 내용, 학생지도의 행동과 방법, 학부모에 대한 태도 등에서 많은 변화가 일어나게 된다. 현실적으로 초임교사가 경험하게 교직 적응의 어려움은 어떤 것이며, 중견교사가 겪게 되는 고민은 무엇이 있으며, 고경력교사는 무엇을 필요로 하는지에 관한 교직생애발달 단계별 요구 수준이 다를 수 있다. 이와 같이 장기간의 교직생활 동안 교사가 어떻게 변화·발달해 가는가에 관한 특징을 제대로 진단 및 분석한다면 교직생애발달 단계에 따른 교사 전문성 지원 계획과 프로그램을 개발하여 적용할 수 있다. 그런데 교직생애발달에 따른 교원의 전문성 신장 프로그램이 적절하게 제공되지 못하여 교사들의 교직만족도가 높지 않은 실정이다.

교사들은 교직기간 동안 계속적으로 변화하며, 교사의 관심과 애로점은 교사발달단계에 따라 다르고, 교사발달단계가 같더라도 개별 교사들이 필요로 하는 전문성 수준과 난이도에 상당한 차이가 있다. 그러므로 현직 교사들이 교직생애발달 단계별로 무엇을 고민하고, 생각하고, 느끼고 있는가 등에 관해 전문적인 지식과 정보를 제공한다면 교직 만족도를 증대시켜 학생지도에 보다 충실하게 몰입할 수 있다. 최근 정부에서는 교직생애발달 단계에 따른 맞춤형 연수프로그램과 장학지원활동을 활발하게 지원하고 있다. 그렇지만 개별 교사가 처해 있는 학교별, 규모별, 지역별 등의 다양한 요구를 반영한 맞춤형 전문성 지원 프로그램이 충분하지 못하다는 점에서 교직생애발달 단계별 지원 프로그램 활성화에 관한 연구와 지원인프라가 구축될 필요가 있다.

다. 교원연수 및 장학에 관한 요구와 대응의 불일치

그동안 정부의 교육개혁 방향이 자율화 및 다양화, 전문화를 강조함과 동시에 교원능력개발평가 등이 도입되면서 현직 교사들의 전문성 신장을 위한 연수 참여의 기회가 확대되고 있다. 그러나 현직 교사들이 필요로 하는 다양한 요구 수준을 고려한 맞춤형 연수 프로그램과 장학활동 등에서는 개선해야 할 과제가 산적해 있다(서정화 외, 2011: 255-257).

- 현직 교사들의 다양한 연수기회가 부족하다. 급변하는 시대적 · 상황적 변화에 대응하는 다양한 연수 프로그램이 미흡하고, 교사 스스로 개인적 · 전문적 발달을 도모할 수 있는 인프라와 지원체제가 미흡하다. 예를 들면, 자격연수의 경우 평생 동안 2~3회 정도에 한정되어 있고, 직무연수도 기존의 교과교육의 반복이나 정책 홍보나 이해 등에 집중되어 있어 고도의 전문성을 자발적으로 계발할 수 있는 여건이 미흡한 실정이다.
- 교원연수의 목표와 지향에 대한 현직 교원들의 인식이 미흡하다. 교사들이 연수를 단지 승진이나 자격 취득의 수단으로 간주하는 경향이 있고, 지속적인 자기 개발과 성장 발전을 위한 소중한 기회라는 생각이 미흡하다. 이는 수많은 연수가 이루어지고 있어도 그 실행 효과가 미흡하고, 학교나 교사 차원의 창의적이고 자율적인 연수가 크게 활성화되어 있지 않은 사실에서 잘 드러난다.

- 교원연수과정 간의 연계성이 미흡하다. 교사양성교육과 교사 자격연수, 교사 자격연수와 교감(장) 자격연수과정이 내용상 중복되고 그 연계성과 체계성이 미흡하다. 현장 교원들이 여러 차례의 연수를 받아도 그를 통해 새로운 지식과 기술, 그리고 특별한 안목을 습득하여 자신의 교육력을 한 단계 업그레이드하는 측면이 미흡하다.
- 교원 연수과정 운영, 강의내용과 방법이 참신하지 못하다. 연수의 대부분이 방학기간에 집중되어 있고, 장기간에 걸쳐 이루어져 많은 부담을 주고 수강 효과를 저하시키는 문제가 있다. 또한 수업내용과 방법도 이미 배운 교원양성교육과 크게 다르지 않아 학습 기대와 의욕을 높이지 못하고 있는 것이다.
- 연수기관의 교육여건과 행·재정 지원이 미흡하다. 교육연수원의 시설이 강의실 중심이고, 다양한 탐구학습이나 분임토의 등을 위한 공간이 미흡하여 대형 강의 위주로 강의가 이루어지는 문제가 있으며, 행·재정 지원이 미흡하여 우수한 강사진의 확보나 다양한 체험과 견학 활동들을 실행하지 못하고 있는 실정인 것이다.
- 심도 있는 연수를 위한 사전준비과정이 미흡하다. 교육내용이나 과제에 대한 사전지도도 없이 곧바로 연수에 참여하는 경우가 많고, 개별 교사들의 필요와 수요에 적절하게 대응할 수 있는 체제가 구조적으로 취약하다는 것이다.
- 교사들의 자율 연구와 연수, 장학에 대한 지원이 미진하다. 교원연수는 의무적으로 해야 하는 교육보다는 스스로의 탐구의욕과 자기계발 노력에 의해 이루어질 때 더 큰 효과를 거둘 수 있다. 그러나 그러한 관점과 지원이 미흡하기 때문에 특별한 사명감을 가진 교사 외에는 자기 계발을 위한 연구나 연수, 장학에 참여할 수 있는 여건이 마련되어 있지 못하다.

라. 교원평가제도의 쟁점

평가는 인간이 존재하는 곳 언제 어디서나 수시로 일어나는 활동의 하나이다. 일반적으로 평가는 사물의 가치를 판단하는 것을 의미하는 것으로, 평가의 개념에는 의도한 목표나 요구한 바를 달성했는가를 검토하는 활동, 경험과 과정의 가치를 판단하는 데 초점을 두는 활동, 의사결정에 도움이 될 수 있는 정보를 제공하는 활동이 포함된다. 이렇듯 학교교육에서 평가는 학교조직과 개인의 발전·개선이나 유지 등을 위하여 학교조직과 개인의 효과나 장·단점에 대한 자료를 수집하고, 가치 판단을 하는 일련의 체계적 활동을 의미한다. 현행 교원평가는 근무성적평정과 다면평가, 성과상여금평가, 능력개발평가, 업적평가 체제로 운영됨으로써 여러 가지 문제점과 쟁점들이 산적해 있어 계속적인 논란이 되고 있다(전제상 외, 2008).

- 교원평가의 목적에 대한 차이가 상당하다. 교원평가의 본질적 기능은 교원의 태도, 성격, 적성 등을 판단하고, 교원의 직무수행상의 업적이나 성과들을 측정하며, 교원의 능력, 즉 현재의 능력과 잠재능력을 동시에 개발하는 것이다. 그러므로 단위학교에서 교원평가는 승진이나 전보 등의 인사행정 결정을 위한 자료를 제공하는 기능 외에도 교원 개인의 전문적인 성장과 발달을 도모하는 한편 교육조직의 효과성을 증가시킴으로써 보다 높은 교육의 질을 제공하는 데 기여할 수 있다. 그러나 일부 교원과 교원단체들은 새로운 교원평가 도입이 학교조직을 경쟁체제로 몰아 교원의 전문성 개발보다는 교육 현장의 황폐화를 심화시킬 것이라고 주장하고 있다. 즉, 교원평가시스템의 도입이 단위학교에서 동료교사들 간 정보교환과 기술들을 상호 교환하는 것을 방해하여 교원들 간 협력과 협조문화를 침해할 수 있다는 것이다. 이러한 주장은 학교조직문화에 비춰볼 때 교원 간 협력은 중요한 부분이기는 하지만 학교 교육력 향상의 일부분이지 전부는 아니라는 점을 간과하고 있다.
- 평가자를 누구로 할 것인가에 관한 것이다. 교원평가는 본질적으로 사람의 사람에 대한 평가, 즉 주관적 가치 판단을 전제로 출발하는 것이기 때문에 아무리 타당한 평가준거를 설정한다 하더라도 나름의 한계를 가질 수밖에 없다. 교원평가는 학교 구성원을 비롯하여 학생 및 학부모가 학교교육의 결과에 대한 책무성을 공유하는 총체적인 노력으로 교사가 평가과정에서 의미 있는 역할을 수행할 수 있도록 권한이 부여되어야 하며, 이를 위해 다양한 평가방법이 요구된다. 최근 교원평가 방법의 다양화가 커다란 관심을 갖게 된 이유는 소수의 평가자보다 다수의 평가자가 평가과정에 참여함으로써 평가의 객관성, 공정성, 신뢰성 등을 제고할 수 있다. 교직사회에서 교원평가 주체가 누구냐에 따라 관리자평가, 동료평가, 자기평가, 학생 및 학부모 평가 등으로 평가 방법을 유형화할 수 있는데, 각각의 평가 유형은 나름의 장점과 단점을 동시에 지니므로 이에 대한 충분한 분석이 요구된다. 학부모단체에서는 학생과 학부모가 평가자로 참여하고 평가결과를 구속력 있게 반영하여 활용할 것을 주장하고 있으며, 교원단체 및 교육전문가는 학생과 학부모의 평가결과를 참고 수준에서 활용하는 것에 국한하는 것이 타당하다는 논리가 대립되고 있다.
- 교원평가 결과의 활용이다. 교원의 능력개발평가 결과를 다양한 용도로 활용할 것인가 아니면 교원의 전문성 신장으로만 한정하여 활용할 것인가 하는 문제로 귀결되고 있다. 교원평가의 본질적 기능에 비춰보면, 평가결과는 다양한 용도로 활용하는 것이 타당하지만, 정부가 교원능력개발평가를 시범 운영하면서 전문성 신장에만 한정하겠다는 초기의 입장을 유지할 것인가 아니면 수정할 것인가 하는 문제가 있다. 최근 정부가 교원능력개발평가 결과를 전문성 신장은 물론 다양한 용도로 활용

되어야 함을 제시한 것에 대해 교직단체는 정부정책의 신뢰성 차원에서 일관성을 유지해야 한다는 비판이 제기되고 있다. 또한 정당 및 국회의원의 경우는 교원능력개발평가 결과를 교원인사자료로 연계하는 것에 대한 입장이 엇갈리고 있으며, 교원능력개발평가 관련 법률 제정(안)에서도 평가결과의 인사자료 활용에 대한 시각이 대립되고 있다.

- 교원능력개발평가의 법제화 문제이다. 2005년 교원평가에 대한 새로운 접근방법으로 등장한 교원능력개발평가가 전면 시행되고 있지만, 아직까지 교원평가에 관한 관련 법적 근거가 교원연수규정에 마련되었다는 점에서 안정적 운용에는 한계를 가진다. 단위학교 교원을 대상으로 교원에 대한 평가가 이중적으로 진행됨으로써 행·재정적 낭비는 물론이거니와 이를 둘러싼 교원들 간의 이해 부족 및 오해, 그리고 수용력 부족 등으로 교원들 간 소모적 갈등들이 해소되지 않고 있다. 물론 교원능력개발평가제는 지금까지의 시범 운영 결과에 대해 긍정적인 효과가 있음에도 불구하고 결과활용에 있어서 자기점검의 기초자료로만 제한적으로 활용하고 있다. 특히, 교원능력개발평가제의 평가결과는 교원 개인에 대한 학교구성원 모두의 관점이 반영된 객관적인 자료라는 점에서 이를 좀 더 다양한 용도로 활용하지 못한다는 비판이 제기되고 있다. 현행 교원능력개발평가의 평가내용은 교사의 수업에 관한 내용을 중심으로 평가하고 있다는 점에서 기존 교사근무성적평정의 학습지도와 생활지도의 평가내용과 거의 중복되고 있다. 기존 교사근무성적평정의 학습지도와 생활지도의 평가내용은 평가요소의 미흡성, 평가기준의 획일성, 평정내용의 추상성 등에 대한 비판이 지속적으로 제기되어 왔는데, 이러한 한계와 문제점들을 일부 개선한 것이 교원능력개발평가의 평가내용이라는 점에서 이의 다양한 활용이 요구되는데 교육공동체 간 인식의 차이가 상존하고 있다.
- 현실적으로 동일 교원 대상으로 유사한 평가를 3번(능력개발평가, 근무성적평정과 다면평가, 성과상여금평가)에 걸쳐 중복 실시함에 따른 비효율성 및 비경제성 등을 초래하고 있다. 현장 교원들은 학교급별 및 종별에 관계없이 교원이면 누구든지 공통적으로 수행해야 할 직무가 존재하는데, 교원 직무 중 핵심적인 요소는 학습지도와 생활지도 영역으로 모든 교원들이 필수적으로 수행해야 할 과업이다. 모든 교원들이 수행해야 할 공통적인 직무인 학습지도와 생활지도 등을 서로 다른 지표로 이중, 삼중으로 평가한다는 것은 행·재정적 낭비요인이다. 교원근무성적평정에서 교사평가기준 중 학습지도 및 생활지도 평가내용은 교원능력개발평가의 수업지도 및 생활지도, 교원성과상여금평가의 수업지도와 생활지도와 거의 유사한 것으로 중복되는 평가내용과 지표들이 대표적인 것들이다. 2015년에는 교원근무성적평정과 교

원성과상여금평가를 일원화하여 교원업적평가로 운영함으로써 평가과정의 단순화를 도모하기도 하였다. 교원능력개발평가는 기존 교원근무성적평정의 한계와 문제점을 극복하기 위한 대안으로 출발한다는 점에서, 교원능력개발평가의 운영방안은 교원근무성적평정의 한계와 문제점을 부분적으로 해소해 주고 있다. 예를 들면, 교원근무성적평정 목적인 승진 등 인사관리의 공정성 및 운영에 있어서 교원능력개발평가의 평가기준과 평가내용, 그리고 평가과정 등에서 이해당사자의 민주적인 참여와 단위학교별로 자율적으로 결정함으로써 합리성을 제고하고 있다. 그러나 현행 교원근무성적평정에 대한 신뢰성 및 공정성, 합리성을 제고할 수 있는 교원능력개발평가와의 연계가 미흡하다. 특히, 교원능력개발평가의 평가내용 중 수업지도와 생활지도에 관한 지표는 평가내용의 추상성과 획일성을 극복한 것으로 이를 교원근무성적평정에 있어서 학습지도와 생활지도로 연계하여 활용하면 평정내용에 대한 구체성과 객관성 확보가 용이하다. 평정 방법에 있어서 교원능력개발평가의 객관적인 지표를 반영함으로써 평가자의 주관적 편견과 오류를 해소할 수 있다. 교원근무성적평정에 있어서 교원능력개발평가의 수업지도와 생활지도의 평가내용은 단위학교 구성원들의 참여와 합의에 의한 객관성 및 구체성이 확보된 것이다. 교원능력개발평가의 수업지도 및 생활지도에 관한 평가점수가 교원근무성적의 학습지도와 생활지도와 연계된다면, 교원근무성적평정의 온정주의와 관대화 현상을 줄일 수 있다.

핵심 용어

- 교직의 성격
- 교원의 역할
- 교사발달
- 교원의 연수
- 장학행정
- 교원근무성적평정
- 전문적 학습공동체
- 교원의 전문성
- 교원의 전문성 개발
- 초등교사의 직무
- 교원연수제도
- 교원평가
- 교원성과상여금
- 교직관
- 교직의 생애발달
- 교사의 직무수행
- 장학
- 교원평가체제
- 교원능력개발평가

생각해 볼 주제

- 교직은 어떤 성격과 특수성을 지니며, 교직은 왜 전문직이어야 하는가에 대해 생각해 보자.
- 교직생애발달의 단계별 특징은 무엇이며, 교사의 전문성 개발을 지원하는 방안에 대해 생각해 보자.
- 교사의 지속적인 전문성을 개발하기 위해 교사 자신이 어떤 노력을 기울여야 하며, 이를 위한 지원방안에 대해 생각해 보자.
- 교원평가는 왜 필요하며, 현재의 교원평가 3원 체제가 교사에게 어떠한 영향을 주는가에 관해 생각해 보자.

참고문헌

강경석 외(2011). 중등교직실무. 서울: 과학사.
강원근(2000). 21세기의 교원연수체계. 한국교사교육, 17(1). 한국교원교육학회. pp.55-79.
곽병선(2002). 미래형 교육대학교 교육과정 개발의 과제와 전망. 미래 교육대학교 교육과정의 지향 패러다임 공개세미나 자료집, 경인교육대학교.
교육부(2020). 2021년 교원연수 운영 중점 추진 방향.
교육법전편찬회(2002). 교육법전. 서울: 교학사.
국립국어원(1999). 표준국어대사전.
권용수 · 강정석 · 조명성(2004). 지방교육행정기관 표준정원제 개선연구. 한국교육개발원.
김기태, 조평호(2003). 미래지향적 교사론. 서울: 교육과학사.
김병찬(2007). "교원연수제도의 발전방향과 과제." 교육력 제고를 위한 교원교육의 발전방향과 과제. 2007년 제49차 교원교육 학술대회 논문집. 한국교원교육학회. pp.105-130.
김윤태 · 서정화 · 노종희(1984). 교사와 교직사회. 서울: 배영사.
김이경 외(2005). 교원의 직무수행 실태분석 및 기준 개발 연구. 한국교육개발원.
김혜숙 외(2001). 교원의 질 관리를 통한 학교 개선 국제 공동 연구. 한국교육개발원.
김혜숙 · 양승실 · 김안나(2000). 교원직급 및 자격체제 개편 연구. 한국교육개발원.
박영숙 외(1999). 학교급별, 직급별, 취득자격별 교원 수행 실태 기준에 관한 연구. 한국교육개발원.
박영숙 외(2016). 학교교육 역량 강화를 위한 교사학습공동체 운영 지원방안연구. 한국교육개발원.
서경혜(2009). 교사 전문성 개발을 위한 대안적 접근으로서 교사학습공동체의 가능성과 한계. 한국교원교육연구. 제26권 제2호. 한국교원교육학회. pp.243~276.
서경혜(2015). 교사학습공동체. 서울: 학지사.
서울특별시남부교육지원청(2020). 2020년 교육공무원 성과상여금 지급계획.
서정화 외(1992). 교원유인체제 강화방안 연구: 우수교원확보법 제정을 중심으로. 한국교원단체총연합회.
서정화 외(1995). 교육인사행정론. 서울: 하우.
서정화 외(2011). 교육인사행정론. 서울: 교육과학사.
손민호 · 전제상 · 이규은(2010). 교원연수 프로그램 및 운영 개선연구. 경기도교육청.
송경오 · 최진영(2010). 초 · 중등학교 교사학습공동체의 측정모형 및 수준 분석. 한국교원교육연구. 제27권 제1호. 한국교원교육학회. pp.179~201.
윤광희 외(2000). 일본과 미국의 교직단체에 관한 연구. 교육부 정책과제 보고서.
윤정일 · 송기창 · 조동섭 · 김병주(2004). 한국교육정책의 쟁점. 서울: 교육과학사.
이군현(2003). 교원과 교원단체. 한국교원단체총연합회(편). 교사론. 서울: 교육과학사.
이명주 외(2014). 초등교직실무. 서울: 학지사.
이범웅 · 허숙(2014). 교직이론과 현장 실제의 만남: 교사와 교직생화. 서울: 지식과 감성.
이석열(2015). 교원의 능력개발을 위한 전문적 학습공동체 운영 방안. 이슈페이퍼 01. CP 2015-01-1. 한국교육개발원.
이성은 외(2011). 초등교직실무. 서울: 교육과학사.
이영덕(1991). 교원연수의 반성과 대책. 한국교사교육, 8. pp.7-15.
이윤식(2000). 교원의 전문성 심화를 위한 연수 · 연구실적 학점화. 한국교사교육, 17(2). 한국교원교육학회.
이윤식(2000). 장학론: 유치원 · 초등 · 중등 자율장학론. 서울: 교육과학사.
이윤식 외(2007). 교직과 교사. 서울: 학지사.
이일용(1992). 교원연수제도의 개선방향에 관한 연구. 한국교육문제연구소논문집, 7. 중앙대학교 한국교육문제연구소. pp.123-136.
이종재(2004). 학습학습국가 건설의 방향과 과제. 학습국가로의 도약, 평생교육이 해법이다. 연구자료 RM 2004-32. 한국교육개발원.
전제상(2001). 교사평가의 준거개발에 관한 연구. 홍익대학교 박사학위 논문.

전제상(2002). "교육의 발전과 한국교총의 역할". 한국교육의 발전을 위한 교원단체의 역할. 한국교원교육학회 제37차 학술대회 발표자료.

전제상(2009). 다원적 교원평가제의 일원화 가능성과 및 방안 탐색. 한국교원교육연구, 제26권 제2호. pp.387-410.

전제상(2010). 교원성과상여금제도의 운영실태 평가. 한국교원교육연구, 제27권 3호, pp.69- 92.

전제상(2011). '교직단체'. 중등교직실무. 서울: 교육과학사.

전제상(2011). 현행 학교관련 평가의 문제점과 개선방안. 2011 교육정책네트워크 교육현장 순회토론회 자료집. 한국교육개발원.

전제상(2018). "제9장 교원평가제도의 쟁점과 과제". 한국의 교직과 교사 탐구. 서울: 학지사. pp.243-277.

전제상 외(2005). 신 교육행정의 이해. 서울: 양서원.

전제상 외(2008). 교원의 전문성 신장을 위한 교원능력개발평가의 결과 활용방안 연구. 교육과학기술부 정책연구과제.

전제상 외(2010). 교원성과급제도의 자율성 확대 및 개선방안 연구. 교육과학기술부 2009년 정책연구개발사업.

정바울(2018). "제8장 전문적 학습공동체". 한국의 교직과 교사 탐구. 서울: 학지사. pp.223-242.

정태범(2003). 교직의 성격과 교사의 역할. 한국교원단체총연합회 (편). 교사론. 서울: 교육과학사.

조기희(2015). 체육수업 전문성 증진을 위한 교사학습공동체의 실천 과정과 효과 탐색. 서울대학교 대학원 박사학위논문.

조동섭(2002). 초등교사 양성체제의 발전방향. 한국교원교육연구, 19(1). 한국교원교육학회. pp.45-62.

조동섭(2003). "우수 교사 확보와 계발 · 유지를 위한 정책방향과 과제." 학교교육연구, 1(1). 한국학교교육연구원. pp.49-80.

조동섭(2005). "교사의 전문성 제고를 위한 정책 방향과 과제." 교육선진화를 위한 교원의 전문성 제고 방안. 국회 교육위원회 발표 자료집. 대한민국국회.

조동섭(2006). 교원의 전문성 향상을 위한 교원정책의 현안 과제.

조동섭 · 김현철 · 박남기 · 박영숙 · 장덕진(2003). 초등교원 중장기 수급계획 및 안정적인 충원방안 연구. 교육인적 자원부.

조동섭 · 이도영 · 박승규(2004). 초등교육 양성교육의 문제와 개선방안. 교육논총, 23. 경인교육대학교 초등교육연구소. pp.403-428.

한국교원단체총연합회(1997). 예비교원을 위한 교사론. 서울: 교육과학사.

한국교육개발원(2004. 12). 한-OECD 국제세미나: 한국 교원정책의 도전과 과제. 한국교육개발원.

한국교육행정학회(1995). 교육인사행정론. 서울: 도서출판 하우.

한유경 · 박상완 · 서경혜 · 전제상(2006). 교원 직무 기준 설정에 관한 연구. 교육부 정책연구보고서.

Burstein, N., Kretschmer, D., Smith, C., & Gudoski, P.(1999). Redesigning teacher education as a shared responsibility of schools and universities. *Journal of Teacher Education*. NY: Macmillan Library Reference. pp.194-210.

DuFour, R. & Eaker, R. (1998). Professional learning communities at work: Best practices for enhancing student achivement. Reston: VA: ASCD.

Eaker, R., DuFfour, R., & DuFfour, R.(2002). *Getting Started-Reculturing Schools to Become Professional Learning Communities*. National Educational Service.

Grossman, P. L.(1990). *The Making of a Teacher: Teacher Knowledge and Teacher Education*. New York and London: Teachers College, Columbia University.

Sergiovanni, T. J.(1994). Organizations or Communities? Changing the Metaphor Changes the Theory. *Educational Administration Quarterly*, *30*(2). pp.214-226.

UNESCO · ILO (1966. 10. 5). Recommendation concerning the Status of Teachers.

Wilson, S. M.(1990). The secret garden of teacher education. Phi Delta Kappa, 72(3). pp.204-209.

〈관련 웹사이트〉
법제처 홈페이지
교원능력개발평가 홈페이지
http://www.law.go.kr/lsSc.do?menuId=0&subMenu=1&query=%EA%B5%90%EC%9C%A1%EA%B3%B5%EB%AC%B4%EC%9B%90%EC%8A%B9%EC%A7%84%EA%B7%9C%EC%A0%95#undefined
http://www.law.go.kr/lsSc.do?menuId=0&subMenu=1&query=%EA%B5%90%EC%9C%A1%EA%B3%B5%EB%AC%B4%EC%9B%90%EC%8A%B9%EC%A7%84%EA%B7%9C%EC%A0%95#liBgcolor0
http://mtf.edunet4u.net:8889/tf/bbs/atcl/main.do

CHAPTER 08

교육재정과 학교회계

윤홍주(춘천교육대학교)
오범호(서울교육대학교)

1. 교육재정의 개념 및 특징
2. 지방교육재정의 구조와 현황
3. 학교회계 제도의 이해
4. 학교회계 운영의 실제

'교육재정은 교육활동이 원활하게 이루어지도록 이를 지원·조장하는 데 핵심적인 역할을 수행한다. 교육재정이 교육활동의 성공을 보장하는 것은 아니지만 교육활동에 필요한 교육재정의 확보 없이는 교육활동을 전개하는 데 많은 어려움이 따른다. 학교에 이루어지는 거의 모든 교육활동은 교육재정을 수반하며, 더 나아가 교육재정에 따라 교육활동의 규모와 범위가 규정되기도 한다. 이러한 점에서 교육재정은 회계장부의 세입과 세출을 맞추는 기술적인 행위가 아니다. 예컨대, 학교예산 편성에서 건물외관 공사에 우선순위를 두느냐 도서구입비에 우선순위를 두느냐의 문제는 기술적인 판단의 문제가 아니라 교육적 가치판단의 문제이며, 이는 예비교사들에게 교육재정에 대한 이해가 필요한 이유이기도 하다.

의무교육 단계인 초등교육의 경우 소요되는 재원의 거의 대부분을 공재정 활동을 통해 조달하며, 이렇게 확보된 재원은 교육비특별회계 및 학교회계를 통해 관리·운영된다. 교육비특별회계는 중앙정부 및 지방자치단체, 시·도교육청, 그리고 단위학교의 교육재정을 큰 틀에서 연결하는 역할을 하며, 학교회계는 단위학교 차원에서 교육재정을 운용하는 방식을 규정한다. 즉, 이 둘은 거시적인 차원에서 우리나라의 지방교육재정 구조와 미시적 자원에서 단위학교 재정구조를 나타낸다고 볼 수 있다. 이와 같은 점을 고려하여 이 장에서는 예비교사들이 교육재정의 의의와 특징을 이해하고, 교육재정의 확보, 배분, 운영의 구조와 학교회계에 대한 전반적인 이해를 통해 교사에게 필요한 교육재정 지식 및 수행능력을 높이는 데 목표를 둔다.

1. 교육재정의 개념 및 특징

가. 교육재정의 개념

재정이란 일반적으로 국가 및 공공단체가 공공욕구를 충족시키기 위하여 필요한 수단을 조달하고 관리 · 사용하는 경제활동 또는 간단히 정부의 경제라 정의할 수 있다(차병권, 1987: 3). 교육재정은 사전적 의미로 볼 때 교육에 관한 재정인데, 그것은 교육을 곧 경제적 재화, 곧 교육재(educational goods)로 본다는 것을 의미하고 동시에 공공재로 본다는 것을 의미한다(반상진 외, 2014: 14). 재정의 개념에 비추어 보면 교육재정이란 국가 및 공공단체가 교육활동을 위하여 필요한 수단을 조달하고 관리 · 사용하는 경제활동이라고 정의할 수 있다. 즉, 교육재정이란 국가가 사회의 공익사업인 교육활동을 지원하기 위하여 국가나 공공단체가 필요한 재원을 확보 · 배분 · 지출 · 평가하는 일련의 경제활동을 말한다(윤정일, 2000: 55-57).

교육재정의 대상이 되는 공익적 성격의 교육활동은 국 · 공립학교의 교육활동뿐만 아니라 사립학교의 교육활동 그리고 평생교육 활동을 지원하는 일까지 포함한다. 이는 교육재원을 확보 · 배분 · 지출 · 평가하는 주체는 비록 국가와 공공단체 한정되지만, 그 대상은 설립 · 운영 주체에 상관없이 공익적 성격을 지닌 모든 교육활동이기 때문이다.

국가나 공공단체를 주체로 하는 경제활동이라 함은 교육재정이 가계중심의 사금융(private finance)이나 사기업체 중심의 회사금융(corporation finance)과 구분되는 공금융(public finance)이라는 것이며, 이는 적어도 세 가지 면에서 사경제활동과 다르다(김용갑, 1960: 5-9). 첫째, 사경제가 개인이나 사기업체의 이윤추구를 목적으로 하는 영리활동인 반면, 공경제로서의 재정은 국민 전체의 공공복지를 향상시키는 데 주안점이 있다. 말하자면 일반이익을 추구하는 것을 특징으로 한다. 둘째, 개인의 기업활동이 가격화되고 교환관계를 통하여 보상되는데 반하여, 공공경제활동으로서의 재정은 국민으로부터 소득의 일부를 조세정책을 통하여 강제적으로 받아들임으로써 성립되는 강제경제를 특징으로 한다. 셋째, 사경제는 양입제출(量入制出)의 원칙에 따라서 수입과 지출관계를 규제하여야 하는데 반하여, 재정은 영리를 위주로 하는 것이 아니고 강제경제의 성격을 띠기 때문에 양출제입(量出制入)의 원칙을 앞세우게 된다.

교육활동 지원을 목적으로 하는 수단성과 공공성이라 함은 교육재정의 본질이 교육목적 달성을 위한 수단임과 동시에 공경제 활동이라는 것이다. 앞에서 교육목적 달성을 위한 인적 · 물적 제 조건을 정비 · 확립하는 일련의 봉사활동을 교육행정이라 정의한 바 있다. 교육재정은 이러한 인적 · 물적 조건을 정비 · 확립하는 데 필요한 경비를 조달 · 배분 · 관리하는 활동이므로 교육행정의 성격인 수단적 · 조장적 성격을 역시 가지고 있다. 공공성이란 교육 자체가 사적인 영리를 위한 활동이 아니라 공적인 비영리활동이므로 이를 지원하는 교육재정 역시 공공성을 지니고 있으며, 더불어 국가와 공공단체의 공경제활동이라는 것이다. 때문에 교육의 공공성은 국 · 공립학교에만 해당하는 것이 아니라 사립학교에도 적용되는 것이다.

교육재정의 영역을 재원의 확보 · 배분 · 지출 · 평가로 한다는 것은 교육재정은 교육비의 수입 · 지출에 관한 예산, 예산의 집행과 회계, 결산과 감사까지 포함하는 것을 말한다. 교육재정이라고 할 때 흔히 재원의 확보 · 배분 · 지출까지를 말하고 회계 · 지출의 합법성을 밝히는 감사활동을 제외하는 경우도 있다. 그러나 교육재정 운용에 대한 감사는 공공신뢰를 고취하고, 경영관리를 설명하며, 재정절차를 개선하는 평가활동이므로 교육재정의 중요한 영역이라고 할 수 있으며, 최근엔 교육재정 분야에도 주민참여예산제도가 확대되는 등 교육재정의 운영에 대한 외부 참여와 견제가 강화되는 추세이다.

나. 교육재정의 특징

교육활동을 지원하는 교육재정도 재정의 한 분야인 만큼 공공단체의 경제로 정의되는 다음과 같은 재정의 특성을 공통으로 지니게 된다(차병권, 1987; 김두희, 1974). 첫째, 재정은 가계나 민간 기업과 같은 민간 개별경제와는 달리 기업과 국민의 소득 일부를 조세를 통하여 정부의 수입으로 이전시키는 강제적인 성격을 가지고 있다. 둘째, 재정은 사적 이익을 위해서가 아니라 국가활동과 정부의 시책을 효과적으로 달성할 수 있는 방향으로 사용되어야 하는 공공성을 지니고 있다. 셋째, 재정에 있어서는 국가활동의 종류와 범위를 결정하고, 이에 필요한 경비를 산출한 후 수입을 확보하는 양출제입(量出制入)의 회계원칙이 적용되는 반면, 민간경제에 있어서는 양입제출(量入制出)의 회계원칙이 적용된다. 넷째, 재정은 민간경제보다는 존속기간이 길다고 하는 영속성을 특징으로 한다.

교육재정은 일반재정이 가지고 있는 이와 같은 특성 이외에도 교육의 특수성으로 인한 비생산성과 비긴요성이라는 특성을 내포하고 있다. 비생산성은 교육활동의 결과를 양적으로 측정하거나 파악하는 것이 쉽지 않다는 뜻이며, 비긴요성은 교육에 대한 투자성과가 단기간에 나타나기 어렵기 때문에 교육에 대한 투자순위가 높지 않다는 뜻이다. 교육의 결과는 교육을 받은 당사자에게만 혜택을 주는 것이 아니라 사회 전체에 영향을 미치므로 국가는 교육에 대해 재정지원을 하는 것이다. 그러나 교육의 결과가 바로 나타나는 것이 아니라 교육을 받은 자의 전 생애를 통하여 장기간에 걸쳐 나타나므로 교육재정은 긴급한 것이 아니고 또 비생산적인 투자로 간주되어 투자의 우선순위에서 밀려나기도 한다(윤정일 외, 1982: 437).

다. 교육에 대한 재정지원의 논리

일반적으로 재화는 경제적 성격에 따라 사적 재화(private goods)와 공공재(public goods)로 구분된다. 사적 재화는 배타적 소유를 통하여 재화의 효용을 전적으로 개인이 향유하는 재화이며, 공공재는 소비에서 비경합의 원리와 비배제성의 원리가 적용되는 재화이다. 소비의 비경합성이란 어떤 사람이 이것을 소비한다고 해서 다른 사람의 소비 가능성이 줄어들지 않는다는 것을 뜻한다. 다시 말해 모든 성원이 그 재화나 서비스에서 나오는 혜택을 다 같이 나눠가질 수 있다는 성격이 바로 비경합성이다. 소비의 비경합성은 어떤 사람이 추가적으로 공공재의 소비에 참여해도 이로 인해 혼잡의 문제가 전혀 발생하지 않는다는 것을 뜻한다. 따라서 그 사람이 추가되는 것과 관련해서 발생하는 한계비용은 0이라고 말할 수 있다. 이는 공공재가 일단 생산된 상태라면, 사회적 관점에서 볼 때 그것을 소비하는 사람의 수가 많을수록 더 바람직하다는 것을 뜻한다. 비배제성이란 기존 공공재의 사용 혹은 소비로부터 어떤 특정한 개인이나 집단들을 배제하는 것은 거의 불가능하다는 것이다. 설사 이를 실현시키는 것이 가능하다 해도 그에 드는 경제적 비용이 막대하다(이준구, 2004: 92-94).

일반적으로 교육재의 경우 특정한 시간에 특정한 장소에서만 제공되며 그 장소에 입장하기 위해서 소비자들은 비용을 지불해야 하고, 비용을 지불하지 않은 사람들은 서비스를 제공받을 수 없다는 점에서 사적 재화에 가깝다. 반면 특정한 시간에 특정한 장소에 입장한 사람들에 대해서는 그곳에 입장하기 위해서 지불한 비용의 크기에 상관없이 동등한 양의 서비스가 제공된다는 점에서 공공재적 성격을 갖고 있다. 그러므로 교육서비스는 순수한 공공재 또는 순수한 사적 재화라기보다는 사적 재화와 공공재의 성격을 동시에 갖고 있는 준공공재(quasi-public goods) 또는 클럽재(club goods)라고 할 수 있다(박정수, 2001).

교육서비스의 또 다른 경제적 성격은 외부효과에서 찾을 수 있다. 양질의 교육을 받은 문화시민이 많을수록 그 사회에 속한 주민들의 삶의 질이 개선될 것이다. Friedman에 의하면 민주사회의 성패 여부는 국민의 문자해독능력, 지적 능력, 그리고 공유하고 있는 가치체계에 달려 있다(Friedman, 1962). 이는 국민의 교육 수준이 국가 전체의 후생 수준에 영향을 미침을 의미한다. 이러한 관점에서 교육은 클럽 외부에도 영향을 주는 외부효과를 갖는다.

또한 양질의 교육서비스는 개인의 소득을 증가시킬 뿐만 아니라 사회 전체적인 생산성을 향상시켜 경제성장에 긍정적인 효과를 가져올 수 있다. 인적자본론에 의하면 교육이 생산성에 직접적으로 영향을 미쳐 기업의 성공과 종국적으로 경제성장에 긍정적인 효과를 가져온다.

정부가 공공재만을 공급하지 않고 사용재의 성격을 갖는 재화를 공급하는 이유는 그것이 가치재(merit goods)의 성격을 갖는다는 데 있다. 예컨대, 정부가 의무교육을 제공하는 이유는 모든 국민에게 최소한 어느 수준 이상의 혜택이 돌아가게 만들어야 한다는 생각에서 정부가 직접 공급하기로 결정하는 것이라 볼 수 있다. 이처럼 국민들이 고루 소비할 수 있게 만들어주는 것이 바람직하다는 견지에서 정부가 생산해 공급하는 재화나 서비스를 가치재라고 부른다. 그런데 정부가 생각하기에 어떤 것을 소비하는 것이 그 자체로 바람직하다고 하여 그것을 생산 · 공급한다는 것은 정부의 가치판단을 국민에게 강요하는 측면을 갖고 있다. 그와 같은 측면에서 본다면 가치재의 개념에는 온정적 간섭주의(paternalism)의 요소가 포함되어 있으며, 따라서 개인의 자유 혹은 소비자 주권의 이상과는 어느 정도 상충할 수밖에 없다(이준구, 2004: 90-91).

만약 어떤 특정 단계 교육의 사회적 회수율이 개인적 회수율보다 크다면, 그 차이는 결국 교육의 외부효과가 반영되었다고 할 수 있으며 이 점이 바로 교육재의 공공재적 성격의 경험적 증거로 제시될 수 있는 것이다. Psachropolus는 일반적으로 초 · 중등교육단계에서는 사회적 수익률이 개인적 수익률보다 높게 나타나는 반면, 고등교육 단계에서는 개인적 수익률이 더 높게 나타나는 경향이 있다고 하였다(Psachropolus & Woodhall, 1990: 54-60). 이는 초 · 중등 교육재의 공공재적 성격이 고등교육의 그것보다는 크다는 것을 의미하며, 교육재정 정책적인 측면에서 초 · 중등교육에서의 공비 부담 수준이 고등교육에서보다는 더 높은 이유를 제공하고 있다(천세영, 2001: 23).

2. 지방교육재정의 구조와 현황

가. 지방교육재정의 구조 및 확보

우리나라 교육재정의 구조를 이해하기 위해서는 먼저 교육행정의 중층적 구조를 이해할 필요가 있다. 우리나라의 교육행정기관은 중앙정부 수준의 교육부와 지방정부 수준의 시·도교육청이 있으며, 유 · 초 · 중등학교는 각 시 · 도교육청에서 관장한다. 구체적으로 중앙정부의 교육재정은 교육부의 일반회계, 특별회계, 기금을 말하며, 주로 세출구조를 중심으로 논의된다. 시·도교육청의 교육재정은 교육비특별회계를 통해 관리되며, 국·공립 단위학교의 교육재정은 학교회계를 통해 관리된다. 먼저 [그림 8-1]을 통해 교육재정 구조의 얼개를 살펴보면 단위학교의 교육재정은 시·도교육청, 교육부, 지방자치단체, 시·군·자치구 등 다양한 통로를 통해 확보됨을 알 수 있다. 단위학교 재원의 대부분은 시·도교육청으로부터 이전되며, 시·도교육청 교육재원의 대부분은 중앙정부인 교육부를 통해 확보된다. 즉, 단위학교의 교육재정을 온전히 이해하기 위해서는 학교수준의 재정구조뿐 아니라 시·도교육청 수준의 교육재정 구조를 이해할 필요가 있다. 먼저 여기에서는 시·도 교육비특별회계의 구조를 중심으로 살펴보며, 학교회계는 별도의 장에서 다루기로 한다.

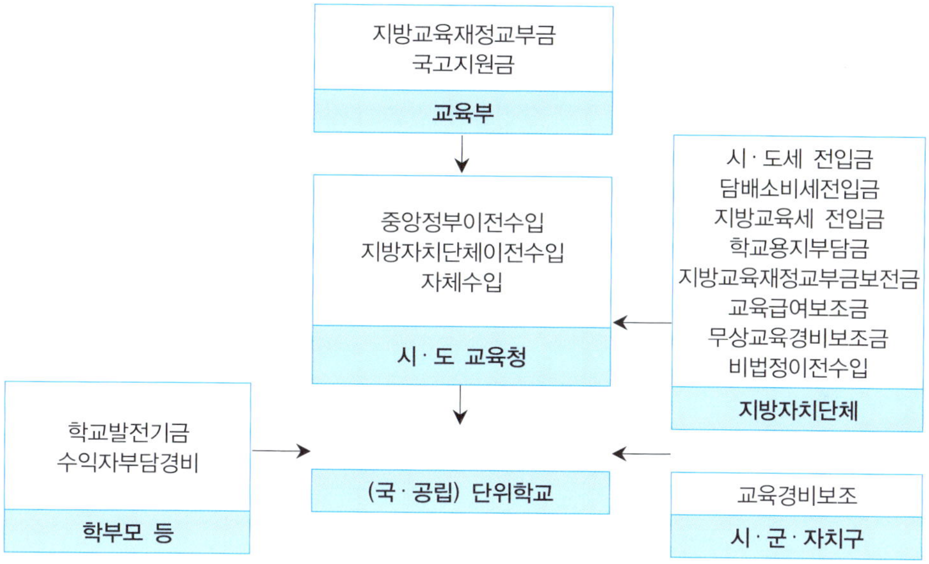

[그림 8-1] 교육재정의 흐름

시·도교육비특별회계, 즉 시·도교육청의 재원은 크게 중앙정부 이전수입, 지방자치단체 이전수입, 자체수입이라는 세 가지 통로를 통해 확보된다.

중앙정부 이전수입

중앙정부로부터 시·도교육청으로 이전되는 재정은 크게 지방교육재정교부금과 국고보조금이 있다. 지방교육재정교부금은 지방자치단체가 교육기관 및 교육행정기관을 설치·경영하는 데 필요한 재원의 전부 또는 일부를 국가가 교부하여 교육의 균형 있는 발전을 도모함을 목적으로 하는 재원이다. 지방교육재정교부금은 교육재원 확보 면에서는 교부금 규모의 법정화를 통해 교육재원을 안정적으로 확보는 기능을 수행하며, 교육재원 배분 면에서는 일정 수준의 교육서비스를 유지하는 기능과 지방자치단체의 교육 여건을 형평화하는 기능을 한다(송기창 외, 2006: 37-38).

먼저 지방교육재정교부금의 재원규모는 내국세의 20.79%에 해당하는 금액과 국세 교육세[1] 세입액 중 「유아교육지원특별회계법」에 의한 누리과정 지원비를 제외한 금액으로 법령에 명시되어 있는데, 이는 매년 국가재정의 일정 규모가 교육재정을 위해 안정적으로 할애됨을 뜻한다. 이렇게 확보된 교부금은 크게 보통교부금과 특별교부금으로 구분된다. 보통교부금은 교육세 세입액 중 누리과정 지원비를 제외한 금액과 내국세 총액의 20.79%의 97/100에 해당하는 금액을 합한 금액으로 하고, 특별교부금은 내국세 총액의 20.79%의 3/100에 해당하는 금액으로 한다. 「지방교육재정교부금법」에는 보통교부금의 용도에 대한 특별한 규정이 없고, 특별교부금에 대한 용도만 규정되어 있기 때문에 보통교부금은 특별교부금의 용도외의 모든 용도에 쓰이는 교부금으로 이해할 수 있다.

국고보조금은 교육부가 특정사업 수행을 조건으로 지원하는 보조금이며, 국가예산의 범위 내에서 교육부의 예산 운영권자의 재량에 따라 교부되는 경향이 있어 안정성과 예측성이 결여되어 있으며, 규모도 크지 않은 편이다(김윤태, 2003: 359).

지방자치단체 일반회계 이전수입

지방자치단체의 일반회계로부터의 시·도교육청으로 이전되는 수입은 크게 법정 이전수입과 비법정 이전수입으로 구분된다. 법률에서 지방자치단체의 부담규모를 구체적으로 정하는 법정 이전수입에는 시·도세 전입금, 담배소비세 전입금, 지방교육세 전입금, 학교용지 일반회계 부담금, 지방교육재정교부금 보전금, 교육급여보조금 등이 있으며, 비법정 이전수입은 부담규모가 구체적으로 정해져 있지는 않지만 사업의 연계나 필요에 따라서 지방자치단체가 시·도교육청에 지원하는 경비로 「도서관법」에 의해 교육감이 설치하는 공공도서관에 대한 운영경비, 학교급식, 유아무상교육비, 영재 및 특수교육 지원 등 그 범위와 내용이 다양할 뿐 아니라 지방자치단체에 따라 지원규모의 차이가 큰 편이다.

법정 이전수입의 규모를 구체적으로 살펴보면 시·도세의 경우 서울특별시는 10%, 광역시 및 경기도, 제주특별자치도는 5%, 그 밖의 자치단체는 3.6%에 해당하는 금액을 이전해야 된다. 담배소비세는 서울특별시와 광역시만 부담하며, 규모는 담배소비세의 45%에 해당하는 금액이다. 지방교육세[2]는 전액을 시·도 교육비특별회계 전입금으로 이전

1) 금융·보험업자의 수익금액, 개별소비세액, 교통·에너지·환경세액, 주세액에 부가되어 있다.
2) 취득세, 등록면허세액, 레저세액, 담배소비세액, 주민세 균등분 세액, 재산세액, 승용자동차 자동차세액에 부가되어 있다.

해야 하며, 개발사업으로 인해 학교가 신설되는 경우 지방자치단체는 학교용지 구입비 1/2을 부담해야 하는데 이를 학교용지 일반회계 부담금이라 한다.

자체수입

시 · 도교육청의 자체수입은 크게 교육비특별회계 부담수입, 지방교육채, 주민부담금 등 기타수입으로 구성된다. 교육비특별회계 부담수입에는 수업료, 입학금, 기숙사비 등과 같은 교수-학습활동 수입, 사용료 및 수수료 수입 등 행정활동 수입, 이자수입, 자산수입, 잡수입, 이월금 등으로 구성되어 있다. 수업료, 입학금의 경우 2021년 고교무상교육이 전면 도입되면 사라질 전망이다.

〈표 8-1〉과 〈표 8-2〉는 2019년 시 · 도 교육비특별회계의 세입 · 세출 결산현황을 분석한 것이다. 먼저 세입을 살펴보면 중앙정부이전수입의 비중이 73.9%로 가장 높았고, 이 중에서도 교육부의 지방교육재정교부금이 69.3%로 지방교육재정 세입재원의 대부분을 차지함을 알 수 있다. 지방자치단체이전수입의 비중은 15.9%이며, 세부적으로는 지방교육세전입금이 8.2%, 시 · 도세전입금이 3.6%로 지방자치단체이전수입의 근간을 이루고

〈표 8-1〉 2019년 시 · 도교육비특별회계 세입 현황(결산)

(단위: 억 원, %)

구분		금액	비율
합계		873,873	100.0
중앙정부 이전수입	소계	645,716	73.9
	지방교육재정교부금	605,305	69.3
	국고보조금	2,258	0.3
	특별회계전입금	38,153	4.4
지방자치단체 이전수입	소계	139,247	15.9
	지방교육세전입금	71,950	8.2
	담배소비세전입금	5,885	0.7
	시 · 도세전입금	31,558	3.6
	학교용지일반회계부담금	2,513	0.3
	지방교육재정교부금보전금	10,382	1.2
	교육급여보조금	280	0.0
	비법정이전수입	16,679	1.9
기타 이전수입		1,512	0.2
자체수입		16,043	1.8
지방교육채 및 기타		71,354	8.2

출처: 한국교육개발원(2020).

있다. 기타이전수입과 자체수입은 각각 전체 세입재원의 0.2%와 1.8%를 차지하고 있으며, 지방교육채 및 기타 수입이 8.2%를 차지하고 있다. 우리나라 지방교육재정은 세입의 대부분을 중앙정부에 의존하고 있으며, 자체수입 등 자구적 노력에 의해 재원을 확보할 여지는 크지 않음을 알 수 있다.

지방교육재정의 세출은 크게 사업별 세출구조와 성질별 세출구조로 구분된다. 세출사업을 기준으로 2019년 세출 현황을 살펴보면 다음과 같다. 먼저 부문별 세출사업의 비중은 유아 및 초·중등교육이 87.2%로 세출사업비의 거의 대부분을 차지하고 있으며, 평생·직업교육과 교육일반 사업은 각각 0.2%와 12.6%에 불과하다. 유아 및 초·중등교육 부문의 사업에서는 교직원 인건비, 복지비 등 인적자원운용비가 43.5%로 가장 높은 비중을 차지하고 있으며, 다음으로 단위학교 운영비 지원에 해당하는 학교재정지원관리 사업이 14.2%, 학교신설 및 학교교육환경개선 등 학교교육여건개설시설 사업이 10.5%를 차지하고 있다. 교육과정개발·운영 등 교수-학습활동지원의 비중은 6.1%이며, 학비지원, 방과후 교육지원 등 교육복지지원 사업은 9.6%를 차지하고 있다. 지방교육재정 세출은 경직성 경비인 인적 자원운용 사업비가 차지하는 비중이 매우 높은 편이다.

〈표 8-2〉 2019년 시·도교육비특별회계 세출 현황(결산)

(단위: 억 원, %)

구 분		금액	비율
합 계		804,011	100.0
유아 및 초·중등교육	소계	701,131	87.2
	인적원운용	349,548	43.5
	교수-학습활동지원	48,716	6.1
	교육복지지원	77,181	9.6
	보건/급식/체육활동	26,875	3.3
	학교재정지원관리	114,428	14.2
	학교교육여건개선시설	84,383	10.5
평생·직업교육	소계	1,751	0.2
	평생교육	1,561	0.2
	직업교육	190	0.0
교육일반	소계	101,129	12.6
	교육행정일반	22,008	2.7
	기관운영관리	7,624	1.0
	지방채상환 및 리스료	70,752	8.8
	예비비 및 기타	745	0.1

출처: 한국교육개발원(2020).

나. 교육재정의 배분

교육재정의 배분이란 단위학교, 지방교육행정기관 등이 수행하는 제반 교육활동에 필요한 재원을 나누어 주는 행위라 할 수 있다. 교육기관의 경우 활동에 필요한 재원을 자체적으로 확보할 여지가 거의 없기 때문에 중앙정부 또는 지방자치단체로부터 대부분의 재원을 의존할 수밖에 없다. 따라서 교육재정의 배분은 교육활동이 원활하게 이루어질 정도로 충분하고 또 교육기회를 공평하게 보장할 수 있도록 배분되어야 한다. 구체적으로 우리나라 지방교육재정의 배분은 크게 교육부에서 시 · 도교육청으로 배분과 시 · 도교육청에서 단위학교로의 배분과정으로 나누어 볼 수 있다.

시 · 도교육청으로의 교육재정 배분

교육부가 지방교육을 위하여 시 · 도교육청에 배분하는 재원은 「지방교육재정교부금법」에 의한 지방교육재정교부금과 국고보조금 등이 있다. 국고보조금의 경우 규정에 사업목적에 따라 교부되고 규모도 매우 작기 때문에 이를 제외하고 지방교육재정교부금을 중심으로 살펴보면 다음과 같다.

지방교육재정교부금은 보통교부금과 특별교부금으로 구분된다. 보통교부금은 기준재정수입액이 기준재정수요액에 미달하는 지방자치단체에 그 미달액을 기준으로 하여 총액으로 교부한다. 기준재정수입액은 지방자치단체의 법정전입금, 수업료 · 입학금 등이며, 기준재정수요액은 지방교육재정에 소요되는 교직원 인건비, 학교 · 교육과정 운영비, 교육행정비, 교육복지 지원비, 학교시설비, 유아교육비, 방과후 학교사업비, 지방교육채 상환 등 재정결함보전비 등을 말한다. 보통교부금은 수입액이 수요액에 미달하는 금액을 기준으로 배분되기 때문에 수입액이 상대적으로 적을수록 보통교부금을 보다 많이 교부받게 되는 구조이다. 즉 보통교부금은 지역 간 재정여건의 차이를 보정함으로써 교육기회를 균등하게 보장하고자 한다.

한편, 특별교부금은 ① 전국에 걸쳐 시행하는 교육관련 국가시책사업으로 따로 재정지원계획을 수립하여 지원하여야 할 특별한 재정수요가 있거나 지방교육행 · 재정의 운용실적이 우수한 지방자치단체에 대한 재정지원이 필요할 때, ② 기준재정수요액의 산정방법으로 포착할 수 없는 특별한 지역교육현안수요가 있는 때, ③ 보통교부금의 산정기일 후에 발생한 재해로 인하여 특별한 재정수요가 있거나 재정수입의 감소가 있는 때 또는 재해를 예방하기 위한 특별한 재정수요가 있는 때 교부한다.

단위학교로의 교육재정 배분

이상의 과정을 통해 확보·배분된 시·도교육청의 교육재정의 일부는 다시 단위학교로 배분된다. 시·도교육청에는 공립학교 운영에 필요한 경비를 학교회계로 전출하는데, 크게 학교기본운영비와 목적사업비로 나누어 전출한다. 학교기본운영비의 경우 단위학교 운영을 위하여 목적 없이 총액으로 교부되는 경비이며, 목적사업비의 경우 특정한 사업목적을 위해 배분되는 경비이다. 총액으로 교부되는 학교기본운영비는 대부분의 시·도교육청에서 학교당 경비, 학급당 경비, 학생당 경비 등 표준교육비에 근거한 공식에 따라 산정하는 것이 일반적이다. 그러나 기준단가 및 구체적인 산정기준은 시·도교육청별로 다양하다.

이와 같이 공식에 따라 기본운영비를 산정할 경우 개별학교의 여건과 특성을 반영하기 어렵기 때문에 대부분의 시·도교육청에서는 가산경비를 별도로 산정하여 지원한다. 교육청에 따라 가산경비의 항목에는 차이가 있지만 대체로 건물면적 등을 고려한 건물유지관리비, 각종 사업에 대한 인건비성 경비, 냉·난방비 등 에너지 비용, 통학차량운영비, 특수교육 관련 비용 등이 주로 고려된다.

다음은 2020학년도 K교육청의 학교기본운영비 배분 기준을 제시한 것이다. K교육청의 경우 학교기본운영비를 표준운영비와 기타운영비로 구분하여 산정한 후 총액으로 배분하고 있다. 표준운영비는 교당, 급당, 학생당 경비를 기준으로 산정하며, 기타운영비는 개별학교의 특수성을 감안하여 산정된다. 24학급 규모의 학교(유치원은 6학급 기준)를 기준으로 표준운영비를 산정한 결과는 〈표 8-3〉과 같다.

〈표 8-3〉 2020학년도 K교육청의 학교급별 표준운영비 배분기준

(단위: 천 원)

학교급		학교당 단가	학급당 단가	학생당 단가
유치원	단설	107,328	6,834	214
	병설	14,782		
초등학교		259,243	2,268	117
중학교		331,683	1,934	143
고등학교	일반고	402,177	2,591	144
	공업고	498,444	3,212	178
	상업고	422,301	2,715	151
특수학교		279,219	3,284	290

이와 더불어 K교육청에서 학교의 여건을 고려하여 별도로 산정하는 기타운영비는 건물유지비, 신설학교 개교시기 조정액, 교원연구비 등이다. 예컨대, 24학급 규모의 학생수 600명인 A초등학교의 학교기본운영비는 학교당 경비 259,243천 원, 학급당 경비(24학급×2,268천 원) 54,432천 원, 학생당 경비(600명×117천 원) 70,200천 원 등 총 3억 8,388만원의 표준운영비와 별도로 산정된 기타운영비를 합한 금액이 된다. 그리고 여기에 목적사업비 등을 더하면 A초등학교가 교육청으로부터의 받게 되는 전입금 총액이 산정된다.

다. 지방교육재정 변동 추이

최근 10여년 동안 지방교육재정 변동 추이를 살펴보면 다음과 같다. 지방교육재정은 다양한 요인에 의해 변화하는데, 가장 중요한 요인은 학생수, 학교수, 학급수, 교원수와 같은 교육 관련 변수라 할 수 있다. 이와 같은 맥락에서 먼저 연도별 초·중·고등학교의 학생수, 학교수, 학급수, 교원수를 살펴보았다. 학생수의 경우 저출산의 여파로 매우 급속하게 감소하고 있는 반면 학교수는 지속적으로 증가하고 있으며, 특히 교원수의 증가는 상당히 가파른 편이다. 학급수의 경우 2016년 다소 감소하였지만 2020년에는 다시 증가세를 보이고 있다.

〈표 8-4〉 연도별 초·중·고등학교 현황

항목	2011년	2016년	2020년
학생수	6,986,847	5,882,790	5,346,874
학교수	11,317	11,563	11,710
학급수	239,403	232,512	232,864
교원수	422,364	428,404	433,284

주: 유치원과 특수학교를 제외한 초·중·고등학교 대상임.
출처: 한국교육개발원 교육통계서비스(https://kess.kedi.re.kr).

지방교육재정 세입 결산액 규모의 변화를 살펴보면 세입액 총액은 2010년 48조 4,826억 원에서 2019년 87조 3,873억 원으로 약 1.8배 정도 증가하였다. 세부항목별 변화 추이를 보면 지방교육재정 세입에서 가장 높은 비중을 차지하는 중앙정부 이전수입은 2010년 67.2%에서 2019년 73.9%로 비중이 높아진 반면, 지방자치단체 이전수입은 16.1%에서 15.9%로 낮아졌다. 지방자치단체 이전수입의 비중이 상대적으로 낮아진 데는 시·도세, 지방교육세, 담배소비세 등 지방세수 증가가 상대적으로 적었기 때문이다. 한편 자체수입의 경우 입학금, 수업료 등 학비감면 증가와 저금리 등으로 인해 상대적 비중이 점차 낮아지고 있다.

〈표 8-5〉 **지방교육재정 세입 결산액 변동 추이**

(단위: 억 원, %)

항목			2010년		2015년		2019년	
			금액	구성비	금액	구성비	금액	구성비
중앙정부 이전수입			325,672	67.2	400,888	64.3	645,716	73.9
지방자치단체 이전수입			78,296	16.1	109,895	17.6	139,247	15.9
	법정이전수입	시·도세전입금	15,627	3.2	22,936	3.7	31,558	3.6
		지방교육세전입금	48,355	10.0	61,902	9.9	71,950	8.2
		담배소비세전입금	5,564	1.1	5,185	0.8	5,885	0.7
		학교용지부담금	4,322	0.9	4,250	0.7	2,513	0.3
		기타	-	-	7,736	1.2	10,662	1.2
	비법정이전수입		4,429	0.9	7,886	1.3	16,679	1.9
기타이전수입			815	0.2	929	0.1	1,512	0.2
자체수입			15,149	3.1	14,046	2.3	16,043	1.8
지방교육채			10,402	2.1	61,268	9.8	-	-
기타			54,492	11.2	36,579	5.9	71,354	8.2
합계			484,826	100.0	632,605	100.0	873,873	100.0

출처: 지방교육재정알리미(http://www.eduinfo.go.kr).

지방교육재정 세출 결산액 규모의 변화를 살펴보면 총액은 2010년 43조 1,089억 원에서 2019년 80조 4,011억 원으로 약 1.9배 증가하였다. 항목별 구성비를 살펴보면 세출항목에서 가장 높은 비중을 차지하는 인건비의 경우 구성비는 다소 감소하였다. 특히 공·사립학교 교직원의 인건비 구성비는 상당히 크게 낮아진 반면, 방과후학교 강사 등과 같이 공무원이 아닌 직원에 대한 인건비 비중은 급격하게 증가해왔다. 단위학교의 운영을 위해 배분되는 전출금의 경우 금액은 증가하였으나, 비중은 소폭 감소하였다. 학교신·증설, 학교환경개선 등에 관계된 자본지출의 비중은 2015년 크게 감소하였다가 2019년에는 다시 크게 증가하였다. 이는 자본지출의 경우, 경기 변동에 영향을 받기 때문이다. 상환지출은 증가한 것으로 나타나는데 이는 지방교육채의 상환에 따른 것이다.

〈표 8-6〉 **지방교육재정 세출 결산액 변동 추이**

(단위: 억 원, %)

항목		2010년		2015년		2019년	
		금액	구성비	금액	구성비	금액	구성비
인건비		268,290	62.2	352,174	62.2	427,793	53.2
	교원 및 교육전문직원	196,847	45.7	250,087	44.2	286,690	35.7
	지방공무원	27,571	6.4	36,899	6.5	41,534	5.2
	사립학교교직원	37,812	8.8	50,020	8.8	58,996	7.3
	기타직	3,316	0.8	11,331	2.0	35,055	4.4
	맞춤형복지비	2,745	0.6	3,837	0.7	5,518	0.7
물건비		17,534	4.1	19,444	3.4	26,296	3.3
이전지출		7,094	1.6	30,834	5.4	31,919	4.0
자본지출		55,256	12.8	45,418	8.0	111,644	13.9
상환지출		1,247	0.3	1,151	0.2	59,966	7.5
전출금 등		81,237	18.8	116,792	20.6	145,066	18.0
	공립학교	65,200	15.1	86,359	15.3	109,562	13.6
	사립학교	16,037	3.7	30,433	5.4	35,503	4.4
예비비 및 기타		430	0.1	166	0.0	1,327	0.2
합계		431,089	100.0	565,979	100.0	804,011	100.0

출처: 지방교육재정알리미(http://www.eduinfo.go.kr).

이상에서 2010년 이후 초·중·고등학교의 현황 및 지방교육재정의 세입과 세출 변화 추이를 살펴보았다. 관련하여 몇 가지 생각해 볼 문제를 제시하면 다음과 같다. 첫째, 학생수는 지속적으로 감소하는데 학교수와 학급수가 감소하지 않는 이유는 무엇인가? 최근 교육계 외부에서 학생수는 감소함에도 지방교육재정 규모는 지속적으로 증가하고 있다는 점에 문제를 제기하고, 지방교육재정 규모를 축소해야 한다는 주장은 타당한가? 둘째, 지방교육재정 세입에서 중앙정부 이전수입이 차지하는 비중이 지속적으로 높아지는데, 이를 지방교육재정의 중앙정부에 대한 의존도 심화로 볼 수 있는가? 지방자치단체 이전수입 중 법정전입금의 구성비는 전반적으로 낮아지는 반면, 지방자치단체가 법적으로 부담할 의무가 없음에도 자발적으로 교육을 위해 투자하는 비법정 이전수입의 비중이 상대적으로 증가하는 현상을 어떻게 이해할 수 있는가? 셋째, 지방교육재정에서 가장 높은 비중을 차지하는 인건비의 세부항목 구성비의 변화가 주는 시사점은 무엇인가?

3. 학교회계 제도의 이해

학교회계 제도는 단위학교를 중심으로 운영되기 때문에 교원들에게 가장 밀접한 교육재정 제도이며, 교원들은 학교회계 제도를 운영하는 가장 중요한 주체라 할 수 있다. 구체적으로 학교회계 제도란 단위학교 중심의 자율적이고 효율적인 재정운영을 통해 다양한 교육활동을 효과적으로 지원하여 학교교육의 질적 수준을 높이고, 하나로 통합된 세입재원을 학교장 책임 아래 교직원 등의 예산요구를 받아 단위학교의 우선순위에 따라 자율적으로 세출예산안을 편성하고, 학교운영위원회의 심의를 거쳐 집행하는 제도다(송기창 외, 2018). 학교회계 제도는 2001년부터 국 · 공립 초 · 중등학교에 전면 도입 · 시행되고 있으며, 사립학교는 학교회계가 아닌 교비회계를 통해 운영된다. 학교회계 제도의 구조와 운영에 대해 살펴보기 전에 학교예산의 개념과 원칙에 대해 살펴본다.

가. 학교예산의 원칙

학교예산이란 일정기간 동안 학교가 교육활동을 실천해 나가는 데 필요한 세입과 세출의 체계적인 계획서를 말한다. 학교에는 연간 수행해야 할 교육활동에 대한 교육계획서가 있으며, 이는 다시 비용이 소요되는 활동과 비용이 소요되지 않는 활동으로 구분할 수 있다. 학교예산은 여기에서 비용이 포함된 활동에 대한 계획서라고 할 수 있다(반상진 외, 2014: 257).

학교예산도 정부예산의 일부분으로 전통적인 예산의 원칙이나 현대의 예산의 원칙을 모두 지켜야 한다. 교육예산을 운영하는 기본 단위로서 학교단위 예산이 지켜야 할 예산의 원칙 몇 가지를 제시하면 다음과 같다(한국교육재정경제학회 편, 2000: 79-82; 반상진 외, 2014: 263-267).

① 예산총계주의 원칙: 학교에서 발생한 모든 세입과 세출을 학교회계 세입 · 세출에 포함하여야 한다는 원칙이다. 「지방재정법」 제34조와 「초 · 중등교육법」 제30조의3에서는 한 회계연도의 모든 수입을 세입으로 하고, 모든 지출을 세출로 하며, 세입 · 세출은 모두 예산에 계상하여야 한다고 규정함으로써 예산총계주의 원칙을 천명하고 있다. 예산총계주의는 학교예산을 투명하고 공정하게 관리하는 가장 기본적이고 중요한 원칙이다.

② 회계연도 독립의 원칙: 학교는 학년도 단위, 즉 3월 1일부터 다음해 2월말까지로 회

계연도를 정하고 있다. 각 회계연도에 지출되어야 할 경비는 그 연도의 세입으로 조달되고, 당해연도에 지출되어야 할 경비는 그 익년도 등 다른 연도에서 지출되어서는 안 된다는 원칙이다.

③ 예산 사전의결의 원칙: 학교예산은 회계연도 이전에 편성되어 의결을 거쳐 승인된 범위 내에서 집행되어야 한다. 「초 · 중등교육법」 제30조의3에 의하면 학교장이 제출한 학교회계 세입 · 세출예산안은 회계연도 시작 전 학교운영위원회의 심의를 받도록 규정되어 있는데, 이는 예산 사전의결의 원칙을 적용한 결과라 할 수 있다.

④ 예산 공개의 원칙: 예산의 편성 · 심의 · 집행 · 결산 등 주요한 자료와 결과가 공개되어야 한다는 원칙이다. 각 시 · 도교육청의 「공립학교 회계규칙」에는 학교의 장은 학교운영위원회의 심의를 거쳐 확정된 세입 · 세출예산서 및 결산서를 학부모 및 교직원에게 공개하여야 하며, 교육부장관은 지도 · 감독을 위하여 필요하다고 인정하는 경우에 학교의 장에 대하여 예산과 결산에 관한 자료의 제출을 요구할 수 있도록 하고 있다.

⑤ 수입의 직접 사용 금지의 원칙: 학교의 장은 학교회계의 모든 수입을 지정된 금융기관 또는 체신관서에 예치하여야 하며, 학교회계규칙 또는 다른 법령에 달리 정하고 있는 경우를 제외하고는 이를 직접 사용하지 못한다.

⑥ 예산의 목적 외 사용금지 원칙: 예산은 사용목적, 금액, 기간 등에 한정을 두어야 한다는 원칙으로 특정 목적을 위하여 편성 · 배분된 예산은 그 목적을 위하여 사용되어야 함을 의미한다. 이처럼 예산은 통제를 위하여 엄격하게 편성되고 운영되어야 하지만 지나치게 엄격하면 효율성을 저해하므로 신축성 있게 운영될 수 있는 제도적 장치를 마련해야 한다. 학교회계제도에 있어서 예산의 신축성을 유지하기 위한 방안으로 예산의 이 · 전용, 예산의 이월, 계속비, 예비비 제도를 인정하고 있다.

- 예산의 이용: 세출예산의 관 · 항 간의 경비의 상호사용을 말하며 미리 학교운영위원회의 심의를 거친 경우에 가능하다. 즉, 본예산이나 추가경정예산의 편성 시 예산총칙에 이용범위를 정하여 학교운영위원회의 심의를 거친 후에 예산을 이용할 수 있다.
- 예산의 전용: 동일한 항 내의 범위에서 각 목 사이에 예산을 변경하여 사용하는 것을 말한다. 예산의 이용과 달리 학교운영위원회의 심의를 거치지 않고 예산의 편성권을 가진 학교장이 예산을 전용을 할 수 있다.
- 예산의 이월: 예산의 이월이란 예산을 다음 연도에 넘겨서 다음 회계연도의 예산으로 사용하는 것을 말한다. 예산은 1회계연도에 한하여 효력을 가지게 되므로 미사용액은 다음 회계연도의 세입이 되어 다시 학교운영위원회의 심의를 거치는

것이 원칙이다. 하지만 이러한 과정이 반복됨으로써 예산과정의 비효율성을 초래할 수 있으므로 학교예산회계제도에서는 예산의 이월제도를 인정하여 예산의 회계연도 구속을 제도적으로 완화하고 있다.

- 계속비: 계속비란 공사나 제조 등 그 완성에 수년을 요하는 경우 소요경비의 총액과 연도별 소요금액을 정하여 미리 학교운영위원회의 심의를 거쳐 수년에 걸쳐 지출하는 경비를 말한다. 계속비로서 지출할 수 있는 연한은 당해 회계연도를 포함하여 5년 이내이며 학교운영위원회의 심의를 얻은 경우는 다시 그 기간을 연장할 수 있다.
- 예비비: 예비비란 학교회계제도에서 예측할 수 없는 예산외의 지출이나 예산초과지출에 사용할 수 있도록 예산 중 일부분에 대하여 구체적 사용목적은 정하지 아니하고 총액으로 예산에 계상하는 것을 말한다.

나. 학교회계의 세입 · 세출 구조

예산은 그 내용을 명백히 하기 위하여 일정한 기준에 따라 구분하게 되는데 이를 예산과목이라고 한다. 세입과목과 세출과목을 구분하는 것은 예산을 체계적으로 분류 · 관리하고, 학교의 예산편성과 집행에 편의를 도모하기 위함이다. 학교회계의 예산과목은 세입의 경우 '장－관－항－목'으로, 세출의 경우 사업별 예산과목인 '정책사업－단위사업－세부사업'으로 구분되어 있다. 세입 및 세출 예산의 과목 구분과 설정에 관하여 필요한 사항은 교육감이 정하도록 되어 있다. 실제 활용되고 있는 학교회계 세입 · 세입 과목을 구체적으로 살펴보면 다음과 같다(한국교육개발원, 2020).

세입구조

학교회계의 세입과목은 장 수준에서는 이전수입, 자체수입, 기타수입으로 구분되고, 관 수준에서는 중앙정부이전수입, 지방자치단체이전수입, 교육비특별회계이전수입, 기타이전수입, 학부모부담수입, 지원금수입, 행정활동수입, 전년도이월금으로 구분된다. 세입과목에 대한 구체적인 내용은 다음과 같다.

〈표 8-7〉 학교회계 세입예산 과목구조

장	관	항	목	과목해설
이전수입				
	중앙정부이전수입			
		국고보조금		국고보조금
	지방자치단체이전수입			
		비법정이전수입		
			광역지방자치단체 전입금	농어촌학교보조금(광역), 사회적배려대상자지원보조금(광역), 급식비보조금(광역), 기타법령근거보조금(광역), 자치법규근거보조금(광역)
			기초지방자치단체 전입금	농어촌학교보조금(기초), 사회적배려대상자지원보조금(기초), 급식비보조금(기초), 기타법령근거보조금(기초), 자치법규근거보조금(기초)
		교육경비보조금		
			광역지방자치단체 전입금	급식시설 · 설비사업보조금(광역), 교육정보화사업보조금(광역), 교육시설 · 환경개선사업보조금(광역), 학교교육과정운영지원사업보조금(광역), 주민교육과정개발운영사업보조금(광역), 지역체육 · 문화공간설치사업보조금(광역), 기타학교교육여건개선사업보조금(광역)
			기초지방자치단체 전입금	급식시설 · 설비사업보조금(기초), 교육정보화사업보조금(기초), 교육시설 · 환경개선사업보조금(기초), 학교교육과정운영지원사업보조금(기초), 주민교육과정개발운영사업보조금(기초), 지역체육 · 문화공간설치사업보조금(기초), 기타학교교육여건개선사업보조금(기초)
	지방교육단체이전수입			
		교육비특별회계전입금수입		
			학교회계전입금	학교운영비전입금, 목적사업비전입금, 각종 수익자부담 지원금
			사립학교보조금수입	인건비재정결함보조금, 운영비재정결함보조금, 각종 수익자부담 지원금
	기타이전수입			
		사학법인이전수입		법인법정부담금, 법인이전수입
		학교회계간이전수입		학교발전기금전입금, 다른학교회계전입금, 기타학교회계전입금
		기타공공이전수입		기타지원금
자체수입				
	학부모부담수입			
		등록금		입학금, 수업료, 학교운영지원비

장	관	항	목	과목해설
		수익자부담수입		급식비, 방과후학교활동비, 돌봄활동운영비, 현장체험학습비, 청소년단체활동비, 졸업앨범비, 교과서비, 기숙사비, 누리과정비, 교복구입비, 운동부운영비, 기타수익자부담수입
	행정활동수입			
		사용료및수수료		사용료, 수수료
		자산수입		자산매각대
		적립금처분수입		적립금처분수입
		보증금회수		보증금회수
		기타행정활동수입		지난년도수입, 이자수입, 기타행정활동수입
기타수입				
	전년도이월금			
		순세계잉여금		순세계잉여금
		정산대상재원사용잔액		정산대상사용잔액
		이월금		이월사업비

세출구조

학교회계의 세출과목은 정부의 성과주의 예산제도에 맞추어 사업별 예산과목으로 구조화되어 있다. 사업은 크게 정책사업, 단위사업, 세부사업으로 구분된다. 정책사업은 단위학교 교육활동을 수행하기 위한 최상위 사업이고, 단위사업은 정책사업 목표를 달성하는 수단으로, 사업 성격별로 통합·단순화한 사업으로 명칭과 내용은 교육부가 설정한다. 세부사업은 단위사업을 구체적으로 집행하는 사업으로 교육감이 설정할 수 있으나 사업명을 시·도교육청이 공동으로 사용하고 있으며, 세부사업의 추가가 필요한 경우 학교장이 교육감에게 요청할 수 있다. 세출과목에 대한 구체적인 내용은 다음과 같다.

〈표 8-8〉 학교회계 세출예산 과목구조

정책사업	단위사업	세부사업	사업해설
인적자원 운용			• 교직원 보수 등 인적자원 운용을 위해 소요되는 사업비
	교직원보수		
		사립학교 교원보수	• 사립학교 정규직 교원에게 매월 지급하는 급여
		사립학교 직원보수	• 사립학교 정규직 직원에게 매월 지급하는 급여
	기타교직원보수		
		교직원대체 인건비	• 정규직교직원을 대체하는 기간제교원, 행정대체인력에 대한 인건비
		학교운영 지원수당	• '학교회계 예산편성 기본지침' 및 관련법령(교원의 지위 향상 및 교육활동 보호를 위한 특별법 시행령 등)에 따라 교직원에게 지급하는 수당
	교직원 복지 및 역량강화		
		교직원연수	• 학교 전체 교직원의 교수 및 직무 역량을 강화하기 위한 사업비
		교직원복지	• 학교 전체 교직원의 복지와 사기진작을 위한 사업비
학생복지/교육격차 해소			• 학생복지 및 교육격차 해소를 위해 소요되는 사업비
	급식 관리		• 학교급식 운영 관련 소요되는 사업비(학교급식실 운영, 위탁급식 운영, 급식재료 구입, 우유급식비, 학교급식업무종사자 인건비 등)
	기숙사 관리		• 기숙사 운영을 위한 사업비
	보건 관리		• 학생 및 교직원 건강관리 및 안전관리 관련 소요되는 사업비(보건실운영, 학생건강진단, 질병예방, 건강증진, 응급학생관리 등) • 학교 환경위생 관련 소요되는 사업비(학교 학습환경 관리, 방역관리, 먹는물 관리 등)
	교육격차 해소		• 교육격차 해소를 위한 학비지원, 정보화비지원, 기타교육격차해소지원 등
	학생복지		• 내/외부 학셍 장학금 지원 관련 소요되는 사업비 • 농어촌 등 특정지역의 교육역량 제고를 위해 추진하는 사업비(교육복지우선사업 등) • 학생복지 관련하여 소요되는 각종사업비(졸업앨범, 교과서구입, 교복구입, 교복물려주기, 통학차량운영, 학교매점 등)
기본적 교육활동			• 표준 교수학습 활동에 직접 투입되는 사업비
	교과 활동		• 교육과정에 명시된 표준 교수학습 활동수행을 지원하기 위해 소요되는 각종 사업비 • 각 교과별 교육과정 운영 관련 소요되는 사업비

정책 사업	단위 사업	세부 사업	사업해설
	창의적 체험활동		• 적응, 자치, 행사 및 창의적 특색활동에 소요되는 제 사업비 • 자기이해, 진로정보탐색, 진로상담 및 진로체험활동에 소요되는 제 사업비
		자율활동	• 학생자치활동 및 창의적특색활동 등 자율활동 관련 소요되는 사업비
		현장체험학습활동	• 수학여행, 수련활동 등 현장체험학습 활동 관련 소요되는 사업비
		동아리활동	• 동아리 활동 관련 소요되는 사업비(학교스포츠클럽, 청소년단체활동, 문화예술활동 등)
		봉사활동	• 봉사활동 관련 소요되는 사업비(교내봉사, 지역사회봉사, 자연환경보호, 캠페인 활동 등)
		진로활동	• 진로활동 관련 소요되는 사업비(자기이해(적성검사), 진로정보탐색, 진로상담, 진로체험 등)
선택적 교육활동			• 표준교육활동이 아닌 선택적 교육활동에 소요되는 사업비
	방과후학교 운영		• 교과의 보충이나 특별활동의 체계화 등을 위해 정규 수업과정 외 방과후학교 운영 관련 소요되는 사업비 • 방과후 돌봄교실 운영 관련 소요되는 사업비
	직업교육		• 정규 교육과정이 아닌 선택적 직업교육에 소요되는 사업비
	국제교육		• 외국학교와의 국제교류 등 국제교육 관련 소요되는 사업비
	독서활동		• 독서활동 운영 관련 소요되는 사업비(도서구입, 도서관운영, 교원독서교육역량강화 등)
	교기육성		• 운동부나 기악부 등 교기 운영 관련 소요되는 사업비
	기타 선택적 교육활동		• 창의성 및 수월성 교육에 소요되는 사업비(영재교육운영, 발명교실 등) • 위에 나열하지 않은 기타 선택적 교육활동 관련 소요되는 사업비(대학교 교육실습생 운영 등 외부기관을 이용한 위탁교육) • 다문화 교육활동이나 연수 관련 소요되는 사업비
교육활동 지원			• 교수학습 간접 교육비로 교육활동 지원에 소요되는 사업비
	교무업무 운영		• 교수학습에 직접 투입되지 않으나 교육활동지원 관련 소요되는 각종사업비(입학전형, 입학식 및 졸업식, 출석부구입, 학생평가 등)
	생활지도운영		• 교내외학생생활, 학생상담지도, 학교폭력 예방, 학생 안전 관련 소요되는 사업비
	연구학교 운영		• 특정 목적 달성을 위한 연구학교, 선도학교, 시범학교, 혁신학교 운영 관련 소요되는 사업비
	학습지원실 운영		• 방송실, 정보화실, 공동실습소, 기타학습지원실(시청각실 등) 등의 운영 관련 소요되는 사업비

정책 사업	단위 사업	세부 사업	사업해설
	교육여건 개선		• 교수학습 및 학교행정을 위한 시설, 장비 개선 관련 소요되는 사업비(책 · 걸상 구입, 칠판교체, PC구입, 교실환경개선 등)
학교 일반운영			• 학교 기관 및 부서 운영에 소요되는 사업비
	학교기관운영		• 학교 각 부서(교장실, 행정실, 교무실등)운영에 소요되는 사업비(부서운영일반수용비, 사무용품구입, 사무용기기구입 및 수리, 간행물구독, 여비, 업무추진비 등) • 행정지원에 필요한 인력운용에 소요되는 사업비(행정실무원인건비, 사회복무요원인건비 등)
	시설장비유지		• 학교 시설유지 관리에 소요되는 사업비(시설유지관련공공요금 및 제세, 연료비, 용역비 등)
	학교운영 협력		• 학교운영위원회 및 학부모, 지역주민, 유관기관 협력을 위해 소요되는 사업비
학교시설 확충			• 대규모 수선비, 교실 증 · 개축 등 시설 사업비
	시설확충 및 개선		• 일정규모 이상의 시설공사에 소요되는 사업비(학교시설확충, 노후시설개선, 호우피해복구, 교실증개축 등)
학교 재무활동			• 목적사업비 반환 및 예비비 관리 등 비사업성 재무활동

다. 학교회계 세입 · 세출 현황

최근 10여 년 동안의 공립학교의 학교회계 세입 결산액 변화를 살펴보면 세입액 총액은 2010년 13조 3,617억 원에서 2019년 21조 7,499억 원으로 약 1.6배 정도 증가하였다. 재원별 변화 추이를 보면 가장 큰 비중을 차지하는 지방교육단체 이전수입은 2010년 51.4%에서 2019년 63.7%로 비중이 높아진 반면, 학부모부담수입은 36.3%에서 21.5%로 낮아졌다.

〈표 8-9〉 **공립학교회계 세입 결산액 변동 추이**

(단위: 백만 원, %)

항목	2010년		2015년		2019년	
	금액	구성비	금액	구성비	금액	구성비
이전수입	7,618,707	57.0	10,431,362	65.3	15,206,259	69.9
중앙정부이전수입	2,903	0.0	25,606	0.2	42,857	0.2
지방자치단체이전수입	609,363	4.6	1,075,940	6.7	1,097,048	5.0
지방교육단체이전수입	6,861,635	51.4	9,124,187	57.1	13,845,489	63.7
학교운영비전입금	3,189,925	23.9	4,835,894	30.3	5,317,254	24.4
목적사업비전입금	3,671,710	27.5	4,288,294	26.8	8,528,235	39.2
기타이전수입	144,806	1.1	205,629	1.3	220,865	1.0
자체수입	5,014,784	37.5	4,841,354	30.3	4,833,314	22.2
학부모부담수입	4,845,883	36.3	4,683,082	29.3	4,665,357	21.5
행정활동수입	168,901	1.3	158,272	1.0	167,957	0.8
기타수입	728,243	5.5	704,168	4.4	1,710,316	7.9
합계	13,361,734	100.0	15,976,884	100.0	21,749,889	100.0

주: 공립 초·중·고·특수학교 대상임.
출처: 한국교육개발원(2011, 2016, 2020). 공립학교회계분석 종합보고서를 참고하여 재작성.

공립학교회계 세출 결산액 규모의 변화를 살펴보면 총액은 2010년 12조 5,326억 원에서 2019년 20조 2,359억 원으로 약 1.6배 증가하였다. 항목별 구성비를 살펴보면 세출항목에서 가장 높은 비중을 차지하는 학생복지/교육격차 해소는 2015년 비중이 다소 증가하였으나 2019년에는 다시 감소하였다. 정규 교육과정을 위해 소요되는 기본적 교육활동의 투자 규모는 증가하였으나, 총 세출액에서 차지하는 비중은 감소세를 보이고 있다.

〈표 8-10〉 **공립학교회계 세출 결산액 변동 추이**

(단위: 백만 원, %)

항목	2010년		2015년		2019년	
	금액	구성비	금액	구성비	금액	구성비
인적자원운용	426,516	3.4	489,715	3.2	652,597	3.2
학생복지/교육격차 해소	4,509,043	36.0	6,460,633	42.3	8,077,937	39.9
기본적 교육활동	2,090,890	16.7	2,086,606	13.7	2,619,559	12.9
교과활동	1,128,120	9.0	1,391,232	9.1	1,696,705	8.4
창의적 체험활동	962,770	7.7	695,374	4.6	922,854	4.6
선택적 교육활동	1,739,057	13.9	2,383,586	15.6	2,713,318	13.4
방과후학교 운영	1,363,966	10.9	1,657,617	10.9	1,757,792	8.7
방과후학교 운영 외	375,091	3.0	725,969	4.8	955,526	4.7

항목	2010년		2015년		2019년	
	금액	구성비	금액	구성비	금액	구성비
교육활동 지원	1,278,444	10.2	1,384,591	9.1	2,446,478	12.1
학교 일반운영	1,848,090	14.7	2,084,373	13.7	2,710,591	13.4
학교시설 확충	638,188	5.1	353,102	2.3	907,981	4.5
학교 재무활동	2,347	0.0	26,536	0.2	107,403	0.5
합계	12,532,575	100.0	15,269,142	100.0	20,235,856	100.0

주: 공립 초·중·고·특수학교 대상임.
출처: 한국교육개발원(2011, 2016, 2020). 공립학교회계분석 종합보고서를 참고하여 재작성.

이상에서 2010년 이후 초·중·고등학교의 현황 및 지방교육재정의 세입과 세출 변화 추이를 살펴보았다. 관련하여 몇 가지 생각해 볼 문제를 제시하면 다음과 같다. 첫째, 지방교육단체 이전수입, 즉 시·도교육청에서 공립학교로 지원하는 이전수입이 차지하는 비중은 증가하는 반면, 학부모부담수입의 비중은 낮아지는 이유는 무엇인가? 학부모의 학교교육에 대한 부담액이 감소하고 있지만 현재의 수준이 바람직한 것인가? 둘째, 지방교육단체 이전수입을 학교운영비와 목적사업비로 구분할 때, 〈표 8-9〉를 보면 목적사업비의 상대적 비중이 증가하고 있음을 알 수 있다. 목적사업비의 규모 확대는 단위학교 재정운영에 어떤 영향을 미칠 수 있는가? 셋째, 세출 중 학생복지/교육격차 해소 사업이 차지하는 비중은 증가한 반면, 기본적 교육활동 사업의 비중이 감소하는 현상을 어떻게 이해하여야 하는가?

4. 학교회계 운영의 실제

가. 학교회계 운영의 이해

학교회계 실제 자료를 통해 학교회계의 특징을 살펴보고자 한다. 이를 위해 학교정보 공시를 위한 학교알리미[3]에서 어느 중·소도시에 소재한 두 초등학교의 202×년 학교 현황 및 학교회계 세입·세출 결산자료를 정리하였다. 산들초는 12학급 정도의 소규모학교이며, 바다초는 35학급 규모의 다소 큰 학교이다.[4] 산들초는 학급당 학생수가 15.3명인

3) www.schoolinfo.go.kr
4) 교명은 모두 가명을 사용하였다.

반면 바다초는 26.0명이고, 교사 1인당 학생수 역시 각각 13.1명, 22.7명으로 상당한 차이가 있다.

〈표 8-11〉 202X학년도 산들초 및 바다초 학교현황

(단위: 명)

구분	학생수	학급수	수업교사수	학급당 학생수	교사1인당 학생수
산들초	184	12	14	15.3	13.1
바다초	909	35	40	26.0	22.7

〈표 8-12〉는 산들초와 바다초의 202×학년도 학교회계 세입 결산 현황을 제시한 것이다. 산들초의 세입 결산액은 약 10억 6,332만 원이며, 바다초는 약 23억 1,222만 원으로 두 학교의 세입 결산액 총액은 약 2.2배 정도 차이가 난다. 세입 항목별 구성비를 살펴보면 산들초와 바다초 모두 지방교육단체 이전수입, 즉 시·도교육청으로부터 지원되는 교육비가 가장 높다. 산들초의 경우 이 비율은 79.3%이며, 바다초는 70.3%로 산들초의 경우 바다초에 비해 구성비가 상당히 높은 편이다. 반면 학부모부담수입의 경우 산들초는 16.7%이며, 바다초는 28.2%로 바다초의 학부모부담수입에 대한 의존도가 훨씬 더 높다는 것을 알 수 있다.

〈표 8-12〉 202X학년도 학교회계 세입 결산

(단위: 천 원, %)

구분				산들초		바다초	
장	관	항	목	금액	구성비	금액	구성비
이전수입				854,787	80.4	1,625,473	70.3
	중앙정부이전수입			7,000	0.7	-	-
	지방자치단체이전수입			-	-	-	-
	지방교육단체이전수입			842,976	79.3	1,625,373	70.3
	기타이전수입			4,811	0.5	100	0.0
자체수입				181,955	17.1	659,928	28.5
	학부모부담수입			177,051	16.7	651,146	28.2
		수익자부담수입		177,051	16.7	651,146	28.2
			급식비	122,099	11.5	398,798	17.2
			방과후학교활동비	41,245	3.9	157,778	6.8
			현장체험학습비	11,398	1.1	85,209	3.7
			기타	2,310	0.2	9,360	0.4

구분			산들초		바다초	
장	관	항 목	금액	구성비	금액	구성비
	행정활동수입		4,903	0.5	8,783	0.4
		사용료및수수료	2,914	0.3	5,086	0.2
		기타행정활동수입	1,990	0.2	3,697	0.2
기타수입			26,582	2.5	26,823	1.2
	전년도이월금		26,582	2.5	26,823	1.2
세입합계			1,063,323	100.0	2,312,224	100.0

출처: 학교알리미(http://www.schoolinfo.go.kr)

〈표 8-13〉은 학교회계 세출 결산 현황을 제시한 것이다. 세입 결산액과 유사하게 두 학교의 세출 결산액 차이는 약 2.2배이다. 산들초의 세출 결산액에서 가장 높은 비중을 차지하는 항목은 학생복지/교육격차 해소로 약 31.8%이다. 다음으로 학교 일반운영 20.4%, 선택적 교육활동 16.5%, 기본적 교육활동 14.8%의 순이다. 바다초의 경우 학생복지/교육격차 해소의 비중이 46.1%로 가장 높았으며, 다음은 학교 일반운영 15.8%, 기본적 교육활동 13.6%, 선택적 교육활동 12.7%의 순이다. 인적자원운용의 경우 시·도교육청에서 직접 집행하는 공무원인 교원과 직원의 인건비가 포함되지 않기 때문에 비중이 매우 낮은 편이다.

〈표 8-13〉 202X학년도 학교회계 세출 결산

(단위: 천 원, %)

구분		산들초		바다초	
정책사업	단위사업	금액	구성비	금액	구성비
인적자원운용		17,120	1.7	33,626	1.5
	기타교직원보수	15,351	1.5	33,566	1.5
	교직원복지 및 역량강화	1,769	0.2	600	0.0
학생복지/교육격차 해소		321,378	31.8	1,034,838	46.1
	급식관리	127,431	12.6	593,235	26.4
	교육격차 해소	102,107	10.1	400,320	17.8
	기타	91,840	9.1	41,283	1.8
기본적 교육활동		148,986	14.8	305,030	13.6
	교과활동	104,880	10.4	193,821	8.6
	창의적 체험활동	44,106	4.4	111,209	5.0

구분		산들초		바다초	
선택적 교육활동		166,756	16.5	284,308	12.7
	방과후학교 운영	90,003	8.9	209,861	9.3
	기타	76,753	7.6	74,447	3.3
교육활동 지원		122,802	12.2	228,970	10.2
학교 일반운영		205,988	20.4	354,360	15.8
학교시설 확충		18,383	1.8	-	-
학교 재무활동		8,259	0.8	4,745	0.2
세출합계		1,009,672	100.0	2,245,877	100.0

출처: 학교알리미(http://www.schoolinfo.go.kr)

두 초등학교의 실제 학교회계 자료 분석을 통해 생각해 볼 문제 몇 가지를 제시하면 다음과 같다. 첫째, 바다초는 산들초에 비해 학생수를 기준으로 하면 약 4.9배, 학급수를 기준으로 하면 약 2.9배 더 크다. 반면 바다초의 학교회계 규모는 산들초에 비해 세입·세출 결산액은 약 2.2배 정도 크다. 학생수 및 학급수의 규모 차이에 비해 학교회계 규모가 크지 않은 이유는 무엇인가? 학교 규모에 따라 교육재정의 규모에 차이가 나는 것은 당연한 일이다. 그러나 그 차이는 합리적 근거에 기반해야 하는데, 이를 위해 어떤 요소들을 고려해야 하며 더 나아가 교육비는 어떻게 산정할 수 있는가? 둘째, 산들초와 바다초의 세입 항목 비중에서 가장 크게 차이가 나는 것은 지방교육단체 이전수입과 학부모부담수입이다. 이와 같이 구성비에서 차이가 나는 이유는 무엇이라 생각하는가? 셋째, 학교회계 세출 현황에서 산들초의 경우 학교일반 운영비의 비중이 높은 이유를 규모의 경제 측면에서 설명할 수 있다. 이것이 교육재정 배분에 주는 시사점은 무엇인가? 마지막으로 두 학교의 학교회계 세입·세출 현황을 토대로 두 학교의 학교경영에서 개선할 점이 있다면 무엇이라 생각하는가?

나. 학교예산의 과정과 교사의 역할

단위학교의 예산과정은 기본적으로 예산안 편성, 예산안 심의·확정, 예산 집행, 결산의 과정으로 이루어진다. 학교교육계획서가 한 학년도 동안의 학교의 교육과정 운영에 관련된 제반 사항을 나타낸 것이라고 한다면 예산은 한 회계연도 동안의 학교의 운영계획을 세입과 세출로 나타낸 것이라고 할 수 있다. 학교교육계획서와 예산의 이러한 관계는 교육계획과 예산이 별개로 운영되는 것이 아니라 학교의 운영을 위한 제반 활동을 효과적으로 지원하는 방향에서 학교재정이 운영되어야 한다는 것을 의미한다. 따라서 학교의 예산편성은 기본적으로 학교교육계획서를 바탕으로 학교운영을 효과적으로 지원할 수 있는 방향에서 이루어져야 한다. 학교회계 제도 아래서 단위학교의 예산이 편성, 심의, 집행 및 결산되는 과정을 살펴보면 다음과 같다(교육부 · 한국교육개발원, 2016; 서울특별시교육청, 2019).

예산안 편성

학교예산은 다음과 같은 과정을 거쳐 편성된다.

과정	주체	내용
학교회계 예산편성 기본지침 통보	교육감	• 회계연도 개시 3개월(12월 1일) 전까지 단위학교에 통보 • 관할청의 교육재정여건 및 운용방향 제시 • 교육시책 및 권장사업 포함 • 예산과목 및 내용 등 학교예산운영에 관하여 필요한 제반내용 포함
기본계획 수립 및 교직원 교육	학교장	• 학교교육계획을 반영한 예산편성 기본계획 수립 • 세입예산 규모 추정 및 가용재원 제시 • 학교 구성원에게 예산편성 관련 사전교육 실시
학부모 및 학생 의견수렴(권장)	학교장	• 의견수렴 추진계획 수립 및 안내 • 의견접수 및 부서별 정리 • 담당부서의 타당성 검토
교직원의 예산요구서 수합 및 예산안 편성	학교장	• 교육과정운영 및 학교운영을 위하여 필요한 사업 및 재정 소요액 등 기록 • 부서별 또는 개인별 예산요구서 제출
연간 총 전입금 및 분기별 자금배정계획 통보	교육감	• 관할청으로부터 회계연도 개시 50일(1월 9일) 전까지 학교회계로 전출되는 금액의 총 규모 및 분기별 자금배정계획 통보 • 목적사업의 경우 대상학교가 지정되는 대로 확정 · 통보
예산조정작업 및 예산안 확정	학교장	• 단위학교의 총 세입규모를 확정 • 부별 또는 전체 조정회의를 거쳐 예산안 확정
예산안 제출	학교장	• 회계연도 개시 30일전까지 학교운영위원회에 제출

예산안 심의 및 확정

편성된 예산은 학교운영위원회의 심의를 거쳐 확정된다. 학교운영위원회의 예산안 심의는 단위학교의 재정운영에 대한 학교구성원의 의사를 반영할 수 있는 제도적 장치를 마련함으로써 학교재정운영의 자율성 증대와 함께 책무성을 동시에 제고하기 위한 것이다. 학교예산안 심의는 다음과 같은 과정을 거쳐 이루어진다.

과정	주체	내용
예산안 통지	학교운영위원장	• 학교운영위원들에게 회의개최 7일 전까지 예산안 통지
예산심사소위원회 심사	예·결산소위원회	• 학교운영위원회의 의결에 의해 자율적으로 구성하되 외부전문가, 학부모 등 참여 권장 • 예·결산소위원회에 예산안 회부 • 예산안 심사 후 심사보고서를 운영위원회에 제출
예산안 심의	학교운영위원회	• 학교의 교육시책방향 및 재정여건, 예산편성방향 및 내용에 대한 학교장 제안 설명 • 예산과 관련된 교직원 의견청취
예산심의결과 송부	학교운영위원장	• 회계연도 개시 5일(2월 23일) 전까지 심의종료 • 학교장에게 예산심의결과 송부
예산 확정	학교장	• 학교장이 학교세입세출예산 확정
예산 공개	학교장	• 학교 홈페이지 게시 및 가정통신문 발송 등을 통해 공개

예산안 심의 및 확정 과정은 주로 학교운영위원회를 중심으로 이루어진다. 이때 해당 학교의 학교운영위원회 교원위원인 교사의 경우 예산안 심의에 직접 참여할 수 있다. 또한 예산안 심의 과정에서 학교운영위원회 위원들이 특정 부서나 사업을 담당하는 교사에게 의견을 요청하는 경우, 수업에 지장이 없는 범위 내에서 회의에 참여하여 의견을 제시할 수 있다.

예산 집행

예산 집행이란 학교운영위원회의 심의를 거쳐 확정된 예산에 따라 수입을 조달하고 경비를 지출하는 일련의 재정활동을 말한다. 즉, 세입예산과 세출예산을 집행하는 것을 말한다. 이는 단순히 정해진 금액을 수납하고 지출하는 것만을 의미하는 것이 아니라 납입의 통지, 수납, 지출원인행위의 실행, 계약의 체결, 지급 등을 포함한다.

세입예산은 법령, 조례 및 규칙에 근거하여 정해진 징수방식에 따라 수입처리하며 예산에 계상된 금액에 제한을 받지 않는다. 그러나 세출예산의 집행 시에는 예산에 표시된 목적과 금액의 범위 내에서 지출이 이루어지며 일시차입과 같은 제도가 없는 단위학교의 특성상 반드시 자금의 수급을 고려하여 지출이 이루어져야 한다.

예산 집행 과정에서 교사들은 세출예산의 지출과 관련한 업무를 수행하며, 크게 지출품의와 검수를 담당한다. 예산 집행은 지출품의, 지출원인행위, 지출결의의 순으로 이루어진다. 이때 교사는 교육활동에 필요한 물품을 구입하거나 특정한 사업을 진행하기 위한 경비를 지출하기 위해 지출품의를 해야 한다. 지출품의란 지출에 관한 내용을 서면화하여 학교장의 승인을 받는 절차를 의미한다. 교사들은 물품 구입 또는 사업 진행을 위해 필요한 경비를 규격, 수량, 단가 등을 확인하여 품의해야 한다. 또한 교사들은 구입한 물품에 대해 규격, 수량, 품질을 확인하는 검수과정에 참여할 수 있으며, 자신이 담당한 사업의 예산 집행 현황을 모니터링할 필요가 있다(노경민 · 오범호, 2020).

결산

학교회계세입세출결산은 매 회계연도가 종료하는 시점을 기준으로 한 회계연도에 있어서 단위학교의 재정활동 전반에 대한 수입과 지출의 실적을 확정적 계수로 표시하는 행위를 의미한다.

학교회계의 결산은 다음과 같은 절차를 거쳐 이루어진다.

과정	법정기한	내용
회계연도 종료	매년 2월 말일	• 당해 회계연도의 징수행위 및 지출원인행위 종료
출납폐쇄정리	회계연도 종료 후 20일	• 당해 회계연도에 징수행위 및 지출원인행위가 된 사항의 세입금수납 및 세출금지출 마감
결산서 작성		• 학교회계시스템에서 결산처리 • 예산의 이 · 전용 내역, 이월경비내역, 예비비사용내역 첨부
결산서 제출	회계연도 종료 후 2월 이내	• 학교운영위원회에 제출 • 학교운영위원들에게 회의개시 7일 전까지 결산서 개별통지
예 · 결산소위원회 심사		• 예 · 결산소위원회에 결산안 회부 • 결산안에 대한 심사 후 심사보고서를 운영위원회에 제출
결산심의		• 예 · 결산소위원회 결산안 심사결과 보고 • 학교장이 결산 내용 설명 • 의문사항에 대하여 관련 교직원 의견 청취
결산안 심의결과 통보	회계연도 종료 후 3월 이내	• 학교운영위원회 결산심의 결과를 학교장에게 통보
결산 공개	심의결과 통보일부터 10일 이내	• 가정통신문, 홈페이지 등을 통해 공개

다. 학교회계 운영의 실제

다음은 어느 초등학교의 학예발표회 운영계획서를 간략히 제시한 것이다. 당신이 학예발표회 기획자라 가정하고 프로그램을 간략하게 구성한 후 관련된 예산요구서를 작성해 보시오.

○○초등학교 학예발표회 운영계획서

□ 목적

가. 학교 교육과정의 정상 운영과 특기 적성 활동의 내실을 기하고 개인의 소질, 특기 신장으로 전인적 인간 육성의 기회가 되게 한다.

나. 어린이들에게 자신이 가진 재주와 소질을 발표하고 표현하며 감상하는 체험의 기회를 제공하여 그들이 가진 꿈과 역량을 키우도록 한다.

□ 세부추진계획

가. 일시 : 202○년 11월 ××일

나. 공연 일정

시 간	내 용
2교시	발표회(공연) : 학부모 참관
3교시	
4교시	학급별 정리 및 기념 촬영

다. 공연 프로그램 구성

- 무대 배경, 교실 배치는 학년에서 협의하여 자율적으로 구성하며 계절에 맞는 환경을 구성한다.
- 전체 24학급 전원이 참여할 수 있는 단체 프로그램을 1개 이상 포함한다.

라. 추진 일정 및 역할 분담

기 한	추진 내용	담 당
10월 ○○일	o 학예회 계획 수립 및 안내	담당자
10월 ○○일	o 학급별 프로그램 구성	담임
10월 ○○일	o 학예회 프로그램 관련 물품 신청 및 품의	담당자
10월 ○○일	o 학급 무대 준비를 위한 물품 품의	담당자 및 학급 담임
11월 ○○일	o 학교 정문 앞 홍보 현수막	담당자
11월 ○○일	o 가정통신문 배부 o 학급별 초대장 배부	담당자 학급 담임
11월 ○○일	o 학교 교육활동 홍보 준비 및 전시	담당자
11월 ○○일	o 입간판 3개 설치	담당자
11월 ○○일	o 교내·외 청소 및 공연홀 청소	해당 학년, 학급
11월 ○○일	o 학예회 교실 환경 및 프로그램 완료	학년 및 학급
11월 ○○일	o 학예회 실시	학급별
11월 ○○일	o 학예회 사진 및 동영상 촬영	방송반
11월 ○○일	o 학교신문 기사 작성 및 보도자료	담당자
11월 ○○일	o 홍보 현수막 회수	담당자
11월 ○○일	o 학예회 자료 홈페이지 탑재	담당자

202×학년도 세출예산 요구서 서식

부서명	세부사업	세부항목명	원가통계비목명	산출내역	산출식	요구금액	사업담당자	전년산출식	전년요구금액	증감
교무기획팀	자율활동	학예회 운영	교육운영비	현수막 제작비			○○○	50,000원×1개=	50,000	
교무기획팀	자율활동	학예회 운영	교육운영비	초대장 제작비			○○○	100원×10장=	10,000	

유의사항: 1) 예산요구서 202×학년도의 교육계획을 최대한 반영하여 작성(교육계획서는 자신이 담당자라 생각하고 간략하게 서술할 것)

2) 산출기초는 구체적으로 순서대로 작성

* 산출기초 순서: 단가(원) × 물량(명, 개 등) × 기간 ×회수(월, 일, 회 등)

예시) 20,000원×20명×20일×20회=1,600,000원

핵심 용어

- 교육재정의 개념
- 교육재정의 특징
- 공공재
- 비경합성
- 배제불가능성
- 외부효과
- 지방교육재정
- 지방교육재정교부금
- 지방자치단체이전수입
- 시 · 도세전입금
- 담배소비세전입금
- 지방교육세
- 교육경비보조금
- 보통교부금
- 특별교부금
- 법정전입금
- 비법정전입금
- 표준운영비
- 학교회계
- 학교예산의 원칙
- 학교회계예산편성기본지침
- 예산편성
- 예산심의
- 예산집행
- 결산

생각해 볼 주제

- 의무교육 단계인 초등학교 교육에 필요한 교육재정의 대부분을 국가에서 확보하여 지원하는 이유에 대해 생각해 보자.
- 지방교육재정교부금은 보통교부금과 특별교부금으로 나뉘어 배분되는데, 교부금을 이렇게 나누어 배분하는 이유에 대해 생각해 보자.
- 지방자치단체에서 법적으로 부담의무가 없음에도 자발적으로 교육활동을 위해 지원하는 비법정부담금을 지원하는 이유에 대해 생각해 보자.
- 학교회계 예산편성 과정에 교사들이 적극 참여해야 하는 이유를 생각해 보자.
- 저출산에 따라 초등학생수가 지속적으로 감소하고 있다. 학생수가 감소하면 교육재정 규모도 축소해야 한다는 논리를 비판적으로 검토해 보자.

참고문헌

교육부 · 한국교육개발원(2000). 학교회계 길잡이. 서울: 한국교육개발원.
교육부 · 한국교육개발원(2016). 지방교육재정의 이해. 서울: 한국교육개발원.
김두희(1974). 신재정학원론. 서울: 세종출판사.
김용갑(1960). 재정학. 서울: 서울고시학회.
김윤태(2003). 교육행정·경영의 이해. 서울: 동문사.
노경민 · 오범호(2020). 초등학교 교사의 학교예산 운용 경험에 관한 질적 사례연구. 교육재정경제연구, 29(3), 121-145.
박정수(2001). 교육재의 성격. 한국교육재정경제학회 편. 교육재정대백과사전. 서울: 하우. pp.414-420.
반상진 · 김민희 · 김병주 · 나민주 · 송기창 · 우명숙 · 주철안 · 천세영 · 최준렬 · 하봉운 · 한유경(2014). 교육재정학. 서울: 학지사.
서울특별시교육청(2019). 2020학년도 학교회계 예산편성 기본지침. 서울: 서울시교육청.
송기창 외(2018). 2017 교육재정백서. 진천: 한국교육개발원.
송기창 · 윤홍주 · 오범호 · 엄문영 · 김중환 · 김태환(2014). 지방교육재정연감 발간을 위한 기초연구. 서울: 한국교육개발원.
윤정일(1992). 교육재정학. 서울: 세영사.
윤정일(2000). 교육재정의 이론과 실제. 서울: 세영사.
윤정일 외(1982). 신간 현대교육행정학. 서울: 교육출판사.
이준구(2004). 재정학. 서울: 다산출판사.
전라남도교육청(2019). 2020학년도 학교회계 예산편성 기본지침. 전남: 전라남도교육청.
차병권(1987). 재정학개론. 서울: 박영사.
천세영(2001). 한국교육과 교육재정연구. 서울: 학지사.
한국교육개발원(2012a). 2012 공립학교회계 분석 종합보고서. 서울: 한국교육개발원.
한국교육개발원(2012b). 교원을 위한 한 눈에 들어오는 학교회계. 서울: 한국교육개발원.
한국교육개발원(2016). 2016 공립학교회계 분석 종합보고서. 서울: 한국교육개발원.
한국교육개발원(2020a). 2020 지방교육재정분석 종합보고서.
한국교육개발원(2020b). 2020 공립 · 사립 학교(교비)회계 분석 종합보고서.
한국교육재정경제학회 편(2000). 학교 재무관리 이론과 실제. 서울: 형성출판사.
Friedman, M. (1962). *Capitalism and freedom*. Chicago: Uinveritsy of Chicago Press.
Psachropolus, G. & Woodhall, M.(1990). *Education for development: An analysis of investment choice*. Oxford University Press.

〈관련 웹사이트〉
지방교육재정알리미 www.eduinfo.go.kr
학교알리미 www.schoolinfo.go.kr
한국교육개발원 교육통계서비스 kess.kedi.re.kr

CHAPTER 09

교육법의 이해와 실제

고 전(제주대학교 교육대학)

1. 교육행정과 교육법의 관계
2. 헌법상 교육기본권의 보장
3. 교원의 법적 지위와 교권보호
4. 학생의 법적 지위와 인권보호
5. 학교에서의 분쟁 사례와 교사

'교육행정은 교육법에 의거한다'는 법치행정(法治行政)의 원리는 교육행정과 교육법의 관계를 잘 보여 준다. 교원양성 대학 재학생과 현직 교원에게 있어서 교육법에 대한 이해는 학교 행정을 법적 측면을 이해하기 위해 필수적이다.

국민의 교육기본권에 대한 이해를 바탕으로 교육당사자인 학습자·보호자·교원·교원단체·학교설립자·국가·지방자치단체 간의 권리·의무·책임관계를 파악하는 것이 중요하다. 특히, 담임교사로서의 권리와 의무, 학생 및 학부모의 권리와 의무에 대한 이해는 이들 간 역할분담 및 상호 협력의 중요성을 이해하는 기초가 된다. 학교교육 분쟁사례를 살펴보는 것은 현장에서 접하게 될 법적인 분쟁 상황에 대한 판단력과 대응력을 기르기 위해서이다.

이 장은 교육행정과 교육법의 관계, 「헌법」 상 교육기본권의 보장, 교원의 법적 지위와 교권보호, 학생의 법적 지위와 인권보호, 그리고 학교에서의 분쟁 사례로 구성되었다.

1. 교육행정과 교육법의 관계

가. 교육법의 개념과 유형

교육법이란

교육법은 교육에 관한 법규범(法規範)[1]을 총칭한다. 교육법은 초기에는 '교육행정에 관한 법'으로 행정법의 일종으로 취급되었지만, 점차 '교육제도에 관한 특수한 법 논리 체계'를 포함한 특수법으로서 성격이 강조되었다. 오늘날에는 교육에 관한 국민의 기본권을 보장하기 위한 법의 총체로서 인권 실현을 위한 인권법으로서 중요성이 부각되고 있다.

자아실현을 위한 자율적 활동인 '교육'에 정의(正義)를 실현하기 위한 강제 규범인 '법'이 등장하게 된 것은 국민교육이 출연했기 때문이다. 교육법은 교육의 공공성을 담보하는 공교육체제를 만드는 데 필수적인 요소이다. 학교교육은 국민의 권리이자 의무가 되었고, 모든 국민의 성장과 이해(利害)가 연계된 공공재(公共財)로서 관리 · 운영되고 있다.

교육법의 유형

성문법 체계를 갖는 한국은 「헌법」 제31조 6개 조항을 필두로 법률, 조약, 명령, 조례, 규칙을 두고 있다. 국회에서 제정되는 법률안 제출권은 의원과 정부에 있으며, 「교육기본법」, 「유아교육법」, 「초 · 중등교육법」, 「고등교육법」, 「사립학교법」 등이 있다. 조약 및 국제법규 역시 국내법과 같은 효력을 가지며, 유네스코헌장 및 UN 아동의 권리협약이 대표적이다.

명령은 「헌법」과 법률에 근거하여 행정부가 정하는 것으로 대통령령, 총리령, 교육부령 등이 있고, 시 · 도의회가 정한 교육에 관한 조례(흔히 교육조례로 통칭)도 중요한 교육법의 일종이며, 교육감이 법령이나 조례의 범위 안에서 정하는 '교육규칙'이 있다.

한편, 불문법은 공식적인 교육법의 유형에는 속하지는 않으나, 법인식 내지 법률사실로서 법의 제정과 개정, 그리고 해석 및 적용과정에 직 · 간접적으로 반영되기도 한다.[2]

1) 법규범(法規範)은 법률과 규범을 총칭하는 포괄적인 개념으로서 최상위 법규범인 「헌법」에서 자치규범인 학교의 규칙(학칙)과 학급내규까지도 포괄한다. 이에 비하여 법령(法令)은 국회가 정한 법률과 행정부의 명령(대통령령 및 부령 등)에 한정된다. 해방 후 '교육법'(1949.12.31.제정)이 제정되어 있어서 용어상의 혼돈이 좀 있었지만, 1998년부터 이 법이 「교육기본법」, 「초 · 중등교육법」, 「고등교육법」으로 분할 제정되어, 교육법은 단일 법률 명칭이 아닌 교육관계 법규 전반을 의미하게 되었다.

2) 대학자치의 이념에서 비롯된 대학의 자주적 의사결정의 존중 관례 등을 들 수 있다. 판례법 역시 법원의 선결판례가 후행 판결에 직 · 간접적으로 영향을 미친다는 점에서 교육법 적용 및 해석의 근원으로 기능한다. 조리(條理) 또한 사회통념이나 사회적 타당성, 신의성실(信義誠實), 공서양속(公序良俗), 형평정의(衡平正義) 등의 이름으로 불리는 것들로서, 교육 분야에 있어서 조리를 특별히 교육조리(敎育條理)라고 한다. 이는 교육당사자들이 인식하는 옳은 교육에 대한 정의 감정을 말한다.

나. 교육행정과 교육법의 관계 및 기본 원리

교육행정과 교육법의 관계

교육행정과 교육법의 관계는 법치행정(法治行政)의 원리에서 잘 드러난다. 즉, 교육행정은 행정가의 자의적 판단이 아닌 국민의 입법 대의기관이 정한 교육법에 근거를 두고 이루어져야 한다. 교육법은 교육행정의 구체적 조성 · 지원 활동을 통하여 그 입법정신이 구현되며, 목적달성이 어려운 행정을 시정하도록 법이 개정되기도 한다. 이렇듯 교육행정과 교육법은 상호 순환 및 보완관계에 있다. 대한민국 「헌법」 제31조 제5항이 규정하고 있는 교육제도 법정주의(法定主義) 역시 교육행정이 교육제도를 매개로 하여 지속된다는 점에서 교육법↔교육제도↔교육행정의 순환 · 보완관계를 나타내고 있다(고전, 2006: 38).

교육법의 기본 원리

교육법의 기본 원리는 교육법으로서 갖추어야 할 원칙이면서, 현행 교육법의 정당성과 실효성을 판단하는 준거로서 의미를 갖는다. 교육법 관련 저서들은 「헌법」의 교육관련 조항(제31조)을 교육법의 기본 원리로 제시하기도 하는데, 교육의 기회균등, 교육의 자주성 · 전문성 · 중립성, 교육제도 법정주의 등이다. 이를 세 차원에서 정리하면 다음과 같다.

교육법의 원리는 이념적 · 방법적 · 내용적 측면에서 다음 세 가지 원리로 설명할 수 있다. 첫째, 교육법은 이념적으로 교육기본권 보장에 기속되어야 한다는 원리이다. 모든 교육법은 국민들로 하여금 능력에 따라 균등한 교육기회를 향유할 수 있도록 하는 데 기여하여야 한다는 원리이다. 교원지위향상법 역시 교원 자신을 위한 법이 아니라 교원의 사회 경제적 지위 안정 자체보다 더 낳은 교육여건 조성에 기여하여야 한다는 것을 말한다.

둘째, 교육법은 방법적으로 공공성의 원리에 따라야 한다. 수혜자가 국민 전체이므로 교육법을 제정하고 해석 · 적용하며 개정하는 데 있어서 공공성을 담보하는 방법이어야 한다는 것이다. 교육제도의 제정 · 폐지 및 권한의 위임 · 이양은 법에 근거하여야 하며, 교원의 기본권을 제한할 때에도 학생의 학습권 보호등 공공의 이익을 위한 것이어야 한다.

셋째, 교육법은 내용적으로 교육조리(教育條理)를 담아야 한다는 원리이다. 교육조리란 사회구성원들에 의하여 인정되는 교육에 대한 정의감정(正義感情)임과 동시에 교육이론이 밝힌 교육의 원리 가운데 권리 · 의무의 형태로서 법제화가 가능한 교육상의 진리를 말한다. 「헌법」에 반영된 교육조리의 예는 교육의 자주성 · 전문성 · 중립성 · 대학의 자율성 등이 있다. 물론 국민들의 교육에 대한 정의감정이 변하면 교육법은 개정을 통해 반영하여야 한다.

다. 교육법의 3법 체제

현행 교육법 체제: 기본교육법규, 학교교육법규, 사회교육법규의 3법 체제

교육법의 3법 체제란 교육에 대한 기본적인 체제와 구조에 관한 '기본교육법규'와 학교교육 및 교원에 관한 '학교교육법규', 그리고 각종 사회교육과 청소년 교육 관련 법규를 포함한 '사회교육법규' 등 세 영역으로 교육법의 체제가 갖추어진 것을 말한다.

〈표 9-1〉 현행 교육 3법체제와 관련 법규

영역	관 련 법 규
기본 교육 법규	• 교육기본법 • 교육부와 그 소속기관 직제 • 교육부와 그 소속기관 직제 시행규칙(교육부령) • 지방교육자치에 관한 법률 • 지방교육행정기관의 행정기구와 정원기준등에 관한 규정 • 지방교육행정기관 및 공립의 각급학교에 두는 국가공무원의 정원에 관한 규정 • 교육세법 • 지방교육재정교부금법 • 재외국민의 교육지원 등에 관한 법률
학교 교육 법규	•「유아교육법 • 초·중등교육법 • 고등교육법 • 사립학교법 • 교육과정심의회 규정 • 교과용도서에 관한 규정 • 초등학교 교육과정(교육부고시) • 학교보건법 • 학교급식법 • 학교시설사업촉진법 • 대안학교의 설립·운영규정 • 교육공무원법 • 교육공무원임용령 • 교육공무원징계령 • 교육공무원 승진규정 • 교원자격검정령 • 교원연수에 관한 규정 • 공무원연금법 • 사립학교교원연금법 • 교육공무원 인사위원회 규정 • 공무원보수규정 • 공무원 수당 등에 관한 규정 • 교원의 지위향상 및 교육활동보호를 위한 특별법 • 교원의 노동조합 설립 및 운영 등에 관한 법률 • 국립학교설치령 • 한국교원대학교설치령 • 국립대학법인 서울대학교 설립·운영에 관한 법률 • 대학설립·운영규정 • 국립대학병원설치법 • 기술대학설립·운영규정 • 고등교육기관의 평가·인증등에 관한 규정 • 대학교원 자격기준등에 관한 규정 • 대학도서관진흥법 • 장애인등에 대한 특수교육법 • 영재교육진흥법 • 과학교육진흥법 • 도서벽지교육진흥법 • 교육관련기관의 정보공개에 관한 특례법 • 교육국제화특구의 지정·운영 및 육성에 관한 특별법 • 경제자유구역 및 제주국제자유도시의 외국교육기관 설립·운영에 관한 특별법 • 학교안전사고 예방 및 보상에 관한 법률 • 학교폭력 예방 및 대책에 관한 법률 • 공교육 정상화 촉진 및 선행교육 규제에 관한 특별법 • 인성교육진흥법 • 학교체육진흥법
사회 교육 법규	• 평생교육법 • 학원의 설립·운영 및 과외교습에 관한 법률 • 도서관진흥법 • 작은도서관진흥법 • 독학에 의한 학사학위 취득에 관한 법률 • 학점인정등에 관한 법률 • 장애아동복지지원법 • 청소년기본법 • 청소년보호법 • 아동·청소년의 성보호에 관한 법률 • 청소년활동진흥법 • 청소년복지지원법 • 직업교육훈련촉진법 • 자격기본법 • 국민체육진흥법 • 영유아보육법 • 아동복지법

주: 평생교육법(1999.8.31.)은 종전의 사회교육법을 개정한 것이고, 초·중등교육법에서 유아교육법이 분리 제정(2004.1.29.)되었다. 어린이집을 다룬 영유아보육법은 사회교육법규로 분류될 수 있다.

교육법에서 3법체제로 되기까지의 주요 교육법의 변천

교육법은 대한민국 「헌법」이 제정(1948.7.17.)된 후 1949년 12월 31일에 제정되었다. 1950년 한국전쟁의 발발로 교육법 시행령은 1952년에야 제정되었고, 1955년을 전후하여 각급학교의 설치 및 교육과정과 관련된 규정이나 대학설치기준령이 제정되어 교육체제를 갖추고 양적 성장의 기반을 갖추었었다. 5 · 16 군사정변 후 교육개혁 입법들은 질적 통제를 강화하는 것들이었고, 국민정신교육이 유신정권 내내 강조되었다. 1980년대 신군부 정권의 등장과 함께 과외금지 및 본고사 폐지가 이루어졌고, 각 정권은 대통령 주도의 교육개혁 정책을 뒷받침하기 위하여 각종 개혁 입법조치를 단행했다. 1991년 지방자치의 실시와 더불어 「지방교육자치에 관한 법률」(1991.3.8; 이하 지방교육자치법)은 교육의 통치구조에 큰 변화를 가져왔고, 김영삼 정부가 제출한 「교육기본법」, 「초 · 중등교육법」, 「고등교육법」 분할 제정안은 국회에서 통과(1997.12.13)되어 김대중 정부에서 시행(1998.3.1.)에 들어갔다.

라. 교육현안과 관련된 교육법 제정

공교육정상화 촉진 및 선행교육 규제에 관한 특별법(2014.3.11 제정)

이 공교육정상화법은 초 · 중 · 고등학교의 교육과정이 정상적으로 운영되도록 하기 위하여 교육 관련기관의 선행교육 및 선행학습을 유발하는 행위를 규제함으로써 교육목적을 달성하고 학생의 건강한 심신 발달을 도모하는 것을 목적으로 제정되었다.

이 법에서 '선행교육'이란 교육 관련기관이 초 · 중등학교 국가교육과정 및 교육감이 정한 시 · 도교육과정과 학교 교육과정에 앞서서 편성 또는 제공하는 교육 일반을 말한다. 학교는 학교 교육과정 범위와 수준을 벗어난 지필 · 수행평가 · 교내대회 · 입학전형 출제를 할 수 없고, 학원은 선행학습을 유발하는 광고 또는 선전을 못하며, 대학은 국가교육과정을 벗어난 대학별고사를 출제할 수 없다.

인성교육진흥법(2015.1.20 제정)

이 법은 「헌법」에 따른 인간으로서의 존엄과 가치를 보장하고 「교육기본법」에 따른 교육이념을 바탕으로 건전하고 올바른 인성을 갖춘 국민을 육성하여 국가사회의 발전에 이바지하기 위한 법이다. 입시위주 교육에 대한 반성으로 성안된 입법이라 할 수 있다.

'인성교육'이란 자신의 내면을 바르고 건전하게 가꾸고 타인 · 공동체 · 자연과 더불어 살아가는 데 필요한 인간다운 성품과 역량을 기르는 것을 목적으로 하는 교육을 말한다. '핵심가치 · 덕목'이란 인성교육의 목표가 되는 것으로 예(禮), 효(孝), 정직, 책임, 존중, 배려, 소통, 협동 등의 마음가짐이나 사람됨과 관련되는 핵심적인 가치 또는 덕목을 말한다. '핵심 역량'이란 핵심 가치 · 덕목을 적극적이고 능동적으로 실천 또는 실행하는 데 필요한 지식과 공감 · 소통하는 의사소통능력이나 갈등해결능력 등이 통합된 능력을 말한다.

교원지위향상특별법 개정과 학생인권 및 교권 보호 조례의 제정

교권침해 사건이 빈발함에 따라서 시 · 도교권보호위원회 및 학교교권보호위원회를 설치토록 「교원의 지위향상 및 교육활동 보호를 위한 특별법」(이하 교원지위향상특별법)을 개정(2019.4.16.)했다. 몇 몇 시 · 도에서는 학생인권보호에 관한 조례와 교권보호 및 학교자치와 관련한 조례가 제정되어 교권보호와 인권보호 활동의 법적 기반을 다졌다.

교육법학(教育法學)과 교사의 교육법 이해의 필요성

교육법학(教育法學)이란 "교육법 현상(教育法現象)을 독자적 연구대상으로 하여 교육학과 법학의 학제적 연구방법 및 결과를 토대로 교육과 법의 관계구조를 설명 · 진단 · 예측하는 학문"이다. 독일의 이론중심의 학교법학, 미국의 현장중심의 판례교육법학, 일본의 교육재판운동 중심의 교육법학으로 발전해 왔다. 한국은 대한교육법학회(1986.9.22 창립)가 발족되었고, 학술지 「教育法學硏究」(1988년 창간호~2020년 32권3호)를 발간한다.

현장교사들에게 있어서 교육법은 교육행정 및 제도를 이해하는 기초인 동시에 현장의 교직실무를 처리함에 있어서도 필수적인 교직소양이다. 자신에게 부여된 권리와 부과된 의무, 그리고 책임의 완수를 위해서, 늘어가는 교육분쟁에 대처하기 위해 요구된다.

2. 헌법상 교육기본권의 보장

가. 교육기본권의 의미

교육기본권의 개념

교육기본권(教育基本權)은 '「헌법」 상 보장된 교육에 관한 기본적 인권'을 말한다. 국민은 교육기본권을 보장받음으로써 인격을 갖춘 인간다움을 완성하고 시민으로서 요구되는 기본적인 자질과 태도를 갖추며 행복을 추구하게 된다. 따라서 교육기본권은 사람답게 살아가는 데 기본적으로 요구되는 천부적 권리라고도 할 수 있다. 이 점에서 교육기본권을 교육인권(教育人權)이라고도 한다.

교육기본권의 법적 성격

교육기본권은 국가나 제3자로부터 방해받지 않을 자유권적 측면과 권리의 실현을 적극적으로 청구할 수 있는 사회권적 성격을 동시에 갖는다. 또한, 수동적으로 교육을 받을 권리라는 의미의 '협의의 학습권'만을 의미하지 않는다. 즉, 교육기본권은 「헌법」 제31조 이외에도 인격권 및 행복추구권, 학문의 자유, 평등권, 사생활 · 양심 · 종교 · 표현 · 직업선택의 자유, 인간다운 생활권, 근로권, 환경권, 평화적 생존권 등의 보장 등과 함께 보장되어야 완전한 '총체적 권리(總體的權利)'로서 완성된다. 이들 자유와 권리들은 '교육의 전제나 과정'을 위하여 요구되는 조건이면서, '교육의 결과'와 직결되어 실현되기도 한다.

교육기본권의 주체

교육기본권의 주체는 모든 국민으로서 취학 전 아동, 학생, 근로자, 은퇴자 등이 전 생애와 학교교육과 사회교육 등 전 교육영역에 걸쳐 주체가 된다. 국민 외에도 무국적자의 자녀와 외국인 역시 일정 범위 내에서 교육기본권 향유의 주체가 될 수 있다. 「교육기본법」 상 학습자의 교육기본권 실현을 위하여 그 외 교육당사자들(보호자, 교원 · 교원단체, 학교설립 · 경영자, 국가 · 지방자치단체)은 교육에 관한 일정 역할인 권한을 부여받고 있고 관련된 의무와 책임을 부담하여야 한다.

나. 교육기본권의 내용

학습권 및 학습의 자유

학습권은 학습활동에 있어서 국가권력의 간섭을 받지 않을 자유권적 측면(학습의 자유)과 친권자의 교육의 자유 및 권리의 근거가 되는 동시에 생존권 보장 요구권으로서 성격을 갖는다. 공교육체제하의 학습의 자유는 의무교육제도, 국가교육과정, 국정교과서제도를 통해 제한받기도 하지만 국민 전체의 학습권을 보장하기 위함이다. 교사의 수업권 역시 학생의 학습권과 대척점에 있다기보다는 학생의 학습권 보장을 위해 교육전문가인 교사에게 부여된 직무이자 권한으로 볼 수 있다.[3]

교육의 자유

교육의 자유는 본래 학교를 설치하거나 교육내용을 결정할 자유를 의미한다. 그 의미가 점차 국가권력으로부터의 자유에서 국가권력을 향한 자유로 변화되어 왔다. 즉, 통치

3) 헌법재판소와 대법원은 판례에서 교사의 수업권에 대하여 공교육의 책임을 진 국가의 위임에 의한 것(89헌마88)이며 직무권한(대법원 2005다25298)으로 판시한 바 있다.

자와 국가에 대한 사립학교 설치의 자유로부터 출발하여, 오늘날에는 교원의 교육내용의 선정 및 교수(敎授)활동의 자유, 교육의 지역적 자치(지방교육자치제도)도 포함하고 있다.

교육의 평등

교육의 평등은 교육기본권의 주요내용이자 이를 실현시키는 방법적 원리이다. 교육기회의 균등은 단순한 취학기회의 균등한 보장뿐만 아니라 교육과정 및 교육결과의 해석에 걸친 평등한 교육을 의미한다. 이 평등은 절대적 평등이 아닌 능력에 따른 교육기회의 보장이라는 상대적 평등을 의미한다.

교육청구권

모든 국민은 학습권과 교육의 자유를 능력에 따라 균등하게 보장받기 위하여 국가와 지방자치단체, 권한을 위임받은 기관에게 제반 교육여건을 정비해 줄 것을 요구하는 교육청구권을 갖는다.

다. 헌법의 교육조항의 이해

교육조항의 변천

대한민국 「헌법」의 교육조항은 1948년 이래로 5차례 수정되었다. 초기에는 국가감독권이 강조되었고, 현재는 네 차례 개정을 거쳐 교육의 자주성·전문성·정치적 중립성, 대학의 자율성이 강조되었다. 최근 「헌법」 개정 논의에서는 교육자치에 관한 내용이 강조되고 있다.

〈표 9-2〉 「헌법」의 교육조항의 변천

헌법	교육관련 조항	주요내용 및 특징
제정 헌법 1948.7.17	第16조 모든 국민은 균등하게 교육을 받을 권리가 있다. 적어도 초등교육은 의무적이며 무상으로 한다. 모든 교육기관은 국가의 감독을 받으며 교육제도는 법률로써 정한다.	• 국가의 감독권 강조 • 국회 '적어도' 표현 추가 • 배경: 일본 헌법 유사
제5차개정 헌법 1962.12.26 (제3공화국)	제27조 ① 모든 국민은 능력에 따라 균등하게 교육을 받을 권리를 가진다. ② 모든 국민은 그 보호하는 어린이에게 초등교육을 받게 할 의무를 가진다. ③의무교육은 무상으로 한다. ④ 교육의 자주성과 정치적 중립성은 보장되어야 한다. ⑤ 교육제도와 그 운영에 관한 기본적인 사항은 법률로 정한다.	• 교육의 자주성 추가 • 정치적 중립성 추가 • 배경: 4·19와 5·16

헌법	교육관련 조항	주요내용 및 특징
제7차개정 헌법 1972.12.27 (제4공화국)	제27조 ① 모든 국민은 능력에 따라 균등하게 교육을 받을 권리를 가진다. ② 모든 국민은 그 보호하는 자녀에게 적어도 초등교육과 법률이 정하는 교육을 받게 할 의무를 진다. ③ 의무교육은 무상으로 한다. ④ 교육의 자주성과 정치적 중립성은 보장되어야 한다. ⑤ 교육제도와 그 운영에 관한 기본적인 사항은 법률로 정한다.	• 의무교육 범위 확대 • 어린이→자녀로 개정 • 배경: 계엄과 유신헌법
제8차개정 헌법 1980.10.27 (제5공화국)	제29조 ① 모든 국민은 능력에 따라 균등하게 교육을 받을 권리를 가진다. ② 모든 국민은 그 보호하는 자녀에게 적어도 초등교육과 법률이 정하는 교육을 받게 할 의무를 진다. ③ 의무교육은 무상으로 한다. ④ 교육의 자주성, 전문성 및 정치적 중립성은 법률이 정하는 바에 의하여 보장된다. ⑤ 국가는 평생교육을 진흥하여야 한다. ⑥ 학교교육 및 평생교육을 포함한 교육제도와 그 운영, 교육재정 및 교원의 지위에 관한 기본적인 사항은 법률로 정한다.	• 교육의 전문성 추가 • 법률유보 보장방식 • 평생교육진흥 의무화 • 교육재정 법정주의 • 교원지위 법정주의 • 배경: 신군부 헌법
제9차개정 헌법 1987.10.29 (제6공화국)	제31조 ① 모든 국민은 능력에 따라 균등하게 교육을 받을 권리를 가진다. ② 모든 국민은 그 보호하는 자녀에게 적어도 초등교육과 법률이 정하는 교육을 받게 할 의무를 진다. ③ 의무교육은 무상으로 한다. ④ 교육의 자주성·전문성·정치적 중립성 및 대학의 자율성은 법률이 정하는 바에 의하여 보장된다. ⑤ 국가는 평생교육을 진흥하여야 한다. ⑥ 학교교육 및 평생교육을 포함한 교육제도와 그 운영, 교육재정 및 교원의 지위에 관한 기본적인 사항은 법률로 정한다.	• 대학자율성 보장추가 • 배경: 6·15사회민주화

교육을 받을 권리: 「헌법」 제31조 제1항

「헌법」 제31조 제1항(모든 국민은 능력에 따라 균등하게 교육을 받을 권리를 가진다)은 학습권 중심의 교육기본권 보장을 천명하고 있다. 이 규정은 교육의 자유와 교육청구권의 근거가 되며, 교육에서의 평등원칙을 포함한다. 여기서 '능력'은 일신 전속적인 수학능력을 비롯한 정신적·육체적 능력을 말하며 사회적 신분이나 경제적 능력은 배제된다. '균등하게'는 지역적·학교 종별로 적정하게 교육기회를 분포토록 하는 것이며, 능력의 차이에 따른 영재교육·학습부진아교육, 적극적 평등 정책(도서벽지·다문화가정·도시빈민을 위한 교육격차 해소 정책 등)의 근거가 되기도 한다.

교육을 받게 할 의무와 무상교육: 「헌법」 제31조 제2항 및 제3항

제2항(모든 국민은 그 보호하는 자녀에게 적어도 초등교육과 법률이 정하는 교육을 받게 할 의무를 진다)과 제3항(의무교육은 무상으로 한다)은 의무교육을 받게 할 책임이 일차적으로 보호자에게 있음을 선언한 것이다. 현재 의무교육과 동시에 실시되는 무상교육은 초등학

교 6년, 중학교 3년 과정이다. 영 · 유아교육은 의무교육은 아니지만, 유치원은 초등학교 취학직전 3년의 유아에 대하여 유아학비를 무상지원(국공립 입학금 수업료 면제, 사립유치원 지원)하고, 어린이집은 무상 보육비(3~5세)가 지급된다.

교육의 자주성 · 전문성 · 정치적 중립성 보장 등: 「헌법」 제31조 제4항

제4항(교육의 자주성 · 전문성 · 정치적 중립성 및 대학의 자율성은 법률이 정하는 바에 의하여 보장된다)은 교육법이 포함하여야 할 핵심 가치이다. 「헌법」에 반영된 대표적인 교육조리라 할 수 있고, 교육활동의 수행 및 교육제도 운영에 있어서 지켜져야 할 기본 원칙이다. 다만 그것이 법률유보 방식을 취하여 제도보장(지방교육자치제도등)의 근거가 되기도 하지만, 경우에 따라서는 기본권 제한(교원의 정치활동의 금지 등)의 근거가 되기도 한다.

국가의 평생교육 진흥 의무: 「헌법」 제31조 제5항

제5항(국가는 평생교육을 진흥하여야 한다)은 학교교육뿐만 아니라 가정교육, 사회교육, 성인교육, 직업교육 등 교육활동이 이루어지는 전 영역과 개인의 전 생애에 걸쳐 교육기회를 보장받도록 할 책임이 국가에 있음을 선언하고 있다. 최근에는 지방자치단체의 역할분담도 강조되고 있다.

교육제도 등의 법정주의 등: 「헌법」 제31조 제6항

제6항(학교교육 및 평생교육을 포함한 교육제도와 그 운영, 교육재정 및 교원의 지위에 관한 기본적인 사항은 법률로 정한다)은 교육제도에 관한 기본적인 사항은 입법기관에서 정함을 원칙으로 한다는 뜻이다. 이를 '교육제도 법정주의(法定主義)'라 한다. 특히, 「헌법」 상 교원 지위에 대한 법정주의의 선언은 대한민국 「헌법」의 특징으로, 교육전문가로서의 지위를 보장함으로써 교육의 자주성 · 전문성 · 중립성을 담보하려는 취지이다.

라. 교육기본법과 교육당사자

「교육기본법」의 의의 및 법적 위치

「교육기본법」(1997.12.13 제정, 1998.3.1 시행)은 교육에 관한 국민의 권리 · 의무와 국가 및 지방자치단체의 책임을 정하고 교육제도와 운영에 관한 기본적인 사항을 정한 법이다(제1조 목적조항). 「교육기본법」의 성격은 교육에 관한 「헌법」 제31조의 정신을 보다 구체화시킨 「헌법」의 부속법이자 다른 교육법령 제정 및 해석의 구체적 기준을 제공하는

'교육헌법'으로 일컬어지기도 한다. 주요내용은 총칙과 교육당사자, 그리고 교육의 진흥 등 3개장 29개조로 구성되어 있다.

「교육기본법」의 주요내용

○ 총칙(제1조~제6조)

교육이념은 홍익인간(弘益人間)으로 규정하며, 교육목적은 인간다운 삶, 국가발전, 인류 공영에의 이바지에 두고 있다. 모든 국민은 평생에 걸쳐 학습하고 능력과 적성에 따라 교육받을 권리를 가진다고 하여 교육기본권의 내용을 학습권으로 구체화하였다. 국가와 지방자치단체에 대하여는 교육의 자주성 및 전문성을 보장하고, 지역의 실정에 맞는 교육의 실시를 위한 시책을 수립 · 실시하여야 한다고 하여 지방교육자치제도의 법률적 근거를 명시하고 있다. 그리고 학교운영의 자율성은 존중되며, 교직원 · 학생 · 학부모 및 지역주민 등은 법령이 정하는 바에 의하여 학교운영에 참여할 수 있다고 하여 학교운영위원회 제도의 법률적 근거를 제시했고, 무상교육에 대하여는 6년의 초등교육과 3년의 중등교육으로 그 범위를 구체적으로 정하고 있다.

○ 교육당사자(제12조~제17조)

교육당사자(敎育當事者)를 학습자, 보호자, 교원, 교원단체,[4] 학교 등의 설립 · 경영자, 그리고 국가 및 지방자치단체로 규정하고 있다. 학습자에 대하여는 학교 · 사회교육 과정에서 기본적 인권을 존중하고 보장하며, 학습자의 윤리의식을 확립할 것을 요구한다.

보호자에 대하여는 자녀의 교육에 관하여 학교에 의견을 제시할 수 있으며, 학교는 이를 존중하여야 할 의무를 부과한다. 교원에 대하여는 전문성 존중, 경제적 · 사회적 지위 우대, 신분 보장을 규정하는 한편, 교육자로서의 윤리의식 확립을 요구한다.

또한 교원들은 경제적 · 사회적 지위의 향상을 위해 교원단체를 조직하여 활동할 수 있고, 학교 등의 설립 · 경영자는 법령에 따라 교육 시설 · 설비 · 재정 및 교원 등을 운용 · 관리해야 한다. 국가와 지방자치단체에게는 학교 및 사회교육시설을 지도 · 감독할 의무를 부과하고 있다.

○ 교육의 진흥

「교육기본법」은 국가와 지방자치단체로 하여금 남녀평등교육 · 특수교육 · 영재교육 · 유아교육 · 직업교육 · 과학기술교육, 교육정보화, 학술문화의 진흥, 사학의 육성, 평가인증 · 장학제도, 보건복지의 증진, 그리고 국제교육 등에 관한 진흥의 의무를 완수토록 하고 있다.

4) 교육기본법 상 교원단체에는 교원노조 개념은 빠져 있다. 이후 1999년 1월 29일에 제정된 교원노조법상 교원노조와 교육기본법에 근거한 교원단체를 통칭하여 '교직단체'라는 정책용어가 교육계에서는 일반화되고 있다.

3. 교원의 법적 지위와 교권보호

가. 교원의 신분과 법적 지위

교원의 신분: 국가공무원 및 계약직 근로자

국·공립학교 교원의 신분은 국가공무원[5]인데, 그 중에서도 경력직이자 특정직 공무원[6]에 속한다. 사립학교 교원은 사립학교 임면권자에 의하여 임용된 계약직 근로자로서 지위를 갖는다. 그러나 이들 두 집단은 복무 및 권리·의무·책임관계에 있어서는 차이 없이 동일하게 권리와 의무, 책임을 지는 법적 지위를 갖는다.

「교육기본법」 및 「교원지위향상 특별법」의 교원의 권리·의무·책임

교원의 지위는 성직관·전문직관·노동직관·공직관에 따라 인격자·교육전문가·교육근로자·교육공직자로 유형화되고, 한국 교직의 역사를 통해 그 강조점이 다르기도 했다.[7] 「교육공무원법」은 공직자로서 지위를 대표하는 법률이라 할 수 있고, 교육근로자로서 지위를 인정한 「교원노조법」은 1999년에야 제정되었다.

「교육기본법」은 교육당사자인 교원의 전문성을 존중하고, 경제적·사회적 지위를 우대하며, 신분을 보장할 것을 규정한다. 대신 교원은 교육자로서 품성과 자질을 향상할

5) 예외로 1997년부터 공립서울시립대학 교수는 지방공무원이고, 2006년부터 지역특화발전특구·경제자유구역의 공립학교교원은 지방공무원으로 보임 가능하고, 2013년부터 시·도 교육전문직(장학사·연구사)은 지방직이 되었다. 교육전문직으로 근무한 후 학교 교원으로 복귀하면 다시 국가공무원이 된다.

6) 국가공무원은 경력직(일반직·특정직·기능직)과 특수경력직(정무직·별정직·계약직)으로 나뉘며 교육공무원이 속한 특정직 공무원에는 법관, 검사, 외무공무원, 경찰공무원, 소방공무원, 교육공무원, 군인, 군무원, 헌법재판소 헌법연구관, 국가정보원 직원, 특수 분야 담당공무원 등이 있다. 각 시·도 공립학교 일반직원들은 시·도지방공무원이면서 경력직공무원이자 일반직 및 기능직공무원에 속한다.

7) 교직관에 따른 교원지위의 특성(고전, 2000: 85)

교직관	교직의 본질	지위 유형	지위 명칭	지위 기능
성직관	인격성(윤리성)	인격자로서 지위	스승(선생)	본질적 지위
전문직관	전문성(자율성)	전문가로서 지위	교육자(교사)	
노동직관	근로성	근로자로서 지위	교육근로자(교육노동자)	수단적 지위
공직관	공공성	공직자로서 지위	교원(교육공무원)	

의무가 있다. 특정 정당 · 정파를 지지 · 반대하기 위해 학생을 지도 · 선동해서는 안 된다.[8)]

교원지위향상특별법은 교원에 대한 사회적 예우와 보수의 우대를 선언하고 있다.[9)] 이 법은 불체포특권, 학교 안전사고로부터의 보호(학교안전공제회 설립 · 운영), 교원의 신분보장,[10)] 의사에 반한 불리한 처분 심사를 위한 교원소청심사위원회의 설치 · 운영, 교원의 지위 향상을 위한 교원단체와 교육감 · 장관 간의 교섭 · 협의, 교원지위향상심의회의 설치 · 운영 등을 규정하고 있고, 최근 개정에서는 교원의 교육활동 보호를 위한 법률지원단, 특별휴가, 교원치유센터, 교권보호위원회의 등을 두도록 했는데 후술하기로 한다.

교원의 의무는 「국가공무원법」 상의 복무조항(제55~67조)을 따르고 사립학교도 동일하다. 교원은 권리남용 혹은 의무 위반 시 행정적으로 징계책임을 져야 하고 그것이 불법행위와 연관되었을 경우에는 「형법」이 정한 책임(벌금 및 징역형)을 질 수도 있다. 또한, 교사의 임장중 혹은 부재중에 발생한 학생 및 학생 간의 상해 · 사망사건의 경우 교사로서 충분한 주의의무를 다하고 고의 또는 과실이 없는 경우라면 면책되지만, 그렇지 않을 경우에는 보다 엄중한 책임을 지게 된다. 교사가 의무를 다한 학교안전사고의 경우 학생은 안전공제회의 공제를 받을 수 있으나 가해자가 있는 책임능력이 없는 초등학교 학생 상호 간의 사고에 대해서는 가해학생의 보호자에게 배상책임이 있다.[11)]

8) 「교육기본법」 제14조(교원) ① 학교교육에서 교원(敎員)의 전문성은 존중되며, 교원의 경제적 · 사회적 지위는 우대되고 그 신분은 보장된다. ② 교원은 교육자로서 갖추어야 할 품성과 자질을 향상시키기 위하여 노력하여야 한다. ③ 교원은 교육자로서의 윤리의식을 확립하고, 이를 바탕으로 학생에게 학습윤리를 지도하고 지식을 습득하게 하며, 학생 개개인의 적성을 계발할 수 있도록 노력하여야 한다. ④ 교원은 특정한 정당이나 정파를 지지하거나 반대하기 위하여 학생을 지도하거나 선동하여서는 아니 된다. ⑤ 교원은 법률로 정하는 바에 따라 다른 공직에 취임할 수 있다. ⑥ 교원의 임용 · 복무 · 보수 및 연금 등에 관하여 필요한 사항은 따로 법률로 정한다.

9) 제2조(교원에 대한 예우) ① 국가, 지방자치단체, 그 밖의 공공단체는 교원이 사회적으로 존경받고 높은 긍지와 사명감을 가지고 교육활동을 할 수 있는 여건을 조성하도록 노력하여야 한다. ② 국가, 지방자치단체, 그 밖의 공공단체는 교원이 학생에 대한 교육과 지도를 할 때 그 권위를 존중받을 수 있도록 특별히 배려하여야 한다. ③ 국가, 지방자치단체, 그 밖의 공공단체는 그가 주관하는 행사 등에서 교원을 우대하여야 한다. ④ 제1항부터 제3항까지에서 규정한 사항 외에 교원에 대한 예우에 필요한 사항은 대통령령으로 정한다.
제3조(교원 보수의 우대) ① 국가와 지방자치단체는 교원의 보수를 특별히 우대하여야 한다. ② 사립학교법 제2조에 따른 학교법인과 사립학교 경영자는 그가 설치 · 경영하는 학교 교원의 보수를 국공립학교 교원의 보수 수준으로 유지하여야 한다.

10) ① 교원은 형(刑)의 선고, 징계처분 또는 법률로 정하는 사유에 의하지 아니하고는 그 의사에 반하여 휴직·강임(降任) 또는 면직을 당하지 아니한다. ② 교원은 해당 학교의 운영과 관련하여 발생한 부패행위나 이에 준하는 행위 및 비리 사실 등을 관계 행정기관 또는 수사기관 등에 신고하거나 고발하는 행위로 인하여 정당한 사유 없이 징계조치 등 어떠한 신분상의 불이익이나 근무조건상의 차별을 받지 아니한다.

11) 불법행위가 성립하려면 교사의 고의 또는 과실이 있고 위법성이 있어야 한다. 교사의 불법행위로 인한 책임은 교사가 학생을 학교에서 보호 감독하여야 함에도 불구하고 수업 중 교실을 비우고 학생을 방치하여 학생 폭력사고가 발생하여 학생이 부상당한 경우, 체육수업 중 안전장치 없이 무리한 운동을 요구하다가 학생이 부상을 입은 경우, 청소시간에 고층건물에서 유리창을 닦게 하여 학생이 추락하여 사망하게 한 경우 등을 예로 들 수 있겠다(임종수, 2014: 108).

나. 교권보호 관련 법제

교권의 개념 및 교권침해의 양상

교권(敎權)은 일반적으로 교사의 법적 권리(權利)로 알려져 있지만 교사의 사회적 권위(權威)도 내포하는 복합적 개념이다. 즉, 교육전문가로서 교육의 자유를 누릴 권리, 교원으로서 신분과 지위를 보장받을 권리, 국민으로서 기본권을 보장받을 권리 측면과 함께 역사적 · 사회적 맥락에서 스승에 대하여 학생 · 부모 · 사회가 인정하는 윤리적이며 전문적인 '권위'의 측면도 포함한다. 「교육공무원법」은 법률상 유일하게 교권의 존중 원칙[12]을 규정하고 있다. 교권관련 시 · 도 조례는 보다 구체적으로 교권에 대해 규정한다.[13] 조례들은 교권 보호의 기본원칙으로서, 교원의 기본권보장 및 제한의 한계(본질적 내용 침해금지)와 교권침해에 대한 교육청의 대응 의무 등을 언급하며, 행정업무의 경감, 차별금지, 국 · 공 · 사립학교 교원 간 동등한 교권보호조치 등을 포함한다. 교육과정, 교재선택, 교수학습 및 학생평가의 자율권 보장과 부당한 간섭의 배제 등을 예시하기도 한다.

교권침해에 대한 보호 제도

교권침해는 교육권 영역의 침해, 신분 · 지위 관련 침해, 그리고 국민으로서 기본권 영역의 침해로 나뉜다. 대표적으로 학생 · 학부모에 의한 지도불응 · 수업중단은 교사 교육권에 대한 침해이다. 임용권자의 인사조치나 법원에의 피소과정에서의 교권침해는 내부적 교권 침해의 전형으로서 교사 신분 및 지위 영역의 침해이다. 폭언 · 폭행 · 명예훼손 등은 교육권 침해 시 병행되어 나타나기도 하는 시민으로서 보장받아야 할 기본권의 침해이다.

개정 「교원지위향상 특별법」(2016.8.4 시행)은 국가 · 지자체에게 교원교육활동 보호시책의 수립 · 시행의무를, 학교장에게는 교육활동 침해행위(폭행, 모욕 등) 인지 시 보호조치 및 관할청 보고의무(축소, 은폐 금지)와 해당 학생특별교육 · 심리치료 위탁을, 관할청에게는 교원치유지원센터의 지정 및 재정지원, 그리고 해당 보호자에 대한 특별교육 · 심리치료 부과권을 부여했다.

---

12) 「교육공무원법」 제43조(교권의 존중과 신분보장) ① 교권은 존중되어야 하며, 교원은 그 전문적 지위나 신분에 영향을 미치는 부당한 간섭을 받지 아니한다. ② 교육공무원은 형의 선고 · 징계처분 또는 이 법에서 정하는 사유에 의하지 아니하고는 그 의사에 반하여 휴직 · 강임 또는 면직을 당하지 아니한다. ③ 교육공무원은 권고에 의하여 사직을 당하지 아니한다.

13) 인천광역시 교권확립헌장 운영 조례(2011.10.17)는 교권을 "교사의 수업권, 교육과정 결정권, 교재 선택 활용권, 강의내용 편성권, 교육방법 결정권, 성적 평가권, 학생생활지도권, 학생징계요구권 등"으로, 광주광역시 교권과 교육활동 보호등에 관한 조례'(2012.1.9)는 "헌법과 법률에서 보장하거나 대한민국이 가입 · 비준한 국제인권조약 및 국제관습법에서 인정하는 기본적 인권 및 교육권 등 교원의 직무수행에 수반되는 모든 권한"으로 규정하면서 교권침해를 "교육행정기관, 학교행정가, 동료교사, 학부모, 학생, 지역주민, 언론 등에 의해 교권이 부당하게 간섭받거나 침해받는 현상"으로 규정했다. 2020년 현재 경기도 · 광주광역시 · 울산 · 충남은 교원의 교권과 교육활동보호에 관한 조례를, 인천광역시는 교권확립헌장 운영 조례를 제정하고 있다.

다. 교원의 복무와 징계

국가공무원 복무규정 및 징계 양정 기준

교원의 복무는 「국가공무원법」 상의 복무조항(제55~67조)을 적용(사립은 준용)받으며, 이는 곧 주된 의무이기도 하다. 「교원노조법」은 집단행위의 금지규정의 예외로서 근로2권(단결권 · 단체교섭권)을 보장받는다. 교원에게 특별히 부과되는 의무로는 윤리의식 확립할 의무 및 특정 정당을 지지하기 위한 학생지도의 금지(「교육기본법」 제14조 제2~4항) 등이다.

〈표 9-3〉 교원에게 적용되는 「국가공무원법」 상의 복무에 관한 조항

복무조항	주요내용
제55조(선서)	공무원은 취임할 때에 소속 기관장 앞에서 대통령령 등으로 정하는 바에 따라 선서(宣誓)하여야 한다. 다만, 불가피한 사유가 있으면 취임 후에 선서하게 할 수 있다. (개정 2015. 5.18.)
제56조(성실의무)	모든 공무원은 법령을 준수하며 성실히 직무를 수행하여야 한다.
제57조(복종의무)	공무원은 직무를 수행할 때 소속 상관의 직무상 명령에 복종하여야 한다.
제58조 (직장이탈 금지)	① 공무원은 소속 상관의 허가 또는 정당한 사유가 없으면 직장을 이탈하지 못한다. ② 수사기관이 공무원을 구속하려면 그 소속기관의 장에게 미리 통보하여야 한다. 다만, 현행범은 그러하지 아니하다.
제59조 (친절 · 공정의무)	공무원은 국민 전체의 봉사자로서 친절하고 공정하게 직무를 수행하여야 한다.
제59조의2 (종교중립의무)	① 공무원은 종교에 따른 차별 없이 직무를 수행하여야 한다. ② 공무원은 소속 상관이 제1항에 위배되는 직무상 명령을 한 경우에는 이에 따르지 아니할 수 있다.(2009.2.6.신설)
제60조 (비밀엄수의무)	공무원은 재직 중은 물론 퇴직 후에도 직무상 알게 된 비밀을 엄수(嚴守)하여야 한다.
제61조 (청렴의무)	① 공무원은 직무와 관련하여 직접적이든 간접적이든 사례 · 증여 또는 향응을 주거나 받을 수 없다. ② 공무원은 직무상의 관계가 있든 없든 그 소속 상관에게 증여하거나 소속 공무원으로부터 증여를 받아서는 아니 된다.
제62조 (외국정부 영예)	공무원이 외국 정부로부터 영예나 증여를 받을 경우에는 대통령의 허가를 받아야 한다.
제63조 (품위유지의무)	공무원은 직무의 내외를 불문하고 그 품위가 손상되는 행위를 하여서는 아니 된다.
제64조(영리업무 및 겸직 금지)	① 공무원은 공무 외에 영리를 목적으로 하는 업무에 종사하지 못하며 소속 기관장의 허가 없이 다른 직무를 겸할 수 없다. ② 영리 목적으로 하는 업무의 한계는 대통령령 등으로 정한다.

복무조항	주요내용
제65조 (정치운동 금지)	① 공무원은 정당이나 그 밖의 정치단체의 결성에 관여하거나 이에 가입할 수 없다. ② 공무원은 선거에서 특정 정당 또는 특정인을 지지 또는 반대하기 위한 다음의 행위를 하여서는 아니 된다. 1.투표를 하거나 하지 아니하도록 권유 운동을 하는 것 2.서명 운동을 기도(企圖)·주재(主宰)하거나 권유하는 것 3.문서나 도서를 공공시설 등에 게시하거나 게시하게 하는 것 4.기부금을 모집 또는 모집하게 하거나, 공공자금을 이용 또는 이용하게 하는 것 5.타인에게 정당이나 그 밖의 정치단체에 가입하게 하거나 가입하지 아니하도록 권유 운동을 하는 것 ③ 공무원은 다른 공무원에게 제1항과 제2항에 위배되는 행위를 하도록 요구하거나, 정치적 행위에 대한 보상 또는 보복으로서 이익 또는 불이익을 약속하여서는 아니 된다. ④ 제3항외에 정치적 행위의 금지에 관한 한계는 대통령령 등으로 정한다.(개정 2015.5.18.)
제66조 (집단행위 금지)	① 공무원은 노동운동이나 그 밖에 공무 외의 일을 위한 집단 행위를 하여서는 아니 된다. 다만, 사실상 노무에 종사하는 공무원은 예외로 한다. ②③④(생략)
제67조 (위임규정)	공무원의 복무에 관하여 필요한 사항은 이 법에 규정한 것 외에는 대통령령 등으로 정한다.

주: 「사립학교법」 제55조(복무) ① 사립학교의 교원의 복무에 관하여는 국·공립학교의 교원에 관한 규정을 준용한다. 「교원노조법」 제1조(목적) 이 법은 「국가공무원법」 제66조 제1항 및 「사립학교법」 제55조에도 불구하고 「노동조합 및 노동관계조정법」 제5조 단서에 따라 교원의 노동조합 설립에 관한 사항을 정하고 교원에 적용할 노동조합 및 노동관계조정법에 대한 특례를 규정함을 목적으로 한다.

징계는 중징계(파면, 해임, 강등, 정직)와 경징계(감봉, 견책)로 나뉘며 〈표 9-4〉와 같다.

〈표 9-4〉 교육공무원원 징계의 종류와 효력(교육공무원징계령, 공무원연금법시행령. 2020.7 개정)

종류		신분상 효력	보수·퇴직급여상 효력
중징계	파면	• 공무원 관계로부터 배제 • 5년간 공무원으로 임용불가	• 퇴직급여: 1/4(재직기간 5년 미만자) 1/2(재직기간 5년 이상자) • 퇴직수당: 1/2
	해임	• 공무원 관계로부터 배제 • 3년간 공무원으로 임용불가	금품·향응수수,공금횡령·유용 징계로 해임 • 퇴직급여: 1/8(재직기간 5년 미만자) 1/4(재직기간 5년 이상자) • 퇴직수당: 1/4
	정직(1-3월)	• 신분 보유하나 직무종사 불가 • 18월+정직처분기간 승진제한 • 처분기간 경력평정에서 제외	• 18월+정직처분기간 승급제한 • 보수 전액 삭감
경징계	감봉(1-3월)	• 12월+감봉처분기간 승진제한	• 12월+감봉처분기간 승급제한
	견책	• 6월간 승진 제한	• 6월간 승급 제한

※ 강등은 교장, 교감, 장학사, 장학관, 연구사, 연구관에 적용되는 중징계이나 자격제인 교사는 해당되지 않는다.

강화된 징계양정 기준에 따르면, 미성년자에 대한 성폭력 범죄, 금품수수, 학생 성적 관련 비위 및 학생 폭력 행위로 파면·해임되면 교원으로 다시 신규·특별채용될 수 없다.

〈표 9-5〉 교육공무원 징계양정 등에 관한 규칙상의 징계기준(별표, 2020.7.28.개정)

비위의 유형 \ 비위의 정도 및 과실		중비위 & 고의 경우	중비위 중과실 or 경비위 고의	중비위 경과실 or 경비위 중과실	경비위 & 경과실
품위 유지 의무 위반	• 성희롱	파면	파면 – 해임	강등 – 정직	감봉 – 견책
	• 성매매, 미성년자 · 장애인 성희롱	파면	파면 – 해임	해임 – 강등	강등 – 정직
	• 성폭력, 미성년자 · 장애인 성매매	파면	파면	파면 – 해임	해임
	• 미성년자 · 장애인 성폭력	파면	파면	파면	파면 – 해임
	• 공연음란 행위	파면	파면 – 해임	강등 – 정직	감봉 – 견책
	• 미성년자 · 장애인 공연음란행위	파면	파면 – 해임	해임 – 강등	강등 – 정직
	• 카메라 불법 촬영 및 유포	파면	해임	해임 – 강등 – 정직	감봉 – 견책
	• 학생 신체 · 정신 · 정서적 폭력행위	파면-해임	해임 – 강등	강등 – 정직	감봉 – 견책
정치운동금지 위반		파면	해임	강등 – 정직	감봉 – 견책
집단행위금지 위반		파면	해임	강등 – 정직	감봉 – 견책

※ 성희롱은 지위를 이용하거나 업무 관련하여 성적 언동 · 요구로 성적 굴욕감 · 혐오감을 느끼게 하거나 성적언동 · 요구에 불응을 이유로 불이익을 주거나 응할 경우 이익공여 의사표시 행위(「양성평등기본법」 제3조)
청렴의무위반은 공무원징계령시행규칙 제1의2 준용(이익 정도 비위유형에 따라 감봉, 정직~해임, 파면)

라. 학습권 보호 차원에서의 교사의 기본권 제한

교원노조 및 조합원의 쟁의행위 금지

교원노조의 쟁의행위[14]는 금지된다. 파업과 태업으로 인한 학습자의 학습권 침해를 막기 위해서이다. 교원노조 조합원이 허가된 조합원 집회에 참석하는 것은 합법이나, 학생의 학습권이 침해되지 않도록 사전조치를 취해야 하고 평화적이고 합법적인 집회라야 한다.

〈표 9-6〉 공무원의 집단행위 및 교원노조의 쟁의행위 금지에 관한 규정

적용대상	주요내용
공무원노동운동 · 집단행위 금지(국 · 공 · 사립교원적용)	「국가공무원법」 제66조(집단행위의 금지) ① 공무원은 노동운동이나 그 밖에 공무 외의 일을 위한 집단행위를 하여서는 아니 된다.
교원노조와 조합원의 쟁의행위 금지	「교원노조법」 제8조(쟁의행위의 금지) 노동조합과 그 조합원은 파업, 태업 또는 그 밖에 업무의 정상적인 운영을 방해하는 어떠한 쟁의행위도 하여서는 아니 된다.

주: 노동운동이란 노동자로서 단결권, 단체교섭권, 단체행동권(쟁의권), 즉 근로3권을 의미함(판례 및 통설)
교원노조는 「국가공무원법」 제66조의 예외로서 공무원노동조합의 일종이지만, 단결권과 단체교섭만 인정되고 있음

14) 쟁의행위란 단체교섭 중인 사안에 대하여 이를 관철시킬 목적으로 조합원 및 조합이 파업, 태업 또는 그 밖에 업무의 정상적인 운영을 방해하는 실력행사(정시퇴근 등 준법투쟁 포함)를 말한다.

교원 및 교직단체의 정치활동의 금지

교육의 정치적 중립성 유지를 통해서 학습자의 학습권을 보호할 목적으로 교원 및 교직단체의 정치활동은 금지되고 있다. 공무원에게 금지되고 있는 정치운동(정당가입 및 선거운동 등)은 국 · 공 · 사립학교 모든 교원에게 금지되고 있다.

〈표 9-7〉 공무원의 정치운동 금지 및 교원노조의 정치활동 금지 규정

적용 대상	주요내용
공무원 정치운동금지 (국 · 공 · 사립 교원적용)	「국가공무원법」 제65조(정치 운동의 금지) ① 공무원은 정당이나 그 밖의 정치단체의 결성에 관여하거나 이에 가입할 수 없다. ② 공무원은 선거에서 특정 정당 또는 특정인을 지지 또는 반대하기 위한 행위(투표저지권유운동, 서명운동, 문서 · 도서의 공공시설게시, 정당가입 · 미가입 권유)를 하여서는 아니 된다. ③ 다른 공무원에게 위의 위배행위 요구하거나, 보상 불이익 약속금지
교원노조의 정치활동금지	「교원노조법」 제3조(정치활동의 금지) 교원의 노동조합은 어떠한 정치활동도 해서는 아니 된다.

주: 국가공무원법상의 정치운동과 교원노조법상의 정치활동은 정당 및 선거운동으로서 동일한 의미로 사용된다.

4. 학생의 법적 지위와 인권보호

가. 학생의 권리와 의무

「교육기본법」은 국민의 평생학습권을 규정함과 아울러 학습자가 학교교육과정에서 기본적 인권을 보장받고 인격과 개성을 존중받을 권리를 규정하고 있다. 고교 학생에게는 학과선택권을 보장하고 있다. 이외에도 학생의 자치활동은 권장 · 보호되며, 학교운영위원회의견 제출권, 안전보장권 등이 있다. 최근에는 학생인권조례[15]도 제정되고 있다.

한편, 학생의 의무로는 학습자로서 윤리의식 확립 의무와 학교규칙 준수의 의무가 있고, 학생은 교원의 교육연구활동을 방해하거나 학내질서를 문란하게 해서는 안 된다.[16]

15) 경기도는 학생인권의 내용으로 "차별받지 않을 권리, 폭력 및 위험으로부터 자유, 교육에 관한 권리, 양심 · 종교의 자유 및 표현의 자유, 자치 및 참여의 권리, 복지에 관한 권리, 징계 등 절차에서의 권리, 권리침해로부터 보호받을 권리, 소수 학생의 권리 보장" 등을 규정하고 있다. 교육과정에서의 권리와 생활지도와 관련한 표현의 자유, 신체의 자유, 사생활의 보장, 휴식권 등이 포함된다.

16) 「교육기본법」 제12조(학습자) ③ 학생은 학습자로서의 윤리의식을 확립하고, 학교의 규칙을 준수하여야 하며, 교원의 교육 · 연구활동을 방해하거나 학내의 질서를 문란하게 하여서는 아니 된다.

〈표 9-8〉「교육기본법」 및 초 · 중등교육법령상 학생의 권리 규정

권리내용	관련 법률
학습권	「교육기본법」 제3조(학습권) 모든 국민은 평생에 걸쳐 학습하고, 능력과 적성에 따라 교육받을 권리를 가진다.
학습자 인권	「교육기본법」 제12조(학습자) ① 학생을 포함한 학습자의 기본적 인권은 학교교육 또는 사회교육의 과정에서 존중되고 보호된다. ② 교육내용 · 교육방법 · 교재 및 교육시설은 학습자의 인격을 존중하고 개성을 중시하여 학습자의 능력이 최대한으로 발휘될 수 있도록 마련되어야 한다.
고교 학과선택	「초 · 중등교육법」 제48조 ② 고등학교의 교과 및 교육과정은 학생이 개인적 필요 · 적성 및 능력에 따라 진로를 선택할 수 있도록 정하여져야 한다.
자치활동 보장	「초 · 중등교육법」 제17조(학생자치활동) 학생의 자치활동은 권장 · 보호되며, 그 조직과 운영에 관한 기본적인 사항은 학칙으로 정한다.
학교운영 참여	「교육기본법」 제5조 ② 학교운영의 자율성은 존중되며, 교직원 · 학생 · 학부모 및 지역주민 등은 법령으로 정하는 바에 따라 학교운영에 참여할 수 있다. ※학생밀접관련사항 학생대표 참여(시행령)
인권보장	「초 · 중등교육법」 제18조의4(학생의 인권보장) 학교의 설립자 · 경영자와 학교의 장은 「헌법」과 국제인권조약에 명시된 학생의 인권을 보장하여야 한다.
안전보장	「교육기본법」 제17조의5(안전사고 예방) 국가와 지방자치단체는 학생 및 교직원의 안전을 보장하고 사고를 예방할 수 있도록 필요한 시책을 수립 · 실시하여야 한다. 「초 · 중등교육법」 제30조의8(학생의 안전대책 등) ① 국립학교의 경우에는 학교의 장이, 공립 및 사립학교의 경우에는 교육감이 시 · 도의 교육규칙으로 정하는 바에 따라 학교시설(학교담장을 포함한다)을 설치 · 변경하는 경우에는 외부인의 무단출입이나 학교폭력 및 범죄의 예방을 위하여 학생 안전대책을 수립하여 시행하여야 한다. ※안전대책 수립 시 학생의견 수렴(시행령)

주: 「초 · 중등교육법 시행령」 제59조의4 ② 국 · 공립학교에 두는 운영위원회는 학생의 학교생활에 밀접하게 관련된 사항을 심의하기 위하여 필요하다고 인정하는 때에는 학생 대표 등을 회의에 참석하게 하여 의견을 들을 수 있다.

학습자로서 윤리의식을 확립할 의무는 학교에서 시험, 출석, 과제 작성, 모둠활동 등에서 지켜야 할 학습윤리로서, 시험부정이나 인터넷자료 도용은 위반 행위이다.

학교규칙(학칙)은 교장이 구성원 간 심의(사립학교는 자문)를 거쳐 정한 가장 기초적 교육법 규범으로 학생을 포함한 모든 구성원이 준수해야 하며 위반 시 징계[17]가 따른다.

교원의 교육 · 연구활동의 방해 금지는 주로 대학생의 학내 시위와 행사로 인한 방해를 염두에 둔듯하지만, 초 · 중 · 고교에 있어서도 교육활동 중 발생하는 학생에 의한 교권침해(지도불응 및 수업방해 행위)도 포함된다.[18] 질서 문란으로 교내시위와 수업거부, 등

17) 「초 · 중등교육법」 제18조(학생의 징계) ① 학교의 장은 교육상 필요한 경우에는 법령과 학칙으로 정하는 바에 따라 학생을 징계하거나 그 밖의 방법으로 지도할 수 있다(의무교육기관의 학생 퇴학불가)

18) 광주광역시 학생인권보장증진조례 제9조 ② 자신의 권리를 주장하기 위해 타인의 인권을 침해하거나 교직원의 정당한 교육 · 연구활동을 방해해서는 아니 된다.

교거부 등이 있다. 학생인권조례 중 학내 집회의 자유를 제한적으로 허용하기도 한다.[19]

학생들은 보호자의 자녀 취학의무 이행에 따라 통학과 교육과정에 참여하게 된다. 의무교육은 학습권보장의 방법이기도 하지만 그 학습과정이 의무라는 뜻이기도 하다. 물론, 일선 교육과정에서 학습자의 개성과 능력, 그리고 인권이 최대한 보장되어야 한다.

장관의 국가수준 학업성취도 평가권[20]에 따라 학생은 평가를 받을 의무를 진다. 교사에게 부여된 학생지도의 권리는 학습권 보장과 동시에 학습자의 의무를 수반한다.

나. 학생 인권보호 관련 법제

「초·중등교육법」 상 학생인권은 '헌법과 국제인권조약에 명시된 학생의 인권'으로 언급되어 있다. 학생인권조례 역시 '헌법과 유엔의 아동권리에 관한 협약, 그리고 국제관습법상 학생의 권리'로 언급되어 있다. 학생인권조례상 보호의 원칙으로는 최소한 권리의 최대한 보장, 열거되지 않은 이유로 인한 경시 금지, 본질적 침해 금지 등이다.

학생인권조례는 「교육기본법」과 「초·중등교육법」이 학생 인권 보장 정신을 구체화한 자치입법이다. 2020년 현재 5곳(경기, 전북, 서울, 광주, 충남)에서 제정되어 있다.

가장 먼저 제정된 경기도 학생인권조례(2010.10.5 공포)의 경우 비차별권, 구체적인 학생인권으로 차별을 받지 않을 권리, 폭력·위험으로부터 자유, 교육권, 사생활비밀과 자유 및 정보에 관한 권리, 양심·종교자유, 표현의 자유, 학생 자치기구에의 참여권, 복지에 관한 권리, 징계 등에 있어서 절차를 보장받을 권리, 권리침해에 대해 구제 및 보호를 받을 권리, 장애나 빈곤 및 다문화 가정 등 소수 학생의 보호받을 권리 등을 규정했다. 휴식을 취할 권리를 강조한 점이 특징적이고, 체벌금지 조항과 성적지향에 따른 차별금지, 교육감의 직영급식 및 무상급식 노력의무 등은 논란이 되었다. 경기도 학생인권조례는 학생인권의 날 제정, 학생인권교육(학기당 2시간 이상)과 교원·학부모대상 인권연수과정(연 2회 이상)을 마련할 것과 인권실천계획 등을 수립할 것을 규정하고 있다.

다. 학생의 징계와 체벌 금지

징계권자는 교장이며, 학교 내의 봉사, 사회봉사, 특별교육이수, 1회 10일 이내, 연간

19) 서울특별시 학생인권조례 제17조(의사 표현의 자유) ③ 학생은 집회의 자유를 가진다. 다만, 학교 내의 집회에 대해서는 학습권과 안전을 위해 필요한 최소한의 범위 내에서 학교규정으로 시간, 장소, 방법을 제한할 수 있다.

20) 「초·중등교육법」 제9조(학생·기관·학교평가) ① 교육부장관은 학교에 재학 중인 학생을 대상으로 학업성취도를 측정하기 위한 평가를 할 수 있다.

30일 이내의 출석정지, 그리고 퇴학처분 등 다섯 가지이다. 다만, 의무교육기관(초 · 중학교)의 퇴학은 금지되어 있다. 「초 · 중등교육법」(제18조의2)은 징계 재심청구를 보장하고 있다.

〈표 9-9〉 학생에 대한 징계의 유형 및 지도방법상 가이드라인

학생징계의 유형 징계의 방법 등 「초·중등교육법 시행령」 제31조	시행령 제31조 ① 교장은 교육상 필요하다고 인정할 때에는 학생에 대하여 1. 학교내의 봉사 2.사회봉사 3.특별교육이수 4.1회 10일 이내, 연간 30일 이내의 출석정지 5.퇴학처분의 징계를 할 수 있다. ② 교장은 징계 시 학생인격이 존중되는 교육적인 방법으로 하여야 하며, 그 사유의 경중에 따라 징계의 종류를 단계별로 적용하여 학생에게 개전의 기회를 주어야 한다. ③ 교장은 징계 시 학생의 보호자와 학생의 지도에 관하여 상담을 할 수 있다. ④ 교육감은 특별교육이수 및 출석정지의 징계를 받은 학생을 교육하는 데 필요한 교육방법을 마련 · 운영하고, 이에 따른 교원 및 시설 · 설비의 확보 등 필요한 조치를 하여야 한다.
지도방법 가이드라인 신체고통방법의 금지 (개정 2011.3.18.)	시행령 제31조 ⑧ 학교의 장은 (「초 · 중등교육법」 제18조 제1항 본문에 따라) 지도를 할 때에는 학칙으로 정하는 바에 따라 훈육 · 훈계 등의 방법으로 하되, 도구, 신체 등을 이용하여 학생의 신체에 고통을 가하는 방법을 사용해서는 아니 된다.

체벌은 교육법상 징계의 유형에도 속하지 않으며 법령서 직접 언급하고 있지 않은 용어이다. 다만, 앞의 「초 · 중등교육법 시행령」 제31조 제8항은 "도구, 신체 등을 이용하여 학생의 신체에 고통을 가하는 방법"은 금지하고 있다.[21] 원천적으로 신체에 고통을 가하는 지도방법을 금지하는 규정으로 개정한 것이다. 따라서 신체에 고통을 가하는 기압 등의 간접체벌은 금지되어 있다. 학교규칙 기재사항(시행령 제9조)으로 '징계 외의 지도방법 등 학생의 학교생활에 관한 사항'이 포함되게 된다. 초등학교의 경우 교육적 효과를 높이기 위한 훈육 · 훈계 방법으로 구두주의, 교실 뒤에 서서 수업받기, 상담지도, 반성문쓰기, 사과의 편지 쓰기, 좋은 글귀 쓰고 외우기 등등이 규정되기도 한다(제주대부설초등학교).

한편, 학생인권조례는 모두 체벌을 금지하고 있다.[22] 또한 교육감과 학교장으로 하여금 체벌 방지를 위해 노력할 의무를 지우고 있다.[23] 결국, 교사는 학생지도 시 교사가 도

21) 구 「초·중등교육법 시행령」(제31조 제7항)이 "학교장은 학생지도를 하는 때에는 교육상 불가피한 경우를 제외하고는 학생에게 신체적 고통을 가하지 아니하는 훈육, 훈계 등의 방법으로 행하여야 한다"고 하여 불가피한 경우에 고통을 가하는 방식(이른바 체벌)도 가능했던 것을 개정된 규정에서는 원천적으로 금지시킨 것이다.

22) 경기도인권조례(6조②학교에서 체벌은 금지된다), 전북(9조②학교교육과정에서 체벌은 금지된다), 광주(11조②학교에서 비인도적이거나 굴욕적인 처우 등을 포함한 체벌은 금지된다 ③학교에서는 교육적 목적의 활동을 제외한 강제노동은 금지된다), 서울(6조①학생은 체벌, 따돌림, 집단괴롭힘, 성폭력 등 모든 물리적 및 언어적 폭력으로부터 자유로울 권리를 가진다) 등의 사례가 있다.

23) 경기도인권조례(6조③ 학교와 교육감은 따돌림, 집단 괴롭힘, 성폭력 등 학교폭력 및 체벌을 방지하기 위하여 최선의 노력을 다하여야 한다. 서울(6조③ 교육감, 학교의 장 및 교직원은 체벌, 따돌림, 집단괴롭힘, 성폭력 등 모든 물리적 및 언어적 폭력을 방지하여야 한다)의 사례가 있다.

구나 신체를 사용하여 학생의 신체에 고통을 가하는 행위는 하지 못하며, 해당 학교에서 징계 이외 학칙에서 정한 생활지도 방법을 숙지하여 지도하지 않으면 안 된다. 매질, 뺨질, 주먹질, 발길질은 이미 교육법을 벗어나 「형법」 상 폭행죄에 해당한다.

라. 선행교육규제와 과외금지의 한계

앞서 살펴본 바와 같이 선행교육(교육기관이 장관이 정한 국가교육과정, 교육감이 정한 시 · 도교육과정, 단위학교교육과정에 앞서서 편성 · 제공하는 교육 일반) 규제법에 따라, 교사는 학교교육과정 범위 내에서 가르치고 평가해야 할 책임이 있다. 다만, 이 법이 규제하는 학원 및 교습소에 대한 선행학습 유발 광고 및 선전 금지 조치의 실효성이 약하다는 평가이다. 선행학습규제법은 과거에 있었던 과외금지 조치와 유사한 쟁점이 있다. 과거 과외금지 교육개혁 조치(1979.7.30.)는 헌법재판소로부터 위헌 판결(2000.4.27. 98헌가16, 98헌마429)을 받았다. 즉, 개인적인 과외교습을 원천적으로 금지하고 학원 · 교습소 · 대학(원)생만을 허용하면서 위반 시 벌금형을 부과한 구 「학원의 설립 · 운영에 관한 법률」(제3조, 제22조 제1항)은 부적합한 수단으로 국가에 의해 국민 개인의 학습권을 지나치게 규제하여 위헌이라고 판시했다. 초등학교 학생들의 과외활동 역시 교육 현안이다.

5. 학교에서의 분쟁 사례와 교사

가. 학교안전사고와 교사의 책임

「학교안전사고 예방 및 보상에 관한 법률」(2007.9.1 시행)에 따르면 학교안전사고란 "교육활동[24] 중에 발생한 사고로서 학생 · 교직원 또는 교육활동참여자[25]의 생명 또는 신체에 피해를 주는 모든 사고 및 학교급식 등 학교장의 관리 · 감독에 속하는 업무가 직접 원인이 되어 학생 · 교직원 또는 교육활동참여자에게 발생하는 질병으로서 대통령령이 정하는 것"을 말한다. 유형은 〈표 9-10〉과 같이 다양하다.

24) 교육활동이란 학교의 교육과정 또는 학교장이 정하는 교육계획 및 교육방침에 따라 학교의 안팎에서 학교장의 관리·감독하에 행하여지는 수업·특별활동·재량활동·과외활동·수련활동 또는 체육대회 등의 활동, 등·하교 및 학교장이 인정하는 각종 행사 또는 대회 등에 참가하여 행하는 활동, 그 밖에 대통령령이 정하는 시간 중의 활동으로서 위의 항목과 관련된 활동 등을 지칭한다.

25) 교육활동참여자라 함은 학생 또는 교직원이 아닌 자로서 학교장의 승인 또는 학교장의 요청에 따라 교직원의 교육활동을 보조하거나 학생 또는 교직원과 함께 교육활동을 하는 자를 말한다.

〈표 9-10〉 **학교안전사고의 유형**

<table>
<tr><td rowspan="6">교육활동과의 관련성 정도에 의한 분류</td><td rowspan="3">정규교육활동 중의 사고</td><td>교과수업중 사고</td><td>일반교과수업중/ 실험 · 실습중/ 체육시간중의 사고</td></tr>
<tr><td>각종특별활동 중의 사고</td><td>체육대회, 축제, 합창대회 등 교내행사중/ 현장학습, 소풍,사생대회, 수련활동, 수학여행 등 교외활동중/ 체육대회, 예술대회 등 교외행사 출전중/ 클럽활동, 학생자치활동중의 사고</td></tr>
<tr><td colspan="2">학교급식 중의 사고/ 청소활동 중의 사고/ 휴식시간 중의 사고</td></tr>
<tr><td>비정규 교육활동</td><td colspan="2">보충수업, 자율학습 중의 사고/ 방과후 교육활동 중의 사고</td></tr>
<tr><td colspan="3">학교의 일과 전후의 사고</td></tr>
<tr><td colspan="3">등 · 하교 중의 사고</td></tr>
<tr><td rowspan="2">교원의 임장여부에 의한 분류</td><td colspan="3">임장(교원이 현장에 있는) 중의 사고</td></tr>
<tr><td colspan="3">비임장(교원이 현장에 없는) 중의 사고</td></tr>
<tr><td rowspan="6">원인행위자별 분류</td><td>학생자신 원인</td><td colspan="2">학생의 고의에 의한 사고(자살, 자해사고)/ 학생 자신의 부주의에 의한 사고</td></tr>
<tr><td>교원 원인</td><td colspan="2">체벌에 의한 사고/ 심리적 처벌에 의한 사고/ 직무상 소홀 등에 의한 사고</td></tr>
<tr><td>다른 학생원인</td><td colspan="2">폭행/ 집단따돌림/ 우발적 접촉, 부주의/ 학생간부의 학생지도 중 체벌 사고</td></tr>
<tr><td colspan="3">학교시설 · 설비에 의한 사고</td></tr>
<tr><td colspan="3">식중독 등의 사고</td></tr>
<tr><td colspan="3">제3자에 의한 사고(학교구성원 이외의 자에 의한 가해 사고)</td></tr>
<tr><td>장소에 의한 분류</td><td colspan="3">학교 안에서의 사고/ 학교 밖에서의 사고</td></tr>
<tr><td>피해에 의한 분류</td><td colspan="3">피해의 내용 또는 정도가 중한 사고(중대사고)/ 약한 사고(경미사고)</td></tr>
</table>

출처: 한국교원단체총연합회 편(2000). pp.251-53의 내용을 저자가 표로서 재구성

학교안전사고에 대한 교원의 법적 책임은 민사상 책임, 형사상 책임, 징계책임을 진다. 그러나 교사에게 미성년자의 부모와 같이 미성년자의 생활 전반에 관하여 일반적 일상적 감독 및 주의할 의무가 있는 것은 아니며, 학교에서의 교육활동과 밀접 불가분의 관계에 있는 생활관계에서만 학생에 대한 감독 의무를 부담하게 되며, 이 경우에도 사고 발생의 구체적 위험이 있어 사고를 예견하고 교육 감독을 통하여 사고를 방지할 수 있다는 기대 가능성이 존재할 때에 손해배상 책임을 부담하게 된다(대법원 97다15258).

따라서 교원으로서 직무상의 의무를 성실히 수행하던 중에 발생한 의도되지 않은 사

고나 지도 · 감독의 범위 밖에서 돌발적으로 발생한 사고에 대해서는 교사에게 책임을 물을 수 없다고 보는 것이 통설이다. 그러나 교사의 직무 수행중의 과실이 사고발생의 한 원인을 제공한 경우나, 징계권의 범위를 넘어 금지된 체벌로 인한 학생 인사사고의 경우 불법행위자로서 책임을 져야 한다. 교사가 안전사고와 관련하여 가장 중요한 점은 교과활동 및 과외활동 시 현장을 잠시라도 떠나서도 안 되며(임장의무), 사전 안전사고 예방교육이나 준비운동 및 유의사항을 철저히 하는 것을 잊어서는 안 된다.

【사례】 초등학교 3학년 학생이 학교 계단 손잡이에 배를 대고 미끄럼을 타고 내려오다 상해를 입은 사고에서 교사는 학생들의 이러한 사실을 알고 안전교육을 시킬 의무가 있었으나 게을리 하여 손해를 배상할 책임이 있고(40%), 학부모 역시 주의의무를 소홀히 한 책임이 있다(60%). (서울고법 2006나1636)

【사례】 초등학교 6학년 학생이 교사의 허락 없이 과학실에 들어가 실험을 하던 중 폭발사고로 사망한 사고에서 과학교사는 과학실을 개방 · 방치한 중대한 과실이 있어 배상책임이 있다. (청주지법 98가합1154)

【사례】 초등학교 3학년 학생 골프교육 중 골프공에 맞아 부상을 입은 사고에서 교사 · 교감 · 교장의 보호 · 감독상의 조치과정에서 고의나 중대한 과실을 인정할 수 없어 사용자(지자체)가 배상 책임이 있고(80%), 학생도 교사에 지시에 따르지 않은 과실 책임(20%)이 있다. (의정부지법2009가합13313)

【사례】 초등학교 5학년 야구부 학생이 포수용 보호용구를 착용하지 않은 상태에서 야구공에 맞아 부상을 입은 사고에서 용구를 착용하지 않고 연습하게 한 학교(사용자 지자체)에게 배상책임(55%)이 있고, 주의를 살피지 않고 다른 곳을 응시하다 부상당한 피해학생의 책임(45%)도 있다. (부산고법95나9273)

【사례】 초등학교 6학년 학생이 체육시간에 축구 중 학생 간 충돌로 골절당한 사고에서, 교사가 체육수업에 몸이 좋지 않은 학생은 참관만 시키고, 시합 전 준비운동을 시킨 후 심판으로 참가했으며, 사고 후 즉시 병원으로 후송하는 등 지도 · 감독할 주의의무를 다하였으므로 배상책임이 없다. (수원지법 97가합21478)

나. 학교폭력의 발생과 교사의 역할

학교폭력예방 및 대책에 관한 법률의 제정 배경 및 주요내용

이 법은 학교폭력의 예방과 대책에 필요한 사항을 규정함으로써 피해학생의 보호, 가해학생의 선도 · 교육 및 피해학생과 가해학생 간의 분쟁조정을 통하여 학생의 인권을 보호하고 학생을 건전한 사회구성원으로 육성함을 목적으로 제정(2004.1.29.)되었다.

〈표 9-11〉 학교폭력예방 및 대책에 관한 법률상 개념 정의

학교폭력	학교 내외에서 학생을 대상으로 발생한 상해, 폭행, 감금, 협박, 약취·유인[26], 명예훼손·모욕, 공갈, 강요·강제적인 심부름 및 성폭력, 따돌림, 사이버 따돌림, 정보통신망을 이용한 음란·폭력 정보 등에 의하여 신체·정신 또는 재산상의 피해를 수반하는 행위
따돌림	학교 내외에서 2명 이상의 학생들이 특정인이나 특정집단의 학생들을 대상으로 지속적이거나 반복적으로 신체적 또는 심리적 공격을 가하여 상대방이 고통을 느끼도록 하는 일체의 행위
사이버 따돌림	인터넷, 휴대전화 등 정보통신기기를 이용하여 학생들이 특정 학생들을 대상으로 지속적, 반복적으로 심리적 공격을 가하거나, 특정 학생과 관련된 개인정보 또는 허위사실을 유포하여 상대방이 고통을 느끼도록 하는 일체의 행위

지방자치단체 수준에서는 학교폭력대책지역위원회를, 시·군·구에는 학교폭력대책지역협의회가 설치되어 있다. 교육감 역시 학교폭력 전담부서를 설치하고 있고(전문기관 설치가능), 학교에는 학교폭력대책자치위원회가 구성되어 피해학생의 보호조치 및 가해학생에 대한 선도·교육조치를 결정하거나 양자 간의 분쟁을 조정한다. 교장은 상담실을 설치하고 전문상담교사를 두며, 학내 전담기구를 구성하며, 예방교육 및 대책 교육을 학기별 1회 이상 실시하도록 되어 있다.

다음으로, 피해학생 보호를 위한 조치로는 심리상담 및 조언, 일시보호, 치료 및 치료를 위한 요양, 학급교체 등이 있고, 가해학생에 대한 선도·교육조치로는 피해학생에 대한 서면사과, 피해학생 및 신고·고발 학생에 대한 접촉, 협박 및 보복행위의 금지, 학교에서의 봉사, 사회봉사, 학내외 전문가에 의한 특별교육이수 또는 심리치료, 출석정지, 학급교체, 전학, 고교의 퇴학처분 등이 있다. 학교폭력 현장을 보거나 사실을 안 경우 누구라도 신고(117)할 의무가 있다.

학교폭력에 있어서 담임 교사의 역할

학교폭력 대책의 일환으로 현직 교원의 연수교육이 강화되었고, 교육대학 및 사범대학의 교육과정 역시 교사자격취득을 위한 세부기준[27]에 따라서 교직소양 영역에서 '학교폭

26) 사람을 자기 또는 제3자의 실력적 지배 아래 둠으로써 개인의 자유를 침해하는 행위로, '약취(略取)'는 폭행·협박을 수단으로 하는 것이며, '유인(誘引)'은 기망(欺罔) 또는 유혹을 수단으로 하는 점에서 양자가 구별된다. 기망은 허위의 사실로써 상대방을 착오에 빠뜨리는 것이며, 유혹은 감언이설로써 상대방의 판단을 그릇되게 하는 것이다.

27) '유치원 및 초등·중등·특수학교 등의 교사자격 취득을 위한 세부기준'(교육부고시 제2014-48호, 2014. 9.2.)에 따르면, 교직과목의 세부 이수기준(별표2)에 교직 소양교과는 6학점으로 특수교육학개론, 교직실무, 학교폭력예방의 이론과 실제 등을 각 2학점 이상씩 이수토록 하고 있다. 단서에는, '학교폭력예방의 이론 및 실제'는 '생활지도 및 상담'과목으로 대체하여 교직소양영역으로 인정가능하다. 다만, 이 경우 '생활지도 및 상담' 과목의 교수요목에 학교폭력의 이해, 예방 및 대처방안 등을 50% 이상 반영하여야 한다.

력예방의 이론과 실제' 교과목이 필수화되었다. 최근 사이버 따돌림에 대한 대처도 강조되고 있다. 학교폭력 피해자에 대한 보호조치나 가해학생 및 보호자에 대한 선도·교육조치는 엄격한 절차와 심의, 그리고 재심과정을 거쳐서 진행되어야 한다. 담임은 이를 학부모에게 알릴 책임이 있다.

교사는 학교폭력 현장을 보거나 그 사실을 알게 될 경우 같은 학교라면 당해 학교 교장에게, 다른 학교라면 학교 등 관계 기관에 즉시 신고해야 한다. 특히, 교원이 학교폭력의 예비·음모 등을 알게 될 경우에는 교장에게 보고하고 해당 학부모에게 알려야 한다. 교원이 학교폭력을 신고하지 않고 자체적으로 처리할 경우 이 법 위반은 물론, 교원의 복무규정을 위반하게 되어 징계를 받을 수 있다.

또한 담임은 이 법에 따라 학교폭력의 예방 및 대책과 관련된 업무를 수행할 경우, 그 직무로 인하여 알게 된 비밀[28] 또는 가해학생·피해학생 및 신고자·고발자와 관련된 자료를 누설하여서는 안 된다. 이를 위반한 경우 300만 원 이하의 벌금에 처하게 된다.

【사례】 초등학교 4학년 학생이 교사가 시력검사 중 친구가 휘두른 철사에 눈이 찔린 상해사건에서 교사는 보호·감독의 책임이 있고 위험물의 보관 주의 교육을 시키지 못한 것은 직무집행상의 불법행위에 해당하여 손해배상 책임이 있고 가해학생의 부모 역시 지도책임이 있다. (광주지법96가합114)

【사례】 초등학교 1학년 학생이 글씨쓰기 수업 중에 친구가 필통에서 연필을 꺼내다 눈을 찌른 사건에서 교사는 안전확보를 조치할 책임이 있고 가해 학부모 역시 지도책임이 있다. (대전지법2006가단21862)

【사례】 초등학교 3학년 학생이 음악실 수업대기 중 친구가 던진 부메랑에 눈을 다친 사건에서 장난이 심한 학생을 지도하지 않은 과실 책임이 있고, 가해학생 부모도 책임이 있다. (울산지법2004가단31455)

다. 교권침해 사례와 대응

교권침해의 영역은 교사로서 역할을 수행하는 중에 나타나는 '교사의 교육권(교육활동의 자유) 영역의 침해'가 있고, '교사의 신분 및 지위와(사회·경제적) 영역의 침해', 그리고 '국민기본권(정신·육체적) 영역의 침해'로 나누어 볼 수 있다.

28) 이법 시행령 제33조(비밀의 범위)에 따르면 누설이 금지된 비밀의 범위는 다음 각 호와 같다.
1. 학교폭력 피해학생과 가해학생 개인 및 가족의 성명, 주민등록번호 및 주소 등 개인정보에 관한 사항
2. 학교폭력 피해학생과 가해학생에 대한 심의·의결과 관련된 개인별 발언 내용
3. 그 밖에 외부로 누설될 경우 분쟁당사자 간에 논란을 일으킬 우려가 있음이 명백한 사항

〈표 9-12〉 교권침해 영역과 침해영역별 대표 사례

교권침해 영역	침해 우려	비고
교사 교육권 영역 : 교육의 자유 침해	- 편협된 국 · 검정 교과서제도 - 과도한 교장 지도 · 감독권 - 학생 지도불응 · 학부모 방해	• 교육과정 및 교과서 개편 정책 문제 • 단위학교 내 역할분담 및 권한배분 • 교사의 수업과 업무 집행 방해 문제
교사 신분 · 지위 영역 : 사회적 · 경제적 침해	- 부당한 신분 · 인사 조치 - 안전사고 관련 피소 - 생활지도 관련 피소	• 교원소청심사위원회를 통해 구제가능 • 소송은 교사의 책임범위가 핵심 쟁점 • 교사의 민 · 형사적 부담 과중 영역
국민 기본권 영역 : 정신적 · 육체적 침해	- 폭언 · 욕설 · 성희롱 - 폭행 · 금품요구 · 협박 등 - 명예훼손 및 사생활 침해	• 사실적 구제가 곤란한 정신적 침해 • 법적분쟁으로 전개되는 육체적 침해 • 조사보도과정에서 발생하는 2차 침해

출처: 고전(2012). p.62 〈표 5〉 요약 인용.

교육권 영역의 침해 우려와 구제

교육권 침해가 우려되는 경우로 특정 이데올로기 편향의 국가교육과정 강요, 시대 · 사회 변화에 적응하지 못한 국가교육과정 방치, 과도한 국정 및 검정 교과서 제도 운영, 학급 및 교과목 운영에 있어서 학교장의 과도한 간여, 학생의 교사 지도 불응으로 인한 수업 및 학급 통제 불능(벌칙 및 퇴실조치 무시, 항명 및 조롱과 집단행동), 학부모가 불만과 항의표시 중 교실 및 교무실에서 폭언 · 폭력으로 인한 수업중단 및 업무방해 등이다.

따라서 국정교과서를 최소화하면서 검 · 인정 및 자유발행제를 확대해가고 있고, 국가교육과정 제정과정에 교육과정심의회를 두어 교원의 전문성을 담보하며, 교과서의 개발과 심의에 현장 교사의 참여를 넓혀가고 있는데 이 또한 교권 보호 차원의 조치이다.

교장이 교사에게 지도 · 조언할 경우에도, 교사의 전문적 역량에 대한 신뢰를 바탕으로 임해야 하며, 교사는 학교운영의 최종 책임자인 교장의 의견을 존중해야 한다.

한편, 학생이 교사의 지시를 불이행함으로써 학급운영 및 수업진행이 사실상 불가능한 상황에 이르면, 이는 심각한 교권침해이자 다른 학습자의 학습권 침해로 이어진다. 이를 위해서는 교사의 지시 불이행 및 교육활동 방해나 질서문란 행위는 제재되어야 한다.

학부모나 학생의 폭행과 협박으로 수업이 진행(직무집행)이 방해될 정도라면 공무(사립은 업무)집행 방해죄가 적용될 수 있다. 다른 학생의 학습권 보호 차원에서도 학부모나 학생에 의한 수업 및 업무 방해 · 중지 행위는 엄격하게 징벌되어야 한다.

【사례】 조카에게 부당한 대우를 했다는 이유로 수업 중인 교사에게 행패(교사의 멱살을 잡아 흔드는 등 10여 분간 수업을 방해)를 부린 혐의로 기소된 자에게 공무집행방해죄 등을 적용 징역 8월에 집행유예 2년이 선고되었다(광주지법 2008.9).
(출처: 서울특별시교육청 교권상식 자료집)

교사 신분·지위 영역의 침해와 구제

침해의 결과가 부당한 신분 및 인사조치나 법원에의 민사상 형사상 피소되어 경제적 타격은 물론 사회적 지위에까지 타격을 받게 되는 침해이다. 주로 장관이나 교육감 및 학교장에 의한 인사 및 신분조치[29]나 교육활동(안전사고) 및 생활지도(학교폭력 등)로 인한 피소와 연관되며,[30] 교육법에서 보장된 신분보장 및 특권[31]을 위반한 형태로 나타나기도 한다. 통상 초등학교는 공립학교의 설립자가 지방자치단체이므로 학교안전사고의 경우 학부모는 학교에 대한 지도·감독의 의무가 있는 교원 사용자인 지방자치단체를 피고로 하여 손해배상 소송을 제기하고, 지자체는 판결에 따라 배상한 후 교원의 고의·중과실이 인정된 경우 교원에게 구상권(求償權)을 행사하게 된다.

징계 및 불리한 처분에 대하여 교원은 교원소청심사위원회에 제소할 수 있다. 교육공무원인 교사는 인사·조직·처우 등 각종 직무조건과 기타 신상문제에 대하여 인사상담이나 고충의 심사를 청구할 수 있다. 학교안전공제회는 안전사고로부터 교원과 학생의 부담을 덜어주기 위한 제도이다. 그러나 안전공제회의 치료비 및 보상금액과 피해 학부모의 요구가 상충될 경우 법적 분쟁으로 비화되기도 한다.

【사례】 고교 체육시간에 교사는 준비운동과 안전교육을 실시한 후 체육활동을 중이었으나 더운 날씨 탓에 종료 15분 전에 자율적으로 체육활동을 하게하고 교실로 입실할 사람은 먼저 들어가도록 지시한 후 운동장을 떠났다. 이후 한 학생이 다른 운동장에 가서 철봉에서 놀다 목뼈를 다친 사건에 대하여, 교사가 예견할 수 있는 사건이라고는 할 수 없으나 교사의 부재로 신속한 응급처치가 늦어진 점과 학교 측의 철봉 아래 안전조치가 미흡한 점, 그리고 철봉에서 떨어진 직접적인 원인이 학생 본인에게 있었던 점을 감안하여 교사의 책임을 40%로 보았다. (출처: 서울특별시 교육청 교권상식 자료집)

29) 보복성 인사조치 및 근무평정, 교원평가 결과를 둘러싼 교원 간 갈등(교장평가), 교장의 교사에 대한 연수·휴직·연가 승인권의 남용(출산·육아·모성보호미흡 등), 기간제교사에 대한 과중업무, 부당인사, 인사위원회 누락 등

30) 학교안전사고 및 생활지도(학교폭력 및 체벌)로 인한 손해배상 청구 및 형사피소에 의한 침해

31) 신분 및 직위 보유권, 직무집행권, 소청심사청구 및 행정쟁송권, 의사에 반하는 신분조치를 당하지 아니할 권리, 권고사직 당하지 아니할 권리, 불체포특권, 처분사유 설명서 교부권 및 후임자 보충발령의 유예, 여교원의 동등 신분보장권

국민 기본권 영역의 침해와 구제

시민으로서 인격권, 신체의 자유, 인격권 등을 침해당함으로써 발생하는 이른바 인권 침해이다. 주로 정신적 · 육체적 침해로서 앞의 교원 신분 · 지위 영역의 침해가 발생하는 과정에서 연동한다. 학부모 및 학생이 교사에 대하여 항의하거나 분노를 표출하는 과정에서 우발적으로 일어나는 경우가 많다. 교권 침해사건 보도과정(신문 · 방송 · 인터넷 등) 상의 오류로 당해 교사의 명예가 훼손되거나 사생활 침해로 이어지기도 한다.[32)]

교원에 대해 학부모나 학교 외부 사람이 민원이나 진정을 제기하는 경우에 국가 및 지자체는 교원에게 소명 기회를 주어야 하고, 결과 전 인사상 불이익을 주어서는 안 된다. 조사내용이 학생에게 알려지지 않도록 해야 한다(「교원지위특별법 시행령」 제7조).[33)]

특히, 학교단위로 설치되어 있는 학교교권보호위원회(생활지도 경력 교원, 조교수이상, 학부모, 변호사, 관할경찰공무원, 학교교육 지식경험자로 5-10인)가 주축이 된다.

라. 교직단체활동 관련 분규

교원의 근로2권의 실효성 및 쟁의행위와 집단행동 간의 혼돈 문제

1999년 교원노조 출범 이후 3~4년간 교섭협의 창구 단일화 형태의 단체교섭이 이루어진 이후, 이런 저런 이유로[34)] 단체교섭이 10년 이상 이루어지지 않고 있는 현실은 교원노조 자체의 존재 의의를 되묻게 하는 부분이다. 이른바 어렵게 인정받은 근로2권 가운데 전국 수준의 단체교섭권은 교섭난항으로 교원노조의 개점휴업 상태를 맞고 있다.

또한, 학교 현장에서는 교원노조의 합법적인 집회의 참석에 대하여 복무규정 위반으로 보거나 심지어 쟁의행위(단체행동권의 행사)로 오해하기도 한다. 교원노조법은 집단행위

32) 학생 · 학부모 · 교원의 교사에 대한 폭언 · 욕설 · 성희롱, 안전사고 및 생활지도(학교폭력 및 체벌)를 이유로 한 금품요구 및 협박, 학생 · 학부모의 학교홈페이지 및 인터넷을 통한 허위사실 유포와 교사 비방, 학생 · 학부모의 전화나 이메일을 통한 교사에 대한 폭언과 협박, 공개적 장소와 지면(성명서, 소식지, 교내통신문)을 통한 명예훼손 행위, 개인정보 유출을 통한 사생활 침해 등

33) 제7조(교원에 대한 민원 등의 조사) ①국가 및 지방자치단체는 교원에 대한 민원 · 진정 등을 조사하는 경우에는 관계법령이 정하는 바에 따라 당해 교원에게 소명할 기회를 주어야 하고, 정당한 사유가 없는 한 그 결과가 나오기 전에 인사상의 불이익한 조치를 하여서는 아니된다. ②국가 및 지방자치단체는 제1항의 규정에 의한 민원 · 진정 등을 조사하는 경우 그 내용이 학생 등에게 알려지지 아니하도록 노력하여야 하고, 당해 교원의 수업활동을 존중하여야 한다. ③국가 및 지방자치단체는 교원의 정당한 교육활동이 부당하게 침해되거나 교육활동과 관련하여 교원에 대한 폭행 · 협박 또는 명예훼손 등이 있는 경우에는 이를 관계 법령에 따라 엄정하게 조사 · 처리하여야 한다.

34) 초창기 전국교직원노동조합과 한국교원노동조합의 양대 구조일 때는 교섭창구단일화가 용이했으나, 반 전교조 활동을 표방한 자유교원조합(2006.1)과 대한민국교원조합(2008.11)이 가세하면서 창구단일화는 더욱 어렵게 된 사정을 말한다. 현재 복수노조일 경우 한시적으로 창구단일화를 규정한 시한은 이미 종료되었는데, 그렇다고 각 교원노조별로 전국과 시 · 도 수준에서 교원노조들과의 단체교섭이 이루어지고 있는 것도 아니다.

의 금지 조항(「국가공무원법」 제66조)[35]에도 불구하고 허용한 노조로 제정되었다(「교원노조법」 제1조).[36] 교원노조 조합원이 정상적인 집회허가를 받은 조합원 집회 및 정책 궐기대회 등에 참석하는 것은 합법이다. 그러나 집회의 참여로 수업결손이 발생하여 학생의 학습권이 침해되었거나 시위에서 폭력 등의 행사로 입건된 경우는 해당 교사에게 엄정한 법적 책임이 따르게 됨은 물론이다.[37]

끝으로, 단체교섭 사항에 대하여 정부는 지나치게 임금 · 근무조건 · 후생복지 등 경제적 · 사회적 지위향상으로 규정하면서 교육부의 정책 전반에 대하여는 교섭대상이 될 수 없다고 보아 교섭사항을 좁게 해석한다(교원노조 측은 교원정책 자체가 교원의 근무조건이므로 가능하다는 입장). 게다가 법령 · 조례 및 예산에 의하여 규정되는 내용에 대해서 단체협약의 효력을 인정하지 않는(노력의무만 존재) 제약까지 붙어 있어서, 교원노조의 교섭대상은 극히 일부이고 무늬만 단체교섭이라는 비판이 있다. 이러한 문제해소를 위해서 우선 법령사항으로 규정된 교원의 근무조건 중 교섭협의 가능 사항 여부를 판단하여 다시 정비하는 노력이 필요할 것으로 보인다.

교원 및 교직단체의 정치활동의 금지 문제

정치활동에 대하여는 교원 개인에 대하여는 '교육의 정치적 중립성 유지'라는 헌법정신과 '학습자의 학습권 보호'라는 입법목적에 따라 정치운동이 금지되고 있다(「국가공무원법」 제65조). 교원노조에 대하여도 '어떠한 정치활동'도 금지하고 있다(「교원노조법」 제3조).

그러나 정당 정치의 시대에 정당가입 자체를 금지하는 것은 지나친 시민권의 제한이라는 지적이 국제인권기구를 비롯해서 지속적으로 제기되고 있다. 더구나 전교조가 속한 민주노총의 경우 정당 정치에 적극 관여하고 있는 상황이어서 현실적으로 교원노조가 정치적 영향으로부터 완전히 자유롭기는 어렵다. 한국교총 역시 주장하기를 정치권에 의해 주요 교육현안이 결정되는 만큼, 교원단체가 정당 및 선거과정에서 정치적 의사를 표명하는 것이 필요하다는 입장이다.

헌법재판소는 초 · 중등교원의 정치활동제한 사건 판례(2001헌마710, 2004.3.25선고)를 통하여 "정당법 및 공직선거법은 교원의 정당가입 및 선거운동의 자유를 금지함으로써 정

35) ① 공무원은 노동운동이나 그 밖에 공무 외의 일을 위한 집단 행위를 하여서는 아니 된다.

36) 「교원노조법」 제1조(목적) 이 법은 「국가공무원법」 제66조 제1항 및 「사립학교법」 제55조에도 불구하고 「노동조합 및 노동관계조정법」 제5조 단서에 따라 교원의 노동조합 설립에 관한 사항을 정하고 교원에 적용할 「노동조합 및 노동관계조정법」에 대한 특례를 규정함을 목적으로 한다.

37) 헌법재판소는 집단 연가서를 내고 정부정책(NEIS) 반대집회에 참석하는 행위는 근로조건에 관한 단체교섭을 관철할 목적으로 행사하는 쟁의행위(단체행동권의 행사)에 해당하지 않는다고 판시했다(2003헌마878). 오히려 이들 교사들에게 집회불참을 명령하거나 이를 이유로 징계를 내린 것은 조합활동권 침해라고 보았다.

치적 기본권을 제한하는 측면이 있는 것은 사실이나, 감수성과 모방성 그리고 수용성이 왕성한 초·중등학교 학생들에게 교원이 미치는 영향은 매우 크고, 교원의 활동은 근무시간 내외를 불문하고 학생들의 인격 및 기본생활습관 형성 등에 중요한 영향을 끼치는 잠재적 교육과정의 일부분인 점을 고려하고, 교원의 정치활동은 교육수혜자인 학생의 입장에서는 수업권의 침해로 받아들여질 수 있다는 점에서 현 시점에서는 국민의 교육기본권을 더욱 보장함으로써 얻을 수 있는 공익을 우선시해야 할 것이라는 점 등을 종합적으로 감안할 때, 초·중등학교 교육공무원의 정당가입 및 선거운동의 자유를 제한하는 것은 헌법적으로 정당화될 수 있다"고 판시하여 현행법을 지지했다.

반면, 초·중등학교 교원 개인에 대하여도 기본적으로 정당가입의 자유를 허용하고 학교 밖에서 학생의 학습권을 침해하지 않은 범위 내의 활동은 시민으로서 허용되어야 한다고도 주장된다. 하지만 수십만의 교원의 중립성을 담보하기 어렵다는 반대 측의 주장에도 일리가 있다. 문제는 교육계의 중론을 정치계에 전달하는 정치활동이라면 방법이 없지도 않을 것이다. 선거과정에서 교직단체(한국교총과 전교조등)들이 선거공약 평가단을 구성하여 이를 검토하고 공표하는 방법으로 정치권에 대한 전문적 통제활동을 할 수 있을 것이다.

이 경우에도 교직단체의 정치적 의사표현의 결과 바른 교육정책을 통한 공익증진이 크지 아니면 교육계의 보수와 진보분열과 교육의 정치적 중립 훼손이라는 공익손실 간을 비교형량 하여 판단하여야 할 것이다. 물론 그 바로미터는 교육자들의 양식(良識)과 교육의 중립성과 전문성을 염두에 둔 일반 시민의 민도(民度)에 따라 결정될 것이다.

핵심 용어

- 법치행정의 원리
- 교육기본권
- 교육의 전문성
- 교육기본법
- 교원의 신분
- 교원의 복무와 징계
- 체벌의 금지
- 교육기본권 기속 원리
- 균등한 교육기회의 보장
- 교육의 정치적 중립성
- 학교운영의 자율성
- 교원의 법적 지위
- 교사의 기본권 제한
- 선행교육의 규제
- 교육 3법 체제
- 교육의 자주성
- 대학의 자율성
- 교육당사자
- 교권의 보호와 침해 구제
- 학생의 인권보호
- 학교교육 분쟁

생각해 볼 주제

- 국민의 교육기본권을 보장함에 있어서 교육당사자 간의 역할분담 및 상호협력의 의미와 중요성에 대하여 생각해 보자.
- 초등학교 안전사고에 있어서 담임교사가 책임을 지게 되는 경우와 면책되는 경우에 대하여 판례를 중심으로 생각해 보자.
- 학급 내 학생 간 학교폭력이 발생할 경우 학급 담임교사로서 해당 학생, 학교장, 학부모, 그리고 학교폭력자치위원회 등에서 수행해야 할 역할 및 유의사항에 대하여 생각해 보자.
- 교권침해의 경우를 교육전문가로서 교육권의 침해, 교육공직자로서 신분·지위의 침해, 그리고 국민으로서 기본권의 침해로 나누어 그 사례와 대처방안을 생각해 보자.
- 한국은 교직단체가 교원단체와 교원노조로 이원화되어 있는데, 각각의 특징을 파악하고 학습권과의 조화 관점에서 어느 정도 활동이 제한될 수 있는 것인지 생각해 보자.

참고문헌

고전(2002). 한국교원과 교원정책. 서울: 도서출판 하우.
고전(2006). 학교행정의 이해. 대구: 정림사.
고전(2012). "교권 보호 법제화의 쟁점과 과제". 교육행정학연구, 30(4). 한국교육행정학회. pp.53-72.
권두승(1998). 사회교육법규론. 서울: 교육과학사.
박재윤 · 황준성(2006). 사립학교법 편람. 서울: 한국문화사.
박재윤 외(2005). 학교교육법 편람. 서울: 교육과학사.
신현직(2003). 교육법과 교육기본권. 서울: 청년사.
안기성(1989). 교육법학 연구. 서울: 고려대학교출판부.
윤정일 · 송기창 · 조동섭 · 김병주(2002). 교육행정학원론. 서울: 학지사.
이형행 · 고전(2001). 교육행정론. 서울: 양서원.
임종수(2014). 학교생활 필수법률. 서울: 계백북스.
정태수(1996). 한국 교육기본법제 성립사. 서울: 예지각.
조남두 · 권기욱 · 오영재 · 유현숙 · 조남근 · 최창섭 · 신현석(2006). 교육행정론. 서울: 원미사.
조석훈(2020). 학교와 교육법(제3판). 서울: 교육과학사.
천세영 · 남미정(2004). 교사와 윤리. 서울: 교육출판사.
표시열(2002). 교육정책과 법. 서울: 박영사.
하갑수 · 하윤수(1999). 교육과 법률. 부산: 세종출판사.
한국교육행정학회 편(1995). 교육법론. 서울: 도서출판 하우.
한국교원단체총연합회 편(2000). 교원과 법률. 서울: 한국교원단체총연합회.
한국초등상담교육학회(2013). 학교폭력의 예방 및 대책. 서울: 학지사.

〈관련 웹사이트〉
헌법재판소 판례검색 http://www.ccourt.go.kr/
교육부 http://www.moe.go.kr/(법률정보) 대법원 및 헌법재판소 교육판례집
교육부 학교폭력 실태조사 http://survey.eduro.go.kr/
청예단 교육부 학교폭력 SOS지원단 http://www.jikim.net/sos/
법제처 종합법률정보 http://glaw.scourt.go.kr
서울특별시교육청 학생인권교육센터 http://studentrights.sen.go.kr/cmm/main/mainPageN.do
부산광역시교육청 교권보호상담센터 http://eapc.pen.go.kr/
경기도교육청 경기학생인권의광장 https://edup.goe.go.kr/shr/shrMain/main.do
광주광역시교육청 민주인권교육센터 http://human.gen.go.kr/main/main.php
광주광역시 교권보호지원센터 http://forteacher.gen.go.kr/main/main.php
전라북도교육청 학생인권교육센터 http://human.jbe.go.kr/
대전광역시 교권보호지원센터 http://www.dje.go.kr/forteacher/main.do
강원도교육청 교권보호지원센터 http://gw14043000.school2.gweduone.net/
학교안전공제회 공제급여관리시스템 www.schoolsafe.or.kr
서울특별시 학교안전공제회 http://www.schoolsafety.or.kr/main/main.htm

CHAPTER 10

교육거버넌스와 학교 자율성

박종필(전주교육대학교)

교육은 시대적 · 사회적 변화에 영향을 받는다. 이는 교육조직의 운영도 마찬가지이다. 초기에는 중앙집권화된 체제 내에서 상명하달식 조직 운영이 이루어졌으나, 시민의식이 성장하고 사회가 다양화 · 복잡화됨에 따라 새로운 형태의 조직 운영 방식이 필요하게 되었다. 이러한 변화는 일선 학교에도 영향을 미쳐 학교 재구조화를 위한 노력들이 이루어졌고, 그 대표적인 방안으로 1995년부터 학교운영위원회가 설치 · 운영되고 있다.

이에 이 장에서는 사회의 변화로 인해 협력을 통해 새로운 국가 운영 방식이 요구됨에 따라 등장하게 된 거버넌스의 개념을 교육에 적용하여, 국가 · 지역,단위학교 수준에서의 교육거버넌스에 대해 살펴본다. 국가 수준의 교육거버넌스는 교육정책에 직접적인 영향을 미치는 행정부, 입법부와 사법부의 역할을 중심으로, 지방 수준의 교육거버넌스는 교육감과 교육위원회의 역할을 중심으로, 그리고 단위학교 수준의 교육거버넌스는 학교자율화와 학교운영위원회의 역할을 중심으로 기술한다.

1. 교육거버넌스에 대한 이해

가. 등장 배경 및 개념

거버넌스라는 개념은 1990년대 이후 세계화와 정보화가 급속하게 진행되는 가운데 국가 중심의 통치능력은 약화되고, 통치 요구는 높아지는 상황에서 새롭게 등장한 사회과학적 개념이다(김석준 외, 2000). 즉, 사회가 점점 복잡해지면서 정치, 경제, 사회 분야에서 탈산업화, 탈근대화 현상이 나타나고, 이를 근대적 국가중심의 통치로는 불가항력적인 요소들이 많아 조정과 연결, 그리고 협력을 통한 새로운 국가운영방식이 요구됨에 따라 등장한 개념이다(신현석, 2010).

이를 보다 구체적으로 살펴보면, 먼저 정치적 측면에서 민주화의 분출이 거버넌스의 등장에 영향을 미쳤다. 전통적 정책시스템은 명확한 계층제로 인한 하향식 통제로 정부가 일방적으로 이해 조정을 추진하였다. 그러나 시민참여적 민주주의의 확대로 정책에 영향을 받는 민간부문이 공공정책에 관여하려는 강력한 요구들이 제기되었다. 이러한 요구들로 인해 전통적 정책시스템은 한계에 도달하게 되었고, 규제 완화와 정책과정에서 영향을 받는 집단이나 개인의 제도적 참여 증대를 위해 새로운 정책시스템이 요청되었다.

둘째, 경제적 측면에서, 세계화로 인한 시장중심적 경제시스템 강화이다. 세계화 이전의 경제정책은 정부의 막강한 권한에 의해 추진되었지만, 세계화 이후에는 다양한 내·외적 환경요인이 영향을 미치기 때문에 정부만의 정책 결정은 그 의미가 퇴색되었다. 즉, 정부주도와 시장주도의 틀을 뛰어 넘는 대안적 시스템에 관심이 증가하였다.

셋째, 사회적 측면에서, 다양한 형태의 갈등 발생이다. 1970년대 오일파동 등과 같은 정부 및 시장 실패는 경제·정치적 갈등을 양산하였다. 또한 사회적 복잡성 증가와 사회변화 속도의 가속화는 이러한 갈등을 더욱 강화시키고 있다. 즉, 전통적 갈등은 복지, 안보, 노동 등의 분야에 국한되었다면, 현대의 갈등은 대상별로만 구분하여도 노인, 청년, 유아 등으로 세분화되고, 환경, IT, 인권 등의 분야로 다양화되어 가고 있다. 이렇게 다양화·세분화되는 갈등을 해결하기 위해서는 직접적인 이해당사자들과의 논의가 필수적이다. 이렇게 정부 및 시장의 실패로 인한 다양화·세분화된 갈등에 대처하기 위한 새로운 대안적 시스템으로 거버넌스에 대한 관심이 증가하였다(조성환, 2006; 송해순, 2011).

그러나 거버넌스의 개념은 시대에 따라, 학문 분야에 따라, 그리고 학자들에 따라 다양하게 정의되고 있다. 〈표 10-1〉에 나타나 있는 것과 같이 1970년대, 거버넌스는 정부와 동일한 의미로 사용되었고, 1980년대에는 지역경제 활성화를 위한 민-관 파트너십에 초점을 두었다. 1990년대에는 시민사회 및 시장중심 이론이 대두하면서 시민사회를 포함한 참여, 합의형성 등 민주주의적 특성이 강조되었다.

〈표 10-1〉 **거버넌스의 시대별 개념 변화**

구분	1970년대	1980년대	1990년대	2000년대
개념 및 초점	• 정부와 동일한 의미 • 국가의 관리능력에 초점 • 경제 · 사회발전의 동력으로서 공공서비스 공급체계에 관심 • 정부 내부, 국가 수준 중시	• 국가 차원의 사회통합과 발전을 관리하는 능력에 초점 • 지역경제 활성화를 위한 민-관 파트너십 강조	• 다양한 이해관계자의 참여와 합의형성이라는 민주주의적 특성 강조 • NGO의 역할 인식 중시 • 새로운 제도와 기능 및 과정의 개발 필요성 인식	• 대의민주주의를 보완하고 참여민주주의와 숙의민주주의를 가능케 하는 대안 • 국제 NGO를 주요한 행위자로 포함하는 글로벌 거버넌스의 심화 • 국내의 각 지방자치단체와 시민사회 간의 지역 거버넌스

출처: 김석준 등(2000)과 장연경(2014)의 내용을 참고하여 작성함.

거버넌스의 개념은 정치학, 행정학과 사회학 등 학문 분야와 관심영역에 따라서도 다양하게 정의되고 있다. 일반적으로 정치학에서는 보다 큰 관점에서 글로벌 거버넌스와 그와 연계된 국가 거버넌스에 관심을 가지고 다원적 주체들 간의 협력적 통치방식을 의미하는 네트워크 통치 혹은 협력적 통치에 초점을 두고 있다. 행정학에서는 주로 국가 거버넌스와 지방 거버넌스에 관심을 두고 새로운 국가 통치 행위나 방식을 의미하는 국정관리라는 측면에서 접근을 하고 있다. 즉, 정부의 통치방식으로서 정부가 한 사회의 방향을 잡고 조정(steering and coordicating)하여 정책을 결정하고 집행하는 능력을 의미한다. 사회학 분야에서는 국가나 시장과 구별되거나 양자와의 긴밀한 관계 속에서 작동하는 사회의 자연스러운 조정양식의 원형 혹은 자기 조직적 네트워크 등으로 정의되고 있다(김은주, 2013; 김석준 외, 2000; 거버넌스연구회, 2002).

한편, 여러 학자들도 거버넌스를 다양하게 정의하고 있다. 먼저, Jessop(1998)는 시장과 국가의 이원론에서 출발하여 시장 실패와 국가 실패 모두를 극복하는 새로운 방식으로 거버넌스를 이해하고 있다. 즉, 국가와 시장 양자 모두가 다양하고 복잡한 정치적 · 경제적 · 사회적 문제를 다루는 데 실패하여 이들의 대안으로 거버넌스가 시장과 국가의 중간 방식으로서 '제3의 길'로 나타난 것이라고 주장한다. 이에 따르면 거버넌스는 시장의 무정부 상태와 명령 통일의 계층제적 정부 사이에서 이러한 엄격한 양극화를 거부하고, 시장 · 국가 · 시민 사회 등 상호 의존적 행위자들 간의 수평적 자율 조직인 복합조직의 개념에 가까운 것이다.

Rhodes(1997)는 거버넌스를 서로 얽혀 있는 조직들을 통치하기 위한 절차와 제도적 다양성을 대표하는 것이라고 설명하며, 자율적으로 조직화된 네트워크 그 자체 또는 자원 교환관계에 기반하여 성립된 상호 의존적인 네트워크를 관리하는 것이라고 정의한다(김은주, 2013 재인용).

Stoker(1998)는 거버넌스를 높은 자율성을 가지고 있는 구성원들이 자원을 교환하고 공유할 목적을 협상하기 위해 계속 신뢰와 게임규칙에 근거하여 상호작용하는 자기 조직화된 조직들 간의 네트워크로 정의한다.

이종재 등(2012)은 조직 공동의 문제해결을 위한 다양한 참여 주체들 간의 상호작용 과정 또는 사회적 조정 방식으로 정의하며, 조직의 범위에 따라서 국제적 수준의 거버넌스, 국가적 수준의 거버넌스, 지방 수준의 거버넌스로 구분하고 있다. 또한 조동섭(2007)은 정부와 시민사회 등이 협력하여 문제를 해결하는 협업 또는 네트워킹으로 정의하고 있다.

〈표 10-2〉 거버넌스의 개념

학자	개념
Jessop(1998)	• 시장 · 국가 · 시민 사회 등 상호 의존적 행위자들 간의 수평적 자율 조직인 복합조직
Rhodes(1997)	• 자율적으로 조직화된 네트워크 • 자원교환관계에 기반하여 성립된 상호 의존적인 네트워크 관리
Pierre & Peters(2000)	• 정책결정에 있어 정부주도의 통제와 관리를 벗어나 다양한 이해관계자가 주체적인 참여자로 협의와 협의과정을 통하여 정책을 결정하고 집행해 나가는 통치체제
Pierre(2001)	• 정책과정에서 과거처럼 관료들에 의해 일방적이고 수직적으로 의사결정을 행하는 것이 아니라, 제도화된 정책커뮤니티 내의 이해관계자(국가기관, 지방자치단체, 시민단체, 일반 시민, 직능단체 등)들을 정책과정에 실질적으로 참여시켜서 문제를 해결하고 책임지게 하는 공공의사결정의 한 형태
이종재 외(2012)	• 조직 공동의 문제해결을 위한 다양한 참여 주체들 간의 상호작용 과정 또는 사회적 조정 방식
조동섭(2007)	• 시민사회 등이 협력하여 문제를 해결하는 협업 또는 네트워킹

출처: 김은주(2013), 김동성(2014)을 참고하여 작성함.

이렇게 거버넌스의 정의 자체가 불분명하고 모호하여 학자마다 다양한 정의를 내리고 있지만, 한 가지 분명한 것은 이들 학자들은 거버넌스는 기본적으로 전통적인 행정학적 입장에서 바라본 정부(government)와는 차이가 있다는 점에는 의견이 일치한다는 것이다

(송지광 · 한상연, 2005). 이러한 관점을 토대로 송지광과 한상연(2005)은 거버넌스 개념을 제도 혹은 구조(institution or structure)의 개념에서 벗어나 하나의 문제해결 과정(process), 즉 다양한 이해관계자가 등장하는 가운데 사회의 요구에 부응하는 방향으로 문제를 해결해 나가는 하나의 과정이며, 정부는 그 문제해결에 필요한 도구라고 주장한다.

이러한 거버넌스의 등장배경 및 정의를 요약해보면, 거버넌스는 전통적 정책시스템의 대안으로서 정부 중심에서 벗어나 다양한 이해관계자가 참여하는 네트워크로, 정부중심의 공적 조직과 사적 조직의 경계가 무너지면서 나타난 새로운 상호 협력적인 조정양식을 의미한다. 즉, 전통적인 정치 · 행정의 통치 방식이 독점과 통제, 계층제를 중심으로 하는 권력적, 체제적, 통치적인 접근이었다면 새로운 통치 방식인 거버넌스는 행위자 간의 상호 의존적이며 협력적인 네트워킹과 파트너십으로의 변화를 강조하는 전통적인 행정개념이나 제도적 접근과는 상이한 문제해결 방식이다(박봉수, 2011). 또한 정부와 시민사회 간의 관계가 수직적 관계에서 수평적 관계로 변화하면서 다양한 주체들의 참여와 협력, 소통과 신뢰를 바탕으로 국가의 개입과 통치를 최소한으로 줄이면서 조직 간의 네트워크를 통해 공통의 문제를 해결하는 새로운 패러다임, 즉 국가와 시장도 포함하는 국가, 시민사회 및 시장 사이의 파트너십을 통한 새로운 협력적 관계의 형태 전체를 의미한다(홍주환 · 김현우, 2007 재인용).

이렇게 거버넌스를 공통의 사회적 문제를 해결하는 상호협력적 조정 양식이라고 정의하거나 종래 정부가 독점하고 있던 사회의 주요한 가치들에 대한 배분 권력을 사회의 다른 구성원들이 공유하도록 하는 체계로 보는 시각은 사회적 문제의 해결이나 사회의 주요한 가치의 배분은 배타적 · 계층제적 · 집권적인 방법에 의해서가 아니라 협력적 · 수평적 · 분권적인 문제해결 방법에 의해 이루어져야 한다는 내용을 포함하고 있다. 기존의 정부중심의 문제해결 방식이 권력적, 통치적인 시각에서 독점과 계층제를 중심으로 하였다면, 거버넌스의 사회적 문제해결 방식은 행위자 간의 상호 의존적인 관계에서 협력과 조정을 통한 공유와 함께 다스리는 것을 중요시 한다. 따라서 거버넌스는 제도나 총치에 초점을 맞추는 전통적인 정태적 개념이라기보다는 그러한 제도와 통치가 행사되는 과정과 행위 주체들의 상호작용의 관계에 보다 중심을 두는 새로운 동태적 개념이라고 할 수 있다(박봉수, 2011).

한편, 교육행정학계에서 교육거버넌스의 개념이 거론되기 시작한 것은 1980년 미국의 Sergiovanni가 『*Educational Governance and Administration*』을 출간한 직후이다(안기성, 1997). 물론, 이 책에서 Sergiovanni는 거버넌스에 대한 정의를 제시하고 있지는 않지만 책의 구성이 학교를 정치체제로 보고 학교구, 주 정부 및 연방 정부 차원에서의 의사결정을 주된 내용으로 하고 있는 것으로 볼 때, 교육거버넌스는 "누가 교육과 중요한 사회적 재생산 과정을 수행하기 위해 조직된 학교라고 불리는 공식적인 기관을 통제하는가?" 하는 것과 관련되어 있다. 즉 누가 교육을 받고, 무엇을 가르치며, 누가 아동들을 교육하는 과정을 통제할 것인가를 결정하고 정책을 개발하는 것과 관련되어 있다(Cooper et al., 2004). 이와 비슷한 맥락에서, 주삼환(2007)은 지배구조나 통치구조 등 구조에 초점을 맞추는 형태에서 벗어나 교육거버넌스는 결정구조와 사람, 결정의 종류나 내용, 그리고 결정과정이나 결정 방식 등을 포함한 개념이어야 한다고 주장한다. 따라서 교육거버넌스는 중앙정부와 지방정부, 그리고 단위학교 수준에서 수많은 참여자들 간의 관계망 속에서 통치와 권력 작용의 형태로 전개된다(신현석, 2010).

안기성(1999)에 따르면, 거버넌스는 교육활동에 있어서 핵심적인 근간이고 기반이 되는 개념이다. 교육은 단순히 개인적인 묵상, 수행의 과정이 아니라 가르치는 자와 배우는 자 사이의 상호작용의 과정이며, 특히 현대의 공교육은 국가, 사회의 관리 대상이기 때문에 자연스럽게 거버넌스 체계가 형성된다. 거버넌스가 정부 혹은 중앙에 의해 주도적으로 형성된 경우에는 일방적인 통치체계나 지배체계를 가리키기 때문에 통치행위 차원이 아닌 경우에는 별다른 관심의 대상이 되지 못하였다. 하지만 교육 정책이나 제도들이 정부에 의해 일방적으로 주도되거나 결정되지 않고 관련 당사자들의 참여나 협력 가운데 형성·수행되는 경우, 관련 당사자들의 상호작용은 매우 중요하며, 이들 사이의 관계나 협력은 교육 정책의 성공을 위해 매우 중요하다. 따라서 교육활동 수행을 위한 거버넌스에 대한 이해나 관리는 교육 담당자들의 핵심적인 과업이 되고 있다(Sergiovanni, 1980; 김병찬, 2010).

나. 거버넌스의 구성 요소

대표적인 거버넌스의 구성 요소로서 참여자, 목적, 자원, 역할 또는 기능을 들 수 있다(홍봉수, 2005: 12-17).

참여자(Participants)

가장 먼저 거버넌스의 주요한 구성 요소로서 참여자를 들 수 있다. 거버넌스는 협력과 협업, 시스템적인 운용을 기반으로 하고 있다. 따라서 이러한 과정을 수행하는 주체가 필요한데, 이러한 주체를 전문적인 용어로 참여자라고 한다. 국가 거버넌스건, 기업 거버넌스건 아니면 사회복지 거버넌스건 간에 무조건 이를 수행하고 집행하며, 서로 지원하는 집단이 필요하며, 개별적으로 움직이는 것이 아니기에 조직적인 참여자의 존재가 요구된다.

거버넌스 참여자에는 능동적인 참여자와 수동적인 참여자, 주된 참여자와 종된 참여자, 협력적인 참여자와 비협력적인 참여자 등으로 나뉘게 되는데, 각각의 거버넌스가 가진 상황에 따라서 이러한 종류의 차별성이 드러나게 된다.

원칙적으로 거버넌스의 참여자는 능동적이며, 주적인 모습을 나타낸다. 하지만 상황에 따라서 거버넌스의 관계성에 방해가 되거나 또는 상호 배치, 갈등관계, 대립관계 등을 형성하는 참여자가 발생하며, 이러한 참여자는 거버넌스의 효율성과 목적 달성을 위한 노력에 방해 및 지연되는 상황이 초래될 수 있다.

목적(Objects)

거버넌스의 두 번째 구성 요소로서 목적이 존재해야 한다. 목적은 어떠한 일이나 과업, 또는 과제를 달성하고자 하는 대상을 의미하는데, 목적이 분명하지 않는 상황에서 이뤄지는 모든 일들이 실패하거나 아니면 제대로 그 결실을 거두기가 어렵다. 거버넌스의 목적이 명확하지 못할 경우, 해당 거버넌스의 모든 작업과정이 빠르게 진행되기 어려우며, 구성원 또는 참여자들 간에 심각한 갈등이나 충돌이 발생할 가능성이 크다. 목적의 명확화를 위해서는 거버넌스의 주체자가 이에 대한 계획을 마련하여 사전에 계획된 바에 따라서 시스템적으로 과정을 진행해야 할 필요성이 크다.

거버넌스의 목적은 정당성과 효율성, 체계성, 그리고 상황에 대한 가변적 수정의 가능성을 같이 가지고 있어야 한다. 효율성이 떨어지는 목적을 달성하기 위해서는 많은 자원을 투입해야 한다는 문제가 발생한다. 또한 체계성이 없거나 상황에 따라서 변경이 어느 정도까지 가능하지 못한 목적은 그에 따르는 희생이나 자원의 추가적인 투입, 목표한 결과물의 미성취, 미달성 등을 감수해야 하는 어려움이 있다.

자원(Resources)

거버넌스의 과정상 투입되는 모든 인적, 물적, 시간적 내용들이 거버넌스의 자원이다. 거버넌스의 자원은 주로 인적 자원이 위주가 되며, 여기에 부수적으로 물적인 자원이 투입된다. 거버넌스의 모든 구성 요소는 반드시 효율성을 바탕으로 활용되거나 운용되어야만 한다. 가용자원의 한계성이 존재하기 때문에 임기응변식으로 활용 가능한 모든 자원을 투입하는 미계획성을 보여서는 안 되며, 장기적인 안목으로 꾸준한 자원투입이 가능하도록 해야만 한다.

자원을 투입하기 위해서는 자원의 확보 가능성에 대한 파악이 선행되어야 한다. 좋은 거버넌스 수행의 계획을 수립한다 하더라도 이를 뒷받침 할 수 있는 수준의 충분한 자원을 확보하지 못한다면 제대로 업무를 진행할 수 없다.

예를 들어, 공공 거버넌스의 경우에 공공의 업무를 위해 투입하기 위한 자원을 확보해야 하는데 그 과정에 있어서 조세행정시스템을 활용하지 못함으로 인해 조세징수가 필요한 만큼 되지 않는다면 결과적으로 공공 거버넌스의 수행이나 효율성, 결과를 약화시키는 작용을 할 수밖에 없다.

기능과 역할(Function and Roles)

마지막으로 거버넌스의 기능과 역할이 있다. 거버넌스의 목적 못지않게 중요한 구성요소인데 어떻게 작용을 하며, 이러한 작용을 통해서 드러나는 기능과 역할의 문제가 주된 내용이다. 거버넌스의 기능에 대해서는 각각의 학자들마다 주장이 다르기 때문에 통합적으로 정리된 내용만을 가지고 이를 파악할 수밖에 없다.

거버넌스의 기능과 역할은 사전에 설정된 목적과 이를 수행하는 참여자들, 그리고 이를 지원하기 위한 자원을 통합적으로 운용하여 결과물을 얻어낼 수 있도록 하는 프로세스를 의미한다. 프로세스(Process)로서의 기능과 역할이기 때문에 당연히 체계성을 가지고 있어야 하며, 각각의 거버넌스가 가지는 특징을 명확하게 담아내어야 한다는 전제조건이 따른다.

2. 국가 수준의 교육거버넌스

우리나라의 교육정책 결정 및 집행과정에 주체로 참여하는 공식적 참여자에는 대통령, 입법부, 사법부 등이 있다. 대통령은 입법, 사법, 행정을 불문하고 가장 큰 영향력을 행사하고 있다. 우리나라에서는 강력한 전문가집단인 청와대비서실이 대통령을 보좌하고 있고, 정책과정이 선진국에 비해 상대적으로 단순하기 때문에 정책과정에 대한 대통령의 지배력은 상당히 크다. 입법부는 행정국가화 현상이 나타나면서부터 정책과정에서 그 기능이 약화되는 측면도 있지만, 정책과정에 국민의 의사를 반영하는 장치로서 ① 정책의 제형성에 대한 민의반영 기능, ② 법률 혹은 예산의 형태로 정책을 결정하는 기능, ③ 정책집행에 대한 통제와 감시기능, ④ 결산을 통한 정책 평가 기능 등을 수행한다. 행정기관과 관료들은 행정활동이 전문화, 복잡화되면서 그 중요도가 커지게 되었고, 교육정책 전반에 걸쳐 상당한 영향력을 행사하고 있다. 사법부는 법률심사권 법령해석권 등을 통해 정책에 참여하는데, 어떤 사안에 대해 사법적 판단을 하는 방식으로 정책의 집행을 촉진하거나, 방해할 수 있으며, 때로는 정책집행을 무효화시킬 수도 있다. 이러한 공식적 참여자들 외에도 특정한 이익을 공유하는 자들의 자발적 조직인 이익집단(interest group), 정권의 획득을 목표로 하는 정치조직인 정당, 정부기관에 소속되지 않은 상태로 정책에 대해 참신하고 객관적인 아이디어를 제시하는 전문가 집단, 뉴스보도를 통해 특정 이슈에 대한 관심을 불러일으킴으로써 정책과정에 작용하는 대중매체와 일반 국민 등이 비공식적 참여자로서 정책과정에 참여한다. 여기서는 공식적 참여자들 중 대통령과 행정부, 입법부와 사법부를 중심으로 살펴본다.

가. 대통령과 행정부

대통령은 교육정책 결정의 합법적인 최고 권력 주체로 교육부의 교육정책 결정에 대하여 최종적인 결정권을 행사한다. 그러나 이보다 더 중요한 대통령의 역할은 직접 교육정책 결정체제를 구성하고 변화시킬 수 있는 권한을 가지고 있다는 점이다. 구체적으로 대통령은 지시를 통해 교육정책 의제 설정에 영향을 미치며, 교육 관련 자문기구의 구성과 그에 대한 권한 부여, 정책 결정 과정에서의 자문기구와 교육부의 역할 분담과 상화작용, 기관들 사이에 이견이 발생할 경우의 최종적인 조정, 선택에 이르기까지 상당한 권한을 행사할 수 있다. 이와 함께 대통령은 인사권을 가지고 있다. 즉, 교육부 장관과 차관, 교육 자문기구의 구성, 대통령 비서실 등의 구성에 관한 인사권 행사를 통해 교육 정책 결정에 간접적으로 영향을 미칠 수 있다(안선회, 2004).

교육거버넌스와 가장 직접적으로 관련된 행정부의 부서는 교육부이다. 교육부는 교육 · 사회 · 문화 분야 정책의 총괄 · 조정, 인적 자원개발정책, 학교교육 · 평생교육 및 학술에 관한 사무를 관장하며(교육부와 그 소속기관 직제, 대통령령 제26410호. 제3조), 그 장인 교육부장관은 인적 자원개발정책, 학교교육 · 평생교육, 학술에 관한 사무를 관장한다(「정부조직법」 제28조). 교육부 장관이 관장하는 이 세 가지는 인적 자원, 교육과 학술에 관한 모든 것이라고 하여도 과언이 아니다(주삼환, 2007).

물론 2012년 「초 · 중등교육법」의 개정을 통해 그동안 논란이 되었던 이른바 교육부 장관의 포괄적 장학권이 폐지되었지만, 교육부 장관은 학교에 재학 중인 학생을 대상으로 학업성취도를 측정하기 위한 평가를 할 수 있다(「초 · 중등교육법」 제9조 제1항). 또한 교육행정을 효율적으로 수행하기 위하여 특별시 · 광역시 · 특별자치시 · 도 · 특별자치도 교육청과 그 관할하는 학교를 평가할 수 있고(「초 · 중등교육법」 제9조 제2항), 교육과정의 기준과 내용에 관한 기본적인 사항을 정하는 권한을 가지고 있다(「초 · 중등교육법」 제23조 제2항). 또한 일선 학교에서는 국가가 저작권을 가지고 있거나 교육부장관이 검정하거나 인정한 교과용 도서를 사용해야만 한다(「초 · 중등교육법」 제29조 제1항).

이러한 기본적인 법령 등에 의한 영향력 행사와는 별도로, 교육부는 교육정책의 주무 부서로서 교육정책관련 의제 설정, 정책 형성, 정책 집행, 정책 평가 등 정책과정 전반에 걸쳐서도 큰 영향력을 행사한다. 특히, 교육부 내의 행정 관료들은 정책 결정 이후에 이루어지는 정책 집행 과정과 세부적인 정책 결정에 큰 영향력을 행사하고 있으며, 이들이 가진 전문적 지식과 기술, 정보의 독점, 그리고 행정조직의 계속성과 장기적인 재직 등으로 인해 그 영향력은 더욱 커지고 있다(안선회, 2004).

나. 입법부

법치국가에 있어서 법률은 모든 국가작용의 근거가 되며, 우리나라에서 국가작용의 근거가 되는 이러한 법률의 제·개정 및 폐지를 담당하는 기관은 국회이다. 국회의 가장 중요하고 본질적인 역할이 법률의 제·개정 및 폐지이지만, 법률로 확정되지 않은 사안이라고 하더라도 예산안 심의, 결산심사, 기금 심사권 등을 통해 행정부 및 지방자치단체에 영향력을 행사하며, 교육 분야의 거버넌스에 영향을 미친다.

이를 보다 자세하게 살펴보면, 국회는 크게 입법, 재정, 일반국정 및 외교 등에 관한 역할과 권한을 수행한다.

〈표 10-3〉 **국회의 역할과 권한**

입법에 관한 권한	헌법 개정안 제안 및 의결권, 법률 제정 및 개정권, 조약 체결 및 비준 동의권
재정에 관한 권한	예산안 심의, 결산 심사, 기금 심사권, 재정입법권
일반 국정에 관한 권한	국정감사 및 조사권, 헌법기관 구성권, 탄핵소추권
외교에 관한 권한	초청 외교 활동, 방문 외교 활동, 국제 회의 참석

출처: http://www.assembly.go.kr/views/cms/assm/assembly/asswork/

먼저, 입법에 관한 권한으로서, 국회는 「헌법」 개정안 제안 및 의결권을 가지고 있다. 이는 규정된 개정 절차에 따라 특정 조항을 수정·삭제하거나 새로운 조항을 추가하여 헌법의 형식이나 내용에 변경을 가하는 것으로, 「헌법」 개정에 대한 국민적 합의의 가능성을 높이고자 하는 것이다. 이와 함께 국회는 가장 중요하고 본질적인 권한인 법률의 제정 및 개정권을 가지고 있다. 법치국가에 있어서 법률은 모든 국가작용의 근거가 되기 때문이다. 국회에서 이루어지는 입법 절차는 다음과 같다.

- 법률안의 제안: 국회의원이 법률안을 제출하려면 10인 이상의 찬성을 얻어 발의해야 한다. 정부가 법률안을 제출하려면 국무회의의 심의를 거쳐 대통령이 서명을 하고,

국무총리와 관계 국무위원이 부서하여 제출한다.

- 법률안의 심의와 의결: 국회의장은 법률안이 발의 또는 제출되면 이를 인쇄하여 의원에게 배부하고, 본회의에 보고한 후(폐회, 휴회 등으로 보고할 수 없을 때에는 생략) 소관 상임위원회에 회부하여 이를 심사하게 한다. 소관 상임위원회에서는 회부된 법률안에 대하여 위원회 상정 → 제안자 취지 설명 → 전문위원 검토보고 → 대체토론 → 소위원회 심사 보고 → 축조 심사 → 찬반 토론 → 의결의 순서로 심사를 한다. 소관 상임위원회의 심사를 마친 법률안은 법제사법위원회에 회부되어 체계 및 자구심사를 거치며, 그 후 본회의에 부의된다. 본회의에 붙여진 법률안 의결은 재적의원 과반수의 출석과 출석의원 과반수의 찬성으로써 한다. 다만, 정부조직에 관한 법률안, 조세 또는 국민에게 부담을 주는 법률안 등 주요 의안에 대해서는 당해 안건의 본회의 상정 전이나 상정 후 재적의원 4분의 1 이상의 요구가 있으면 의원 전원으로 구성되는 전원위원회의 심사를 가친다.
- 법률안의 정부에의 이송: 법률안이 본회의에서 의결되면 정부에 이송된다. 정부가 그 법률안에 대하여 이의를 가지지 아니하면 국무회의의 심의를 거쳐 대통령이 이에 서명하고 국무총리와 관계 국무위원이 부서한다. 이로써 법률안은 법률로써 성립한다.
- 대통령의 거부권행사와 국회의 재심: 정부에 이송된 법률안에 대하여 이의가 있으면 대통령은 법률안이 이송된 날로 부터 15일 이내에 이의서를 붙여 국회에 환부하고 재의를 요구할 수 있다. 환부거부된 법률안은 구회에서 재의에 붙여지고 재적의원 과반수의 출석과 3분의 2 이상의 찬성으로 재의결되면 법률로서 확정된다.
- 법률의 성립과 공포: 대통령은 법률안이 정부에 이송된 날로부터 15일 이내에 공포하여야 한다. 대통령이 15일 이내에 공포나 재의의 요구를 하지 아니한 때에도 그 법률안은 법률로서 확정된다.
- 법률로서의 효력발생: 법률에 특별한 규정이 없는 한 법률안은 공포한 날로부터 20일을 경과함으로써 효력을 발생한다.

또한 국회는 조약 체결 및 비준 동의권을 가지고 있다. 국회가 조약의 체결·비준에 대한 동의권을 행사하는 것은 조약이 국민의 권리·의무와 국가 재정에 상당한 영향을 미칠 뿐 아니라 국내법과 동일한 효력을 가지므로 이에 대한 국민적 합의를 형성하기 위한 것이며, 상호원조 또는 안전보장에 관한 조약, 중요한 국제조직에 관한 조약, 우호통상항해조약, 주권의 제약에 관한 조약, 강화조약, 국가나 국민에게 중대한 재정적 부담을 지우는 조약 또는 입법사항에 관한 조약의 체결·비준에 대한 동의권을 가지고 있다.

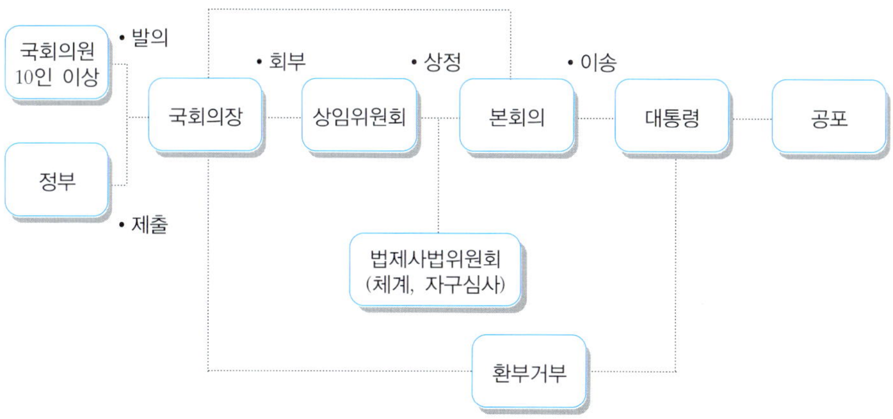

[그림 10-1] 국회에서의 입법절차

재정에 관한 권한으로는 예산안 심의와 결산심사권을 가지고 있다. 예산은 국민의 부담인 조세를 전제로 하고 있으며, 규모가 방대하고 다양한 국가기능을 수행하여 국민경제 전체에 미치는 영향이 지대하다. 따라서 국회가 예산안을 심의·확정하는 것은 예산결정과정에 국민의 의사를 반영하는 것이며, 국가의 중대한 재정작용을 적절히 통제하여 그 효율성과 질을 제고하기 위한 것이다. 또한 국회는 결산심사를 통해 정부의 예산집행에 대한 정치적 책임을 밝히고, 장래의 재정계획과 그 운영에 중요한 자료를 제공한다. 또한 국회는 기금심사권과 재정입법권을 가지고 있다. 기금은 국가가 특정한 목적을 위하여 특정한 자금을 운용할 필요가 있을 때 법률에 의하여 설치하고, 세입·세출예산에 의하지 아니하고 운용할 수 있는 자금으로 국회는 기금운용계획안과 기금결산에 대한 심사권을 가지고 있다. 이와 함께 재정입법권을 통해 조세법률주의에 따라 조세의 종류와 세율뿐 아니라 과세대상, 과세표준, 납세의무자, 납세의무의 한계 등을 법률로써 규정하고 있다.

일반 국정에 관한 권한으로는 국정감사 조사권을 가지고 있다. 국회는 국정감사·조사를 통해 국정운영의 실태를 정확히 파악하고 입법과 예산심의를 위한 자료를 수집하며 국정의 잘못된 부분을 적발·시정함으로써 입법·예산심의·국정통제 기능의 효율적인 수행을 도모한다. 국정감사는 「국정감사 및 조사에 관한 법률」 개정(2012.3.21)에 따라 매년 정기회 집회일 이전에 감사시작일로부터 30일 이내의 기간을 정하여 감사를 실시하며, 재적의원 4분의 1 이상의 요구가 있을 때 특별위원회 또는 상임위원회로 하여금 국정의 특정사안에 관하여 조사를 시행할 수 있다. 이와 함께 국회는 대법원장, 헌법재판소장, 국무총리, 감사원장, 대법관 임명동의권, 헌법재판소 재판관(3인), 중앙선거관리위원회 위원(3인)을 선출하는 헌법기관 구성권과 대통령, 국무총리, 국무위원, 행정각부의 장, 헌법재판소 재판관, 법관, 중앙선거관리위원회 위원, 감사원장, 감사위원 및 기타 법률이 정한 공무원에 대한 탄핵소추권도 가지고 있다.

끝으로, 외교에 관한 권한으로는 외국 의회 주요 인사를 공식 초청하여 상호 간의 이해증진 및 협력강화를 목적으로 하는 초청 외교활동, 의회 차원의 협력강화 및 외교 현안문제 해결을 위해 상대국을 방문하여 외교목적을 달성하는 방문 외교 활동 및 국제회의 참석이 있다.

그러나 국회의 가장 중요한 역할이자 권한인 법률 제정 및 개정 등 입법활동이지만, 복지국가 이념 및 행정현상의 복잡다기화 내지 전문화에 따라 입법수요 내지 입법내용에 관한 정보를 주로 행정부가 소유함에 따라 입법에서의 행정부의 역할이 증대되고 있다. 행정부는 하위법령의 입법을 지연시켜 법률의 시행을 사실상 연기하거나 저지할 수도 있으며, 의원입법보다 정부입법이 압도적 다수를 차지하고 있다.

다. 사법부

사법부는 법률 심사와 법령 해석 등을 통해 입법부와 행정부를 견제하고, 정책 집행 및 거버넌스 과정에 참여한다. 법원은 어떤 사안에 대해 사법적 판단을 하는 방식으로 정책의 집행을 촉진하거나, 방해할 수 있으며, 때로는 정책집행을 무효화시킬 수도 있다. 헌법재판소와 법원으로 대표되는 사법부의 역할 및 권한은 〈표 10-4〉와 같다.

〈표 10-4〉 **사법부의 역할과 권한**

헌법재판소	위헌법률심판권, 탄핵심판권, 권한쟁의심판권, 헌법소원심판권, 정당해산심판권
법원	쟁송재판권, 명령규칙심사권

출처: 「헌법재판소법」(법률 제12897호)

먼저 헌법재판소는 위헌법률심판권, 탄핵심판권, 정당해산심판권, 권한쟁의심판권과 헌법소원심판권을 가지고 있다. 위헌법률심판권은 법률이 「헌법」에 위반하는지 여부를 심판하는 권한으로 국회의 입법권에 대한 견제장치가 된다. 이는 법원의 직권으로 또는 당사자의 신청에 의한 법원의 결정으로 재판의 전제가 된 법률이나 법률 조항의 위헌 여부에 관하여 헌법재판소에 신청하는 것으로, 위헌으로 인정되는 경우 법률은 그 효력을 상실하게 된다(「헌법재판소법」 제41조). 탄핵심판권은 국회가 「헌법」과 「국회법」에 따라 대통령, 국무총리, 국무위원 등의 공무원이 그 직무집행에서 「헌법」이나 법률을 위반하였다고 탄핵 소추를 의결한 경우 이를 심판하는 것을 말한다(「헌법재판소법」 제48조). 권한

쟁의심판은 국가기관 상호 간, 국가기관과 지방자치단체 간 및 지방자치단체 상호 간에 권한의 유무 또는 범위에 관하여 다툼이 있을 때에는 해당 국가기관 또는 지방자치단체가 권한쟁의심판을 청구할 경우 심판의 대상이 된 국가기관 또는 지방자치단체의 권한의 유무 또는 범위에 관하여 판단하는 것을 말한다(「헌법재판소법」 제61조). 헌법소원심판권은 국가의 공권력 행사 또는 불행사로 인하여 「헌법」 상의 기본권을 직접 침해당한 자가 헌법재판소에 그 구제를 청구하는 제도이다(「헌법재판소법」 제68조). 끝으로 정당해산심판권은 정당의 목적이나 활동이 민주적 기본질서에 위배된다고 정부가 판단하는 경우 국무회의를 거쳐 정당 해산심판을 청구하는 경우 이를 심판하는 것을 말한다(「헌법재판소법」 제55조).

이러한 권한을 통해 헌법재판소도 사법권을 행사하고 있지만, 실질적인 의미의 사법권은 법원이 행사하고 있다. 실질적인 의미의 사법권에 해당하는 법원의 대표적인 역할과 권한에는 쟁송재판권과 명령규칙심사권이 있다(표시열, 2007). 법적 쟁송에 관한 재판권은 민사재판권, 형사재판권, 행정재판권, 특허재판권과 선거쟁송재판권을 내용으로 하며, 이들 중 행정 법규의 적용이나 공법상의 법률관계에 관한 분쟁을 해결하는 행정재판권은 주로 행정기관의 정책이나 집행에 영향을 미친다(표시열, 2007; 이종재 외, 2012). 또한 법원은 법규 명령 및 국민에 대하여 일반적 구속력을 가지는 것으로 법규명령과 같은 효력을 가지는 국회규칙, 대법원규칙, 헌법재판소규칙, 중앙선거관리위원회규칙 등과 같은 규칙, 그리고 지방자치단체의 조례와 규칙이 「헌법」이나 법률에 위반되는 여부가 재판의 전체가 되는 경우 대법원이 최종적으로 심사할 권한을 가지고 있다(표시열, 2007).

사법부가 교육제도, 정책 변화에 영향을 미친 사례

- 국 · 공립대 졸업생의 교사 우선 임용 위헌 판결(헌재 1990. 10. 8. 89헌마89)
  - 1953년 「교육공무원 임용령」을 제정하면서부터 국 · 공립 사범대학 및 교육대학 졸업자를 우선 채용
  - 헌법재판소에 의하여 1990년 10월에 국립 사대/교대 졸업자 우선채용에 대한 위헌결정 & 1991년부터 공개경쟁(교육공무원임용후보자선정경쟁시험) 전형으로 전환
  - "국 · 공립사범대학 출신자를 교육공무원인 국 · 공립학교 교사로 우선하여 채용하도록 규정한 「교육공무원법」 제11조 제1항은 사립사범대학졸업자와 일반대학의 교직과정이수자가 교육공무원으로 채용될 수 있는 기회를 제한 또는 박탈하게 되어 결국 교육공무원이 되고자 하는 자를 그 출신학교의 설립주체나 학과에 따라 차별하는 결과가 되는 바, 이러한 차별은 이를 정당화할 합리적인 근거가 없으므로 헌법상 평등의 원칙에 어긋난다."
- 과외 금지 위헌 판결(헌재 2000. 4. 27. 98헌가16)
  - 정의 사회 구현을 캐치프레이즈로 내걸고, 서민층의 지지를 얻기 위한 유화 정책으로 1980년 7월 30일, 전격적으로 과외를 전면 금지 시행

- 1989년 2월 대학생 과외 전면 허용 & 대학생이 아닌 일반인은 여전히 과외 금지
- 2000년 4월 27일. 헌법재판소는 과외 금지 조치에 대해 위헌 판결
- "부모는 자녀의 교육에 관하여 전반적인 계획을 세우고 자신의 인생관 · 사회관 · 교육관에 따라 자녀의 교육을 자유롭게 형성할 권리를 가지며, 부모의 교육권은 다른 교육의 주체와의 관계에서 원칙적인 우위를 가진다. 자녀의 양육과 교육에 있어서 부모의 교육권은 교육의 모든 영역에서 존중되어야 하며, 다만, 학교교육에 관한 한, 국가는 「헌법」 제31조에 의하여 부모의 교육권으로부터 원칙적으로 독립된 독자적인 교육권한을 부여받음으로써 부모의 교육권과 함께 자녀의 교육을 담당하지만, 학교 밖의 교육영역에서는 원칙적으로 부모의 교육권이 우위를 차지한다."

• 임용 지역가산점 관련 판결(헌재 2014. 4. 24. 2010헌마)
- "구 「교육공무원법」 제11조의2 [별표2]에서 인정되는 각종 가산점은 제1차 시험성적의 10% 범위에서만 부여할 수 있고, 임용권자로서는 다른 가산점을 고려하여 지역가산점을 부여해야 하므로 지역가산점을 제한된 범위 내에서 부여할 수밖에 없는 점, 이 사건 지역가산점을 받지 못하는 불이익은 그런 점을 알고도 다른 지역 교대에 입학한 것에서 기인하는 점, 노력 여하에 따라서는 가산점의 불이익을 감수하고라도 수도권 지역에 합격할 길이 열려 있는 점 등에 비추어, 이 사건 지역가산점규정이 과잉금지원칙에 위배되어 다른 지역 교대출신 응시자들의 공무담임권, 평등권을 침해한다고 볼 수 없다."

• 경력 교사의 임용 지역가산점 관련 판결(헌재 2004. 1. 29. 2002헌마778)
- "지역가산점은 1995. 6. 8. 개정된 교육공무원임용후보자선정경쟁시험규칙 제8조 제3항 제1호의 규정에 의거하는 부가점수로서, 농어촌 · 도서지역의 교사들의 대도시로의 이동을 억제하기 위해 마련된 교원경력자와 비경력자에 대한 지역가산점에서의 차별은 농어촌, 도서벽지 등 전국 모든 지역 초등교육의 균형발전이라는 공익에 비추어 볼 때 개인의 기본권에 대한 과도한 제한으로 볼 수 없다. 지역가산점은 교육대 졸업자의 경우에 맨 처음 동일지역 신규임용 시험에 응시할 경우 누구에게나 주고 있기 때문에 최초 시험에 합격하여 임용된 후, 본인의 귀책사유로 교직을 사직하고 재응시할 때 일부 가산점 부여를 제한하는 것은 평등권을 침해하였다고 할 수 없으며, 교원으로 이미 임용되어 근무함으로써 공무담임권을 행사한 자가 대도시지역 근무를 위해 사직하고 다시 응시할 경우에 가산점을 제한하는 것이므로 공무담임권을 침해하였다고 볼 수 없다."

3. 지방 수준의 교육거버넌스

한 국가 내에서 이루어지는 교육이라 하더라도 지역별로 교육의 여건과 상황이 다르기 때문에 각 지역의 특성에 부합하는 교육을 실시하고 교육제도의 영위과정에 지역주민이 참여하여 그 의사가 반영될 수 있도록 하는 것이 중요하다(이종재 외, 2012). 이러한 측면에서 교육행정의 지방분권을 통해서 주민의 참여의식을 높이고, 각 지역의 특수성을

고려하여 교육정책을 수립 · 시행함으로써 지방교육 발전을 도모하기 위해 1991년부터 본격적으로 지방교육자치제도가 실시되고 있다.

지방교육자치제도의 원리

- 지방분권의 원리
  - 중앙정부에 의한 획일적 통제와 처리를 지양하고 지방의 실정에 부합되는 교육정책을 수립하고 집행하기 위한 원리
- 민중통제의 원리
  - 주민의 뜻을 반영하여 교육정책을 결정한다는 것을 의미하며, 궁극적으로는 대의 민주정치의 이념과 상통하는 원리
- 일반 행정으로부터의 분리 독립의 원리
  - 지방교육행정의 인사와 재정에 대한 지방자치단체의 부당한 개입과 간섭으로부터 보호하고 교육 사업의 특수성을 보장하기 위한 방편
  - 교육 사업의 특수성을 인정하고 그 자주성과 정치적 중립성을 보장하기 위하여 교육행정을 일반 행정으로부터 분리 독립시켜야 한다는 원리
- 전문적 관리의 원리
  - 교육 활동의 본질과 특수성에 대한 이해를 가지고 복잡다기한 교육행정 기술면의 훈련을 쌓음으로써 교육 활동을 효과적으로 관리할 수 있는 전문적인 지도 역량을 가진 인사들의 손으로 교육행정 활동이 운영되어야 한다는 원리

한편, 지방자치단체와의 협력적 운영의 필요성이 증대함에 따라 지방 교육의 운영 조직에 대한 통합 분리 논쟁을 뛰어넘어 일반 행정에 대한 개방과 연계, 협력을 강조하는 형태로 일반 행정으로부터의 분리 독립 원리의 재검토를 주장하는 관점도 존재한다.

출처: 이종재 외(2012). 한국교육행정론. 서울: 교육과학사. pp.250-257.

그러나 짧은 역사로 인해 그동안 지방교육자치제에 대한 논의는 주로 제도와 구조의 측면에서 접근이 이루어졌다. 즉, '누가 통치하는가?'에 대한 관심이 집중되었고(박봉수, 2007), 이와 관련하여 공권설적인 관점에 입각한 행정학계와 조건정비설적인 관점에 입각한 교육학계 간에 지방교육의 권한을 놓고 분리와 통합에 대한 논쟁이 이루어졌다.

이러한 논쟁은 관련 법령에서도 그대로 찾아볼 수 있다. 「지방자치법」 제9조는 지방자치단체의 사무범위를 제시하고 있는데, 여기에 따르면 지방자치단체는 교육 · 체육 · 문화 · 예술의 진흥에 관한 사무를 담당한다. 구체적으로, 지방자치단체는 유아원 · 유치원 · 초등학교 · 중학교 · 고등학교 및 이에 준하는 각종 학교의 설치 · 운영 · 지도를 하고, 도서관 · 운동장 · 광장 · 체육관 · 박물관 · 공연장 · 미술관 · 음악당 등 공공교육 · 체육 · 문화시설의 설치 및 관리에 관한 사무를 담당한다. 다만 사무의 범위는 법률에 이와 다

른 규정이 있으면 달리 정할 수도 있다(이법 제9조 제2항 단서).

한편, 지방자치단체의 종류는 이른바 시와 도 그리고 시 · 군 · 구 두 가지 종류로 구분된다(이법 제2조). 의결기구로서 지방의회, 집행기관으로서 지방자치단체의 장(시 · 도지사), 지방자치단체의 보조기관(부지사, 부시장, 부군수, 부구청장), 지방자치단체 소속 행정기관(직속기관, 사업소, 출장소, 합의제 행정기관, 자문기관), 하부행정기관(비자치구의 구청장, 읍장, 면장, 동장), 그리고 교육 · 과학 및 체육에 관한 기관을 두고 있다. 즉, 「지방자치법」 제121조는 지방자치단체의 교육 · 과학 및 체육에 관한 사무를 분장하기 위하여 별도의 기관을 두도록 했으며, 그 기관의 조직과 운영에 관하여 필요한 사항은 따로 법률로 정한다고 하였다. 교육자치를 지방자치의 일환으로 보는 일반 지방자치론자들은 121조를 근거로 제정된 법률이 지방교육자치에 관한 법률이라고 해석한다. 실제로 「지방교육자치에 관한 법률」 제2조(교육 · 학예사무의 관장) 역시 "지방자치단체의 교육 · 과학 · 기술 · 체육 그 밖의 학예(이하 교육 · 학예)에 관한 사무는 특별시 · 광역시 및 도(이하 시 · 도)의 사무로 한다."하여 지방자치단체의 관장 사무임을 밝히고 있다.

동시에, 교육의 자주성 및 전문성과 지방교육의 특수성을 살리기 위하여 지방자치단체의 교육 · 과학 · 기술 · 체육 그 밖의 학예에 관한 사무를 관장하는 기관의 설치와 그 조직 및 운영 등에 관한 사항을 별도로 규정하는 지방교육자치에 관한 법률은 교육 · 학예에 관한 사무는 교육감이 담당하는 것으로 명시하고 있다(「지방교육자치에 관한 법률」 제18조). 한마디로 교육감 및 시 · 도교육청은 그 자체가 법인격을 갖는 지방자치단체(시 · 도와 시 · 군 · 구 2종뿐임)가 아닌 교육 · 학예에 관한 지방자치단체(시 · 도)의 집행기관이다. 그렇다고 교육감이 지방자치단체의 보조기관, 소속행정기관, 하부행정기관 등이 아님은 「지방자치법」이 명확하게 구분하여 규정하고 있다.

사무의 범위를 법률로 달리 정할 수 있는 규정(「지방자치법」 제9조2항 단서)과 교육 · 과학 및 체육에 관한 사무분장 별도 기관 규정(「지방자치법」 제121조)에 근거하여, 「지방교육자치에 관한 법률」은 교육 · 학예(교육 · 과학 · 기술 · 체육 그밖의 학예)에 관한 사무를 관장하는 기관으로서 교육감 제도를 두고 있다. 관장한다 함은 집행기관이라는 의미이다. 즉, 지방자치단체에 있어서 교육 · 학예 업무에 대하여는 시 · 도지사라는 집행기관은 배제된다는 의미이다.

이들 규정에 따르면, 지방자치단체의 교육 · 학예에 관한 사무는 교육감의 권한이 되며, 지방자치단체 집행기관인 시 · 도지사는 이들 영역에 대한 권한이 없지만, 지방 정부는 집행기관의 예산안 제출과 의결기관인 지방의회를 통하여 담배소비세 및 특별시 · 광역시 · 도세의 일정 부분을 교육비특별회계로 전출해야 하는 등 시 · 도의 교육 · 학예 영역에 상당한 기여를 하고 있는 것도 사실이다. 일반 지방자치론자들 사이에서는 시 · 도의 교육 · 학예에 영역에 대한 시 · 도지사의 권한과 역할 강화가 이루어져야 한다는 주장들도 제기되기도 한다.

한편, 과거에 교육위원회는 지방의회와 구분된 별도의 심의 · 의결 기구였으나, 현재는 지방의회에 소속된 상임위원회로 존재하고 있다. 따라서 교육감은 종적으로는 당해 시 · 도의 유 · 초 · 중등학교들을 지원하는 동시에 중앙정부와 상호작용을 해야 한다. 횡적으로는 시 · 도지사 및 시 · 도의회의 협력을 이끌어 내야 하는 동시에 그들로부터 견제를 받을 수도 있는 위치에 있다(이종재 외, 2012).

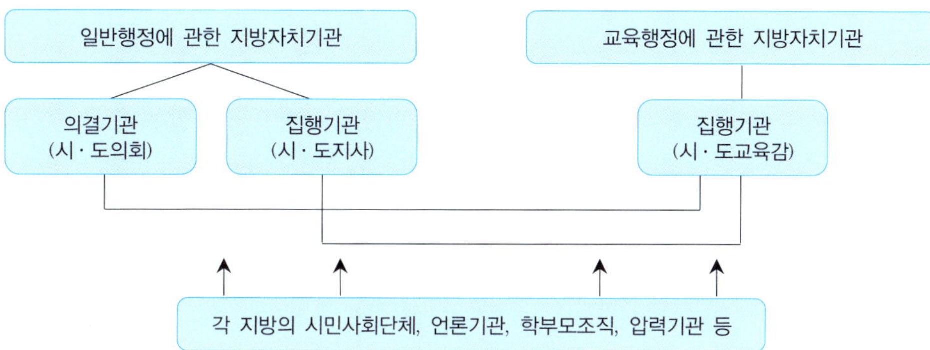

출처: 이종재 외(2012). p.248.을 토대로 수정함
제주특별자치도의 경우만 도의회 내 교육의원 5인제(교육위원회 과반수)를 둠

[그림 10-2] 지방 수준의 교육거버넌스와 주요 행위 주체

다만, 주목할 만한 부분은 과거에는 지방의회 위임형 의결기구로서 존재하던 교육위원회(교육위원으로 구성)가 있어서 교육전문가에 의하여 교육감을 견제하는 역할을 하였는데, 이중심의와 효율성이 떨어진다는 지적에 따라 폐지되고 지방의회 내 상임위원회로서 교육위원회만 남게 되었다. 대신 교육전문가에 의한 견제 필요성을 인정하여 이번에는 지방의원의 일종으로서 시 · 도별로 교육 · 행정경력자만이 입후보하여 당선되는 교육의원제도를 두게 되었고 그 수는 지방의회 내 교육위원회 위원의 과반수를 선출했다. 이른바 주민통제의 원리와 전문적 관리의 원리를 조화시킨 조치로 평가받기도 한다.

이 교육의원제도는 2006년 제주특별자치도의 실시와 더불어 전국에서 가장 먼저 실시되었고, 2010년에는 16개 시 · 도로 확산되기도 했다. 그러나 2014년부터 제주특별자치도를 제외한 16개 시 · 도에서는 교육의원제도를 폐지하고 전원 일반 지방의원으로 지방의회 내의 상임위원회인 교육위원회를 구성하고 있다. 제주특별자치도법에 근거하여 교육자치를 실시하고 있는 까닭에 전국에서 유일하게 지방의원인 교육의원(5개 선거구에서 5

인 선출)을 2006년부터 2018년까지 제4기에 걸쳐 주민직선으로 선출하고 있다. 현재 한국은 교육에 관한 지방자치단체의 지방의회 상임위원회 구성에 있어서 이른바 '전원 일반 지방의원형' 교육위원회제도(16개 시 · 도)와 '과반수 교육의원형' 교육위원회 제도를(제주특별자치도) 병행하고 있는 실정이다. 어느 유형이 주민의 교육에 관한 의사를 보다 잘 반영하는 동시에, 교육문제에 대한 보다 전문적인 견제를 가능하게 할 것인지 귀추가 주목되고 있다.

교육계와 교육자치론자들은 이렇듯 지방교육행정의 거버넌스에 있어서 교육에 관한 별도의 자치 의결기구는 지방의회가 대신하고, 집행기구인 교육감 제도만이 남은 상황에 대하여 정치적 성격이 강한 일반 지방행정을 통해 교육행정이 좌우될 경우 교육에 미칠 부정적 영향을 우려한다. 또한, 일반 지방자치론자들의 주장처럼 지방의회와 시 · 도지사가 교육행정을 재정적으로 적극 지원하여 지역주민이 체감하고 공감할 수 있는 효율적이며 민주적인 교육행정 변화를 이끌어 낼 수 있다는 주장도 동시에 논의되고 있다.

교육감의 권한과 역할을 보다 자세하게 살펴보면, 교육감은 시 · 도의 교육 · 학예에 관한 사무의 집행기관으로 교육 · 학예에 관한 소관 사무로 인한 소송이나 재산의 등기 등에 대하여 당해 시 · 도를 대표한다(「지방교육자치에 관한 법률」 제18조). 또한 교육감은 교육 · 학예에 관한 열일곱 가지 사무를 관장한다(「지방교육자치에 관한 법률」 제20조. 이 책 제4장 제2절 참조).

현행법상 교육감은 정당에 소속될 수 없기 때문에 이들의 정치적 성향을 일반 지방자치단체장들과 비교하기는 어렵지만, 이들 역시 선호하는 정책적 지향이나 교육 이념이 있을 수밖에 없다. 만일 교육감의 정책 방향이 시 · 도지사, 지방의회 등의 그것과 일치한다면 지방교육정책의 구상과 선택에 특별한 갈등이 존재하지 않을 수도 있다. 그러나 만약 그것이 일치하지 않는다면 상호 마찰과 갈등을 피하기 어려울 수밖에 없으며, 최근 무상급식과 관련된 논란이 그 대표적인 예라고 볼 수 있다(이종재, 2012).

지방화 시대가 가속화됨에 따라 지방 정부와 교육청은 동반자적 관계로 매우 밀접한 연관성을 가질 수밖에 없다. 「지방교육자치에 관한 법률」에 의해 교육감은 교육 · 학예에 관한 의안 중 주민의 재정적 부담이이 의무부과에 관한 조례안 및 지방자치단체의 일반회계와 관련되는 사항에 해당하는 의안을 시 · 도의회에 제출하고자 할 때에는 미리 시 · 도지사와 협의하도록 되어 있다(「지방교육자치에 관한 법률」 제29조의2). 또한 시 · 도교육청은 지방재정법에 의해 교육비특별회계를 따로 편성 운영하고 있는데, 자체수입 외에 정부로부터의 보통교부금과 특별교부금, 그리고 지방자치단체로부터의 교육재정 지원금을 주요 세입원으로 하고 있다. 즉, 교육재정에서 등록금 등 자체 충당 세입의 비중이 매우 낮아 대부분의 재원을 중앙정부와 지방자치단체에 의존하고 있어 관련 지방자치단체가 재정자립도가 낮거나 두 기관의 협력 정도가 낮은 경우 지역교육의 예산 확보도 큰 어려움을 겪게 되어 있다. 또한 중앙정부 차원에서 하던 업무의 상당부분을 시 · 도교육청을 비롯한 지방교육자치 부문으로 이양하는 등 시 · 도지사의 교육부문에 대한 역할이 중요시되고 있다(성수자, 2011). 이와 같이 지방자치와 교육자치는 상호 밀접한 관계를 갖고 있고 주민의 자기결정을 통한 교육에 대한 지방자치가 중요하기 때문에(이기우, 2007), 분리냐 통합이냐에 관한 논쟁보다는 지방 정부와 교육청 간의 협력을 통한 교육에 관한 지방자치를 실현하기 위한 노력이 필요하다.

4. 단위학교 수준의 교육거버넌스

가. 학교 거버넌스의 변화

21세기 정보화 시대가 가속화되면서 기능의 분화와 구조적 복잡성이 더욱 증대되고 있는 상황에서, 교육에서도 창의성과 다양성에 기반한 자율적 능력을 가진 인간을 육성할 당위성이 강조되고 있다. 이에 따라 학교체제도 산업사회에 적합한 구조에서 정보사회, 지식기반사회에 적합한 체제로의 변화가 요청되고 있다. 즉, 개인의 특성이 존중되고 다양화를 지향하며 개성을 살릴 수 있는 창의성 교육이 주목을 받고 있기 때문에, 학교체제도 개방적 체제로 종래의 획일적 통제로부터 다양성을 추구하는 자율화의 방향으로 전환이 요구되고 있는 것이다(신상명 외, 2009; 신지수, 2010).

이러한 시대적 요구에 부응하여 선진 각국은 중앙 또는 주정부에 집중되어 있던 권한을 단위학교로 위임하고, 학부모의 교육선택권을 보장하고 단위학교의 의사결정 과정에 참여하게 하는 등 교육의 수월성을 높이고 교육의 질을 향상시키기 위한 여러 가지 새로운 제도적 장치들을 마련하고 있다(Hargreaves, 1997). 예를 들면, 미국의 경우에는 1960년대 중후반부터 제기되기 시작한 학부모 및 지역사회의 학교 참여 요구에 대한 대응방안의 하나로 학부모와 학교 및 학교구간의 관계를 재검토하고, 학부모의 의견을 좀 더 반영할 수 있도록 여러 가지 방안을 개발하고 보다 나은 의사소통체계를 형성하려는 시도가 이루어졌다. 이러한 시도는 더욱 확대되어 교육활동에 대한 의사 결정에 학부모들을 참여시키기 위한 또 다른 방법으로 지역 실정에 맞는 학교 경영을 강조하기 시작하였다. 즉, 학교자율경영제가 도입되기 시작하였다. 1971년, Florida 주의 Monroe County가 더 많은 참여를 원하는 교사 및 학부모들의 요구를 수용하여 학교자율경영제를 도입한 이래 1980년대에는 Florida 주의 Dade County, New York 주의 Rochester, Chicago 등으로 확대되었고, 1990년대 이후로는 미국 전역으로 확대되고, 학교자율경영을 위한 장치로 학교운영위원회가 설치되었다(박종필, 2003).

우리나라에서 이루어지고 있는 교육개혁도 다른 나라의 교육개혁과 비슷한 형태를 취하고 있다. 사실 우리나라의 초·중등 교육은 오랜 기간 중앙집권적인 교육행정체제를 유지해왔고, 전국적으로 획일화된 교육이 이뤄져 이로 인해 학생 개개인의 개성은 무시되어 왔다는 평가를 받아왔다. 물론 해방 이후 정부 주도로 이루어진 교육정책은 학교교육의 기초를 세우고 교육발전의 밑거름이 되었다. 덕분에 우리나라는 교육 분야에서 세계적으로 유래를 찾기 힘들 정도의 양적 성장을 이루었고, 학업성취도도 세계적으로 인정받는 수준에 이르렀다(김성기, 2010). 그러나 학생들의 요구도 다양화·다원화되고, 시대가 변화함에 따라 개발 시대에 적합한 정부 규제에 의한 양적 성장에서 벗어나 앞으로는 미래사회가 요구하는 창의적이고 경쟁력 있는 인재양성을 위해 획일적·관료적 통제에서 벗어나 학교교육의 유연화 및 다양화가 요구되고 있다. 즉, 동일한 교육청 산하에 있다 하더라도 학교가 처한 상황은 서로 다르며, 이러한 상황의 차이에 따라 학생들은 상이한 교육적 요구와 형태를 가지고 있다. 학교마다 처한 상황이 다르기 때문에 해당 학교가 직면해 있는 독특한 교육적 요구와 형태에 맞게 학교교육이 이루어져야 하고, 또한 그 결정은 해당 학교를 잘 알고 있고, 가장 큰 영향을 주고받는 구성원들에 의해 이루어져야 한다는 것이다(Pierce, 1980). 이에 따라 공급자 중심의 획일적인 교육에서 벗어나 학생 및 학부모 등 수요자 중심의 학교교육에 대한 요구가 증가하여 왔고, 이를 위한 자율화와 분권화는 학교교육에 있어서 중요한 화두로 대두되었다(신지수, 2010: 141).

이에 1990년대 중반 이후 정부는 학교의 자율적인 운영을 위한 여러 가지 방안들을 제시해왔다. 그 대표적인 방안으로 1994년 설립된 대통령자문교육개혁위원회는 자율적인 학교 운영을 위해, 학부모 및 지역사회의 의사 결정 과정 참여를 증진하기 위해, 그리고 학교가 지역의 특수한 요구를 반영할 수 있도록 하기 위해, 교사, 학부모 및 지역사회 인사들이 해당 지역 학교의 운영에 대한 책임을 지게 함으로써 학교의 자율권을 최대화하려는 수단으로 학교 공동체라는 개념을 제시하고 학교운영위원회의 설치를 의무화하였다(대통령자문교육개혁위원회, 1995).

이러한 노력은 이명박 정부에서도 계속되어, 정부는 "교육관련 규제를 철폐하여 교육의 자율과 자치의 밑바탕을 마련하고, 학교교육의 다양화를 유도"한다는 국정방향을 제시하고, 학교교육의 자율화를 위한 다양한 정책들을 제시하였다. 즉, 학교가 다양하고 질 높은 교육을 할 수 있도록 교육과정 운영 등 학교운영에 관한 권한을 학교장 등 학교 구성원에게 돌려주고, 초·중등교육에 관한 교육감의 권한과 책임을 강화하는 등 학교교육의 다양화 및 경쟁력을 높이기 위한 여러 방안들이 제시되었다(교육과학기술부, 2008,

2009).

이와 같이 학교 거버넌스 변화의 중심이 되어온 학교자율경영제는 일선 학교로의 권한부여와 참여적 의사결정을 특징으로 하고 있다. 즉, 권한과 책임의 공유를 통해 학교체제를 재구조화 하려는 시도이다. 이러한 새로운 구조는 주로 ① 규칙이나 규제를 줄이고 자율권 부여, ② 교사, 학부모, 학생 및 지역사회 인사 등이 포함된 주요 이해당사자들 간의 의사 결정권 공유 등 주로 두 가지 방법에 의해 이루어진다(Lunenberg & Ornstein, 2000).

따라서 학교자율경영제가 제대로 운영되기 위해서는 학교의 구성원들에게 새로운 역할이 기대되며, 이러한 역할 변화 및 구성원들의 참여를 통해 지역사회, 가정 및 학생들의 요구 및 필요가 반영된 교육활동이 이루어지게 된다. 이를 위한 가장 대표적인 장치가 학교운영위원회이다. 즉, 학교자율경영제를 실행하는 첫 단계이자 가장 핵심적인 부분이 해당 학교의 특성에 맞는 효과적인 교육 및 의사 결정이 이루어질 수 있도록 각 학교에 운영위원회(Site Council/School Council)를 설치하는 것이라고 할 수 있다(Wohlstetter & Mohrman, 1996). 또한 5.31 교육개혁안에서 사용되었던 것처럼 '자율적인 학교공동체'가 주체가 되어야 하며, 학교 자율화는 학교공동체에 의해 실천되어야 하는 것이다(김흥주, 2008).

그러나 학교 자율화 추진 방안에서는 학교장의 권한과 책임 강화에만 초점을 두고 있을 뿐(박상완, 2010), 다른 교육 주체 및 학교운영위원회에 대한 언급은 거의 이루어지지 않고 있다. 또한 교육과정 자율화 권한에 따른 학사비리, 교직원인사의 자율화에 따른 학교장의 인사권한 강화 등은 학교장의 자율성만 보장할 뿐 다른 학교 구성원의 자율성은 침해하는 것이 아닌지 의심스럽다는 지적도 제기되고 있다(박균열, 2010).

물론 학교자율경영제에서 학교장의 역할을 경시할 수는 없지만, 학교 자율화가 교사, 학부모, 학생 등 교육 주체들을 고려하지 않은 형식적인 규제의 완화에 그친다면 이는 형식적 자율화에 그칠 수밖에 없다(박균열, 2010). 더 나아가 학교장의 권한 행사에 대한 투명성과 건전성을 확보하고, 교장의 전횡에 대한 견제 역할자로서 학교운영공동체의 적극적인 참여가 요구되며, 이를 통해 학교 자율화를 학교장 자율화가 아닌 학교 공동체 자율화로 전환해야 한다(김흥주, 2008).

즉, 학교교육과 관련된 교육과학기술부의 권한과 기능을 교육청으로 위임하는 것만으로 자율화가 이루어지는 것은 아니다. 학교 현장에서 체감할 수 있는 권한과 역할의 변화가 없다면 교육과학기술부를 16개로 나누어 만드는 것에 지나지 않는다. 따라서 학교교육의 책무성 확보를 위한 학교 자율통제 구조 확립을 위해 학교운영위원회의 권한과 책임의 개선이 요청되고, 동시에 현재 많은 문제점들을 가지고 있는 학교운영위원회를 정상화시킬 수 있는 방안이 먼저 모색되어야 한다(이명균, 2010).

나. 학교운영위원회

학교 공동체라는 개념을 실현하기 위해, 즉 단위학교의 교육자치를 활성화하고, 지역의 실정과 특성에 맞는 다양한 교육을 창의적으로 실시하기 위해 도입된 학교운영위원회는 1995년 8월 4일 개정된 「지방교육자치에 관한 법률」을 통해 법적 근거를 마련하였고, 1995년 2학기에는 지역별 · 학교급별로 학교운영위원회 시범학교 총 355개교(초 177개교, 중 117개교, 고 61개교)를 운영하여 학교운영위원회 제도를 처음 실시하게 되었다. 1996년 2월 22일에는 「지방교육자치에 관한 법률 시행령」을 개정하여 학교운영위원회의 구성 · 선출방법 및 기능(심의기구) 등을 규정하였고, 1996년 4월 30일까지 동지역 소재학교에 학교운영위원회를 구성하고, 읍 · 면지역 소재학교는 1998년 4월 30일까지 구성하는 것으로 개정되었다.

1997년 12월 17일에는 「초 · 중등교육법」으로 근거를 이동하고, 심의사항을 확대하는 것 등의 보완이 이루어졌다. 1998년 6월 3일에는 「지방교육자치에 관한 법률」을 개정하여 학교운영위원회 대표가 교원단체 대표 3%와 함께 교육감 및 교육위원의 선거권을 가지는 방안이 마련되었다. 1999년 8월 31일에는 2000년 3월 1일부터 시행하게 되는 사립학교 학교운영위원회 의무 설치와 학교운동부와 특별전형 추천 등을 추가로 학교운영위원회 심의사항으로 확대하는 등 「초 · 중등교육법」의 개정 · 보완이 이루어졌다. 2000년 1월 28일에는 「지방교육자치에 관한 법률」의 개정을 통해 학교운영위원회 운영위원 전원이 교육감과 교육위원의 선출권을 가지게 되었다.

또 2000년 2월 28일에는 「초 · 중등교육법 시행령」의 개정을 통해 국 · 공립학교 초등학교 · 중학교 · 고등학교 및 특수학교, 즉 학교 규모별로 학교운영위원회의 운영위원수를 학생수가 200명 미만인 학교는 5인 이상 8인 이내로, 학생수가 200명 이상 1천 명 미만인 학교는 9인 이상 12인 이내로, 학생수가 1천 명 이상인 학교는 13인 이상 15인 이내로 구성하도록 하였다. 그리고 학교운영위원회 학부모위원을 선출할 경우 학부모 전체회의에서 선출하도록 개선하였고, 학교의 교직원들도 학교운영위원회 운영위원 중 교원위원의 선출에 관여하게 개정하였다.

2002년 8월 26일에는 「국가공무원법」 제33조 각호의 1에 해당하는 국가공무원과 동일한 내용의 학교운영위원회 운영위원의 결격사유 규정을 새롭게 마련하는 「초 · 중등교육법」을 개정하였고, 2005년 12월 29일 학교운영위원회가 사립학교의 이사 정수 4분의 1을 2배수 추천하고, 감사를 1인을 추천하며, 만약 법인이 정상화되었을 시는 이사의 3분의

1을 추천하는 내용의 「사립학교법」을 개정하였다. 그리고 「초 · 중등교육법」 개정을 통해 사립학교 예 · 결산 사항을 필수 자문사항으로 변경하였다.

2006년 12월 20일에는 교육감 및 교육위원을 학교운영위원회 운영위원 전원이 선출한다는 내용을 삭제하고 일반 주민들 누구나 교육감 및 교육위원을 선출할 수 있다는 내용으로 변경하는 「지방교육자치에 관한 법률」 및 「동법 시행령」의 개정이 있었다. 2007년 7월 27일에는 사립학교의 개방이사의 추천, 선임방법 및 자격요건과 기준에 관한 구체적인 사항의 내용과 학교법인에 두는 감사 중 1인은 추천위원회에서 추천하는 자를 선임한다는 감사 추천에 관한 사항 등 새로운 사항의 신설을 규정하는 「사립학교법」 개정이 이루어졌다.

2007년 12월 14일에는 「초 · 중등교육법」 개정은 학교운영위원회 운영위원의 자질과 직무수행능력의 향상을 위한 연수를 실시한다는 연수 관련 사항이 신설되었다. 연수는 연수기관이나 민간기관에 위탁하여 실시하고, 위탁받은 기관에 대하여 행정적 · 재정적 지원을 할 수 있다는 내용이었다.

2008년 3월 21일에는 제32조 4항, 교복 · 체육복 · 졸업앨범 등 학부모가 경비를 부담하는 사항을 심의사항에 추가하는 형태로 「초 · 중등교육법」이 개정되었다. 2011년 3월 18일에는 「초 · 중등교육법 시행령」 일부 개정을 통해 운영위원회 위원의 구성 비율에 관한 사항, 위원의 자격 상실에 관한 사항, 회의 일시를 일과 후나 주말에 편성토록 한다는 내용, 운영위원회 회의록 작성 및 공개에 관한 사항, 학생 대표의 회의 참석에 관한 사항 및 소위원회의 설치에 관한 사항 등이 신설되었다(박종필, 2012).

학교운영위원회의 설치 목적은 학교운영의 자율성을 높이고 지역의 실정과 특성에 맞는 다양하고도 창의적인 교육을 실시하는 데 있다. 뿐만 아니라 교육 관련 집단들의 요구를 수렴하고 또한 이들이 직접 학교 운영에 참여함으로써 학교 운영의 투명성을 확보하고 학교의 민주화 및 자율화를 신장시키는 데 그 목적이 있다고 할 수 있다(박종필, 2003).

이러한 설치목적이 따라 학교운영위원회는 국 · 공립학교에서는 심의 · 자문 기구, 사립학교에서는 자문기구의 성격을 가지고 있으며, 다음과 같은 사항들에 대해 심의 활동을 수행한다(「초 · 중등교육법」 제32조).

① 학교헌장과 학칙의 제정 또는 개정
② 학교의 예산안과 결산
③ 학교교육과정의 운영방법
④ 교과용 도서와 교육 자료의 선정

⑤ 교복 · 체육복 · 졸업앨범 등 학부모 경비 부담 사항
⑥ 정규학습시간 종료 후 또는 방학기간 중의 교육활동 및 수련활동
⑦ 「교육공무원법」 제29조의3 제8항에 따른 공모 교장의 공모 방법, 임용, 평가 등
⑧ 「교육공무원법」 제31조 제2항에 따른 초빙교사의 추천
⑨ 학교운영지원비의 조성 · 운용 및 사용
⑩ 학교급식
⑪ 대학입학 특별전형 중 학교장 추천
⑫ 학교운동부의 구성 · 운영
⑬ 학교운영에 대한 제안 및 건의 사항
⑭ 그 밖에 대통령령이나 시 · 도의 조례로 정하는 사항

학교운영위원회의 구성에 관한 사항은 「초 · 중등교육법 시행령」 제58조에 제시되어 있다. 「초 · 중등교육법 시행령」 제58조에 따르면, 학교운영위원회의 위원은 5인 이상 15인 이내로, 구체적인 위원의 수는 다음과 같이 학생수에 의해 결정된다.

① 학생수가 200명 미만인 학교: 5인 이상 8인 이내
② 학생수가 200명 이상 1천 명 미만인 학교: 9인 이상 12인 이내
③ 학생수가 1천 명 이상인 학교: 13인 이상 15인 이내

학교운영위원회의 위원은 학부모위원(당해 학교의 학부모를 대표하는 자), 교원위원(당해 학교의 교원을 대표하는 자) 및 지역위원(당해 학교가 소재하는 지역을 생활근거지로 하는 자로서 예산 · 회계 · 감사 · 법률 등에 관한 전문가 또는 교육행정에 관한 업무를 수행하는 공무원, 당해 학교가 소재하는 지역을 사업 활동의 근거지로 하는 사업자, 당해 학교를 졸업한 자 기타 학교운영에 이바지하고자 하는 자)으로 구성된다. 이들 위원들의 구성 비율은 〈표 10-5〉에 제시된 구성 비율의 범위 내에서 각 학교의 위원회규정으로 결정된다. 각 위원들의 구성 비율을 구체적으로 살펴보면 다음과 같다.

〈표 10-5〉 **학교운영위원회 위원의 구성 비율**

	일반 학교	특성화고등학교
구성 비율	학부모 위원 40~50% 교 사 위원 30~40% 지 역 위원 10~30%	학부모 위원 30~40% 교 사 위원 20~30% 지 역 위원 30~50%

이들 위원들 중 국·공립학교의 장은 운영위원회의 당연직 교원위원이 되며, 당연직 교원위원을 제외한 교원위원은 교원 중에서 선출하되, 교직원전체회의에서 무기명투표로 선출한다. 학부모위원은 학부모 중에서 민주적 대의절차에 따라 학부모 전체회의에서 직접 선출한다. 다만, 학교의 규모·시설 등을 고려하여 위원회규정이 정하는 전체회의에서 선출하기 곤란한 사유가 있는 경우에는 당해 위원회규정이 정하는 바에 의하여 학급별 대표로 구성된 학부모대표회의에서 선출할 수 있다. 지역위원은 학부모위원 또는 교원위원의 추천을 받아 학부모위원 및 교원위원이 무기명투표로 선출한다.

학교운영위원회에는 위원장 및 부위원장 각 1인을 두되, 교원위원이 아닌 위원 중에서 무기명투표로 선출한다. 또한 국·공립학교에 두는 운영위원회 위원이 그 지위를 남용하여 해당 학교와의 거래 등을 통하여 재산상의 권리·이익을 취득하거나 다른 사람을 위하여 그 취득을 알선한 경우에는 운영위원회의 의결로 그 자격을 상실하게 할 수 있다.

학교운영위원회의 회의는 위원장이 소집할 수 있으며, 이때 긴급한 사유가 이는 경우를 제외하고 회의 일시, 장소 및 안건을 정하여 회의 개최 7일 전까지 각 위원에게 알려야 한다. 또한 회의 일시를 정할 때에는 일과 후, 주말 등 위원들이 참석하기 편리한 시간으로 정하여야 한다.

회의 운영과 관련하여 기존과 크게 달라진 부분은 학생들의 의견 반영에 관한 사항이다. 즉, 학교운영위원회는 학생의 학교생활에 밀접하게 관련된 사항을 심의하기 위하여 필요하다고 인정하는 때에는 학생 대표 등을 회의에 참석하게 하여 의견을 들을 수 있도록 규정하고 있다. 또한 학칙(국립학교)이나 시·도의 조례(공립학교)로 정하는 바에 따라 학생 대표가 학생의 학교생활에 관련된 사항에 관하여 학생들의 의견을 수렴하여 운영위원회에 제안하게 할 수 있다.

다. 학교운영위원회 이외의 학교 구성 집단 조직

학교운영위원회 외에도 학교 내부 거버넌스와 관련하여 관심의 대상이 될 수 있는 조직은 교사회, 학생회와 학부모회 등이 있다. 물론 교사 대표와 학부모 대표 그리고 최근에는 학생 대표가 학교운영위원회에 참석할 수 있고, 학교운영위원회를 통해 이들 집단의 의견이나 주장을 학교 운영 전반에 걸쳐 반영할 수 있기 때문에 이들 조직의 불필요성을 주장하는 사람들도 있다. 그러나 교사회, 학생회와 학부모회 등의 조직은 학교운영위원회와는 별도로 활동하는 학교의 구성 집단일 수도 있으며, 아직 그 위상이 법제화되어 있지 않고, 법제화와 관련된 검토와 필요하다는 견해도 제기되고 있다(허종렬, 2003 재인용; 이종재 외 2012: 267).

5. 교육거버넌스 관련 주요 쟁점

가. 시·도와 교육청의 역할

다음은 2014년 말에서 2015년 중반까지 교육계뿐만 아니라 정치권, 그리고 경상남도뿐만 아니라 전국에서 논쟁의 대상이 되었던 경상남도의 무상급식 예산 지원 중단에 관한 신문기사들이다. 홍준표 지사에 의해 시작된 경상남도의 무상급식과 관련된 갈등은 이를 찬성 및 반대하는 시민단체들로까지 확대되고, 주민 소환 투표로까지 이어지는 등 상당한 논란의 대상이 되었다. 최근에는 시·도청과 교육청이 갈등을 빚는 사례는 찾아보기 어렵지만, 시·도청(시·도지사)과 교육청(교육감) 간의 의견 차이나 갈등이 존재할 가능성은 항상 존재한다. 이들 기사 및 이 사건과 관련된 신문기사들을 찾아보고 지방정부와 교육청 간의 관계, 학부모와 다양한 시민단체들의 활동 및 영향 등에 대해 생각해 본다.

홍준표 "무상급식 보조금 지원 중단"

홍준표 경남도지사(60·사진)가 "학교 무상급식 보조금 지원을 중단하겠다"고 선언했다. 홍 지사는 3일 경남도청 프레스센터에서 기자회견을 갖고 "경남도교육청이 무상급식 보조금 집행 실태에 대한 경남도의 감사를 거부한 건 유감스럽다"며 이같이 밝혔다. 경남도는 보조금 지원조례의 '지도감독' 조항을 들어 3일부터 90개 초중고교에 대해 감사를 하려 했으나 박종훈 교육감이 이를 전면 거부해 마찰을 빚었다.

홍 지사는 "교육청이 태도를 바꿔 감사를 받는다 해도 예산 지원을 전제로 한 감사는 있을 수 없다"고 못 박았다. 어떤 경우라도 무상급식 예산을 지원하지 않겠다는 의미다. 그는 "경남도교육청이 '독립된 기관이므로 감사를 받지 않겠다'고 한 것은 자치단체의 보조금을 받지 않고 예산도 독립적으로 운영하겠다는 의미 아니냐"며 "예산에는 결산과 감사가 따른다는 것은 현대 행정국가의 기본 원칙인 만큼 무상급식 보조금 감사는 계속할 것"이라고 덧붙였다. 그는 무상급식 보조금 예산(올해 도비 329억 원, 시군비 493억 원)을 예비비로 편성해 서민과 소외계층을 위한 독자적인 교육 지원 사업을 펼치겠다고 밝혔다.

홍 지사는 "박 교육감이 (나에게) '정치적 한탕주의' '갑질' 등의 용어를 쓰며 모질게 비판했다. (교육감이) 전교조 시절에 쓰던 용어를 빼 주었으면 한다"고 지적하기도 했다. 이에 경남도교육청은 "만약 경남도와 18개 시군이 지원을 중단하면 내년에는 교육청이 계획한 무상급식 인원인 28만5000명 가운데 22만 명이 혜택을 받지 못한다"며 유감을 표시했다.

http://news.donga.com/View?gid=67636112&date=20141104

경남道 '0원'에 교육청은 '643억'

"돈이 없어서 누리과정 예산을 편성하지 못하지만 경남도는 돈이 있는데도 급식비 보조를 안 한다."(경남도교육청)

"누리과정 예산은 반드시 편성하도록 법에 명시돼 있다. 급식예산 지원 중단은 특정감사 거부에 따른 조치다."(경남도)

경남도와 경남도교육청이 11일 내년 예산안을 도의회에 제출하면서도 날선 공방을 벌였다. 경남도는 급식비 지원 예산을 편성하지 않았다. 도교육청은 어린이집 누리과정 예산의 일부만 편성했다. 그러면서 세입예산은 경남도가 돈을 넘겨주는 것을 전제로 짰다. '허수(虛數) 예산'에 따른 혼선이 뻔한 부분이다.

○ 안 준다는데 교육청은 643억 편성

경남도는 내년 예산안에 도교육청에 대한 급식 지원금을 한 푼도 반영하지 않았다. 홍준표 경남지사의 '감사 없는 예산은 없다'는 기조에 따른 것이다. 그 대신 "급식 지원금 257억 원을 예비비에 편성해 소외계층과 서민자녀의 교육비로 지원하겠다"고 밝혔다. 지원 방식은 검토 중이다. 18개 시군도 경남도의 요청에 따라 급식비 386억 원을 지원하지 않을 것으로 알려졌다. 도와 시군의 예산을 합치면 643억 원이다.

그런데도 경남도교육청은 세입예산에 급식지원비 643억 원을 얹어 두었다. 도와 시군이 정상 지원할 것을 전제로 한 것이다. 도교육청이 자체 편성한 급식예산은 482억 원이다. 박종훈 교육감은 "도와 시군이 예산 지원을 끊으면 이 돈으로는 내년 2, 3월까지만 급식이 가능하다"고 말했다. 이후엔 학부모 부담으로 돌리거나 다른 예산을 끌어와야 한다는 설명이다.

http://news.donga.com/3/all/20141112/67826378/1

※ 1년 이상 교육청 예산으로만 무상급식을 실시하였으나, 교육청에서 감사를 받기로 하고 관련 조례를 개정한 후, 2016년 2월 경상남도와 18개 시·군이 제시한 학교급식비 최종 지원안을 교육청에서 수용하면서 무상급식이 재개되었다.

나. 학부모의 의사 결정 참여 정도

학교운영위원회 설치 이후 학교 의사 결정 과정에 학부모와 지역사회 구성원들의 참여가 확대되고 있다. 최근에는 학부모들이 교육공동체의 일원으로 학교교육 활동에 보다 적극적으로 참여하고 학교 발전에 기여할 수 있도록 하기 위해 학부모회 법제회가 추진되고 있다. 아래에 제시된 신문 기사와 같이 초기에는 학부모회의 법제화에 대한 찬·반 논란이 제기되었으나, 2020년 현재 전북, 서울, 광주, 인천, 분산, 제주, 전남 및 울산 등 여러 지역에 학부모회 조례가 제정되어 법제화 되었다. 서울특별시와 전라북도교육청에서 추진하였던 학부모회의 법제화에 관한 기사를 참고하여, 학부모들의 학교 거버넌스

참여를 확대하기 위한 방안 중의 하나로 논의되고 있는 학부모회의 법제화가 필요한지에 대해서도 토론해본다. 그리고 학부모회의 법제화 이후 일선 학교의 거버넌스의 변화에 대해서도 이야기를 나눠본다.

학교교육권 침해 불보듯…학부모회 법제화 철회를
서울·전북, 조례 추진 재시동

학운위 중복, 상위법 충돌 논란 – 교총 "학교 자율 운영만 구속"

서울과 전북도에서 학교 학부모회 조례 제정이 가시화 되고 있어 논란이다. 학부모회와 학교운영위원회의 기능 및 역할 중복, 자율적인 학부모회 기능 약화, 학교운영의 전문성 및 책무성 약화 초래 등 문제점이 따른다는 지적이다.

서울시의회 교육위원회는 지난달 31일 시의회 별관에서 '서울시교육청 학교 학부모회 구성 및 운영 등에 관한 조례안' 제정 공청회를 마치고 상정 준비에 들어갔다. 앞서 2월 초 조희연 서울교육감이 조례안을 만들어 의안한 바 있다. 서울시의회 교육위원회는 빠르면 이달 안에 조례안을 상정한다는 계획이다. 김문수 서울시의회 교육위원회 위원장은 "의견 수렴을 더 해보고 큰 문제가 없다고 판단되면 상정할 계획"이라고 말했다.

전북도교육청도 학부모회 조례에 속도를 내고 있다. 전북교육청은 학부모회뿐만 아니라 교사회, 학생회까지 법제화하는 '학교자치조례'를 추진 중이다. 이에 대해 전북교육청은 2일 보도자료를 내고 "교직원, 학생, 학부모 등 학교구성원들의 자치기구에 대한 법적 근거를 마련하는 학교자치조례를 제정한다"고 밝혔다. 전북교육청 관계자는 "교사, 학부모, 교육행정직 등이 참여하는 테스크포스팀(T/F)을 구성, 학교교육 당사자들의 학교 운영 참여 권리를 보장하고 민주적인 학교문화 실현을 위해 조례 제정을 추진하고 있다"고 설명했다. 조례안이 마련되는 대로 공청회 등을 통해 의견수렴을 거친 뒤 7월 전북도의회 정기회의에 상정하는 것을 목표로 하고 있다.

이 같은 움직임에 진보성향 단체나 지지자를 제외하고 대체로 반대하는 분위기다. 한국교총은 현행 법체계상의 문제, 학교 내 기구간 기능 상충, 과도한 법제화를 통한 자율적 기구 강제, 자율성·민주성만의 강조로 인한 전문적 학교운영의 어려움 등을 이유로 반대하고 나섰다. 교총은 "법령의 명시적인 위임 없이 조례로 학교에 특정한 기구를 설치하도록 의무화하는 것으로 위법하다"며 "서울 조례의 경우 학부모회 구성 강제뿐만 아니라 임원 구성, 임원 임기, 기구 조직, 기구 운영 등 도 못박고 있어 자율적인 학부모회 구성·활동을 강제하게 되면 오히려 학부모회를 약화시킬 것"이라고 지적했다.

이어 "학교가 민주적으로 운영되는 것은 바람직하나, 전문성과 책무성도 민주성 못지않게 고려돼야 한다"면서 "학부모들의 참여가 저조하고 자체적인 운영이 어렵다면 결국 그 운영은 학급담임이나 전담교사를 뒤 맡도록 되기에 학교별 자율 운영을 구속하고 교원 업무 부담만 늘이는 결과가 초래될 수밖에 없다"고 경고했다.

지난달 말 서울시의회 공청회 때도 비슷한 지적이 따랐다. 물론 공청회 특성상 찬반이 엇갈리긴 했으나 특정 교원노조를 지지하는 학부모나 시민단체 활동가 등을 제외하고는 부정적 의견들이 주를 이었다. 임세훈 서울양화초 교장은 "학부모 참여 활성화, 학교자치 실현 등 장점이 있긴 하지만 교사의 교육권 침해, 학부모의 특정 목적에 따른 간섭으로 교육의 왜곡 현상 발생, 학교경영 주체에 대한 논란 야기 등이 우려된다"고 털어놨다. 김기중 서울신문 기자는"학운위에서도 비리들이 발견되는 지금 상황에서 학부모회 역시 열성적이거나 특정한 의도가 있는 소수의 학부모만 참여하게 돼 소외되는 학부모들과 갈등을 부를 수밖에 없고, 왜곡된 의도를 지닌 학부모 접근을 막기도 힘들다" 고 걱정했다. 그러면서 "차라리 현재의 학운위가 제대로 일을 할 수 있도록 학부모회와 겹치는 부분을 과감히 삭제하고 학부모들의 참여의 폭을 넓히는 방안을 강구할 때"라고 주장했다.

이날 공청회에서는 일부 학부모들이 반대 입장에 대해 지나치게 예민한 반응을 보이며 소란스러운 광경을 연출해 눈살을 찌푸리게 했다. 맞벌이 부부 등의 학부모 참여권에 대해 질문하던 김용석 의원(새누리 · 서초)은 이들의 반발에 부딪히는 소동을 겪었다. 결국 원만한 질의가 되지 않자 김 의원 스스로 퇴장했다.

한국교육신문, 2015년 4월 6일자. http://www.hangyo.com/APP/news/article.asp?idx=44888

핵심 용어

- 거버넌스
- 참여민주주의
- 네트워킹
- 문제해결의 과정
- 거버넌스의 구성 요소
- 국가 수준 교육거버넌스
- 지역 수준 교육거버넌스
- 학교 수준 교육거버넌스
- 학교운영위원회
- 학교자율화
- 학교 재구조화

생각해 볼 주제

- 교육에 있어 시 · 도지사와 교육감의 역할 및 관계가 어떠해야 하는지 생각해 보자.
- 학교 의사 결정 과정에서 교사와 학부모의 역할에 대해서 생각해 보자.
- 학교운영위원회의 역할과 기능에 대해서 생각해 보자.
- '교육지원청'으로 명칭 변경 이후 교육청과 일선 학교 간의 관계 및 역할상에 어떤 변화가 있었는지 생각해 보자.

참고문헌

교육과학기술부(2008). 학교 자율화 추진계획. 서울: 교육과학기술부.

교육과학기술부(2009). 학교단위 책임경영을 위한 학교자율화 추진방안. 서울: 교육과학기술부.

김성기(2010). 규제완화론 측면에서의 학교 자율화 정책 분석. 대한교육법학회 2010년 연차학술대회자료집. pp.1-20.

김병찬(2010). 초 · 중등교육 지배구조 개편의 정치학적 쟁점 분석. 교육정치학연구, 17(3). pp.57-79.

김은주(2013). 거버넌스가 빈곤에 미치는 영향에 관한 비판적 연구. 서울대학교 대학원 박사학위논문.

김석준 외(2000). 뉴 거버넌스 연구. 서울: 대영문화사.

김흥주(2008). 초 · 중등학교 자율화 정책의 방향과 과제. 학교자율화: 성공적 정착을 위한 과제. KEDI 창립 제36주년 기념 학술세미나 자료집. pp.7-57.

대통령자문교육개혁위원회(1995). 세계화·정보화 시대를 주도하는 신교육체제 수립을 위한 교육개혁 방안. 서울: 교육개혁위원회.

박봉수(2011). 지방교육거버넌스의 구조와 과정에 관한 연구. 성균관대학교 대학원 박사학위논문.

박종필(2003). 학교단위책임경영제: 이론과 실제. 서울: 원미사.

성수자(2011). 지방교육 거버넌스 구성 방안에 관한 연구. 대전대학교 대학원 박사학위논문.

송해순(2011). 거버넌스 형성에 관한 비교 연구. 전북대학교 대학원 박사학위논문.

송지광 · 한상연(2005). 한국 대학의 거버넌스 체계 개선 방향. 교육행정학연구, 23(3). pp.353-378.

신상명 외(2009). 학교 자율 경영. 서울: 원미사.

신지수(2010). 학교단위 책임 경영을 위한 학교자율화 추진방안 추진 실적. 대한교육법학회 2010년 연차학술대회자료집. pp.141-170.

신현석(2010). 교육거버넌스 갈등의 쟁점과 과제. 교육행정학연구, 28(4). pp.351-380.

안기성(1999). 교육에서 '거버넌스'의 문제와 그 장래. 교육정치학연구, 4(1). pp.1-20.

안선회(2004). 참여정부 교육정책 결정체제에 관한 연구. 고려대학교 대학원 박사학위논문.

이종재 외(2012). 한국교육행정론. 파주: 교육과학사.

거버넌스 연구회(2002). 거버넌스의 정치학. 서울: 법문사.

장연경(2014). 거버넌스에서 민주적 정당성의 부재. 서울대학교 대학원 석사학위논문.

조동섭(2007) 교육 거버넌스: 지방정부의 권한과 역할. 한국교육행정학회 제143차 학술대회 자료집. pp.157-173.

표시열(2007). 교육 거버넌스: 사법부의 권한과 역할. 한국교육행정학회 제143차 학술대회 자료집. pp.109-142.

홍봉수(2005). 거버넌스 관점에서의 지역복지 서비스 전달체계에 관한 연구. 광운대학교 대학원 박사학위논문.

홍주환 · 김현우(2007). 거버넌스 구조변화와 공공부문 노사관계. 서울: 한국노동사회연구소.

황정호(2010). 거버넌스 구조와 책임성에 관한 연구. 목포대학교 대학원 박사학위논문.

Cooper, B. S., Fusarelli, L. D., & Randall, E. V.(2004). Better policies, better schools: Theories and applications. Boston: Pearson Education, Inc.

Hargreaves, A.(1997). *Rethinking educational change with heart and mind.* Alexandria, VA: ASCD.

Kooiman, J.(1993). *Modern governance: New government-society interactions.* London: Sage Publication.

Jessop, B.(1998).The rise of governance and the risks of failure: The case of economic development. *International Social Science Journal, 50*(155). pp.29-45.

Lunenburg, F. C., & Ornstein, A. C.(1996). *Educational administration: Concepts and practices*(2nd ed.). Belmont, CA: Wadsworth Publishing Company.

Pierce, L. C.(1980). School based management. *OSSC Bulletin, 23*(10). pp.6-21.

Rhodes, R. A. W.(1997). *Understanding governance: Policy networks, governance, reflexivity and accountability.* Buckingham: Open University Press.

Sergiovanni, T. H. et al.(1980). *Educational governance and administration*. Englewood Cliffs, NJ: Prentice-Hall, Inc.

Stoker, G.(1998). Governance as theory: Five propositions. *International Social Science Journal, 155*. pp.17-28.

Wohlstetter, P., & Mohrman, S. A.(1996). *Studies of education reform: Assessment of school-based management*. Washington, DC: U.S. Department of Education.

〈관련 웹사이트〉

http://www.hangyo.com/APP/news/article.asp?idx=44888

http://news.donga.com/3/all/20141112/67826378/1

http://news.donga.com/View?gid=67636112&date=20141104

CHAPTER 11

교육지도성과 팔로워십

유길한(진주교육대학교)

1. 교육행정과 교육지도성
2. 팔로워십
3. 교육지도성의 실제
4. 교육지도성의 진단과 활용

교육지도성은 교장, 교감에게만 해당하는 것이라고 생각해왔다. 그리고 교육지도자를 올바른 방향으로 이끌고, 미래 지도자로서 추종자를 대하는 팔로워십에 대한 논의가 시작되고 있다. 이 교육지도성과 팔로워십은 어느 특정한 지위를 가진 사람에게만 필요한 것이 아니다. 교사는 학생들에게는 바람직한 지도자의 모습을 보여주는 모델로서의 역할을 하며, 교장선생님을 포함하는 선배교사에게는 학교 조직을 위하여 바람직한 팔로워십을 가져야 하는 이중적인 존재가 된다.

교사와 교장의 바람직한 리더십과 팔로워십의 발휘는 학교 조직의 궁극적 목표인 전인교육을 위하여 조직구성원의 역량을 활용하는 데 필수적인 요소이다. 또한, 교사와 교장의 지도성과 팔로워십은 교직생활 전체의 바람직한 인간관계를 만드는 데 필수적인 요소이기도 하다. 따라서 교직과 관련된 지도성과 팔로워십의 계층적, 수평적 다양성을 이해하고, 바람직한 지도자와 추종자의 모습을 스스로 그려보는 것은 미래의 성공적인 지도자가 되기 위한 첫걸음이라 할 수 있다.

1. 교육행정과 교육지도성

가. 교육행정에서 교육지도성의 발전

사회조직으로서 학교는 교장, 교감, 보직교사, 교사 등 권한을 가지는 누군가가 존재한다. 권한을 갖는다는 것은 학교조직에서 원하든 원치 않든 간에 의사결정에 최종 책임질 사람인 지도자에게 권한을 준다는 것을 의미한다. 그리고 지도자의 책무성, 능력, 도덕성, 신뢰, 청렴 등에 의하여 조직의 성공과 실패가 나누어지기도 한다. 이런 의미에서 지도성은 최소의 학급단위부터 시작하여 학교, 교육청 조직까지 인간의 행위를 연구할 때 가장 우선적으로 고려되는 연구 분야 중의 하나이다. 동시에 지도성은 성공하고 실패한 지도자의 수만큼 다양하게 정의되고 있는 분야이기도 하다. 이러한 이유로 지도성을 명확하게 정의하는 것은 어렵다. 그럼에도 불구하고 그간의 연구 성과를 바탕으로 지도성의 행위는 대략적으로 인간의 특성에 기인하는 지도성, 조직의 생산성을 고려하는 지도성, 상황에 따른 지도성으로 구분되고 있다. 최근에는 거시적 관점인 국가, 교육부, 시·도교육청, 지역교육지원청, 단위학교를 중심으로 조직 간, 개인 간 조정 혹은 협력을 전제로 논의되는 협력적, 조정적, 집단적 행위를 교육거버넌스[1]로 구분하고 있다. 이 거버넌스는 공유된 목적을 이루기 위한 활동이라는 측면에서 협력적 집단 지도성으로 해석되기도 하며, 네트워크를 강조한다.

이러한 지도성 행위의 근원에는 권력이 존재하는데, 현재 공식조직에서 지도성은 일반적으로 조직의 위계를 통한 공식적인 위치에 부여된 권력을 사용하여 합법적으로 명령할 권한을 의미한다. 이러한 부여된 권위는 합법적인 권력에 의존한다. 그리고 조직에서 지도자가 가지는 특성에 따라서 다음의 다양한 권력(French & Raven, 1959; Owens, 2001 재인용)이 사용되기도 하며, 때로는 복합적으로 사용되기도 한다.

① 보상적 권력(Reward power): 보상을 통제하여 권력을 행사하는 자의 의지를 따르도록 다른 사람을 통제하는 권력

② 강압적 권력(Coercive power): 잠재적으로 처벌할 수 있는 원천을 이용하여 사람들에

1) 거버넌스를 신공공관리론(new public management)에서의 관리를 강조하는 관리적 거버넌스로 해석하건, 이익집단의 참여를 강조하는 조합주의적 거버넌스로 정의하건, 아니면 파트너십을 통한 발전을 강조하는 성장지향적 거버넌스로 정의하건, 거버넌스는 '사회문제와 관련된 개인 및 집단 간의 상호작용에 영향을 주거나 이를 사회적으로 조정(social coordination)'하는 개념으로 설명할 수 있다(신현석·정용주, 2014). 즉 '교육거버넌스'는 협력 혹은 집단적 특성을 지니는 '교육지도성'으로 볼 수도 있다.

게 처벌의 원천을 피하도록 유도하는 권력

③ 전문적 권력(Expert power): 지식을 이용하여 이 지식의 혜택을 기대하는 사람들이 지식을 가진 자의 의지를 따르도록 하는 권력

④ 합법적 권력(Legitimate power): 조직에서 지위를 가짐으로써 수여된 권한을 다른 사람들의 복종을 위하여 합법적으로 행사하도록 다른 사람들에 의해서 인식된 권력

⑤ 관계적 권력(Referent power): 권력 소유자의 카리스마, 사고, 신념, 인간관계에서 인정된 도덕성 및 청렴성(유길한, 2005, 2018b, 2019) 등을 다른 사람들이 존경하여 권력 소유자와 관계를 맺으려는 기회와 권력 소유자를 닮으려고 하는 욕구를 통하여 유도된 권력

따라서 "지도성은 권력을 이용하여 경쟁, 갈등, 정치적, 심리적 혹은 다른 원천을 위하여 지도자가 팔로워를 특정한 목적을 위하여 움직일 때 발휘된다"(Burns, 1978; Owens, 2001에서 재인용). 이러한 의미에서 팔로워십은 관계적 권력에 의한 지도성의 정당성을 확인하는 시금석의 역할을 할 수 있으며, 팔로워가 원하는 지도성의 경향을 지도자의 지도성에 반영하여, 조직의 효과적인 운영에 기여할 수 있다(유길한, 2018b, 2019).

이러한 정의를 바탕으로 지도성 발전의 과정과 특징을 살펴보면 다음과 같다.

첫째, 지도성에 대한 초기 특성연구는 Stogdill(1948)이 1904년과 1947년 사이에 수행된 124개의 특성연구를 바탕으로 다음과 같은 지도성 특성요소를 범주화하였다.

- 능력: 지능, 민첩성, 언어유창성, 독창성, 판단력
- 성취: 학식, 지식, 운동성과
- 책임: 신뢰, 솔선, 인내력, 자신감, 성취욕
- 참여: 활동성, 사교성, 협동성, 적응성, 유머
- 지위: 사회경제적 지위, 인기

이러한 특성 이론은 최근에 인성, 동기, 기술을 반영하여 발전(Hoy & Miskel, 2013)하고 있는데, 그 내용은 다음과 같다.

- 인성: 자신감, 스트레스에 대한 인내, 정서적 성숙, 성실, 외향성
- 동기: 과업과 대인관계 욕구, 성취지향, 권력욕구, 기대, 자기 효능감
- 기술: 전문적, 대인관계적, 개념적, 행정적

이러한 특성 이론은 지도성 개념의 다양성 측면에서 상당한 영향을 주고 있다. 사회과학에서 현시대에 등장하고 있는 지도성은 사회의 경향성을 설명하는 준거이다. 따라서 지도성의 특성은 각종 조직에서 조직의 경향성을 반영하는 수만큼 등장할 수 있으며, 이에 대한 보편성을 정리하여 이론으로 발전하고 있다.

둘째, 지도자의 행위는 행동과학론적 영향을 받아 구조주도의 방식과 배려를 고려하는 방식으로 정의하고 있다.

- 구조주도: 지도자와 부하들 간의 관계를 기술하고, 동시에 조직의 규정패턴, 의사소통 경로, 진행방법 등을 설정하는 지도자의 모든 행동
- 배려: 우정, 신뢰, 온정, 관심 그리고 지도자와 작업집단 구성원 간의 존경 등을 나타내는 지도자 행동

오하이오 주립대학의 지도자행동기술설문지(LBDQ)를 통한 연구의 주요결과는 다음의 내용과 [그림 11-1]과 같다(Halpin, 1966; Hoy & Miskel, 2013 재인용).

- 구조주도와 배려는 지도자 행동의 기본 차원이다.
- 가장 효과적인 지도자는 높은 구조주도와 높은 배려를 통합한 지도자이다.
- 상사들과 부하들은 효과성을 평가함에 있어서 지도자 행동 차원의 기여에 대한 평가가 서로 다른 경향이 있다. 상사들은 구조주도를 강조하는 경향이 있으며, 부하들은 배려에 관심을 더 두는 경향이 있다.
- 지도자들이 어떻게 행동해야 하는가에 대하여 자신들이 말하는 것과 부하들이 설명하는 것은 거의 일치하지 않는다.

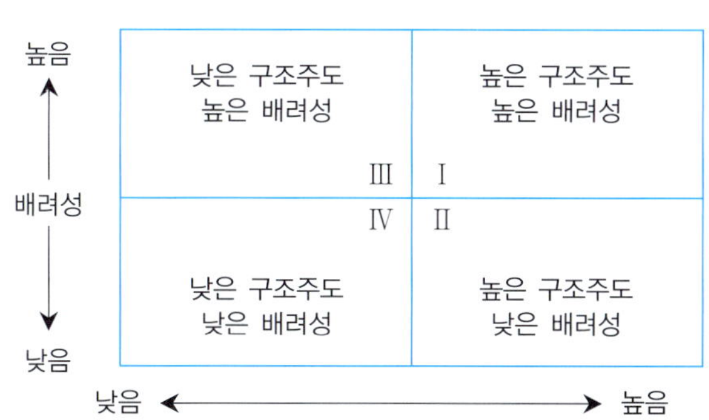

[그림 11-1] 구조주도성과 배려성 차원의 조합에 의한 리더십의 네 가지 유형

〈표 11-1〉 **지도자 행동기술 척도(LBDQ)**

구조주도형 지도성	
1. 집단의 일원으로 구성원에게 기대되는 것이 무엇인지를 알려준다.	5 4 3 2 1
2. 상사는 정형화된 절차의 활용을 장려한다.	5 4 3 2 1
3. 상사의 아이디어를 집단에 적용시키려 한다.	5 4 3 2 1
4. 집단에 대한 상사의 태도를 명확히 한다.	5 4 3 2 1
5. 과업을 할당하고, 구성원들로 하여금 그 과업을 처리하도록 한다.	5 4 3 2 1
6. 상사는 빈둥거리는 구성원들에게 전력을 다해 일하도록 한다.	5 4 3 2 1
7. 집단 내에서 상사의 역할이 구성원들에게 이해받고 있다고 확신한다.	5 4 3 2 1
8. 상사는 과업이 수행되도록 계획을 짠다.	5 4 3 2 1
9. 상사는 작업수행에 대한 명확한 표준을 유지한다.	5 4 3 2 1
10. 집단구성원들에게 표준 규칙과 규정을 따르도록 요청한다.	5 4 3 2 1
배려형 지도성	
1. 나의 상사는 정감 있고 가까이 하기 쉽다.	5 4 3 2 1
2. 상사는 집단의 일원이 되는 것을 즐겁게 해 주는 사소한 일들을 한다.	5 4 3 2 1
3. 상사는 집단에서 건의한 제안을 실행한다.	5 4 3 2 1
4. 상사는 모든 구성원들을 평등하게 대우한다.	5 4 3 2 1
5. 상사는 변화에 대해 미리 주시한다.	5 4 3 2 1
6. 상사는 정보를 남에게 알려주지 않는다.(R)	5 4 3 2 1
7. 집단구성원의 개인적 복지에 주의를 기울인다.	5 4 3 2 1
8. 나의 상사는 변화를 추구한다.	5 4 3 2 1
9. 상사는 그의 행동(조치)에 대해 구성원들에게 설명하지 않는다.(R)	5 4 3 2 1
10. 상사는 집단구성원의 의견을 묻지 않고 행동한다.(R)	5 4 3 2 1
※ 'R'은 역산, 5: 매우 그렇다, 4: 그렇다, 3: 그저 그렇다, 2: 아니다, 1: 전혀 아니다.	

이러한 결과는 구조주도를 무시하면 학교장의 영향력이 제한되며, 배려를 소홀히 하면 부하들의 만족과 동료의식이 줄어든다는 점을 시사한다. Black와 Mouton(1985)의 관리망 이론 역시 사람과 생산 모두에게 관심을 가질 것을 요구하고 있다. 그러나 이 이론은 특정한 지도자의 행동 유형이 어느 조직상황에서나 최선이라고 결론을 내리고 있지 않다.

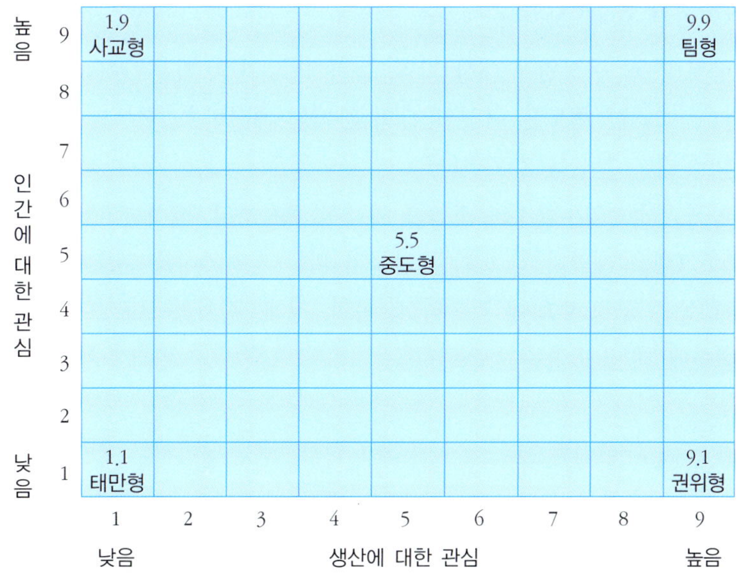

[그림 11-2] Blake과 Mouton의 관리망

행동론적 접근으로서 지도성에 대한 연구는 직접적으로 눈으로 볼 수 있는 지도성의 양태를 측정도구를 사용하여 연구하기 시작하였다는 점에서 의미가 있다. 이러한 연구는 다양한 지도성 측정도구의 개발에 영향을 주기 시작하였다. 그리고 이를 통하여 앞서 언급한 지도자행동기술척도(LBDQ) 외에 지도자청념척도(Preceived Leader Integrity Scale), 진정한 지도성 자기평가 척도(Authentic Leadership Self-assessment Questionnaire), 지도자와 구성원 교환척도(Leader-Member Exchange Questionnaire), 다중지도성 척도(Multifactor leadership Questionnaire), 학교장의 수업지도성 진단척도, 학교조직의 도덕성 진단척도, 학교장의 감성지도성 진단척도, 서번트리더십 측정도구 등(자세한 내용은 주현준 외, 2014의 제4장 참조) 지도성을 다각도로 측정하려는 시도로 이어지고 있다. 이러한 시도는 다양한 시각에서 구조성과 배려성에 관한 지도성 연구뿐만 아니라 다양한 각도의 지도성 연구에 기여하여 지도자의 행위를 복합적으로 이해하는 데 도움을 주고 있다.

셋째, 지도자의 유형을 인간과 과업이라는 두 가지 틀로 정의하는 것은 불가능하다. 이에 Yukl(2002, 2010)은 상황의 다양성을 고려하도록 권고하고 있다. Yukl이 만든 범주를 설명하면 다음과 같다(Hoy & Miskel, 2013).

- 과업지향적 행동: 구성원의 역할을 명확히 하고, 운영조직을 정의하고, 조직을 감독하는 행동을 말한다. 이러한 행동은 과업달성, 인적 · 물적 자원의 효율적 활용, 안

정적 운영과정 유지, 점진적 개선을 강조한다.

- 관계지향적 행동: 구성원에 대한 지원, 능력개발, 인정, 자문, 갈등관리를 하는 행위를 말한다. 이러한 행동은 구성원 간의 관계를 개선하고, 협동과 팀워크를 증진키고, 조직에 대한 헌신을 강조한다.
- 변화지향적 행동: 외부환경의 변화를 자세히 조사하고, 해석하고, 비전을 제시하고, 혁신 프로그램을 제안하고, 변화를 만들기 위한 지원조직을 만드는 행동을 말한다. 이러한 행동은 환경 변화에 적응하고, 목적, 정책, 절차와 프로그램에 변화를 시도하며, 변화에 대한 노력을 강조한다.

그 외 상황적 지도성 이론으로 Fiedler(1967) 역시 '가장 싫어하는 동료 척도(LPC)' 점수를 활용하여, LPC점수가 높은 지도자는 관계지향적 지도자로, LPC점수가 낮은 지도자는 과업지향형 지도자로 보았다. 이 이론은 상황을 지도자와 구성원 간의 관계의 양호 여부, 과업의 구조성과 비구조성, 지도자의 지위권력의 강약으로 보았다.

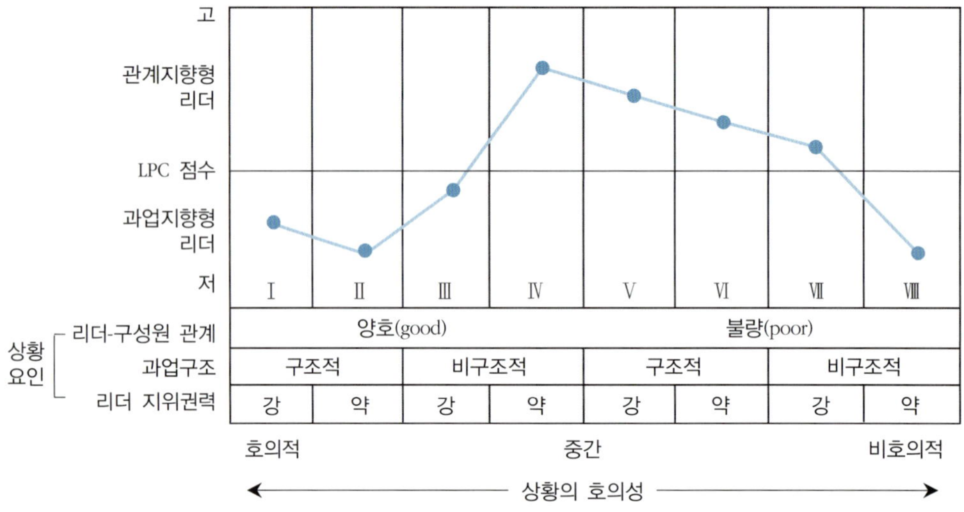

[그림 11-3] Fiedler의 상황에 따른 효과적인 리더십 유형

상황 이론은 그간에 정리되어 오던 지도성의 개념에 상황이라는 개념을 도입함으로써 다양성을 가진 조직에서의 지도성 이해에 도움을 주고 있다. 그리고 이러한 상황의 다양성은 위의 Fiedler의 이론에서와 같이 지도자–구성원 관계, 과업구조, 지도자의 지위권력 외에 구성원의 성숙도(Hersey & Blanchard, 1977), 효과성(Reddin, 1970) 등을 고려하기도

한다(윤정일 외, 2011 재인용). 그리고 이러한 상황은 조직의 유형만큼 다양하게 논의될 수 있다.

이러한 이유로 교육지도성을 다양한 의미로 해석한다. Hoy와 Miskel(2013)은 지도성을 학교조직에서 개인이나 집단이 공유된 목적을 위한 행동에 영향을 미치는 사회적 과정으로 정의한다. 교육지도성은 공식적·비공식적으로 조직 내에 폭넓게 분포되어 있으며, 합리적, 사회적 및 정의적 토대를 가지고 있다.

정의적 관점에서 학교조직은 영리를 추구하기보다는 공익적 가치를 추구하며, 국민공통교육과정을 운영하는 일선조직에 해당한다. 따라서 교육지도성 영역은 기술적 영역인 전문적 관리기법과 정의적 영역인 가치, 윤리, 도덕 등 추상적인 인간성 강화의 관점을 갖는 것이 필요하다(Hodgkinson, 1991). 즉, 교원인 교육행정가는 교육지도성을 활용하는 측면에서 다양한 이해당사자의 이해와 요구에 대한 갈등을 해소하기 위한 정의적 가치에 대한 판단력을 가지는 것이 중요하다(박선형, 2003). 특히 초등교육의 경우 아동의 나이가 중등에 비해 더 어리므로 정의적 가치판단이 더 중요하다고 할 수 있다.

이러한 교육지도성은 기본적인 중요한 개념을 포함하고 있다.

첫째, 교육지도성은 두 사람 이상의 관계로서 영향력과 권력이 불균등하게 배분되어 있다. 이것은 두 사람 이상의 상호작용을 전제로 하며, 공식적 혹은 비공식 지도자가 팔로워에게 자신의 영향력을 행사할 수 있다는 것을 의미한다.

둘째, 교육지도성은 독립적으로 존재하지 않으며, 팔로워십이 필수적이다(유길한, 2018a). 지도자는 의도적으로 다른 사람의 행위에 영향을 주려고 한다. 이러한 행위가 성립하기 위해서는 팔로워가 지도자에 대하여 대가 혹은 기대를 반드시 가지고 있어야 한다. 지도성에서 내재되어 있는 대가는 유·무형의 대가를 포함한다. 또한 지도성에 내재되어 있는 기대는 이기적 혹은 이타적 기대를 포함한다.

그리고 최근에는 지도성으로 변혁적 지도성, 서번트 리더십, 지속적 지도성 등이 등장하고 있다. 이 지도성의 내용은 다음과 같다.

변혁적 지도성

Bass(1985, 1990)는 Burns의 모델을 중심으로 확대된 형태의 변혁적 지도성을 주장하였는데 변혁적 지도자의 행동 요인은 ① 중요한 가치와 신념의 강조, ② 어려움을 극복하기 위한 교사 상호 간의 신뢰, ③ 높은 수준의 직무수행, ④ 교사에 대한 격려, ⑤ 교사의 성취에 대한 확신, ⑥ 교사 의견의 존중, ⑦ 합리적인 문제해결, ⑧ 개인으로서의 나에 대한 존중, ⑨ 나의 장점 개발에 대한 관심 등과 같다.

노종희(1994)는 학교장의 변혁[지향]적 지도성의 기본요인으로 변화선도, 인간존중, 솔선수범으로 제시하였으며, 이후에 변혁지향적 지도성 행동 차원으로 비전설정 및 공유, 인간존중, 지적 자극, 높은 성과 기대, 목표 수용, 솔선수범, 학교문화 창조, 집단참여 허용을 제시하였다(노종희, 1996).

또한 변혁적 지도성의 이전 단계로서 언급되는(유길한, 2005) 거래적 지도성 요인은 ① 성취 수준에 따른 보상, ② 성취 수준에 따른 격려, ③ 모든 사항에 관한 점검, ④ 교사의 잘못에 대한 지적과 수정, ⑤ 문제가 발생했을 경우에만 문제점 수정 등 이다. 또한 더불어 거래적 지도성을 보이는 지도자라고 하더라도 항상 비효율적인 특성을 가지는 것은 아니다. 그리고 거래적 지도성은 변혁적 지도성과 매우 밀접한 관련성을 지니고 있다.

변혁적 지도성은 교육과 관련된 요인에 대한 다양한 검증 없이 일선학교의 교육지도자들에게 전파되어 변혁적 지도성이 주장하는 이론처럼 행동하지 않는 교육지도자는 문제가 있는 것처럼 여겨지기도 하고, 심지어는 부하직원을 잘 다루지 못한다고 생각되었다(유길한, 2005). 그러나 변혁적 지도성은 기존의 거래적 지도성과 트레이드오프(trade off)의 관계에서 존재하고 있고, 완전한 변혁적 지도성 혹은 완전한 거래적 지도성은 존재하지 않는다고 보는 것이 타당할 것이다(유길한, 2005; 김현진, 2007).

변혁적 지도성은 조직이 원하는 성과를 얻기 위해서 보상을 교환하는 차원을 넘어서 지도자와 팔로워가 상호 간에 동기를 부여하고 조직구성원의 태도와 신념에 중요한 변화를 일으키고, 조직 목표에 대한 높은 헌신성을 갖게 하는 것이다. 즉, 변혁적 지도성은 팔로워의 욕구를 높은 수준으로 활성화시킴으로써 기대 이상의 직무수행을 할 수 있도록 동기화하는 것이다. 그러므로 변혁적 지도성의 기본적인 요소는 이상적 영향력, 영감적 동기, 지적 자극, 개별화된 고려, 변화의 필요성 인식, 비전 창출, 인간존중, 변화선도, 솔선수범 등이다(Bass & Avolio, 1993; 유길한, 2005).

서번트 리더십

경청, 공감, 청지기 의식과 윤리적으로 생각하는 팔로워를 만드는 것에 대한 관심을 갖고 동료들 간의 건전한 대인관계를 촉진하는 행동인 서번트 리더십은 변혁적 지도성과 유사하다(Walumba et al., 2010; Hoy & Miskel, 2013: 510 재인용).

서번트 리더십은 Greenleaf(1970)에 의해 처음 제시된 개념으로 "타인을 위한 봉사에 초점을 두며, 종업원, 고객 및 커뮤니티를 우선으로 여기고 그들의 욕구를 만족시키기 위해 헌신하는 지도성"이라 정의하였다. 서번트 리더십은 부하를 존중하고, 그들에게 창의성을 발휘할 기회를 제공함으로써 성장을 돕고, 부서 혹은 팀이 진정한 공동체를 이루도록 이끌어 가는 지도성이다(Block, 1993; 한진환, 2011 재인용). 즉, 서번트 리더십은 인간의 존엄성과 가치를 바탕으로 부하들을 존중하고, 부하들에게 창의력을 발휘할 기회를 제공함으로써 부하들의 성장을 돕는 지도성으로 이러한 서번트 리더십을 구성하는 요소는 다음과 같다. 조력자로서의 지도자는 존중, 봉사, 정의, 정직 그리고 공동체 윤리 등의 다섯 가지 원칙에 입각하여 경청하고, 공감대를 가지고, 고쳐나가고, 깨닫고자 노력하여야 하며, 설득해 나가야 할 뿐만 아니라 자신의 능력 개발을 통해 위대한 꿈을 실현한다고 하는 개념에 최선을 다해야 하고, 선견지명을 가지고, 청지기 의식(Stewardship)을 발휘하며, 사람을 성장하도록 하는 데 몰입하고, 공동체 의식을 구축하도록 노력해야 한다는 특성과 요건을 제시하였다(Greenleaf, 1970; 한진환 2011 재인용).

Spears(1983)는 경청(listening), 공감(empathy), 치유(healing), 설득(persuasion), 인지(awareness), 통찰(foresight), 비전의 제시(conceptualization), 청지기의식(steward- ship), 구성원의 성장(commitment to growth), 공동체 형성(community building) 등 열 가지를 서번트 리더십의 하위 행동특성으로 제시하였다. 또한 서번트 리더십은 개인적 특성, 사람우선, 기술적인 의사소통, 온정적 협력, 예측, 체계적 사고와 도덕적 권위 등 "일곱 가지 기둥"에 기초를 두고 있다(Sipe & Frick, 2009; Hoy & Miskel, 2013: 511 재인용).

이러한 서번트 리더십의 효과는 다음과 같다(한진환, 2011). 첫째, 서번트 리더십의 행동특성 중 공감과 도덕성을 제외한 성장, 비전, 공동체형성이 심리적 임파워먼트를 높아지게 하는 변인으로 나타났다. 둘째, 조직구성원들의 심리적 임파워먼트가 조직시민행동에 긍정적 영향을 미치는 것으로 나타났는데, 이러한 결과는 종업원들에게 심리적 임파워먼트를 강화시켜 줄수록 조직시민행동이 높아짐을 의미한다. 셋째, 서번트 리더십의 행동특성 중 공감과 도덕성을 제외한 성장, 비전, 공동체형성이 조직구성원의 심리적 임파워먼트를 통하여 조직시민행동에 유의한 긍정적 영향을 미치는 것으로 나타났다.

지속적 지도성[2)]

지속가능성을 환경과 자연에서의 지속가능성과 다르게 교육적 관점에서도 지속가능한 제도 혹은 의식(유길한, 2013)이 존재한다. Hargreaves와 Fink(2006)는 조직의 성공에 기여하는 일곱 가지 원리를 규명하여 지속적 지도성을 설명하고 있다.

- [첫 번째 원리] 깊이, 학습과 통합; 지속 지도성은 중요하다. 이것은 다른 사람들을 고려하는 관계 속에서 모든 이를 위한 심오하고 폭넓은 학습을 통합하고 보호하며 증진한다. 단시적 결과보다는 장기적 결과가 중요하다.
- [두 번째 원리] 기간, 인내와 계승; 지속적 지도성은 오래간다. 그것은 시간이 지나고 해가 바뀌어도, 그리고 한 지도자가 물러나고 다음 지도자 자리를 물려받게 되더

2) 다음은 Owens와 Valesky(2012)의 번역본(김혜숙 외) 중 pp. 356-361의 내용을 요약한 것이다.

라도 학습과 삶의 가장 소중한 부분을 보존하고 증진한다.

- [세 번째 원리] 넓이, 위임이 아닌 분산; 지속적 지도성은 퍼져나간다. 그것은 지속될 뿐만 아니라 다른 사람들의 지도성에도 의존한다.
- [네 번째 원리] 정의, 타인과 우리 자신; 지속적인 지도성은 지식과 자원을 이웃 학교나 지역사회와 공유하는 방법을 강구함으로써 주변 환경에 해를 끼치지 않고 능동적으로 그것을 증진시킨다.
- [다섯 번째 원리] 다양성, 복잡성과 화합; 지속적 지도성은 화합하는 다양성을 고취시키고, 정책, 교육과정, 평가, 교수-학습에 대한 직원 개발과 훈련 등에 대한 획일화된 표준화는 피한다. 지속적 지도성은 다양성을 육성하고 그것으로부터 배우며, 다양한 구성원들 사이의 화합과 네트워킹을 낳는다.
- [여섯 번째 원리] 자원의 풍부함, 한계와 쇄신; 지속적 지도성은 물질 자원과 인적 자원을 개발시키나 고갈시키지 않는다. 그것은 사람들의 에너지를 재생시킨다. 지속적 지도성은 조심스럽고 자원이 풍부하기 때문에 재원이든 사람이든 어떠한 것도 낭비하지 않는다. 그러나 갱신해야 하는 자원으로 신뢰(구성원 간의 신뢰 확대 필요), 확신(성공에 대한 확신 확대 필요), 감정(긍정적인 감정 확대 필요)이 있다.
- [일곱 번째 원리] 대화, 역사와 유산; 지속적 지도성은 더 나은 미래를 만들기 위하여 과거를 존중하고 이를 기반으로 미래를 만들어 간다.

이러한 점에서 지속적 지도성은 오늘날 학교의 변혁적 지도성을 적용시키기 위해 필요한 개념이며 학교 지도성 연구에서도 중요한 개념이다.

나. 교사와 교장의 지도성

교사지도성의 정의와 종류

교사지도성은 학교조직의 목표를 달성하고, 학생의 교육을 위하여 교사가 학급과 관련된 이해관계인에게 영향력을 행사하는 것을 의미한다. 이 영향력은 교사가 교수-학습을 포함하는 교육활동의 추진과정에서 학생, 동료교사, 학부모 등을 대상으로 발휘된다. 이러한 교사지도성은 크게 수업 지도성, 의사소통 지도성으로 구분하였다(박세훈 · 박지훈, 2014).

또한 김병찬(한국교원교육학회, 2007)은 '제9장 교사지도성'에서 교사지도성의 개념 요소를 다양한 선행연구를 바탕으로 〈표 11-2〉와 같이 정리하였다.

〈표 11-2〉 **교사지도성 개념요소**

구분	Katzenmeyer & Moller(2001)	Day & Harris (2003)	Suanna & Moss (2002)	Smylie & Denny (1990)	Davidson & Dell(2003)
교사 지도성 개념 요소	• 촉진하는 일 • 안내하는 일 • 교육과정 개발 • 협동학습 • 인도하는 일 • 업무책임 • 실행연구 • 위원회 활동 • 대외 연계	• 학교방침이나 교실 실천으로 연계하는 능력 • 참여의식 • 주인의식 • 외부자원연계 능력 • 동료교사와의 관계 형성	• 전문성발달 의지 • 학생에 대한 관심 • 수업 및 학급운영 능력 • 교육과정 개발 • 학교발전 의지 • 교장과의 협력 • 의사결정과정 참여	• 동료교사 지원 • 촉진하는 일 • 도와주는 일 • 변화 촉매 • 정서적 지원 • 지식의 보고	• 혁신하는 일 • 도와주는 일 • 안내하는 일 • 위험감수 • 기획 • 변화 중계

이상의 지도성 개념에 대한 논의를 바탕으로, 교사지도성의 개념을 정리하면 다음과 같다(한국교원교육학회, 2007 편저 내의 김병찬, 제9장 교사의 지도성).

첫째, 교사지도성은 교사 개인의 속성인 동시에 학교사회의 상호작용을 의미하며, 교사와 교장, 교사와 동료교사, 교사와 학생, 교사와 학부모 등 주변 사람들과 교사 자신의 특별한 전문성을 바탕으로 상호작용하는 것이다. 둘째, 교사지도성은 결국 학교조직의 목표에 종속되며, 학급목표달성을 통하여 학교목표를 이루려는 관계 속에서 발생한다. 셋째, 교사가 지도성을 자신의 전문성을 바탕으로 발휘하기 위해서는 권한위임이 필수적이다. 이를 정리하면, 교사지도성은 '학교교육과정에서 지도력 있는 교사들이 일부의 권한위임과 학교 구성원들과의 상호작용 및 협력을 통해 교육적 성취와 변화를 이루어 내려는 힘 혹은 영향력'이라고 할 수 있다.

그러나 중등학교의 교실과 다르게 초등학교의 경우 학급상황에서 적절한 대처가 어려운 경우가 매우 많다. 이러한 이유로 초등학급에서는 초등교사와 학생을 중심으로 더 세분화하여 지도성을 구분하고 있다. 이를 구체적으로 살펴보면, 초등교사가 학급에서 학급경영과 수업에서 판단력이 부족한 아동을 위하여 타당한 영향력을 행사하는 수업지도성, 학급조직 지도성, 학급경영 지도성이 포함된다(박남기 외, 2017; 김은주, 2016).

이러한 지도성의 개념은 포괄적으로 교육지도성으로 부르고 있으나, 학교와 학급의 교수-학급 목표의 달성을 목적으로 지도성의 영향을 발휘한다는 측면에서 미시적 혹은 역할을 강조하여 교육지도성에서 구분하여 수업지도성으로 부른다(박남기 외, 2017; 이인수·윤기현, 2017; 김은주, 2016)[3]. 여기서 특이점은 교수-학습을 위한 교장과 교사의 위계를

3) 교육지도성은 포괄적 의미의 지도성의 개념이고, 수업지도성은 교수-학습을 위하여 필요한 수업에 대한 지도

강조하는 경우에도 수업지도성이라고 부르고, 교수－학습을 위하여 교사와 학생의 위계를 강조하는 경우에도 수업지도성으로 부른다는 점이다[4].

교사지도성의 내용

교사지도성의 기본개념을 구체적으로 살펴보면 다음과 같다.

김영태(1999)는 교사지도성의 대상을 다음과 같이 논하였다. 첫째, 교사 지도성의 주요 대상은 학생이다. 교사지도성의 궁극적 목적은 학생의 학업성취와 인성발달이다. 따라서 교사 지도성의 주요 대상은 학생이며, 교사지도성의 효과는 학생에 의하여 검증된다. 둘째, 교사지도성의 대상은 동료교사이다. 전문적 공동체로써 교직 분위기를 확충해 나가기 위해서는 교원들에게 지적 환경을 제공하고, 교원들이 평생학습자가 되도록 해야 한다. 셋째, 학교행정가는 교사지도성의 대상이 된다. 교장이 모든 영역에서 지도성을 발휘하는 것이 사실상 불가능하므로 교사에게 권한을 위임하게 되고, 따라서 권한을 위임받은 교사들의 결정과 영향을 받지 않을 수 없다. 마지막으로 교사지도성의 대상은 학부모와 지역사회이다. 효과적인 교육을 위해서는 가정, 학교, 지역사회 간의 교육적 협력관계가 필요하다.

거시적 관점에서 Forster(1997)는 우선, 교사 지도성을 '대중에게 변화를 통한 공동의 해결책을 찾도록 하여 결국 교육의 목적이 공공이익에 도움이 될 수 있도록 하는 교육적 헌신과정과 행동'이라고 정의한다. 다음으로, 협의의 관점에서 교사 지도자가 동료 교사에게 미치는 영향력을 언급하고 있다(최지혜, 2014 재인용).

교육의 관점에서 교사지도성은 ① 학생에게 칭찬과 격려를 통하여 차가운 영혼에 따뜻한 기운을 불어넣어야 하며, ② 학생에게 기대감과 희망이 특별한 성취로 이어지도록 해야 하며, ③ 학생을 시련과 실패를 통하여 성공에 이르는 지름길로 인도해야 하며, ④ 학생들이 변화를 받아들이고 준비하게 해야 하며, ⑤ 교사 스스로는 솔선수범하여 사랑과 봉사를 실천하게 하는 것이다(염철현, 2004).

역동적 변화의 관점에서 교사지도성은 ① 새로운 책무성과 평가체제의 주창자이어야 하며, ② 학생에 대한 기대와 성취기준을 재구성하는 혁신자이어야 하며, ③ 교수를 활성화시키는 관리자이어야 한다(Liberman & Miller, 2009: 황기우 역, 2009).

효과적인 학교조직을 위하여 교사지도성이 원활하게 작동하는 조건으로 김영태(1999)

성으로 인식된다. 따라서 본 글에서는 특별하게 수업의 영역에서 필요한 지도성을 발휘하는 경우 수업지도성을 구분하여 설명한다.

4) 중등교육의 경우, 교장과 교사의 수업지도성은 제한된다. 그 이유는 교장의 교과전문성에 따라 교장이 수업지도성을 발휘하는 영역이 제한된다. 그러나 초등의 경우는 두 영역 모두 수업지도성을 발휘할 수 있다.

는 첫째, 권한을 교사에게 위임하여 교사를 교육적 의사결정의 동반자로 존중하는 관점을 가져야 하며, 둘째, 교육청의 권한도 대폭 학교로 이양하여 학교가 주업무인 수업이나 관련업무에서 자율적이고 능동적으로 행동하도록 해야 하며, 셋째, 조직변화에 대하여 교사가 중심이 되는 것이 바람직하며, 마지막으로, 학교조직의 발전을 위하여 자율성 확대와 권한위임을 통한 조직구조의 재설계라고 주장하였다.

York-Barr와 Duke(2004)는 교사지도성을 '학생의 학습과 학업성취의 관점에서 교수-학습 방법을 개선하고, 교사가 개인적 또는 집단적으로 동료 교사, 교장, 학교 공동체의 구성원들에게 영향을 미치는 과정'으로 정의하면서(최지혜, 2014 재인용), 교사지도자의 역할을 ① 조정 및 관리, ② 교육과정 운영, ③ 동료교사의 전문성 개발, ④ 학교개혁 과정에의 참여, ⑤ 학부모 및 지역사회 공동체 연계, ⑥ 전문성 개발, ⑦ 예비교사 교육으로 정의하였다(한국교원교육학회, 2007 편저 내의 김병찬, 제9장 교사의 지도성).

김병찬(한국교원교육학회, 2007 편저 내의 김병찬, 제9장 교사의 지도성)은 교사지도자의 구체적 역할로서 ① 의사결정자로서의 역할, ② 공동의 목표 설정자로서의 역할, ③ 주도적 참여자로서의 역할, ④ 지원관리자로서의 역할, ⑤ 변화 촉진자로서의 역할, ⑥ 평가자로서의 역할로 구분하였다. 이에 더하여 교사 지도자의 자질로서 ① 교육에 헌신하고자 하는 마음, ② 긍정적 사고방식, ③ 열린 마음과 인간애, ④ 불굴의 용기와 의지, ⑤ 확신과 판단력, ⑥ 인내력, ⑦ 창의성과 유연성을 들고 있다.

학교교육 계획이 구체적으로 실행에 옮겨지는 학급교육의 목표를 달성하기 위해서는 학교장의 지도성 못지않게 교사의 지도성이 중요하게 작용한다. 학교교육에서 직접적인 교육활동을 담당하고 있는 교사는 학급경영의 책임자로서 학급집단의 비전을 제시하고, 학급풍토를 조성하며, 학교교육목표 및 학급교육목표에 근거한 학급경영방침을 설정하여 실천하는 역할을 담당하고 있다(류윤석, 2011).

특히 교사의 수업지도성은 참여적 행동을 통해, 분명한 목표와 학업성취도 및 사회적 행동에 대한 높은 기대로 특징지어지는 학교풍토와 문화의 형성을 통해 학교를 수업조직으로 만들어 학생들의 성취도에 간접적으로 영향을 준다(Hoy & Miskel, 2013). 반면에 교장의 수업지도성은 수업지원 활동, 학교풍토, 조직구조와 운영형식에 직접적으로 영향을 주고 있으나, 수업 자체에는 직접적으로는 영향을 주지 않는다(주영효, 2006)는 연구결과도 보고되고 있다. 이러한 결과는 일반적으로 학교 차원에서 학생의 학업성취는 교사의 수업과 능력에 달려있는 것으로 알려져 있다는 점을 설명하고 있다.

위 내용을 바탕으로 교사지도성을 정리하면 다음과 같다. 우선, 거시적 관점에서 교사지도성은 "초등학교에서 학교교육 및 조직의 목표를 달성하기 위하여, 구성원에게 협력 등 상호작용을 포함하는 영향력을 행사하는 과정"이다. 미시적 관점에서, 초등교육에서 교사지도성으로서 중등교육과 다르게 학급경영 지도성, 학급조직 지도성, 수업지도성이 더 강조된다.

미시적 관점에서 적용되는 초등학교의 교사지도성을 설명하면 다음과 같다.

첫째, 초등학급의 교수-학습과정에서 수업의 목표를 달성하기 위하여 영향력을 행사하는 것을 교사의 수업지도성이라 부른다. 중등교육에 비하여 학생에 대한 더 세밀한 개별적 고려가 필요하다. 둘째, 수업지도성은 수업을 원활하게 운영하기 위해(수업경영) 그리고, 수업목표달성을 위하여 영향력을 행사하는 과정이라는 관점에서 교수-학습과는 다르게 구분한다. 발문의 순서, 모둠의 구성 등 초등교실에서 수업의 목표를 달성하기 위한 제반 여건의 조성이라는 관점에서 학생의 심리적 · 사회적 상태를 더 세밀하게 고려한다. 셋째, 수업지도성은 교장과 교사 간의 관계, 그리고 교사와 학생 간의 관계에서 발생한다. 초등학급의 경우, 중등학급에 비하여 교사와 학생 관계의 영향력이 높다. 넷째, 학급조직 지도성은 학급조직 차원의 발전과 개선을 위한 것으로 학급의 문화, 학급규칙, 급훈 등을 통하여 학급 조직의 효과성을 높이는 데 참여하거나, 영향력을 발휘하는 것을 말한다. 다섯째, 의사소통 지도성은 교사가 학생, 학부모, 동료교사, 교장 등과 같은 학교 구성원과 의사소통을 통하여 영향력을 행사하는 것을 의미한다. 초등교육은 중등교육에 비하여 더 높은 수준의 동학년 교사 간 소통이 존재한다. 마지막으로, 교사의 학급경영 지도성을 통하여 초등교사는 학부모 관계의 조정 및 협력, 학급경영의 효과성 강화, 행동경영을 통한 학급갈등의 해소, 시기별 학급목표달성 촉진, 학급규칙 및 행동수칙의 적용 등을 달성한다.

교장 지도성의 정의와 종류

교장의 지도성은 학교의 지도자들이 당면한 도전적 · 성공적인 학교운영과 교직원 및 학생의 실질적인 학생의 발달 수준에 부응하여야 하고, 교사와 직원이 스스로 개선하고, 새로운 변화를 주도할 수 있도록 지도 및 조언해야 한다(Reinhartz & Beach, 2004, 김정일 외 번역: 7). 이러한 교장의 지도성 과정을 그림으로 표시하면 [그림 11-4]와 같다. 이를 학교, 교사, 학생 수준에서 적용 가능한 교육지도성의 발휘라는 관점에서 바라보면 [그림 11-4]와 같다(Marzano et al., 2005; 주삼환 역, 2013: 158).

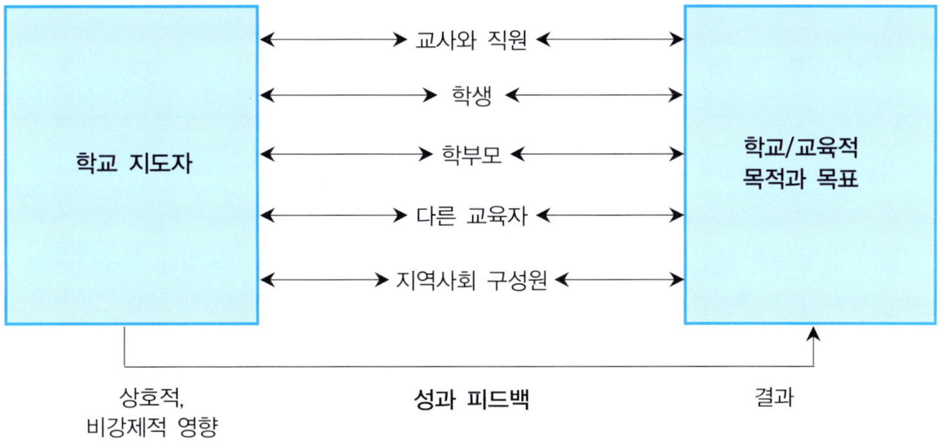

[그림 11-4] 지도성 과정

특히 전 교과를 가르치는 초등교육의 경우 교장이 교사와 학생에 대하여 교수-학습의 목표를 달성하기 위해 영향력을 행사하는 경우가 많다. 이러한 수업지도성[5]의 기본 개념을 제시하면 다음과 같다(박남기 외, 2017; 유길한, 2006; 이병진, 2003).

① 교수-학습에 대한 학교차원의 목표, 구조 및 관계를 이끌어내는 교장의 지도(장학) 행동

② 주어진 학교 상황에서 수업목표달성을 위한 노력으로서 교사나 교사집단의 활동에 영향을 주는 과정과 행동

③ 학교에서 교수-학습의 개선을 위하여 교사와 학생들에게 방향, 자원, 지원을 제공하는 행동

〈표 11-3〉 학교에서 적용 가능한 교장의 역할

구분	역할
학교수준요인	1. 보장되고 실행 가능한 교육과정 추진 2. 도전적인 목표와 효과적인 피드백 3. 학부모와 지역사회 참여 4. 안전하고 질서정연한 환경조성 5. 동료의식과 전문직주의 고양
교사수준요인	6. 수업전략 지도 7. 수업학급관리 지도 8. 교실 교육과정 설계

5) 특징적인 것은 교장도 학생수준에서도 수업지도성을 발휘하게 된다. 그러나 우리나라의 경우 학생수준에서 교장의 지도성에 대한 효과는 직접적 영향력보다는 간접적 영향력이 큰 것으로 나타나고 있다(주영효, 2006; 이인수 · 윤기현, 2017).

학생수준요인	9. 가정환경 지원 10. 학습된 지능과 배경지식 제공 11. 동기부여

출처: What works in schools: Translating research into action by Robert J. Marzano, 2003. p.10 Copyright ⓒ 2003, ASCD의 내용을 일부 수정하여 제시함.

지도자의 업무와 관련하여 앞서 언급한 거시적인 관점의 교육지도성을 세분하여, 구체적인 학교행정의 관점에서 교육지도자의 일주일간 하는 직무를 분석해 보면, 경영 및 행정, 학생관련 문제해결, 교직원관련 문제해결 등을 주로 한다. 그러나 실제로 더 많이 해보고 싶은 직무를 살펴보면, 전략적 지도성, 수업 지도성으로 나타나 실제와 이상 간에 상당한 격차가 나타나고 있음을 알 수 있다(Billot, 2003).

이를 통하여 교육지도자가 갖추어야 할 교육지도성 능력을 살펴보면 다음과 같다.

① 학교를 변화시키기 위한 비전을 설정한다. ② 강한 인간관계 능력을 증명한다. ③ 다른 사람에게 권한을 부여한다. ④ 자신과 다른 사람을 위하여 불확실성을 관리한다. ⑤ 자신과 다른 사람을 위한 변화를 관리한다. ⑥ 네트워크를 개발하기 위한 능력을 고양한다. ⑦ 효율적 경영자 혹은 행정가가 된다. ⑧ 학교목표달성을 위한 수업 지도성을 발휘한다.

교장지도성의 내용

서정화 등(2003)은 교장의 지도성을 미래학적인 관점에서 이상적인 교장의 모습으로 '정보화 교육의 실천가, 위기극복의 개혁자, 교육고객 표현력 중심의 캠퍼스 창출자, 실존적 만남과 교육생활세계의 정원사, 교육담론의 학교공동체의 자치실현자, 결단력과 책임감 있는 비전 리더십의 교육 CEO, 잠재력과 팀워크를 고취시키는 인간관계의 도예가로 정의하였다.

미시적인 관점에서 교장의 수업지도성은 교수-학습의 관점에서 학생의 학습을 촉진시키기 위하여 학교장 자신이 직접 행하거나 다른 사람에게 권한을 위임하는 일체의 활동으로, 직접적 행위와 간접적 행위로 나눌 수 있다. 직접적 행위에는 교사에 대한 장학, 수업평가, 현직교육 등이 속하며, 간접적 행위에는 수업 촉진, 자원 확보와 공급, 시설 유지, 학생문제 해결 등과 같은 지원행동이 포함된다(노민구, 1994; Daresh & Liu, 1985; De Bevoise, 1984; Kleine-Kracht, 1993, 이윤식 · 이상미, 2009 재인용).

교장의 수업지도성은 학생의 학업성취에 영향을 주기 위하여 학교장과 교사 간에 이루어지는 수업장학 활동, 학교개선을 위해 행해지는 학교장의 지원 · 관리 조정의 행정활동을 포함하는 활동이다(주영효, 2006).

이런 점에서 교장중심의 수업지도성은 교사중심의 수업지도성을 지원하고 여건을 조성해 학교의 교육목표를 달성하는 데 있다. 따라서 교장의 수업 지도성은 교사의 수업 지도성을 직·간접적으로 지원하여 교수-학습의 질 개선하고, 학교의 교육목표달성을 위하여 지역사회(학부모)와 원만한 관계를 갖도록 지원하는 것이다.

따라서 교장의 수업 지도성은 교사에 대하여 권한부여(empowerment)의 속성을 지닌다. 이러한 교장의 교사에 대한 권한부여의 과정을 통하여 교사는 좋은 수업을 하려고 노력하고, 그 결과인 좋은 수업은 교사의 직무 지속성(retention)과 직무만족에 영향을 준다(Silins & Murry-Harvey, 1999: 240-244; Goodwin & Stevens, 1993: 174-179). 이러한 수업의 질은 교사의 수업지도성을 형성하는 데 기초가 된다.

〈표 11-4〉 교장과 교사의 지도성

		교육지도성(포괄적)	수업 지도성(미시적)
교사	수업경영 지도성	• 수업경영 계획자 • 수업규칙 제정자, 실행자 • 수업분위기 조성자 • 수업 의사소통 촉진자 • 수업 중 갈등 해소자	• 세부 교육과정 개발자 • 교육과정 운영자 • 수업계획 개발자 • 수업목표달성 촉진자 • 수업 모둠 구성자 • 수업동기 부여자 • 수업분위기 조성자
	학급조직 지도성	• 학급조직 구성자 • 학급규칙 및 급훈 제정 협력자	• 특별 · 재량활동 계획자 • 특별 · 재량활동 실천자 • 학급 분위기 조성자
	의사소통 지도성	• 학부모의 협력자, 조언자 • 학교의 의사결정 참여자 • 학생과의 의사소통 촉진자 • 교장의 협력자, 조력자 • 학교 의사결정 참여자	• 동학년 의사소통 협력자 • 동료교사와의 수업 협력자 • 수업 의사소통 촉진자
	학급경영 지도성	• 학급경영 계획자 • 학급경영 실행자 • 교육전문성 개발자	• 수업경영자 • 학생 삶의 변화 촉진자
교장	수업경영 지도성	• 학교 교육과정 개발자 • 장학의 계획자	• 수업계획 지원자 • 수업실행 지원자 • 장학의 실행자 • 교육연수의 촉진자
	학교조직 지도성	• 학교 비전 설정자 • 인간관계 촉진자 • 학교 변화 촉진자	• 전체 현장학습 계획자 • 특별 · 재량활동 조성자 • 학교 풍토 조성자

		교육지도성(포괄적)	수업 지도성(미시적)
		• 학교의 성과 확인자 • 교사와 직원이 성과 확인자 • 학교와 지역사회 협력 주도자	
	의사소통 지도성	• 학생과 학부모의 의견 수렴자 • 교사와 직원의 의견 수렴자 • 수렴된 의견의 조율자 • 교사 간 갈등 중재자	• 교사-학생 간 갈등 중재자 • 교사-학부모 간 갈등 중재자
	학교경영 지도성	• 학교경영 계획자, 실행자 • 지역사회 봉사자	• 학교경영과 학급경영의 연계 및 조정자

다. 효과적인 교육지도성

최근에는 지도성의 발휘를 긍정적인 측면에서 효과적으로 행사하는 것뿐만이 아니라 지도성이 잘 발휘될 수 있는 조건에 대한 관심이 높아지고 있다. 그 이유는 성공적인 지도자는 이상적인 지도성 요인을 가지고 있어야 한다고 생각되고 있기 때문이다. 그러나 성공적인 교육지도자가 되기 위해서는 피해야 하는 요소도 존재한다. 따라서 문제가 되는 지도성 환경에 대한 고려는 지도자의 실패가 외적인 요소에서 기인하는가와 내적인 요소에서 기인하는가를 판단하는 준거로서 활용될 수 있을 것이다. "지도자의 성공을 방해하는 설문(Impediments to Leadership Succession Inventory)"은 지도자로서 피해야 할 지도성 요인(Dorman & D'arbon, 2003)으로 ① 비지원적인 외부환경, ② 교육지도자의 너무 많은 책무성 부담, ③ 교육정책(education agenda)의 빠른 변화에 기인한 경험의 부족, ④ 개인의 사생활에서 오는 부정적 영향, ⑤ 성별에 대한 편견, ⑥ 의사소통 방식의 부족, ⑦ 학생과 교직원과의 인간관계 부족 등을 들고 있다. 최근에는 갑질과 성차별적 행동이 사회적으로 중요한 이슈로 등장하고 있다(http://www.hani.co.kr/arti/society/society_general/968098.html, 직장갑질 줄었다지만... 20대, 여성 절반 "직장괴롭히 여전" 등의 자료 참조).

또한 미래지향적 지도성에 대한 논의도 시작되고 있다. 일반적으로 많은 교육지도자들은 학교가 다문화가정의 문제, 학생의 등교, 졸업, 학업성취 등에서 과거에 비해서 발전하고 있다고 주장하고 있다. 그럼에도 불구하고 새로운 시대에 좀 더 발전된 학교가 되기 위해서는 ① 의사소통 기술의 개선, ② 협력적 지원체제로의 전환, ③ 변화를 위한 등대 역할로서의 경력 지도 프로그램의 운영, ④ 교사에게로의 많은 권한 이양, ⑤ 연구와 개발에 대한 투자, ⑥ 협력적 거버넌스(shared governance), ⑦ 학생경력 개발을 위한 교육과정의 통합, ⑧ 학교와 지역사회 간 연계 강화 등과 같은 사항이 고려되어야 한다고 주장하고 있다(Mullen & Sullivan, 2002).

또한 가치지향적 교육지도자는 지도자의 행위방식과 가치를 반영하여야 하며, 그 내용은 다음과 같다(Day, 2000).

① 홀리스틱(holistic): 비전과 문화의 창조
② 교육적(pedagogical): 비전과 연결된 결과를 습득하고, 적용하고, 모니터하는 것
③ 대인관계적(interpersonal): 교직원, 학생, 학부모, 정부관계자와의 관계 중시
④ 전략적(strategic): 경영마인드를 가지고 네트워크를 통해서 미래를 통제하는 것
⑤ 내부관조적(intrapersonal): 자신의 지식, 개발, 성취에 관심을 가지는 것

과거 교육지도자는 위계적이고, 지시적이고, 권위적인 특성이 강했다. 그러나 최근에는 교사의 관점에서 이상적인 교장에 대한 기대가 표현되고 있다(Lee et al., 2000). 다시 말하면, 교장의 지도성 계발의 목표가 ① 효과적인 의사소통, ② 신뢰, ③ 개방성, ④ 실행 연구 능력, ⑤ 갈등해결 능력, ⑥ 효과적 집단 의사결정 능력 등으로 변하고 있다.

또한 교육지도자의 심리 · 정서적 측면을 포함하여 효과적 지도성(Day, 2000)을 제시하는 경우도 있다(Hargreaves & Goodson, 1996 재인용). 이러한 심리적 측면을 포함하는 효과적 지도성은 ① 수업 및 교육과정 등에 대한 상황 분별력 및 판단력, ② 도덕성 및 사회적 목적에의 부합성, ③ 협력적 문화의 창조, ④ 자기 보호적 자주성(self-protective autonomy)보다는 직업적 협력성(occupational heteronomy), ⑤ 감정을 누그러뜨리는 서비스 보다는 능동적 보살핌(care), ⑥ 다른 사람에 의한 변화보다는 지속적인 자기주도적 학습, ⑦ 높은 수준의 직무를 수행하기 위한 복잡성의 인식 등을 포함한다.

또한 학교조직의 효과성을 위한 지도성(effective leadership)은 다음의 다섯 가지 요소를 포함해야 한다는 주장도 있다(Day, 2000).

① 학습: 교사가 자신의 동료 혹은 학생과 함께 학습할 수 있게 한다.
② 참여: 교사가 능동적 주체자로서 자신의 전문적 영역에서 자신을 바라볼 수 있게 한다.
③ 협력(collaboration): 교사가 내적인 지역사회와 외적인 지역사회 사이에서 협력할 수 있게 한다.
④ 협동(cooperation): 교사가 토론과 협동을 통하여 일반적 언어능력(common language)과 기술(technology)를 계발할 수 있게 한다.
⑤ 능동성(Activism): 교사가 양심에 의해 공개적으로 학교교육에 관한 내용을 직 · 간접적으로 관여할 수 있게 한다.

2. 팔로워십[6)]

가. 팔로워십의 정의와 유형

지도성은 그 상대인 팔로워십(Followership)을 제외하고 논의하는 것은 무의미하다. 왜냐하면 결국 지도성의 대상이 팔로워이며, 따라서 이들을 동기화시키지 못하면 성공한 지도자가 될 수 없으며, 이들에게 만족을 줄 수 없으면 이들은 지도자를 따르지 않게 될 것이 분명하기 때문이다. 팔로워십과 지도성의 이러한 관계에도 불구하고, 팔로워십에 대한 연구성과는 대체적으로 팔로워십에 대한 연구라기보다는 지도성 연구의 파생 연구로 이루어지고 있으며, 이러한 팔로워십에 대한 연구가 부진한 이유를 다음과 같다(Gilbert & Hyde, 1988; 구정대, 2014에서 재인용). 첫째, 지도성에 대한 집착과 팔로워들에 동기부여하는 지도자의 능력에 대한 과다한 의존으로 인한 것이며, 둘째, 팔로워들을 동기부여시키는 능력이 중요한 관리기술이라는 일반적인 사고와 전통적인 팔로워 경시문화에서 도출되었다는 것이다.

그러나 현대의 조직은 협업과 적극적 사고를 중시하고 있고, 이에 대한 대전제는 팔로워에 대한 존중과 이해가 필수적인 요소로 대두되고 있다. 이런 의미에서 팔로워(Follower)는 자신의 행동을 다른 사람에게 맞추는 사람 또는 다른 사람이나 다른 것(예를 들어, 특정 이유 또는 생각)을 위해 개인의 자율성을 포기한 사람(Hoy & Miskel, 2013: 512)이라는 정의는 다소 진부한 정의로 여겨질 수 있으며, 팔로워십에 대한 적극적 해석이 요구된다.

팔로워십에 관한 개념과 관련된 주요 학자들의 정의는 다음과 같다.

① 팔로워란 용어는 '돕다, 후원하다, 공헌하다'라는 뜻을 지닌 독일의 'follaziohan'에서 나온 것으로 '추종자, 부하, 하급자'를 뜻하며 지도자를 도와 조직의 발전을 유도하는 사람을 의미한다(서의정, 2012).

② 팔로워십이란 지도자와 함께 조직의 목표를 달성하기 위해 비판적인 사고와 능동적 참여로 수행하는 과정이다(Kelly, 1988).

③ 팔로워십이란 독립적이고 비판적인 사고를 가지고 일을 수행하며 창의적이고 건설적인 팔로워가 하는 행동이다(Banutu-Gomez, 2004).

6) 팔로워십에 대한 개념은 1988년 Kelley가 '팔로워의 찬양' 이후 1992년 '팔로워십의 힘'을 발표하는 것을 계기로 활발한 논의가 진행되었다. 영어의 접미사 ship으로 끝나는 단어들은 진행을 뜻하는 프로세스의 의미를 담고 있는데 지도성(leadership)과 팔로워십(followership)은 모두 이러한 범주에서 이해되어야 한다(강정애, 2015).

④ 팔로워십이란 팔로워가 지도자와 비전을 공유하며 지도자와 조직의 성공을 위해 조직에 참여하는 과정이다(Chaleff, 1995).
⑤ 팔로워십은 주어진 상황에서 조직의 목표달성을 위해 지도자가 의도하는 바에 따라 팔로워가 개인이나 집단적 노력에 참여함으로써 개인적 목표를 획득하는 과정이다(Wortman, 1986).
⑥ 팔로워십은 조직의 목표를 성취하기 위하여 상사의 노력을 지원하고 상사의 지시에 능률적이고 주도적으로 따르는 개인의 능력이라고 하였다(Agho, 2009; 구정대, 2014 재인용).

이러한 정의를 바탕으로 Colangelo(2000)는 Kelley(1992)의 측정도구를 활용하여 팔로워십의 유형을 구분하는 대신 팔로워십 개념을 능동적 참여, 팀 정신, 비판적 사고 등으로 설명하였다. 그의 연구에 따르면, 능동적 참여는 기업목표를 달성하기 위해서 비협조적이거나 소극적인 태도가 아닌 적극적인 기여와 참여 정도를 말하며, 팀 정신은 조직목표의 성과를 극대화하기 위하여 개인의 이익을 희생하고 상호 간 협력하는 것을 말하며, 비판적 사고는 맹목적 복종이나 부정적 비평이 아니라 업무에 대한 건전한 판단과 의사표시를 하는 것이라고 주장하였다(구정대, 2014 재인용).

팔로워십 분야에 큰 기여를 한 Kelly는 팔로워의 사고성향이 얼마나 독립적이고 비판적인지 그리고 그들의 행동성향이 얼마나 적극적이고 능동적인지에 따라 수동형 팔로워, 소외형 팔로워, 순응형 팔로워, 실무형 팔로워, 모범형 팔로워의 5가지 팔로워 유형을 구분하였다. 지도자의 판단과 지시가 있어야 행동하는 수동형 팔로워, 비전을 제시하는 인물로서 지도자를 바라보며 지도자의 지시와 판단에 따라 움직이는 순응형 팔로워, 비판만 있고 제안과 실행은 하지 않는 소외형 팔로워, 상황 파악을 한 후에 실무에 임하는 실무형 팔로워, 관계와 업무에서 소신 있고 적극적으로 활동하는 모범형 팔로워가 있다. 그의 관심은 지적이고 독립적이며 용감한 윤리의식을 갖춘 행동하는 모범적 팔로워에 있었으며, 팔로워들의 동기와 자발적 복종에 연구의 관심을 집중하였다(강정애, 2015 재인용).

Kellerman(2007: 2008)은 아무 것도 느끼지 못하고 행동하지도 않는 팔로워들부터 매우 열정적이며 깊이 참여하는 팔로워들까지 5가지 유형으로 나누었으며 다음의 특성을 나타낸다.

① 무관심자(isolate): 최소한의 일만 하며 관심도 의지도 없음
② 방관자(bystander): 관찰은 하지만 참여는 안함
③ 참여자(participant): 시간과 노력을 기울여 변화에 동참함

④ 운동가(activist): 지도자를 대신하여 열심히 일하거나 그들을 약화 또는 물러나게 함
⑤ 완고주의자(diehard): 지도자 또는 목적을 위해 헌신한다. 무관심자를 제외한 나머지 유형들은 어떤 형태로든 연계되어 있음을 강조하고 있다(강정애, 2015 재인용).

그리고 이상적 팔로워십은 조직의 목표일치성에 대한 지각, 비판적 사고, 능동적 참여, 팀 정신을 통하여 지도성을 조직성과로 이끌어낸다(권중생, 2013). 이러한 인지적 · 행동적 행위의 바탕에는 지도자와 팔로워 간의 신뢰가 존재한다.

팔로워의 지도자에 대한 신뢰는 조직의 생산성, 문제해결, 의사소통의 질, 조직시민행동, 직무만족 등과도 밀접한 관련을 갖는다(Gillespie & Mann, 2004; Dirks & Ferrin, 2002). 이러한 신뢰는 쉽게 제한되거나 대체될 수 없으므로 조직의 경쟁력에 핵심적으로 기여한다(유길한, 2005). 또한 조직에서의 정의는 직무에 관한 공정성이라는 용어로 묘사될 수 있다(Greenberg, 1987). 지도자의 행위에 대한 공정성은 지도자의 지도성 행위가 적절하게 수행될 것인가에 대한 팔로워의 기대와 동기에 상당한 영향을 준다(유길한, 2005).

교육지도자는 팔로워(후배 지도자)의 지도성을 키워주는 역할을 해야 한다. 또한 지도성에 자질이 있는 후배 지도자의 잠재력을 키워 훌륭한 지도성이 단절되지 않고 지속적으로 연결 · 발전될 수 있도록 해야 한다(Pounder & Crow, 2005). 이를 위하여 다음과 같은 지도자 육성 프로그램을 운영할 필요성이 있다.

① 교사를 각종의 위원회에 참여시켜 잠재적 지도성을 보여줄 기회를 준다.
② 교사를 학교의 기획 업무와 다양한 사업에 참여시킨다.
③ 교사가 다양한 학생의 학업성취를 모니터하고 분석할 수 있도록 한다.
④ 교사가 학교와 학부모와의 관계에 대한 다양한 사례를 발굴하도록 한다.
⑤ 교사에게 지역사회와 함께 일할 수 있는 기회를 준다.
⑥ 동료장학을 통하여 수업지도성 기술을 발전시킬 기회를 준다.
⑦ 교사에게 학교의 효과성, 책무성, 학생의 성취 등에 대한 자료를 수집하고 분석할 수 있는 기회를 준다.

지도자는 팔로워와의 관계에서 조직을 위하여 바람직한 지원 및 유대 관계를 형성한다(Owens, 2001).

① 조직이 수행해야 하는 목표와 방법을 공유함으로써 팔로워와 유대를 강화하고, 동기를 부여한다.
② 더 나은 미래의 비전을 위하여 노력하는 개인의 직무수행을 고양한다.

③ 조직에서 핵심적인 목표가 되는 비전을 구체화하기 위한 직무환경을 조직한다.
④ 비전을 성취하기 위하여 팔로워가 하는 일을 촉진한다.

나. 팔로워십의 효과성

Kelly(1992)는 팔로워의 사고성향이 얼마나 독립적 혹은 비판적 사고를 갖는가와 능동적 혹은 수동적 성향을 갖는가에 따라 두 차원의 역량이 모두 높은 팔로워를 '효과적 팔로워'로 명명하고, 핵심자질로 자기관리, 몰입, 능력과 집중, 용기 등을 제시하였다(유길한, 2018 재인용).

현재 초등교육에서 교사의 팔로워십을 이끌어내기 위한 교장의 지도성은 권위적 지도성에 비해 변혁적 지도성을 추구하는 것이 바람직하다(유길한, 2018). 변혁적 지도성의 발휘는 팔로워십의 발휘에 영향을 미치고 있으며, 이를 통해 개인 효과성을 직접적으로 높이고 있다. 즉 개인에 대한 존중은 팔로워십 요인인 '개인의 능력개발', '학교에 대한 협력', '학교장에 대한지지', '비판적 · 독립적 사고'를 통하여 개인효과성 중 하나인 학교에 대한 헌신, 학교적응 그리고 개인의 발전으로 구성된 '학교만족' 요인을 증진시키고 이를 통하여 조직효과성을 높인다. 이점은 교사의 팔로워십이 사회 · 경제적 지위가 포함된 학교외적 가치에는 영향을 주지 않으나, 학교내적 가치에는 영향력의 효과가 있다. 따라서 팔로워십의 고양은 학교 내부의 개인효과성 증진 측면에서 의미가 있다.

다. 팔로워십을 위한 지도성의 역할

지도성이 팔로워십을 개선하기 위한 제안은 다음과 같다(Hoy & Miskel, 2013).

① 지도성을 지나치게 낭만적으로 보지 않는다.
② 전문성을 가지고 있는 역할을 맡는다.
③ 비공식적인 것을 장점으로 만든다.
④ 팔로워를 지지하고 존중한다.
⑤ 분산적 지도성을 행사한다.
⑥ 임금격차에 주의한다.
⑦ 증명된 능력을 토대로 지도자를 선발한다.
⑧ 정식 인사를 피한다.
⑨ 부정적인 측면에 주의한다.
⑩ 겉모습으로 지도자를 판단하지 않는다.

3. 교육지도성의 실제

가. 교육청

교육감의 교육지도성

한국의 지방교육자치제도는 미군정기에 도입되었다. 1948년 8월 12일 군정장관 딘(W. F. Dean) 소장의 명의로 공포된 '교육자치 3법'이 그 모태였으며, 미국 측은 이 세 개의 군정법령에 담긴 입법 취지가 대한민국 정부 수립 후 제정된 「교육법」(1949.12.31 제정, 법률 제86호)에 그대로 반영될 수 있도록 노력하였다. 그 결과가 바로 「교육법」 제2장(교육구와 교육위원회)과 제3장(교육세와 보조금)의 내용이다(정태수, 1992 참조; 김용일, 2014에서 재인용). 제정 당시 내무부 측은 지방행정의 종합성을 이유로 교육감 설치를 강력히 반대하였고, 그 후 1955년 「지방자치법」 개정시안을 마련하면서 교육감제도의 폐지를 시도하기도 하였다. 그럼에도 불구하고 교육감제도는 1991년 「지방교육자치에 관한 법률」이 제정되기 이전까지 임명제로 명맥이 유지되었고, 1991년 「지방교육자치에 관한 법률」이 제정된 이후에는 줄곧 간접선거에 의해서 교육감이 선출되었으며, 오늘날의 직선제 교육감제도는 2006년 참여정부에 의해서 마련된 시·도교육감을 주민들의 직접선거로 선출하는 내용을 골자로 하는 「지방교육자치에 관한 법률」 개정안이 통과되면서 비로소 성립되었다(안주열, 2015; 김용일, 2014).

이러한 지방교육자치와 관련한 문제의 핵심은 '교육영역에서 자치의 본질' 및 '국가와 지방자치단체 간의 분권'에 관한 것으로써, 구체적으로 말하면 "우리 교육자치제도가 「헌법」 상 교육이념을 구현하고 있고, 교육의 기본원리에 충실한가", "중앙정부와 시·도교육청의 사무는 적정하게 배분되었는가"에 관한 것이다. 특히 오늘날의 교육감의 법적 지위는 이전의 임명제 교육감 시절과는 확연히 달라졌음에도 불구하고, 현행 교육관련법제는 교육부장관과 교육감 간의 사무를 그에 걸맞게 배분하지 않고 있고, 교육감의 권한과 관련된 자치사무에 관한 규정 등을 불분명하게 정하고 있어 얼마든지 분쟁의 소지를 안고 있다(안주열, 2015).

우선, 이러한 갈등의 상황에서 교육감의 지도성은 교육자치의 주요 가치인 민주성, 교육의 자주성, 정치적 중립성, 전문성 등간의 균형을 유지하는 것과 관련된다.

우선 교육감후보의 자격 제한을 두지 않고 일반 정치인들과 같은 수준으로 유지한다면 공무담임권이 확대되어 민주성 향상에는 기여할 수 있게 된다. 그러나 교육 비전문가 혹은 정치적 성향이 강한 사람이 교육감으로 선출될 수 있어서 교육의 전문성, 자주성, 정치적 중립성은 위협받을 수 있다. 둘째, 정치적 중립성에 관해서는 교육감과 시·도지사가 반대의 정치적 입장을 가지고 교육을 바라보면 두 기관 간의 지나친 갈등이 유발될 수 있고, 갈등은 교육행정 및 재정 분야에서 무상급식 실시 여부와 같은 불협화음을 만든다. 셋째, 교육감 후보 자격의 무제한은 정치적 성향이 강한 사람이 교육감으로 선출된 가능성이 높아 교육의 자주성, 전문성, 정치적 중립성 등이 위협받을 수 있다(김혜숙 외, 2013).

이러한 점 등을 고려할 때, 교육감의 지도성은 교육적 주민요구를 수용할 수 있는 민주성, 정치적으로 갈등하지 않을 수 있는 균형감, 교육행정에 탁월한 식견을 가지는 전문성이 필수적이라고 할 수 있다.

교육전문직의 교육지도성

교육장(교육전문직 중 장학관 혹은 연구관으로 보함)의 역할은 명확한 비전을 수립하여 지역교육 발전을 촉진하고, 교사 · 학생 · 학부모에 대한 지원 및 지역사회 네트워크를 강조하는 등 커다란 변화를 요구하고 있다. 또한 지역교육이 전개되는 급격한 환경 변화에 따라 교육장의 능력과 자질에 있어서도 많은 변화를 요구하고 있다. 교육에 대한 전문성은 물론이고, 청렴성과 고도의 도덕성을 강조하는 추세이며, 지역교육 발전을 위한 비전을 수립하고, 교육에 대한 전문성과 행정조직 관리 및 민주적 의사소통, 지역사회 및 대외기관과의 연계, 협력 등 정치적 지도성을 동시에 발휘해야 하는 것이다(고붕주, 2000; 김규태, 2002; 김이경 외, 2010; 두상언, 2005; Bjork, L. & Kowalski, T, 2005; Lunnenberg & Ornstein, 1991; 이은주 · 양성관, 2013 재인용).

이러한 기준에서 교육장은 교육철학과 도덕적 품성 및 자질을 갖추고, 특색 있는 지역교육 계획을 수립하며 지도성을 발휘하여 수립된 정책이 추진될 수 있도록 노력해야 한다. 또한 학교의 특성에 맞는 자율성 확대를 유도함으로써 역량을 강화할 수 있도록 다양한 지원방안을 모색해야 한다. 아울러 교육장은 대외교섭 및 지역사회 네트워크 관리를 위해 적극 노력하고, 지역사회 유관기관의 연계협력을 통하여 인적 · 물적 자원을 학교에 지원해 주는 정치적 역량도 발휘해야 할 것이다. 여기에 다양해진 교육수요자의 요구를 지역교육청에서 적극 수용하고 지원하는 것이 교육장의 책무임을 알고 학생, 학부모 및 지역주민 지원을 위해 적극 노력해야 한다(이은주 · 양성관, 2013).

우리나라 교육전문직의 50%가 교육지원청에 근무하고 있다. 교육지원청 전문직은 학교와 가장 가까이 있으며 교육의 핵심자원으로 교육의 질 관리에 매우 중요한 역할을 하여 교육전문직의 직무역량 강화는 시대적으로 매우 중요한 쟁점이다(박영숙, 2010; 김수자 · 우명숙, 2012).

교육전문직인 장학사는 해당 시 · 도 교육청과 교육지원청 등에서 장학지도 업무와 교과 교재 개발 및 학습자료 개발 등을 목적으로 교육에 대한 전문적 소양을 갖춘 유능한 교사들을 선발하여 효율적인 교단 지원 장학수행을 하는 데 그 목적이 있다(김달효, 2014). 그리고 교육전문직 중에서 장학사의 선발 절차는 교육청마다 다소 차이는 있을 수 있지만, 일반적으로 교육정책 기획안 작성, 논술, 면접, 다면평가, 현장실사 등의 절차를 거친다.

장원규(2008)는 지역교육청 장학사의 문화를 밝히기 위해, 한 지역교육청에서 근무하는 초 · 중등 장학사 8명을 대상으로 약 11개월 동안 기본업무(행정업무, 장학업무)와 문화적 의미(교사관, 직업관, 장학관) 등을 중심으로 참여관찰과 심층면담 등 문화기술 연구방법을 사용하여 연구하였다. 연구결과, 장학사 문화는 관행대로 일하기, 훈수하기, 거리 좁히기와 거리두기, 전문성을 위해 노력하는 교사, 자기본위, 함께 참여하는 장학 등으로 나타났다.

김영란 등(2007)은 수업개선지원 기능과 관련하여 장학사의 직무내용과 직무수행 방식 분석을 통해, 장학사의 직무내용과 직무수행 방식이 수업개선지원 기능에 어느 정도 부합하는지 알아보았다. 연구결과, 장학사의 직무내용은 장학영역, 인사영역, 담당학교영역으로 구성되었고, 장학사의 직무내용이 수업 개선에 초점이 맞춰지지 않고 학교의 전반적 교육활동과 관련된 것이어서 교사의 수업을 적극적으로 조력하는 데 어려움이 많은 것으로 나타났다. 또한, 교사와 장학사 간에 수업에 대한 사전 협의가 제대로 이루어지지 않으며, 수업내용에 대한 자문과 정보제공 활동 등이 제대로 활용되고 있지 않는 것으로 나타났다.

장학사의 준비는 주로 승진을 위하여 이루어지는 경우가 많았으며(김달효, 2014), 장학사의 지위가 결국 교육자의 신분이라 점을 감안할 때, 특정한 영역의 전문성을 바탕으로 다른 동료교사를 위하여 전문적 자문을 통하여 봉사할 수 있는 능력을 가질 필요성이 있다.

최근에는 다양한 방법으로 교육전문직의 역할과 기능을 분석하고 있는데, 학교경영지원, 학생 · 학부모 지원 등으로 지역교육청의 기능을 분류한 뒤, 우선순위를 조사한 후 단위 학교 자율장학 등과 연계시키거나(최영출 외, 2008), 지역교육청 전 직원이 작성한 직무기술서를 바탕으로 직무연구를 실시하기도 한다(김민희, 2009). 교육전문직의 역할과 기능을 제도화 할 때 초등교육과, 중등교육과 등의 학교 급별 명칭보다 지역교육청의 세 가지 주요 기능인 기획 및 관리, 지원, 평가의 기능에 초점을 맞추어 나눈 뒤 명칭을 부과하는 것이 바람직하다는 주장도 있고(홍창남, 2010), 교육전문직 역할을 기획관리 역할과 지원연구 역할로 구분하여 영역요소별로 정책기획, 인적 자원 관리, 물적 자원 관리 등으로 도출하기도 한다(박수정 · 최영출, 2010).

또한 김수자와 우명숙(2014)이 교육지원청 교육전문직의 직무중요도를 분석한 결과는 〈표 11-5〉와 같다.

〈표 11-5〉 **교육전문직의 직무역량 우선순위**

내용	요구도 우선순위	내용	요구도 우선순위
교육법 이해 및 활용	1	상황 대처력	2
장학 전문성	3	언어표현(사용)력	4
교육과정 지원	5	의사소통력	6
협상력	7	학부모 및 지역사회와의 관계역량	8
예산관리력	9	정책집행 관리력	10

결국 장학사의 지도성은 자신이 하는 일이 법적인 근거를 가지고 정당하게 일하는가와 관련된 업무의 정당성 확보, 교육청에서 발생하는 다양한 학교문제를 적절하게 해소할 수 있는가와 관련된 상황 대처능력, 자신의 전문성을 바탕으로 학교에 조언을 해 줄 수 있는 장학 전문성, 조직에서의 의사소통을 원활하게 할 수 있는 언어표현(사용)력, 교육과정에 대한 명확한 이해를 바탕으로 교육과정 운영을 지원하는 능력 등을 가져야 하는 것으로 보인다.

나. 학교와 학급

교장의 지도성 효과

장내찬과 오현희(2001)는 과업중심 및 인화중심 지도성이 직무요인과 만족도에 미치는 영향을 지도자행동기술설문지(LBDQ)를 통하여 분석하였다. 그 결과는 다음과 같다.

첫째, 학교장의 지도성 유형의 분포는 인화중심 지도성이 과업중심 지도성에 비하여 2.8배 높게 행사되고 있었다. 둘째, 학교장의 과업중심 지도성과 인화중심 지도성이 교직과 관련된 모든 요인, 즉 인간관계, 담당직무, 근무환경, 보상, 전문성 신장, 인정 등과 유의미한 상관관계를 가지고 있었다.

교장의 수업지도성을 학교풍토와 교사직무만족 간의 관계를 분석한 결과, 교장의 수업지도성은 학교풍토에 긍정적인 영향력을 행사하는 반면, 교사의 직무만족에는 부정적인 결과를 보이고 있었다(정병연 · 정회욱, 2008).

〈표 11-6〉 **교사의 직무만족, 교장의 수업지도성, 학교 풍토 요인 및 관련 내용**

<table>
<tr><th>변인</th><th colspan="2">하위요인</th><th>유의미한 관련 내용</th></tr>
<tr><td rowspan="4">교사
직무만족</td><td colspan="2">성취감</td><td>성취감, 승진기회에 대한 만족, 꿈을 펼칠 수 있음, 평생직장, 성장 발전</td></tr>
<tr><td colspan="2">일 만족</td><td>일에 대한 흥미, 재미, 보람, 자부심, 가치 경험</td></tr>
<tr><td colspan="2">복지 만족</td><td>급여 만족, 복지후생, 작업조건, 사회적 인정</td></tr>
<tr><td colspan="2">승진 만족</td><td>승진기회, 승진체제에 대한 만족도</td></tr>
<tr><td rowspan="3">교장의
수업지도성</td><td>간접적
지도성</td><td>수업지원</td><td>수업분위기 조성, 교육시설 마련, 지역사회의 인적·물적 활용, 잡무경감, 자원제공 및 물품관리</td></tr>
<tr><td rowspan="2">직접적
지도성</td><td>수업개선</td><td>수업연구, 수업관찰, 교원연수, 교과협의회 등</td></tr>
<tr><td>수업평가</td><td>학생성적평가, 평가결과 학생지도 활용, 다양한 평가방법 활용, 평가결과 원인분석 활용</td></tr>
<tr><td rowspan="3">학교풍토</td><td colspan="2">합리풍토</td><td>조직 방침이나 정책이 합리적, 의사소통, 참여</td></tr>
<tr><td colspan="2">인화풍토</td><td>동료와의 친교, 인간관계, 협조적 분위기, 인정</td></tr>
<tr><td colspan="2">폐쇄풍토</td><td>타율적 분위기, 소통불능, 무력감, 불필요한 일들</td></tr>
</table>

출처: 정병연 · 정회욱(2008). p.8 수정 인용.

이는 교장이 수업지도성을 발휘할 때 교사의 직무만족은 떨어진다는 것을 의미한다. 교장의 수업지도성과 교사 직무만족 간의 이론적 고찰을 보면 교장이 수업개선, 수업지원, 수업평가 같은 수업지도성을 발휘할 때 교사의 직무만족은 개선되는 것으로 나타났다. 그러나 교장의 수업지도성과 교사 직무만족 간의 인과모형은 기존의 연구들과는 반대되는 결과가 나왔다. 현실적으로 학교 현장에서 교장이 수업전문성을 가지고 전면에 나섰을 때 교사들의 반응은 호의적이 아닌 경우가 많다. 이는 두 가지로 풀이할 수 있다. 하나는 교사는 자기 전공교과에 대한 전문성을 가지고 있다고 생각하고 있으므로 교장의 수업지도성은 도리어 이에 대한 간섭이나 통제로 여긴다는 것이다. 이러한 논의는 학교장의 수업지도성 행위가 학교효과성에 미치는 영향을 분석한 노민구(1994)의 연구에서도 확인할 수 있다. 다른 하나는 교장에 대한 뿌리 깊은 부정적인 정서라고 할 수 있다. 교사는 교장의 역할을 감독자나 평가자, 또는 감시자로 보기 때문에 교장의 수업지도성을 긍정적으로 보지 않는다는 것이다(정병연 · 정회욱, 2008).

교장의 도덕적 지도성이 교사의 조직 헌신도에 미치는 영향력에 대해서 알아보기 위하여 다중회귀분석을 실시하였다. 교장의 도덕적 지도성은 교사의 조직 헌신도를 38% 설명할 수 있는 것으로 나타났다(류윤석, 2006). 변혁적 지도성과 더불어 새로이 등장한 도덕적 지도성은 구성원과 지도자와의 교환관계를 강조하는 것이 아니라 지도자가 구성원에게 가치, 비전, 헌신 등을 유도하는 카리스마적 지도성, 문화적 지도성, 상징적 지도성, 피그말리온 지도성 등과 많은 관련성을 내포하고 있다. 학교조직에서의 도덕적 지도성은 학교장의 도덕적 권위에 기초한 지도성으로서 학교장이 학교조직의 목표달성에 부합되는 교육에 관한 신념과 철학으로 구성원들에게 명확한 비전을 제시하고, 합리적인 의사결정을 하며, 학교조직에 보다 더 적극적으로 헌신하고 참여하도록 유도하는 변화지향적 지도성이라 할 수 있다(류윤석, 2006). 이 도덕적 지도성의 요소로는 청렴성, 사명감, 공정성, 책임감, 권한 부여, 비전 제시가 있다.

교장의 변혁적 지도성은 조직시민행동, 직무만족에 영향을 주기도 하고(유길한, 2006), 권한부여와 조직효과성에 영향을 주는(최연인, 2006) 것으로 드러났다. 교장의 변혁적 지도성은 팔로워십을 통하여 개인 및 학교효과성에 상당한 영향력을 주고 있다(유길한, 2018a).

교사의 지도성 효과

교사지도성의 효과 중 특히 의미 있는 효과로서 학생에게 주는 효과를 정리하면 다음과 같다. 초등학생이 지각하는 담임교사의 변혁적 지도성의 기본요인은 학생존중, 변화지향, 지적 자극, 개인차 존중으로 성인 개념의 변혁적 지도성을 초등학교 학생의 수준에 맞추어 변화시켜 측정하였는데, 그 결과는 다음과 같다(류윤석, 2011).

첫째, 학생이 지각한 교사의 변혁적 지도성, 교사신뢰, 학습동기는 학생의 성별에 따라 차이를 보이지 않는다. 둘째, 교사의 변혁적 지도성, 교사에 대한 신뢰는 학년이 낮을수록 높다. 셋째, 담임교사가 여교사일 때 교사의 변혁적 지도성에 대한 지각 및 교사에 대한 신뢰가 높다. 셋째, 교사신뢰를 매개로 한 교사의 변혁적 지도성은 학습동기에 영향을 미친다. 이 결과를 종합하면, 담임교사의 변혁적 지도성은 학생들의 교사신뢰 형성의 중요한 결정요인이라 할 수 있다. 그뿐만 아니라 교사의 변혁적 지도성은 학습동기 형성에 긍정적인 영향을 미치는 요인이라 할 수 있다.

또한 최지혜(2013)는 교사의 지도성이 초등학생의 학업성취도에 미치는 영향에 관한 다층 분석 결과, 교사의 지도성이 학생의 학업성취수준에 미치는 효과를 학교수준 변인과 학생수준 변인으로 설정하고 학생의 학업성취수준 결과를 알아보았다. 그 결과 초등학생의 학업성취수준에 대한 학교효과도 존재하며, 교사의 지도성 역시 학생수준에서 초등학생의 학업성취도에 영향을 미치는 것으로 나타나, 동일한 특성을 지닌 학생이라도 교사에 따라 학생의 학업성취도가 달라질 수 있다고 하였다.

학교와 학급에서 팔로워와 관계 효과

우선 학교의 수준에서 학교 현장에서 가장 요구되는 지도성은 교장 자신의 이익을 초월하여 집단에 이익이 되는 것을 지향하도록 동기를 발휘하는 것이다. 변혁적 혹은 도덕적 지도성을 발휘하는 학교장은 강요된 복종이나 지시가 아닌 교사 스스로의 자발적 참여와 창의력을 고무시켜 스스로 일을 할 수 있도록 책임과 권한을 부여하는 것이라고 할 수 있다(최연인, 2006).

또한 도덕적 지도성이 높을수록 교사의 팔로워십이 커지고 친화적 조직문화 형성에 기여하며, 학교조직의 효과성도 높이는 것으로 나타났다(오세희, 2009).

다음으로 학급의 수준에서 초등교사와 학생의 관계는 특별한 지도자와 팔로워와의 관계라고 할 수 있다. 초등학생은 정신적 · 육체적으로 미성년자이므로 초등교사의 지도성은 학생들에게 모범을 보이는 모델과 같은 역할을 한다.

더불어 Green(1998)은 효과적인 수업의 하위요인을 학습 관리영역과 학습자 관리영역으로 구분하였다. 이 중 학습자 관리영역은 학습자의 동기를 유발시키고 학습 환경을 조성하는 등의 학습 행동을 관리하는 활동을 포함하는데, 학습자 관리영역은 수업 이외에 학생과의 감성적 교류를 포함하는 것이라고 볼 수 있다. 즉, 교사의 감성적 지도성을 통해 학습자 관리영역을 파악해 볼 수 있는 것이다. 우리나라의 경우 이석열(2006)은 우리나라의 실정에 맞게 제작한 감성적 지도성의 하위요인을 감성 인식능력, 감정 관리능력, 사회적 인식능력, 관계 관리능력의 네 가지로 정리하였다.

이를 통하여 학생이 인식한 교사의 감성지도성은 수업만족도와 긍정적 관계가 있었으며, 수업을 통해 교사들은 학생들과 감성적 지도성의 발휘를 통해 긍정적 관계를 형성하는 것으로 밝혀졌다(김예나 · 안병환, 2011).

4. 교육지도성의 진단과 활용

가. 자신의 지도성 유형 평가

다음의 참고자료는 Fiedler(1967)가 정의한 가장 일하기 싫어하는 동료척도로서 실제 현장에서 자신은 어떤 지도성을 선호하는지를 분석하기 위한 사례이다. 여러분들은 다음의 결과를 바탕으로 지금까지 공부한 지도성의 내용을 살펴보고 내가 부족한 지도성을 개발하기 위한 기초로 사용하는 것이 가능하다.

일반적으로 과업지향 지도자는 생산성을 너무 강조하다 보면, 교사로서 학생의 심리적, 정서적 측면을 등한시 할 수 있다. 또한 관계지향 지도자는 인간관계를 너무 강조하다 보면, 학생 관리, 학교와 학급의 성취에 무관심할 수 있다. 미래의 교사인 여러분은 자신이 부족한 면을 인식하고, 이를 개발하기 위하여 노력할 필요가 있다.

앞에서 언급한 지도성의 요소를 다시 한 번 기억하고, 다음의 설문결과를 중심으로 지도성을 분석해 보면, 자신이 추구하는 지도성 상황이 좀 더 명확해질 것이다.

| 참고자료 |

Least Preferred Coworker Scale(가장 일하기 싫어하는 동료척도)

응답방법
1. 당신이 일하고 있는 곳의 다양한 사람들을 생각해보세요.
2. 다음에 당신이 리더로서 프로젝트를 같이하여 프로젝트가 완료될 때까지 가장 어렵게 같이 일한 한 사람을 생각해보세요. 이 사람이 당신이 일하기를 가장 싫어하는 사람입니다.
3. 이 사람을 다음의 반대된 형용사로 기술해보세요.

다음은 틀린 답이 없습니다. 빠른 속도로 답하시오.

쾌활한 사람	8 7 6 5 4 3 2 1	쾌활하지 않은 사람
우호적인 사람	8 7 6 5 4 3 2 1	비우호적인 사람
거부적인 사람	1 2 3 4 5 6 7 8	수용적인 사람
긴장하고 있는 사람	1 2 3 4 5 6 7 8	여유있는 사람
거리를 두는 사람	1 2 3 4 5 6 7 8	친근한 사람
냉담한 사람	1 2 3 4 5 6 7 8	다정한 사람
지원적인 사람	8 7 6 5 4 3 2 1	적대적인 사람
따분한 사람	1 2 3 4 5 6 7 8	흥미있는 사람
호적적인 사람	1 2 3 4 5 6 7 8	조화로운 사람
우울한 사람	1 2 3 4 5 6 7 8	즐거운 사람
개방적인 사람	8 7 6 5 4 3 2 1	폐쇄적인 사람
헌담을 잘하는 사람	1 2 3 4 5 6 7 8	진실한 사람
신뢰할 수 없는 사람	1 2 3 4 5 6 7 8	신뢰할 수 있는 사람
사려깊은 사람	8 7 6 5 4 3 2 1	사려깊지 못한 사람
비열한 사람	1 2 3 4 5 6 7 8	신사적인 사람
마음이 맞는 사람	8 7 6 5 4 3 2 1	마음에 맞지 않는 사람
성실하지 못한 사람	1 2 3 4 5 6 7 8	성실한 사람
친절한 사람	8 7 6 5 4 3 2 1	불친절한 사람

전부 합한 점수를 아래에 적으시오:
LPC = _____

〈해석〉
다음은 Fiedler가 한 개인의 지배적인 지도성으로 인식한 것이다. 다음은 당신이 가지고 있는 지도성의 유형을 인식하고, 자신이 부족한 지도성 유형을 검토하는 계기가 될 것이다. 다음은 해석방식이다.
1. 만일 73점 이상이라면 관계지향적 지도자으로 인식된다.
2. 만일 64점 이하라면, 과업지향적 지도자로 인식된다.
3. 만일 65점과 72점 사이라면, 두 가지 성향을 모두 가진 것으로 인식된다. 이 경우 지도성은 자신이 가장 좋아하는 것으로 결정될 수 있다.

나. 지도성 개발 프로그램

교사지도성 개발

ISLLC(The interstate school leader licensure consortium)는 1994년에 CCSSO(Council of Chief State School Officers)의 지도하에 설립되었다. ISLLC는 32개의 교육기관과 13개의 교육행정 협회로 구성된 컨소시움으로서, 학교의 지도성을 위한 교육정책의 틀을 설립하기 위하여 공동으로 작업하였다. 이에 따라서 1997년 CCSSO는 ISSLLC의 교육지도자에 대한 비전을 학교지도자가 반드시 알아야 하는 지식과 실제를 바탕으로 하여 준거를 만들고, 이를 근거로 ISLLC의 교육지도자의 비전을 제시하였다(Gorton et al., 2007). 이 준거는 [그림 11-5]와 같은 지도자 개발 모델을 통하여 지도성은 주기적으로 개선된다(Reinhartz & Beach, 2004).

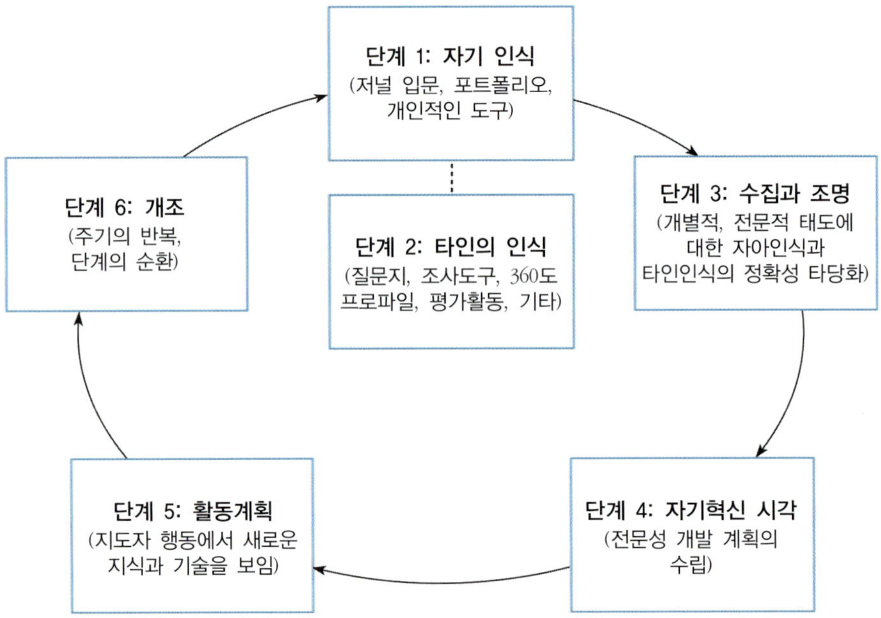

[그림 11-5] 지도자 개발: 개조 모델

이러한 ISLLC의 준거는 다음과 같다(유길한 외, 2006 재인용).

① 준거 1: 학습자 중심의 비전-학생의 성공은 학습의 비전에 대한 개발, 제시, 집행, 봉사를 학교사회의 지원과 공유를 통하여 촉진된다.

② 준거 2: 학습자 중심의 학교 문화-학생의 성공은 학교 문화, 학생학습을 위한 수업

프로그램, 구성원의 전문성 성장에 대한 공표, 지원, 유지를 통하여 촉진된다.

③ 준거 3: 조직의 지도성과 관리 – 학생의 성공은 학교조직의 경영, 집행, 자원의 확보를 보장하는 안전하고, 능률적이고, 효과적인 학습환경을 통해 촉진된다.

④ 준거 4: 의사소통과 지역사회 참여 – 학생의 성공은 학교 문화, 학생학습을 위한 수업 프로그램, 구성원의 전문성 성장에 대한 공표, 지원, 유지를 통하여 촉진된다.

⑤ 준거 5: 가치, 윤리, 통합 – 학생의 성공은 진실성, 공정성, 윤리적 행동을 통하여 촉진된다.

⑥ 준거 6: 학습자 중심의 정치적 상황 – 학생의 성공은 더 큰 정치적, 사회적, 경제적, 법적, 문화적 맥락을 이해하고, 반응하고, 영향력을 행사함으로써 촉진된다.

원래 ISLLC는 교육장, 부교육장, 교장, 교감의 자가진단을 위하여 만들어진 표준이나, 이를 초등교사의 맥락에서 재구성하면 다음과 같다(Reinhartz & Beach, 2004, 김정일 외 번역을 맥락에 맞추어 수정함).

○ 교사용 자기보고 척도

다음의 척도를 활용하여 자신이 학급 지도자로서 부족한 면을 찾고, 자신을 변화시키기 위한 자기보고서를 구성하시오.

항목별 채점도구	0: 증거 없음	1: 약간의 증거	2: 명백한 증거
표준 1: 학습자 중심의 비전			
나는 학급에서 연구와 실천을 통한 향상과 변화를 촉진시킨다.			
나는 학급에서 조사에 기초한 교수전략을 실천한다.			
나는 학급에서 교수전략과 목적을 향상시키기 위하여 정성적·형성적 자료를 활용한다.			
표준 2: 학습자 중심의 학교문화			
나는 학급에서 높은 기대문화를 창조한다.			
나는 학부모와 관련자가 학급문화를 창조하는 중요한 요소라고 생각한다.			
나는 동학년 교사와 협력을 증진시키는 전략을 사용한다.			
나는 학급목표를 협력적으로 개발하도록 노력한다.			
나는 학급목표를 성취하기 위하여 계획·평가·수정한다.			
나는 학급의 변화와 위기에 대응하기 위하여 노력한다.			

항목별 채점도구	0: 증거 없음	1: 약간의 증거	2: 명백한 증거
나는 학급에 기여하는 사람을 인지하고 칭찬한다.			
표준 3: 조직의 지도성과 관리			
나는 학급의 의사결정을 위하여 다양한 정보를 수집한다.			
나는 학급의 문제를 창의적 · 분석적 · 체계적으로 해결한다.			
나는 학급의 변화과정을 개발하고, 실행하고, 평가한다.			
나는 학급의 목적을 달성하기 위하여 기획과 시간관리를 한다.			
표준 4: 의사소통과 지역사회 참여			
나는 학급에 관련된 사람들과 효과적인 의사소통을 한다.			
나는 이해당사자들로부터 투입요소를 얻기 위해 노력한다.			
나는 학급목표를 지원하는 학부모 및 다양한 집단과 파트너십을 형성한다.			
표준 5: 가치, 윤리, 통합			
나는 학급의 학생들에게 지속적인 발전을 증진시키는 모델이다.			
나는 학급의 다양한 쟁점에 대하여 인식하고 있다.			
나는 자유민주사회에서 교육의 중요성을 강조한다.			
표준 6: 학습자 중심적 정치적 성향			
나는 학급계획에 다양한 쟁점과 자료를 활용한다.			
나는 학급 교육과정을 기획하고 효과적으로 실행한다.			
나는 지속적으로 전문성을 개발하고 있다.			
나는 지속적으로 성장하고 있다고 생각한다.			
나는 나의 동료들의 성장에 협력하고, 도와준다.			
총점수:			
코멘트:			

○ 초등학생 지도성 개발

다음은 학급에서 초등학생을 대상으로 어린이 지도성을 기르기 위하여 필요한 독서교육 프로그램이다(유길한 외, 2011). 다음의 프로그램을 참고하여 수업지도안을 작성하시오.

〈독서교육 프로그램 활용방법〉

◇ 프로그램 적용 전 학생들은 각 인물에 대한 위인전을 읽는 것을 권장한다.

◇ 프로그램 내용의 실천에서 교사는 주변 지역사회 인물을 대치해서 활용하는 것이 학생들에게 더 생동감을 줄 수 있다.

프로그램 개관

지도성 주제 (관련 위인)	차시	학습목표	활동내용
1. 아동 자신과 친구에 대한 신뢰 (장영실)	1	자신에 대해 신뢰하는 마음을 가질 수 있다.	▷ 이야기 읽기
			▷ 생각 나누기
			▷ 뒷이야기 꾸미기
	2~3	다른 사람과의 관계에서 신뢰가 형성되는 경우를 알 수 있다.	▷ 이야기 읽기
			▷ 모둠별 역할극 하기
			▷ 실천의지 다지기
	4	일상생활에서 다른 사람과 신뢰관계를 형성하려는 태도를 갖는다.	▷ 이야기 읽기
			▷ 비슷한 상황 찾기
			▷ 실천의지 다지기
2. 책임과 신뢰를 가진 상호의존적 의사결정 (이황)	1	이황의 이야기를 읽고 성장과정에 대한 이야기를 통해 주변의 사람들을 대하는 자세를 안다.	▷ 이황에 대해 이야기 나누기
			▷ 이황의 일대기를 마인드맵으로 나타내기
			▷ 자신의 이야기 나누기
	2	책임을 다하는 이황의 모습을 역할극을 통해 알아보고 임금과 백성들에게 신뢰를 얻는 모습을 알아본다.	▷ 이황이 임금과 백성에게 신뢰를 받는 이유 알기
			▷ 역할 대본 구성하기
			▷ 역할극 하기
	3	이황이 살아온 길을 통해 내가 나아가고 싶은 길을 탐색해 본다.	▷ 내가 되고 싶은 사람에 대해 이야기 나누기
			▷ 나의 명함 만들기
			▷ 만화로 나의 자서전 쓰기
3. 의견의 경청 (세종대왕)	1	세종대왕의 이야기 속에서 의견의 경청으로 의사소통의 방법을 안다.	▷ 세종대왕의 업적에 대하여 알아보기
			▷ 왜 이런 일을 했을까?
			▷ 상대방의 입장 이해하기
	2	의사소통의 방법 중 올바른 의견 경청의 방법을 안다.	▷ 모둠토의를 통해 나 자신 및 주위사람들과의 대화나 경청태도 알아보기
			▷ 올바른 의사소통방법에 대해 알아보기
			▷ 토론 계획세우기

지도성 주제 (관련 위인)	차시	학습목표	활동내용
3. 의견의 경청 (세종대왕)	3	입장을 바꿔 상대방의 입장이 되어보고 이해한다.	▷ 세종대왕의 입장에서 신하를 설득하기
			▷ 신하의 입장에서 세종대왕 입장을 반대하기
			▷ 내가 21C 세종대왕이라고 가정하기
4. 비폭력적 대화 (간디)	1	간디 이야기를 통해 비폭력적 대화의 중요성을 알 수 있다.	▷ 간디 이야기 읽기
			▷ 느낌 나누기
			▷ 자신의 이야기 쓰기
	2	비폭력적 대화를 적용하는 방법에 대해 알아본다.	▷ 비폭력적 대화 방법 알기
			▷ 모둠별 역할극 하기
	3	실생활에서 비폭력적 대화를 실천한다.	▷ 간디 이야기 읽기
			▷ 신문기사 작성하기
			▷ 내가 하는 내 말 수리
5. 실수의 인정과 깨달음 (에디슨)	1	에디슨의 실수한 경험을 알아본다.	▷ 이야기 읽기
			▷ 느낌 나누기
			▷ 경험 나누기
	2	에디슨의 이야기 속에서 실수의 인정과 극복 방법을 안다.	▷ 그 후론 어떻게?(이야기 읽기)
			▷ 나도 할 수 있다!(나의 목표 정하기)
			▷ 나에게 쓰는 편지(실천의지 다지기)
	3	실수의 중요성을 알고 실수에 관한 명언을 만들어 본다.	▷ 에디슨 일화 읽기
			▷ 실수의 의미 깨닫기
			▷ 실수에 관한 명언 만들기
6. 공정한 사고 (링컨)	1	링컨이야기를 통해 공정한 사고에 대하여 알아본다.	▷ 링컨 이야기 살펴보기
			▷ 느낌 나누기
			▷ 자신의 이야기 쓰기
	2	공정한 사고를 적용하여 문제를 해결하는 방법을 알아본다.	▷ 링컨 이야기 읽기
			▷ 모둠별 역할극 하기
			▷ 생각 나누기
	3	일상생활에서 공정한 사고를 실천한다.	▷ 이야기 읽기
			▷ 비슷한 상황 찾기
			▷ 실천의지 다지기

핵심 용어

- 지도성
- 전문적 권력
- 지도성 이론
- 행위론
- 서번트 리더십
- 협력
- 능동적 참여
- 보상적 권력
- 합법적 권력
- 특성 이론
- 상황 이론
- 진화지도성
- 교육거버넌스
- 팀 정신
- 강압적 권력
- 관계적 권력
- 행동과학론
- 변혁적 지도성
- 지속적 지도성
- 팔로워십
- 비판적 사고

생각해 볼 주제

- 교사로서 지도성을 발휘하는 모습과 팔로워십을 발휘해야 하는 교사의 이중적 역할에 대하여 생각해 보자.
- 교사의 지도성과 교장의 지도성의 공통점과 차이점을 생각해 보자.
- 초등학생들에게 독서교육 혹은 다른 방식으로 초등학생의 지도성을 함양하기 위한 지도안을 작성해 보자.
- 여러분 자신의 지도성 모습은 무엇인지 지도성 척도를 사용하여 자신의 지도성 경향을 파악해보고, 미래의 교사 지도자로서 보완해야 할 자신의 지도성 영역을 파악해 보자.

참고문헌

강정애(2015). 리더십과 팔로워십에 관한 탐색. 창조와 혁신, 8(1). pp.137-153.

고봉주(2000). 교육장의 역할기대와 역할수행 분석 연구. 단국대학교 대학원 박사학위논문.

구정대(2014). 기업의 조직문화와 팔로워십 및 조직유효성간의 관계, 8(2). pp.1-18.

권중생(2013). 4가지 팔로워십 특성: 리더십과 직무몰입 관계에 미치는 효과. 인적 자원권리연구, 20(1). pp.39-61.

김규태(2002). 교육감의 책무성에 관한 법적 고찰. 교육행정학연구, 20(1). pp.1-19.

김기오 · 김경(역). Wong, H. K., & Wong, R. T.(저) (2009). *The first days of school: How to be an effective teacher*. 서울: 글로벌콘텐츠.

김달효(2014). 교육전문직 선발의 쟁점에 관한 분석: 장학사 선발에 대한 초등교사의 인식을 중심으로. 인문사회과학연구, 15(1). pp.425-452.

김민희(2009). 지역교육청 직무분석: 기능 분석 및 재설계를 중심으로. 교육행정학연구, 27(1). pp.75-99.

김병찬(2005). 교사 지도성에 관한 시론적 논의. 숙명리더십연구, 2. pp.115-146.

김수자 · 우명숙(2012). 교육지원청 교육전문직의 직무역량 요구분석. 지방정부연구, 16(3). pp.165-189.

김영란(2006). 수업개선지원 기능에 비추어 본 초등교육 담당 장학사의 직무수행분석. 한국교원대학교 석사학위논문.

김영태(1999). 교사 지도성 탐색. 서울: 창지사.

김예나 · 안병환(2011). 학생이 인식한 교사의 감성적 리더십과 수업만족도의 관계. 한국교육논단, 10(3). pp.113-135.

김은주. (2016). 초등학교 교사의 수업지도성과 학생 자기결정성 학습동기의 관계 분석. 지방교육경영, 19(1), pp.88-110.

김이경 · 박병선(2013). 미국 교육장 임용정책의 특징과 시사점. 교육행정학연구, 31(2), pp.257-278.

김이경 · 이차영 · 나민주 · 박상완(2010). 교육장 임용방식 개선에 관한 연구. 교육과학기술부.

김정일 · 최은수 · 기영화(역) Reinhartz, J., & Beach, D. M. (저) (2004). 교육혁신 리더십: 변화하는 학교·변화하는 역할. 서울: 아카데미프레스.

김현진(2007). 교육지도성 이론의 상호 연관성 탐색. 교육논총, 27(1). pp.89-104.

김혜숙 · 권도희 · 이세웅 · 신경석 · 전수빈 · 이혜미 · 손보라(역) Owens, R. G., & Valesky, T. C. (저)(2012). 교육조직행동론: 리더십과 학교개혁(10th ed). 서울: 학지사.

김혜숙 · 장덕호 · 조석훈 · 홍준현 · 김종성(2013). 교육감 선출제도에 관한 연구: 이해관계자에 대한 인식조사를 중심으로. 사회과학연구, 24(3). pp.135-159.

노민구(1994). 학교장의 수업지도성 행위가 학교효과성에 미치는 영향, 한국교원대 박사학위논문.

노종희(1994). 교육행정가의 변혁지향적 지도자십의 개발 연구. 교육행정학연구, 12(1). pp.135-154.

노종희(1996). 학교행정가의 변혁지향적 지도자십의 진단 및 육성방안 연구. 교육행정학연구, 14(3). pp.265-284.

두상언(2005). 교육행정가들이 지각한 교육장의 지도성과 역할 수행상의 갈등 연구. 건국대학교 대학원 박사학위논문.

류윤석(2006). 교사가 지각하는 교장의 도덕적 지도성과 교사의 조직헌신도와의 관계. 한국교육, 33(1). pp.131-152.

류윤석(2011). 초등학생이 지각한 교사의 변혁적 리더십, 교사신뢰, 학습동기와의 관계. 한국교육논단, 10(1). pp.227-247.

박남기 · 고전 · 구영철 · 김용 · 박상완 · 서자영 · 유길한 · 윤홍주 · 임수진 · 전제상 (2017). 초등학급경영의 이론과 실제, 교육과학사.

박선형(2003). 교육행정과 지도성의 가치적 성격에 관한 일 고찰. 교육행정학연구, 21(3). pp.81-100.

박세훈 · 박지훈(2014). 교사의 지도성에 관한 연구동향과 과제. 교육학연구, 52(4). pp.191-221.

박수정 · 모숙례 · 홍동옥(2011). 교육전문직의 역할에 대한 AHP 분석. 한국교원교육연구, 28(1). pp.221-242.

박수정 · 최영출(2010). 교육지원청 기능의 우선순위에 대한 AHP 분석. 교육행정학연구, 28(4). pp.281-300.
박영숙(2010). 교육전문직 인사제도 개선 방안 연구. 한국 교육개발원.
서의정(2012). 스타팔로어를 만드는 비결. SERI 경영노트, 169. pp.1-11.
서정화 · 이윤식 · 이순형 · 정태범 · 한상진(2003). 교장론. 서울: 한국교육행정학회.
신중식 · 노종희 · 김혜숙 · 김홍주 · 명제창 · 박세훈 · 송광용 · 이일용(2003). 교육지도성 및 인간관계론. 서울: 한국교육행정학회.
신현석(2011). 지방교육의 협력적 거버넌스 구축을 위한 쟁점 분석과 설계 방향 탐색. 교육행정학연구, 29(4). pp.99-124.
신현석(2010a). 교육거버넌스 갈등의 쟁점과 과제. 교육행정학연구, 28(4). pp.351-380.
신현석(2010b). 교육자율화 정책 거버넌스의 분석 및 혁신방안. 한국정책학회보, 19(1). pp.181-210.
신현석 · 정용주(2014). 혁신학교의 협력적 거버넌스 형성과정 연구: 서울시교육청 사례를 중심으로. 교육문제연구, 27(2). pp.49-93.
안주열(2015). 교육감의 법적 지위에 관한 고찰: 교육부장관과의 관계를 중심으로. 국가법연구, 11(1). pp.1-21.
염철현(2004). 교사의 리더십. 서울: 문음사.
오세희(2009). 학교장의 도덕적 리더십이 교사의 팔로워십과 학교조직 효과성에 미치는 영향. 미래교육연구, 22(1). pp.59-87.
오영재 · 신현석 · 양성관 · 박종필 · 가신현(역) Hoy, W. K. & Miskel, C. G. (저) (2013). 교육행정: 이론, 연구, 실제. 서울: 아카데미프레스.
유길한(2005). 지도성 · 정의 · 신뢰에 관한 구조분석. 교육행정학연구, 23(4). pp.1-27.
유길한(2006). 초등학교 학급경영 혁신 요소에 대한 사례 분석. 교육행정학연구, 24(3). pp.343-365
유길한(2006). 교장의 지도성, 교사의 효과적 행위, 직무만족 간의 관계 구조분석: 초등교사의 인식을 중심으로. 초등교육연구, 19(1). pp.293-317.
유길한(2013). 지속성장가능한 학교경영을 위한 교육가치들의 영향 구조 분석. 중등교육연구, 61(3). pp.711-744.
유길한(2018a). 초등교사 팔로워십의 매개효과 분석: 변혁적 지도성과 권위적 지도성이 학교효과성에 주는 차이. 교육행정학연구, 36(1). pp.275-301.
유길한(2018b). 교육부패예방 구조분석: 초등교사의 인식을 중심으로. 한국교원교육연구, 35(3). pp.523-551.
유길한(2019). 교육부패예방 구조분석: 학부모 관점을 통한 이해. 교육행정학연구, 37(2). pp.31-60.
유길한 · 강용순 · 김미연 · 구경숙 · 김창호 · 최나윤 · 지하경(2011). 어린이 리더십을 위한 독서교육 프로그램 개발. 진주교육대학교 초등교육연구원.
유길한 · 정수현 · 박상완 · 윤홍주 · 이정훈(2006). 초등교원의 리더십 강화 프로그램 개발. 교육인적 자원부 정책연구보고서.
윤정일 · 송기창 · 조동섭 · 김병주(2011). 교육행정학원론. 서울: 학지사.
은재호 · 오수길(편)(2009). 한국의 협력적 거버넌스. 서울: 대영문화사.
이병진(2003). 새로운 교육의 패러다임 교육리더십. 서울: 학지사.
이석열(2006). 교장의 감성리더십 진단척도개발. 교육행정학연구, 24(3). pp.51-77.
이윤식 · 김병찬 · 김정휘 · 박남기 · 박영숙 · 송광용 · 이성은 · 전제상 · 정영수 · 정일환 · 조동섭 · 진동섭 · 최상근 · 허병기: 한국교원교육학회 편저(2007). 교직과 교사. 서울: 학지사.
이윤식 · 이상미(2009). 학교장의 수업지도성과 감성지도성이 교사효능감과 교사헌신에 미치는 영향. 교육행정학연구, 27(2). pp.1-24.
이은주 · 양성관(2013). 교육장의 평가준거 개발 및 중요도 분석. 한국교원교육연구, 30(4). pp.305-330.
이인수 · 윤기현(2017). 수업지도성 연구동향 분석: 최근 20년(1996-2016) 간 연구를 중심으로. 한국교원교육연구 34(2). pp.57-84.
장내찬 · 오현희(2001). 과업 중심과 인화 중심 지도성과 직무요인에 대한 만족도와의 관계: 특수, 초, 중, 고등학교 조직을 중심으로. 인적 자원개발연구, 3(1). pp.29-49.
장원규(2008). 지역교육청의 장학사 문화에 관한 질적 사례 연구. 교육학연구, 46(2). pp.27- 52.

정병연 · 정회욱(2008). 교사 직무만족에 대한 교장 수업지도성, 학교풍토, 학교의사결정의 인과구조. 교육과학연구, 39(2). pp.1-19.

정현용(2014). 리더십-팔로워십 유형결합이 행정조직의 성과에 미치는 영향: 팔로워십의 매개효과 및 조절효과 분석. 한국콘텐츠학회논문지, 14(1). pp.179-188.

조영석(2003). 갈등 조정기제로서의 협력적 지역거버넌스에 관한 연구: 주민 기피 시설의 갈등사례를 중심으로. 춘계학술대회 발표논문집. 서울행정학회. pp.355-381.

주삼환(역) Marzano, R. J., & Waters, T., & McNulty, B. A. (저) (2013). 교육리더십: 연구와 실제. 서울: 학지사.

주영효(2006). 학교장의 수업지도성이 학교효과성에 미츤 영향에 관한 구조적 분석. 교육행정학연구, 24(1). pp.1-24.

주현준 · 김민희 · 박상완(2014). 교육지도성. 파주: 양서원.

진동섭(2004). "교원양성체제 개편의 쟁점과 방향: 거버넌스의 측면", 교원양성체제 개편의 쟁점과 방향. 제42차 추계학술대회 자료집. 한국교원교육학회. pp.91-112.

최연인(2006). 교사가 지각한 학교장의 변혁적 지도성과 교사 집단의 임파워먼트 및 학교 조직효과성과의 관계. 한국교육논단, 5(1). pp.1-24.

최영출 · 김민희 · 박수정(2011). 지역교육청기구 설치재설계 방안. 한국자치행정학보, 25(2). pp.55-75.

최영출 · 박수정(2010). 지역교육청 기능 재검토를 위한 초등학교 공문서 분석: 사회적 네트워크 분석 방법의 적용. 지방정부연구, 14(3). pp.165-188.

최영출 · 김민희 · 박수정 · 박정수 · 이기우 · 김현주 · 연준모(2008). 지역교육청의 조직 및 기능개편 연구. 한국지방교육연구센터.

최지혜(2013). 교사지도성이 초등학생의 학업성취도에 미치는 영향에 관한 다층분석. 이화여자대학교 대학원 박사학위논문.

최지혜(2014). 교사지도성이 초등학생의 학업 성취도에 미치는 영향에 관한 다층분석. 초등교육연구, 27(3). pp.163-187.

한국교원교육학회(이윤식 · 김병찬 · 김정휘 · 박남기 · 박영숙 · 송광용 · 이성은 · 전제상 · 정영수 · 정일환 · 조동섭 · 진동섭 · 최상근 · 최상근 · 허병기)(2007). 교직과 교사. 서울: 학지사.

한진환(2011). 서번트 리더십과 조직시민행동의 관계에서 임파워먼트의 매개효과. 한국콘텐츠학회논문지, 11(9). pp.302-314.

홍창남(2010). 교육전문직의 역할 재구조화 방향 탐색. 교육행정학연구, 28(2). pp.205-231.

홍창남(2010). 교육전문직의 역할 재구조화 방향 탐색. 교육행정학연구, 20(2). pp.205-231.

황기우 (역) Lieberman, A., & Miller, L. (저) (2004). 교사 리더십. 서울: 학지사.

Adair, R.(2008). "Developing great leaders, one follower at a time." Riggio. R., Chaleff. I., & Lipman-Blumen. J. "The Art of Followership: How Great Followers Create Great Leaders and Organizations". Jossey-Bass-A Wiley Imprint, San Francisco, CA.

Agho, A. O.(2009). Perspectives of senior-level executives on effective followership and leadership. *Journal of Leadership & Organizational Studies*, *16*(2). p.169.

Alig-Mielcarek, J. M., & Hoy, W. K.(2005). Instructional Leadership: Its nature, meaning, and influence In W. K. Hoy & C,. G. Miskel(Eds.), *Educational Leadership Reform* (pp.29-51). Greenwich, CT: Information Age.

Appelbaum, S., Bartolomucci, N., Beaumier, E., Boulanger, J., Corrigan, R., Dore, I., Girard, C., & Serroni, C.(2004). Organizational citizenship behavior: a case study of culture, leadership and trust. *Management Decision*, *42*(1). pp.13-40.

Banutu-Gomez. M. B.(2004). "Great Leaders Teach Exemplary Followership and Serve As Servant Leaders." *Journal of American Academy of Business*, Cambridge 4(1/2). pp.143-153.

Bass, B. M.(1985). *Leadership and performance beyond expectation*. New York: Free Press.

Bass, B. M.(1990). *Handbook of leadership*. New York: Free Press.

Bass, B. M., & Avolio, B. J.(1993). Transformational leadership: A response to critiques. In M. M. Chemers &

R. Ayman(Eds.), *Leadership theory and research: Perspectives and directions.* San Diego, CA: Academic Press. pp.49-80.

Billot, J.(2003). The real and the ideal: The role and workload of secondary principals in New Zealand. *International studies in Educational Administration, 31*(1). pp.33-49.

Bjork, L. & Kowalski, T.(2005). Learning theory and research. In L. Bjork & J. Kowalski(Eds.), *The contemporary superintendent: Preparation, practice, and development.* Thousand Oaks, CA: Corwin Press.

Black, R. R., & Mouton, J. S. (1985). *The managerial Gride III.* Houston, TX: Gulf.

Block, P.(1993). *Stewardship: Choosing Service over Self-interest.* San Francisco, CA: Berrett-Koehler.

Bogler, R.(2001). "The Influence of Leadership Style on Teacher Job Satisfaction". *Educational Administration Quarterly, 37*(5). pp.662-683.

Bogler, R., & Somech, A.(2005). Organizational citizenship behavior in school: How does it relate to participation in decision making? *Journal of Educational Administration, 43*(5). pp.420-438.

Burns, J. M.(1978). *Leadership.* New York: Harper & Row.

Chaleff, I.(1995). *The courageous follower.* Berrett-Koehler Publishers.

Colangelo, A. J.(2000). Followership: Leadership styler. University of Oklahoma, Ph. D.

Daresh, J. C., & Liu, C. J.(1985). High school principals' perceptions of their instructional leadership behaviors/ Paper presented at the annual meeting of the american educational research association.

Davidson, B. M., & Dell, G. L.(2003). A school restructuring model: A tool kit for building teacher leadership. Paper presented at the annual meeting of the AERA, Chicago.

Day, C.(2000). Effective leadership and reflective practice. *Reflective Practice, 1*(1). pp.113-127.

Day, C., & Harris, A.(2003). Teacher leadership, reflective practice and school improvement. In Leithwood, K., & Hallinger, P.(Eds.), *Second International Handbook of Educational Leadership and Administration.* Dordrecht: Kluwer Academic.

De Bevoise, W.(1984). Synthesis of research on the principal as instructional leader. *Educational Leadership, 41*(5), pp.14-20.

Dorman, J. P., & D'arbon, T.(2003). Assessing Inpediments to leadership succession in Australian Catholic schools. *School leadership & Management, 23*(1). pp.25-40.

Fiedler, F. E.(1967). *A Theory of Leadership Effectiveness.* New York: McGraw- Hill.

Folger, R., & Greenberg, J.(1985). Procedural justice: An interpretive analysis of personnel systems. In K. M. Rowland & G. R. Ferris(Eds.), *Research in Personnel and Human Resources Management* (pp.141-183). Greenwich, CT: JAI Press.

Forster, E.(1997). Teacher leadership: Professional right and responsibility. *Action in Teacher Education, 19*(3). pp.82-94.

French, J. R. P. & Raven, B.(1959). "The bases of social power", In Dorwin Cartwright (Ed.), *Studies in Social Power.* Ann Arbor: Institute for Social Research, University of Michigan.

Gilbert, G. R., & Hyde, A. A.(1988). Followership and the federal worker. Public Administration. Review (November-December). pp.962-968.

Goodwin, L. D., & Stevens, E. A.(1993). The influence of gender on university faculty members' perceptions of "good" teaching. *Journal of Higher Education, 64*(2). pp.166-185.

Gorton, R., Alston, J. A., & Snowden, P.(2007). School leadership & Administration: Inportnat Concepts, Case studies, & Simulations. New York: McGraw-Hill.

Green, T. F.(1998). The activities of teaching. Educators Intl Pr. Inc.

Greenberg, J.(1987). A taxonomy of organizational justice theory. *Academy of Manage- ment Review, 12.* pp.9-22.

Greenleaf, R. K.(1970) "The servant as leader, Indianapolis," The Robert K. Greenleaf Center.

Halpin, A. W.(1966). *Theory and Research in Administration.* New York: Macmillan.

Hargreaves, A. & Ggoodson, I. F.(1996). Teachers' Professional Lives: Aspirations and Actualities, In I. F.

Goodson & A. Hargreaves(Eds.)(1996). *Teachers' Professional Lives.* London, Falmer Press.

Hargreaves, A., & Fink, D.(2006). *Sustainable Leadership.* San Francisco: Jossey Bass.

Hersey, P., & Blanchard K. H.(1977). *Management of organization behavior: Utilizing human resource*(3rd ed.). Englewood Cliff, New Jersey: Prentice Hall Inc.

Hodgkinson, C.(1991). *Educational Leadership: The moral art.* Albany: State University of New York Press.

Hoy, W. K. & Miskel, C. G.(2013). *Educational Administration: Theory, Research, and Practice.* N.Y.: McGraw-Hill.

Huges, R. L., Ginnett, R. C., & Curphy, G. J.(2006). *Leadership: Enhancing the Lessons of Experience.* Boston: Allyn and Bacon.

Katzenmeyer, M., & Moller, G.(2001). *Awakening the sleeping giant: Halping teachers develop as leaders.* CA: Corwin Press.

Kellerman, B.(2008). *Followership: How Followers Are Creating Change and Changing Leaders.* Harvard Business Press.

Kelley, R. E.(1988). In Praise of followers. *Harvard Business Review, 66.*

Kelley, R. E.(1992). The Power of followership: How to create leaders people want to follow, followers and lead themselves, Doubleday.

Kim, J., Moon, J., Han, D., & Tikoo, S.(2004). Perceptions of justice and employee willingness to engage in customer-oriented behavior. *Journal of Service Marketing, 18*(4). pp.267-275.

Kleine-Kracht, P.(1993). Indirect instructional leadership: An administrator's choice. *Educational Administration Quarterly, 29*(2). pp.187-212.

Law, K. S., Hackett, R., Wang, D., and Chen, Z.(2005). "Leader-Member Exchange as a Mediator of the Relationship between Transformational Leadership and Followers' Performance and Organizational Citizenship Behavior," *Academy of Management Journal, 48*(3). pp.420-432.

Lee, J. C. K., Walker, A., & Bodycott, P.(2000). Pre-service primary teachers' perceptions about principals in Hong Kong: Implications for teacher and principal education. *Asia-Pacific Journal of Teacher Education, 28*(1). pp.53-67.

Lieberman, A., & Miller, L. (저). 황기우 (역) (2004). *Teacher Leadership.* 서울: 학지사.

Lunnenberg, F. & Ornstein, A.(1991). *Educational administration.* Belmont, CA: Wadsworth Publishing Company.

Marzano, R. J., & Waters, T., & McNulty, B. A. (저) 주삼환 (역) (2013). *School Leadership that works: From Research to results.* 서울: 학지사.

Mullen, C. A., & Sullivan, E. C.(2002). The new millennium high school: Tomorrow's school today? International Journal of Leadership in Education, 5(3), 273-284.

O'Toole, J., Galbraith, J., & Lawler, E. E.(2002), "When two (or more) heads are better than one: The promise and pitfalls of shared leadership," *California Management Review, 44*(4). pp.65-83.

Owens, R. G.(2001). *Organizational behavior in education: Instructional leadership and school reform.* New York: Pearson Education Inc.

Owens, R. G., & Valesky, T. C. (저). 김혜숙 · 권도희 · 이세웅 · 신경석 · 전수빈 · 이혜미 · 손보라 (역) (2012). *Organizational behavior in education: leadership and school reform*(10th ed). 서울: 학지사.

Pearce, C. L., J. A. Conger, & E. A. Locke(2008). "Shared leadership theory," *The Leadership Quarterly, 19*(5). pp.622-628.

Ponder, D., & Crow, G.(2005). Sustaining the pipeline of school administrators. *Educational Leadership,* May. pp.56-60.

Reddin, W.(1970). Managerial Effectiveness, New York: McGraw-Hill.

Reinhartz, J., & Beach, D. M. (저). 김정일 · 최은수 · 기영화 (역) (2004). *Educational Leadership: Changing schools, Changing Roles.* 서울: 아카데미프레스.

Sanders, T. O.(2006), "Collectivity and influence: The nature of shared leadership and its relationship with team learning orientation, vertical leadership and team effectiveness," Doctoral dissertation. The George Washington University.

Sergiovanni, T. J., Kelleher, P., McCarthy, M., M., & Writ, F. M.(2004). *Educational Governance and Administration*. New York: Pearson Education Inc.

Silins, H. C., & Murry-Harvey, R.(1999). Students as a central concern: school, students and outcome measure. *Journal of Educational Administration, 38*(3). pp.230-246.

Smylie, M. A., & Denny, J. W.(1990). Teacher leadership: tensions and ambiguities in organizational perspective. *Educational Administration Quarterly, 26*(3). pp.235- 259.

Spears, L. C.(1995). "Insights on leadership: Service," stewardship, spirit, and Servant leadership. New York: John Wiley & Sons, Inc.

Stogdill, R. M.(1948). Personal factors associated with leadership: A survey of the literature. *Journal of Psychology, 25*. pp.35-71.

Suranna, K. J., & Moss, D. M.(2002). Exploring teacher leadership in the context of teacher preparation. paper presented at the annual Meeting of the AERA,. New Orleans, April 2002. ERIC ED 465751.

Walumbwa, F. O., Hartnell, C. A., and Oke, A.(2010). Servent Leadership, Procedual Justice Climate, Employee Attitudes, and Organizational Citizenship Behavior, A Cross-Level Investigation. *Journal of Applied Psychology, 95*. pp.517-529.

Wong, H. K., & Wong, R. T.(저). 김기오 · 김경(역) (2009). *The first days of school: How to be an effective teacher*. 서울: 글로벌콘텐츠.

Wortman, M. S.(1986). Strategic management and changing leader-followers roles. *Journal of Applied Behavioral Science, 18*.

York-Barr. J., & Duke. K.(2004). What do we know about teacher leadership? Finding from two decades of scholarship. *Review of Educational Research, 74*(3). pp.255- 316.

Yukl, G.(2002). *Leadership in organizations*(5th edition). Upper Saddler River, NJ: Prentice Hall.

Yukl, G.(2010). *Leadership in organizations*(7th edition). Upper Saddler River, NJ: Prentice Hall.

CHAPTER 12

동기 이론과 교원의 동기

주현준(대구교육대학교)

우리는 같은 학교에 소속된 교원들 중 현저하게 다른 행동을 보이는 경우를 종종 목격한다. 주어진 직무에 최선을 다해 열심히 하는 교원이 있는가 하면 그렇지 않은 교원도 있다. 또한 어떤 교원은 교직에 대한 만족도가 매우 높은 반면, 어떤 교원은 만족도가 매우 낮다. 이러한 교원의 직무 행동과 직무 만족은 동기이론으로 설명된다. 교원의 동기는 교원 자신뿐 아니라 학생의 성장에 영향을 주는 중요한 요인이며, 성공적인 학교를 만드는 데 필수 요소이다. 따라서 교원의 다양한 행동을 이해하고 교원의 동기를 높이기 위한 노력은 교육행정의 핵심 과업이라고 할 수 있다.

이 장에서 동기의 이론적 측면으로 개념과 쟁점 등을 살펴보고, 실제적 측면으로 교원의 동기부여에 관한 각종 제도를 확인한다. 또한 예비 초등교사로서 자신의 교직 선택 동기를 진단해 보고, 초등학생 동기 유발 전략을 학습한다.

1. 동기의 기본 개념

가. 인간의 행동과 동기

인간의 모든 행동에는 이유가 존재하는데 그 이유를 설명해 주는 것이 바로 동기(motive)이다. 동기는 사람들이 왜 그러한 행동을 하는지를 설명해 주기 때문에 다양한 행동의 차이를 이해하는 데 매우 중요한 단서가 된다. 인간행동은 욕구, 성향, 인성 등과 같은 개인적 요인과 기대, 역할, 문화, 풍토 등과 같은 조직적 요인으로부터 영향을 받는다. 즉, 개인의 욕구와 조직의 기대는 인간행동의 동기가 되는 것이다. 따라서 학교에서 관찰되는 교원들의 다양한 행동은 교원의 개인적인 측면과 학교의 조직적인 측면에 관련된다. 인간행동의 이유인 동기의 개념은 다음과 같이 정의된다.

- 다양한 형태의 자발적인 활동 가운데 개인적인 선택을 통제하는 과정(Vroom, 1964)
- 인간의 행동을 유발하고 그 행동을 유지시키며, 일정한 방향으로 유도하는 과정(Tiffin & McCormick, 1965)
- 인간이 일을 열심히 하고, 자신의 일을 지속하고, 자신의 행동이 적절한 목표를 지향하도록 지시하는 것(Johns, 1983)

동기의 개념 정의를 종합해보면, 동기는 인간의 행동을 활성화시키는 에너지원으로서 행동의 방향을 선택하고, 지속적으로 유지하며, 강도(intensity)를 결정하는 데 영향을 준다.

첫째, 동기는 어떻게 행동할 것인지에 관한 선택에 영향을 준다. 예를 들어, 어떤 교사는 일찍 출근하여 하루 일과를 점검하고 준비하는 반면, 어떤 교사는 시간에 맞춰 출근을 한다. 또한 근무시간 이외에는 철저하게 개인적인 여가에 몰두하는 교사가 있는가 하면 일과 후에도 다음 날 수업을 준비하는 데 시간을 할애하는 교사가 있다. 이와 같이 교원이 선택한 행동은 동기에 따라 달라진다.

둘째, 동기는 선택한 행동을 지속적으로 유지하는 것과 관련된다. 예들 들어, 학교에서 맡은 업무를 완벽하게 수행하기 위해 많은 시간을 투입하는 교원이 있는가 하면, 미완성된 상태임에도 불구하고 근무시간이 지난 이후에는 더 이상 고민하지 않는 교원이 있다. 교원의 동기는 교원이 선택한 행동에 투입되는 시간의 양과 관련이 있다.

셋째, 동기는 행동의 강도에 영향을 준다. 학교의 중요한 일을 논의하는 회의시간에 적극적으로 의견을 개진하는 교원과 형식적으로 앉아 회의시간이 끝나기만을 기대하는 교원이 있다. 따라서 교원의 동기는 교원이 보여주는 행동의 세기를 설명할 수 있다.

나. 동기부여의 필요성

동기가 어떠한 행동을 하게 하는 상태라고 하면 동기부여(motivation)는 이와 같은 상태가 되도록 만드는 것 또는 가져오게 하는 것을 의미한다(김창걸, 2003). 동기부여는 어떤 행동을 선택하고, 선택한 행동을 지속적으로 유지하며, 행동의 강도를 높이게 만드는 것으로, 행동의 활력을 높인다는 의미의 '동기 유발(turning on)'로 표현되기도 한다. 동기부여는 동기가 발생하도록 자극을 주어 자발적으로 목표지향적인 행동을 하도록 유도함으로써 직무성과, 직무만족, 조직헌신 등에 영향을 주기 때문에 중요하다.

교원의 동기부여는 학교교육의 성패를 좌우할 만큼 매우 중요하다. 그 이유는 동기부여가 교원의 직무만족도를 높이고 헌신을 이끌어 내어 학생의 교육적 성장과 학교교육의 성과를 가져오기 때문이다. 즉, 적절한 동기부여는 교원 개인에게 만족감을 주는 효율성은 물론 학교교육 목표달성에 긍정적인 효과성을 높일 수 있다. 따라서 동기부여를 통해 교원의 직무만족과 헌신을 높인다면, 수업, 생활지도, 학급경영, 담당 업무 등에서 긍정적인 태도와 행동으로 이어져 성과를 기대할 수 있다. 교원의 동기를 분석한 국내외 선행연구에서는 동기부여가 교원 수준의 변인(직무만족, 직무성과, 학교헌신 등)과 학생 수준의 변인(학업성취도, 전인적인 성장 등)에 직·간접적인 영향을 주었다는 결과를 확인하였다.

교원의 동기는 교직에 입문하는 단계에서 발생하는 교직선택 동기부터 퇴직 전까지 수행하는 직무수행 동기와 성취동기에 이르기까지 교직 생애 전 과정에서 나타난다. 어떤 교원은 학생들을 가르치는 일 자체에 가치를 두고 교직에 입문하고, 어떤 교원은 생계유지의 수단으로 교직에 머무르며, 어떤 교원은 다른 직업을 갖기 위한 임시적인 수단으로 활용하기도 한다. 높은 수준의 동기를 갖고 있는 교원은 자신의 일에 열정을 갖지만 최선을 다하지 않은 교원은 낮은 수준의 동기에 머무르고 있을 것이다. 따라서 교원의 동기를 높이기 위한 전략을 탐색하고 적절한 방법을 적용하는 노력이 필요하다.

2. 동기 이론과 쟁점

가. 동기 이론

동기 이론은 내용적 측면과 과정적 측면으로 구분된다(Lunenburg & Allan, 1991). 전자에 해당되는 내용 이론은 어떤 요인이 동기부여를 시키는가에 초점을 둔 것이고, 후자인 과정 이론은 어떤 과정을 통해서 동기가 부여되는가를 다룬 것이다. 이러한 동기 이론에서는 인간의 동기를 내적 동기와 외적 동기로 양분한 것이 특징이다. 즉, 어느 한쪽이 강조되면 다른 한쪽이 감소되는 것으로 가정되었다. 예컨대, 특정한 조건에서 외적 동기가 주어지면 내적 동기가 감소하게 된다고 보았다.

그러나 1980년대에 접어들어 외적 동기와 내적 동기를 양극단의 대립적 관계가 아닌 개인이 갖는 자율성 정도에 따라 연속선상에 놓일 수 있다는 주장이 주목받기 시작하였다. 대표적으로 개인의 자율성과 내적인 동기를 강조한 자기결정성 이론(self-determination theory)과 조직의 구성원인 개인에게 권한을 부여함으로써 목표달성에 적합한 행동을 유도하는 임파워먼트(empowerment)를 들 수 있다.

〈표 12-1〉 동기 이론

	내용 이론	과정 이론	새로운 이론
관점	• 사람들은 무엇 때문에 열심히 일하는가? • 사람들에게 동기를 부여하는 특별한 요인은 무엇인가?	• 사람들은 어떤 과정을 거쳐 열심히 일하게 되는가? • 동기를 유발하기 위한 요인들은 어떤 상호작용을 하는가?	• 사람들의 행동을 유발하고 지속시키는 데 가장 중요한 것은 개인의 내적 동기 • 사람들에게 권한을 부여하여 동기를 유발
이론	• Maslow의 욕구계층 이론 • Alderfer의 생존-관계-성장 이론 • Herzberg의 동기-위생 이론	• Vroom의 기대 이론 • Porter-Lawler의 기대 이론 • Adams의 공정성 이론 • Locke의 목표설정 이론	• 자기결정성 이론 • 임파워먼트

내용 이론

대표적인 내용 이론에는 Maslow(1943)의 욕구계층 이론(needs hierarchy theory), Alderfer(1972)의 생존-관계-성장 이론, Herzberg(1966)의 동기-위생 이론(motivation-hygiene theory) 등이 있다. 이 가운데 가장 선구적인 이론은 Maslow의 욕구계층 이론이다. Maslow는 관찰, 실험, 심리학 이론에 기초하여 인간의 욕구와 동기를 설명하였다. Maslow는 기본적으로 인간을 결핍된 존재로서 항상 무엇인가를 원하는 욕구를 가지고 있다고 보았다. 그리고 원하는 욕구를 충족하면 새로운 욕구를 실현하기 위한 행동을 한다고 주장하였다. 따라서 충족된 욕구는 동기를 유발하지 못하고 충족되지 못한 욕구만이 행동의 동기가 된다는 것이다.

Maslow는 인간의 욕구를 생리적 욕구, 안전의 욕구, 사회적 욕구, 존경의 욕구, 자아실현의 욕구로 총 다섯 단계의 계층으로 구분하였다. 그러나 Maslow는 인간의 욕구가 하위의 욕구부터 순차적으로 충족되어 상위로 욕구로 동기화된다는 주장으로 인해 한계를 노출하였다. Maslow의 욕구계층 이론에서 신체적 욕구에 해당되는 생리적 욕구를 제외하고 각 단계를 교원의 동기에 적용해 볼 수 있다. 직업적(고용, 신분) 안정성을 중시하는 안전의 욕구가 강한 교원은 새로운 변화에 저항할 가능성이 높다. 사회적 욕구는 동료교사와 학교행정가 등 학교구성원과의 관계를 중시하는 욕구를 가진 교원에 해당된다. 존경의 욕구는 교육자로서의 자부심과 존경, 명예를 중시하는 경우이다. 최상위 욕구인 자아실현의 욕구를 가진 교원은 교육자로서 자신의 일을 통해 자아를 실현하고자 한다.

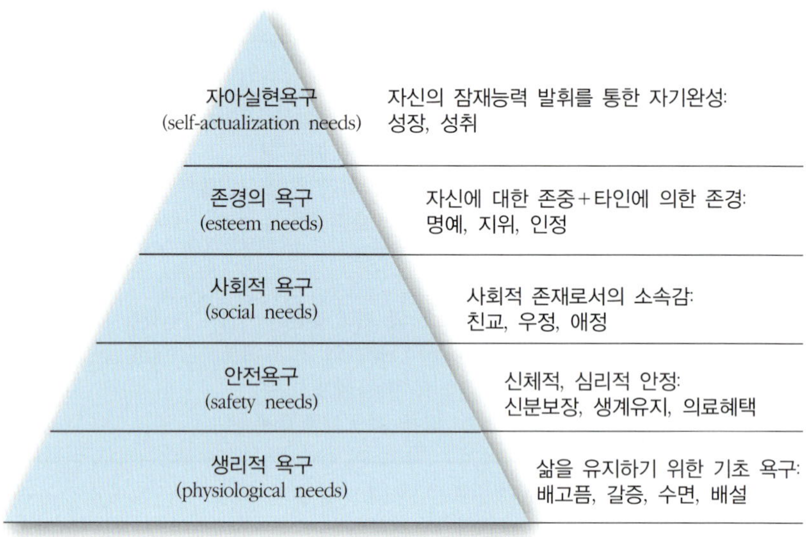

[그림 12-1] Maslow의 욕구계층 이론

한편, Alderfer는 Maslow의 욕구계층 이론을 토대로 인간의 욕구를 생존의 욕구, 관계의 욕구, 성장의 욕구로 구분한 생존-관계-성장 이론을 제시하였다. 생존-관계-성장 이론에서 생존의 욕구는 인간의 생존에 필요한 음식, 물, 수면 등의 생리적 욕구와 의복, 주택 등의 물질적 욕구를 포함한 개념이다. 관계의 욕구는 직장의 상급자, 동료, 친구, 가족 등과 관계를 맺고자 하는 욕구와 소속감, 애정, 자존심 등이 포함된 것이다. 그리고 성장의 욕구는 자기개발, 발전, 자아실현 등의 욕구를 의미한다. Alderfer의 생존-관계-성장 이론은 욕구의 단계성을 주장한 점에서 Maslow의 이론과 유사하지만 하위 욕구가 충족되지 않아도 상위욕구가 발생할 수 있고, 여러 욕구가 동시에 발생할 수도 있으며, 상위의 욕구가 충족되지 않으면 하위단계로 퇴행될 수도 있다고 주장하여 차이를 드러냈다.

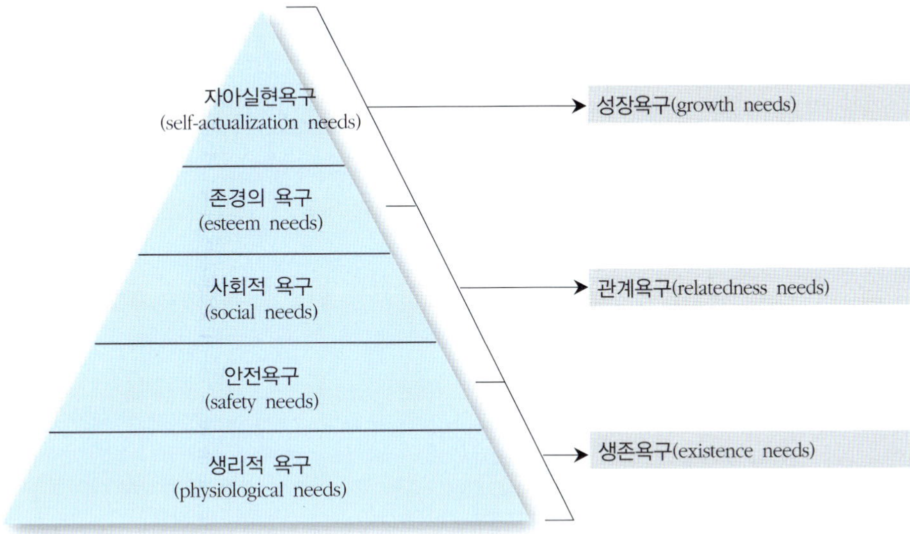

[그림 12-2] Alderfer의 생존-관계-성장 이론

Herzberg는 미국 펜실베이니아 주 피츠버그 지역에 위치한 11개 산업체에 근무하는 203명의 엔지니어와 회계사를 대상으로 면담조사를 한 결과를 토대로 동기-위생 이론을 제시하였다. 면담조사에서는 '업무를 수행하면서 가장 만족스러웠던 기억과 불만족스러웠던 기억은 무엇이었는가?' 그리고 '그때 중요하게 생각한 것이 무엇이었는가?'라는 질문을 사용하였다. 전체 면담내용을 분석한 결과, 만족스러운 경험을 언급된 것과 불만족스러운 경험을 언급된 것이 다르다는 것을 확인하였고, 만족요인을 동기요인으로 불만족요인을 위생요인으로 명명하였다. 한편 Herzberg는 만족요인과 위생요인이 서로 독립적인 성격을 갖고 있다고 주장하였다. 이는 불만족이 해소되었다고 하여 만족하는 것이 아니라는 의미이다. 예컨대, 위생추구자에게 중요한 불만족 요인이 해소되었다고 곧바로 위생추구자가 동기추구자가 되는 것이 아니다. 이 이론을 교직에 적용해 보면 교원들 중에도 보수, 학교시설 등 위생요인을 중시하는 집단이 있는가 하면, 가르치는 일 자체의 보람과 긍지를 중요하게 생각하는 집단이 있을 수 있다.

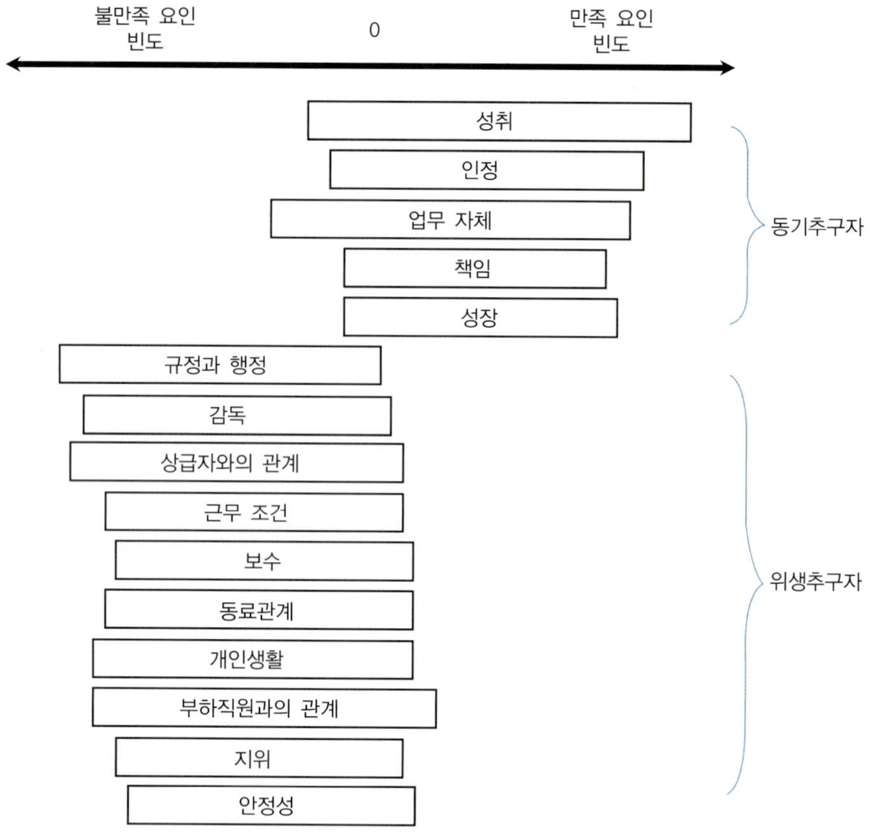

[그림 12-3] Herzberg 동기-위생 이론

과정 이론

과정 이론은 어떤 과정을 통해서 동기가 발생하는가에 초점을 두고 여러 요인들의 상호 관련성을 검토한 것이다. 대표적인 이론으로는 Vroom(1964), Porter와 Lawler(1968)의 기대 이론(expectancy theory), Adams(1965)의 공정성 이론(equity theory), Locke(1968)의 목표 설정 이론(goal-setting theory) 등이 있다.

Vroom은 인간의 동기는 노력을 통해 1차적으로 얻게 되는 성과와 2차적인 주어지는 보상에 대한 기대로 발생하고 이때 성과와 보상에 대해 느끼는 매력 또는 배척의 정도인 유의성에 의해서 조정된다고 주장하였다. 예컨대, 어떤 교사가 수업방법을 개선하는 노력으로 학생들의 학업성취도를 높이는 성과를 얻게 되면 자신감, 만족감, 자기 발전 등의 유의성을 인식하게 된다. 또한 1차적 성과에 따라 주어지는 인정, 평가, 인센티브, 승진

등 다양한 보상에 따라 동기가 발생한다. 즉, 유의성은 특정한 결과에 대하여 개인이 가지는 긍정적 또는 부정적 정서를 의미하는 개념으로 유인가, 인센티브, 태도, 기대 효용 등으로 표현되기도 한다.

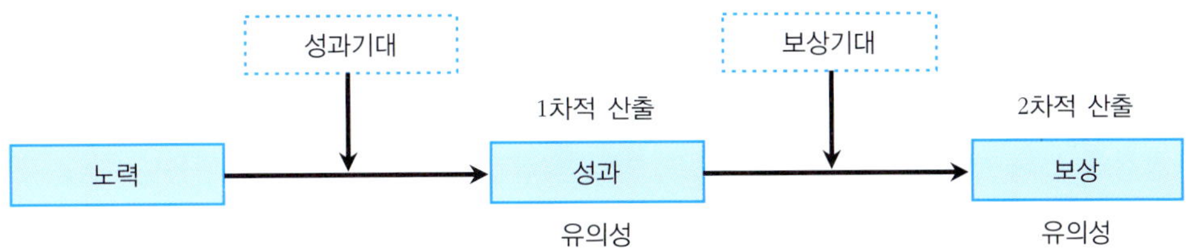

[그림 12-4] Vroom의 기대 이론

한편, Porter와 Lawler는 Vroom의 모형에서 여러 단계를 추가하여 총 9단계의 과정을 제시하였다. Porter와 Lawler의 모형에서는 Vroom의 모형에서 첫 번째로 등장한 노력의 단계 이전에 보상의 가치에 대한 인식 단계와 노력을 통해 보상을 얻을 수 있는 확률에 대한 주관적인 판단의 단계가 추가되었다. 성과기대 단계에서는 개인이 갖고 있는 능력과 특성, 과업에 대한 역할지각 단계를 추가하였다. 보상에 있어서도 직무만족과 같은 내재적 보상과 성과급과 같은 외재적 보상으로 세분화하였다. 또한, 8단계에서는 보상의 공정성 정도를 지각, 9단계는 보상에 대한 만족 정도를 설명하였다. 마지막 9단계의 만족은 1단계의 보상의 가치와 2단계의 노력과 보상의 확률과 연결된다.

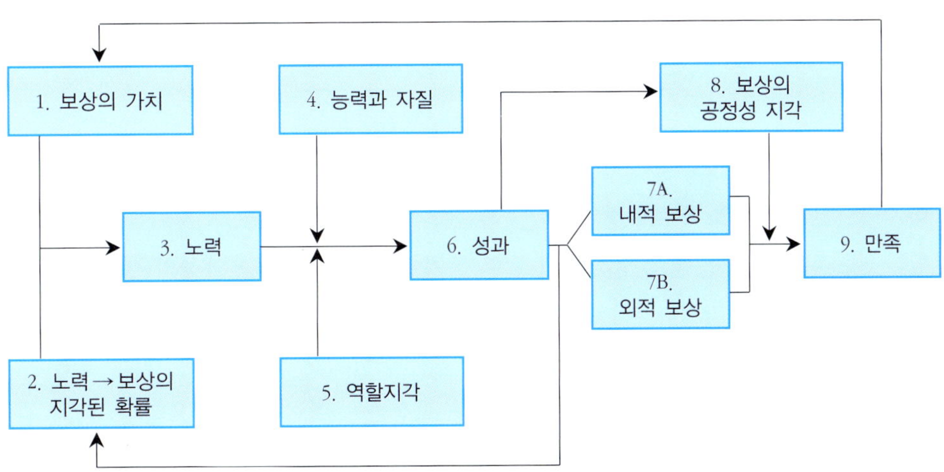

[그림 12-5] Porter와 Lawler의 기대 이론

Adams의 공정성 이론은 자신과 다른 사람을 비교하는 과정을 통해서 공정성을 인식하고 공정한 균형을 유지하기 위해 동기가 발생한다는 주장이다. 즉, 자신의 투입 대비 산출의 비율과 비교대상인 타인의 투입 대비 산출을 비교하여 만족, 불만, 불안을 경험하여 동기가 유발된다는 의미이다. 투입에는 교육, 훈련, 기술, 노력 등이 해당되고, 산출에는 보수, 승진, 표창, 인정 등이 있다. 비교의 과정을 통해 공정성을 지각하면 만족을 느끼고 행동을 지속적으로 하지만 불공정을 지각한 불만과 불안의 상황에서는 불쾌함이나 긴장감을 느끼게 되어 다양한 방법으로 이러한 감정을 해소하기 위해 행동한다. 불공정한 상황을 공정한 상황으로 변경시키기 위한 행동의 예시는 다음과 같다. 첫째, 투입의 양을 조절한다. 자신이 비교대상보다 높은 보상을 받은 경우에는 노력의 양을 감소시키고 반대의 경우에는 증가시킨다. 둘째, 성과를 조절한다. 자신의 성과를 비교대상의 성과보다 축소하거나 증가시킨다. 셋째, 투입이나 성과를 왜곡하여 인지한다. 다른 사람의 투입대비 성과에 더 높은 가치를 부여한다. 넷째, 비교대상을 바꾼다. 다른 비교대상으로 교체한다. 다섯째, 비교대상의 투입대비 성과에 압력과 같은 영향력을 행사한다. 여섯째, 조직을 이탈한다. 근무처 또는 소속 기관을 옮기거나 극단적인 경우에는 다른 직업을 찾는다. 교원들은 성과상여금 지급을 위한 평가, 교원능력개발 평가, 근무성적평정 등에서 자신과 동료 교원을 비교하는 과정을 거치게 된다. 이때 교원이 인식하는 공정성 정도는 교원의 동기를 자극하여 행동에 영향을 준다.

$$\underset{[\text{자신 성과}]}{\frac{\text{산출}}{\text{투입}}} \quad \text{vs.} \quad \underset{[\text{타인 성과}]}{\frac{\text{산출}}{\text{투입}}}$$

[그림 12-6] Adams의 공정성 이론

마지막으로 Locke의 목표설정 이론은 목표를 달성하려는 의도가 동기유발이 된다는 것이다. 즉, 목표는 행동을 결정하는 중요한 동기요인이 되고, 목표달성의 성공과 실패에 따라 동기 수준이 달라진다. 목표의 속성에는 내용과 강도가 있다. 내용은 달성하고자 하는 대상이나 결과를 의미하고, 강도는 목표달성에 필요한 노력, 애착, 헌신 등을 의미한다. 따라서 동기를 유발할 있는 좋은 목표를 설정하는 것이 매우 중요하다. 이와 관련하여 Steers(1984)는 여섯 가지의 좋은 목표를 제시하였다. 첫째, 추상적인 목표보다 구체적인 목표가 성과를 높이는 동기를 유발할 수 있다. 예컨대, 막연하게 학업성취도 향상이라는 목표보다 어떤 영역에서 어느 정도의 향상을 달성해야 한다는 구체적인 수준을 제시하였을 때 교원의 동기는 분명해진다. 둘째, 지나치게 달성하기 쉬운 목표보다 다소

난이도가 있는 목표가 동기를 유발시킨다. 셋째, 목표를 설정하는 과정에 구성원을 참여시킨다. 교원들이 목표설정 과정에 참여하여 동의한 경우 더욱 적극적으로 행동하게 된다. 넷째, 목표달성을 위한 노력에 대한 피드백이 주어져야 한다. 단순히 목표달성 여부를 점검하는 것이 아닌 노력에 대한 적절한 반응을 통해 목표에 도달할 수 있도록 한다. 다섯째, 구성원 간 선의의 경쟁을 유도할 수 있는 목표가 좋다. 여섯째, 수용가능한 목표를 설정해야 한다. 일방적으로 강요된 목표보다 자발적으로 수용하는 목표는 동기를 유발시킨다. 좋은 목표의 예시는 교원의 동기유발에 의미 있는 시사점을 준다. 예컨대, 교원들의 동기를 높이기 위해서는 구체적이고 명확한 업무지시, 교원이 참여하는 목표 설정, 교원의 노력에 대한 적절한 피드백, 교원이 수용할 수 있는 목표 제시 등이 동기유발에 효과적이다. 그러나 목표설정 이론은 교육과 같이 목표 자체가 다소 추상적인 직무분야에 적용하는 데 한계가 있다는 지적도 있다.

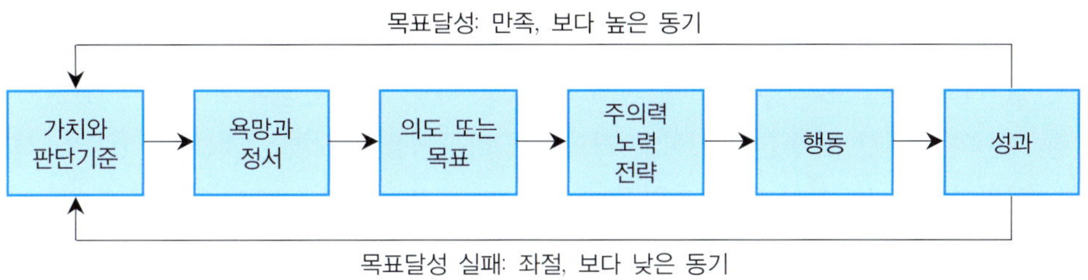

[그림 12-7] Locke의 목표설정 이론

새로운 이론

○ 자기결정성 이론

자기결정성 이론은 개인의 행동을 유발하고 지속하게 하는 것은 개인의 내적 요인에 있다는 주장이다(Deci, 1980; Deci & Ryan, 1985). 자기결정성 이론은 생존뿐 아니라 성장과 발전을 중시하는 인본주의에 기반한 것으로 외재적인 이유로 행동하는 것과 내재적인 이유로 행동하는 것 사이에는 큰 차이가 있다고 주장한다. 외재적으로 동기화될 경우에는 보상이나 처벌 때문에 즐거울 수가 없고, 최선을 다하지 않게 되며, 스스로 행동을 유지하는 것도 어렵다는 것이다.

Deci와 Ryan(1985, 2000)은 자기결정성을 갖기 위한 심리적 욕구로 자율성(autonomy), 유능성(competence), 관계성(relatedness)의 조화를 강조하였다. 첫째, 자율성은 외부의 압력이나 강요가 아닌 스스로 자유롭게 선택하는 욕구이다. 즉, 자율성은 '내 삶의 주인은 나다'라는 감정을 느끼는 것이다. 예컨대, 교육청이나 학교장의 지시나 통제가 아닌 교원의 자유로운 의사결정이 가능한 자율성이 보장되는 경우, 교원들은 긍정적인 행동과 자기조절을 선택할 가능성이 높다. 둘째, 유능감은 주어진 과업을 성공적으로 수행할 수 있는 역량을 소유하고 있는가에 대한 감정이다. 이는 '나는 능력 있는 사람이다'라는 스스로에 대한 믿음과 자신감에 관한 것으로 자기효능감과 유사한 개념이다. 교원의 유능감은 흥미, 관심, 즐거움 등과 같은 내재적 동기를 높이는 데 기여할 수 있다. 셋째, 관계성은 주위 사람들과 의미 있는 관계를 맺고자 하는 욕구이다. 관계성은 다른 사람을 돌봐주고 동시에 다른 사람들로부터 돌봄을 받음으로써 타인과 연계되어 있다고 느끼는 감정이다. 관계성은 '나는 사랑받고 있는 사람이다'라고 느끼는 것이다. 교원이 높은 관계성을 지각한 경우에는 직장인 학교와 직업인 교직에 대한 만족도가 높아질 수 있다.

한편, 자기결정성이 완성되기 위해서는 다음과 같은 상황과 환경이 갖춰져야 한다. 첫째, 자율성을 지지(support)하는 환경이 중요하다. 자신의 방식대로 결정하거나 선택할 수 있도록 해야 한다. 이는 권위적으로 간섭하거나 일방적인 통제에 의한 방식을 지양해야 한다는 의미이다. 교원에게 스스로 선택하고 결정할 수 있는 자율성을 부여할 경우 높은 과업 성과를 기대할 수 있다. 둘째, 구조(structure)적 환경이 필요하다. 구조적 환경이란 적정 수준의 명확한 목표를 제시하고 가이드와 피드백을 제시하는 것을 의미한다. 지나치게 어렵거나 너무 쉽지 않은 과업을 제시하고, 즉각적인 피드백이 제공되어야 한다.

○ 임파워먼트

'임파워먼트'라는 용어는 1976년에 발간된 Solomon의 저서 『*Black empowerment*』에서 공식적으로 처음 사용된 것으로 알려져 있다(윤방섭, 2001). 사회개혁에 관한 내용을 담고 있는 『*Black empowerment*』에 소개된 임파워먼트의 개념은 '개인의 사회적, 정치적, 경제적 상황의 개선에 대한 책임을 개인 자신이 지도록 요구하는 하나의 과정'으로 정의되었다. 그 이후 임파워먼트는 조직을 연구하는 여러 학자들에 의해 다양하게 해석되고 있다.

일반적으로 임파워먼트는 글자 그대로 '파워(power)'에 관한 것으로 직무수행 과정에서 리더가 아닌 구성원들에게 재량권을 행사할 수 있도록 해 주고, 중요한 의사결정에 참여할 수 있는 권한을 부여해 주는 것이다(Byham & Cox, 1988). 이때 '파워(power)'를 많이 가지고 있는 경영자, 행정가, 리더 등이 상대적으로 적게 가지고 있는 구성원에게 주는 것으로 알려져 있다. 그러나 임파워먼트를 단순히 상위자가 하위자에게 권한을 부여하는 것으로 이해서는 안 된다. 상위자가 하위자에게 권한을 주어도 하위자가 권한을 부여받았다고 인식하지 않는다면 진정한 임파워먼트가 완성되었다고 보기 어렵다. 즉, 임파워먼트는 관계적 측면과 심리적 측면을 모두 충족해야 한다. 전자인 관계적 임파워먼트는 관리자가 구성원에게 파워를 나눠주는 것이고, 후자인 심리적 임파워먼트는 구성원이 파워를 느끼는 심리적 경험에 관한 것이다(Conger & Kanugo, 1988).

기업조직에서 주로 사용되었던 임파워먼트는 학교 등 비영리조직에도 적용되고 있다. 예를 들어, 학교에서의 임파워먼트는 교사에 비해 상대적으로 권한을 많이 갖고 있는 교장 또는 교감이 교사들에게 의사결정 권한을 부여하거나 의사결정에 참여할 수 있는 기회를 제공하고 동시에 교사들도 권한을 부여받았다고 인식한다면 교사들은 능동적이고 자율적으로 행동하여 높은 수준의 직무성과와 헌신적인 태도를 보이게 될 가능성이 높다.

나. 주요 쟁점

외재적 요인과 내재적 요인

동기 이론의 가장 대표적인 쟁점은 외재적 동기(extrinsic motivation)와 내재적 동기(intrinsic motivation)의 논쟁이다. 이는 행동주의 심리학과 인본주의/인지주의 심리학 간 차이에서 비롯된 것이다. 행동주의 심리학에서는 외재적 요인에 기초한 동기부여를 강조한 반면, 인본주의/인지주의 심리학에서는 동기를 내재적 요인에 의해 발생하는 것으로 설명하기 때문이다.

첫째, 행동주의에서는 인간은 정적 강화(보상)와 부적 강화(처벌)에 의해 동기화된다고 주장하였다. 즉, 당근과 채찍으로 비유되는 외재적 보상으로 인간의 동기를 부여할 수 있다는 것이다. 예컨대, 보상의 달콤함을 느껴본 사람은 다시 보상을 받기 위해 과거의 행동을 반복하고, 처벌의 고통을 받아본 사람은 그 고통을 피하기 위해 노력하는 경향을 보인다는 것이다. 실제 당근(교원 성과상여금, 교원승진제도 등)과 채찍(학업성취도에 대한 책무성 강화, 교원의 징계 등)의 외재적 요인은 교원의 동기부여에 활용되고 있다.

둘째, 인본주의/인지주의 관점은 행동주의 심리학에서 강조했던 외재적 요인이 아닌 인간의 내면적 생각과 감정에 의한 동기부여를 주장하였다. 인본주의적 관점은 인간이 자신이 가진 잠재력을 모두 발휘하고자 하는 노력에 초점을 두었고, 인지주의적 관점은 자기주도적으로 성장하고 발전하기 위한 노력을 강조하였다. 전자는 인간의 욕구를 동기부여의 중요한 원천으로 보았고, 후자는 성취동기와 효능감 등을 중시하였다. 인본주의와 인지주의 관점은 지속적으로 성장 · 발전하고, 자아존중감을 높이며, 만족스러운 인간관계를 맺고자 하는 내재적 요인을 강조하였다. 따라서 인본주의 심리학에 기초한 동기부여는 성장과 발전의 욕구를 격려하고 이를 촉진할 수 있는 여건과 환경을 조성하는 것이다. 예컨대, 사회적으로 교원을 존중하는 풍토를 조성하고, 교원이 자기주도적으로 전문성을 개발할 수 있는 기회를 확대하는 등 다양한 방안이 제시되고 있다.

이와 같이 교원의 동기는 외재적 · 내재적 요인과 밀접한 관련이 있다. 예컨대, 김이경과 김미정(2013)은 교장이 되고자 하는 열망이 강한 한국 교사들의 승진 욕구에 관한 연구를 수행한 바 있다. 이 연구의 결과에 따르면, 교사들이 교장으로 승진하고자 하는 이유에는 경제적 보상(보수 증가 등), 근무여건 개선(시간 여유 등), 이차적 혜택(사회적 지위, 명예 상승 등), 조직구조 및 권한(각종 권한 확대)과 같은 외재적 요인과 개인적 · 전문적 성장(리더십 발휘 등), 존경과 지지, 학교변화 및 영향력 행사와 같은 내재적 요인이 모두 포함된 것으로 나타났다. 그러나 이러한 요인들의 상대적 비교에서는 이차적 혜택 및 근무여건과 같은 외재적 요인이 내재적 요인보다 높게 나타났다.

개인 동기와 집단 동기

인간의 행동은 개인적 차원과 조직적 차원의 상호작용의 결과이다. 이와 관련하여 Getzels와 Guba(1957)는 사회적 행동을 인성, 욕구, 성향의 개인적 차원과 제도, 역할, 기대의 조직적 차원이 지속적으로 상호작용한 결과로 설명하였다. 이때 개인의 인성, 욕구, 성향과 조직의 기대와 역할은 모두 행동의 동기가 된다. 즉, 인간의 사회적 행동은 개인적 차원의 동기와 집단 차원의 동기에서 비롯된 것이다.

첫째, 개인적 차원에서는 개인의 특성과 동기를 강조한다. 이는 개인의 내면적인 특성에 따라 다른 행동이 나타난다는 의미이다. 인간은 각기 다른 목적, 목표, 가치, 욕구, 성격, 정서 등을 갖고 각기 다른 방식으로 생각하고, 인지하고, 이해하기 때문에 개인의 동기는 다양한 내적인 특성이 작용한다. 그러나 다양한 개인 차이 속에서 유사한 성격 유형과 행동 패턴을 확인할 수 있다. 예컨대, Myers와 Briggs가 개발한 심리유형검사도구인 MBTI는 내향-외향, 감각-직관, 사고-감정, 인식-판단으로 유형화를 시도할 수 있고, Gardner(1983)는 개인의 차이를 일곱 가지 다중지능으로 분류하였다.

둘째, 조직적 차원에서는 조직구성원으로서의 동기를 설명한다. 개인은 조직구성원으로서 행동하게 된다. 그 이유는 조직 내에서 개인의 지위, 수행해야 하는 역할, 받고 있는 기대 등이 동기 요인으로 작용하기 때문이다. 또한 조직구성원은 목적, 가치, 규범을 공유하고 고유한 조직의 문화와 풍토가 개인의 행동에 영향을 주기 때문이다.

학교조직에서 교원은 다양한 사회적 행동을 보인다. 교원의 사회적 행동은 개인적인 특성인 욕구, 인성, 성향과 학교조직으로부터 요구받은 역할과 기대가 상호작용한 결과로 이해되어져야 한다. 따라서 교원 개인의 욕구와 학교조직의 역할기대가 적절한 균형을 이루는 것이 중요하다.

3. 교원 동기부여를 위한 각종 제도

교육부는 교원의 사기진작 차원에서 교원들이 수업과 생활지도에 전념할 수 있는 여건을 마련하고, 교원의 자존감을 높이기 위한 목적으로 다양한 제도를 시행하고 있다. 여기서는 대표적인 사례로 성과상여금 제도와 교권보호 및 교원지위향상을 위한 법령을 소개한다.

가. 성과상여금 제도

교원 성과상여금은 교직활성화를 도모하기 위해 2001년도에 도입되었다. 교원 성과상여금은 교직사회의 협력과 경쟁을 유도하여 교육의 질을 개선함과 동시에 교원의 사기진작을 도모하는 데 목적이 있다. 성과상여금 제도는 1995년 4월 4급 이하 공무원을 대상으로 한 '특별상여수당제'에서 시작되었으며, 공무원수당 등에 관한 규정, 성과상여금 업무 업무처리기준, 교육공무원 성과상여금 지급지침 등에 근거를 두고 있다.

교원 성과상여금은 대표적인 외재적 동기요인을 강조한 제도라 할 수 있다. 교원 성과상여금은 2001년 지급되기 시작한 개인 성과급과 2011년부터 도입된 학교 성과급으로 구분되어 시행되었다. 이러한 제도의 목적은 행동주의에서 강조했던 외재적 요인과 개인동기와 집단동기에 이론적 기반을 두고 있다고 할 수 있다. 2015년까지 시행된 교원 성과상여금 제도의 기본 모형은 다음과 같았다. 개인성과급의 경우 차등지급률은 50~100% 중 단위학교에서 자율적으로 선택할 수 있도록 하면서 가급적 차등지급률을 확대할 것을 권고하였다. 2016년부터는 70~100% 중 자율 결정하도록 차등 폭을 확대하는 방향으로 전환되었다.

지급단위	지급비율	차등지급률 평가등급(배정비율)	지급 방식
개인성과급	80%	3등급(S, A, B) (30%, 40%, 30%)	개인별 평가 후 차등 지급
학교성과급	20%	3등급(S, A, B) (30%, 40%, 30%)	학교별 평가 후 지급

[그림 12-8] 교원 성과상여금 기본 모형

한편, 학교 현장에서 개선요구가 많았던 학교 성과급은 2016년부터 폐지되었다. 2015년 9월 발표된 '교원평가제도 개선방안'에 따르면 기존의 근무성적평정과 성과상여금평가는 성과평가로서 '교원업적평가'로 통합 · 간소화되고, '교원능력개발평가'는 전문성 평가로서 현 제도를 개선 · 유지하여 시행된다. 교원평가제도 개선방안의 주요내용과 교원업적평가 활용 개요는 다음과 같다.

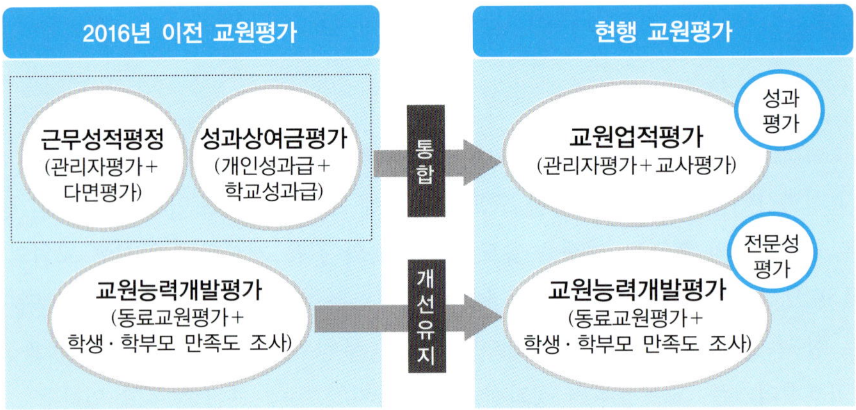

[그림 12-9] 교원평가제도 개선방안

2016년 1월부터 새롭게 도입되는 '교원업적평가'는 [그림 12-10]과 같이 관리자평가와 교사평가로 나누어 실시하되, 이를 합산하여 인사에 반영하며, 교사평가의 결과는 개인성과급 지급에 별도로 한 번 더 활용한다. 교사평가는 기존의 양적 편중 평가의 문제점을 완화하기 위해 정성평가와 정량평가를 병행하여 실시한다.

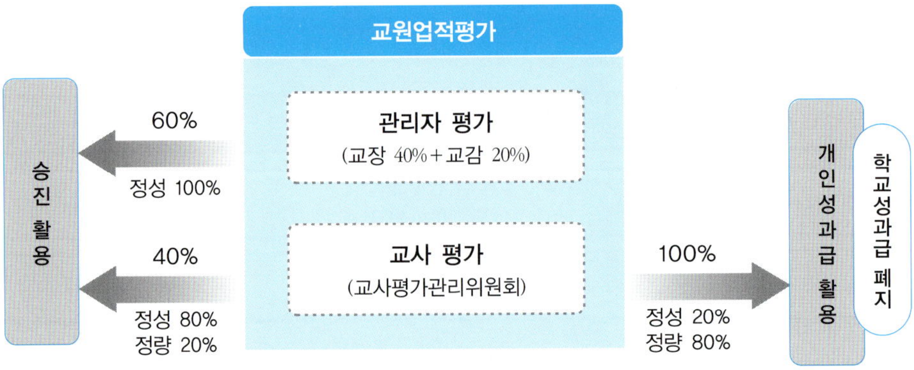

출처: 교육부 '교원평가제도 개선방안' 보도자료

[그림 12-10] 교원업적평가 활용 개요

나. 「교원지위향상을 위한 특별법」 및 교원 예우에 관한 규정

「교원지위향상을 위한 특별법」, 교원 예우에 관한 규정 등은 교원을 존중하고, 교원에 대한 사회적 인식을 제고하기 위한 목적으로 도입되었다.

「교원지위향상을 위한 특별법」은 '교원에 대한 예우와 처우를 개선하고 신분보장을 강화함으로써 교원의 지위를 향상시키고 교육발전을 도모하기 위한 목적'으로 지난 1991년 제정되었다. 특히 제2조에서 교원이 사회적으로 예우될 수 있도록 다음과 같이 명시함으로써 교원의 내적 동기요인에 해당되는 자존감을 높여 교육활동에 헌신할 것을 유도한다.

> 제2조(교원에 대한 예우) ① 국가, 지방자치단체, 그 밖의 공공단체는 교원이 사회적으로 존경받고 높은 긍지와 사명감을 가지고 교육활동을 할 수 있는 여건을 조성하도록 노력하여야 한다.
> ② 국가, 지방자치단체, 그 밖의 공공단체는 교원이 학생에 대한 교육과 지도를 할 때 그 권위를 존중받을 수 있도록 특별히 배려하여야 한다.
> ③ 국가, 지방자치단체, 그 밖의 공공단체는 그가 주관하는 행사 등에서 교원을 우대하여야 한다.
> ④ 제1항부터 제3항까지에서 규정한 사항 외에 교원에 대한 예우에 필요한 사항은 대통령으로 정한다.

한편 교원예우에 관한 규정은 「교원지위향상을 위한 특별법」 제2조(교원에 대한 예우)에 필요한 사항을 규정하기 위해 지난 2000년에 제정되었다. 이 규정에서는 교원의 의견을 존중하고, 교권을 보호하기 위한 세부 조항을 명시하였다. 특히 제6조에는 학교교권보호위원회 설치 · 운영에 관한 사항을 정함으로써 교원의 전문성을 인정하고 보호하고 있다.

> 제2조(교원의견의 반영) 국가 및 지방자치단체는 교육과 관련된 정책을 수립하는 경우에는 교원의 의견을 충분히 반영하도록 노력하여야 한다.
> 제2조의2(교원의 교육활동 보호를 위한 시책 등) ① 특별시 · 광역시 · 특별자치시 · 도 및 특별자치도(이하 "시 · 도"라 한다)의 교육감(이하 "교육감"이라 한다)은 교원이 긍지와 사명감을 갖고 교육활동을 할 수 있는 여건을 조성하기 위하여 다음 각 호의 사항에 관한 시책을 제6조의2에 따른 시 · 도교권보호위원회의 심의를 거쳐 수립 · 시행하여야 한다.
> 1. 교육활동 보호를 전담하는 기관 및 조직의 구성 · 운영
> 2. 교육활동 보호를 위한 교원 연수 및 홍보
> 3. 교육활동 침해를 당한 교원의 치료, 전보(轉補) 등 보호 조치
> 4. 제6조의3에 따른 법률 상담
> 5. 제7조 제3항에 따른 교육활동 침해 등에 대한 조사 및 관리
> 6. 그 밖에 교육활동을 보호하고 교육활동 침해에 대응하기 위하여 필요한 사항
>
> 제6조(학교교권보호위원회의 설치 · 운영) ① 교원의 교육활동 보호에 관한 다음 각 호의 사항을 심의하기 위하여 유치원을 제외한 각급학교에 교권보호위원회를 두며, 유치원에는 유치원의 장이 필

요하다고 인정되는 경우에 교권보호위원회를 둘 수 있다.
1. 교육활동 침해 기준 마련 및 예방 대책 수립
2. 교육활동 침해 학생에 대한 선도 등의 조치
3. 교원의 교육활동과 관련된 분쟁의 조정
4. 그 밖에 학교규칙으로 정하는 사항
② 제1항에 따른 교권보호위원회(이하 "학교교권보호위원회"라 한다)의 위원은 위원장 1명을 포함하여 5명 이상 10명 이하의 위원으로 구성한다.
③ 학교교권보호위원회의 위원은 그 학교의 교원, 학부모 및 지역사회 인사로 구성하며, 위원장은 위원 중에서 호선(互選)한다.
④ 학교교권보호위원회의 위원장은 회의를 소집하고, 그 의장이 된다.
⑤ 학교교권보호위원회의 회의는 다음 각 호의 어느 하나에 해당하는 경우에 소집한다.
1. 재적 위원 4분의 1 이상이 요청하는 경우
2. 교원의 교육활동 침해 사실을 신고 받거나 보고받은 경우
3. 그 밖에 위원장이 교원의 교육활동 보호를 위하여 필요하다고 인정하는 경우
⑥ 제1항부터 제5항까지에서 규정한 사항 외에 학교교권보호위원회의 설치 · 운영에 필요한 사항은 국립학교의 경우에는 교육부장관이 정하는 기준에 따라 학교규칙으로 정하고, 공립 · 사립학교의 경우에는 교육감이 정하는 기준에 따라 학교규칙으로 정한다.

4. 교원 동기의 실제

가. 교직 선택 동기

교원의 동기에 관한 연구는 양성과정에서부터 현직과 퇴직과정까지 탐구되었다. 대부분의 연구자들은 교원의 동기가 교직생활 전반을 좌우할 수 있는 중요한 요인으로 간주하였고, 실증적인 연구를 통해 동기 수준의 차이에 따라 교사 개인의 전문성 개발과 직무수행, 나아가 학생들의 성취에도 영향을 준다는 사실을 확인하였다.

선행연구 가운데 교직을 선택한 동기에 관한 다수의 연구가 있었다. 선행연구에서 교직선택 동기는 외재적 동기, 내재적 동기, 이타적(altruistic) 동기, 수동적(passive) 동기, 능동적(active) 동기 등으로 구분된다. 이러한 동기의 개념을 토대로 교직선택 동기에 영향을 미치는 요인을 살펴보고, 교직선택 동기가 직무수행, 직무만족 등에 어떤 영향을 미치는가를 분석하였으며, 교원의 직무동기와 교원의 행동변화, 교육성과와 어떤 관계가 있는지를 분석하였다.

김병찬(2005)은 교육대학교에서 교대생들의 교직 동기가 어떻게 변화되는지 살펴보았다. 교육대학교 학생 20명을 대상으로 질적 사례연구를 수행한 결과, 교육대학교의 교육

과정에 따라 학생들의 교직 동기는 뚜렷한 변화 양상을 보이고 있었다. 입학 전 교직 동기가 강했던 학생들은 교대 입학 이후 대체로 교직 동기가 약해졌고, 교직 동기가 약한 상태에서 교대에 입학한 학생들은 교대 교육과정을 통해 교직 동기가 강해지는 현상이 나타났다. 이러한 현상은 "교육대학 교육과정의 영향", "교육실습의 영향", "교육대학의 풍토나 분위기", "교대생들의 긍정적 적응 태도", "가르치는 일에 대한 의미 형성" 등이 원인으로 작용한 것으로 보았다. 결과적으로 교직동기는 개인의 특성에 따라 서로 다른 출발점을 가지고 있더라도 교원양성기관의 교육을 통해 충분히 변화시킬 수 있다는 것을 시사한다.

신규교사의 교직선택 동기에 관한 연구로서 신정철 등(2007)은 수도권 지역(서울, 경기, 인천)에 신규 임용된 초·중등학교 교사를 대상으로 설문조사를 실시하여 교직선택 동기를 분석하였다. 연구결과, 중등학교 교사는 내재적 동기와 이타적 동기가 높은 반면, 초등학교 교사는 이타적 동기보다 외재적 동기가 높은 것으로 나타났다. 교원양성기관의 교직과목은 교직선택 동기(이타적, 외재적, 내재적 동기) 모두에 영향을 주었다. 그러나 교육실습은 내재적 동기에는 영향을 주었지만 이타적 동기나 외재적 동기에는 전혀 영향을 주지 않은 것으로 분석되었다.

한편, 현직 교원을 대상으로 한 연구도 다수 수행되었다. 교직동기와 직무수행과의 관련성을 분석한 이쌍철 등(2012)의 연구는 교직선택 동기가 교직생활 전반에 영향을 준다는 사실을 밝혔다. 전국 초등학교 교원을 대상으로 한 설문조사를 실시한 결과, 외적 요인과 내적 요인 모두 교직선택에 영향을 주는 동기 요인으로 나타났다. 예컨대, 내적 동기에 해당되는 '가르치는 일이 좋아서' 교직을 선택한 비율이 45.1%로 가장 높았지만, 외적 요인에 해당되는 '직업의 안정성' 비율도 39.5%로 높은 비중을 나타냈다. 그러나 내적 동기에 의해 교직을 선택한 교원들이 외적 동기로 교직을 선택한 교원보다 직무수행에 더 충실하고, 직무만족도가 높은 것으로 나타났다. 전상훈 등(2014)은 서울지역 초등학교 교사를 대상으로 설문조사를 실시하여 교사의 직무동기와 교사효능감, 교사헌신, 수업전문성의 관계를 분석하였다. 연구결과에 따르면, 교사들의 직무동기는 외재적 보상보다 성취감, 자아실현, 성장 및 발전과 같은 내재적 보상에 더 의존하고 있었다. 또한 직무동기는 교사헌신과 교사효능감에 영향을 주고 이 두 요인을 매개로 하여 수업전문성에 영향을 미치는 것으로 나타났다. 즉 직무동기가 높은 교원들이 헌신과 효능감이 높은 편이고, 이를 통해 수업전문성 또한 높다는 것을 알 수 있다.

이상의 연구를 통해 교원의 동기는 교원의 행동 변화에 영향을 주고, 그 영향이 교육의 성과와도 연결된다는 사실을 확인하였다. 따라서 교원의 동기를 높여주기 위한 방안을 마련하는 것은 교육행정의 핵심적인 과업이다. 보다 효과적인 교원동기유발을 위해서 지속적으로 교원의 직무만족도를 파악하고 직무만족에 영향을 주는 요인을 확인하는 것이 필요하다.

나. 교원의 동기와 직무만족

우리나라에서 교직은 직업선호도가 매우 높은 직종이다. 한국직업능력개발원의 '2104 학교진로교육 실태조사' 결과에 따르면, 초·중·고등학생들이 가장 선호하는 직업이 교사이고, 학부모들이 자녀의 직업으로 가장 선호하는 직업 역시 교사로 나타났다. 또한 각종 결혼정보업체에서 발표하는 미혼 남녀가 선호하는 배우자의 직업에서도 교직의 선호도는 매우 높다. 그러나 실제로 교직에 종사하는 현직 교원의 직업만족도는 매우 낮고, 최근에는 명예퇴직을 신청하거나 희망하는 교원이 증가하고 있는 아이러니한 현상이 나타나고 있다.

실제 한국 교원의 사기는 상당히 낮은 것으로 조사되었다. 김이경 등(2011)은 전국 초·중등학교 교사 7,842명을 대상으로 면담조사와 설문조사를 병행하여 교원의 사기 수준을 측정하고, 사기저하의 원인을 분석하였다. 분석결과, 교원의 사기는 5점 만점에 2.99로 보통 이하의 수준으로 조사되었다. 특히 교사지위(2.76), 직무부담(2.66), 경제적 보상(2.61), 학부모 및 대외관계(2.52)에서 전체 평균보다 낮게 나타났다. 한편, OECD 34개 회원국과 비교할 때에도 한국 교원의 직무만족은 가장 낮은 것으로 드러났다. 양정호(2015)의 연구에 따르면, 한국 중학교 교사의 20.1%가 '교사가 된 것을 후회한다'고 응답하여 OECD 34개 회원국 중에서 만족도가 가장 낮았다. 또한 '다시 직업을 택한다면 교사가 되고 싶지 않다'에 응답한 교사가 36.6%로 OECD 평균 22.4%보다 높게 나타났다.

교사의 직무만족에 관련된 변인은 교사의 개인 배경(성별, 학력, 직위), 교사 수준(자기효능감, 리더십, 외재적 요인, 내재적 요인), 학교 수준(교장의 리더십, 학교조직 문화와 풍토, 임파워먼트)으로 구분된다(주현준 외, 2013). 직무만족과 관련된 다양한 연구들을 분석한 결과, 학교 수준 변인이 교사의 직무만족과 가장 큰 연관성을 갖는 것으로 나타났다. 이와 관련하여, 조동섭과 안병천(2008)의 연구에서는 교사들이 선호하는 학교의 조건과 특성을 연구한 바 있다. 초등학교 교사 40명을 대상으로 전보 시 희망하는 학교의 조건과 특성에 관한 면담조사를 실시한 후, 이를 토대로 400명을 대상으로 설문조사를 수행하였다. 연구결과, 초등학교 교사들이 선호하는 학교의 특성은 출퇴근이 용이한 학교, 대규모 학교, 학교장, 교직원 간 인간관계, 학교환경, 학생 및 학부모 특성, 승진 등으로 나타났다.

교원의 저하된 사기와 낮은 직무만족도는 교직을 떠나는 것과 직결된다. 최근 명예퇴직을 신청한 교원은 2011년 4,476명, 2012년 5,447명, 2013년 5,946명, 2014년 13,414명으로 해마다 증가 추세를 보이고 있다. 특히 2014년에는 그 수가 급증하였으나 예산 부족으로 인해 절반에 못 미치는 5,533명만 명예퇴직 대상 교원으로 수용하였다. 명예퇴직 대상은 근무 연수 20년 이상, 정년 1년 이상 남겨둔 교원인데 명퇴연령이 점차 낮아지고 있다. 교육계에서는 명퇴자 평균 교직 경력은 28년, 나이는 53~54세로 보고되고 있다. 이른바 40대 신청자가 늘고 있는 것도 새로운 현상이다.

이와 관련하여 황준성과 김성기(2012)는 초 · 중등학교 교원들의 명예퇴직 현황과 사유를 분석하였다. 설문조사 결과, 63.6%의 교원이 명예퇴직을 고민해 본 적이 있다고 응답하였는데, 특히 중학교 교원이 77.8%로 가장 높았다. 명예퇴직 신청의 주된 이유는 교직업무곤란도, 건강상 문제, 금전적 고려, 인간관계 등의 순으로 나타났다. 이때 교직업무곤란도란 학생지도의 어려움과 잡무로 인한 스트레스 증가, 학부모 민원에 따른 스트레스를 의미한다. 또한 2014년에 명퇴신청자가 급증한 원인은 공무원 연금 개혁 논의와도 관련성이 있다. 물론 금전적인 고려가 추가적인 명퇴의 이유가 될 수는 있지만, 교직을 떠나게 하는 결정적인 원인은 학생 생활지도와 학부모 민원 등을 처리하면서 겪는 어려움으로 인해 교사로서의 자부심을 상실하기 때문이다. 즉, 교원의 내적 동기 상실은 교직을 유지하는 데 큰 어려움으로 작용한다.

명예퇴직의 증가는 신규교사들의 등용 폭을 넓히는 효과를 가져올 수도 있지만, 대부분 예산상의 이유로 기간제 교사의 비율을 높이는 데 일조한다. 교직 사회 전체적인 차원에서 볼 때 연륜과 축적된 노하우를 가진 교사들의 교직 이탈은 장기적 안목에서 전문성을 상실하는 것과도 같다. 이러한 변화는 일선 학교 현장의 풍토와 문화에도 부정적인 영향을 미칠 것으로 보인다.

5. 교직선택 동기 진단 및 초등학생 동기 유발 전략

가. 교직선택 동기 유형 진단

다음의 참고자료는 신정철, 송경오와 정지선(2007), 이쌍철, 김혜영과 홍창남(2012), 김현령(2013)을 참고하여 작성한 예비교사의 교직선택 동기 수준을 확인하는 진단도구이다. 참고자료에서는 교직선택 동기 유형을 내재적, 외재적, 이타적, 수동적 동기로 구분하고 있다. 참고자료를 활용하여 자신의 교직선택 동기가 어떤 동기 유형에 가까운지 확인하고, 나의 교직선택 동기 유형과 다른 수강생의 교직선택 동기를 비교해 보자.

| 참고자료 | 예비교사의 교직선택 동기

유형	문항 (내가 교직을 선택한 이유는~)	전혀 그렇지 않다	그렇지 않다	보통 이다	그렇다	매우 그렇다
		1	2	3	4	5
내재적	가르치는 일이 내 적성에 맞아서					
	아이들을 가르치는 자체의 즐거움 때문에					
계						
이타적	아이들의 올바른 성장과 발전을 돕고자					
	교육에 헌신하여 사회발전에 기여할 수 있어서					
계						
외재적	방학 등 좋은 근무조건이 있어서					
	정년이 보장된 안정된 직업이기 때문에					
계						
수동적	대학진학을 위해 성적에 맞춰서					
	부모님 등 주변의 권유로					
계						

나. 초등학교 교실에서의 동기 유발 전략

학습동기는 학습효과, 문제행동 및 학교에 대한 만족감과 관련된다. 따라서 교사는 학생의 학습동기를 유발하고 지속시킬 수 있는 학습환경을 조성하고 유지하는 전략을 개발하여 사용하여야 한다(박병량, 2006).

교사가 중요하다고 생각하는 것, 학생들의 성향, 학급 분위기, 학년 등은 다를 수 있기 때문에 매년 새로운 전략들이 적용되어야 한다. 일반적으로 초등학교 교실에서 사용되는 동기 유발 전략들은 내재적, 외재적 동기 유발 전략으로 구분된다.

먼저, 칭찬, 인정, 추가적인 과제 제시하기 등은 내재적 동기 유발 전략이라고 할 수 있다. 교사의 칭찬, 인정, 미소 등은 학생의 동기를 유발하는 가장 간단하면서도 효과적인 방법이다. 추가적인 과제를 제시하는 전략은 다수의 학생들에게 상당한 동기를 유발할 수 있다. 기본적인 과제를 마치고 더 도전적인 과제를 해결하도록 유도하는 방법 또는 배운 내용을 활용하여 십자 퀴즈 해결하기, 암호문 해결하기, 생활 속의 문제 해결하기 등의 흥미로운 과제를 부여하는 방법이 있다.

수업시간에 즉각적 보상으로 주어지는 과자, 연필이나 지우개 등의 상품, 스티커, 포인트 제도 등의 활용은 외재적 동기요인과 관련 있는 동기 유발 전략이라 할 수 있다. 포인트 제도의 활용은 학급 내에서 상, 벌점제를 운영하여 기록하고, 학생들이 좋아하는 활동(파티, 자유시간 등) 및 특권(숙제 면제 등)을 주는 방법으로 운영한다. 또는 학교 차원에서 포인트 제도를 운영하여 우수 학생에게 인증이나 시상을 하기도 한다.

위의 전략들은 개인을 대상으로 활용할 수도 있고, 집단을 대상으로 활용할 수도 있는데 집단으로 활용할 경우 동료들의 적극적인 협력이 필요하다. 그러나 이러한 전략들은 활용하기 전에 적절성이나 효과에 영향을 미칠 수 있는 다음과 같은 요인들을 고려해야 한다(Edmund, Carolyn, & Murray, 2002). 특정 방법은 학교나 교육청의 정책상 승인되지 않을 수도 있다. 너무 쉽게 받을 수 있거나 반대로 너무 어렵게 받을 수 있는 보상은 그 동기효과를 잃게 된다. 또한, 특정한 학생이나 집단을 대상으로만 동기를 유발하려는 건 아닌지, 기록이나 사전 준비 등으로 많은 시간을 필요로 하지는 않는지 생각해 보아야 한다.

핵심 용어

- 내용 이론
- 과정 이론
- 내재적 동기
- 외재적 동기

생각해 볼 주제

- 교사들이 자신의 직무에 만족감을 갖고 최선을 다할 수 있도록 하는 동기 유발 전략은 무엇인지 생각해 보자.
- 교원의 직무만족도를 높이기 위한 현행 제도들의 장점과 단점에 대해 생각해 보자.
- 초·중·고등학생 시절로 되돌아가 긍정적인 분위기에서 이루어졌던 수업을 떠올려보고, 그러한 수업의 특징을 열거하여 이를 위해 교사는 어떤 행동을 했는지 생각해 보자.

참고문헌

김광수 · 김현령(2013). 교육대학 신입생의 특성 변화에 관한 연구: 2013학년도 서울교육대학교 신입생 실태 조사를 중심으로. 한국초등교육, 24(3). pp.185-205.

김병찬(2005). 교대생의 교직 동기 변화 과정에 관한 질적 사례 연구. 한국교원교육연구, 22(1). pp.199-224.

김성기 · 황준성(2012). 초 · 중등 교원의 명예퇴직 사유 분석. 한국교원교육연구, 29(4), pp.109-127.

김이경 · 김미정(2013). 초중등 교사들의 교장직 선택 요인 분석. 한국교원교육연구, 30(4). pp.215-236.

김이경 · 정수현 · 박호근 · 박상봉(2011). 교원사기 진작방안 연구. 교육과학기술부.

김창걸(2003). 교육조직행위론. 파주: 형설출판사.

박병량(2006). 학급경영. 서울: 학지사.

신정철 · 송경오 · 정지선(2007). 초중등 신임교사의 교직 선택 동기 및 그 영향 요인에 관한 연구. 한국교육, 34(2). pp.51-72.

이쌍철 · 김혜영 · 홍창남(2012). 초등학교 교사의 교직 선택 동기가 직무수행 및 교사만족에 주는 영향 분석. 초등교육연구, 25(4). pp.239-260.

윤방섭(2001). 임파워먼트: 개념, 이론 및 실천. 연세경영연구, 38(1). pp.71-111.

전상훈 · 조흥순 · 이일권(2014). 교사의 직무동기와 교사효능감, 교사헌신, 수업전문성의 관계에 관한 연구. 한국교육학연구, 20(3). pp.5-30.

조동섭 · 안병천(2008). 교사들이 선호하는 학교의 조건과 특성. 초등교육연구, 21(1). pp.371- 386.

주현준 · 김태연 · 남지영 · 이쌍철(2013). 교사의 직무만족 관련 변인에 대한 메타분석. 교육행정학연구, 31(1). pp.133-157.

Adams, J. S.(1965). Inequity in social exchange. In L. Berkowitz(Ed.), *Advances in experimental social psychology, 2.* pp.267-299. NY: Academic Press.

Alderfer, C. P.(1972). *Existence, relations, and growth.* NY: Free Press.

Byham, W., & Cox, J.(1988). *Zapp! The lighting of empowerment.* NY: Fawcett Columbine.

Conger, J. A., & Kanugo, N.(1988). The empowering process: intergrating theory and practice. *Academy of Management Review, 13.* pp.471-482.

Deci, E. L.(1980). *The psychology of self-determination.* MA: Heath.

Deci, E. L., & Ryan, R. M.(1985). *Intrinsic motivation and elf-determination in human behavior.* New York: Plenum Press.

Deci, E. L., & Ryan, R. M.(2000). The "what" and "why" of goal pursuits: Human needs and the self-determination of behavior. *Psychological Inquiry, 11*(4). pp.227-268.

Edmund, T. E., Carolyn, M. E., & Murray, E. W.(2004). *Classroom Management for Secondary Teachers.* Allyn & Bacon. 오영재 · 박종필 역(2004). 중등교사를 위한 학급 꾸리기. 아카데미프레스.

Gardner, H.(1983). *Frames of mind: the theory of multiple intelligences.* NY: Basic Books.

Getzels, J. W., & Guba, E. G.(1957). Social behavior and the administrative process. *The School Review, 65*(4). pp.423-441.

Herzberg, F.(1968). One more time: how do you motivate employees?. *Harvard Business Review, 46*(1). pp.53-62.

Johns, G.(1983). *Organizational behavior: understanding life at work.* IL: Scott, Foresman.

Locke, E. A.(1968). Toward a theory of task motivation and incentives. *Organizational Behavior and Human Performance, 3.* pp.157-189.

Lunenburg, F. C., & Allan, C. O.(1991). *Educational administration: concepts and practices.* California: Wadworth Publishing Company.

Malslow, A. H.(1943). A theory of human motivation. *Psychological Review, 50.* pp.370-396.

Porter, L. W., & Lawler, E. E.(1968). *Managerial attitudes and performance.* Homewood, IL: Dorsey Press and Richard D. Irwin..

Tiffin, J., & McCormick, J.(1965). *Industrial psychology*. NJ: Prentice-Hall.
Vroom, V. H.(1964). *Work and motivation*. NY: Wiely.

김기환 · 신진(2015.2.10). "교사 된 것 후회" 20% OECD 1위. 중앙일보
http://article.joins.com/news/article/article.asp?total_id=17129676
김지훈(2015.2.10). 교사 명퇴 급증 최대 이유 "학생 지도 어려워져". 한겨레신문
http://www.hani.co.kr/arti/society/schooling/677825.html

CHAPTER 13

의사소통과 갈등관리

김민조(청주교육대학교)
이호준(청주교육대학교)

1. 의사소통 이론
2. 교육조직 내 의사소통 실제
3. 갈등관리 이론
4. 교육조직 내 갈등 유형과 관리 실제
5. 의사소통 역량 및 갈등관리 유형 진단

모든 인간은 삶의 과정에서 다양한 매체와 경로를 활용하여 끊임없이 자신이 가진 정보와 메시지 등을 타인에게 전달하고 상대의 의견을 듣는 일상적인 활동을 한다. 그렇기에 의사소통 능력을 갖추는 것은 삶을 살아가는 데 필수적이다. 교사 역시 교실과 학교에서 학생, 동료교사, 학교관리자, 학부모 등과 관계를 형성하고 교육활동을 수행하는 데 가장 핵심적으로 요구되는 능력 중 하나가 바로 의사소통 능력이다.

한편 학교조직에서 의사소통은 구성원들 간의 갈등 유발 요소로 작용하기도 한다. 적정 수준의 갈등은 교육 활동의 질을 제고하는 데 긍정적인 역할을 하지만, 부정적인 갈등은 원활한 학교 운영을 어렵게 하기도 한다. 그렇기에 교사는 학교 내 갈등 상황에 적절하게 대처할 수 있는 갈등관리 능력을 갖추는 것이 필요하다.

이 장은 학교구성원이자 학급경영자인 교사가 갖추어야 할 기본적인 역량인 의사소통과 갈등관리 역량을 개발하는 데 초점을 두었다. 이를 위해 의사소통과 관련해서 개념과 과정, 교육조직 내 의사소통 실제 등을 다루었다. 갈등관리는 갈등의 개념과 유형, 교육조직 내 갈등 유형과 관리 실제를 들여다보았다. 마지막으로 의사소통 및 갈등관리 유형 진단 활동으로 정리하였다.

※ 여기서 잠깐!
다음의 영상을 보고, 학교에서 나타나는 의사소통의 어려움과 이로 인해 발생할 수 있는 갈등에 대해 이야기를 나누어 봅시다.

1. 의사소통 이론

가. 의사소통의 개념과 과정

의사소통은 개인생활뿐만 아니라 학교와 교육행정조직 운영 전반에서 이루어진다. 교사는 의사소통을 매개로 교육활동뿐만 아니라 학생지도, 학교운영 지원을 위한 다양한 활동을 수행한다. 교장 또는 교감 역시 효과적인 학교경영을 위해 교사, 학생, 학부모, 행정직원들, 교육행정기관, 지역사회 등 이해당사자들과 소통한다. 교사들은 업무시간의 대부분을 학생, 다른 교사, 학부모 등 다른 구성원들과 끊임없이 상호작용하는 것으로 나타났다(정바울 외, 2014). 교사들은 학생, 교사, 학부모 등 다양한 구성원들과의 관계에서 의사소통의 어려움에 직면하기도 한다. 그렇기에 의사소통은 학교나 학급에서 이루어지는 교육활동들이 성공적으로 이루어지도록 하는 핵심 기제라고 볼 수 있다(박병량 · 주철안, 2005: 253).

의사소통(communication)은 '공통되는(common)' 또는 '공유한다(share)'라는 뜻을 가진 라틴어 'communis'에서 온 말이다(주삼환 · 신재흡, 2006: 56; 박종렬 · 신상명, 2004: 210; 오미영 · 정인숙, 2005: 9). 이처럼 의사소통이 본질적으로 쌍방적 과정이라는 점이 의사소통 어원에 내포되어 있다.

의사소통 개념은 학자의 관점에 따라 다양하게 설명되고 있다. 예컨대, Manning는 "개인적 관점에서 의사소통은 다른 사람에게 의미있는 메시지를 전달하는 것이고, 조직적 관점에서 의사소통은 아이디어들의 집단적 표상"(Manning, 1992: 12)이라고 설명한다. Myers와 Myers는 "의사소통이란 사람들이 상징의 교환을 통해 다른 사람과 함께 상징들을 둘러싸고 발생하는 의미와 기대를 구성하고 개발하는 교환적인 과정"(Myers & Myers, 1982: 7)이라고 밝힌다. 윤정일 등은 "정보의 상호 교류과정으로써 발신자와 수신자 간 사실이나 의견이 전달되어 상호 간의 행동이나 의사결정에 영향을 미치는 것"(윤정일 외, 2015: 168)이라고 의사소통의 개념을 정의한다. 주삼환과 신재흡은 "교육행정에 있어서 조직의 목표와 관련하여 어떤 목적을 가진 조직구성원이 그 목적을 성취하기 위하여 다른 사람에게 무엇인가를 하도록 시도하는 역동적인 과정"(주삼환 · 신재흡, 2006: 57)이라고 설명한다. 여러 학자들의 견해를 종합하면, 의사소통은 두 사람 이상의 관계에서 유의미한 아이디어를 전달하거나 공유하는 일련의 과정적 행위이고, 일정한 목적을 추구하는 목적지향적 행위라고 정리할 수 있다.

의사소통은 누가, 무엇을, 어떤 방법으로, 누구에게 전달하여 어떤 효과를 거두는지 등 말하는 사람, 듣는 사람, 매체와 경로, 효과, 소음 또는 장애 등과 같은 요소들로 구성된다(오석홍, 2014: 449). 여기서는 발신자, 메시지, 목적과 전략, 매체와 형태, 수신자, 효과와 피드백, 맥락 등을 포함한 의사소통 모델을 중심으로 살펴보고자 한다(Hoy & Miskel, 2012; 오영재 외 역, 2013: 390-391).

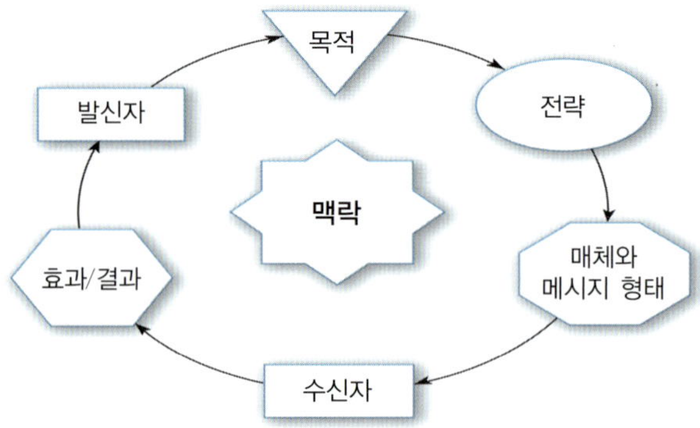

출처: Hoy & Miskel(2012), 오영재 외 역(2013). p.391.

[그림 13-1] **의사소통 과정의 일반 모델**

발신자(senders)

발신자는 메시지를 보내는 사람을 말한다. 발신자는 의사소통의 필요성을 느끼고 메시지의 내용을 구성하며 다양한 매체를 활용하여 수신자에게 전달한다. 학교조직에서 다른 개인, 집단, 부서에게 메시지를 전달하거나 의사소통하는 개인, 집단, 부서 등이 발신자의 대표적인 예로 볼 수 있다. 일반적으로 메시지를 명확하게 구성하는 능력, 메시지를 효과적으로 전달하는 능력, 신뢰감, 지식, 태도, 가치관 등과 같은 발신자의 개인적인 특성들이 메시지의 내용을 구성하고 전달하는 과정에 일정한 영향을 미친다(신유근, 2014: 280-281).

목적(goals)

목적은 발신자가 의사소통 과정을 통해 달성하고자 하는 바를 말한다. 조직 내에서 발신자는 다양한 목적을 가지고 의사소통을 하게 되는데, 예를 들어 발신자의 생각을 전달하기 위해서, 수신자의 이해를 도모하거나 설득하기 위해서, 수신자의 의견을 청취하기 위해서, 수신자의 행동과 태도에 영향을 주기 위해서 등을 들 수 있다. 이처럼 의사소통은 기본적으로 목적지향적인 유목적적 행위이다(진동섭 외, 2011: 250).

메시지(messages)

메시지는 일반적으로 발신자가 다른 사람들에게 전달하려고 하는 아이디어들과 정보를 담고 있는 언어적 또는 비언어적 신호 혹은 상징들을 의미한다(Hoy & Miskel, 2012; 오영재 외 역, 2013: 390). 발신자 입장에서 메시지는 '원래 표현하고자 했던 의도'이고, 전달과정에서 메시지는 '표현 자체'이지만, 수신자 입장에서 메시지는 '말을 전달받은 사람이 나름대로 이해한 내용'이다(구현정, 2005: 16). 메시지는 발신자와 수신자 차원에서 다른 의미로 이해될 수 있다. 이로 인해 경우에 따라서는 의사소통 과정에서 메시지의 의미를 둘러싸고 오해가 생길 수도 있다.

수신자(receivers)

수신자는 발신자의 메시지를 받는 사람으로, 전달받은 메시지의 내용을 이해하고 해석함으로써 메시지의 의미를 구성한다(Hoy & Miskel, 2012; 오영재 외 역, 2013: 391). 수신자가 발신자가 전달하고자 한 메시지의 의미를 정확하게 해석하여 이해하는 단계까지 이루어질 때 의사소통이 효과적으로 이루어졌다고 할 수 있다. 이때 수신자의 이해력, 인지구조, 청취 태도, 피드백 능력 등과 같은 요인들이 원활한 의사소통에 영향을 미친다(신유근, 2014: 282).

전략(strategies)

전략은 발신자가 의사소통의 목적을 달성하기 위해 활용하는 방법이다. 예컨대, 메시지를 전달할 때 맥락과 구체성을 더하여 제공하는 것, 적절한 감정적 톤을 설정하는 것, 과거에 받은 피드백을 반영하여 메시지를 조정하는 것, 의사소통 과정을 조정함으로써 메시지 전달의 정확도를 높이는 것, 발신자의 관점들을 설명하는 것, 수신자의 해석과 의미 구성 과정을 조정하는 것 등이 의사소통 전략의 예이다(Te'eni, 2001; Hoy & Miskel, 2012; 오영재 외 역, 2013: 391 재인용). 발신자는 이러한 전략들을 활용함으로써 의사소통 과정에서 경험하는 복잡한 상황에 능동적으로 대처하고 의사소통의 목표를 성취할 가능성을 높인다.

매체(media)와 메시지 형태(form)

매체는 발신자가 수신자에게 메시지를 전달하는 수단이다. 매체는 신체 언어나 몸짓과 같은 비언어적 매체로부터 면대면 대화, 전화 · 이메일 · 화상회의와 같은 전자적 신호, 활자화된 문서 및 메모 등으로 그 범위가 광범위하다. 한편, 메시지 형태는 전달된 정보의 구성과 특징을 나타내는데, 메시지의 크기, 얼마나 광범위하게 분포되어 있는지, 얼마나 아이디어가 잘 조직되어 있는지, 공식화 정도 등을 의미한다(Te'eni, 2001; Hoy & Miskel, 2012; 오영재 외 역, 2013: 391 재인용).

의사소통 효과(effects)

의사소통 효과는 전달된 메시지를 통해 나타나는 결과와 산출을 의미한다. 여기에는 새로운 지식, 상호 간의 이해, 상이한 태도, 학교문화의 변화, 개선된 직무만족도, 발신자와 수신자 간의 새롭고 향상된 관계 등이 포함된다(Hoy & Miskel, 2012; 오영재 외 역, 2013: 392). 이는 발신자가 의도한 대로 수신자에게 메시지를 잘 전달했는지, 그리고 수신자가 그 메시지를 잘 이해했는지와 관련이 있다.

맥락(context)

의사소통은 진공 상태에서 일어나는 것이 아니며, 어떤 시간, 장소에서 누구와 함께, 어떠한 태도로 일어나는가와 같은 맥락이 중요한 요소이다(구현정, 2005: 17). 맥락에는 장소적 맥락, 문화적 맥락, 시간적 맥락, 사회심리적 맥락 등 다양한 유형이 있다(구현정, 2005: 17). 학교조직의 경우 학교 풍토의 개방성, 관료화 정도, 교사들과 학생들 간의 신뢰 수준 등과 같은 맥락 요인들이 의사소통의 효율성과 효과성에 결정적인 영향을 미친다(Hoy & Miskel, 2012; 오영재 외 역, 2013: 393).

나. 의사소통의 유형

의사소통 유형을 분류하는 기준은 의사소통 방향, 의사소통 매체, 의사소통 형식 등 다양하며, 분류 기준을 무엇으로 설정하느냐에 따라 다양한 의사소통의 유형으로 구분된다.

의사소통 방향에 따른 분류

의사소통 유형은 의사소통의 방향에 따라 일방적 의사소통과 쌍방적 의사소통, 그리고 수직적 의사소통과 수평적 의사소통으로 분류될 수 있다. 일방적 의사소통은 개인이 상대에게 메시지를 일방적으로 전달함으로써 의사소통이 종료되는 형태로, 보통 다중을 대상으로 이루어지는 의사소통 방식이다. 그 예로 강연, 연설, 발표 등이 있다. 이에 반해 쌍방적 의사소통은 두 사람 이상의 개인이 상호 간에 유의미한 정보를 주고받는 교환적 과정으로, 대화, 토론 등이 그 예이다.

수직적 의사소통은 조직 내 공식 또는 계선조직을 통해 이루어지는 주로 지시, 명령 등의 하향적 의사소통과 계층의 하부에서 상층으로의 보고, 제안 등의 상향적 의사소통을 포괄한다. 수평적 의사소통은 조직 내 같은 지위에 있는 개인 또는 부서 간에 이루어지는 상호교섭의 형태로, 회의, 통지, 회람 등을 예로 들 수 있다. 대각적 의사소통 방식은 조직표상의 의사소통 경로가 비효과적일 때, 가장 필요한 지위에 있는 사람들만을 대각선으로 연결하여 의사소통하는 형태이다(남정걸, 2011: 293). 달리 말해, 조직 내 다른 부서에 있는 상급자와 하급자 사이에서 나타나는 의사소통을 의미한다.

의사소통 매체에 따른 분류

의사소통 매체로 언어를 사용하느냐의 여부에 따라 언어적 의사소통과 비언어적 의사소통으로 분류할 수 있다. 언어적 의사소통은 언어를 매개체로 의사소통을 하는 것으로, 이것은 다시 직접적인 말을 수단으로 하는 구두에 의한 의사소통과 공문서, 보고서, 편지 등을 통해 의사소통하는 문서에 의한 의사소통으로 나뉜다. 구두에 의한 의사소통은 즉시성, 신축성, 융통성을 장점으로 하는 데 반해, 문서에 의한 의사소통은 수신자의 반응을 확인하기 어렵고, 수신자의 다양한 욕구를 고려하지 못하는 단점이 있다(주삼환 · 신재흡, 2006: 71-72). 비언어적 의사소통은 구두와 문서에 의한 의사소통을 제외하고 몸짓, 준언어, 물리적 거리, 시간 등으로 범주화할 수 있다(남정걸, 2011). 신체 동작은 얼굴표정, 눈길, 신체 부위의 활용, 자세 등을 포괄한다. 준언어는 말의 명료도, 음성의 강도, 유창성, 억양 등과 같이 언어를 둘러싸고 있는 정보를 말하고, 물리적 거리는 발신자와 수신자 간에 떨어진 물리적 거리뿐만 아니라 시간 활용의 문제까지 포함한다(남정걸, 2011: 290). 최근 전자매체에 기반한 의사소통이 주목받고 있는데, 전자메일, 문자메시지, 네트워킹 소프트웨어, 블로그, 비디오 회의 등이 여기에 포함된다(Robbins et al., 2013: 370). 향후 이러한 전자매체에 기반한 의사소통은 교육환경의 변화에 따라 더욱 확장될 것이다. 따라서 이러한 전자매체가 가진 특성들을 고려하여 의사소통 전략이 창의적으로 구안되고 적용될 필요가 있다.

의사소통 형식에 따른 분류

의사소통 형식에 따라 공식적 의사소통과 비공식적 의사소통으로 분류할 수 있다. 공식적 의사소통은 공식적 구조와 경로를 통해 이루어지는 것으로, 공문서 또는 서면이나 구두의 명령, 보고 등의 방법으로 이루어진다. 비공식적인 의사소통은 비공식조직을 통해 친분, 신뢰 등 인간관계에 기반하여 비공식적으로 이루어지는 형태이다. 비공식적인 의사소통은 공식적인 의사소통을 보완하는 순기능을 수행하기도 하지만, 허위사실 및 왜곡된 정보를 전달하기도 한다(박성식, 2011: 248).

다. 조직 내 의사소통의 유형: 의사소통 네트워크

조직 의사소통은 조직 내 개인이나 집단들 간에 메시지나 정보를 상호 교환하여 공유하는 활동이나 과정을 말한다(신유근, 2014: 178). 학교조직에서의 의사소통은 조직 의사소통의 한 예로 볼 수 있다. 조직에서 일반적으로 볼 수 있는 공식적 의사소통 네트워크는 대체적으로 연쇄형, Y형, 바퀴형, 원형, 별형/완전연결형 등이 있다(Lunenburg & Ornstein, 2004). 다양한 의사소통 네트워크를 구분짓는 핵심적인 요소는 분권화되어 있느냐 아니면 집권화되어 있느냐이다. 이하에서는 바퀴형, 연쇄형, Y형, 원형, 별형을 중심으로 의사소통 네트워크의 유형을 살펴보고자 한다(Lunenburg & Ornstein, 2012: 167-168).

- 바퀴형(Wheel): 구성원들이 각각 한 사람과 개별적으로 의사소통하기 때문에 가장 구조화되고 집중되어 있는 형태이다.
- 연쇄형(Chain): 바퀴형 다음으로 의사소통이 집중되어 있는 형태로, 공식적인 명령이나 보고체계에 따라 의사소통이 상위계층에서 하위계층으로 흐르거나 반대의 경우가 해당한다. 즉, 수직적 의사소통이 이루어지는 조직 내 의사소통 네트워크를 의미한다.
- Y형: 연쇄형과 동일한 형태이나 직접적인 의사소통 경로가 두 사람으로 갈라져 있어 1인의 전달자가 2인에게 혹은 1인의 전달자가 1인에게 메시지를 전달하는 형태이다. 구성원의 대표적인 지도자가 다수인 조직에서 나타나는 유형이다.
- 원형(Circle): 좌우의 사람과 소통이 이루어지는 수평적이고 분권화된 의사소통 형태이다. 집단 구성원 간 사회적 서열 구조가 명확하지 않으며 모든 구성원들이 동등한 위치에서 의사소통을 하며 의사결정의 기회를 가진다.
- 별형/완전연결형(All-Channel): 원형 의사소통 네트워크가 확대된 형태로, 좌우 사람과 연결되는 원형과 달리 원형 네트워크에 있는 모든 사람들이 서로 연결되는 형태이다. 따라서 의사소통에 있어 어떠한 사람도 제한을 받지 않는다.[1]

1) 완전연결형은 학자에 따라 자생적이고 비계획적이며 대부분 소문의 형태를 띠는 비공식적인 의사소통 망을 의미하는 그레이프 바인과 동일하게 보기도 한다. 그러나 신유근은 그레이프 바인의 경우 완전연결형과 달리 리더가 없다는 점을 들어 구분되어야 한다는 설명하고 있다(신유근, 2014: 297).

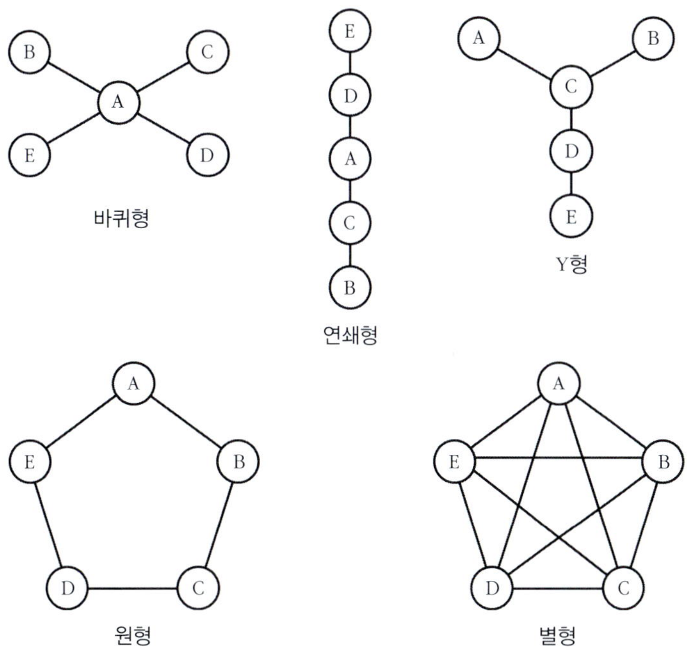

출처: Lunenburg & Ornstein(2012). p.168

[그림 13-2] 의사소통 네트워크 유형

조직 내 구성원들이 의사소통 네트워크 내에서 어떤 역할을 맡고 있는지를 이해하는 행위는 의사소통 과정에서 전달되는 메시지를 해석하고 이해하는 데 영향을 미치기 때문에 매우 중요하다. 행위자의 역할은 조정자, 대리인, 문지기, 연락자, 순화중개자 등으로 구분이 가능한데, 이는 의사소통 네트워크상의 역할구조 분석을 통해 규명할 수 있다(사이람, 2012: 121). 각 행위자들의 의미를 정리하면 다음과 같다(김민조, 2012: 69).

- 조정자(Coordinator): 동일그룹의 행위자들 사이에서 매개하는 역할
- 대리인(Representative): 그룹의 대표자로서 그룹 내 행위자들에게 메세지를 받아 타 그룹으로 전달하는 역할
- 문지기(Gatekeeper): 타 그룹의 메세지를 받아 그룹 내 다른 행위자에게 전달하고 외부의 정보를 내부로 전달하는 역할
- 순화중개자(Itinerant Broker): 타 그룹에서 메세지를 받아 해당 그룹의 다른 행위자에게 전달하는 역할
- 연락자(Liaison): 서로 다른 두 집단을 중개하는 역할

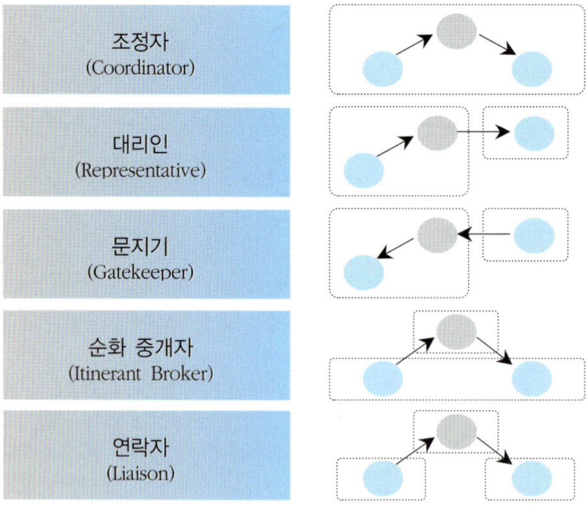

출처: 사이람(2012). p.121.

[그림 13-3] 의사소통 네트워크상의 역할구조 분석

라. 효과적인 의사소통의 원칙과 기술

의사소통은 개인적 차원에서 또는 조직 내에서 발신자가 메시지를 통해 성취하려고 한 목적을 달성하는 것이 중요하다. Redfield(1958)는 효과적인 의사소통 과정에서 준수해야 할 8가지 원칙을 제시하였는데, 명료성, 일관성 및 일치성, 적시성, 분포성, 적량성, 적응성, 통일성, 수용성 등이다(윤정일 외, 2015: 169-170; 박병량 · 주철안, 2012: 285-286). 다음과 같은 효과적인 의사소통을 위한 일반적인 원칙을 적극 활용한다면 보다 효과적으로 의사소통의 목적을 달성할 수 있다.

- 명료성의 원칙: 메시지의 내용이 명확해야 한다.
- 일관성 및 일치성의 원칙: 전달되는 정보가 전체적으로 모순되지 않고 처음과 나중의 내용이 일관되어야 한다.
- 적시성의 원칙: 의사소통은 소통이 가장 효율적으로 이루어질 수 있는 적절한 시기에 이루어져야 한다.
- 분포성의 원칙: 정보가 비밀을 요하는 특별한 경우를 제외하고, 의사소통을 통해 전달하는 정보가 모든 구성원들에게 공개되어야 한다. 특히 공식적 의사소통에서 중요하다.
- 적량성의 원칙: 전달하고자 하는 정보의 양이 너무 많지도 너무 빈약하지 않아야 한다. 정보가 과다할 경우 의사소통에 혼란이 발생할 수 있고, 빈약할 경우에는 수

신자의 이해를 어렵게 할 수 있다.

- 적응성의 원칙: 의사소통 내용이 개개인의 상황에 부합해야 하고 의사전달이 구체적인 상황에 맞도록 융통성 있게 이루어져야 한다.
- 통일성의 원칙: 의사소통의 내용이 조직 전체 입장과 동일하게 받아들여지는 내용이어야 한다.
- 수용성의 원칙: 의사소통의 내용은 상대방이 수용할 수 있는 내용이어야 한다.

말하기 기술은 자신의 메시지를 타인에게 이해시키는 능력을 의미하는데, 이런 말하기 기술은 효과적인 의사소통에 반드시 필요한 요소이다. Hoy와 Miskel(2012)은 말하기 기술을 향상시키는 데 도움이 되는 다섯 가지 지침을 제시하였는데, 다음과 같다(Hoy & Miskel, 2012; 오영재 외 역, 2013: 397).

- 적절하고 직접적인 언어를 사용한다. 한편 말하는 사람의 신뢰성을 높인다.
- 분명하고 완전한 정보를 수신자에게 제고한다.
- 물리적, 심리적 잡음을 최소화한다.
- 다양하고 적절한 매체의 경로를 사용한다.
- 복잡하고 미묘한 사안에 대해서는 면대면 의사소통을 사용한다.

한편, 타인을 이해하기 위한 가장 기본적이고 중요한 능력인 듣기 기술도 효과적인 의사소통에 무엇보다 중요하다. Geddes(1995)는 능동적인 듣기 기술들을 다음과 같이 제시하였다(박병량 · 주철안, 2012: 288-289).

- 하던 일을 멈추고 발신자에게 주의를 집중시킨다.
- 신체적 언어를 통해서 당신이 듣고 있다는 것을 발신자가 알도록 한다.
- 고개를 끄덕이거나 관심 있는 표정과 같은 비언어적 메시지를 사용한다.
- 화제에 벗어나지 않도록 하며 말을 가로막지 않는다.
- 자세히 알고자 하는 경우 질문을 한다.
- 주위가 산만한 장소나 시간을 피한다.
- 발신자의 비언어적 의사소통을 의식한다.

마. 의사소통의 장애요인과 극복 방안

조직 내 의사소통을 연구한 여러 학자들이 제시한 의사소통 장애요인을 정리하면, 매체의 불완전성, 지각의 차이 · 착오 · 감정적 장애, 고의적인 왜곡, 피드백의 차단, 경로의 불완전성, 소음, 잡음 등 환경의 물리적 장애, 정보 과다, 시간 부족, 계서제의 역기능 등을 들 수 있다(오석홍, 2014: 457-460). 이하에서는 의사소통의 장애 요인을 크게 개인 내 요인, 개인 간 요인, 조직 요인, 기술적 요인으로 나누어 살펴보고자 한다(Bedeian, 1980; 박병량 · 주철안, 2012: 280 재인용).

- 개인 내 요인: 개인의 선택적 지각과 관련된 요인으로, 여기에는 연령, 성, 신념, 가치관, 사고방식, 문화적 배경, 언어사용 습관, 태도, 지식, 심리적 불안 등이 포함된다. 가령, 자신의 신념이나 가치관에 부합되는 내용은 수용하고 그렇지 않은 내용을 거부하는 행태는 개인의 선택적 지각이 의사소통에 영향을 미치는 예로 볼 수 있다.
- 개인 간 요인: 대인관계와 관련된 것으로 친밀감, 신뢰감, 신빙성, 편견, 분위기 등이 포함된다. 대화 상대에 대한 신뢰가 낮고 대화의 분위기가 부정적일 경우 원활한 의사소통을 이끌어내기 어렵다. 또한 대화 상대에 대한 편견도 의사소통의 의미를 왜곡하여 효과적인 의사소통을 저해한다.
- 조직 요인: 조직 내에서 지위와 관련된 것으로 지위, 전달체제, 공간적 · 시간적 요인 등이 포함된다. 예컨대, 조직의 계층화 정도가 클수록 의사소통의 전달 단계가 길어지고, 의사소통의 내용이 생략, 왜곡, 종결될 가능성도 커진다. 아울러 집단의 크기가 커질수록 구성원 간 의사소통이 어려워지는데, 이와 같은 공간과 시간의 제약으로 인해 의사소통의 양과 질도 달라진다.
- 기술적 요인: 언어와 채널 상의 장애가 있다. 부정확한 언어, 의미가 모호한 언어, 여러 가지로 해석될 수 있는 언어 등이 그 예이다. 채널상의 물리적인 장애도 의사소통을 방해하는 요인이다.

효과적인 의사소통을 위해서는 의사소통의 장애를 유발하는 요인을 식별하고 이를 개선하기 위한 노력이 필요하다. 여기서는 의사소통의 장애 요인을 극복하는 방안은 크게 개인 수준과 조직 수준으로 나누어 살펴본다(박병량 · 주철안, 2005: 264). 개인적인 수준에서 의사소통의 장애요인을 극복하는 방법은 크게 반복, 감정이입, 이해, 피드백, 경청 등 5가지 방법이 있다(Lunenburg & Ornstein, 2012: 176-180; 윤정일 외, 2015: 190-191).

- 반복: 다양한 경로를 통해 같은 내용의 메시지를 계속해서 전달하는 방법이다.
- 감정이입: 상대방이 메시지를 이해하고 해석하는 심리적 기제를 잘 알고 상대방의 입장에서 메시지를 받고 어떻게 반응할지를 이해하는 행위가 감정이입이다. 이와

같은 감정이입은 의사소통의 장애를 극복하는 효과적인 방법이다.

- 이해: 단순히 메시지를 전달하는 것에 그치지 않고 메시지가 담고 있는 내용에 대한 상호 이해에 도달하는 것이 효과적인 의사소통의 핵심이다. 메시지 내용을 잘 파악할 수 있도록 상대방이 이해할 수 있는 언어로 메시지를 전달하는 것이 중요하다.
- 피드백: 발신자가 전달한 메시지와 관련해서 수신자의 이해를 확인하는 과정이다. 효과적인 의사소통을 위해서는 피드백을 촉진할 필요가 있는데, 일방적 의사소통보다는 쌍방적 의사소통을 활용하거나 문자에 의한 의사소통보다는 면대면 의사소통을 활용하는 것이 피드백을 활성화하는 데 효과적이다.
- 경청: 경청은 상대방의 말을 잘 듣는 것이다. 경청은 대인관계를 향상시키고 지원적인 분위기를 조성한다. 또한 다른 사람에 대한 존중감을 높이고 생산적인 환경을 조성하는 데 기여한다.

다음으로 조직 수준에서 의사소통의 장애 요인을 극복하는 방안으로 조직구조, 지위 차이, 통신체계 및 정보 양 등을 조정함으로써 의사소통의 효과성을 높일 수 있다(윤정일 외, 2015: 191-192).

- 조직구조: 계층구조의 많고 적음이 의사소통에 장애로 작용한다. 그렇기에 계층구조의 특징을 고려해서 조직 내 의사소통 유형을 적절히 활용하는 것이 필요하다. 예를 들어, 계층구조가 많은 조직에서는 횡적 의사소통을 적절하게 잘 활용하는 것이 필요하며, 계층구조가 적은 조직에서는 계층구조가 많은 조직에 비해 수직적 의사소통이 쉽고, 정보의 왜곡도 적을 가능성이 높다.
- 지위 차이: 일반적으로 조직 내에서 직위의 차이가 크면 위계구조상 서로 간에 대화할 기회가 적어진다. 따라서 고위직에 있는 사람들은 개방적인 자세로 하위직에 있는 사람들의 말을 경청하고 대화하는 기회를 많이 가지도록 의도적으로 노력하는 것이 필요하다.
- 통신체계 및 정보의 양: 다양한 통신망의 발달은 정보의 요구와 양을 증가시키면서 정보처리의 문제를 발생시킬 수 있다. 따라서 효율적으로 정보를 처리할 수 있는 시스템의 구축이 필요하다.

2. 교육조직 내 의사소통 실제

가. 교육조직에서의 공식적 의사소통 실제

교육조직에서 의사소통은 다양한 유형으로 이루어지는데, 공식적 의사소통은 교육행정기관 간, 교육행정기관 내에서 주로 나타나는 대표적인 의사소통 방식이다. 교육부와 지방교육행정기관, 학교 내에서 업무를 중심으로 공식적 의사소통이 이루어지는데, 위계적 질서에 따라 명령과 지시라는 하향적 의사소통과 보고라는 상향적 의사소통이 이루어진다. 동일한 위계상에 있는 업무부서 간에는 협력적 업무 수행을 위한 수평적 의사소통이 주로 나타난다. [그림 13-4]는 서울시 교육청의 조직 구조이다. 서울시 교육청은 1실 3국 7담당관 12과로 구성되는데, 이 중 교육정책국은 교육혁신과, 유아교육과, 초등교육과, 중등교육과의 하위 부서로 이루어진다. 교육정책국장과 하위 부서 간에는 지시와 명령이라는 하향적 의사소통과 보고라는 상향적 의사소통이 이루어지는 반면, 하위 부서들 사이의 수평적 관계 속에서는 수평적 의사소통이 나타난다.

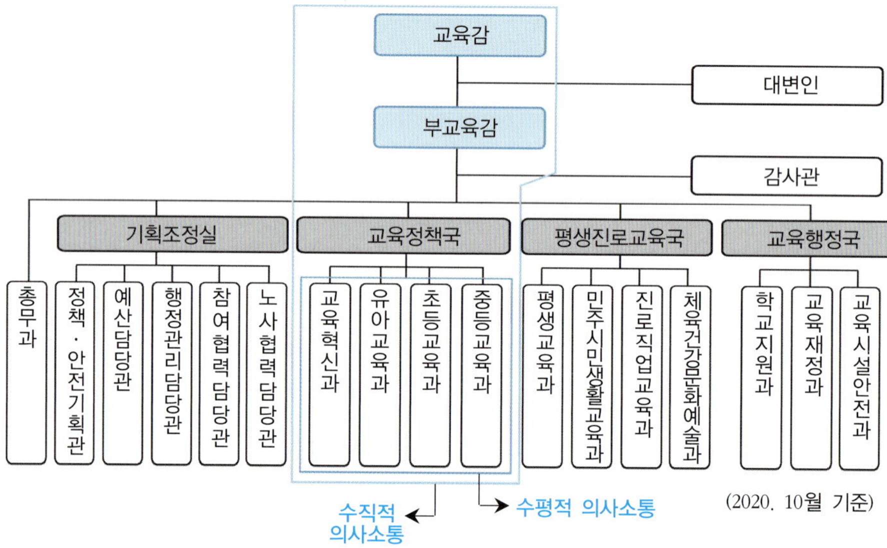

[그림 13-4] 서울시 교육청의 공식적 의사소통 흐름

나. 문서에 의한 의사소통: 공문서의 종류와 실태

공문서는 교육부와 지방교육행정기관 등 공적 기관에서 행하는 공식적이고 문서에 의한 의사소통 방식의 대표적인 예이다. 학교행정에서 공문서는 주어진 교육목표를 달성하기 위하여 학교조직 내의 교원과 학생, 대외적 교육행정기관, 일반행정기관, 지역사회의 유관 기관 및 각종 단체들과 밀접한 관련을 맺고 상호작용을 하기 위한 주요 수단으로 활용되고 있다(오범호, 2014: 228).

공문서는 유통대상 여부에 따라 내부결재문서와 유통대상문서로 구분되고(오범호, 2014), 그 성질에 따라 법규문서, 지시문서, 공고문서, 비치문서, 민원문서, 일반문서 등으로 구분된다. 「행정 효율과 협업 촉진에 관한 규정(대통령령 제29305호, 2018. 11. 27., 일부개정)」 제5조에 따라 행정기관이 장은 문서의 기안 · 검토 · 협조 · 결제 · 등록 · 시행 · 분류 · 편철 · 보관 · 보존 · 이관 · 접수 · 배부 · 공람 · 검색 · 활용 등의 처리 절차를 거치는데, 전자문서시스템 또는 업무관리시스템을 활용하여 처리해야 한다.

문서 생산	**기안문** 원칙: 전자문서 예외: 종이문서 보고서·계획서·검토서 등은 내부결재로 끝남 (시행문 변환 불가)	▶	**결재** 원칙: 행정기관의 장 기타: 전결 및 대결/사후보고 참고: 검토 및 협조	▶	**문서등록** 결재 문서 성립 기록물등록대장에 등록 내부결재문서도 등록 ('내부결재'로 처리) 생산등록번호 등록
문서 시행	**시행문** 기안문(전자이미지)에 관인을 날인하면 바로 시행문이 됨	▶	**날인** 전자문서: 전자이미지 관인 날인 종이문서: 기안문 복사 후 직인 날인	▶	**문서발송** 담당: 처리과 원칙: 정보통신망 기타: 인편/모사/전화 등
문서 접수	**문서접수** 접수: 처리과 기록물등록대장에 등록 공람 지정 접수등록번호 등록	▶	**배부 및 처리** 배부: 처리과 경유: 경유란에 서명 후 경유기관명에 관인 찍어 수신기관에 발송	▶	**반송 및 재배부** 담당: 문서처리과 대상: 형식상 흠이 있을 때/ 해당 소관 업무가 아닐 때

출처: 오범호(2009). p.292.

[그림 13-5] 공문서의 처리 절차

경상북도교육청 소재 A초등학교에서 2013년~2016년에 접수 및 생산된 공문서 건수의 추이를 분석한 연구(정지범, 2017)에 따르면, 교육청의 교원업무 경감 노력에도 불구하고 접수 공문건수는 4만 건이 넘고, 생산 공문건수는 1만 건이 넘는 것으로 나타났다.

2018년 보도된 한국교육신문 기사(한국교육신문, 2018. 12. 3.)에 따르면, 전북의 한 초등학교에서 2011년~2018년까지 업무포털을 통해 생산, 접수되는 문서의 양은 연간 1만 건이 넘는 규모였다(〈표 13-1〉 참조). 문서에 의한 의사소통이 학교와 같은 교육 조직에서 활발하게 이루어지고 있는 의사소통의 방식임을 보여주는 결과이다.

〈표 13-1〉 학교 업무포털에서 생산 및 접수된 공문서의 규모

연도	생산문서	접수문서	합계
2011	7,325	4,857	12,182
2012	7,742	5,487	13,229
2013	7,608	5,737	13,345
2014	7,767	5,893	13,660
2015	6,896	5,808	12,704
2016	8,337	5,495	13,832
2017	7,916	5,607	13,523
2018	5,987	4,736	10,723

출처: 한국교육신문(2018. 12. 03.)

교원 업무 부담 차원에서 공문서 접수 및 생산 등 공문서 작성·처리 등에 대한 비판의 목소리가 높아지면서 공문서는 비효율적이고 비효과적인 의사소통의 대표적인 예로 많이 언급된다. 그러나 공문서는 의사소통 기능뿐만 아니라 보존 기능을 동시에 가지고 있다는 점에서 의사소통의 효율성을 높이는 방향으로 공문서에 의한 의사소통을 바라볼 필요가 있다. 학교에서 사무를 간소화하고 사무의 경중에 따라 권한과 책임을 위임하는 위임전결 규정을 마련한다면 공문서를 활용하는 가운데에서도 효율적인 의사소통이 가능하다. 교장은 학교 사무에 관한 권한 중 일부를 교감, 담당자, 부장, 행정실장 등에 위임하고 위임받은 자가 그 사무에 대해 최종 결재하도록 하는 등 권한 위임을 통해 공문서에 의한 의사소통을 효율적으로 활용하려는 노력이 필요할 것이다.

다. 학교 내 구성원 간 의사소통 실태

학교에는 학생, 교원, 학부모, 직원 등 다양한 구성원들이 존재하고, 이들 구성원들 간의 의사소통 방식 역시 다양한 방식으로 이루어지고 있다. 우선 교원 간 의사소통 실태

를 살펴보면, 학교는 학교장, 교감, 부장교사로 이어지는 수직적 의사소통 흐름과 업무부서 간의 수평적 의사소통 흐름을 중심으로 의사소통이 이루어진다. 초등학교의 의사소통 수준은 교사의 헌신과 높은 상관관계가 있는 것으로 나타났다(정상섭, 2011). 즉 방향성, 정확성, 수용성, 개방성, 신속성 등을 준거로 한 의사소통이 원활하게 이루어질수록 교사들의 학교에 헌신하는 정도가 높았다.

초등학교 교원간의 의사소통 양상을 의사소통 네트워크 분석을 활용하여 분석한 결과, 학교경영 영역별로 다소 차이가 있는 것으로 나타났다. 서울지역과 충북지역 초등학교 교원 간 의사소통 네트워크를 분석한 결과(서보균, 2009; 김민조, 2012), 대체로 교수학습 영역에서의 의사소통이 가장 활발한 것으로 나타났다. 이에 비해 상대적으로 학교경영 영역은 교감을 중심으로 소수의 사람들 사이에서 의사소통이 이루어지고 있었다. 이 연구들은 초등학교에서 교원 간의 의사소통 형태가 주로 동학년 중심으로 이루어지고 있는데 반해 학년 간의 의사소통은 활발하지 않다고 보고하면서 이와 같은 소통 방식이 당파적 학교문화, 학년중심의 폐쇄적 교직문화로 이어질 수 있음을 언급하였다. 아울러, 학교경영 영역별로 초등학교 의사소통망의 주요 행위자가 달랐다. 예컨대, 교수학습 영역에서는 수석교사와 연구부장, 그 외에 교무부장, 교육과정담당부장 등이 의사소통망의 주요 행위자였다. 생활지도 영역은 수석교사와 윤리교육담당부장이 주요 행위자로 역할하였으며, 학교경영 영역은 교감과 교무부장이 학교 내 의사소통에서 주요 행위자로 분석되었다(김민조, 2012: 83). 또한 교원 간 의사소통은 주로 회의, 티타임, 개별 소통의 방식으로 이루어졌다. 회의는 필요시에만 비정기적으로 이루어지는 공식적인 소통 방식인 반면, 티타임은 비공식적인 의사소통을 위한 소통 방식이었다. 개별 소통은 공식적인 소통과 비공식적인 소통을 보완하는 의사소통 방식이었다(유미라 · 김도기, 2017).

초등학교 내 교원들 간의 의사소통은 교수학습 영역에서 교원들 간의 의사소통이 활발하고 동학년 중심의 의사소통이 활발하게 이루어졌던 반면, 학년 간 의사소통은 상대적으로 미약한 수준이었다. 교사와 학교장과의 교류가 상대적으로 많지 않지만, 학교장의 리더십이나 학교문화에 따라 의사소통의 양상에는 차이가 있었다.

그 다음으로 학생은 학교에서 보내는 시간의 상당부분을 교사와 함께 보내는 만큼 교사와 학생 간의 의사소통을 이해하는 것이 중요하다. 우선, 학생과 교사간 의사소통 수준에 대한 분석한 연구(김정원 · 신철균, 2014)는 한국의 학생과 교사들은 교사와 학생 간의 소통 수준을 긍정적으로 평가하였는데, 학교급이 높을수록 소통 수준을 낮게 평가하였다. 그러나 학생은 교사에 비해 교사와 학생 간의 소통 수준을 부정적으로 평가하였는데, 이와 같은 학생와 교사 간의 인식 차이는 학교급이 높을수록 더욱 크게 나타났다. 담임교사의 의사소통 유형에 따른 학생의 학교적응에 관한 연구를 수행한 이점순(2006) 연구는 담임교사의 의사소통 유형을 수용 촉구형, 수용 명령형, 비수용 명령형, 비수용 촉구형으로 구분하였다. 이들 유형은 교사의 경청태도(수용, 비수용)와 의사전달태도(명령, 촉구)에 따라서 교사가 학생과 나눈 언어적인 의사소통에 국한하여 유형을 나눈 강재원(1994)의 유형을 활용한 것이다(이점순, 2006: 32). 이 중 수용 촉구형이 가장 많았으며, 그 다음으로 수용 명령형, 비수용 명령형, 비수용 촉구형 순으로 나타났다. 담임교사의 의사소통 유형이 수용 촉구형인 경우 학생들이 학교에 가장 잘 적용하고 있었다.

초등학생이 지각한 담임교사의 의사소통과 학급집단 응집성 및 학교생활 적응과의 관계를 분석한 연구(임수연, 2012)는 초등학생이 담임교사의 의사소통이 일관성이 있다고 지각하는 경우 학급집단응집성, 학교생활 적응과의 관계와 관계가 있다고 보고하였다. 담임교사의 의사소통 효과성이 초등학생의 자아정체감 형성에 미치는 영향을 분석한 결과(김영우, 2014), 초등학생의 경우 담임교사의 의사소통 효과성 수준이 대체적으로 높다고 지각하였다. 하위 요인 중에서는 청취기술, 피드백 기술, 발신기술 효과성 순으로 높게 지각되었다. 마지막으로 담임교사의 의사소통 효과성 수준이 높을수록 학생의 자아정체감 수준이 높은 것으로 나타났다. 이런 결과들은 교사와 학생 간 의사소통의 질이 학급집단 응집성, 학교생활 적응, 학생의 자아정체감 수준과 밀접한 관련성이 있음을 보여준다.

마지막으로 교사와 학부모 간의 의사소통과 관련하여 저경력 교사가 겪는 어려움을 분석한 결과(노연주, 2020), 저경력 교사의 경우 학부모 의사소통 기술과 경험의 부재, 학부모로서의 경험 부재, 학부모의 교사 전문성에 대한 불신, 감정적 대응, 교육철학의 상충, 장유유서 문화, 오롯이 교사의 몫이라는 인식 등으로 인해 학부모와의 의사소통에서 어려움을 겪고 있다고 보았다. 특히 저경력 교사의 경우 이런 어려움을 해결하기 위해 선배 교사에게 조언을 구하거나 철저히 준비하는 등 적극적으로 대처하기도 하지만 학부모와의 갈등을 피하는 등 소극적으로 대처하는 모습도 나타났다.

3. 갈등관리 이론

가. 갈등의 정의

학교 내에서 의사소통이 원활하지 않으면 구성원들 간의 오해와 왜곡을 불러일으키는 갈등이 초래되기도 한다. 물론 학교내에서 발생하는 갈등의 유형과 원인은 굉장히 다양하다. 특히 최근 학교 내 구성원들이 다양해지면서 학교 내 갈등 유형이 다양화되고 이를 해결하기 위한 갈등관리에 대한 요구가 높아지고 있는 상황이다.

조직 내에서 인간관계가 아무 문제없이 원만하게 잘 이루어지면 좋겠지만 현실적으로 조직 내 인간관계는 업무를 중심으로 복잡하게 얽혀 있다. 현실적으로 조직을 운영하는 과정에서 갈등이 없을 수가 없다. 조직에서의 갈등을 바라보는 관점은 갈등을 부정적이고 역기능적인 것으로 바라보던 관점에서 오히려 갈등을 조장하고 일정 수준의 갈등을 유지하는 것이 필요하다는 관점으로 변화되고 있다. 어느 정도의 갈등이 오히려 조직의 건강을 유지하고 성과를 제고하는 데 긍정적으로 기여한다는 학자들의 견해가 수용되고 있다. 이런 맥락에서 구성원 간에 나타나는 부정적인 갈등을 최소화하고 긍정적인 갈등을 유지하려는 갈등관리가 중요하다고 볼 수 있다. Robbins 등(2013)은 갈등에 대한 관점이 전통적 관점, 상호작용 관점, 갈등관리 관점으로 변화되어 왔다고 설명한다(Robbins et al., 2013: 481-483). 전통적 관점은 어떠한 갈등도 나쁘고 피해야 한다는 관점을 취하면서, 모든 갈등을 제거해야 할 대상으로 바라본다. 이에 반해 상호작용적 관점은 갈등이 조직의 성과 측면에서 긍정적인 영향을 미치는 것으로 장려되어야 한다고 본다. 즉, 갈등을 나쁘거나 피해야 할 것으로 보지 않는다. 마지막으로 갈등관리 관점은 갈등을 모든 조직에서 불가피한 것으로 보고, 생산적인 갈등 해결방안에 초점을 맞춘다(Robbins et al., 2013: 483).

그렇다면, 갈등은 무엇을 의미하는가? 갈등의 국어 사전적 의미는 “서로 불화하여 다투는 상태, 상반하는 것이 양보하지 않고 대립하는 상태”이다(박남기, 2008: 462). 갈등에 대한 개념적 정의는 현상을 바라보는 관점과 그 범위를 어떻게 설정하느냐에 따라 달라진다(박성식, 2011: 262). Likert와 Likert는 “다른 사람들에 의해 선호된 결과를 배제하고 자신이 선호하는 결과를 성취하려고 하거나 적의적인 행동을 하는 것”(Likert & Likert, 1976: 7)으로 갈등을 설명한다. Thomas는 “갈등을 어떤 사람이 자기의 관심사를 좌절시켰거나 좌절시키려고 지각함으로써 비로소 나타난다고 하여 갈등에서 양 당사자의 존재와 지각을 강조하고 있다”(주삼환 · 신재흡, 2006: 149). Robbins는 “갈등이란 A가 목적을 달성하고 이익을 계속적으로 추구하기 위해 B에게 좌절을 초래하는 방해 행동을 취하고 이를 극복하고자 하는 B의 노력을 상쇄하기 위해 A에 의해 의도적으로 이루어지고 있는 노력의 과정”(주삼환 · 신재흡, 2006: 149)이라고 하였다. 여러 학자들의 정의를 바탕으로 박성식(2011)은 몇 가지 공통점을 정리하여 제시하고 있다. 첫째, 갈등이 존재하려면 양 당사자들 모두에 의해 갈등으로 지각되어야 한다는 점을 전제한다. 둘째, 갈등은 대립, 결핍 및 방해 등을 포함하여 양 당사자들 간에 서로 합의할 수 없는 목표와 이해관계가 존재한다고 가정한다. 셋째, 갈등에 대한 정의는 의도된 행동으로 제한되는지의 여부와 공공연한 행동에만 국한되는가에 따라 차이가 난다는 점이다.

나. 갈등의 유형과 원인

갈등 상황이란 갈등을 야기할 수 있는 조직 내 상황 또는 조건이다. 갈등은 주체에 따라 개인 내 갈등, 개인 간 갈등, 집단 내 갈등, 집단 간 갈등, 조직 내 갈등, 조직 간 갈등 등으로 구분할 수 있다(백기복, 2014: 383). Hanson은 갈등은 그룹 내, 그룹 간, 조직 내, 조직 간에 일어날 수 있는 것으로, 갈등이 공식조직 내와 공식조직 간 상호작용에서, 비공식적 조직 내와 비공식 조직 간 상호작용에서, 공식적 그리고 비공식적 조직 간의 상호작용에서 초래된다고 설명한다(Hanson, 2003: 252). 여기서는 갈등의 유형을 공식적 차원의 갈등 유형을 중심으로 좀 더 구체적으로 살펴보고자 한다(Hanson, 2003: 253-256).

- 역할 내 갈등(Intrarole conflict): 한 사람이 하나의 역할에 대해 동시에 그리고 합법적으로 다양한 요구를 받는 경우이다. 예를 들어, 교사가 학생, 동료교사, 학부모, 지역사회, 교육행정기관 등으로부터 다양한 역할을 요구받을 경우 어떤 집단의 요구에 받아들여 직무를 수행해야 할지 갈등을 경험하게 된다.
- 역할 간 갈등(Interrole conflict): 조직 내 한 사람이 다양한 역할을 수행하는 경우이다. 예를 들어, 교사는 담임교사이면서 연구부장이며 학교 밖 교사학습공동체의 구성원이면서 대학원 학생일 수 있다. 또한 한 가정의 엄마 또는 아빠일 수 있다. 이처럼 교사는 다양한 역할을 수행해야 하는데 이 과정에서 역할의 갈등을 경험하게 된다.
- 부서 내 갈등(intradepartmental conflict): 부서 내 구성원들이 부서의 중요한 사안에 대해 의견일치를 보이지 않을 경우 부서 내 갈등이 일어날 수 있다. 예를 들어, 연구부에서 교육활동 프로그램을 기획하는 데 있어 여러 구성원들 간에 일치된 의견을 보이지 않을 경우 부서 내 갈등을 경험하게 된다.
- 부서 간 갈등(interdepartmental conflict): 이 갈등은 공식적인 두 개 이상의 부서가 자기 부서의 이해와 목표를 우선시하려는 상황에서 발생한다. 예를 들어, 학교의 한정된 물적 자원이나 공간을 서로 확보하려고 하는 두 부서 사이에서 자원 배분을 논의하거나 논의해야 할 때 부서 간 갈등이 발생할 수 있다.
- 조직 내 갈등(intraorganizational conflict): 이 갈등은 위계적 수준을 초월하는 충돌에 의해 나타난다. 인식된 불공평한 업무 배분과 불공평한 마감기한 등이 조직 내 갈등의 주요 원인이다(Hanson, 2003: 255).
- 조직－환경 갈등(organization-environment conflict): 정책 혹은 성과에 영향을 주기 위하여 교육 시스템 외부로부터 표출되는 요구, 압력, 기대들이 조직－환경 간 갈등을 유발한다(Hanson, 2003: 255).

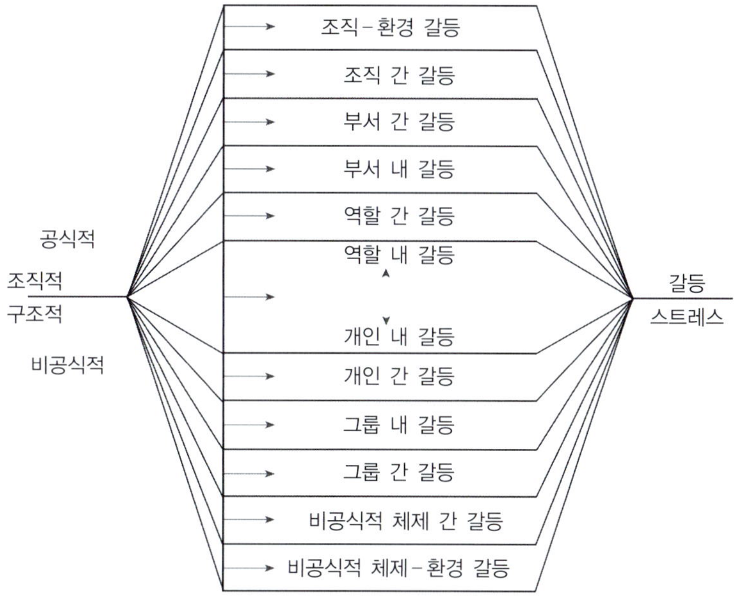

출처: Hanson(2003). p.254.

[그림 13-6] 조직 차원의 갈등 수준

갈등은 여러 가지 요인에 의해 초래될 수 있다. 갈등을 일으키는 몇 가지 중요한 요인을 살펴보면 다음과 같다(Reece & Brandt, 1984; 주삼환 · 신재흡, 2006: 207-208 재인용).

- 의사소통의 단절: 원활하지 못한 의사소통으로 인해 구성원들 간에 자주 발생하는 왜곡과 오해이다.
- 가치관의 대립: 세대, 남녀, 직위, 교육 수준, 종교 등의 차이에 따른 가치관의 대립이 갈등을 유발한다.
- 직무 및 정책의 불명료성: 직무 및 정책이 명확하지 않으면 구성원들이 자신의 권한과 책임의 범위를 분명하게 이해하기 어려워서 갈등이 나타난다.
- 인성의 차이: 인성의 현격한 차이는 아주 미미한 의견대립에서부터 아주 심각한 인간관계 파괴까지 이어질 수 있다.
- 관리 방법 상의 갈등: 관리자와 구성원 사이에 관리 방법에 관한 기대가 달라 갈등이 나타난다.

다. 갈등관리 전략

조직의 갈등은 조직의 효과성에 영향을 미친다. 갈등 수준이 적정한 수준에서 유지될 때 조직의 효과성이 높아질 수 있다. 갈등과 부서의 성과를 분석한 연구를 수행한 Robbins 등(2013)에 따르면, 갈등은 정적 수준을 유지할 때 부서의 성과가 높고 이에 반해 갈등이 없는 경우 또는 과하게 높은 경우에는 부서의 성과가 낮다는 연구결과를 보고하고 있다. 〈표 13-2〉는 갈등 수준에 따라 갈등의 유형이나 조직의 내부 특성이 다르게 나타나고 이로 인해 조직의 효과성 역시 달라질 수 있음을 보여준다. 이런 결과는 조직의 효과성을 제고하기 위해서는 갈등 수준을 과도하게 낮추거나 높이기보다는 적정한 수준에서 갈등을 관리하는 것이 중요함을 시사한다.

〈표 13-2〉 갈등과 효과성 간의 관계

갈등수준	갈등 유형	조직 내부 특성	조직 효과
낮음	역기능	냉담, 침체, 무변화, 새로운 아이디어의 결여	낮음
적정	순기능	생동적, 혁신적	높음
높음	역기능	파괴적, 혼돈, 비협조	낮음

출처: 박병량 · 주철안(2005). p.165.

이런 맥락에서 조직 내 갈등관리 전략은 조직의 현재 상황이나 여건을 고려해서 이루어질 필요가 있다. 가령, 조직의 갈등 수준이 높을 경우에는 갈등을 낮추기 위한 노력을 강구할 필요가 있는 반면, 조직 내 갈등이 없거나 낮을 경우 일정 수준의 갈등을 조성하고 유지하는 전략을 추진할 필요가 있다. 그렇기에 갈등 관리 전략은 갈등을 해결하는 것뿐만 아니라 일정 정도의 갈등을 조성하는 전략까지 포함한다. 다음은 갈등해소와 갈등자극 기법을 중심으로 갈등관리 전략을 제시하고자 한다(Robbins et al., 2013: 489).

갈등해소 기법

- 문제해결: 허심탄회한 토론을 통해 문제점을 발견하고 그것을 해결하려고 직접 만나서 회의를 진행함
- 상위목표: 상대방의 협조를 통해서만 달성이 가능한 공동의 목표를 설정함
- 자원의 증대: 자원(돈, 승진, 기회, 사무실 공간 등)의 희소성으로 인해 갈등이 발생했을 경우 필요한 자원을 확충함
- 회피: 갈등을 피하거나 갈등을 억누름
- 완화: 갈등 당사자 사이의 차이점을 축소시키고 공통 관심사를 강조함

- 절충: 갈등의 당사자가 일부를 포기하여 충돌하는 의견을 알맞게 조절함
- 권위적 명령: 조직의 관리자가 공식적인 권위에 기반한 명령을 통해 갈등을 해결함
- 인적 변수의 변화: 갈등을 일으키는 태도와 행동을 바꾸기 위해 대인관계 훈련 같은 행동변화 기법을 사용함
- 구조적 변수의 변화: 직무 재설계, 이동, 조정 직위의 신설 등을 통해 공식적 조직구조와 갈등 당사자의 상호작용 패턴을 변화시킴

갈등자극 기법

- 대화: 갈등 수준을 높이기 위해 모호한 메시지를 사용
- 외부인의 유입: 기존 구성원과 가치관, 태도, 혹은 관리 스타일이 다른 직원을 배치
- 조직의 구조조정: 업무 조정, 규칙과 규정의 수정, 구성원 및 부서 간 상호 의존성 증가 등으로 조직의 구조에 변화를 가져옴
- 의도적 반대자 지정: 대다수 구성원의 입장에 대해 반대하는 의견을 낼 사람을 임의적으로 지정

한편, Thomas(1977)는 조직의 구성원의 이익을 배려하고 고려하는 정도인 '협력성'과 조직 관리자가 조직의 이익을 관철하려는 정도인 '자기주장' 등 두 가지 차원을 활용하여 갈등관리를 위한 전략을 [그림 13-7]과 같이 제시하였다(Robbins et al., 2013: 503). 조직의 관리자가 조직의 필요를 충족시키기 위한 노력의 정도를 자기주장의 '약함'과 '강함' 사이에 연속선으로 나타냈고, 조직구성원의 개인적 관심사나 필요를 충족하려는 노력의 정도를 '협력성'의 '비협력적'과 '협력적' 사이의 연속선으로 제시하였다.

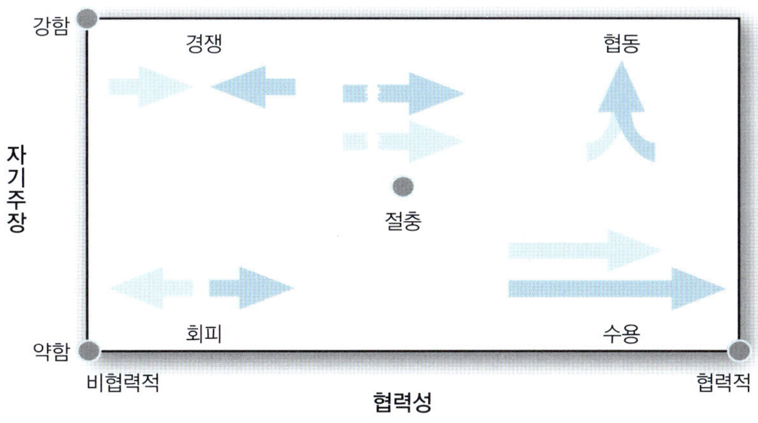

출처: Robbins et al.(2013). p.503.

[그림 13-7] 갈등관리 전략

Thomas(1977)는 이와 같은 갈등관리 전략을 바탕으로 상황별로 적용가능한 갈등관리 전략을 〈표 13-3〉과 같이 제시하였다(Robbins et al., 2013: 503-504).

〈표 13-3〉 갈등관리 전략별 상황

갈등관리 전략	상황
경쟁 (competition)	• 신속하고 확고한 행동이 중요할 때 • 중요한 이슈로서 사람들에게 인기가 없는 조치를 실행해야 할 때 • 조직의 성장에 매우 중요한 문제일 때 • 타인을 부당하게 이용하는 사람에게 대항할 때
협동 (collaboration)	• 양 당사자의 관심사가 너무 중요하여 통합적인 해결책을 추구할 때 • 배우는 것이 목적일 때 • 다른 관점을 가진 사람들로부터의 의견을 통합하고자 할 때 • 합의와 헌신이 중요할 때 • 관계에 방해가 되는 감정을 다루어야 할 때
회피 (avoidance)	• 이슈가 사소하거나 더 중요한 다른 이슈가 있을 때 • 사람들의 관심사를 만족시킬 방법이 없다고 생각할 때 • 문제를 해결하여 얻는 이익보다 더 큰 비용이 발생할 때 • 사태를 진정시키고자 할 때 • 즉각적인 결정보다 정보를 수집할 필요가 있을 때 • 다른 사람들이 갈등을 더 효과적으로 해결할 수 있을 때
수용 (accommodation)	• 당신이 틀린 것을 발견했을 때 • 이슈가 당신보다 다른 사람에게 더 중요할 때 • 다른 사람들을 만족시키고 협력을 유지하고자 할 때 • 보다 중요한 문제를 위해 사회적 신임을 얻어야 할 때 • 조화와 안정이 특히 중요할 때
절충 (compromising)	• 목적이 중요하지만 잠재적인 문제가 클 때 • 동등한 권력의 당사자들이 서로 양립할 수 없는 목표에 전념할 때 • 복잡한 이슈에 대한 잠정적인 해결책을 얻어야 할 때 • 시간 부족으로 신속한 해결을 보기 위하여 • 협동이나 경쟁이 성공하지 못하여 차선책이 필요할 때

출처: Robbins et al.(2013). pp.503-504.

4. 교육조직 내 갈등 유형과 관리 실제

가. 중앙과 지방 간 교육정책 갈등 유형과 요인

교육정책 갈등은 교육정책을 결정하고 시행하는 과정에서 상호 가치나 목적이 상이하여 이와 관련된 주체들 간에 나타나는 충돌, 항의, 반목, 대립, 방해 등으로 의미한다(김흥주 외, 2013: 21). 이러한 갈등은 여러 기관들 사이에서 다양한 양상으로 나타난다. 예를 들어 중앙과 지방, 지방과 학교라는 종적 관계뿐만 아니라 교육부와 정부부처 간에, 교육부 내에서, 지방 수준에서, 교육청 내에서도 나타날 수 있다.

경기도에서 2009년 교육감 보궐선거가 치러지고 2010년 주민직선에 의한 민선교육감이 선출되면서 시·도교육청 차원에서 지방수준의 교육정책을 형성·집행하는 움직임이 많아지고 있다. 이러한 상황에서 중앙정부와 시·도교육감 사이에 교육정책을 둘러싸고 충돌과 갈등이 발생하였다. 예컨대, 학교무상급식이나 학생인권조례 제정, 학생생활기록부의 학생폭력 기재, 교원능력개발평가제, 누리과정 예산, 특목고·자사고 폐지 등이 그 대표적인 사례들이다. 이러한 문제들은 지방교육자치와 관련해서 지방분권의 미흡과 자치사무의 불명확성으로 인해 나타나기도 하지만, 궁극적으로는 중앙의 교육부장관과 지방의 시·도교육감 간의 정치적·교육적 신념과 견해 차에 의한 복합적 산물이었다(김흥주 외, 2013: 1).

교육정책 갈등은 〈표 13-4〉와 같이 기관 간 갈등과 집단 간 갈등으로 구분되고, 이러한 갈등은 다시 종적 갈등과 횡적 갈등으로 그 유형을 구분할 수 있다(김흥주 외, 2013). 종적 갈등은 위계관계에 있는 기관 간에 발생하는 갈등으로, 교육부-시·도교육청, 교육부-학교, 시·도교육청-교육지원청 등의 관계에서 그 예를 찾을 수 있다.

〈표 13-4〉 교육정책 갈등의 유형

<table>
<tr><th colspan="2">구분</th><th colspan="2">유형</th></tr>
<tr><td rowspan="2">기관 간 교육정책 갈등</td><td>종적 갈등</td><td>• 국회-교육부
• 지방의회-시·도교육청
• 교육부-시·도교육청
• 교육부-학교</td><td>• 교육부-교원단체(교원노조포함)
• 시·도교육청-교육지원청
• 교육지원청-학교
• 학교-학교운영위원회</td></tr>
<tr><td>횡적 갈등</td><td>• 정당-정당
• 교육부-타 관련 부처
• 시·도교육청-시·도교육청
• 교육지원청-교육지원청</td><td>• 학교-학교
• 학교운영위원회-학교운영위원회</td></tr>
<tr><td rowspan="2">집단 간 교육정책 갈등</td><td>종적 갈등</td><td>• 교육정책 결정집단-교육정책 시행집단</td><td>• 교육행정가 집단-교사집단
• 교사집단-학생집단</td></tr>
<tr><td>횡적 갈등</td><td>• 교육정책 시행 집단-교육정책 시행 집단
• 교원집단-교원집단
• 교원집단-학부모집단
• 학부모집단-학부모집단</td><td>• 학생집단-학생집단
• 교육 NGO-교육 NGO
• 정부-교육여론 매체집단
• 교육여론 매체집단-교육여론 매체집단</td></tr>
</table>

출처: 김흥주 외(2013). p.24.

교육정책 갈등 유형과 같이 교육계에서 갈등이 나타나는 구조와 요인은 다양한 차원에서 설명될 수 있다. 박남기(2003)는 교육계 갈등 요인을 〈표 13-5〉와 같이 근본 요인, 상황 요인, 교육조직의 특성 등 3가지 차원으로 설정하고 조직체 내, 조직체 간, 조직체와 환경 간 세 가지 측면에서 갈등 요인의 예를 분류하였다. 그에 따르면, 대체적으로 상호 이해의 상충, 가치 · 신념 · 성격 · 태도의 차이, 목표 갈등, 인지적 갈등, 보수성, 전근대적 관행 등 조직체제 내부의 요인에 의해 갈등이 발생하는 것으로 설명하고 있다.

〈표 13-5〉 **교육계 갈등 요인 구조**

<table>
<tr><th colspan="3">갈등 요인 구조</th><th>갈등 요인(예)</th></tr>
<tr><td rowspan="4">근본 요인</td><td rowspan="2">조직을 구성하는 인간의 한계</td><td>공평성 비교 준거의 주관성</td><td>• 상호이해의 상충, 가치 · 신념 · 성격 · 태도의 차이</td></tr>
<tr><td>계급적 사고</td><td>• 목표 갈등, 인지적 갈등</td></tr>
<tr><td rowspan="2">불완전한 인간이 만든 조직의 한계</td><td>제도의 한계</td><td>• 권력행사에 의한 피지배층의 반발, 재정한계, 제도경직성</td></tr>
<tr><td>운영의 한계</td><td>• 보수성, 전근대적 관행</td></tr>
<tr><td rowspan="5">상황 요인</td><td rowspan="4">신구 세력의 충돌</td><td>상황변화에 대한 구성원 부적응</td><td>• 타협에 익숙하지 못한 문화
• 하향적 교육개혁</td></tr>
<tr><td>새로운 상황에 맞는 갈등관리 시스템 미비</td><td>• 분쟁조정체계 미흡</td></tr>
<tr><td>법제도 변화와 관습 변화 사이의 시간 지체</td><td></td></tr>
<tr><td>새로운 문화 형성에 필요한 시간 부족</td><td></td></tr>
<tr><td>현대사회의 일반적 변화 추세 유입</td><td>하급자들의 자아존중 열망, 법의식 변화</td><td></td></tr>
<tr><td rowspan="6">교육조직의 특성</td><td>전문적 관료 조직</td><td>관료성과 전문성 충돌</td><td></td></tr>
<tr><td rowspan="5">느슨한 조직</td><td>구성원의 이질성</td><td>• 교직원 주기적 전근, 교원과 직원 배경 이질성</td></tr>
<tr><td>교육목표 해석의 다양성</td><td>• 목표 갈등</td></tr>
<tr><td>목표달성을 위한 다양한 교수법</td><td></td></tr>
<tr><td>성과 측정의 곤란성</td><td></td></tr>
<tr><td>느슨한 의사소통체계</td><td></td></tr>
</table>

출처: 박남기(2003). p.41.을 편집 및 수정하여 제시함.

나. 학교 내 갈등 유형과 관리

학교 구성원간 내 갈등 유형 및 원인

초등학교의 구성원은 학교장, 교감, 교사, 행정직원, 학생, 학부모 등이다. 이들 구성원 간의 갈등은 학교장과 다른 구성원 간의 갈등, 교사 간의 갈등, 행정직원 간의 갈등, 교사와 학부모 간의 갈등, 교사와 학생 간의 갈등 등 다양한 관계 속에서 발생한다.

초등학교 교사들은 신임교사로 입문하는 날부터 갈등을 경험한다. 서울시내 초등학교 교사들을 대상으로 수행한 연구에서 교사들은 대체로 교사내부 차원, 교사 간, 교사와 학생, 교사와 학부모, 교사와 행정가 등 5가지 유형의 갈등을 경험하는 것으로 나타났다. 〈표 13-6〉은 초등학교 교사들이 경험하는 갈등의 유형을 정리한 것이다. 최근 교사들의 겪는 갈등의 양상과 조금 차이를 보이는 지점도 있다.

〈표 13-6〉 갈등의 유형에 관련된 내용의 범주화

갈등 유형	갈등 내용
교사 자신	• 교사 자신의 직업에 대한 소신과 보람에 회의적이다. • 촌지에 대한 뚜렷한 가치관 수립이 미약하다. • 자신의 의사소통 방법에 대해 회의적이다. • 편견에 따른 아동평가와 체벌에 관해 고민한다. • 문제아 지도 시 훈육과 자율의 균형, 성교육 등에 대해 고민한다. • 아동들과 친숙해지기가 어렵다.
교사-교사	• 순수한 대학원 진학과 교직에 대한 열정에 편견이 있다. • 젊다는 이유와 남교사라는 이유로 힘든 업무를 도맡는다. • 특정 교원단체 교사들과의 융화 문제에 편견을 갖는다. • 학연, 지연 동향이 업무 수행에 영향을 준다. • 교사와 교사 간에 의사소통 미비로 인하여 문제가 생긴다.
교사-아동	• 아동들의 잘못을 교사탓으로 돌려 정당화한다. • 아동과의 대화가 어렵다. • 아동들이 다른 교사의 교육방식을 선호한다. • 아동들이 선생님에 대해 불만을 토로한다. • 교사들의 무의식적 언동이 아동들에게 상처를 준다.
교사-학부모	• 교사와 학부모 간에 직접적인 의사소통을 하지 않아 갈등이 발생한다. • 학부모는 교사가 자기 자녀에 대해 특별히 지도해 주기를 바란다.
교사-행정가	• 교장, 교감이 행정적인 권한을 가지고 교사의 의견을 차단한다. • 교장, 교감이 교사의 복장, 모임, 대학원 진학 등에 관해 지나친 간섭을 한다. • 교장, 교감은 비공개적, 비객관적인 방법으로 교사를 평가한다. • 교감은 교장과 교사 간의 교량 역할을 제대로 수행하지 못한다.
교사-지역사회	• 타 학교와 비교하며 타 학교의 교육방식을 강요한다. • 전체적인 교육방향과 역행하는 교육을 요구한다.

출처: 이성은(1995). p.201.의 내용을 일부 수정하여 제시함.

학교 현장에서 교사가 경험하는 갈등에 대한 논의는 지속적으로 이루어져 왔다. 전체적인 연구 결과들을 종합해 보면, 학교에서 나타나는 갈등은 주로 새로운 변화를 시도하는 과정에서 변화에 대한 인식이나 기대 차이로 인해 나타나는 경향이 있다.

2000년대에 수행된 연구들은 초등학교 교사들이 대체로 교사 간 갈등 정도가 그리 높지 않은 것으로 인식하고 있는 것으로 보았다(강소영, 2004; 김훈하, 2009; 신현주, 2008). 이에 반해 상대적으로 관리자와의 갈등은 비교적 높게 인식하였다(신현주, 2008). 이처럼 교사들이 느끼는 갈등 수준이 낮은 이유에 대해 김훈하(2009)는 교사들의 경우 직접적으로 갈등을 드러내기 보다는 타협, 협력, 적응, 회피 등 갈등 관리전략을 통해 대처하기 때문에 실제 갈등을 느끼는 것과 갈등을 자각하는 것 사이에 차이가 있다고 보았다(김훈하, 2009: 16).

초등학교의 경우 동학년 중심 문화가 강하다는 특징을 가진다. 동학년 교사간 갈등을 분석한 연구(도영호, 2016)는 동학년 교사들의 갈등 원인과 세부 내용을 〈표 13-7〉과 같이 제시하고 있다. 동학년 교사들은 이러한 갈등 대처 전략으로 내가 손해보고 말기, 거리두기, 참고견뎌내기, 해결 포기하기, 무조건 OK, 차근차근 설명하기, 객관적으로 바라보기, 내주장 밀고 나가기, 나쁜 사람 되지 않기, 권위 끌어오기, 하나주고 하나받기 등을 활용하고 있는 것으로 나타났다.

〈표 13-7〉 **동학년 교사간 갈등의 유형과 원인**

갈등	갈등원인	갈등세부원인
학년 구성	성별에 따른 갈등	대화주제의 차이 / 대화방식의 차이 관심사의 차이 / 일처리 방식에서의 남녀의 차이
	연령에 따른 갈등	연장자로서의 역할 / 나이위주의 업무 배정 의사소통의 어려움 / 나이로 인한 대우 차이 수평적인 분위기로 인한 협의과정에서의 위계질서 무시
	가치관 및 성향에 따른 갈등	개인적 이유에 따른 교유목표의 설정 어려움 교직관의 차이 / 개인의 삶을 중요시 여기는 태도 업무처리방식의 차이
학년 운영	교육으로 인한 갈등	교사의 교육에 대한 모순된 태도 / 교육보단 편의를 추구하는 모습 더 나은 교육을 포기하는 모습 / 학습자료의 공유 동학년 학습 간 교육과정 및 학습운영 방법의 차이에 따른 비교
	행사와 관련된 갈등	현장체험학습의 종류, 방법, 운영 학생중심 활동의 인식 차이 / 연수 참여 방법 및 운영 방법 수업장학의 방법, 운영의 문제
	역할수행에 따른 갈등	부장교사의 권한 침해 수평적 관계에 따른 부장의 업무 배려 부족 및 경력 교사와의 알력 리더십을 인정하지 않는 태도 / 권위주의적 태도

갈등	갈등원인	갈등세부원인
	연구실 사용에 따른 갈등	동학년 연구실의 지나친 휴게실화
교사문화	자기중심적 사고에 의한 갈등	내 권리만 찾는 교사 / 자신의 어려움만 생각하는 태도 업무처리는 나몰라라 하는 정확한 퇴근 시간 어려운 일은 무조건 기피하는 태도
	단짝문화에 따른 갈등	단짝문화로 인한 소외감 및 외로움 / 파벌에 따른 협의 및 결정
	소문으로 인한 갈등	사실여부와는 관련없는 소문에 따른 선입견
	익숙함 추구에 따른 갈등	전통적인 운영 방법을 고수하는 태도 / 새로운 것에 대한 거부

출처: 도영호(2016). pp. 84-86.

초등학교 초임교사가 경험하는 갈등의 영역과 수준을 분석한 연구(임국화, 2012)는 초임교사는 학생과의 관계에서 가장 높은 수준의 갈등을 경험하는 것으로 보고하였고, 그 다음으로 교사자신, 교사-교사, 교사-행정가, 교사-일반행정직, 교사-학부모순으로 갈등을 경험하고 있음을 드러냈다. 초등학교 신규 교사의 교직 갈등 경험을 살펴보면, 크게 개인 영역, 학교 조직 내부 영역, 학교조직 외부 영역 등 세 가지 측면에서 설명할 수 있다(노지영, 2011). 첫째, 개인 영역에서 신규 교사가 경험하는 갈등이다. 이는 주로 새로운 역할 부여로 인한 갈등, 성별에 의한 갈등 중 남교사에게 과중하게 부여되는 업무, 교직입문시기와 교직입문이전 경력의 다양화로 인한 갈등, 개별 교사의 성격 등으로 인해 비롯되는 갈등이다. 둘째, 학교 조직 내부 요인에 의해서 발생하는 갈등으로 교장의 인사이동에 따른 학교의 변화, 평가지향적 교수학습체제 일변도, 원칙 없는 업무 배정과 일부 교사에 대한 업무 편중에 따른 갈등, 교원능력개발평가제 등 각종 교원평가에서 신규교사라는 이유로 저평가되는 갈등, 교사의 권위에 도전하는 학생과의 갈등, 수업·학급경영·업무 처리의 미숙에 따른 갈등 등이 여기에 해당한다. 셋째, 학교 조직 외부 요인에 의해서 발생하는 갈등으로 학부모와의 갈등, 가정 및 지역사회와의 관계, 교사의 주거형태로 인해 발생하는 갈등 등이 그 대표적인 예이다.

교사와 학부모는 학생의 교육활동에 있어 핵심적인 역할을 담당하는 존재들로 가장 가까이에서 협력해야 하는 관계이다. 그러나 학부모는 교사들에게 어려운 존재로 인식되고 있는 것 또한 사실이다. 최근 학교현장에서는 교사-학부모 갈등이 심각하게 대두되고 있다. 이와 관련하여 초등학교 교사-학부모 갈등을 연구한 김장철(2017)은 교사와 학부모간 갈등에 대한 인식의 차이와 대응 전략에 있어 차이가 있음을 밝혔다(〈표 13-8〉 참조). 이러한 인식 차이는 교사-학부모 간 갈등을 더욱 심화시키는 요인으로 작용하기도 한다.

〈표 13-8〉 **교사-학부모간 갈등의 원인 인식**

교사의 인식	구분	학부모의 인식
소통의 부재로 인한 오해 자녀중심의 학부모	근본적인 갈등 원인	소통의 부재 피는 물보다 진하다
교육전문가로 대하지 않는 학부모 학습지도에 무관심한 학부모 지나치게 요구하는 학부모	학습지도 영역	전문성 없는 교사 책임을 다하지 않는 교사
교우관계에 개입하는 학부모 안전사고는 교사 책임	생활지도 영역	보듬지 못하는 교사 역량이 부족한 교사 매너리즘에 빠진 고경력 교사
감정을 쏟아내는 학부모 자녀는 방어하는 학부모	교사-학부모 관계 영역	교사에 대한 신뢰 상실 자녀이야기를 하지 않는 교사 학교업무를 전가하는 교사
긍정적 측면: 갈등 대응의 중요성 인식 부정적 측면: 교사는 약자	갈등 해결 후 인식	긍정적 측면: 소통의 중요성 인식 부정적 측면: 학부모는 약자

출처: 김장철(2017). p.84.

경기도교육청 소속 교사들로서, 학교혁신 활동에 참여했던 교사들을 대상으로 학교 내 구성원 간 갈등 양상을 분석한 결과(윤정 · 김병찬, 2016), 교사는 경영 체제 구성, 자치 공동체 구성, 학습 공동체 형성, 교육과정 운영 등과 같은 영역에서 다양한 유형의 갈등을 경험한다. 이런 갈등을 유발하는 원인을 정리하면 ① 변화를 추구하는 과정에서 구성원이 함께 고민해야 할 주요한 질문들에 대한 인식 차이, ② 학교 혁신을 통해 만들어가고자 하는 문화와 기존의 학교 문화와의 충돌, ③ 행정 중심의 학교 운영 체제에서 교육 중심의 학교 운영 체제로 전환하는 과정에서 나타나는 현재주의 문화, ④ 학생 참여 중심의 새로운 수업 방식에 대한 부담감 등과 같은 요인으로 정리할 수 있다.

이와 같은 학교 내 갈등 상황을 관리하는 교사들의 행동 방식에도 일정한 차이가 나타났다. 예컨대, 기존 관행에 순응하거나 변화를 회피하는 교사들은 학교를 변화시키는 과업은 교사의 일이 아닌 것으로 인식하는 경향이 있었다. 또한 구성원들 사이에 갈등이 발생할 경우 자신의 생각이나 불만을 감추었으며, 심지어는 다른 학교로 전근을 가는 경우도 있었다. 행정 중심의 업무 처리 방식은 책임소재를 분명히 할 수 있다는 점에서 불가피한 것으로 간주하였다. 수업과 관련해서도 안전 상의 문제를 우려하여 새로운 수업 방식의 적용이 지양하는 경향이 있었다. 이에 반해, 새로운 환경 변화에 적극적으로 대처하는 교사들은 학교 혁신은 교장의 도움을 통해 교사가 함께 만들어 갈 수 있는 과업으로 받아들였다. 그래서 개인의 목표와 학교 조직의 목표를 연계하기 위한 노력을 강구하였다. 학교 구성원들이 각자가 잘 할 수 있는 일을 찾아서 과업을 수행하거나, 비공식적인 모임으로 소통 부족을 해소하는 접근 방식은 이런 노력의 일환이었다. 또한 기존의 방식을 선호하는 교사, 학부모 등 구성원들을 적극적으로 설득하였고, 학부모와의 토론을 통해 공동의 목표와 책임을 강조하여 새로운 도전 분위기를 조성하였다. 이를 정리하면 〈표 13-9〉와 같다.

〈표 13-9〉 **갈등 영역별 갈등 원인 및 관리 전략**

갈등 영역	주요 갈등 주제	갈등 원인	갈등 관리 전략
'자율경영 체제 구축' 과정에서 갈등	① '혁신이 뭐지?' ② '학교혁신은 누가 하는 거지?'	① 구성원 간 인식 차이 ② 학교 문화와의 충돌	① 순응 및 회피: 혁신은 교사의 일이 아닌 것으로 인식 ② 적극적 대처: 혁신은 교장의 도움으로 교사가 할 수 있는 일
'민주적 자치공동체 형성' 과정에서 갈등	① '무엇을 위한 학교 혁신? ② '피곤한 회의, 소통은 부족'	① 혁신 선호 교사와 승진 선호 교사 간 갈등	① 순응 및 회피: 생각 및 불만 감추거나 타 학교로 전근 ② 적극적 대처: 개인목표와 공공 목표와 연계 강화(ex. 각자가 잘 할 수 있는 일을 하기, 비공식적인 모임으로 소통 부족을 해소하기 등)
'전문적 학습공동체 형성' 과정에서 갈등	① '서류상으로만 하면 되나? ② '학교 만큼 내 가정도 중요한데'	① 구성원 간 인식 차이 ② 학교 운영 체제: 행정 중심 vs. 교육 중심	① 순응 및 회피: 책임소재를 분명히 하기 위해서 서류업무는 불가피한 일 ② 적극적 대처: 기존의 방식을 따르고자 하는 교사, 학부모, 교장 등 구성원 설득
'창의지성 교육과정 운영' 과정에서 갈등	① '새로운 수업보다 안전이 우선'	① 수업 방식 변화에 대한 부담감 ② 불확실성 증가	① 순응 및 회피: 새로운 수업 방식 포기 ② 적극적 대처: 학부모와의 토론을 통해 공동의 목표와 책임을 강조하여 새로운 도전 분위기 조성

출처: 윤정 · 김병찬(2016). p.230.의 표를 토대로 내용을 보완함

학교 내 갈등 관리 전략

여기에서는 박남기(2008) 연구를 바탕으로 이들 갈등 유형들 중 교사를 중심으로 한 갈등 유형을 살펴보고 이에 대한 갈등관리 전략을 제시하고자 한다.[2] 우선, 교장과 교사

2) 이하의 내용은 박남기(2008). 초등학교에서의 갈등관리. 초등교육행정론. 교육과학사. pp.482-496의 내용을 저자의 허락을 받고 재정리한 것임.

간의 갈등은 교장의 학교경영 인사의 공정성, 표창, 승진과 근무평정, 교사 평가, 교육과정 운영 등 학교운영 전반에 걸쳐 나타난다. 학교 현장에서 교사와 교장 간의 갈등을 유발할 수 있는 사안에 대해서는 국가와 교육청이 명확한 지침을 제공함으로써 갈등을 완화할 수 있다. 국가와 교육청 차원에서 제도 및 운영 방식을 보완하거나 교장 승진제도 및 교장 능력개발 프로그램의 보완을 통해 교장의 학교경영 능력을 제고하는 것역시 갈등 관리에 필요한 접근 방식이다. 또한, 학교 차원의 학교인사위원회가 실질적인 기능을 수행하도록 제도적 보완책을 마련하는 것도 교장과 교사 간의 갈등을 관리하는 데 필요하다.

둘째, 교사 간 갈등은 교원단체 구성원 간의 갈등, 업무 분장에 따른 갈등, 성 간의 갈등, 세대 간의 갈등 등을 포함한다. 다른 교원단체 소속 구성원 간의 갈등은 특정 이슈에 대해 서로 다른 입장을 가짐에 따라 나타날 수 있는 것으로, 이를 해소하기 위해서는 서로 간의 충분한 대화가 이루어질 필요가 있다. 업무분장에 있어 노력에 비해 보상이 적은 업무를 분장하거나 모두가 선호하는 보직 인사를 할 경우 학교 자체적으로 내규를 통해 합리적인 기준을 마련함으로써 갈등을 완화하는 것이 가능하다. 성 간의 갈등은 학교 내 여교사의 비율이 높아지고, 여교사에 비해 과중한 업무를 담당하는 남교사와 여교사 간의 갈등으로 야기된다. 이에 대해 적절한 보완장치와 여교사와 남교사 간의 충분한 대화를 통해 서로의 입장을 이해하도록 노력하는 것이 필요하다.

셋째, 교사와 행정실 간의 갈등은 계급적 사고, 관료성과 전문성 충돌, 구성원의 이질성, 행정인력 부족 등의 원인으로 발생한다. 최근 학교업무경감 차원에서 교사와 행정실 간의 갈등 양상이 보다 표면화되기도 하고, 한편으로 행정실과 협조적 관계를 형성하면서 교사들의 행정업무 부담이 경감되는 사례도 나타나고 있다. 갈등을 완화하기 위해서는 서로의 업무와 서로의 처지를 잘 이해하는 것이 선행될 필요가 있다. 그리고 교사와 행정가가 자신들의 역할을 충실히 수행할 수 있는 능력을 함양하는 것도 중요하다. 학교장이 행정실과 교무실의 역할분담을 명확히 하거나 교무실무사 등 행정지원인력의 역할에 대해 상호 이해를 넓혀가는 것도 갈등을 완화하는 데 고려 가능한 갈등 관리 전략이다.

넷째, 교사와 학부모 간의 갈등은 공평성 비교 준거의 주관성에 따른 갈등, 계급적 사고에 따른 갈등 유형이 있다. 이를 완화하기 위해서는 교사와 학부모 상호 이해 제고를 위한 연수 및 협의회 기회 제공, 교사와 학부모 상담기회를 적극적으로 활용하는 것이 필요하다.

다섯째, 교사와 학생 간 갈등은 사회변화에 따른 학생들의 의식변화, 학생에 대한 교사 이해 부족, 새로운 교수법과 학생지도 방식에 대한 요구, 열악한 교육여건 등으로 초래되고 있다. 이를 완화하기 위해서는 교사는 학생과 학부모의 요구도를 명확히 파악하고, 사회변화에 민감성을 가지는 것이 필요하다. 또한, 사회변화에 따른 학생들의 의식변화에 대한 민감성을 가지고 이에 적극적으로 대응해 나갈 필요가 있다.

5. 의사소통 역량 및 갈등관리 유형 진단

앞서 논의한 바와 같이 교사에게 필요한 의사소통 역량을 함양하고 학교에서 나타나는 갈등을 효과적으로 관리하는 것은 학교의 교육적 성과를 제고하는 데 매우 중요한 부분이다. 이런 역량을 함양하기 위해서는 자신의 의사소통 및 갈등관리 역량의 수준을 이해할 필요가 있다. 여기서는 의사소통 역량 수준과 갈등관리 유형을 진단하는 방법을 소개한다. 예비교사들은 자신의 의사소통 역량 수준과 갈등관리 유형을 진단해 봄으로써 의사소통 역량과 갈등관리 역량을 개발하는 데 활용할 수 있을 것이다.

가. 적극적 경청 진단

다음은 적극적인 경청 능력이 원활한 의사소통에 반드시 필요한 핵심 요소라는 점을 고려하여 예비교사가 자신의 경청 수준을 진단하고 적극적 경청 능력을 개발하기 위한 활동을 제시한 것이다. 여기서는 백기복(2014)이 제시한 적극적 경청 진단지와 그 해석 방법을 소개하였다. 이를 통해 자신의 적극적 경청 수준을 진단할 수 있다.

자신에게 해당되는 난에 표시하시오.	전혀 아니다	어느 정도 해당된다	대체로 해당된다	아주 많이 해당된다	점수
1. 나는 남의 이야기가 끝날 때까지 잘 듣는다.	0	1	2	3	
2. 다른 사람의 의견이 나와 일치하지 않을 경우 기분이 좋지 않다.	0	1	2	3	
3. 나는 그(녀)가 말한 것이 내 의견과 다를 때 내 의견을 고집한다.	3	2	1	0	
4. 사람들은 내가 집중하지 않을 때 종종 주의를 주곤 한다.	3	2	1	0	
5. 나는 타인의 말이 끝날 때까지 그 의견을 평가하지 않는다.	0	1	2	3	

6. 나는 타인이 오랜 시간 동안 설명할 때 집중이 잘 안 된다.	3	2	1	0	
7. 나는 기다리기보다는 대화 도중 나의 의견 제시를 먼저 하는 편이다.	3	2	1	0	
8. 나는 대화가 흥미로울 때에는 고개를 끄덕이며 제스처를 취한다.	0	1	2	3	
9. 나는 대개 타인의 말이 흥미가 없더라도 집중하는 편이다.	0	1	2	3	
10. 나는 대개 타인의 말을 정리하기보다는 나에게 요약해 주기를 기대한다.	3	2	1	0	
11. 나는 항상 경청하고 있다는 표시로 이런 말을 한다. "알았어요", "이해했어요"	0	1	2	3	
12. 나는 의견을 듣는 동안 집중하고 정리를 하는 편이다.	0	1	2	3	
13. 나는 말하는 사람의 의견이 좋은지, 싫은지 듣는 즉시 결정한다.	3	2	1	0	
14. 나는 내가 이미 알고 있는 사항에 대해 타인이 설명할 때는 주의를 기울이지 않는다.	0	1	2	3	
15. 나는 타인의 의견을 확실히 이해하기 전까지는 나의 의견을 제시하지 않는다.	0	1	2	3	

[해석]

〈1단계〉 각 문항별로 점수를 기입하십시오.

〈2단계〉 다음과 같이 유형별로 계산하시오.

(총점이 35점 이상일 경우 적극적 경청 성향이 강하다고 볼 수 있음)

- 말 자르기 자제: #3+7+15 =
- 관심 유지: #6+9+14 =
- 평가 유보: #1+5+13 =
- 정보 정리: #2+10+12 =
- 관심 표명: #4+8+12 =
- 총점 =

〈3단계〉 각각의 유형별로 10점 이상일 경우, 그 성향이 강하다고 할 수 있다.

- 말 자르기 자제: 다른 사람의 말이 끝나기도 전에 의견을 제시하는 것을 자제한다.
- 관심 유지: 대화의 화제가 지루하고 이미 알고 있다고 하더라도 끝까지 의견을 경청하고 집중하는 경향이 있다.
- 평가 유보: 다른 사람의 의견을 잘 수렴하며 그(녀)의 의견을 들은 후에 평가하는 신중한 경향이 있다.
- 정보 정리: 다른 사람 의견의 중요성을 파악하고 중요한 의견은 잘 정리하는 경향이 있다.
- 관심 표명: 간단한 몸짓이나 말로써 자신이 대화에 집중하고 있다는 걸 나타내는 경향이 있다.

출처: 백기복(2014). pp.237-239.

다음은 Nelsen 등(2013)이 제시한 의사소통기술 3단계를 제시한 것으로 의사소통기술을 개발하는 데 다음의 활동을 참고하기 바란다.

■ **의사소통기술 1단계: 경청 기술-브레인스토밍**

○ 목표: 효과적인 듣기 기술을 지도한다.

○ Tip: 일반적으로 말하는 것보다 제대로 듣는 것이 더 어렵다. 제대로 듣기 위해서는 연습이 필요하다.

○ 방법

① 학생들이 둘씩 짝을 지은 다음 '내가 좋아하는 음식', '내가 학교에서 좋아하는 것', '내가 학교에서 싫어하는 것' 중에서 주제를 고른다. 모든 학생이 동시에 그 주제에 관해 말한다.

② 대화를 멈추게 하고 얼마나 많이 들었고 느꼈는지를 물어본다. 이 활동을 하면서 알게 되고 느끼고 결심한 것에 대해 이야기한다.

③ 학생들에게 동시에 이야기할 때의 문제를 해결하기 위한 방법을 물어본다. "제대로 들으려면 어떻게 하는 것이 좋을까요?"

④ 학생들의 모든 아이디어를 포스터에 기록하고 붙인다. 제목은 '제대로 듣는 법'이라고 쓴다.

⑤ 정리된 포스터를 교실에 붙여 놓고 학생들이 경청하지 않을 때 포스터를 가리키며 경청하도록 만든다.

■ **의사소통기술 2단계: 경청기술-롤플레잉**

○ 방법

① 학생들이 둘씩 짝을 지은 다음, 먼저 한 학생이 다른 학생에게 좋아하는 TV 프로그램을 설명하게 한다. 이때 듣는 학생은 일부러 눈을 피하며 마주치지 않는다. 그 다음에는 상대방이 말하는 동안 일어나서 돌아다닌다.

② 학생들에게 활동을 하면서 알게 되고 느끼고 결심한 것에 관해 이야기 나누도록 한다. 비록 역할극이었지만 무례한 태도로 경청하지 않은 것에 대해 친구에게 사과하게 하고 다시 경청하는 대토로 듣게 한다. 이 활동을 통해서 학생들은 실수를 경험하고, 잘못된 부분을 수정하여 다시 해보면서 바람직한 의사소통 방법을 배울 수 있다. 이 활동은 학습에서 존재감이 없다고 느끼는 학생들에게도 도움이 되며 다른 활동에 참여할 수 있게 한다.

③ 우선 짝을 지어 짝에게 좋아하는 TV 프로그램에 대해 다시 이야기한다. 이번에는 교사의 지시에 따라 눈을 맞추고, 관심이 있다는 몸짓을 하며 말하는 사람을 보면서 듣도록 한다.

④ 이 활동을 하면서 학생들이 알게 되고 느끼고 결심한 것에 관해 이야기하게 한다.

■ **의사소통기술 3단계: 경청기술-나 전달법**

○ 목표

다른 사람을 분석하는 대신 자기 내면에서 일어나는 것에 대해 이야기할 때 의사소통 능력이 향상된다. 이 활동은 자기 감정을 알아차리고 그것을 다른 사람과 나누는 데 도움이 될 뿐 아니라 의사소통 능력도 향상시켜 준다.

○ 방법

① 효과적인 의사소통 대화법으로 '나 전달법 I-message'이 있다. 학생들은 가장 행복했던 때를 떠올리며 나 전달법을 연습한다.

② 아래의 빈칸을 채운다.
나는 ______________________________________할 때 행복합니다.
그리고 나는 ____________________________________을 바랍니다.

③ 그 다음 화났을 때를 떠올리며 다음의 빈칸을 채운다.
나는 ______________________________________할 때 화가 납니다.
그리고 나는 ____________________________________을 바랍니다.

출처: Nelsen, Lott, & Glenn(2013). 김성환 외 역(2014). pp.141-144.

나. 의사소통 유형 진단하기

다음은 Satir의 이론에 근거한 의사소통 유형검사를 제시한 것이다. 이는 자신의 의사소통 유형을 이해하는 데 도움을 줄 수 있는 의사소통 진단 문항들로 구성되어 있다. 자신이 소통하는 방식을 잘 묘사한 문항을 체크한 후, 가장 많은 응답 빈도가 나온 유형이 자신의 의사소통유형이다. 참고로 Satir는 의사소통을 유형을 회유형, 비난형, 초이성형, 산만형 등으로 구분하였다. 이는 타인과의 관계 속에서 스트레스를 경험할 때 나타나는 자신의 의사소통 유형이라고 볼 수 있다.

자신에게 해당하는 문항의 괄호 안에 O표 하십시오.		자신에게 해당하는 문항의 괄호 안에 O표 하십시오.	
1. 나는 상대방이 불편하게 보이면 비위를 맞추려고 한다.	( )	21. 나는 타인을 배려하고 잘 돌보아 주는 편이다.	( )
2. 나는 일이 잘못되었을 때 자주 상대방의 탓으로 돌린다.	( )	22. 나는 명령적이고 지시적인 말투를 자주 사용하기 때문에 상대가 공격받았다는 느낌을 받을 때가 있다.	( )
3. 나는 무슨일이든지 조목조목 따지는 편이다.	( )	23. 나는 불편한 상황을 그대로 넘기지 못하고 시시비비를 따지는 편이다.	( )
4. 나는 생각을 자주 바꾸고 동시에 여러 가지 행동을 하는 편이다.	( )	24. 나는 불편한 상황에서는 안절부절 못하거나 가만히 있지를 못한다.	( )
5. 나는 타인의 평가에 구애받지 않고 내 의견을 말한다.	( )	25. 나는 모험하는 것을 두려워하지 않는다.	( )

6. 나는 관계나 일이 잘못 되었을 때 자주 내 탓으로 돌린다.	( )	26. 나는 다른 사람들이 나를 싫어할까 두려워서 위축되거나 불안을 느낄 때가 많다.	( )
7. 나는 다른 사람들의 의견을 무시하고, 내 의견을 주장하는 편이다.	( )	27. 나는 사소한 일에도 잘 흥분하거나 화를 낸다.	( )
8. 나는 이성적이고 차분하며 냉정하게 생각한다.	( )	28. 나는 현명하고 침착하지만 냉정하다는 말을 자주 듣는다.	( )
9. 나는 다른 사람들로부터 정신이 없거나 산만하다는 소리를 듣는다.	( )	29. 나는 한 주제에 집중하기보다는 화제를 자주 바꾼다.	( )
10. 나는 부정적인 감정도 솔직하게 표현한다.	( )	30. 나는 다양한 경험에 개방적이다.	( )
11. 나는 지나치게 남을 의식해서 내 생각이나 감정을 표현하는 것을 두려워한다.	( )	31. 나는 타인의 요청을 거절하지 못하는 편이다.	( )
12. 나는 내 의견이 받아들여지지 않으면 화가 나서 언성을 높인다.	( )	32. 나는 자주 근육이 긴장되고 목이 뻣뻣하며 혈압이 오르는 것을 느끼곤 한다.	( )
13. 나는 나의 견해를 분명하게 표현하기 위해 객관적인 자료를 자주 인용한다.	( )	33. 나는 나의 감정을 표현하는 것이 힘들고, 혼자인 느낌이 들 때가 많다.	( )
14. 나는 상황에 적절하지 못한 말이나 행동을 자주하고 딴전을 피우는 편이다.	( )	34. 나는 분위기가 침체되거나 지루해지면 분위기를 바꾸려한다.	( )
15. 나는 다른 사람이 내게 부탁을 할 때 내가 원하지 않으면 거절한다.	( )	35. 나는 나만의 독특한 개성을 존중한다.	( )
16. 나는 사람들의 얼굴 표정, 감정, 말투에 신경을 많이 쓴다.	( )	36. 나는 나 자신의 가치가 없는 것 같아 우울하게 느껴질 때가 많다.	( )
17. 나는 타인의 결점이나 잘못을 잘 찾아내어 비판한다.	( )	37. 나는 타인으로부터 비판적이거나 융통성이 없다는 말을 자주 듣기도 한다.	( )
18. 나는 실수하지 않으려고 애를 쓰는 편이다.	( )	38. 나는 목소리가 단조롭고 무표정하며 경직된 자세를 취하는 편이다.	( )
19. 나는 곤란하거나 난처할 때는 농담이나 유머로 그 상황을 바꾸려 하는 편이다.	( )	39. 나는 불안하면 호흡이 고르지 못하고 머리가 어지러운 경험을 하기도 한다.	( )
20. 나는 나 자신에 대해 편안하게 느낀다.	( )	40. 나는 누가 나의 의견에 반대해도 감정이 상하지 않는다.	( )

[해석]

〈1단계〉 위에서 O표한 것을 골라 유형별로 나누어 숫자를 더하여 적는다.

- 회유형: 1,6,11,16,21,26,31,36
- 비난형: 2,7,12,17,22,27,32,37
- 초이성형: 3,8,13,18,23,28,33,38
- 산만형: 4,9,14,19,24,29,34,39
- 일치형: 5,10,15,20,25,30,35,40

〈2단계〉 그 중 가장 많은 수가 나온 유형이 바로 나의 의사소통유형이다. 이것은 기분이 좋았을 때,

마음의 동요가 없을 때는 거의 나타나지 않지만 화가 나거나 내 뜻이 잘 전달되지 않을 때 상대를 향한 나의 의사전달 유형이라 할 수 있다.

〈3단계〉 네 가지 의사소통 유형

- 회유형: 자존감을 무시하고 무조건 남의 기분을 맞추려고 애쓰고 반대하지 않으면서 언제나 비위를 맞추면서 말한다. 나 자신이 살아남고 안정을 유지하려는 스타일로 상대방에게 "예"라고 대답하는 경향이 있다. 회유할 때 자신은 편안함을 느끼지 못하면서 다른 사람에게는 편안하게 대해 주려고 한다.
- 비난형: 회유형과 정반대. 자기주장이 강하고 독선적이며 명령적이고 지시적이다. 자신을 보호하기 위해 남의 잘못을 찾고 상대의 탓으로 돌리며 우월하게 행동하며 타인을 무시한다. 비난하기 위해서 다른 사람의 가치를 격하시키고 자신과 상황에만 가치를 둔다. 이들의 깊은 내면은 실패감에 빠져 있다.
- 초이성형: 의사소통에 있어 자신이나 다른 사람을 과소평가하는 경향을 갖는다. 지나치게 합리적인 상황만을 중요시하며 기능적인 것만을 말하고 대부분 자료와 논리를 중요시 한다. 이들의 특징은 인정없는 객관적인 것이다. 초이성형의 내면에는 나는 상처받기 쉬우므로 적절한 말만 하고 감정을 보이지 않으려 열중해 있다. 따라서 어떤 일이 있어도 실수하지 않으려고 애를 쓴다.
- 산만형: 초이성형과 정반대. 토론 주제에 대한 사람들의 관심을 분산시키고 생각이 자주 바뀌며 동시에 혼란스러운 행동을 보인다. 생각 없이 책임 없는 말을 하거나 다른 사람 말과 맞지 않는 내용으로 의사소통을 하고 주의집중을 잘 못한다. 산만형의 내부감정은 혼란스럽고 소외감을 느낀다. 주위산만자는 자신과 타인을 위한 모든 욕구들을 숨기고 상대방에게 웃음을 자아냄으로써 거부되지 않으려고 노력한다.

출처: 김은경(2020). pp.119~120.

다. 갈등관리 유형 진단

다음은 Rahim(1983)이 제시한 갈등관리 유형을 바탕으로 백기복(2014)이 제시한 갈등관리 유형과 해석이다. 다음의 15개 질문에 대하여 평소에 당신이 생각하는 대로 물음에 답한다. 각 질문에 응답을 한 후에는 다음의 갈등관리 유형별 점수의 합계를 낸다. 갈등관리 유형 중 점수가 제일 높은 것이 당신의 갈등관리 유형을 대표한다고 할 수 있다.

아래의 항목에 당신이 동의하는 곳에 ○표 하시오.	전혀 동의하지 않음	동의하지 않음	보통임	동의함	매우 동의함
1. 나는 내 주장의 장점을 설명하기 위해 동료들과 논쟁한다.	1	2	3	4	5
2. 나는 타협을 이루기 위해서 동료들과 협상한다.					
3. 나는 동료들의 기대에 부응하고자 노력한다.					
4. 나는 주어진 문제에 대해 모두가 찬성할만한 해결책을 찾기 위해 동료들과 함께 노력하곤 한다.					
5. 나는 내 주장을 관철시키기 위해 강력한 자세를 취한다.					
6. 나는 갈등으로 물의를 빚고 싶지 않기 때문에 동료들에 대해 느끼는 갈등을 혼자서 삭인다.					
7. 나는 나의 해결방안을 관철시키기 위해서 끝까지 노력한다.					
8. 나는 타협을 위해서 서로 '주고받는(give and take)' 전략을 사용한다.					
9. 나는 동료들과 문제를 함께 해결하기 위해 정확한 정보를 교환한다.					
10. 나는 동료들과 다른 의견을 갖고 있다 해도 이를 공개토의하지 않는다.					
11. 나는 동료들의 의견을 적극 수용한다.					
12. 문제해결의 최선책을 찾기 위해서 나는 모든 문제들을 털어놓고 얘기하는 성향이다.					
13. 나는 문제해결에 진전이 없을 때 중간자적 대안을 제시한다.					
14. 나는 동료들의 의견을 따르려는 성향이 있다.					
15. 나는 동료와의 의견대립을 피하기 위해 속으로 동료들의 의견을 반대하더라도 이를 그냥 묻어둔다.					

☞ 해석

당신의 유형을 확인하고 다른 사람과 논의하여 보시오. 총점이 가장 큰 것이 당신의 스타일이다. 하나 이상의 스타일을 가질 수도 있다.

	종합형	배려형	지배형	회피형	타협형
항목 및 점수	4.	3.	1.	6.	2.
	9.	11.	5.	10.	8.
	12.	14.	7.	15.	13.
총점					

출처: Rahim, M. A.(1983). pp.358-376, 백기복(2014). p.412에서 재인용.

핵심 용어

- 의사소통
- 의사소통 과정
- 발신자
- 수신자
- 의사소통 전략
- 매체
- 메시지
- 의사소통 효과
- 맥락
- 조직 의사소통
- 의사소통 네트워크
- 공식적 의사소통
- 갈등유형
- 갈등원인
- 갈등관리 전략
- 갈등해소 기법
- 갈등자극 기법
- 교육정책 갈등

생각해 볼 주제

- 초등학교 학급 내 교사와 학생 간 의사소통에 있어 교사의 긍정적인 의사소통 사례와 부정적인 의사소통 사례에 대해 생각해 보자.
- 초등학교에서 본인이 경험한 대표적인 갈등 사례를 들고, 당시 갈등을 해결하기 위한 갈등 전략이 타당했는지에 대해 토론하고 이에 대한 대안을 생각해 보자.
- 최근 교육부, 시·도, 교육청, 학교 사이에 특정한 교육정책을 둘러싸고 복잡한 갈등 양상을 보이는 경우를 종종 목격하게 됩니다. 최근 교육계의 뜨거운 쟁점이었던 자사고 폐지 문제와 관련해서 영상을 시청해 봅시다. 영상을 시청한 이후에는 모둠 학생들과 함께 다음의 질문에 관해 이야기를 나누어 봅시다.(https://www.youtube.com/watch?v=mTjnj2k00S0)

  1) 갈등 관계에 놓여 있는 당사자들은 누구입니까?
  2) 당사자들 사이에서 쟁점이 되는 갈등 내용은 무엇입니까?
  3) 왜 이러한 갈등이 나타난 것일까요? 달리 말해 갈등을 유발하는 요인은 무엇이라고 생각하십니까?
  4) 이와 같은 갈등을 해결하기 위한 전략은 무엇일지 각 당사자의 입장에서 고민해 봅시다.

참고문헌

강소영(2004). 초등학교 교사가 지각하는 교사발달 수준과 조직갈등의 관계. 서강대학교 교육대학원 석사학위논문.

강재원(1994). 중학교 학급담임교사의 의사소통유형과 집단응집성 관계 연구. 석사학위논문. 한국교원대학교

구현정(2005). 의사소통의 기법. 서울: 박이정.

김민조(2012). 학교내 교원간 의사소통 네트워크 분석. 열린교육연구, 20(4), pp.65-87.

김영우(2014). 담임교사의 의사소통 효과성이 초등학생의 자아정체감 형성에 미치는 영향. 서울교육대학교 석사학위논문.

김은경(2020). 창의적 공학설계(3판). 서울: 한빛아카데미.

김장철(2017). 초등학교 교사-학부모 갈등에 대한 상호간의 인식 및 대응 전략 연구. 서울교육대학교 교육전문대학원 석사학위논문.

김정원 · 신철균(2014). 교사의 학생 이해 및 소통 수준 분석. 한국교원교육연구, 31(3). pp. 129-149.

김훈하(2009). 초등학교 교사간 갈등에 관한 연구. 한국교원대학교 대학원 석사학위논문.

김흥주 · 황준성 · 임소현 · 임동진(2013). 중앙과 지방간 교육정책갈등 해소 방안 연구. 한국교육개발원.

남정걸(2011). 교육행정 및 교육경영(6판). 경기도: 교육과학사.

노연주(2020). 학부모와의 의사소통 어려움에 대한 저경력 초등교사의 인식. 서울교육대학교 교육전문대학원 석사학위논문.

노지영(2011). 초등학교 신규교사의 교직갈등 연구. 한국교원대학교 대학원 석사학위논문.

도영호(2016). 초등학교 동학년 교사간 갈등에 관한 연구. 경인교육대학교 교육전문대학원 석사학위논문.

박남기(2003). 교육계 갈등의 의미와 구조. 한국교육개발원(2003). 한국교육평론: 교육계 갈등의 본질과 갈등 해결 방안.

박남기(2008). 초등학교에서의 갈등관리. 강원근 · 고전 · 김도기 · 김용 · 박남기 외(2008). 초등교육행정론. 경기도: 교육과학사.

박병량 · 주철안(2005). 학교·학급 경영. 서울: 학지사.

박병량 · 주철안(2012). 교육행정 및 교육경영. 서울: 학지사.

박성식(2011). 교육행정학. 서울: 학지사.

박종렬 · 신상명(2004). 신교육행정학개론. 서울: 형성출판사.

백기복(2014). 조직행동연구(6판). 서울: 창민사.

사이람(2012). NetMiner를 이용한 소셜 네트워크 분석(2012년 교육과정).

서보군(2009). 네트워크 관점에서 살펴본 초등학교내 교원간 의사소통 실태 분석. 서울교육대학교 교육대학원 석사학위논문.

신유근(2014). 조직행위론. 서울: 한길사.

신현주(2008). 초등교사가 지각하는 조직 갈등과 학교조직 효과성과의 관계. 부산교육대학교 교육대학원 석사학위논문.

오미영 · 정인숙(2005). 커뮤니케이션 핵심 이론. 서울: 커뮤니케이션북스.

오범호(2009). 공문서 작성 및 관리. 조동섭 · 김도기 · 김민조 외(2009). 초등교직실무. 서울: 학지사.

오범호(2014). 공문서 작성 및 관리. 송기창 · 김도기 · 김민조 외(2014). 초등교직실무. 서울: 학지사.

오석홍(2014). 조직이론(8판). 서울: 박영사.

유미라 · 김도기(2017). 교장 · 교감과 교사 간 의사소통 특성에 관한 질적 연구. 교육행정학연구, 35(5). pp. 219-244.

윤정 · 김병찬(2016). '학교혁신'에 참여하게 된 교사들의 갈등 경험에 관한 연구. 교육행정학연구, 34(2), pp. 221-252.

윤정일 · 송기창 · 조동섭 · 김병주(2015). 교육행정학원론(6판). 서울: 학지사.

이성은(1995). 교사들이 경험하는 갈등에 관한 현상학적 접근. 교육행정학연구, 13(1). pp. 183-207.

이점순(2006). 담임교사의 의사소통유형에 따른 학생의 학교적응에 관한 연구. 부산교육대학교 석사학위논문.

임국화(2012). 초등학교 초임교사가 경험하는 갈등의 영역과 수준 분석. 광주교육대학교 교육대학원 석사학위논문.

임수연(2012). 초등학생이 지각한 담임교사의 의사소통과 학급집단응집성 및 학교생활 적응과의 관계. 한국교원대학교 석사학위논문.

정바울 · 이성회 · 양승실 · 김병찬 · 김종민 · 김효정 · 서용선(2014). 교원의 업무시간 실태 분석 및 개선방안 연구. 한국교육개발원.

정상섭(2011). 학교조직 내 의사소통이 조직몰입에 미치는 영향. 초등교육연구, 24(4). pp. 351-374.

정지범(2017). 교원업무 경감대착의 효과 및 개선 방안 - 경북 A초등학교 사계 연구-. 대구교육대학교 교육대학원 석사학위논문.

주삼환 · 신재흡(2006). 학교경영의 이론과 실제. 서울: 학지사.

진동섭 · 이윤식 · 김재웅(2011). 교육행정 및 학교경영의 이해. 경기: 교육과학사.

한국교육신문(2018.12.03.). 학교 공문처리 하루 70건, "이게 교육이냐?". http://hangyo.mediaon.co.kr/news/article.html?no=87243

Hanson, E. M.(2003). *Educational Administration and Organizational Behavior*(5th). Pearson Education, Inc.

Hoy, W. K., & Miskel, C. G.(2013). *Educational Administration: Theory, Research, and Practice*(9th). McGraw-Hill Education.

Likert, R., & Likert, J. G. (1976). *New Ways of Managing Conflict*. New York: McGraw-Hill.

Lunenburg, F. C., & Ornstein, A. C.(2012). *Educational Administration: Concepts and Practices*(6th). CA: Wadsworth/Thomson Learning.

Manning, P. K.(1992). *Organizational Communication*. New York: Walter de Gruyter, Inc.

Myers M. T., & Myers, G. E.(1982). *Managing by Communication: An Organizational Approach*. New York: McGraw-Hill.

Nelsen, J., Lott, L., & Glenn, H. S.(2013). *Positive Discipline in the classroom: Developing Mutual Respect, Cooperation, and Responsibility in Your Classroom*. New York: THREE RIVERS PRESS. 김성환 · 강소현 · 정유진(2014). 학급긍정훈육법. 서울: 에듀니터.

Robbins, S. P., & Judge, T. A., 김태열 · 박기찬 · 박원우 · 이덕로(2013). *Organizational Behavior*(15th). Pearson Education, Inc,

저/자/소/개

고전
- 학력: 연세대학교 교육학과
  연세대학교 대학원 교육학과(교육학박사)
- 저서: 한국교육법론 / 일본교육개혁론 / 일본교육법학 외 다수
- 논문: 한국 교육행정 · 교육자치제 원리 논의, 그 연원에 대하여 / 한국의 교육법 연구동향 연구(II) 외 다수
- 현재: 제주대학교 부총장

김민조
- 학력: 이화여자대학교 초등교육과
  서울대학교 대학원 교육학과(교육학박사)
- 저서: 교사학습공동체의 이론과 실제(공저)/ 교사전쟁(공역)/ 교사교육의 딜레마(공역) 외 다수
- 논문: 교육평가도구로서 초등교사 신규임용 시험의 성격과 타당도 분석 /교사들의 '반 (半) 자발성'에서 출발한 학교내 교사학습공동체 운영 사례 연구(공저) 외 다수
- 현재: 청주교육대학교 교수

김왕준
- 학력: 서울대학교 교육학과
  Michigan State University 교육정책학박사(Ph.D.)
- 저서: 학급경영과 교직실무(공저) / 한국교육 60년(공저) 외 다수
- 논문: 학교선택론 기본 가정의 재검토: 제도행동주의 경제학의 관점 / The impact of competition associated with charter schools and inter-district school choice policies on educators and schools 외 다수
- 현재: 경인교육대학교 교수

박남기
- 학력: 서울대학교 국어교육과(교육학복수전공), 대학원 교육행정학석사
  University of Pittsburgh 교육행정정책학과 박사 (Ph.D.)
- 저서: Guide to the successful thesis and dissertation(New York : M. Dekker) / 교육전쟁론, 실력의 배신, 최고의 교수법 외 다수
- 논문: 교육정책 및 현안에 대한 제19대 국회와 교원 인식 비교 분석 외 다수
- 현재: 광주교육대학교 교수(전 총장)

박상완
- 학력: 이화여자대학교 교육학과
  서울대학교 대학원 교육학과(교육학박사)
- 저서: 지방분권과 교육, 학교장론 외 다수
- 논문: 학교행정가 전문성의 개념과 개발 방안 / 신뢰의 개념 구조 및 교육행정 연구에의 적용 / 혁신학교 교사학습공동체에 관한 질적 메타분석 외 다수
- 현재: 부산교육대학교 교수

박종필
- 학력: 공주교육대학교 초등교육과
  고려대학교 대학원 교육학과(문학석사)
  The Uni. of Texas at Austin 교육행정학과(Ph. D.)
- 저서: 학교단위책임경영제: 이론과 실제 외 다수
- 논문: 학교 자율경영제에 비춰본 현 정부의 학교 자율화 정책 / 교직의 여성화가 교원 정책에 주는 시사점 탐색 외 다수
- 현재: 전주교육대학교 교수

박주형

- 학력: 서울대학교 교육학과
  The Florida State University 교육행정학박사
- 저서: 학교경영의 이론과 실제 공저 학교폭력과 괴롭힘 예방 공저 외 다수
- 논문: 자율형 사립고 운영 현황 분석 및 개선 방안 연구 / 학력부진학교 개선을 위한 미국연방정부의 지원정책과 책무성 확보방안 외 다수
- 현재: 경인교육대학교 교수

성병창

- 학력: 부산대학교 교육학과
  부산대학교 대학원 교육학과(교육학박사)
- 저서: 학교조직구조론 초등교육행정론 공저 외 다수
- 논문: 학교조직진단 모형과 지표 개발을 위한 연구 교육 공공성의 개념 체계와 정립 원리 외 다수
- 현재: 부산교육대학교 교수

오범호

- 학력: 서울대학교 교육학과
  서울대학교 대학원 교육학과(교육학박사)
- 저서: 전환기의 한국교육정책(공저) / 초등 교직실무(공저) 외 다수
- 논문: 초등학교 교사의 학교예산 운용 경험에 관한 질적 사례연구 외 다수
- 현재: 서울교육대학교 교수

유길한

- 학력: 성균관대학교 교육학과
  University of Pittsburgh 교육행정 · 정책학과(Ph. D.)
- 저서: 초등교육행정론(공저) / 초등학급경영의 이론과 실제(공저) 외 다수
- 논문: 지속성장가능한 학교경영을 위한 교육가치들의 영향 구조 분석 / 교육대학의 지속가능 발전가능성 탐색 외 다수
- 현재: 진주교육대학교 총장

윤홍주

- 학력: 서울교육대학교 초등교육학과
  서울대학교 대학원 교육학과(교육학석사, 박사)
- 저서: 초등교직실무 / 초등학급경영의 이론과 실제 외 다수
- 논문: 지방교육재정교부금 보통교부금 제도의 성과와 과제 / 학교재정연구의 성과와 과제 외 다수
- 현재: 춘천교육대학교 교수

이호준

- 학력: 춘천교육대학교 영어교육과
  서울대학교 대학원 교육학과(교육학박사)
- 저서: 교육의 미래를 디자인하다(공저) 외 다수
- 논문: 학업성취도 격차 분해 및 교육 불평등 유관 정책 분석 / 학교 자율화 정책에 따른 학교 자율성 변화 및 성취도 제고 효과 분석(공저) 외 다수
- 현재: 청주교육대학교 조교수

전제상

- 학력: 충북대학교 사범대학 교육학과
  홍익대학교 대학원 교육학과(교육학박사)
- 저서: 교육인사행정론 / 한국의 교직과 교사 탐구 / 초등교직실무 외 다수
- 논문: 교사평가의 준거 개발에 관한 연구 / 교육활동 침해 예방 및 보호 정책 사례 분석: 미국과 프랑스를 중심으로 / 포스트 코로나 시대의 원격교육연수 재개념화 및 쟁점 분석 외 다수
- 현재: 공주교육대학교 교수

정바울

- 학력: 서울교육대학교 초등교육과
  서울대대학원 교육행정(석사)
  Boston College 교육행정학박사(Ph.D.)
- 저서: 교사교육의 딜레마(공역), 코로나시대 학교의 재발견(공저) 외 다수
- 논문: 자생적학교혁신의 확산경로와 과정에 관한 연구 외 다수
- 현재: 서울교육대학교 교수

정성수

- 학력: 경북대학교 교육학과
  서울대학교 대학원 교육학과(교육학박사)
- 저서: 초등교직실무, 성공하는 교사들의 9가지 습관 외 다수
- 논문: 중등 예비교사의 현장적응성 강화를 위한 교직실무 교과목 운영 및 개선요구 분석 / 초·중등 교원양성대학의 통합방안: 교·사대를 중심으로 외 다수
- 현재: 대구교육대학교 교수

정수현

- 학력: 서울대학교 교육학과, 동 대학원 교육학박사(교육행정학 전공)
- 저서: 학교경영론(공저) / 초등교직실무(공저) 외 다수
- 논문: 대화 개념에 근거한 학교컨설팅 방법론 탐색 / 컨설팅장학에 대한 초등교사의 인식 외 다수
- 현재: 서울교육대학교 교수

주현준

- 학력: 경희대학교 국어국문학과
  서울대학교 대학원 교육학과(교육학박사)
- 저서: 교장의 리더십 / 교육지도성(공저) 외 다수
- 논문: 우수 학교장의 지도성 역량 분석 외 다수
- 현재: 대구교육대학교 교수

최원석

- 학력: 서울대학교 교육학과
  University of Minnesota 교육행정학박사(Ph.D.)
- 논문: 초등교사의 생애단계별 전문적 자본 차이 분석 / A longitudinal analysis of the effects of open enrollment on equity and academic achievement: Evidence from Minneapolis, Minnesota 외 다수
- 현재: 경인교육대학교 교수

[제2판]

초등교육행정의 이론과 실제

1판 1쇄 발행 — 2016년 2월 25일
2판 1쇄 발행 — 2021년 2월 25일

저　　자 - 고 전 김민조 김왕준 박남기 박상완 박종필
박주형 성병창 오범호 유길한 윤홍주 이호준
전제상 정바울 정성수 정수현 주현준 최원석

발 행 인 - 강철원
발 행 처 - 양성원
주　　소 - 경기도 파주시 검산로 173번길 29-20
전　　화 - 031-946-3861(代)
팩　　스 - 031-946-3864
이 메 일 - tnwpub@naver.com
홈페이지 - tnwpub.co.kr
출판등록 - 2015년 8월 31일 제 2015-000211 호

ISBN 979-11-6126-344-1

정가 25,000원